재일 1세의 기억

ZAINICHI ISSEI NO KIOKU
by Oguma Eiji, Kang Sang-jung
Copyright © 2008
This Korean edition published 2019
by MOONBOOKS, Paju-si
by arrangement with SHUEISHA, Tokyo

제주학연구센터 제주학총서 41

재일 1세의 기억

오구마 에이지·강상중 편
고민정·고경순 역

도서출판 문

들어가며

　재일 1세라는 말을 들으면 많은 일본인은 어떤 이미지를 떠올릴까? 애초부터 이런 호칭으로 불리는 이방인이 있는 것조차 모르는 사람들이 많지 않을까?
　하지만 그렇게 불리는 사람들이 지금도 바로 이 일본에서 살고 있다. 다만 이 책에 수록된 증언자 중 몇 분은 이미 세상을 등지고 고인이 되었지만.
　그렇다면 왜 이런 무지가 생겨난 것일까?
　프랑스의 저명한 중세 역사가 마르크 블로크는 유작인 『역사를 위한 변명』에서 시간 속에 존재하는 인간의 학문(역사학)이 왜 필요한가에 대해 말하고 있다. 그 안에서 블로크는 "현재의 몰이해는 운명적으로 과거의 무지에서 파생한다"라고 지적하고, 동시에 "현재에 대해서 아무것도 모르면서 과거를 이해하려고 노력한다면 이 또한 필시 헛된 일이 된다"라고 언급하고 있다.
　이 석학의 말은 지금도 경청할 가치가 있다. 블로크의 말을 부연하면 재일 1세라는 현재를 살고 있는 사람들의 존재조차 모르면서, 혹은 알고 있다 하더라도 어떤 사람들인지 확실한 이미지를 떠올릴 수 없다면 그들의 과거를 이해하려고 해도 그것은 의미 없는 행위에 지나지 않는다.
　사실, 그들은 '민족적 소수자'이며 그러한 소수자로서의 역사와 그 심성에 대해 자세히 알지 못한다 한들 그것은 특별히 이상한 일은 아닐지도 모르겠다. 또한 굳이 말하자면, 그들은 사라졌어야 할 '역사의 거품'과도 같은 존재였으며 그 후손도 언젠가는 이방인이라는 흔적을 지우고 일본사의 국민 역사 속으로 섞여 들어갈 것이라는 냉소적인 견해도 성립될지 모르겠다.

그렇지만 과연 그럴까? 소수자이기 때문에, 힘이 없기 때문에, 그런 사람들은 역사학의 변경이나 격리된 주거공간으로 밀어 넣어야 할 존재란 말인가? 아니 결코 그렇지 않다. 왜냐하면 역사의 진실성이나 성실성은 세부적인 곳에 깃들어 있기 때문이다. 즉, 조선과 일본을 넘나든 그들 재일 1세의 삶에는 20세기 동아시아의 '극단적 시대'의 음영이 극명하게 새겨져 있다.

망국과 종속, 유랑과 이산, 차별과 빈곤, 해방과 분단, 내전과 쿠데타, 민주화와 번영 등, 재일 1세의 삶에 수 없이 새겨져 있는 가혹한 역사의 드라마는 눈물 없이 이야기할 수 없다. 그들은 많은 것을 잃었고 동시에 많은 것을 얻었다. 그곳에는 역경을 극복한 인간들의 승리 이야기가 즐비하다.

그러나 그런데도 불구하고 그들의 삶은 아직까지도 '미완'의 상태로 남아있다. 왜냐하면 아직 한반도에서 통일코리아가 실현되지 않았으며 코리아와 그 역사도 그리고 재일 1세의 과거도 부서진 파편처럼 뿔뿔이 흩어져 있기 때문이다.

그들의 존재에 대한 무지는 대부분의 경우, 그와 같이 파편이 흩어진 상태가 오랫동안 계속되어 지금에 와서는 일상화되었기 때문이 아닐까? 왜냐하면 우리들이 과거를 재구성하기 위해 도움이 되는 요소를 빌려오는 곳은 결국 일상의 경험이니까.

그렇다면 그렇게 흩어진 파편을 모아서 그들의 역사를 재구성하는 건 가능할까? 만약 그것이 가능하다면 그것은 역사학의 학술적 자료의 기준으로서 인정받을 수 있을까?

블로크가 비평가 프랑수아 시미앙의 표현을 인용해서 말한 것처럼 과거와 현재의 인간에 관한 모든 사실의 지식이 '흔적에 의한 지식'에 있다고 한다면 흔적 속에 있는 것을 존재로 되돌리는 것이 역사학에 주어진 사명일 것이다. 그리고 그것을 가능하게 하는 건 오직 '증인들의 보고'뿐이라고 블로크는 말한다.

'증인들의 보고', 과연 이것을 구술사(역사)라고 바꿔 말할 수 있을까? 확실히 사람이 말하는 내용이나 기억에는 실수와 거짓이 따르기 마련이다. 그런 의미에서 채록된 증언은 역사적 고증을 거쳐야 할 필요성이 있다. 그러나 착각해서는 안 된다. 먼저 사료를 섭렵해 잘 분석하고 그 진정성과 성실성을 확인, 비판한 후에 증언에 사료적 가치를 부여하는 게 아니다. 역으로 사람이 사료에 질문하는 방법을 모른다면 사료는 아무것도 말해주지 않는다.

이 점에 대하여 블로크는 역사 연구에는 '먼저 정신이 있다'고 단언했다. 이 경우에 정신이란, 역사의 흔적을 나타내는 증언에 질문하는 포용력이라고 바꿔 말해도 된다. 만약 그러한 포용력이 없다면 우리들은 과거의 '연대기'에 사로잡힌 단순한 역사 고증자에 지나지 않을 것이다.

우리가 단순히 옛 기록을 더듬는 사람이 되지 않기 위해서는 '살아있는 것에 대한 이해능력'이 필요하다. 그런 의미에서 구술사는 그것에 대해 확실하게 답해주고 있다. 왜냐하면 이 책에 수록된 재일 1세들의 증언은 그야말로 온몸으로 경험한 생생한 육성 기록이기 때문이다.

게다가 그 육성은 '관념의 언어'로부터 미끄러져 나온 포장 된 언어가 아니다. 그것에는 신음과 울부짖음, 한탄과 분노, 슬픔과 기쁨이 넘쳐나고, 온 몸을 경련시키듯 밑바닥부터 쥐어짠 생생한 경험이 담겨있다. 그런 의미에서 여기에 적혀있는 재일 1세들의 증언에는 쓸모없는 잡담과 정반대되는 생명의 언어가 깃들어 있다. 설령 그들의 경험이 우리들의 머리에 새겨진 일반적 편견을 벗어나지 못한다고 할지라도.

나아가 무엇보다 재일 2세인 나는, 그들 재일 1세의 증언이 마치 내 역사의 일부, 즉 나의 피가 되고 살이 되었던 역사의 일부를 말하고 있다는 생각을 떨칠 수 없다. 왜냐하면 그들은 나의 아버지며 어머니이기 때문이다. 이 책에 구술된 내용은 내가 사료로 다룰 수 있는 대상이 아니다. 이미 그것은 떼려야 뗄 수 없는 내 살과 뼈의 일부가 되어 있다.

자, 그렇다면 그들의 증언에 역사적 고증이라는 허울을 씌워서 적당한 위치를 부여하는 건 가능할까? 과연 나는 그런 일을 할 수 있을까? 그러기 위해서는 나 자신의 '생체해부'가 필요하다.

그것을 단념했을 때, 나는 고심을 거듭했고 그 결과 상상적 모방이라는 방법에 생각이 미쳤다. 그것은 아버지와 어머니가 글을 쓸 줄 안다면 분명 이런 식으로 기술하고 이야기했을 거라고 생각되는 내용을 모방하듯이 적어나가는 작업이다. 그곳에는 그야말로 거짓과 진실이 뒤섞여 있고 서로 견인하는 나와 1세들의 생생한 교감이 있다. 그 작은 성과는 이미 『재일在日』(슈에이샤 문고集英社文庫)이라는 책 속에서 활용되었고 그리고 지금 『어머니オモニ』(『청춘과 독서』에 연재)라는 연재물로 점점 모양을 갖춰가고 있다.

물론 이미 고인이 된 아버지, 어머니와는 마음의 교감을 나누고 있다. 그리고 지금 나는 이 책을 통해서 아직까지 생존해 있는 재일 1세들과 교감을 나누고 있는 것이다.

2008년 8월 강상중

차례

들어가며 _ 강상중 ··· 5

01. 식민지의 한을 아리랑에 담아 전하다 _ 강금순 ······················· 13
02. 조선에서의 삶과 일본에서의 삶 _ 허임환 ································· 23
03. 영화로 만들어진 해녀의 반평생 _ 양의헌 ································· 31
04. 누가 뭐라 해도 내 조국이 가장 아름다워요 _ 이석현 ············ 41
05. 속아서 홋카이도 탄광으로 강제연행당하다 _ 성주팔 ············· 54
06. 교회 셋을 지은 목사 부인 _ 심효남 ·· 67
07. 일하고 또 일하고, 그리고 일하고 _ 강심선 ······························ 80
08. 강제연행 동포희생자의 유골을 모아 납골당 완성 _ 배내선 ··· 93
09. 영문도 모른 채 창고에 갇혔다가 홋카이도로 _ 전보순 ········ 103
10. 가족을 지키며 _ 박승자 ··· 115
11. 아버지 손에 이끌려 일본 각지의 토목공사장을 전전하다 _ 김경낙 · 123
12. 사만삼천의 동포들이 사할린에 남겨지다 _ 이희팔 ··············· 135
13. 민족 수난의 날들 _ 백종원 ·· 146
14. 이 세상에서 가장 어려운 것은 그림 그리는 일 _ 오병학 ····· 162
15. 좋은 역사를 만드는 것이 지금 해야 할 일 _ 정소용 ············ 174
16. 크리스천으로 살면서 _ 남주야 ··· 186
17. 일본 정부에 사죄와 명예회복을 요구하다 _ 서원수 ·············· 201
18. 살아남은 BC급 전범으로서 _ 이학래 ·· 212

19. 눈앞에서 내 나라가 세 번 사라졌다_박진산 ·············· 229
20. 임시거처로 생각하고 부임한 가와사키교회_이인하 ·············· 246
21. 일본 국적을 취득하고 30년, 해마다 성묘하러_이와사키 아키오 ··· 260
22. 일본 관습도 이제는 다 잊어버렸어요_히라노 야에코 ·············· 272
23. 피폭을 극복하고 부인회 활동에 공헌_권순금 ·············· 287
24. 민족학급과 함께한 36년_김용해 ·············· 298
25. 징용되어 재일로 살아 온 61년_박명수 ·············· 309
26. 한센병(나병) 만담가_김태구 ·············· 324
27. 식민지 지배 근성은 여전히 남아 있다_현순임 ·············· 336
28. "여자아이 열다섯 명 내놔"라는 말을 듣고_김덕옥 ·············· 350
29. 북도 남도 내 조국_송동술 ·············· 362
30. 현실을 살기 위한 실천적인 역사학을_박종명 ·············· 373
31. 강제 철거의 불안 속에 우토로에서 살아가다_김군자 ·············· 389
32. 후세대에게는 편견과 차별 없는 사회를_고순일 ·············· 398
33. 피폭, 남편의 죽음, 친형제와의 이별_정수상 ·············· 415
34. 야키니쿠 가게에 반평생을 걸다_최일권 ·············· 426
35. 활동가로서 민족에 헌신한 인생_박용철 ·············· 439
36. 조선인피폭자협회와 함께_이실근 ·············· 457
37. 가족은 늘 뿔뿔이 흩어져 살았다_김성화 ·············· 469
38. 스이타 사건·오사카에서 싸운 조선전쟁_부덕수 ·············· 481
39. 조선 현대사를 산 시인_김시종 ·············· 495
40. 조선시장에서 코리아타운으로_홍여표 ·············· 509
41. 야간학교에서 받은 보물_천남필 ·············· 522
42. 의사가 되려고 했는데, 민족학교 교사로_고태성 ·············· 533
43. 내 마음의 훈장_김일화 ·············· 547

44. 참정권의 근본은 기본인권 _이진철 ·· 558
45. 나와 역사학과의 만남 _강덕상 ·· 568
46. 영혼의 숨결, 음악을 만나다 _한재숙 ·· 587
47. 재일여성의 김치 이야기 _이연순 ·· 602
48. 아동문학과 함께한 50년 _한구용 ··· 613
49. 한글소프트 개발의 선각자 _고기수 ··· 624
50. 저고리와 함께한 인생 _석이향 ··· 634
51. 재일을 위하는 일에는 변함이 없다 _이달원 ······························· 646
52. '환상의 필름'을 소생시킨 기록자 _고인봉 ································· 662

재일 한국·조선인의 발자취 _고찬유 ··· 673
용어해설 _고찬유 ·· 677
나오며 _오구마 에이지 ·· 688
옮긴이 후기 _고민정 ·· 695

01

식민지의 한을 아리랑에 담아 전하다
강금순 姜金順(여)

취재일: 2003년 4월 5일
출생지: 경상남도 합천군 율곡면 임북리
현주소: 후쿠오카현 기타큐슈시
생년월일: 1911년 8월 1일
약력: 야하타八幡제철소 직원모집에 지원한 남편을 따라 도일渡日 후, 제철소에서 가혹한 노동을 강요당하면서 자식 일곱을 키워낸다. 만년에는 넷째 아들과 함께 일본 내 학교를 돌며 식민지시대의 고통과 반전·평화의 염원을 담아 〈아리랑〉을 부른다. 2004년 11월 8일 서거.

취재: 김주리, 배동록 / 원고집필: 김주리 / 번역: 고경순

▶ 어머니의 죽음

나는 1911년 8월 1일, 경상남도 합천군 율곡면 임북리에서 태어났습니다. 가족은 부모님과 오빠, 남동생, 나 이렇게 다섯이었습니다.

외할머니는 베를 잘 짰고 논밭을 조금 갖고 있었습니다. 어느 날은 일본인이 들이닥쳐서 아버지에게 토지등록 수속을 밟으라며 강압적으로 토지 서류에 인감을 찍게 했습니다. 그렇게 논밭을 빼앗겨버렸습니다. 그 후에도 몇 차례나 토지조사와 매매등록 수속을 하라고 했는데 서류에 인감을 찍을 때마다 토지가 줄어갔습니다.

내가 다섯 살 때 어머니가 돌아가셨습니다. 스물 서넛 젊은 나이에

세상을 떴는데 흉통이 원인이었어요. 아버지는 학문을 아는 사람이었고 면사무소에서 일했던 것 같습니다. 아버지는 우리를 외가에 맡겼는데 우리는 아버지가 그리워서 매일 울기만 했어요. 아버지는 재혼은 하지 않겠다고 했습니다. 하지만 남겨진 아이들을 키우려면 재혼해야 한다는 주위 권유로 어쩔 수 없이 재혼을 했습니다. 새어머니는 유복한 가정의 딸이었고 얼굴은 예뻤습니다. 하지만 체격이 작고 마치 어린아이 같았습니다. 나중에 여동생이 태어났지만 병약해서 갓난아기 때 죽었어요.

이 무렵 마을에 일본인들이 보이기 시작했고 그들은 조선인을 강압적인 힘으로 억압하기 시작했습니다. 당시 일본인을 업신여겨서 왜놈이라고 불렀는데 그런 모습은 마음에서 두려움을 불러일으켰습니다.

▶ **남편이 야하타제철소로**

1927년, 내가 열일곱(세는나이로) 나던 해에 아버지가 혼담을 정하셨습니다. 혼수로는 솜이불 한 채와 염색한 이불호청으로 만든 면 이불, 여름용과 겨울용 한복을 각각 한 벌씩 지어줬습니다. 그리고 파란색 저고리에 빨간 치마를 입고 시집갔습니다.

남편, 배봉곤의 얼굴은 부끄러워서 둘째 날이 돼서야 살짝 엿봤어요. 시댁은 좁고 먹을 것도 없어서 결혼 후에도 나는 친정에 살았는데 남편이 왔다 갔다 했습니다. 남편은 얌전하고 성실한 사람이었습니다. 시아버지는 오래전에 돌아가셨고 시어머니와 시동생, 우리 부부 이렇게 네 사람의 생활이 시작되었습니다.

자식 넷이 태어났지만 먹을 것이 없어서 야위어만 갔습니다. 이대로 가면 모두 굶어 죽을 것 같은 두려움으로 나는 매일 울었습니다.

남편은 일본으로 건너갈 결심을 했습니다. 그때는 도항 제한을 매우 엄격히 해서 제철소 모집이 아니면 자유롭게 일본에 갈 수 없는 상황이었습니다. 마침, 후쿠오카현에 있는 야하타제철소 직원모집을 하는 모집책이 마을에 왔는데 남편이 지원했습니다. 일본에 건너갈 수속이 끝나자, 가족에게 이별할 시간도 주지 않고 데려가 버렸습니다. 이 무슨 잔인한 처사란 말입니까?

내가 부르는 〈아리랑〉은 누군가 노래하라고 해서 부를 수 있는 것이 아닙니다. 나를 둘러싼 상황이 너무 괴로울 때 자연스럽게 나오는 것이지요. 이 노래는 그럴 때 불렀던 〈아리랑〉입니다. 아이들이 잠든 밤이면 직물을 짜면서 서글픔과 배고픔을 잊으려고 늘 노래했던 것이지요.

아리랑 아리랑 아라리요.
아리랑고개를 넘어 간다.
가도 가도 발이 아프네요.
당신은 대체 저 먼 곳 어디로 가버렸나요.
당신의 어머니마저 놔두고 어디로 가버렸단 말입니까?
아리랑고개는 열두 고개나 있어요.
깊고 험한 고갯길이.
네 아이를 안고 어떻게 살아가면 좋단 말인가요?
아버지 없는 아이들은 누구를 의지하면 좋단 말입니까?
대체 무슨 일인가요?
아리랑고개를 넘어 간다.
깊고 험한 고갯길은 아직 백 개나 더 있는데.
어떻게 이겨낼 수 있을까요?
아니 어찌해도 안 돼.
난 어찌할 바를 모르겠어.

1941년, 공출이라는 명목으로 일본인이 마을을 돌며 쌀을 빼앗아 가기 시작했습니다. 얼마 안 되는 쌀을 독에 넣고 함석을 씌우고 토방에 땅을 파서 묻고는 그 위를 흙으로 덮었습니다. 그런데 눈치 빠른 조선인 앞잡이가 찾아내서는 일본인에게 밀고해버려서 전부 몰수당했습니다. 나도 아이들도 너무 배가 고파서 매일 울었습니다.

당시 일곱 살이면 학교에 갈 나이입니다. 장남은 워낙 공부를 좋아했고 노력가이며 영리한 아이였습니다. 나는 친정아버지에게 학비를 도와달라고 부탁했습니다. 장남에게 "학교에 보내줄게"라고 했더니 밥 먹는 것도 잊고 기뻐했습니다.

▶ 도일

남편이 지원할 당시에 야하타제철소는 일당을 2엔 주겠다고 약속했습니다. 하지만 그것은 거짓말이었습니다. 1엔 50전밖에 주지 않았고 게다가 적금을 들어준다는 명목으로 50전을 빼서 줬습니다. 송금도 한 번도 없었습니다.

나는 절박한 심정에 일본에 가기로 마음먹었습니다. 아이들과 함께 시어머니를 모시고 가려고 했더니 시동생이 만류했습니다. 그리고 떠나올 때 친정아버지가 주머니에 100엔짜리 지폐를 몰래 넣어주셨습니다. 아버지는 "네 목소리를 듣는 것도 마지막일지 모르겠다."며 탄식했습니다.

1942년 12월 31일, 어느덧 일본으로 가는 날이 다가왔습니다. 이불과 남편 한복과 모자 등의 옷가지와 간장과 고추장 같은 식품을 큰 보따리에 꾸려서 출발 전날 부두로 보냈습니다.

마을에서 읍내로 나가려면 낙동강을 건너야 했습니다. 기학 오빠가 아기는 바구니에 넣어 어깨에 메고 장남은 등에 업어서 겨우 건너편

해안에 도착했습니다. 작은아버지 집에서 하룻밤 묵고 다음날 놋그릇과 부엌세간들을 가지고 버스를 타고 대구로 갔습니다. 대구에서는 기차를 타고 부산까지 갔지요. 그날의 기억을 떠올리며 부른 노래입니다.

아리랑 아리랑 아라리요.
아리랑고개를 넘어 간다.
아리랑고개는 열둘이나 있어요.
만경창파 떠나는 배여.
조금만 더 닻을 내려다오.
일본가는 배는 어찌 그리 무정하더냐.
나를 태우고 일본으로 데려다 다오.
백발의 부모를 지켜다오.
부친 없는 일가는 누구를 믿고 가면 좋단 말인가?
대체 얼마나 울었단 말인가.
한강수처럼 수많은 눈물이 흐르는구나.
엄마, 우리 엄마여.

내 살던 고향을 뒤로하고 어디로 가려 한단 말인가?
강물이 젖이었다면 내 남동생을 살릴 수 있었으련만.
강물이 술이었다면 우리 민족을 즐겁게 해줄 수 있었으련만.
뒷산의 낙엽이 떡이었다면 모두 배불리 먹일 수 있었으련만.
우리 엄마여, 우리를 길러준 은혜는 세계 제일이에요.
우리 아버지여, 우리 할아버지여, 안아서 날 키워주었지요.
따뜻한 햇볕 아래서 업어주고 안아주며 아껴주었지요.
애지중지하며 밥을 먹여주었는데, 자애로운 할아버지는 어디로 가버렸단 말인가.

날씨는 공교롭게 태풍이었습니다. 배가 심하게 흔들려서 사람들이 서로 머리를 부딪치기도 했어요. 아이들은 물 달라고 몇 번이나 보챘습니다. 배가 흔들리고 뱃멀미가 나서 나도 꼼짝할 수가 없었습니다. 거친 바람이 휘몰아쳐서 그대로 배가 가라앉을 것만 같아 몸이 떨려왔습니다. 가까스로 시모노세키에 도착하니 남편이 마중 나와 있었습니다.

남편은 셋째 아들 동희를 안고 우리를 이끌고 친구 가네모토 씨 집으로 갔습니다. 다음날이 설날이었는데 양말 한 켤레 살 수가 없었습니다. 조선에 있을 때보다 더 궁핍한 상태였습니다. 그날 하나오마치의 하치만제철소에서 제공하는 사택으로 들어갔습니다. 이불이 없어서 우리 여섯 식구는 거적을 뒤집어쓰고 추위를 견뎠습니다.

▶ 가혹한 노동

나도 야하타제철소에서 잡역부로 일하기로 하였습니다. 아침 해가 뜨면 일이 시작되는데 그 해가 질 때까지 계속되었습니다.

다음 해에 넷째 아들 동록이가 태어났습니다. 제철소로 가는 산길은 길이 험해서 게타 끈이 끊어지고 발이 돌에 찔려서 걷는 것이 고통스러웠습니다. 일을 마치고 돌아갈 때는 너무 지쳐서 오리오에서 모지항까지 가는 노면전차를 타려고 하면 차장이 옷이 너무 더러워서 태워줄 수 없다며 승차를 거부하는 일이 종종 있었습니다. 그리고 절약하려는 마음도 있어서 늘 걸어서 다녔어요.

내가 하는 일은 부두에 산더미처럼 쌓여있는 철광석을 화차에 옮겨 싣는 작업이었는데 '이레코'라고 불렸습니다. 이레코는 화차 한 대에 4인 1조로 구성된 한 반이 배치되었는데 모두 조선인 여성들이었습니다. 작은 갈고랑이로 긁어모은 철광석을 대나무 소쿠리에 담아서 배에 받치고 디딤판을 올라가서 화차에 쌓아 올리는 일이었습니다. 너무 힘들어서 4, 5일 만에 다른 일로 바꿔 달라고 사정했더니 물 긷는 일을 하라고 했습니다. 물을 길어 와서 차를 끓이고 있는데 물 긷기는 식은 죽 먹기니까 돈은 안 준다는 거예요.

어쩔 수 없이 원래 하던 일로 돌아갈 수밖에 없었습니다. 큰 쇳덩이가 너무 무거워서 한 번에 많은 양을 옮기는 것은 도저히 무리였습니다. 화차에 걸쳐놓은 디딤판에서 떨어지면 죽는 것이었습니다. 팔과 발이 아프고 배가 부어올랐습니다. 그 고통에서 벗어나고 싶어서 화차 속으로 뛰어내리려는 생각을 가끔 할 때도 있었습니다. 도망가는 동포도 많았지요.

여성의 급료는 남성보다 적어서 하루 1엔이었습니다. 5일에 한 번 받았지만 그중에서 이런저런 명목을 붙여서 국방저금을 하게 했습니다. 종전 후에 통장을 가지고 가서 반환을 요구했지만 바로 돌려받지는 못했습니다. 쉬는 날은 산나물을 캐러 가기도 하고 돼지껍데기를 사러 가기도 하면서 어떻게든 아이들을 먹여 살리는 데 힘을 다 했습니다.

사택으로 준 연립주택에서 우리 집이 가장 가난했습니다. 어떻게 목숨을 연명했는지 지금 생각해도 아찔한 순간이 많았습니다. 암시장에 가서 감자 몇 관을 사고 오다 검문에 걸려서 통째로 빼앗겼던 일도 있었습니다. 악질 일본인이 가로채 갔던 거예요.

시모노세키에는 조선인이 운영하는 식료품점이 있었는데 그곳에서 조선 식재료를 구해 왔습니다. 콩나물이나 고기도 살 수 있었습니다. 역시 동포가 많이 사는 지역은 좋았습니다. 활기가 있고 조선 물품을 구할 수 있었으니까요.

▶ 공습

1945년에는 미군의 공습이 빈번했습니다. 공습경보가 울리면 나는 넷째 아들을 업고 장남, 둘째, 셋째 아들의 손을 꼭 잡고 방공호로 뛰어 갔습니다. 공습이 심해지고 정국이 혼란스러워지자 일시적으로 제철소 가동이 마비되었습니다. 제철소를 잘릴 것 같은 불안감에 "모집한다고 사람을 데리고 왔으면 책임지고 일을 달라."고 사정했지만 그 말을 들어주지는 않았습니다.

8월 8일에 있었던 야하타대공습은 피해가 컸습니다. 하늘에서 폭탄이 비 오듯이 쏟아져 내리고 불바다가 되어 발 디딜 틈조차 없었습니다. 넓은 기찻길에도 열풍으로 죽은 사람들이 널려있었습니다.

▶ 해방

8월 15일, 해방을 맞이하자 우리 가족도 일고여덟 번쯤 귀국 준비를 했습니다. 하지만 일당으로 1엔을 받아서 겨우 감자로 끼니를 때우는 생활이어서 여비를 마련할 수 없었습니다. 언젠가 돌아가겠다는 꿈을 꾸고 있었는데 지금에 이르렀습니다. 전쟁이 끝난 후 바로 일은 없어지고 갈 곳도 없고 고향에도 돌아갈 수 없었습니다. 집세를 지불하며 계속 사택에 살았습니다.

10킬로미터 가까운 산길을 넘어 먹을 것을 구하러 농가에 갔습니다. 감자와 무를 배급 설탕과 교환해서 마대 자루에 담아 머리에 이고 돌아왔습니다. 어떻게 해서든 아이들 학교 보내는 일을 최우선으로 여겼습니다. 먹을 것이 없으면 산나물을 캐서 먹이더라도 학문을 하지 않으면 쓸모없는 인간이 된다고 생각했습니다. 나는 아흔하나(만 나이)가 된 지금도 못 배운 것이 아쉬움으로 남아 가슴을 스칩니다.

종전 후에 육류는 가격 폭등으로 살 수가 없었습니다. 그래서 햄을

만들려고 벗겨 낸 돼지 껍데기를 사러 진노하라陳の原 도살장에 갔습니다. 일본인은 껍데기를 먹지 않고 가축 사료나 비료로 사용했으니까요. 집에 가지고 돌아와서 아이들에게 면도기로 털을 밀게 했습니다. 칼도 잘 안 들어서 밑 손질도 큰일거리였습니다. 큰 냄비에 물을 끓이고 껍데기를 삶아서 하룻밤 두면 젤라틴이 굳어서 묵처럼 됩니다. 그 덩어리를 잘라서 김치에 싸서 먹으면 영양 많은 진수성찬이 되는 거지요.

전후에 나는 집에서 키운 상추를 들고 동포들 집에 팔러 돌아다녔습니다. 그래서 사람들은 나를 상추 파는 아주머니라고 불렀습니다. 그리고 구로자키와 야시키초에 있는 조선인 부락에서 양돈업을 하는 동포가 몰래 만든 소주와 막걸리를 사 와서 사택에서 팔았습니다. 남편도 장녀를 데리고 소의 창자와 선지를 양동이에 넣고 한 시간 반이나 걸리는 길을 걸어서 가져다줍니다. 또, 아이들을 시켜서 시장에서 버리는 배추와 양배추 같은 채소 부스러기를 사 오게도 했습니다.

그래도 그 시절은 사는 보람이 있었습니다. 한창 육아에 열중한 때여서 정신없었지만 아이들이 크는 것을 보면 힘이 났고 활기찬 시절이었습니다. 약간의 돈이 수중에 남았지만 학교에 갖다 내는 월사금과 다달이 지불하는 것도 많아서 변통하는 것이 만만찮았어요.

자식들 공부만큼은 어떻게든 시키려는 일념으로 살았습니다. 수학여행 등에 가지고 가는 용돈도 항상 챙겨서 보냈습니다. 150엔밖에 주지 못했을 때는 아이에게 미안한 마음도 들었지만 생일에는 수입쌀로 팥밥을 지어서 소박한 생일상도 차려주곤 했지요.

▶ 역사 이야기꾼으로서

남편은 1981년 8월, 칠십팔 세를 일기로 세상을 떠났습니다. 자식들은 묘비에 "망향·차별·생활고로 힘든 삶이었습니다. 행복하게 5남 2

녀를 훌륭히 키워내서 선조에 보답했습니다.……"라고 새겼습니다.

장남은 조선학교 교원이 되었지만 월급이 적어서 점심값을 보조해 줬습니다. 자식이 일곱이나 되어서 지갑 끈을 동여매지 않으면 안 되었지요.

최근 10년 사이에 넷째 아들 동록이가 일본 소·중·고등학교에서 조선의 역사·문화와 놀이 그리고 강제연행역사 같은 우리의 뿌리와 사상에 대한 강연을 하고 있습니다. 나는 아들이 강연할 때 같이 다니면서 역사 이야기꾼이 되어 아리랑을 부릅니다. 그리고 두 번 다시 강제연행이나 전쟁을 일으켜서는 안 된다고 호소하고 있습니다.

학교에서 알게 된 많은 일본인 선생님과 사랑스러운 학생들이 편지를 보내오기도 하고 그 지방에서 나는 감자와 쌀을 가지고 오기도 합니다. 이처럼 정말 좋은 일본사람들과 만나기도 합니다. 지금까지 힘들었던 일도 단번에 치유되는 느낌이 들었습니다.

나는 글을 몰랐는데 여든 살 넘어서 지역 시민분이 봉사로 시작한 청춘학교라는 문맹퇴치학교에서 글을 배웠습니다. 내가 일본 선생님에게 배워서 처음으로 쓴 문장입니다.

"나의 소원은 글을 쓰고 싶다. 신문을 읽고 싶다. 편지를 쓰고 싶다. 편지를 써서 한국에 있는 친척에게 보내고 싶다. 1996년 12월 19일"

02

조선에서의 삶과 일본에서의 삶
허임환 許任煥(여)

취재일: 2004년 11월 13일, 2006년 4월 17일
출생지: 충청북도 보은군 보은면 학림리
현주소: 도쿄도 고토구
생년월일: 1912년 10월 2일
약력: 부친은 도일, 조선의 농촌에서 성장, 열여섯 살에 농촌으로 시집간다. 열아홉 살에 장남 출산. 남편은 장인을 의지하여 일본에 와 있었다. 스물두 살에 일본으로 도항해서 도쿄 오타구에서 살았다. 공습으로 지바와 사이타마, 도치기로 소개疏開(적의 공습이나 화재 따위에 대비, 주민이나 시설물을 분산함). 1945년 8월 15일, 조국 해방 후에 센다이로 이사했는데 화재로 집을 잃고 지인의 도움으로 고토구江東區에서 살게 되었다. 조선총련이 결성된 후에는 여성동맹중앙·고토 지부 부위원장과 지역 분회장을 맡았다. 2008년 1월 1일 서거.

취재: 히구치 유이치, 나기대, 미야모토 마사아키
원고집필: 히구치 유이치 / 번역: 고경순

▶ 충청북도 작은 시골마을에서

나는 충청북도 보은군 보은면 학림리라는 작은 시골에서 태어났습니다. 형제는 다섯입니다. 집에는 부모님 방과 아이들 방, 부엌과 온돌이 있었고 장판이 깔려 있었습니다. 글은 집에서 아버지에게 배웠고 학교는 가지 않았습니다.

내가 일고여덟 살쯤에는 아버지가 일본에 있어서, 논밭은 없었던

것 같고 아버지가 일본에서 보내준 돈으로 생활하고 있었습니다. 아버지가 일본에서 무슨 일을 하고 있었는지는 모르겠지만 한번은 일본에서 돌아온 적이 있었습니다. 여자아이만 넷을 낳은 후 겨우 남자아이가 태어났는데 홍역으로 세 살 때 죽어버렸어요. 아버지는 부아가 나서 다시 일본으로 가버렸습니다.

▶ 어렸을 때 들었던 3·1운동

3·1운동에 대해서는 잘 기억나지 않지만 어렸을 때 마당에서 놀고 있는데 많은 사람들이 노래를 부르면서 산으로 걸어가는 것을 본 적이 있습니다. 어머니에게 "뭐 하는 거예요?"라고 물었더니 "독립하려고 하고 있어."라고 말해줬습니다. 이때 모두가 일제히 입을 모아 외치고 있었습니다.

만세, 만세, 만만세, 우리나라, 독립 만세

▶ 시집가다

조선에서 여자들은 집안일을 도우면서 시집갈 때 필요한 것들을 배웠습니다. 나도 열두세 살에는 내 옷은 스스로 지을 수 있게 되었습니다. 누에에서 실을 뽑아서 베를 짜기도 했습니다. 그리고 실을 뽑고 남은 것은 먹기도 했어요. 맛있었습니다. 마와 목면을 가지고 바느질도 하고 식사 준비도 도왔습니다.

그러는 사이에 나도 시집갈 나이가 되었습니다. 아버지는 내 혼처를 찾으려고 조선에 돌아와서 1년쯤 있었습니다. 옛날에는 상대가 좋은지 나쁜지 따위는 모른 채로 부모가 정해준 결혼을 했습니다. 열여섯 살 때였어요. 남편은 열여덟이었는데 좋은 사람이었어요.

시댁은 산간에 있는 큰 농가였고 독립된 큰 방도 있었습니다. 이웃 사람들이 놀러 오기도 하고 혼자 사는 사람들이 와서 묵기도 했습니다. 오줌을 받아서 거름으로 쓰기 위해서였지요.

시댁에는 큰 밭과 논이 다섯 마지기(약 1,500평)가 있었습니다. 밭일은 친척들에게 맡기고 시아버지와 남편은 밭일은 하지 않았습니다. 일하는 사람도 두세 명 있었어요. 소는 큰 소 한 마리와 송아지 한 마리가 있었고 닭과 개도 기르고 있었습니다. 시아버지에게 바느질을 잘한다고 칭찬도 받았습니다.

▶ 조선에서의 밥상 차리기

우리 집 식사는 아침에는 집된장으로 만든 된장국과 배추김치, 무김치였습니다. 특히 깍두기는 맛있게 만들려고 정성을 다했고 손님이 왔을 때는 바로 낼 수 있도록 했습니다. 된장은 11월경에 콩을 하루 종일 삶아서 그것을 말려 놓으면 다음 해 2월에는 발효돼서 간장과 된장이 됩니다. 부잣집에는 간장과 된장을 넣는 큰 항아리가 많이 있었습니다.

밥은 쌀에 보리를 섞어서 지었습니다. 돈이 없는 집은 조밥이었습니다. 조는 쌀과 섞어서 밥을 지었지만 보리는 쌀 밑에 넣어서 지었습니다. 귀한 손님이나 남편에게는 윗부분에 있는 쌀 쪽을 내고 보리는 여자들이 먹기 위해 구분해 놓은 것입니다.

점심때는 논에서 일하고 있는 사람들에게도 식사를 가지고 갔습니다. 몇 명이서 밥과 국, 김치를 가지고 갑니다. 생선은 매일 먹지는 않았지만 이웃 사람들이 밭일을 도와줄 때는 고등어라든가 조기 등을 준비해서 내어놓았습니다.

저녁에는 죽을 자주 쑤었습니다. 돈이 없는 집은 아침부터 죽이었지요. 아버지가 없는 집이나 일할 사람이 없는 집에서는 죽을 먹었을 거예요. 수제비도 만들어 먹었습니다. 가루를 반죽해서 국물에 넣으면 수제비가 됩니다. 보리를 가지고 가면 물레방앗간에서 가루로 빻아줬어요. 시골에 물레방앗간이 하나 있어서 모두가 그걸 사용했지요.

▶ 산나물을 캐다

음식에는 갖은 산나물을 넣었습니다. 갖가지 산나물을 캐 와서 그것을 보존했다가 사용했습니다. 우리는 봄이 되면 산에 가서 갖은 산나물을 캐왔습니다. 쑥은 비벼서 즙을 내기도 했고 된장국에도 넣었습니다. 민들레와 도라지 뿌리도 자주 먹었습니다. 하얀 꽃이 피는 냉이는 데쳐서 먹기도 하고, 죽에도 넣었습니다. 잔대는 도라지처럼 뿌리를 먹었지요. 무릇은 뿌리를 깨끗이 씻어 하루 동안 푹 삶아서 쑥과 함께 섞어서 먹습니다. 손이 많이 갔지만 아이들과 손님에게도 냈지요.

또 산에서 도토리를 주워 와서 묵을 만들어 먹었습니다. 상수리나무 열매인 도토리는 겉껍질을 벗기고 물에 담가서 떫은맛을 뺀 다음, 맷돌에 갈아서 사용합니다. 맛있었어요. 지금은 메밀로 많이들 만듭니다만.

그 외에도 메뚜기는 볶아서 자주 먹었습니다. 다슬기도 아이들이 잡아 오면 반찬을 만들었습니다. 시댁 근처의 작은 강에 가면 제법 많이 잡혔어요. 할머니들은 10리쯤 떨어진 읍내에 가지고 가서 팔기도 했습니다. 시어머니도 자주 갔는데 팔리면 내게 10전을 줬어요.

▶ 시사를 지내기 위해 막걸리를 만들다

조선에서는 큰 항아리를 많이 만들었습니다. 산소에서 시사時祀(음력 10월에 5대 이상의 선조 묘에서 지내는 제사)를 지낼 때는 친척들이 많이 모였습니다. 이웃에서도 도와주러 많은 사람들이 왔지요. 그래서 막걸리 항아리 두 개를 가지고 산소에 갔습니다. 떡과 지지미, 과일도 가지고 갔습니다. 추석에도 음식을 만들었는데 시사 때보다도 더 성대했지요.

때로는 마당에서 막걸리를 만들고 있을 때, 면사무소에서 조사 나오는 일도 있었습니다. 막걸리 제조는 금지되어 있었지만 집에서 먹을 것들은 몰래들 만들었습니다. 단속이 심해진 후에는 술지게미가 나오면 흙을 파서 묻기도 했습니다. 우리 집 근처에는 강이 없어서 버릴 수가 없었던 거예요.

▶ 일본으로 오다

내가 왜 일본에 왔는가 하면, 시아버지가 지인의 보증을 잘못 서서 토지를 잃게 되었기 때문입니다. 그 후에 시아버지는 "보증은 절대 서지 말라."고 늘 말씀하셨지요.

생활이 힘들어지고, 마침 우리 아버지가 일본에 가 있어서 남편이 먼저 일본으로 갔습니다. 아버지가 불렀어요. 그때 나는 열아홉 살이었고 장남을 낳았을 때였습니다. 시어머니가 이웃 사람에게 "이 아이 아버지는 일본에 돈 벌러 갔다."는 말을 자주 했습니다. 내가 일본에 온 것은 남편이 떠나고 일 년 후인 스물두 살 때입니다.

일본에 올 때는 도항증명이 필요했습니다. 면사무소와 경찰에 갔는데 "뭐 하러 일본에 가느냐."고 물었습니다. 내가 "남편과 아버지가 있어서 간다."고 했더니 바로 증명서를 내주었습니다. 보통의 경우 증명서는 좀처럼 내주지 않았는데 지인이 말을 잘 해줘서인지 나는 바로 받을 수 있었습니다.

시모노세키를 경유해서 일본에 도착했습니다. 그리고 이불과 조선 유기 등도 가지고 왔습니다. 그 후에 시어머니는 족자와 숟가락을 가지고 왔습니다. 생활에 필요한 물건은 가능하면 가지고 왔던 거지요. 지금은 없지만 집에서 실제로 사용했습니다.

전쟁 때까지 남편은 가마타에 있는 와타나베제강에서 쭉 일하고 있었습니다. 우리는 오타구 로쿠고에 살고 있었습니다. 그 후에 공습을 피해 도치기현 가누마로 소개 받아 갔습니다. 지바현 후나바시에서도 잠시 살았습니다.

▶ 조국 해방과 수차례의 이사

8월 15일은 시카누마에서 맞이했습니다. 모두 기뻐했습니다. 시어머니는 10월에 고향으로 돌아갔는데 남편이 하카타까지 배웅을 나갔습니다. 그런데 소중한 물건들을 전부 도둑맞아 버렸어요. 그때 나는 임신 중이어서 돌아가지 않았던 거지요. 이 아이는 1946년에 태어났지만, 일찍 세상을 떠났습니다. 남편은 고향에 돌아갈 생각이 없었습니다.

그 후에 여동생이 사는 센다이의 하라노마치 니가타케로 갔습니다. 재일조선인이 많이 사는 곳이었습니다. 우리는 하숙을 치기도 하고 돼지를 키우기도 했습니다. 전쟁 중에는 남자는 모두 군수 관계의 일을 했는데, 해방 후에는 남자들 일이 완전히 사라져버렸습니다. 그래서 나도 막걸리를 만들어서 팔게 되었습니다. 역시 단속은 엄했어요. 남편은 리어카에서 군고구마 장사를 했지만 좀처럼 잘 되지 않았습니다.

1957년에는 센다이 집에 불이 나서 전부 타버렸습니다. 이때 조선의 동향 사람이 도쿄에 있는 집을 소개해 주었습니다. 그때 돈으로 20만엔에 집을 샀습니다. 지금 살고 있는 시오하마(당시, 시오자키)이지요. 에다카와초와 가까운 곳이고 조선인이 많이 살고 있어요. 남편은 직업소개소의 일을 하거나 자전거에 리어카를 매달고 고철이나 폐지를 모으는 등 갖가지 일을 다 했습니다. 그 후에는 근처에 농림성 창고가 있어서 그곳에서 출하작업을 했어요. 남편은 욕을 할 줄 몰랐고 아이들을 때리지도 않는 얌전한 사람이었습니다. 1996년에 돌아가셨습니다.

▶ 자식 교육

장녀와 장남은 해방 전부터 일본 학교에 다녔습니다. 센다이로 이사 간 후에도 일본 학교였습니다. 그러던 중, 도쿄 주조十條에 조선학교가 생겨서 지인의 집에 장녀를 맡겨 조선학교를 다니게 했습니다. 그런데 당시에 학교폐쇄(한신교육투쟁) 문제가 일어나서 딸은 매일같이 데모만 참가했다고 합니다. 그러다가 학교를 그만두고 센다이로 돌아왔습니다. 센다이에는 조선학교가 없어서 아들들은 어쩔 수 없이 일본 학교에 다녔던 거지요. 센다이 집이 화재로 다 타버려서 동경으로 이사했지만, 차남은 고등학교를 졸업할 때까지 일 년 정도 그대로 센다이에 남아있었습니다.

장남은 일본 고등학교, 차남은 일본 대학을 졸업했습니다. 삼남은 열두 살 때 병으로 죽었어요. 막내아들은 근처 에다카와초에 있는 조선소학교(초등학교)를 다녔고 주조 조선고등학교를 나와서 조선대학교를 졸업했습니다. 손자는 열둘이 있는데 아홉이 조선학교, 셋은 일본 학교에 다녔습니다. 옛날에는 조선인이니까 조선학교에 보내려는 사람이 많았지만 요즘은 직업이라든가 장래를 생각해서 일본 학교에 보내려는 사람들이 많아요.

▶ 여성동맹 일을 하다

막내아들이 조선학교에 다닌 후에는 뭔가 학교와 지역과의 결속이 많아져서 여맹(재일본조선민주여성동맹) 일을 돕게 되었습니다.

1960년대는 귀국운동, 조국 자유왕래, 학교지키기운동(외국인학교법 안에 반대하는 운동) 등이 있어서 지역 여성들이 모두 참가했습니다. 나는 중앙과 고토 지부에 속해 있었고 부위원장도 좀 했습니다. 또 나는 여성동맹 시오자키 분회의 분회장을 오랫동안 했습니다. 분회원은 30명 정도인데 임원은 일곱 명이 있었습니다. 분회원들과는 무슨 말이든 다 하는 사이였어요. 무슨 일이 있으면 조직일이 아니더라도 회원을 도왔지요. 이웃들과는 지금도 사이가 좋습니다. 본부와 지부에서 연락이 오면 이웃 사람들과 같이 데모나 집회에 나갔습니다. 1960년대는 매일같이 데모에 참가했습니다. 국회의사당, 도라노몬공원, 히비야공원은 지금도 잊지 못합니다. 지역 차원에서 여성이 그런 운동을 지지했던 면도 있습니다.

귀국운동을 할 때는 이 지역에서 두 집이 귀국했고, 다음은 젊은 사람이 개별적으로 돌아갔습니다. 우리 장남도 가겠다고 했지만 귀국시키지 않았어요. 가족이 뿔뿔이 흩어지는 것은 안 된다고 반대했습니다.

분회 사무소에는 성인학교가 있었는데 여성들이 조국의 노래를 부르기도 하고 글을 배우는 강좌도 있었습니다. 나도 참가했지만 사상적인 일이나 사회주의 이야기는 잘 몰랐습니다. 남편은 얌전한 사람이어서 총련 활동에는 거의 참가하지 않았지만 민족학교 행사와 8·15해방 경축 집회 등에는 참가했습니다.

03

영화로 만들어진 해녀의 반평생
양의헌 梁義憲(여)

취재일: 2005년 8월 20일
출생지: 제주도
현주소: 오사카시
생년월일: 1916년 6월 5일
약력: 제주도에서 남편과 사별 후 재혼. 4·3사건을 피해 일본으로 간 남편을 찾아 도일. 민족교육운동에 분주한 남편과 가족을 부양하기 위해 40여 년간 해녀 일을 했다. 자식 셋이 북조선으로 귀국. 가족이 남·북·일본으로 헤어진 이산가족. 그 반생은 다큐멘터리영화『해녀 양씨』로 제작되어 각지에서 상영되고 있다.

취재: 고찬유 / 원고집필: 고찬유 / 번역: 고경순

▶ 부모가 정해 준 결혼

나는 1916년에 제주도 동복리에서 태어났습니다. 우리는 팔 남매였는데 오빠, 언니들은 고생 많았어요. 그래도 나는 막내여서 그다지 고생하지 않았어. 집안일을 하거나 밭에 가는 정도였지. 아버지와 어머니가 밭에 가면 점심밥을 가지고 가고 저녁밥 준비도 하고. 제주도에서 여자아이는 어릴 때부터 해녀 일을 많이 배웠지만 나는 하지 않았어. 아버지가 "해녀 일 같은 건 할 필요 없다."고 반대했어요.

열여덟 살 때 송두정이라는 사람과 결혼했어. 부모가 정해줬지. 열아홉에 장녀 선(송선희)이가 태어났는데 일본에 일하러 간 남편은 몇 년이 지나도 편지 한 장이 없었어요. 그래서 나도 오사카로 오게 된 거예요. 남편이 양복 만드는 일을 했는데 나도 보조 일을 했어요. 그 무렵에 아들 송대길이 태어나서 저금해 뒀던 돈으로 집을 사서 이사했어요.

그 후에 공습이 심해져서 제주도로 돌아갔는데 다음 해(1945년)에 남편이 저세상으로 가버렸어요. 남자 둘이서 술 먹고 싸웠는데 그 부인이 도와 달라고 해서 달려갔더니 "넌 뭐야"라며 찔러버렸던 거야. 수술도 치료도 아무것도 해보지 못하고 40일 정도 있다가 세상을 떴어요. 장례를 치르고 나서 나는 자식 둘을 데리고 여기저기서 일을 했어요. 아이들은 누가 먹여주겠어? 여자 혼자 힘으로 죽기 살기로 열심히 일했지. 정말 고생했어.

▶ 많은 사람이 죽임을 당하고

그다음 해, 서른 살 때 김항배와 재혼했어요. 자식이 하나(김진앵) 있었고 여덟 살 연상이었어요. 남편은 쭉 구장區長을 하고 있었습니다. 4·3사건이 일어난 것은 재혼하고 2년쯤 뒤였는데 그 무렵부터 험악한 일들이 생겼어요.

남편은 어쨌든 먹을 것과 입을 것을 전부 산(유격대의 거점)으로 가져갔어요. 그래서 표적이 돼서 어느 날엔가 밤에 남자 여섯 명에게 붙잡혀 왔어. 내가 빌려온 3만 엔을 들고 그대로 일본으로 도망가 버렸어. 그대로 있으면 나도 아이들도 모두 죽일 것 같았어. 그 일은 잊을 수가 없어요. 그때, 마을에서 많은 사람들이 죽었어. 정말 무서웠어요. 우리 가족이나 친척은 죽지 않았지만, 산에 연루되어 있다든가, 스파이라면서 집에 불을 질러서 죽여 버렸어요. 지옥 이상이었어. 정말 무서웠어.

남편이 없으니까 내가 일했어요. 장사를 했지. 젊은 시절에 글은 몰랐지만 장사는 똑 부러지게 해서 집도 사고 밭도 사고 야무지게 살았어.

▶ 해녀 일

나는 영재를 낳고 9개월 때, 영재와 선이를 데리고 부산에서 밀항선을 타고 쓰시마로 갔어요. 나는 예전에 일본에 갔었기 때문에 외국인등록증이 있었어요. 남편에게 연락해서 이쿠노(오사카시의 조선인 집주지)의 언니 집에 가서 내 외국인등록증을 가지고 쓰시마로 와달라고 했지요. 그래서 우리 가족은 무사히 이쿠노의 히라노 운하 가장자리에 집을 빌려서 보금자리를 꾸리게 됐어요.

남편은 학교 일을 했어. 조선학교를 설립하기 위해 기부금 모금을 열심히 했지만 집에는 한 푼도 가져오지 않았던 거야. 아무래도 안 될 것 같아서 해녀 일을 하게 된 거죠. 매해 3월부터 10월까지 쓰시마에 갔어요. 한 그룹은 서너 명인데 모두 합하면 4, 50명쯤 됐어. 감독은 쓰시마 출신의 일본인이었는데 바다를 구역을 나눠서 채취권을 샀어요. 감독이 빌려준 집에서 모두 같이 밥을 지어 먹고 잠도 같이 잤어요.

해녀 일은 메리야스 옷 위에 고무 옷을 입고 수경을 끼고 아침 여덟 시에 바다에 들어가면 열두 시까지 잠수했어요. 점심때가 되면 올라왔다가 다시 한 시에 들어갔다가 다섯 시에 나왔어. 주로 전복과 소라를 채취했어요. 바다가 거칠면 들어갈 수 없어서 매일 쉴 때도 있었지.

물속은 무서웠어. 배에서 공기를 보내주지만 바다에 들어가면 몸이 힘들고 추워요. 물속을 잠수해 들어가면 따뜻하지만 몸에는 아주 나쁘지. 잠수병도 두 번이나 걸렸어. 서툰 사람이 끌어올리면 걸리는 거야. 배로 돌아오자마자 픽 쓰러져 버렸어요. 얕은 곳으로 가서 조금씩 끌어올리면 잠수병에 걸리지 않아요. 그런데 깊은 곳에서 급하게 올라오면 몸이 쪼그라들어 버리는 거야. 죽는 사람도 많았어. 잠수병에 걸리면 병원에 가서 주사를 맞았는데 우리는 보험이 없으니까 병원비는 감독이 내줬어요.

해녀는 돈을 벌기는 하지만 일은 힘들어. 그보다 아이들과 떨어져 사는 게 외로워서 더 견딜 수 없었어. 이따위 일 하지 말아야지 생각은 해도, 이것도 운명이니까 어쩔 수 없다고 생각했어. 눈물 흘릴 때도 많았어요. 여유가 있는 사람은 그래도 집으로 돌아갈 때는 상점에서 좋아하는 것도 먹고 했지. 우리는 우윳값이 아까워서 수돗물만 먹었어. 그 물을 잠깐 틀어놓고 입에 가득 채웠어. 그렇게 해서 돈을 모았던 거지.

돈은 4 대 6으로 받았어. 10만 엔 벌면 나는 4만 엔이었어. 바다가 거칠어서 배가 나가지 못하는 날도 있지만 보통은 남자들이 일하는 것보다도 더 받았어요. 10월에 일이 끝나서 집으로 돌아가면 아이들도 정말 기뻐했어요. 바다에서는 울었지만 아이들을 보면 정말 기뻤어요. 고생한 보람이 있었지요.

집에 돌아와서도 옷을 마무리하는 작업도 하고 콩나물 꼬리 다듬는 일도 했어요. 그 일이 끝나면 동포가 운영하는 조선시장의 상점에서 떡을 만들었지요. 조선 떡이었어요. 밤에는 고물을 주우러 갔어요. 그런데 큰오빠가 "누이, 배가 고파도 참을 테니 이것만은 그만두라"고 울면서 말했어요. 그래서 그만뒀어.

▶ 학교 건립을 위해 힘쓴 남편

처음 쓰시마에 갔을 때 집에 40만 엔을 보냈어요. 집을 사야 했으니까요. 그때는 부부와 아이들 넷 해서, 여섯 명이 됐어요. 집에 돌아와서 "아버지(남편), 돈 보낸 거 어디 있어요?"라고 물었더니 "장사하는 친구에게 빌려줬는데 도망가 버렸어."라는 거야. 사람이 좋으니까 늘 그렇게 속기만 했어. 이미 잃어버린 돈이니 어쩔 수 없다고 포기했지만 정말 화가 났어요.

남편은 돈은 벌지 못했지만 학교를 지을 때는 밤낮없이 동분서주했어요. 해녀 일을 하러 갔다 돌아왔더니 친구가 "너 빨리 돌아왔으면 좋았을 텐데. 아저씨, 우는 거 봤으면 좋았을 텐데."라는 거예요. 무슨 일인지 물어봤더니 학교를 건립하고 축하행사 때, 인사말을 하면서 눈물이 났던 모양이에요.

쓰시마에서 5년 정도 일하고 난 후에는 여기저기 다른 곳에 갔어요. 가고시마, 에히메, 가나가와라든가. 시즈오카도 2년 정도 가서 우뭇가사리만 채취했어요. 맨 마지막까지 일했던 곳은 미에현 도바인데 딱 일흔 살까지 했어요. 그 전부터 무릎관절이 양쪽 모두 나빠졌지만 그래도 일을 했던 거지요.

해녀를 그만두고 나서 떡집에서 일했어요. 그런데 바로 그만둘 수밖에 없었어. 당뇨가 있어서 발의 뼈가 붙지 않았어요. 수술도 할 수 없어. 이렇지 않으면 지금이라도 어딘가 일하러 갈 수 있는데······.

▶ 자식들의 귀국

자식들은 모두 조선학교에 다녔어요. 제1(전, 동오사카조선제1초급학교)부터 동중(동오사카조선중급학교), 조고(오사카조선고급학교). 모두 공부를 잘하고 똑똑했어. 최고 우등생이었어요.

북조선으로의 귀국운동이 시작되면서 아들 셋이 갔어요. 남은 아들은 조대(조선대학교)를 나와서 총련 일을 하고 있어요.

처음에는 둘째 아들 대길이가 혼자 갔어요. "우리 집은 돈이 없어서 공부도 못 하고 친구들도 전부 가니까, 나도 북조선 갈게요."라는 거예요. 정말 쓸쓸했어요. 처음이었으니까 마음이 아파서 매일 울었지요. 그런데 "동생도 보내세요. 여기 오면 뭐든 공짜니까."라는 편지가 왔어요. 둘째는 머리가 좋았어. 지금은 정년이 되었지만 교육도 잘 받아서 잡지사 기자가 돼서 전국을 돌아다녔어.

그다음에 셋째 아들 영재가 갔어. 남편이 모두 보냈어. 내가 쓰시마에서 돌아와 보니 보낼 준비를 하고 있었어요. 남편이 "대길이도 가 있고 조국에 가면 공부도 할 수 있어. 여기 생활로는 그런 거 불가능하잖아."라는 거야. 물론 영재 자신도 북에 가겠다고 먼저 말을 꺼냈지만. 내가 "아이고, 북에 가면 네가 죽어도 내가 죽어도 모를 텐데, 어쩔 거야."라고 하니까, 그러면 대학을 보내 달라는 거예요. 대학은 돈이 어디 있어서 보내느냐고 했어요. 그랬더니 "머리 나빠도 돈 있는 놈들은 대학에 가는데, 분해요. 조국에 가서 대학 가겠습니다."라는 거예요.

민일이가 귀국한 것은 귀국선이 중단되기 4개월 전 일이었어요. 내가 쓰시마에서 돌아왔는데 남편이 말했어요. "다른 아이들을 보내라고 하면서 자기 아이를 보내지 않는다면 면목이 서지 않는다. 아이들의 장래를 위해서이기도 하다."는 거예요. 나는 "어미가 자식들 때문에 바다에 뛰어들어서 하루 여덟 시간이나 일하는데 그런 짓 하면 안 되는 거예요."라고 반대했어요. 그렇지만 남편이 그러니 어쩔 수 없잖아요.

그래도 둘째와 셋째를 보낼 때는 돈이 없어서 오사카역에서 배웅했지만, 그때는 전차 요금 정도는 있어서 남편과 함께 니가타까지 갔어요. 배가 떠나는 것을 배웅하는 것은 또 달랐지요. 울면서 테이프를 던졌어요. 그리고는 선이도 결혼을 해서 부부 둘만 생활을 하게 됐지.

▶ 자식들 만나러 북조선 방문

북조선에는 남편이 세 번 정도 갔었고 진앵이는 총련 일 관계로 수

차례나 갔었어요. 나는 예순여섯 살 때 처음 갔어. 대길이도 영재도 민일이도 다 공부를 잘해서 사회인이 돼서 일하고 있었어. 대길이와 민일이는 평양에, 영재는 함흥에 살고 있었어요. "아버지, 어머니가 총련 일을 했기 때문에 모두가 잘 대해줬다."고 했어요.

그 후로 나는 재작년만 빼고는 매해 북조선에 가고 있어요. 처음에는 한 달 동안 있었고 그다음은 14, 5일 정도. 니가타에서 만경봉호에 타고, 올해(2005년)로 스물한 번 갔어요. 배 안에서 이틀 밤 자고 원산에 도착하면 호텔에서 하룻밤 묵고 다음 날 평양에 갈 사람은 평양으로, 함흥 갈 사람은 함흥으로 차를 타고 갔어요.

처음 갔을 때는 백두산도 금강산도 다 구경했어. 평양에서는 자식들하고 같이 있을 수 있어서 즐거웠어요. 같이 밥도 먹고 같이 지내기도 하면서. 자식들은 모두 대학도 나오고 결혼도 했어요. 내가 가면 손자들이 모두 와서 안겨요. 갈 때는 짐을 꽤 많이 가지고 갔어. 유행이 지난 옷이라도 가져가면 쌀로든 달걀로든 채소로라도 바꿔주니까 모두 기뻐했어. 아들과 손자들에게 나눠줬어요. 부모 마음을 말하면, 어릴 때 정어리도 먹이지 못했기 때문에 조금이라도 맛있는 것을 먹이고 싶었던 거지.

▶ 남편의 죽음

남편은 11년 전(1994년)에 여든일곱 나이로 세상을 떠났어요. 죽을 때까지 학교 일만 해서 단 한 번도 설 준비하라고 돈을 준 일이 없었어. 이거, 남편 흉을 보고 있지만 우리 남편같이 성실한 사람은 없어. 몇십 년을 같이 살았지만 정말 나한테 화낸 적이 없었어요.

남편은 나쁜 일은 하지 않았으니까. 편안하게 죽었어요. 교와병원에 입원해 있었는데 그날은 내가 일을 쉬고 얼음물로 몸을 닦아 줬어요. 열한 시쯤에 "식사하세요."라고 말하고 숟가락으로 떠먹였더니 두 번 먹고는 "됐다"고 했어. 그리고 남편 얼굴을 보니까 눈이 이상했어. 얼른 간호사와 선생님을 불렀는데 정말 편안하게 죽었어요. 아름다운 장례식이었어요. 학교 관계와 지부 관계로 문상객이 많이 왔어. 지금도 매해 정월과 팔월에 도쿄 하치오지에 사는 세정(다섯째 아들. 조선대학교 체육학부 교수)의 집에 가서 제사를 지내고 있어. 그 외에는 줄곧 혼자서 살고 있어요.

▶ 영화 『해녀 양씨』 촬영

예전(1967년)에 내가 쓰시마에 있을 때, 신 씨(신기수, 영상작가)와 성학(김성학)이가 16밀리 영화를 촬영하러 온 적이 있었어. 성학이는 내 친구의 아들이에요. 신 씨가 먼저 쓰시마에 놀러 왔고 두 번째는 카메라를 가지고 성학이를 데리고 왔어. 한 번 오면 15일 정도 같이 생활하면서 촬영을 했는데, 한 2년 정도 했나?

4년 전쯤에 신 씨가 하라무라 마사키 씨(감독)를 데리고 왔는데 그 후부터 하라무라 씨가 자주 왔어요. 그는 전에 신 씨가 촬영한 것을 본 것 같았어요. 이 하라무라 씨도 여러 차례 와서 촬영했지요. 텔레비전에서 방송하는 거를 봤는데 괴로웠어요. 젊은 시절이 떠올라서. 모양새가 나빴어. 정말 부끄러웠어요. 그 후에도 영화 만들겠다고 계속 촬영하러 왔어. 한국도 같이 갔었고. 정말 좋은 사람이야.

▶ 53년 만에 고향을 방문하다

한국에 간 것은 53년 만이었어. 전부터 죽기 전에 한 번이라도 고향을 보고 싶다는 생각을 했었어요. 하지만 조선 국적이어서 자유롭게 왔다 갔다 할 수 없었어. 국적을 한국으로 바꾸면 되지 않느냐고 쉽게 말하는 사람도 있지만 그건 할 수 없는 일이야.

　이때 한국에는 전부 총련계 사람들만 같이 갔어요. 처음으로 부모님 산소에 성묘도 할 수 있었어요. 영화에 나왔던 숙자(차녀)는 43년 만에 만났어. 내가 일본에 올 때(1949년) 숙자를 데리고 배를 타려했지만 아이는 태울 수 없다며 끝내 태워주지 않았어. 그래서 어쩔 수 없이 어머니에게 맡겼던 거야. 그로부터 14년 지났을 때 겨우 밀항으로 일본에 불러서 학교에 보내고 나는 3월에 쓰시마에 갔지. 그런데 9월에 돌아와 보니 없었어. 말도 모르고 나도 없으니까 스스로 경찰에 가서 한국으로 보내 달라고 했던 거야.

　숙자는 부산에 언니가 있어서 그곳에서 일하다가 직장에서 알게 된 사람과 결혼했어. 자식 넷을 낳고 전라북도 익산에서 살고 있었는데 남편이 병으로 죽고 난 후에는 꽤 고생한 것 같아. 내가 일본에 돌아오기 전에 제주도 바다를 보면서 숙자가 "어머니 오래 사세요."라며 울었어요. 나도 눈물이 났어. 나도 죄가 있어. 나쁜 일은 하지 않으려고 열심히 살아왔지만 부모도 자식들도 모두 뿔뿔이 흩어지게 돼버렸어. 어쩔 수 없지. 아무도 원망하지 않아. 그저 시대를 원망할 수밖에 없지, 뭐. 내 운명이야. 숙자는 작년에 나 있는 곳에 왔었는데 고향으로 돌아가서는 간암으로 죽고 말았어.

　영화(다큐멘터리 영화『해녀 양씨』)는 작년(2004년)에 상공회인가 어딘가에서 상영회 했을 때 봤어요. 지금 생각하면 영화 만들지 말 걸 그랬어. 모르는 사람들이 "영화 잘 봤어요."라고 말을 해요. 한국 텔레비전에서도 방송된 것 같았어. 정말 부끄러워요.

▶ 이제는 아무런 할 말도 없다

　올해(2000년)는 8월에 북조선에 갔다 왔어요. 스물한 번째야. 민일이가 작년 5월에 위암으로 죽었고, 이번에는 민일의 딸 결혼식 참석차 갔었어요. 돈만 있으면 한 번 더 가고 싶은데……, 민일의 아들이 있으니까. "할머니, 또 와."라고 해서 "돈이 어디 있어."라고 했더니 "난 할머니밖에 없잖아요."라며 우는 거예요. 이젠 몸이 좀처럼 마음대로 움직여지지 않아요. 이 발이 조금만 어떻게든 된다면 한 번만 더 가고 싶은데……. 저 아이 결혼시켜야 하는데.

요 몇 년은 매일 교와병원에 다니고 있어요. 침, 마사지, 주사도 맞고 있는데 병원비가 많이 올라서 만만치 않아. 연금은 없으니까. 그때는 너무 여유가 없어서……. 학교는 전혀 다니지 않았고 내 이름도 쓸 줄 몰라. 그저 일하고 돈 벌고 자식들 키우고. 옛날 아버지들은 여자는 공부하면 안 된다고 했어. 가정집에서 남자아이들을 가르치는 곳이 있어서 부모님 몰래 밤에 살짝 가면 어떻게 알았는지 몽둥이를 들고 쫓아와서 문을 두들겨대니까 그만둬 버렸어.

일본에 와서 한자를 가르쳐 주는 어머니학교가 있었지만 연필을 잡고 있으면서 '오늘 저녁밥 뭘 해서 먹이지'라는 생각이 들면 머리가 돌아가지 않아서 공부를 할 수 없었어. 계산은 할 수 있고 전화번호도 쓸 수 있고, 그 정도는 머리에 들어 있어. 물건 살 때도 안 틀려요. 올해, 아흔이 되었어. 이제는 아무 할 말도 없고 물을 말도 없어요.

04

누가 뭐라 해도 내 조국이 가장 아름다워요
이석현 李錫玄(남)

취재일: 2005년 2월 23일, 3월 10일, 5월 1일
출생지: 경상북도 예천군 하리면
현주소: 도쿄도 분쿄구
생년월일: 1916년 7월 27일
약력: 다섯 형제 중 장남으로 태어난다. 열다섯 살 때 집을 떠나 그 후 약 15년간 만주, 북경, 상해에서 지낸다. 해방 후에 조국으로 돌아오지만, 생계수단을 찾아 도일한다. 한국전쟁 발발로 귀국길이 막혀 일본에서 생활하게 되었으며 일본인여성·오기하라 마스荻原ます 씨를 만나 결혼한다. 도쿄·우에노上野에서 오랫동안 '쇼토엔松濤園'이라는 야키니쿠 가게(불고깃집)를 운영하다가 장남에게 넘겼다.

취재: 고수미 / 원고집필: 고수미 / 번역: 고경순

▶ 열다섯 살 때 집을 떠나다

태어난 곳은 경상북도 예천군 하리면이고, 1916년 7월 27일 출생했어요. 내 고향은 정말 깊은 산속에 있는 농촌이었어요. 내가 있을 때는 전기도 들어오지 않았어. 마을에 집이 대여섯 채 정도 있었던 것 같아요. 그때 학교 다니는 아이는 두 명 정도밖에 없었어.

우리 아버지는 갓을 만드는 사람이었어요. 말 꼬리털로 만들었어. 내가 있을 때는 모두 갓을 썼는데 점점 갓 쓰는 사람이 줄었어요. 그래서 결국 그 일이 없어졌지.

나는 학교에는 못 가고 야학에 다녔어. 야학에서는 아이들을 모아서 글을 가르쳤어요. 공부를 좀 했던 마을 유지가 개인적으로 야학을 열었는데 많은 이야기를 해줬어요. 그리고 도시로 떠났던 사람들이 돌아와서 여러 이야기를 해줬어. 그게 부러워서 뛰쳐나왔던 거야.

열다섯 살 땐가. 부모님께 말도 하지 않고 몰래 집을 나왔어. 부산까지 걸어서 갔지. 일주일 정도 지났을까? 돈도 없고 갈 곳도 없고 길은 모르니까 기차 레일만 쭉 따라 걸었어. 그래서 정말로 죽을 뻔한 적도 있었어요. 철교를 건너는데 열차가 달려오지 뭐야. 그때는 아슬아슬하게 피했어.

부산이라는 데는 뒤에 산이 있어. 지금은 발달했지만 그때는 빌딩 같은 것은 없었지. 대략 2층, 3층 건물 정도가 있었어. 산에 올라갔는데 저렇게 넓은 강이 있나 하고 깜짝 놀랐어. 그때까지 바다를 본 적이 없었던 거예요. 배에 전깃불이 켜져 있었는데 그런 건 본 적이 없었기 때문에 물속에 집이 있다고 생각했던 거야.

부산에는 이삼 년 정도 있었을 거야. 술집에서 일해서 돈이 조금 생겼어. 촌놈이라 머리는 빡빡 깎았지. 입어 본 적 없는 학생복을 사서 입기도 했어요. 한 달 일하면 5엔이었어. 그때는 맥주 한 병에 10전이었고 면사무소에서 일하는 조선인이 20엔 받았을 때인데 일본인은 60엔인가 70엔이었어.

부산에서 일하던 카바레의 지점이 있는 마산에도 가고 통영에도 가고 하다 보니 3년 정도가 지났어. 그리곤 서울로 갔지. 그 무렵에는 서울을 '경성'이라고 했는데 그 경성의 호텔 중에서 넘버원이었던 조선호텔에서 보이를 했어. 경성에서 2, 3년 있었는데 만주에 가면 돈을 벌 수 있다는 말을 들었어. 그런 말은 재빨리 귀에 들어오는 법이지. 그래서 나도 가게 된 거야. 그때는 아직 어렸을 때였으니까. 채 스무 살 되기 전이었어.

▶ 만주에서 김일성의 독립단과 조우

신경(옛 만주국의 수도, 현재 중국 길림성 장춘시)에 간 것은 쇼와 8년(1933) 이었던 걸로 기억해요. 일본이 만주를 점령하고 일 년 반인가 2년이 지나서였을 거야. 만주국을 설립할 즈음이었어. 난 중국어를 몰라서 말을 익히려고 열심히 공부했어요. 말을 배우려고 중국인과 이런저런 대화를 했는데 "넌 어디서 왔어?", "조선"이라고 말하면 "김일성이라는 사람 알아?", "몰라"라고 대답하면 "조선인이 왜 모르는 거야. 중국인은 아이들도 전부 알고 있어. 조선에서 제일 위대한 사람이니까."라고 했어요.

김일성은 정말 인기가 있었어요. 나는 직접 본 적은 없지만 그 그룹이 여러 운동을 하는 것을 봤어. 그 사람은 냉면집에 자주 드나들었어요. 나는 찻집에서 일했는데 냉면 먹으러 자주 갔어요. 그럴 때는 분위기가 달랐어. 일반 손님을 받지 않고…… 뭐 그런 분위기였어.

당시는 '마적단'이라고도 했어요. 마적이라도 격이 달랐지. 중국인의 말에 의하면 김일성은 미움 받는 일은 전혀 하지 않았어. 그게, 다른 마적은 남의 집에 쳐들어가서 먹을 것과 돈을 전부 강탈해 갔어. 그런데 김일성의 독립단—그 당시는 '독립단'이라고 했어요—은 그런 짓은 하지 않았어. 그래서 중국인이 높이 평가했던 거지.

우리는 조선에서 일본인에게 압박을 받았기 때문에 그런 우려를 할 수밖에 없었던 거야. 그리고 그런 말을 들으면 관심이 쏠리지 않겠나? 그래도 나는 정치적인 것은 전혀 몰랐어. 그저 일해서 돈 모아서 고향에 돌아가는 것만 생각했지.

겨우 대화할 정도의 중국어를 익혔을 때, 일본 경찰에서 중국어시험이 있다고 했어. 그래서 일 년 정도 지났을 때 시험을 봤는데 합격했다는 연락이 왔어요. 일하던 곳의 주인이 경찰에서 오라고 한다고 알려줘서 갔더니 지금 하는 일 그만두고 관동군 총사령부의 참모본부에서 통역을 하라는 거야. 통역할 만큼 말을 잘하는 게 아니었는데 말이야. 그래도 명령이니까 어쩔 도리가 없었어. 그래서 갔는데 군복도 주지, 권총도 주는 거야. 촌놈이라 그런지 간이 배 밖으로 나왔어. 내가 천하제일이었던 거야. 통역 일이라고 해서 단지 대화하는 정도로 끝나는 게 아니었어. 요컨대 트럭을 타고 군인들을 데리고 물건 사러 가고 그런 일들을 했어요.

6개월 정도 하다가 내가 그만뒀어. 역시 통역할 정도로 능숙하지 않았던 거지. 참모본부는 주로 정보 관계였으니까 그것을 처리할 수 없었던 거야. 그런 곳에 있으면 바보라도 머리가 잘 돌아가게 되는 법이지. 좋다, 나쁘다, 그런 일은 구별할 줄 알게 되지요. 일본인에게 학대당하고 차별당하는 일이 많았으니까. 그만큼 반감도 컸어요.

조선인은 신경에서 여관이나 냉면집을 하거나 여기저기서 장사를 많이 했어요. 그 당시 만주나 북경에서 조선인이 했던 일 중에 괜찮은 일은 없었어. 예를 들면 아편 같은 마약판매를 했어. 옛날부터 있었는데 원료가 몽골에서 들어왔어. 일본이 전략적으로 했던 거지. 그때 몽골까지 전부 점령했으니까, 그 원료를 일본에 가지고 가서 제조하고 그쪽으로 가지고 갔어. 표면상으로는 단속했어요. 하지만 실제로는 일본인이 만들어서 가지고 있고 도매하는 것은 조선인. 사는 것은 중국인. 그러니까 중국인은 거의 마약으로 당했어. 신경은 보통 영하 이삼십 도까지 내려가는 추운 곳이었어. 아침이 되면 트럭이 와서 죽은 시체를 주워 담았어. 그 주변에 마약중독자가 죽어 있었어요. 하루에 몇백 명이나 죽었으니까.

▶ 북경 댄스홀에 매일 밤 다니다

통역 일을 그만둔 후에는 천진으로 갔어요. 대형 댄스홀이 있었는데 그곳에 아는 사람이 많아서 자주 놀러 갔어. 조선인이 많았어요. 특히 댄서가. 나도 그런 걸 좋아했으니까. 거의 매일 다녔어.

천진에서 북경도 갔어요. 북경에도 큰 댄스홀이 있어서 거길 매일 밤 다녔어. 조선 여성들도 몇 사람인가 있었어요.

북경 안쪽의 하남성 개봉이라는 곳에는 장개석대학이 있었는데 그 학교를 일본군이 점령해서 사령부로 사용했어. 개봉의 내지를 일본군이 점령해 있었던 거지. 전쟁이 일어나니까 중국인은 전부 재산을 버리고 도망가 버려서 먹을 것도 없고 담배도 아무것도 없었어. 그래서 담배를 싣고 군대와 함께 갔어요. 가서 중국인에게 팔았지. 장사가 꽤 됐어.

군 트럭에 실어서 같이 갔는데 뭐, 돈 몇 푼 찔러주면 가능했던 일이야. 열차 한 번 타는 데도 군인에게 부탁해서 담배라도 주면 태워줬어. 물자는 북경에서 입수했어요. 그땐 장사가 쉬웠지. 한 달 일하면 삼 년 먹을 수 있던 시대여서 느긋하게 살 수 있었어. 매일 밤 댄스홀에 가서 놀고 마시고 먹으면서.

위기에 직면한 적도 몇 번인가 있었어요. 개봉 인근에 있는 정주에는 산이 없었어. 북경에서 남경까지 급행열차를 타고 꼬박 하루 걸렸는데 전부 평야였어요. 황하 건너편이 보일 듯 말 듯 할 만큼 폭이 넓었어요. 그 물이 탁해서 시뻘건 색이었어.

총알이 비처럼 쏟아진다고 하지? 사실이야. 그럴 땐 모두 자기만 살겠다고 부상자 따위는 내팽개치고 걸음아 나 살리라고 내달았어요. 전멸한 거나 진배없었어. 맨 마지막까지 남은 것은 구십 몇 명. 그때 살아남았던 거야. 일반인인 내가. 기적이었지요. 밤중에 군대를 따라 트럭 밑으로 빠져나와…… 그 스릴은 말로 다 할 수가 없어요. 그래도 끄떡없었어. 그 당시는.

　황하를 건너서 정주로 가면 좋은 일거리가 있다는 정보를 듣고 그것을 노리고 갔지. 아는 부대장에게 부탁해서 갔는데 전쟁 중이었으니까 스파이 아니냐는 의심을 받았어요. 헌병대에게 끌려가서 경찰봉으로 두들겨 맞아서, 지금도 여기 입술 아래에 상처가 남아있어. 대여섯 명에게 맞았는데 보통은 죽지. 지인이 있어서 그 사람이 빼내 줬어. 카바레나 그런 장사를 하면 헌병대 사람들을 알게 되지 않겠나? 헌병대에서 높은 사람의 명령 하나로 나올 수 있었어. 한 달 정도 치료했는데 그래도 살갗은 원래대로 돌아오지 않았어.

　▶ 개봉에서 카바레를 경영하다

　개봉에서 내가 카바레를 했어. 큰 도시니까 인구도 많았지. 우리는 그때 중국인이 아니라 일본군을 상대로 장사를 했어. 중국인은 술 마시러 오지 않았어요. 돈이 있어도 쓰지 않아. 술장사였으니까 여성을 십 수 명 데리고 있었는데, 모두 미인이었어요. 봉천(현재, 심양)에는 조선인이 많이 와 있었어. 그래서 봉천 등지에 가서 여성들을 데려왔어. 모두 평양 출신이었어. 그 장사로 돈은 많이 벌었어요.

　내가 왜 가게를 접고 상해로 갔는가 하면, 그때 사건이 있었어요. 일본이 조선 청년들을 군대로 징집할 때였어. 알고 지내던 젊은 청년 네 명이 군대에 끌려갈 상황이었는데 내가 말리고 도망가게 했어. 독립군 같은 비밀조직이 있었어요. 일본군은 중심지만 점령했던 거야. 어떤 부락이라면 부락, 도시라면 도시를. 하지만 주변에는 부락들이 많이 있었는데 거기까지는 손을 못 댔던 거지. 그래서 주변에 적이 많이 있었어요. 그곳을 벗어나면 중국 군인이 많이 있었으니까 조선인이라고 하면 바로 김구 선생 일행에게 보내줬어. 그래서 네 명을 김구 선생이 있는 중경으로 보냈어요. 내밀하게 모두 통하고 있었으니까.

그런 와중에 한 사람이 가지 않고 돌아왔는데 결국 들켜서 죽임을 당했어요. 한 사람이 희생되고 세 명이 그쪽으로 갔어. 그런 사건이 일어난 다음에 내 이름이 나오게 됐어. 점점 드러나게 된 거지. 그래서 개봉을 떠났던 거야. 도망갔던 세 명이 무사히 도착했다는 말을 들었고 그래서 나는 상해로 날아갔어.

▶ 상해에서 해방을 맞다

대동아전쟁이 시작된 것은 쇼와 16년(1941)이지? 16년에 상해로 갔어. 육군 14사단은 일본에서 가장 강한 부대였어. 그 부대가 만주에서 상해 부근으로 이동해 왔는데 이번에는 군대에 징집당했어. 쇼와 20년의 일이었어. 부대가 있던 곳은 남경과 상해 사이에 있는 서주라는 곳인데 상해에서도 통역이 붙지 않으면 안 됐어요. 만주 말과 상해 말은 다르니까. 같은 중국어라도 전혀 달라요. 그래서 그 통역으로 모두 끌려온 거였는데 3개월 정도 했지. 통역원 신분이어서 이미 전부터 일본이 패한다는 말을 중국인들에게서 듣고 있었어요. 하지만 말은 안 했지, 입장이 있으니까. 그래도 패전한다는 것은 진작 알고 있었던 거지.

부대에서 나온 것은 8월 22, 3일 무렵이었는데 바로 상해로 돌아왔어.

상해 임시정부는 장개석과 같이 깊숙이 중경에 숨어있었어. 상해 시민들과 우리가 이런저런 준비를 하고 김구 선생을 기다렸어요. 드디어 내일 몇 시에 온다는 연락이 와서 상해에서 제일 유명한 공원에 모두 모였어. 조선인은 거의 전부가 왔다고 해도 과언이 아니야. 아무튼 공원이 가득 찼으니까. 김구 선생은 광장에서 두 시간 이상 연설을 했어요. 우리는 독립했기 때문에 무장하고 조선으로 돌아가지 않으면 안 된다는 일관된 주제였어. 돈을 가지고 있는 사람들은 모두 내놨어요. 그때 완전 빈털터리가 됐어, 가진 돈 전부를 내줘버려서.

그때 상해지구에는 일본 군대에 징집됐던 조선인도 모두 모여 있었는데 일본군대에서 퇴역한 군인들을 모두 합치면 3,000명 정도는 됐어요. 옷을 갈아입히고 무장시켜서 매일 아침 상해 시내에서 운동을 시켰는데 한 반년 정도 했던 거로 기억해요. 지금까지 살아온 인생을 뒤돌아봤을 때 가장 즐거웠던 때는 종전되고 일본군이 아무것도 할 수 없었을 때, 우리가 날개를 펴고 얼마든지 활동할 수 있었던 일이야. 군대 보급 창고에 들어가서 물자와 무기를 가지고 왔어. 큰 학교 운동장에 기관총 같은 것들을 쌓아 놓고 우리는 모두 무장하고 간다는 그런 기세였을 때가 제일 좋았어. 해방돼서 정말 신났어요.

그 시절은 최고였어. 너무 과장해버렸네. 그런데 마지막에 싸움이 났어. 당시에 상해에서 제일 큰 건물 – 22층짜리 브로드웨이 맨션이 있었는데 상해에서 가장 높은 건물이었어. 우리가 들어가서 그 건물을 전부 점령해버렸어. 그곳에 임시정부가 있었거든.

우리는 좌익이나 우익, 이런 것은 전혀 생각하지 않았어. 단지 조국을 위해 하나 된 마음으로 했을 뿐이지. 그런데 내부는 사상적으로 공산당, 소위 모택동 공산주의자 그리고 장개석 자유주의자라는 식으로 갈라졌던 거야. 조선인 중에서도 분열돼서 격론이 일어났어. 그래서 동지끼리 권총으로 쏘기도 했어요. 그 일은 밤에 일어났는데 다음 날 아침에 중국군이 들어와서 전부 무장해제 시켜버렸어. 우리는 아침부터 밤까지 같이 있었으니까, 나는 그때도 있었어. 조선인은 저항할 수 없었어, 남의 나라였으니까.

김구 선생 일행은 그때는 이미 없었어요. 상해로 돌아가서 일주일 정도 됐을 거야. 그 바로 아래 간부들은 남아있었어. 그들은 이쪽에서 무장하고 간다고 연락했는데 미군 쪽에서는 무장하지 말고 돌아오라는 말이 있었던 것 같아. 그래서 우리 쪽에서는 애써 준비했는데 그런 바보 같은 일이 어디 있냐는 등 꽤 시끄러웠어요.

그래도 반년 이상 아니, 일 년 정도 걸렸나. 5만 명 있던 것을 모두 귀국시키고 남은 것은 500명 정도였어요. 마지막 배로 우리는 돌아왔어요. 김구 선생 밑에 있던 이범석과 박정희도 우리와 같은 배로 돌아왔어. 그리고 김구 선생이 데리고 왔던 군인들이 200명 정도 있었는데 출중했어요. 그 군인들은 복장도 깨끗했고 단정했어. 그중에 내가 개봉에서 보낸 사람이 있었던 거야. 정말 기뻤지요.

▶ 내 나라에 가도 타국 같은 느낌

부산에 왔는데 콜레라가 퍼져있어서 내릴 수가 없었어. 그래서 배 안에서 3일 정도 있었어요. 결국, 며칠 걸려서 인천에 도착했어. 그곳에서 상륙해서 고향으로 돌아가려고 했지만 가도 완전 가난뱅이 삶이었어. 고향으로 가도 할 일이 없었던 거예요. 외국 생활이 길었으니까 내 나라에 가도 타국 같은 느낌이 들었어요. 그래서 서울로 갔는데 일본이 좋다는 말을 듣고 부산으로 가서 그곳에서 밀항선으로 규슈로 가서 상륙했어. 부모님과 만난 것은 그때가 마지막이 돼 버렸어요.

조선전쟁이 끝났을 때 나는 바로 부산으로 갔어요. 정식으로 여권을 가지고 비행기로 부산으로 갔어. 지인 집에 갔는데 그 지인이 서울에는 가지 말라는 거야. 가면 모두 죽인다고. 서울에서 나는 지명수배자가 돼 있었던 거야. 그때는 여러 단체가 있었고 나는 남로당에 입당해 있었으니까. 지명수배된 것은 나는 몰랐어. 뭐, 그런 일이 있었어요. 여기도 가면 안 된다고 해서 다시 일본으로 되돌아왔지. 가족도 못 만난 채. 어머니가 돌아가셨다는 말을 들었을 때도 가면 바로 체포당하니까 못 갔고, 그 후에 아버지가 돌아가셨을 때도 역시 갈 수 없었어. 3, 40년 되었나.

그때 한국은 전쟁이 끝나고 모두 부산에 모였지. 부산이 원래는 사람이 40만 정도 사는 곳이었는데 150만이나 살고 있었어. 그래서 물자 부족이었지. 여기서 100엔 하는 물건이 그쪽에서 1,000엔 정도 했던 그런 시대였어. 그래서 암거래 장사를 했는데 한때는 좋았어요. 그쪽에선 포목이나 양단 같은 물건은 열 배나 비쌌어.

그래도 나는 갈 수 없으니까, 부산 사람에게 부탁했어. 내가 물건을 보내면 받아서 팔고 그 돈을 보내라고 했지. 결국 부산 사람에게 다 떼였어. 돈을 보내주지 않았던 거야. 지금으로 치면 수천만 엔 가치의 돈이었는데, 그래서 한때는 고생했어요.

▶ 총련과 관계되어

그래서 총련 조직에 들어갔어요. 그때까지는 내 머릿속은 텅텅 비어서 사상이나 뭐, 그런 것은 전혀 없었어. 어느 정도 알고는 있었지만 단단하지는 않았어. 내 머리가 깨게 된 것은 아내 덕분이었어요. 참, 우리 집사람은 여기 사람이야, 일본인. 내가 빈둥빈둥하고 있으니까 총련사무소에 가서 이야기나 들으라는 거야. 그 당시는 여성동맹(재일본조선민주여성동맹)에서 아내를 자주 찾아와서 여러 가지 말을 했던 것 같아요. 그래서 이를테면 머리 식히고 오라는 거예요. 그렇게 해서 시작됐어요. 오미야에 한 달간 학습하러 가서 여러 일을 했어요. 그래서 조금이나마 눈이 뜨였지.

총련 일은 삼십 몇 년 했어. 분회장을 했으니까, 오카치마치 분회장. 처음엔 이케부쿠로의 히가시이케부쿠로 분회장을 했어요. 분회장을 하면서 거기서 야키니쿠 가게를 3년 정도 했지. 그 후에는 이곳 오카치마치로 이사 왔어. 가게는 20년 정도 한 것 같아요. 지금부터 10년쯤 전까지는 했으니까. 우리 냉면은 손으로 만든 진짜배기였어. 냉면이 유명해서 그 냉면을 먹으러 손님이 왔어요. 원래 나는 술장사 요령은 있었으니까.

나는 딸 넷, 아들 하나야. 아내가 일본인이니까, 신경 안 쓰면 전부 일본인이 돼버리지. 일본에 와서 얻은 것은 자식들뿐인데 일본인을 만들고 싶지 않아서 전부 조선학교로 보냈어. 전부 조선중고급학교를 나왔어요.

공화국(조선민주주의인민공화국)에도 내가 꽤 원조했지. 친척이나 형제가 있는 것도 아닌데 네 번이나 갔었어요. 조선요리 조합이 도쿄에 있었어. 이케부쿠로 맞은편에 센가와라는 곳이 있는데 그곳에 식당조합이 있었어요. 싼 토지를 사서 건물을 지은 곳이 도로계획에 들어가서 팔게 됐던 거야. 내가 조합의 이사였는데 그곳을 우리가 사용할 부분만 빼고 나머지는 팔았어요. 그때 돈으로 1억 엔을 공화국에 보내서 공장을 세웠어. 냉동시설을 평양에 만들었던 거야.

저쪽은 냉동설비가 없어서 이쪽에서 기계를 가져갔어. 토지는 그쪽에 있었으니까. 큰 공장이었어요. 기계만 1억 들여서 다섯 세트를 가지고 갔지. 그쪽은 추운 곳이어서 배추라든가 전부 거기에 넣도록 했는데, 지금은 전혀 안 되는 것 같아요. 그 관계로 해서 대표단으로 두 번 정도 갔어. 분회장 모임에서도 갔고 그래서 백두산도 네 번이나 갔다 왔어요.

그쪽에 문수리 초대소라는 곳이 있어요. 그곳에 처음 갔을 때, 건물은 훌륭했는데 아무튼 요리가 좀처럼 나오지 않았어. 처음에 밥과 장아찌가 나오고 이제 더 나오지 않을 거라고 생각해서 전부 먹었는데 한참 후에 요리가 계속 나오는 거야. 그래서 무슨 일인지 알아보려고 조리장에 가봤더니 늦을 수밖에 없었어. 냄비가 몇 개밖에 없고 프라이팬이 한두 개밖에 없었어. 그것으로 요리를 만들어내려니 시간이 걸릴 수밖에 없었던 거지.

그래서 돌아와서 갓파바시合羽橋에서 500만 엔을 들여 필요한 것을 전부 사서 보냈어요. 그쪽에서 고맙다고 답이 왔어. 그 후로도 냉면 기계를 사서 보내기도 하고 여러 가지 일을 했어요. 몇천만 엔 써가면서 했어요.

▶ 내 조국은 내가 있는 곳

이제 와서 나는 한국에는 갈 수 없어. 왜냐하면 "부모님이 살아 있을 때 아무것도 하지 못한 자가 돌아가신 후에 뭘 할 수 있을까? 내가 없을 때 남동생들이 전부 고생해서 부모님을 돌봤는데, 이제 와서 무슨 낯짝으로 갈 수 있냐."라는 거지. 나는 갈 수 없어요. 지금부터 25, 6년 전에 돈도 좀 들려서 아내를 대구에 보냈어요.

설이 되면 전화를 하지요. 그쪽은 건축업을 하는 것 같았어. 형님, 왜 안 오냐고 늘 말했지. 그래서 어느 민단 친구를 보내서 내 입장을 전달해 달라고 했어. 총련에 몸담고 있어서 갈 수 없는 거라고. 그쪽도 납득했어요. 그런데 지금은 누구나 갈 수 있으니까, 동생이 형님은 왜 오지 않느냐고 또 물었어. 그래서 "나는 이제 늙어서 움직일 수 없어."라고, 그렇게 말했어요. 나는 내년(2006년)이면 구십이야.

나는 진성 이李가인데, 내가 진성 이가 문중의 종손이야. 우리 아버지는 사형제 중 네 번째였는데 장남에게 자식이 없었기 때문에 나를 양자로 줬어. 그렇게 아버지 큰형님의 양자가 됐던 거야. 그래서 내가 죽으면 윗사람이 아무도 없게 돼버렸어. 내게는 그게 걱정이고 가장 큰 문제이지.

나는 언제나 생각했어. 타국에서 수많은 경험을 하면서 살았기 때문에 생각할 수 있는 거지만 누가 뭐라 해도 내 나라가 가장 아름답고 가장 좋다는 것. 설령 일본에서 내가 장사를 크게 해서 큰 빌딩을 갖고 있다 한들, 절대적으로 안전하냐고 묻는다면 그렇지 않다고 생각해. 그 나라의 상황에 따라 언제 빈털터리가 될지 모르는 일이니까. 중국에서 남들처럼 장사도 하고 이것저것 했지만 그 나라의 변화가 하루아침에 나를 거지로 만들어버린 경험도 있어서 이런 말을 하는 거지.

05
속아서 홋카이도 탄광으로 강제연행당하다
성주팔 成周八(남)

취재일: 2006년 11월 6일, 12월 21일~24일
출생지: 경기도 가평군
현주소: 기후현
생년월일: 1917년 2월 15일
약력: 열한 살 때 어머니가 타계. 학교도 못 가고 열두 살부터 노동. 결혼 후에 서울로 나와서 철도 일에 종사한다. 1942년 1월, 동대문경찰서에 불려가서 "오사카에 철도 공사 일이 있다"는 말에 속아 끌려갔던 곳이 홋카이도 탄광이었다. 다코베야(제2차 세계대전 전에 홋카이도에서 강제 구속한 상태로 잔혹한 육체노동을 시켰던 노동환경 또는 합숙소. 노동자를 다코라고 부름)에서 학대당하고 탈주한다. 조선인이 경영하는 토건회사에서 일했으며, 전쟁이 끝난 후에 기후현岐阜縣으로 이주한다. 망향의 그리움을 품고 재혼. 아흔 살 되던 2006년 12월, 64년 만에 귀향했지만, 조국에 남겨진 처자는 행방불명이었다.

취재: 도노히라 요시히코, 호리 무묘, 김덕연
원고집필: 도노히라 요시히코 / 번역: 고경순

▶ 학교 같은 건 갈 수 없었지

나는 1917년 2월 15일에 경기도 가평군 농촌에서 태어났습니다. 마을에서 열 집 정도는 종이 뜨는 일을 했습니다. 아버지는 종이뜨기를 하면서 전국으로 돌아다녀서 집에는 거의 돌아오지 않았습니다. 내가 열한 살 때 병에 걸렸던 어머니는 아버지가 일하고 있던 강원도에서

돌아가셨습니다. 나는 어머니를 매장한 곳에 나무를 심었습니다.

형제자매는 위로 누나가 셋, 아래로 남동생이 둘 있었습니다. 가난해서 학교 같은 것은 갈 수가 없었어요. 학교는 4리나 떨어져 있어서 기숙사에 들어가지 않으면 안 됐거든요. 100호정도 있던 우리 동네에서 학교에 다닐 수 있었던 것은 부잣집 아이 두 명뿐이었어요. 공부하고 싶어서 일곱 살 때 약국을 했던 사촌 형에게 밤에 글을 배운 적이 있습니다. 하지만 읽을 수 있을 만큼은 못 배웠어요.

어머니가 돌아가신 후 집은 더 가난해져서 열두 살부터 농사일을 했습니다. 열다섯 살부터는 토목공사일도 하게 되었습니다. 막노동꾼은 전부 조선인이었습니다.

결혼은 스무 살 때 했는데 색시는 열일곱 살이었어요. 아버지가 강원도에 있을 때 소개해 준 송계순이라는 사람입니다. 아내는 농사꾼의 딸이었는데 고집이 셌고 경찰에게도 할 말은 하는 사람이었습니다. 결혼하고 경기도에서 2년 살았는데 시골은 일이 없어서 서울로 나왔습니다. 춘천 가는 철도 경춘선이 있어서 철도 일도 했습니다. 하지만 하루 임금은 일본인의 3분의 1에 해당하는 40전이었습니다.

1940년 1월 11일, 장남이 태어났습니다. 그리고 1942년 1월 5일인가? 서울 동대문경찰서로 불려갔습니다. 조선인과 일본인이 있었는데 오사카에 철도 일이 있으니 2개월이나 3개월 정도 협조해주면 좋겠다고 했습니다. 일본은 간 적이 없었는데 2, 3개월이라면 오사카도 한 번쯤 가보고 싶었어요. 그쪽에서 말하는 대로 다시 동대문경찰서에 모인 것은 11일, 아침 일곱 시였습니다. 그때는 88명이 모였습니다. 그때도 모집하는 조선인과 일본인이 있었는데 경찰은 일본인이고 조선인은 가장 낮은 순사 정도였습니다.

우리 모두에게 국방색 옷을 나눠줘서 갈아입게 하고 곧 출발한다고 했습니다. 말이나 들을 셈으로 왔기 때문에 준비도 안 됐고 집에도 연락할 수 없었어요. 그래도 나는 동대문경찰서 근처에 집이 있어서 아내에게 3개월 정도 오사카에 일하러 다녀온다고 전할 수 있었습니다. 집에 연락할 수 없는 사람들이 당황해하자 경찰은 그쪽에 도착해서 편지라도 쓰면 된다고 설득을 시켰습니다. 경찰에게 불평 같은 것은 할 수 없어서 어쨌든 가보기로 했습니다. 그날 저녁에 부산에 도착했습니다.

▶ 행선지는 오사카가 아니었다

부산에서 배를 탈 때부터 인솔은 일본인이 했습니다. 배에서 내려 시모노세키에서 기차를 탔을 때는 오사카에 가는 일만 생각했습니다.

전세 낸 객차에는 머리가 벗어진 쉰 살쯤의 일본인이 감시하고 있었습니다. 밖에 나가지 말라고 했고 창에는 셔터가 내려져 있었습니다. 도중에 니가타에서 숙박하고 아오모리에 도착했을 때는 또 일본인 두 명이 붙었습니다. 그때 처음으로 홋카이도로 간다고 알려줬습니다. 놀랐지만 그때는 별로 불평도 나오지 않았습니다. 철도 일하러 홋카이도로 가는 정도로 생각했던 거지요.

홋카이도에 도착한 후에도 긴 시간 기차를 탔는데 후카가와역에 도착해서 또 갈아탔습니다. 밖에 보이는 것은 엄청난 눈이었습니다. 눈 같은 것은 본 적이 없어서 놀랐는데 게다가 너무 추워서 또 깜짝 놀랐습니다. 이게 지옥이라는 생각을 했습니다. 후카가와에서 한 시간 정도 기차를 타고 종점까지 갔던 것 같습니다. 합숙소에 갔는데 주변에 석탄이 가득 쌓여 있었습니다. 그것을 보고 탄광에 끌려왔다는 것을 알게 됐어요. 하지만 탄광 이름조차 가르쳐주지 않았어요. 방에 들어가자마자 밖에서 자물쇠를 걸어버렸고 그날 밤부터 이불 한 채에 두 사람이 잤습니다. 다음 날 아침에 밖을 봤더니 일본인 두 명이 교대로 감시를 하고 있었습니다. 방에 온 사람에게 우리는 오사카에서 3개월 정도 철도 일을 한다고 해서 왔기 때문에 탄광 일은 하지 않겠다고 말했습니다. 그랬더니 다음날 후카가와경찰서에서 순사가 와서 유도로 우리를 집어던져 버렸습니다. 결국 우리는 일을 할 수밖에 없었습니다.

탄광에 들어가고 얼마 안 가서 싱가포르가 함락됐다면서 탄광사무소에서는 축하회를 떠들썩하게 했습니다. 우리와는 아무런 관계도 없었지만.

▶ 인간 취급을 하지 않았다

우리 방에는 전부 조선인뿐이었어요. 거기에 십장이 일곱 명이 있어서 모두 6척이나 되는 몽둥이를 들고 "고라-(이놈)" 하고 호통을 칩니다. "고라-"가 내가 처음으로 배운 일본어였습니다. 십장은 일본인 여섯 명과 조선인 한 명이었습니다. 이 조선인이 나쁜 사람이었습니다. 언젠가 동료가 우리가 자는 방의 벽을 파손한 일이 있었습니다. 이것을 발견하고 바로 밖으로 끌어내서 인정사정없이 내려쳤습니다. 그때 때린 조선인 우두머리는 전쟁이 끝나서 귀환할 때, 부산에서 살해당했다고 들었습니다.

간부들은 방에 배치된 우리를 이름으로 부르지 않고 모두 번호로 불렀습니다. 나는 27번이었어요. 모두 88명이었는데 20대부터 30대가 80%였습니다. 식사는 보리 7할에 쌀 3할의 밥 한 그릇뿐. 거기에 된장국과 단무지, 아침도 점심도 저녁도 똑같았습니다. 술도 담배도 없고 배는 고프고 춥고, 그저 일할 수밖에 없었습니다. 다코베야라서 임금 같은 것은 있을 리 없었어요.

어느 땐가 조선인 동료가 너무 배가 고파서 취사실에 있는 마늘을 훔쳐 먹다 들켰는데 간부가 반죽음을 만들어 놨습니다. 아침 여섯 시에 깨워서 밤 여덟 시까지 일을 시켰습니다. 합숙소와 현장을 왕복할 때도 줄지어서 걷게 하고 감시가 붙었습니다. 합숙소에 돌아오면 밖에서 자물쇠를 걸었습니다. 목욕탕도 있었지만 하루 한 번, 한 사람이 15분 쓸 수 있었습니다.

겨울에는 갱내에서 일을 시켰습니다. 봄에 눈 검사가 있을 때, 눈이 나쁘다고 말했더니 선탄장으로 보내졌습니다. 선탄장은 석탄 위에 물을 뿌려 석탄을 씻어내는 작업입니다. 밑에 분탄이 쌓이면 삽으로 퍼냈습니다. 안安이라는 나이 먹은 사람과 같이 일했는데 어느 날 안 씨는 트럭에 발이 끼여 부러져서 톱으로 절단했습니다.

일하고 돌아와서 방에서 말을 해도 십장들은 화를 냈습니다. 이불 한 채에 두 사람이 잤으니까 잠을 잘 때는 살짝 말을 할 수 있었습니다. 나는 같은 이불에서 잤던 경기도 수원 출신인 공예도라는 사람과 친했습니다. 공 씨는 나보다 두 살 많은 스물일곱 살이었습니다. 일본어를 잘했고 키가 작고 몸은 건강하지 못했습니다. 중학교는 나온 것 같았는데 일은 다른 사람의 3분의 1밖에 못했어요. 눈 검사로 갱내를 벗어난 나는 공 씨에게도 눈이 나쁘다고 말하라고 해서 그도 곧 선탄장으로 오게 됐습니다.

▶ **다코베야에서 탈주**

4월 초였나, 밤에 간부가 불러서 갔더니 2구의 조선인 유해를 치우라는 것이었습니다. 낙반으로 죽은 유해였는데 트럭에 실려 있었습니다. 간부 두 사람과 나와 공 씨가 운반했습니다. 화장터까지 운반해 가서 거기에 유해를 놓았는데 옆에 20구쯤의 시체가 있었습니다. 태우는 것이 충분치 못했는지 번호가 붙어 있었어요. 간담이 서늘했습니다. 여기에 있으면 나도 이들처럼 죽게 될 거라는 생각을 했습니다. 그래서 도망쳐야겠다는 마음을 먹게 됐던 거지요.

그런데 좀처럼 도망칠 기회는 오지 않았습니다. 드디어 눈이 녹고 봄이 되어 6월이 되었습니다. 어느 날 밤에 간부가 작업 현장의 난로 옆에서 자고 있을 때, 틈을 보고 현장에서 빠져나왔습니다. 도망가자는 약속을 공 씨하고 해뒀습니다. 바로 옆에 있는 콘크리트 울타리를 넘었는데 칠흑같이 어두운 아래로 떨어졌습니다. 그리고는 필사적으로 맞은편 산으로 냅다 뛰었습니다.

발각되면 죽으니까 산에서 나오지 않고 계속 걸었습니다. 하지만 조릿대가 너무 많아서 걷는 게 순탄하지는 않았습니다. 한번은 산에서 내려와 집을 찾아갔더니 한 남자가 있었어요. 우리를 보자마자 다코베야에서 도망쳤냐며 먹을 것을 가져다주겠다면서 자전거를 타고 나갔습니다. 바로 위험을 느끼고 다시 산속으로 도망쳐서 내려다봤더니 어떤 남자를 데리고 왔습니다. 잡힐 뻔했던 거예요. 다시 걸었지만 결국 멀리는 못 갔던 것 같습니다.

나흘째 되는 날은 강을 따라가다 배가 고파 견딜 수 없어서 조심스럽게 한 농가에 들어갔습니다. 다나카라는 사람의 집이었는데 다나카 씨는 정말 친절하게 우리를 숨겨줬습니다. 이 집에서 사흘 있다가 거기서 공 씨와는 헤어졌습니다. 공 씨는 나중에 다나카 씨의 딸과 결혼했다고 들었습니다. 다나카 씨는 생명의 은인이지요.

다나카 씨 집에서 이시다라는 조선 사람을 소개받았습니다. 이시다 씨는 나를 루모이에 있는 집으로 데려갔습니다. 이시다 씨 집에서 일주일 정도 지낸 후에 토건회사 감독이며 동포인 이와모토 씨를 소개받아서 겨우 정착할 수 있었습니다.

이와모토 씨의 작업 현장에서 협화회수첩도 손에 넣고 잠시 이와모토 씨의 아들을 도와서 마시게로 가는 도중에 있는 마목장에서 일을 했습니다. 그곳에서 잠깐 일한 후에 오사카로 나와서 군의 공사장에서 막노동꾼으로 일을 하고 그 후에 히로시마로 갔습니다.

히로시마에 가서 사흘째 되는 날에 원폭이 떨어졌어요. 엄청난 연기가 올라가는 것이 보였어요. 시내로 들어갔더니 타는 냄새와 송장 썩는 냄새가 지독했고, 거리는 콘크리트 빌딩의 잔해가 조금 남아있는 것 말고는 아무것도 없었습니다. 1949년까지 히로시마에 있었지만 일을 찾아서 후쿠이에도 갔고 마지막에는 기후현에 정착하게 됐습니다.

나는 쭉 막노동꾼을 했습니다. 원래 발파를 잘했으니까 전쟁이 끝난 후에는 발파 일을 전문으로 하게 됐지요. 아무리 큰 암석이라도 적은 양의 화약으로 능숙하게 깼습니다.

▶ 헤어진 가족을 찾아서

전쟁이 끝나고 한국으로 돌아가고 싶었지만 귀국선이 뒤집어지는 사건도 자주 있었고 돈도 없어서 돌아갈 수 없었습니다. 아버지에게 연락한 적도 있었지만 그때는 조선전쟁 중이어서 위험하니까 오지 말라며, 처자도 행방불명됐다고 했습니다.

1950년에 일본에서 다섯 살 어린 재일한국인 여성과 결혼했습니다. 좋은 사람이었지만 병으로 고생하다가 세상을 떴어요. 기후 시내에 정착하고 나서는 나리타 도미요시成田富吉라는 통명으로 토목회사를 경영했습니다. 사장이어서 이때는 돈도 좀 벌었습니다. 1965년경에 한국 국적으로 바꿨습니다. 언젠가는 돌아갈 거라고 생각했으니까요. 하지만 총련에도 민단에도 지원했고 조선학교에도 기부했습니다. 내게는 총련도 민단도 같습니다.

1970년경에는 한국에 있는 남동생과 연락이 닿아서 몇 번인가 돈을 보내기도 했습니다. 남동생은 덕분에 작은 집을 가지게 됐다며 감사 편지를 보내왔습니다. 돈이 없는 한국의 젊은이가 히로시마 문리대(현재, 히로시마대학)에 들어가고 싶어 한다는 말을 듣고 학비를 지원한 적도 있습니다. 불쌍한 사람을 보면 보고만 있지 못해서…… 그래서 돈을 못 벌었을까?

아내와 사별한 후에 재혼해서 자식도 생겼지만 지금은 혼자 살고 있어요. 어느새 아흔이 되어있습니다. 일도 그만두고 혼자 살게 되면서, 어떻게든 한국에 있는 가족을 찾고 싶어졌습니다. 총련에도 민단에도 현청에도 시청에도 갔습니다. 시청에서는 30여 명의 복지과 직원 앞에서 다코베야에 대해서 설명했습니다. "나는 속아서 끌려왔기 때문에 속인 쪽에서 해결해야 할 책임이 있다. 나를 속인 것은 일본인이니까 일본 정부에 책임이 있는 거다. 이대로 나 몰라라 하면 용서하지 않겠다."고 했습니다. 모두 조용히 듣고 있었어요.

▶ 연행됐던 현장을 찾아서

나는 여태껏 과거 이야기를 하고 싶은 마음은 없었습니다. 그런데 요즘 텔레비전을 보면 참을 수가 없습니다. 많은 일본인이 마치 일본이 자행했던 일을 잊어버린 것처럼 함부로 말하고 있습니다.

올해(2006년)로 아흔 살이 된 나는 언제 어디서 어떻게 될지 모릅니다. 건강할 때 내 과거를 확인하고 말하고 싶어졌어요. 속아서 끌려와서 한 번도 고향에 돌아갈 수 없었어. 누가 내 인생을 이렇게 만들어버렸는지를 알리고 싶어. 그 때문에라도 홋카이도 탄광에 다시 한번 가서 연행되어 갔던 장소를 확인하고 싶었습니다. 조선총련 기후현 본부의 김덕연 부위원장에게 말했더니 기후시에 있는 정토신종 스님을 통해서 홋카이도 후카가와시에 사는 스님을 소개해 줬습니다. 그래서 후카가와시 '소라치空知 민중사 강좌'에 참석하는 스님과 시민들이 나를 도와줬습니다.

9월 28일에 나는 김 부위원장과 기후시에 있는 승려 호리 무묘 씨와 셋이서 홋카이도로 출발했습니다. 후카가와에서는 승려 도노히라 요시히코 씨(소라치민중사강좌 대표) 등이 맞아줬습니다. 다음 날 아침 우리를 안내해 줄 십여 명의 현지인들과 함께 탄광 터를 찾아 출발했습니다. 연행될 당시에 후카가와시에서 철도를 갈아타고 한 시간 이내 거리에 있던 탄광이라면 아사노탄광 아니면 쇼와탄광일거라는 말을 들었습니다. 두 탄광 모두 잇따라 폐광돼서 폐허가 된 것 같았습니다. 승용차에 나눠 탄 우리는 후카가와시의 집합장소에서 40분쯤 달려서 현지에 도착했습니다.

처음에 도착한 아사노우류탄광터는 인공호수 바닥에 잠겨있었습니다. 겨우 선탄장의 콘크리트 일부가 길가에서 보였어요. 사람 키보다 높은 덤불을 헤치며 선탄장 터에 가까이 갔지만 폐산되고 40여 년이 지났으니 남은 것은 콘크리트 잔해와 급수 탱크 흔적뿐이었습니다. 그래도 주위를 열심히 돌아봤습니다. 콘크리트 잔해 위에도 올라가 봤지만 도저히 기억과 일치하는 곳이 없었어요.

도로로 돌아와서 더 산속 깊숙이 들어가기로 했습니다. 아사노탄광에서 안쪽으로 6킬로 정도 들어간 곳에 쇼와탄광이 있었습니다. 차로 갔는데 풀숲 사이로 폐허가 된 건물이 보이기 시작했습니다. 쇼와탄광은 1969년에 폐산했다고 하는데 탄광 터도 거리풍경도 거의 완전하게 남아있었습니다. 선탄장 터가 보였는데 나는 다시 장화를 신고 덤불을 헤치면서 선탄장으로 들어갔습니다. 같이 간 사람들은 내가 너무 빨리 걸어서 위험하다며 잡아당겼지만 마음이 급했습니다. 정말 내가 일했던 현장인지를 빨리 확인하고 싶었던 거였지요.

안으로 들어가려고 콘크리트 가장자리에 오르는 순간, 발이 미끄러져 주저앉으면서 등가죽이 벗겨졌습니다. 주변 사람들은 놀랐지만 나는 아프지 않았어요. 현장을 확인하는 데 열중이었으니까. 맨 안쪽까지 들어갔을 때, '아~ 여기다'라는 것을 알았습니다. 선탄장 바로 뒤가 가파른 산이었으니까요. 틀림없이 여기야말로 내가 강제노역을 당했던 현장입니다. 나는 강제연행돼서 메이지광업이 조업했던 쇼와탄광에서 강제노역을 당했던 겁니다.

동료들의 시체를 태웠던 화장터도 찾아봤지만 정확히는 알 수 없었습니다. 산길의 중간에서 과일과 과자, 향과 초를 올리고 제사를 지냈습니다.

▶ 한국으로

홋카이도에서 기후로 돌아온 나는 아무래도 한국에 가보고 싶어졌습니다. 한국에 남은 처자가 걱정됐던 거지요. 하지만 1970년대에는 연락이 있었던 친척과도 연락이 끊긴 상태였습니다. 지금 나는 경제적으로 궁핍합니다. 민단에 가서 한국의 친척 주소를 알려주고 찾아달라고 부탁했지만 알 수가 없었습니다.

마침 그때 도노히라 요시히코 주지스님이 한국 정부가 강제연행희생자를 조사하는 위원회의 고문 위원으로 있었습니다. 도노히라 주지스님이 나에 대해서 그쪽으로 연락을 해 줬습니다. 위원회가 조사를 해줘서 11월 하순쯤에 친척을 찾았다는 연락이 왔습니다. 처자와 형제가 아니라 남동생의 자식, 즉 조카 하나를 찾은 겁니다.

나는 곧 한국으로 가려고 했지만 구십 된 노인 혼자서는 불가능했습니다. 아들은 외국으로 돈 벌러 가서 연락이 닿지 않았어요. 그러고 있는데 도노히라 주지스님이 같이 한국에 가서 친척을 만나자고 했습니다. 기후의 호리 주지스님도 같이 가주기로 했습니다.

　불안해서 잠들지 못하는 밤이 계속됐습니다. 남겨 놓고 온 처자를 찾을 수 있을까? 찾은 것은 남동생의 자식인데, 동생은 어떻게 됐을까? 64년 만에 돌아온 나를 친척들은 받아줄까?

　12월 21일에 나고야를 날아오른 비행기는 점심때가 지나서 인천 공항에 내렸습니다. '하나라도 좋아, 친척을 만날 수 있다면 그것으로 만족해.' 그렇게 생각하고 로비로 나갔는데 나를 마중한 것은 다섯 명의 친척이었습니다. 남동생의 자식들과 사촌들이 꽃다발을 가지고 마중 나와 있었습니다. 정말 놀랐어요. 친척들이 눈물 바람으로 나를 안고 말을 해왔습니다. 그런데 말을 모르겠어. 64년 만에 온 한국인데 한국말을 잊어버렸던 겁니다. 정부 위원회의 여성 직원이 통역을 해줬어요.

　한국 정부 위원회가 친척을 찾아줬는데 사례해야 한다고 생각했어요. 조카 차로 서울에 가서 위원회를 방문하고 위원장을 만났습니다. 감사의 마음을 전하려고 했는데 갑자기 분노가 치밀어 올라왔습니다. "위원장님, 어째서 이렇게 된 건지, 왜 64년이나 일본에 있어야 했던 건지, 내 문제를 바로 해결해 주기 바란다. 그렇지 않으면 화가 나서 견딜 수가 없다."고 위원장에게 호소했습니다.

　차를 타고 조카 집으로 향했습니다. 서울의 거리를 달렸는데 내가 아는 서울과는 완전히 다른 모습이었습니다. 마치 우라시마 다로(우라시마 다로가 용궁에서 보낸 3년이 인간 세상으로 돌아와 보니 300년이 지나있었다는 일본의 옛날이야기) 같았습니다. 하지만 동대문은 기억에 있었어요. 그 근처 경찰서에서 일본으로 연행되었으니까.

　서울에서 한 시간쯤 걸려서 강북구 미아동에 있는 조카 집에 도착했습니다. 그곳에는 15, 6명의 친척이 기다리고 있었습니다. 목포에서 온 질녀도 있었습니다. 친척에게 둘러싸이자 저절로 한국어가 나와서 하룻밤 이야기를 하는 사이에 나는 완전히 한국어로 말하게 되었습니다.

슬픈 사실을 알게 되었습니다. 내가 연행된 후에도 남동생 집에 살고 있던 아내는 조선전쟁 직후에 아들 둘을 데리고 나를 찾으러 일본에 간다면서 집을 나갔다고 합니다. 그런 채로 지금도 행방불명. 조선전쟁 중에 죽었을지도 모르겠습니다. 여섯 형제 중에 남동생 주빈이는 전쟁 때 북으로 가서 행방불명됐다고 합니다.

문제는 내가 일본으로 강제연행당한 것만이 아니었어요. 우리들은 비극적인 식민지배와 분단 때문에 생이별을 했던 것입니다. 남동생 성천이는 2006년 5월까지 살아있었는데, 내가 반년 늦어 버렸던 거예요. 형제자매 모두가 세상을 뜬 후였습니다. 아버지와 남동생 산소를 찾아갔습니다. 산 중턱에 있는 아버지 산소에 처음으로 머리를 조아렸습니다. 불효를 용서하시라고.

나는 고독으로부터 해방된 것 같았습니다. 한 친척분이 우리 어머니 산소를 이장하고 싶다고 했습니다. 이번에는 시간도 없고 돈도 필요해서 무리지만 다음번에 반드시 그리하겠다고 약속했습니다.

▶ 나는 어디로 돌아가는 것일까

12월 24일, 크리스마스이브 날 이른 아침에 서울 친척 집을 나온 나는 전송하는 친척들과 함께 차를 타고 인천국제공항에 도착했습니다. 나는 한국의 친척들과 헤어져서 일본으로 돌아가려고 합니다. 돌아가려고 한다고? 그런 바보 같은. 내가 돌아갈 곳은 이제 막 이별을 고하려는 한국인데. 64년 만에 고향에 돌아왔는데 겨우 나흘 만에 왜 일본으로 돌아가지 않으면 안 된단 말인가. 돌아오는 전날 밤은 잠들지 못했습니다. 노구인 나는 몸속까지 피곤이 쌓였지만 그조차도 모를 정도였습니다.

공항에서 여동생의 손자가 말을 걸어왔습니다. "내년에도 꼭 오세요. 다음번에는 할머니 산소를 이장해요." 나는 고개를 끄덕이면서 한 사람 한 사람 끌어안았습니다. 그런데 왠지 웃을 수 없었어. 북받쳐오는 쓸쓸한 추억이 목 속에서 치밀어 올라 머리가 혼란스러웠습니다. 64년 만에 만났던 친척들에게 이별을 고하고 비행기에 탔을 때, 나는 어둠 속으로 빨려 들어가는 느낌을 받았습니다.

정오 지나서 비행기는 인천을 출발했습니다. 객실 승무원이 음료수와 기내식을 가지고 왔지만 거절했습니다. 아무것도 목으로 넘어가지 않았습니다. 64년 전에 나를 속이고 일본으로 끌고 간 것은 누구인가? 64년간 돌아오지 못하고 일본에서 살 수밖에 없었던 이유는 무엇인가? 누구 책임인가? 왜 나는 이 비행기로 나고야에 돌아가려는 것인가? 그런 것을 누가 내게 강요하는 것인가? 그런 생각으로 머리와 몸이 분주했습니다.

비행기가 나고야 중부국제공항에 가까워지자 내 옆자리에 앉아있던 주지스님이 입국카드를 써야 하니 패스포트를 건네 달라고 했습니다. 그때 갑자기 분노가 치밀어 올랐던 겁니다. "이런 거, 이따위 것 필요 없어."라며 나는 패스포트를 찢기 시작했습니다. 주지스님이 당황해서 내게서 패스포트를 뺏었습니다. 나 자신을 억제할 수 없었던 거야. 눈물이 그렁그렁했어. "화장실에 갈게, 혼자 갈게." 그렇게 말하고 자리를 떴습니다.

인천국제공항에서 나고야 중부국제공항까지는 두 시간밖에 걸리지 않았습니다. 하지만 만석이었던 비행기 속에서 나는 외톨이였습니다.

속았던 나와 한국에서 행방불명된 내 처자의 인생은 누가 책임을 질 것인가? 다시 고향에 갈 수 있을까? 나의 고독이 너무나 선명하게 보였습니다.

06

교회 셋을 지은 목사 부인
심효남 沈孝男(여)

취재일: 2007년 5월 9일
출생지: 경기도
현주소: 오사카시
생년월일: 1918년 7월 9일
약력: 열일곱 살 때 그리스도교에 입신. 1940년에 김덕성과 교회에서 만나 결혼. 목사가 된 남편과 함께 황해도 교회에서 봉사. 조국 해방 후에 목숨을 걸고 38선을 넘어 서울로 감. 1950년에 선교사가 된 남편과 함께 일본으로 건너가서 나고야교회에 부임. 1952년에 나고야교회, 1965년에 후쿠오카교회, 1979년에 오사카교회 등을 설립한 남편을 지원한 사모(목사 부인)이며 여섯 아이의 어머니로서 살아옴. 현재, 오사카교회의 은퇴 교역자.

취재: 강지선 / 원고집필: 강지선 / 번역: 고경순

▶ 그리스도교와의 조우, 그리고 남편과의 조우

나는 경기도의 어느 시골에서 태어났습니다. 그곳은 심沈 씨가 많이 살고 있었고 우리 집은 예부터 양반 집안이었습니다. 그런데 아버지가 보증을 잘못 서는 바람에 집이 파산해서 가족이 모두 서울로 이사했습니다. 그래도 아버지는 돈을 빌려서라도 선조의 제사는 거르지 않았습니다.

열다섯인가 열여섯 살 무렵에 서울 이태원으로 이사했는데 집 근처에 있는 교회 앞을 항상 지나다니게 됐어요. 어느 날 교회에서 아름다운 찬미가가 들려왔는데 나도 모르게 교회 앞에서 멈춰 서게 됐던 거예요. 들어갈까 어쩔까 망설이고 있을 때, 스무 살 정도로 보이는 신학생이 나와서 안내를 해줬습니다. 그렇게 해서 처음으로 교회에 들어갔는데 그 후로 교회에 다니게 되었습니다.

그 당시 한국에서는 그리스도교는 사악한 종교로 인식하고 있었기 때문에 온 집안이 발칵 뒤집혔습니다. 그래도 나는 교회에 열심히 다녔습니다. 그 와중에 가족이 마포로 이사하게 돼서 그쪽에 있는 도화동교회(현재, 마포교회)라는 작은 교회에 다녔습니다. 나는 주일학교에서 어린이부 교리교사를 했습니다. 그 무렵에 정말 점잖았던 고모가 갑자기 악령에 쓰인 것처럼 사람이 변해버렸습니다. 머리를 산발하고 우리 집에 와서 아버지에게 절을 하는 큰 소동이 나서 무당을 불러서 굿을 했습니다. 그 고모의 딸을 내가 주일학교에 데리고 다녔는데 왜 남의 딸까지 데리고 교회에 가는 거냐며 고모가 심하게 화를 냈어요. 그래도 몰래 다니면서 매일 밤 고모를 위해 기도를 올렸습니다.

기도하는 중에 고모가 교회에 가고 싶다는 말을 꺼냈습니다. 그래서 고모와 같이 교회 앞까지 왔는데 주저앉아서 꼼짝을 하지 않는 거예요. 결국 사람들이 고모를 들어 올려 교회로 들어갔습니다. 고모는 그날 이후로 병도 나았고 교회 권사가 되었습니다. 내가 데리고 다니던 아이는 그 후에 목사에게 시집가서 자식 일곱을 낳아서 모두 선교사와 목사가 되었습니다.

나는 예수를 믿지 않는 사람과는 결혼하지 않겠다고 결심했기 때문에 집에서 정한 혼담을 거절했어요. 아버지는 양반의 딸이 혼담을 거절했다고 진노했습니다. 그 후에 고모를 위해 함께 기도해주셨던 장로가 중매해 준 김 목사와 결혼을 했습니다. 김 목사는 1939년에 재령고등학교를 졸업하고 서울에 와 있었습니다. 나이는 나보다 두 살 아래인 스무 살, 가진 것은 아무것도 없었지만 단지 예수를 믿는 사람이어서 1940년에 결혼했습니다. 물론 아버지는 반대했지만. 그렇다 해도 정말 돈이 없었어요. 김 목사의 형도 병으로 돌아가신 상태여서 재산 보증인이 없었습니다. 그런데 도화동교회가 신학교도 졸업하지 않은 남편을 전도사로 고용해 줬습니다. 아이가 하나 생겼고 나도 남편도 일을 해서 교회로부터 약간의 급료를 받고 어찌어찌 먹고살았습니다.

그리고 남편은 조선신학교에 들어갔습니다. 남편은 전도사 일을 하면서 신학교를 졸업했습니다. 그 후에 황해도 신천읍에 있는 그의 모(母)교회에 전도사로 초빙받아 가족이 모두 신천으로 갔습니다.

▶ 목숨 걸고 38선을 넘다

태평양전쟁 중이었던 1942년에 일본군대에서 남편에게 징용 영장이 왔습니다. 그 당시 황해도 신주읍의 읍장이 우리 교회 장로였는데 남편을 황해도에 있는 탄광 사무 일로 돌려줬습니다. 사실은 부임지가 히로시마였다고 합니다. 히로시마로 갔더라면 원폭으로 죽었을지도 모르지요. 남편은 2년 정도 탄광에서 일했는데 그 사이에 생활은 정말 어려웠고 장녀가 이질에 걸려 세상을 떠났습니다.

일본이 패전해서 남편은 집으로 돌아올 수 있었습니다. 잠시 동안은 사역할 교회도 없어서 자유였습니다. 전쟁 후에 이번에는 공산당들이 "김 목사는 공산주의를 반대하는 운동을 하고 있다."고들 말하는 것이었습니다. 장녀를 잃은 후에 태어난 장남이 세 살 무렵이었던 어느 날 갑자기 무기를 든 경찰관이 찾아왔습니다. 교회에서 돌아오던 남편은 연행되어 감옥으로 쓰던 방공호에 일주일간 갇혀 있었습니다.

석방 후에 남편은 다시 신천교회에서 부목사로 일했습니다. 차남도 태어났습니다. 그런데 그때부터 교회 신도들이 하나둘씩 연행되어 갔습니다. 남편이 전도해서 청년들이 모이니까 공산당이 점을 찍었던 거예요. 남편은 신천교회 다음에 동부교회에서 사역했는데 이번에는 진주해 있던 소련군에게 교회를 강탈당했습니다. 교회를 되찾기 위해 평양에 가서 그리스도교연맹 총무 목사를 만나려고 했지만 만나주지 않았습니다. 그런데 동부교회 집사가 남편에게 "서둘러서 서울로 피하세요. 내 쪽으로 당신 체포영장이 와 있습니다."라고 알려줘서 그대로 농부로 변장해서 해주에서 청단으로 도망가서 그곳에서 남한으로 갔습니다.

　나는 그때, 아이들과 같이 북에 남아 있었습니다. 차남이 태어나서 3개월밖에 되지 않은데다가 돈도 없었습니다. 우선 이불솜과 교회에서 받은 쌀을 시장에서 팔아서 돈을 마련했어요. 그리고 남으로 가려고 사리원으로 가서 해주로 갔습니다. 그런데 나와 아이들은 사리원에서 붙잡혀서 취조실로 끌려갔던 것입니다. 그곳은 남으로 가려는 사람들로 가득 차 있었습니다. 내가 가진 짐은 하나였는데 아이들 기저귀와 남편의 성경책이 들어있었습니다. 성경책이 걸리면 끝장이었어요. 하느님께 기도했습니다. "주님, 저를 구해주신다면 죽을 때까지 주님께 충성을 맹세하겠습니다."라고. 그리고 나서 차남의 볼기짝을 꼬집어서 큰 소리로 울게 만들었습니다. "시끄러워서 조사할 수가 없네."라고 하기에 울고 있는 차남의 빈대에 물린 자국을 보여주면서 "남편이 도망가 버려서 아이들을 키우려고 서울에 있는 친정집에 가려고 합니다. 제발 가게 해 주세요."라고 사정했습니다. 그랬더니 정말 주님의 은혜로 조사를 담당했던 청년이 짐도 조사하지 않고 기차에 태워줬습니다.

　해주에 도착했는데 먼저 와 있던 시어머니가 모르는 사람과 같이 마중 와있었습니다. 그 사람을 따라서 판자로 된 적산가옥에 갔는데 남으로 가려는 사람들이 헤아릴 수 없을 정도로 많았습니다. 그런 와중에도 사람들에게 터무니없이 비싼 밥값과 숙박비를 갈취하고 있었습니다. 나는 돈이 없어서 내주는 식사도 거절했습니다. 나이 든 사람과 아이들을 포함해서 돈이 없어 보이는 사람들은 밤 두 시에 남으로 가는 배를 탄다고 했습니다. 배를 타려면 바닷속을 걸어야 했는데 차남은 업고 장남은 안아서 겨우 배까지 당도했습니다. 배에 탈 때 차남의 머리가 부딪쳐 울기 시작하자 "38도선 경비에게 들키면 모두 끝장나니까 아기를 바다에 버리라."고 해서 억지로 젖을 물려 울음을 멈추게 하고는 배에 탔습니다. 그렇게 38도선을 넘을 수 있었어요. 청단에 내려서 한국 경찰모를 쓴 사람을 봤을 때 이제 됐다고 생각하니 그곳에서 한 발자국도 움직일 수 없었습니다.

그 후에 수용소로 들어갔습니다. 미군이 통조림을 갖다 줬는데 정말 맛이 좋았던 거로 기억합니다. 그리고 우리는 서울로 향했지요. 친정에 도착했는데 가족들은 거지꼴을 한 우리 모습에 놀라워했어요. 남편은 우리를 찾으러 북으로 가서 엇갈렸지만 그 후에 친정집에서 재회할 수 있었습니다. 친정에서 우리 가족 넷이 같이 잘 때는 마치 천국 같았지요.

▶ **일본으로 건너가 나고야교회를 설립하다**

조선기독교청년연합회의 총무였던 남편은 1948년에 일본에 시찰을 하러 갔습니다. 제2차 세계대전이 끝난 후에 한국인 목사들이 일본을 떠나서 목사가 없는 교회가 많았는데 그 상황을 조사하러 갔던 것입니다. 그때 나고야교회에서 초빙 제의가 있었던 거예요. 우리는 일본에 갈 생각은 전혀 없었는데 선배 목사들이 간곡히 권유했어요. 2년 후에 일본 비자가 나와서 장남이 여섯 살, 차남이 세 살, 그리고

3개월 된 삼남을 데리고 나는 남편과 함께 일본으로 왔습니다. 남편은 종전 후에 한국에서 온 첫 선교사였습니다. 1950년 6월 15일에 일본으로 건너와서 6월 18일에 나고야교회에서 첫 담임목사로 예배를 드렸습니다. 일본에 도착해서 열흘째 되던 25일에 한국전쟁이 일어났습니다. 그때 서울에 있었다면 또 북한 공산당들에게 잡혀서 총살당했을지도 모를 일이지요. 고난 속에서도 은혜를 주시는 게 하느님이십니다.

나고야교회에서는 근처에 작은 사택이 있었고 교회에서 생활비를 조금 받아서 생활했습니다. 하지만 남편은 여기에서는 교회가 발전할 수 없으니 이 교회를 팔고 이전해야 한다고 생각했습니다. 교회는 니시구의 아마즈카에 있었는데 재일동포가 많이 사는 지역에서도 나고야 중심지에서도 떨어져 있었기 때문입니다.

그 무렵 교회 장로가 한국으로 귀환하는 사람들의 숙박시설인 구제회관을 나고야역 앞에 짓고 있었습니다. 그래서 교회를 70만 엔에 팔고 1951년에 나고야시 나카무라구 쓰바키초에 토지 123평을 샀습니다. 우리는 구제회관에서 장로와 집사 그리고 기독교 신자가 아닌 사람들과 함께 생활했습니다. 회관에는 화장실도 없고 부엌과 솥은 있었지만 취사용 불이 하나밖에 없어서 모두 순번을 정해 밥을 지었습니다.

그곳에서 지낸 지 3년쯤 됐을 때 장녀가 태어났습니다. 생활은 힘들었지만, 지금 되돌아보면 그때는 정말 행복했어요.

남편은 주둔 미군에게 모금과 원조를 받기도 하면서 교회 건축을 위해 열심히 일했습니다. 1952년 6월 1일 나고야교회를 새롭게 지어서 입당 예배를 드렸습니다. 살 집도 교회에서 마련해줬습니다. 나는 그 집에 들어가는 게 너무 기뻐서 마치 천국에 들어가는 기분이었습니다. 그리고 십 년 가까이 나고야교회에서 사역을 했습니다.

▶ 남편이 캐나다로 유학가다

1957년, 남편에게 캐나다 몬트리올에 있는 프레스비테리안 칼리지에서 2년간 유학할 기회가 생겼습니다. 그때는 막내딸도 태어나서 아이들은 다섯이 되었습니다. 유학 생활 중에는 가족 생활비를 받고 끝나면 나고야교회로 복직한다는 제직회(신도들의 운영회의)의 결정을 받아들여서 남편은 유학을 갔습니다.

처음에는 교회에서 생활비 보조금으로 1만 엔을 받았는데 나중에는 5천 엔으로 감액되었습니다. 새로 부임한 목사가 살아야 하니까 목사관을 나와서 후임 목사의 말에 따라 나는 아이들을 데리고 기후현 오카키로 이사를 했습니다. 하지만 인간의 셈과 하느님의 셈은 다른 거지요. 주님의 은혜 속에 어느 회사 사장의 모친과 쌀가게를 하는 장로를 비롯한 교회 분들이 먹을 것과 여러 가지로 도와주셨습니다.

장남이 고1, 차남이 중1, 삼남이 소학교 4학년, 장녀가 소학교 1학년 그리고 막내딸이 네 살이었을 때였습니다. 장남과 차남은 나고야에서는 미션스쿨에 다녔기 때문에 수업료가 필요 없었는데 오카키에서는 일반 학교여서 수업료도 내야 했습니다. 가난해서 아이들에게는 도시락도, 집에서 하는 식사도 감자를 먹였습니다. 고기 같은 것은 살 수가 없었어요.

나중에 캐나다 선교부 여성회에서 1만5천 엔 정도를 보내줬지만 어쨌든 나는 아이들을 먹이려고 열심히 부업도 했습니다. 하지만 월 3만 엔도 벌지 못해서 이불을 만들어서 팔기도 했습니다. 나는 남편이 돌아올 때까지 11킬로나 살이 빠져서 아사 직전까지 갔지만 다행히 특별히 아픈 데는 없었습니다. 지금이라면 남편 혼자서 유학 가는 것은 막았을 겁니다. 남편은 일본에 남은 가족은 생각하지도 않고 아무런 계산 없이 갔어요. 그래도 유학의 길은 쉽게 열리는 것은 아니었으니까요.

▶ 남편과 함께 후쿠오카교회로

남편은 유학에서 돌아오자마자 소속했던 재일대한기독교총회로부터 후쿠오카교회로 가라는 지시를 받았습니다. 당시 후쿠오카교회는 9대째인 목사가 한국으로 돌아간 후에 일 년 이상이나 무목無牧 상태였습니다. 후쿠오카에 가봤더니 목사관도 없고 7인 가족의 생활비는 1만 5천 엔이었습니다. 게다가 신도들은 거칠었습니다. 교회 제직회에서 신도들이 큰 소리로 싸우면 아이들은 무서워했어요. 그래도 2년 정도 노력했더니 신도들도 변했습니다. 당시에 후쿠오카교회에 나오는 사람은 2, 30명이었는데 어린이와 청년이 많아서 남편은 발전 가능성을 느꼈던 거지요.

우리가 오기 전부터 후쿠오카교회를 새로이 설립하자는 말이 있어서 이미 한국인이 많이 사는 지도리바시에 토지 80평 정도를 매입하고 있었습니다. 그런데 그곳은 막다른 골목이어서 주변에 집이 생기면 교회가 보이지 않는 땅이었던 겁니다. 남편은 그곳에 교회를 짓는 것을 반대했는데 우연히 화재로 집이 전소돼서 공터가 생겼을 때 앞의 교회 부지를 팔고 그 공터를 매입했습니다.

하지만 신도들 중에는 반대의견도 많았습니다. 남편은 "먼저 내주세요, 먼저 베풀지 않으면 받지도 못하는 겁니다."라고 설득했습니다. 남편이 교회 건축헌금을 모금하기 위해 전국을 돌아다녔는데 오사카와 나고야에서 몇백만 엔이나 헌금을 모아오자 신도들의 마음도 열렸습니다. "사실이다. 다른 사람을 도우면 내게도 주어지는 것이다."라고 신도들이 깨닫게 되었던 거지요.

1965년 7월에 모던한 2층 교회당이 건립되었고 감동적인 입당 예배를 드렸습니다. 교회를 설립한 후 10년 동안 교회 생활은 정말 즐거웠습니다. 장남과 차남은 후쿠오카에서 학교를 졸업했어요. 그 무렵 한국에서 박정희 대통령이 재일동포유학생을 모집했습니다. 제1기생으로 장남이 갔고 차남도 나중에 한국에 가서 의학 공부를 했습니다.

아이들은 장학금을 받으면서 공부를 했습니다. 나는 한국과 일본을 왕래하면서 장사하는 사람들의 짐을 날라서 용돈을 벌었고 그 돈을 송금했습니다. 그래도 돈이 모자라서 밥을 얻어먹으러 서울대학교에서 친척이 사는 용산까지 걸어서 갔다고 합니다. 아이들은 방학이 되면 일본에 돌아와서 아르바이트한 돈으로 중고 책을 사서 공부를 했어요.

아이들이 그런 고생을 한다고 남편과 의논했더니 남편은 어떻게든 될 거다, 괜찮다, 라고 했습니다. 정말로 주님의 은혜로 기적 같은 일이 생겼습니다. 그 무렵 홋카이도의 어떤 부자가 서울대학교에 기부해서 왕룡사라는 기숙사를 지었습니다. 아이들은 그곳에 들어가게 돼서 거의 돈이 들지 않게 되었어요. 차남은 의사가 됐는데 다른 재일동포 선생님들과 '베데스다'라는 의료봉사단을 결성해서 지금은 한국의 무의촌으로 의료 봉사하러 가 있습니다. 모두가 주님의 축복입니다.

당시 후쿠오카에는 밀항으로 들어와서 남편에게 도움을 청하러 오는 사람들이 많았는데 사복형사와 입국관리사무소 직원이 자주 교회를 찾아왔습니다. 남편은 교회 건립 후에 두 개의 계획이 있었습니다. 하나는 탁아소를 설치하는 것이고 다른 하나는 재일한국인을 위한 납골당을 건립하는 일이었습니다. 그런데 오사카교회로 부임하게 돼서 재임 중에는 이룰 수 없었습니다.

1970년에 오사카교회에서 초빙한다는 이야기가 있었습니다. 남편은 재일대한기독교총회 회장을 두 번 했는데, 그 두 번째 회장을 역임할 때였습니다. 당시에 오사카교회는 이전 목사와 신도 사이가 좋지 않아서 어려웠던 상황이었는데 남편은 문제 수습도 겸해서 가게 됐습니다. 후쿠오카교회 신도들은 섭섭해 했지요. 교회 재정이 좋지 않아서 퇴직금은 없었지만 지금도 후쿠오카교회 신도들과 연락하며 지내고 있습니다.

▶ **오사카교회에서 은퇴할 때까지**

오사카로 옮겼을 때, 삼남은 캐나다로 유학 갔고 장녀는 고등학교 3학년이어서 그대로 후쿠오카에 남았습니다. 차녀는 학교 관계로 쉬던 중이어서 한발 먼저 오사카로 갔습니다. 오사카교회는 목사관도 없어서 예배당 옆방에서 생활했습니다.

앞날을 생각해서 어느 장로에게 800만 엔을 빌리고 또 퇴직금을 미리 받아서 1,300만 엔으로 집을 샀습니다. 처음으로 가져 본 내 집이었어요. 그래도 10년 걸려서 빚은 모두 갚을 수 있었습니다. 나중에 남편이 은퇴했을 때도, 또 돌아가신 후에도 그 집이 있어서 얼마나 다행인지 모릅니다. 지금은 생활비는 연금과 자식들의 지원해주고 있고 내 집에서 잘살고 있습니다.

남편이 오사카교회로 부임해서 처음 한 일은 교회를 신축하는 것이었습니다. 오사카교회에는 1953년에 건축위원회가 있었는데 전임 목사들이 사임해버려서 아무런 진전이 없었습니다. 우리가 왔을 때, 오사카교회는 막다른 골목길에 있는 단층 건물이었는데 낡고 녹이 슬어 있었습니다. 남편은 낡은 교회를 매각해서 이쿠노구 나카가와에 있는 KCC(재일한국기독교회관) 앞에 있는 토지를 매입했습니다. KCC는 3층 건물이었는데 잠깐 동안은 그 2층에서 예배를 드리면서 교회 건축에 돌입했습니다. 우리는 그 옆에 있는 작은 집을 개축해서 살았지요.

남편은 신축 교회 1층에 탁아소를 만들려고 했는데 신도들의 반대에 부딪혔습니다. 탁아소를 운영하려면 오사카시에 토지를 담보로 내주지 않으면 안 됐던 거예요.

그래도 남편은 어떻게든 탁아소를 만들고 싶어 했습니다. 이쿠노구에 와보니 이 지역 동포들 대부분은 신발 등을 만드는 부업을 하고 있었습니다. 집 안에 시너 냄새가 코를 찌르는데 아이들은 갈 곳도 없고 놀 곳도 없어서 시너를 흡입하면서 집에서 지내고 있었던 것입니다. 또 인근 유치원에서는 노골적으로 동포들을 차별해서 동포 아이들은 들어가기 힘들었습니다.

남편은 "교회는 예배만 드리는 곳이 아니다. 지역을 위해 봉사하는 교회가 돼야 한다."며 토지를 담보로 오사카시로부터 400만 엔 정도의 보조를 받아서 애신愛信탁아소를 만들었습니다. 신축교회와 탁아소를 만들기 위해 1975년 12월에 드디어 토지 340평을 마련했는데 탁아소를 건축하려면 신도들의 허락을 받아야 했습니다. 그리고 건축 허가를 받으려면 지역 탁아소의 동의서 등이 필요해서 모든 준비를 마치고 기공식을 한 것은 1978년 7월이었습니다. 1979년에 무사히 건축이 끝나서 6월에 교회 입당식을 했습니다. 이보다 5일 먼저 애신탁아소 낙성식이 개최되었지요. 그 탁아소에서 자란 동포 아이들이 얼마나 될까요. 그리고 오사카시에 진 빚은 20년 걸려서 전부 갚았습니다.

남편은 애신탁아소 원장도 겸임하면서 오사카교회에서 오랫동안 사역을 했습니다. 은퇴식은 남편이 딱 일흔 살 생일에 했고 많은 분이 와 주었습니다. 그 은퇴식에서 남편이 이렇게 말했습니다. 남편이 가족에 대해 강단 위에서 말한 것은 처음 있는 일이었습니다.

"오늘 이처럼 명예로운 목사로, 넘치는 축복을 받게 되어 감사드립니다. 총회의 모든 목사로부터 받은 사랑, 장로들로 받은 사랑 또 나고야, 후쿠오카, 오사카교회로부터 받은 귀한 사랑, 특히 오사카교회의 장로님들로부터 많은 사랑을 받았습니다. 또 권사, 집사 여러분 그리고 모든 교우 여러분들의 사랑도 많이 받았습니다. 말로는 다할 수 없는 감사를 드립니다. 또 하느님은 저에게 내조할 아내를 주셨습니다. 목회하는 동안 여러 가지 부족한 것이 많았지만 아내가 잘 도와줬고 많은 어려움이 있을 때도 큰 도움을 받아서 지금에 이르게 된 것을 감사드립니다."

김 목사의 모토는 선先신앙·후後목회, 선先평화·후後사업, 선先교회·후後가정이었습니다. 목사는 자기 가족과 자신이 우선이 되면 교회가 평화롭지 못합니다. 남편은 무엇보다 먼저 교회였고 가족에 대해선 내가 책임져야만 했습니다. 그것은 목사의 아내로서 당연한 일입니다.

▶ 남편이 하늘의 부름을 받아서 혼자가 되다

남편은 1999년 4월 14일에 조용히 눈을 감았습니다. 나는 현재, 오사카교회 은퇴교역자입니다. 지금도 가끔 지나온 세월을 돌이켜봅니다. 집 계단에 걸터앉아서 남편의 사진을 보면서 "당신 참 열심히 살았어요."라고 말을 겁니다.

남편 생전에 내가 남편에게 "더 좋은 사람과 결혼했더라면······"이라고 말하자 "그렇지 않아. 당신이 최고이고, 제일이야."라고 말해 줬습니다. 그런 말을 들으면 정말 기뻤습니다. 어떤 때는 아름다운 여성을 보고 "예쁜 사람이네요."라고 하면 "그렇지 않아. 당신이 더 예뻐."라고 말해 줬습니다. 그 말이 지금도 가슴에 남아있습니다.

남의 욕을 하지 않던 사람이었습니다. 사람은 남을 칭찬하고 좋은 말을 할 때 마음이 기뻐진다고 남편에게 배웠습니다. 배우기는 했지만 내게는 좀처럼 불가능한 일입니다.

남편이 나보다 먼저 하느님 곁으로 간 것도 주님의 뜻입니다. 남편이 병원에 입원했을 때, 죽기 전에 한 가지 하고 싶은 일이 있었는데 못 했다고 했습니다. 그래서 그게 무엇인지 물어봤더니 "교회를 또 하나 짓고 요양병원을 짓고 싶었다."고 하는 것이었습니다. 나는 다른 목사도 일해야 하는데 당신이 전부 해버리면 안 되지 않느냐고 말했지요. 하지만 앞으로 노쇠한 동포들이 늘어날 테니까 양로원은 필요하다고 생각됩니다.

남편은 늘 큰 꿈과 비전을 가지고 있었습니다. 늘 크게 상상하고 미래를 그리는 겁니다. 그리고 그 꿈을 실현하기 위해 노력했습니다. 1950년에 일본에 와서 57년이 흘렀습니다. 눈 깜짝할 사이에 지나갔습니다. 지금은 여기가 내 고향이 됐습니다. 한국에 가도 우리 친척들은 전부 미국으로 이주해 버렸어요.

남편은 천국에 있으니까, 남편과 다시 만나기 위해서라도 살아있는 동안에 최선을 다해 남을 칭찬하고 남의 험담은 하지 않으려고 합니다. 내가 남의 험담만 한다면 나중에 천국에 들어갈 수 없어서 남편과 만나지 못하니까요.

07

일하고 또 일하고, 그리고 일하고
강심선 姜心善(여)

취재일: 2005년 7월 1일, 11월 6일, 2006년 5월 18일, 7월 5일
출생지: 경상남도 함안군 북면 중암리
현주소: 나라현
생년월일: 1920년 2월 16일
약력: 출생 후 바로 어머니가 돌아가셔서 할아버지가 키운다. 열한 살 때 오사카에서 일하고 있는 아버지를 찾아 도일. 입주 아기돌보미와 자개세공 등의 일을 한다. 열여섯 살에 결혼, 자식 여섯을 키운다. 종전 후에 나라현 사쿠라이시櫻井市에서 노송밧줄(뱃밥) 만드는 일에 종사. 일과 자녀양육으로 잘 시간도 없는 나날을 보낸다. 마흔두 살에 남편과 사별. 마흔여섯에 노송밧줄 만드는 일을 그만뒀고 일흔이 지나서 식당에서 일을 했다. 덴리天理야간중학교에서 읽고 쓰기를 배우게 된다.
취재: 가와세 슌지 / 원고집필: 가와세 슌지 / 번역: 고경순

▶ 내가 태어나고 바로 어머니가 돌아가시다.

1920년 2월 16일에 경상남도 함안군 북면 중암리에서 태어났습니다. 다섯 살 위의 언니가 있고 내가 둘째였습니다. 어머니는 나를 낳자마자 돌아가셨습니다. 나를 키워주신 것은 할아버지였습니다. 할아버지는 이웃의 아기가 있는 집에 야채와 쌀 등을 가지고 가서 남은 젖을 먹여달라고 부탁했다고 합니다. 밤에 내가 배가 고파서 울면 할아버지도 괴로워서 같이 울었다고 언니가 말해줬습니다.

세 살 때 새어머니가 들어왔습니다. 같은 함안군 사람인데 아버지보다 열 살 이상이나 어린 열일곱 살이었습니다. 그 후로 여동생과 남동생이 생겼습니다. 내가 여섯 살 때 아버지가 일본으로 일하러 갔습니다. 일본에 좋은 일이 있다는 말을 남기고 오사카로 갔던 거예요. 할아버지와 어머니, 그리고 자식들은 집에 남겨졌습니다. 모두 논농사를 같이했습니다. 집에는 소도 있었습니다. 봄에는 참외와 목화를 밭에 심는 일을 돕기도 했어요.

우리는 친어머니가 없었기 때문에 할아버지가 불쌍히 여겨서 잘해주었습니다. 그래서 할아버지를 잊지 못합니다. 할아버지가 눈을 부릅뜨고 화내는 것을 본 적이 없어요. 어렸을 때는 형제끼리 자주 싸우잖아요. 그러면 할아버지가 언니에게 자주 말했습니다. "다른 형제는 싸워도 되지만 너희들은 싸우면 안 돼. 이 할아버지가 어떤 고생을 하며 이 만큼 키웠는지 생각한다면 사이좋게 지내지 않으면 안 되는 거야. 싸우면 할아버지는 괴로워."

▶ 좋은 쌀은 일본인이

논에서 수확한 쌀은 탈곡해서 품질이 좋은 쌀과 나쁜 쌀로 나눴습니다. 그러면 일본의 관리가 와서 좋은 쌀을 전부 가지고 갔던 겁니다. 그때 돈은 줬지만 너무 싸서 적자였지요. 그래서 할아버지는 "이 돈은 비료 값 정도야, 일한 사람 품삯이 안 나와."라며 한탄했습니다. 할아버지는 나이가 들었기 때문에 일할 사람을 빌리지 않으면 논농사는 할 수 없었어요. 하지만 관리나 경찰도 모두 일본인이어서 들어주지 않았습니다.

또 관리는 다음 해에 뿌릴 볍씨를 발견하면 "이런 곳에 숨겨뒀어?"라며 가지고 가버렸습니다. 내년에 사용할 볍씨라고 할아버지가 말해도 소용없었지요. 할아버지가 눈물 흘리던 모습을 지금도 기억하고 있습니다. 어린 마음에도 그런 일본인들의 처사가 너무 심하다고 생각했어요. 지금 생각해도 화가 납니다.

▶ 오사카에 있는 아버지 곁으로 – 아기돌보는 일

할아버지는 일본에서 일하는 아버지에게 "내가 나이 들어서 논일을 못 하니 돌아오라."고 말했습니다. 아버지가 일하는 곳의 감독은 아버지에게 모내기와 벼 수확기에만 한 달간 휴가를 줬습니다. 하지만 할아버지가 나이가 들어서 일반적인 논 관리도 못 하게 돼서 아버지가 있는 일본으로 가기로 결정했습니다. 나와 여동생, 남동생, 어머니 이렇게 네 사람은 배를 타고 오사카 야오로 향했습니다. 열한 살 때의 일입니다.

언니는 열여섯 살에 시집을 갔습니다. 차남과 결혼했기 때문에 우리 집에 와서 할아버지를 돌보기로 했습니다. 우리가 일본으로 올 때는 할아버지도 울고 나도 울었습니다. 부산에서 배를 탔는데 멀미를 얼마나 심하게 했는지, 배에서 내렸는데도 삼 일이나 걸을 수 없었습니다.

오사카에 가서 일 년도 되지 않아 또 여동생이 태어났습니다. 나와 여동생이 아기를 봤습니다. 아버지는 주인집에 입주해서 튀김용 기름을 만드는 일을 했습니다. 중국에서 재배한 목화씨를 일본으로 들여와서 그것을 짜서 기름을 얻고 깻묵은 비료로 사용했습니다.

열두 살 되던 해, 나는 이웃집에서 아기를 봐달라는 부탁을 받았습니다. 스무 살 정도 된 젊은 부인이었는데 남편은 큰 회사의 감독이었어요. 그 부인에게 아직 젖먹이가 있었는데 병에 걸려서 아기 돌보미를 구하고 있었던 거예요. 집에는 한 달에 한 번 정도 쉬는 날에 돌아오고 그 나머지는 그 집에서 아이를 돌봤습니다. 아침에는 아이가 자는 사이에 기저귀를 빨아서 말리고 우유를 만들어서 먹이기도 했습니다. 반년간은 했지만 지겨워져서 집으로 와버렸습니다. 아버지도 억지로 가라고는 하지 않았습니다.

▶ 열두 살 때부터 귀걸이 만드는 일을

2개월쯤 지나서 조개를 오려내서 귀걸이 만드는 일을 하게 됐습니다. 조개껍질의 두꺼운 부분에 구멍을 내서 만들었는데 미국으로 수출하는 일이었어요. 아침 여섯 시부터 밤 아홉 시까지 일했습니다. 점심은 집이 가까웠기 때문에 집에 가서 먹었어요.

얼마 안 돼 우리 집은 기름공장 가까운 가시와라로 이사를 했습니다. 착실하고 부지런했던 아버지를 신용했던 일본인이 땅을 빌려줬던 거예요. 그 땅에 아버지가 직접 집을 지었습니다. 그래서 드디어 조선에 있던 할아버지를 부를 수 있었습니다. 귀걸이 만드는 일을 아침 여섯 시에 하려면 다섯 시에는 일어나야 했어요. 할아버지가 같이 자면서 매일 새벽 다섯 시에 깨워주셨습니다. 일본에 와서도 일하느라 학교에는 한 번도 못 갔고 연필도 한번 잡아본 적이 없습니다.

귀걸이 회사에서는 내가 가장 막내였어요. 내 위로는 열일곱 살과 열여덟 살짜리가 있었고 이미 시집간 사람도 있었습니다. 모두 조선에서 온 사람들이었는데 감독만 일본사람이었어요. 전부 30명 정도 일하고 있었습니다. 쉬는 날은 한 달에 두 번으로 초하룻날과 보름날뿐이었습니다. 설날은 이틀 쉬었어요.

▶ 열여섯 살에 시집가다

그곳에서 열여섯 살까지 일하고 나라현 야마토타카다로 시집갔습니다. 나는 시집가는 날도 몰랐습니다. 부모님들이 띠와 궁합이 좋다고 결정했던 것이지요. 남편은 일곱 살 위인 스물세 살이었습니다. 어머니가 회사 감독에게 딸이 시집간다고 말했고 감독이 내게 말해줘서 처음으로 알게 됐습니다.

시댁에는 열네 명이 살았습니다. 남편과 시아버지, 시어머니, 여동생과 남동생, 나를 포함한 여섯 가족과 나머지는 조선에서 일하러 온 남성 여덟이 있었습니다. 매일 아침 네 시에 일어나서 장작으로 14인분의 밥을 짓고 된장국을 끓였습니다. 아침 식사가 끝나면 단추공장과 신발공장에서 일했습니다.

드디어 아들이 태어났습니다. 그 무렵 일본은 전쟁 중이어서 남자들은 속속 군대에 갔습니다. 남편은 단추공장에서 일했는데 군복을 만드는 일로 눈코 뜰 새 없이 바빴어요. 내가 했던 일은 단추에 구멍 뚫는 일, 남편은 단추를 뽑아 만드는 일을 했습니다.

▶ 남편의 징용

장남이 두세 살 무렵 남편이 규슈로 석탄 캐는 일에 끌려갔습니다. 시청에서 징용엽서가 와서 갑자기 가게 됐던 거지요.

나 또한 전쟁의 영향을 받아 일할 시간이 없어서 고생했습니다. 일하러 가려고 했지만 군인이 출정하는 것을 배웅해야 했습니다. 나라를 위한 일이었기 때문에 가지 않으면 안 됐어요. 그때마다 하얀 앞치마를 입고 센닌바리(한 조각의 천에 천명의 여성이 붉은 실로 한 땀씩 꿰매서 천 개의 매듭을 만들어, 무운과 안녕을 빌며 출정하는 군인에게 주었던 것)를 지었던 겁니다. 둘째 아이가 뱃속에 들어 있어서 입덧할 때였습니다. 시어머니가 장남을 돌보고 내가 단추공장에서 일하지 않으면 먹고살 수 없었지요. 배웅하는 시간 외에는 낮에는 단추공장에서, 밤에는 집 근처의 신발공장에서 밤 열두 시까지 일을 했습니다.

남편은 두 번 탄광에 갔습니다. 첫 번째 징용에서 돌아와서 반년 정도 지나서 시아버지에게 탄광에 가라는 통지가 왔습니다. 나이 들어서 갈 수 없었기 때문에 남편이 대신 갔던 거예요. 그리고 2년 뒤에 남편이 돌아왔습니다. 무거운 석탄을 운반했기 때문에 허리가 아파서 왔던 것입니다. 좋은 의사는 모두 군대로 가서 없었어요. 결국 고치지 못해서 남편은 일을 못 했는데 죽을 때까지 허리가 아팠습니다.

시아버지가 "군수공장에서 일하면 탄광에 가지 않아도 된다."고 해서 우리는 시아버지, 시어머니를 따라서 센다이로 갔습니다. 우리가 살던 야마토타카다에서는 조선인 열두 가구가 한꺼번에 갔는데 처음 갔던 센다이 군수공장까지는 같이 움직였고 다음부터는 뿔뿔이 흩어졌습니다.

우리가 다음에 간 곳은 이와테현 하루야마라는 곳이었습니다. 하루야마도 조선인이 많은 곳이었어요. 4월이었는데 눈이 많이 내렸습니다. 9월이 되면 벌써 추워졌어요. 시아버지가 천식을 앓았기 때문에 1945년에 따뜻한 아이치현으로 이사했습니다. 도요타자동차회사 앞에 살았는데 군수공장이 있어서 거기서 일을 했고 8월 15일에 종전이 되었습니다.

▶ 모두 조선으로 돌아갈 생각이었는데

그해 가을 10월에 고향으로 돌아가기로 했어요. 어머니의 남동생들이 돌아간다고 해서 친정 가족은 모두 귀국했습니다. 어머니의 두 남동생은 일본에서 살았는데 한 사람은 마이즈루에서 계급이 높은 군인이었습니다. 칼을 차고 긴 장화를 신고 군복에 훈장을 가득 달고 있었습니다. 그런데 전쟁이 끝나자 조선인들은 그 사람을 용서하지 않았어요. 일본인처럼 조선인을 업신여겼으니까. 그래서 일본에 있을 수 없어서 조선으로 도망갔던 거예요. 해방돼서 입장이 뒤바뀌었던 거지요.

그 사람에게는 형이 있었는데 후쿠이시청의 고위직 공무원이었습니다. 어머니는 동생들이 돌아간다고 해서 같이 갔던 거지요. 그런데 아버지는 조선으로 돌아가서 결핵으로 곧 세상을 떠났습니다.

남편은 종전이 되면서 군수공장에서 해고를 당했습니다. 일이 없었어요. 우리는 사촌이 있는 사쿠라이로 가서 사촌 형제들과 여섯 집이 함께 배를 빌려서 귀국할 작정이었습니다. 하지만 시간이 지남에 따라 망설여졌습니다. 조선에 돌아가도 일이 없었던 거예요. 논밭도 없었죠. 남의 집 빌려서라도 일본에 있는 편이 낫겠다고 생각해서 돌아가는 것을 포기했습니다.

▶ 노송밧줄 만드는 일

사쿠라이시 오도노에서는 노송밧줄 만드는 일이 많았는데 그 일을 했습니다. 노송밧줄은 배에 물이 들어가지 않게 하는 것인데 배를 만드는 데 꼭 필요한 것이었어요. 아이들이 있고 시어머니, 시아버지도 있어요. 남편은 허리가 아파서 일을 할 수 없고. 그래서 내가 일할 수밖에 없었지요. 노송밧줄 공장에서 3일 동안 만드는 방법을 배웠습니다. 그 후로 반년 정도 지나서 혼자 만들기 시작했습니다. 집이 노송밧줄 공장이 되어 버렸어요.

노송밧줄을 만들려면 우선 제재소에 가서 노송나무 껍질을 사야 합니다. 아들 둘을 데리고 리어카에 껍질을 가득 쌓고 집까지 날라 옵니다. 내가 앞에서 끌고 뒤에서 아들들이 밀었습니다. 낮에는 집과 공장 일로 바빠서 밤에 자기 전에 가지러 가야 했지요.

껍질은 아직 젖은 상태여서 제방에서 말려야 했습니다. 건조되면 다발로 묶어서 불순물을 빼내기 위해 하룻밤 동안 강물에 담가둡니다.

흘러가지 않게 돌로 꼭 눌러 놓았어요. 물이 충분히 있으면 괜찮지만 적으면 골고루 물에 잠기도록 뒤집으러 가야 했습니다. 반대로 비가 오면 물에 떠내려가기도 했지요. 다음날에 강으로 가서 건져냅니다. 물을 빨아들여서 너무 무거웠어요. 물기를 빼고 또 제방에서 말립니다. 바싹 말려야 하는데 바람에 날리기도 하고 도중에 비가 내리는 일도 있었어요.

말린 껍질은 타지 않을 정도로 화로에 구워서 부드럽게 만들었습니다. 그것을 나무망치로 두드려서 밧줄을 만듭니다. 화로에 불을 피우려면 밤 두 시에는 일어나야 시간에 맞출 수 있었어요. 늦어도 세 시였습니다. 그리고 난 후에 껍질을 두드릴 사람을 네 시경에 깨우러 갑니다. 두드리는 사람은 조선 총각이 많았습니다. 나도 껍질을 두드렸습니다. 껍질을 비벼서 두드렸지요. 여섯 시부터는 일을 멈추고 아침밥 준비를 해야 합니다. 시어머니와 시아버지께 아침 식사를 내고 아이들을 밥을 먹여서 학교에 보냅니다.

아침 식사 뒤처리를 하면 아기 기저귀를 손으로 비벼 빱니다. 아이 셋이 학교에 간 뒤에도 할 일이 태산이었습니다. 아기에게 젖을 물리고 나면 아홉 시쯤 됐어요. 그때부터는 집에서 노송밧줄 만드는 일을 합니다. 노송껍질을 깎아내면 적갈색 가루가 나옵니다. 아이들 옷도 어른 옷도 모두 적갈색. 대중탕에 갈 때 속옷까지 갈아입고 가지는 못하니까 볼품사나웠어요. 몇 년인가 후에 집에 목욕탕을 만들어서 껍질 두드리는 직공도 목욕탕을 쓰도록 했습니다.

▶ **남편은 명함을 가지고 주문받으러**

하루에 밧줄을 스무 다발을 짰습니다. 처음에는 기계가 없어서 전부 손으로 했지요. 짜놓은 밧줄을 쌓으면 털이 삐죽삐죽 나와 있는 게 볼

품사나워 보여 가위로 깨끗하게 잘라줘야 했습니다. 그 일이 밤 열 시가 돼도 열한 시 반이 돼도 끝나지 않아요. 추울 때는 오들오들 떨면서 했습니다. 그리고 밧줄을 짜면 손바닥이 갈라져서 정말 아픕니다. 잠들었던 아기가 젖을 찾아서 누워서 젖을 주면 잠이 부족한 내가 잠들어 버렸던 적도 많았지요.

처음에는 완성된 밧줄을 주변 사람에게 납품했는데 나중에는 주문을 받아서 원하는 사람에게 보내게 됐습니다. 우리 남편은 술을 좋아해서 항상 술을 마셨지만 그래도 명함을 만들어서 규슈까지라도 주문을 받으러 갔습니다. 노송밧줄은 어업을 하는 곳은 어디든 필요한 것입니다. 그래서 사람이 소개해 주지 않아도 배가 있는 곳에 가면 얼마든지 주문을 받을 수 있었던 거예요.

▶ **어머니가 고생하니까 고등학교면 충분해요**

아이들은 학교에서 돌아오면 내가 하는 일을 도와줬습니다. 시험 때도 예외는 없었습니다. 밤 아홉 시까지 돕고 나서 공부를 했어요. 특히 삼남은 공부를 잘했지요. 고등학교는 나라고등학교에 진학했는데 선생님이 "이렇게 공부를 잘하는데 대학에 가라."고 했습니다. 그런데 삼남은 "어머니가 고생하는 모습을 보면, 고등학교로 충분하다. 어머니를 편하게 해드리고 싶다."라며 대학에는 가지 않았습니다.

아이들과의 추억거리에서 생각나는 것은 장남의 수학여행입니다. 노송밧줄을 만들어서 받은 돈은 시아버지가 잡고 있어서 우리는 필요할 때만 받아서 썼습니다. 그런데 장남이 수학여행 갈 때 군청색 레인코트를 맞춰 입는다는 말을 들었습니다. 그 이야기를 했더니 시아버지는 그런 건 안 해도 된다며 돈을 주지 않았어요.

그래서 내가 이웃집에 사정을 얘기했더니 아는 사람이 사쿠라이에서 양복 만드는 일을 하고 있는데 월부로 해줄지 물어 봐준다는 거예요. 그 사람과 몰래 가게에 갔는데 맞추는 것은 6천 엔이라고 했습니다. 그래서 6천 엔이 없으니 한 달에 500엔씩 갚겠다고 사정해서 맞춰줬습니다. 그리고는 시어머니에게 "학생들이 전부 레인 코트를 입고 가는데, 우리 애만 안 입고 가면 너무 가엾잖아요. 월부로 맞췄으니까 밤 아홉 시 지나서 일한 것은 따로 계산해 주면 그것으로 월부를 갚을게요."라고 말했어요.

그렇게까지 해서 허락을 받았어요. 한 달에 500엔을 만든다고 생각하니 밤에도 잠이 오지 않았어요. 필사적으로 열한 시까지 일하고, 씻어서 아기에게 젖을 먹이고 기저귀를 갈아주고 자려고 보면 열두 시 지나있었어요. 새벽 네 시에 일어나니까 거의 잘 틈이 없었던 거지요.

장남의 수학여행지는 도쿄 닛코였습니다. 가서 바로 편지를 보내왔습니다. 어머니 덕분에 이렇게 레인 코트를 입고 친구들과 올 수 있었다는 내용이었습니다.

▶ 남편의 돌연사

남편은 내가 마흔두 살 때 세상을 떠났습니다. 남편의 나이 마흔아홉 살이었습니다. 시어머니가 돌아가시고 일 년 후의 일이었습니다. 혈압이 높아서 의사가 술을 많이 마시면 안 된다고 했는데 그해 연말 30, 31일, 설날까지 3일 연타로 마셨던 겁니다. 2일 날 아침에 쓰러져서 저세상으로 가버렸어요. 정월 명절이어서 병원도 열지 않았습니다. 오십도 채 안 돼서 죽고 말았던 거지요.

그 후에 화재가 났습니다. 근처에 불이 났는데 옮겨 붙어서 노송밧줄도 공장도 집도 전부 타버렸습니다. 우리 할아버지와 할머니, 남편 사진도 타버려서 사진은 하나도 안 남았어요. 그리고 로프를 사용하게 되면서 노송밧줄이 팔리지 않아서 그만두고 철공소로 돌렸습니다. 재봉틀과 텔레비전 부품 등을 만들었습니다. 이 일은 장남이 했습니다.

철공소로 바꾸고 난 후에는 나도 그 일을 도왔는데 재봉틀 부품에 작은 구멍을 뚫는 일이었습니다. 그러는 사이에 자동기계를 들이게 됐습니다. 내 도움이 필요 없게 돼서 야마토타카다에 있는 나라교통 종업원 식당에서 설거지 일을 하게 됐습니다. 3년 정도 일하고 손자 녀석을 돌봐야 해서 그 일도 그만뒀어요.

▶ 천리교와의 조우 – 아들의 병을 고치고 싶은 일념으로

서른한 살 때 천리교를 알게 되었습니다. 막내아들이 태어나자마자 병에 걸렸어요. 병원에 갔더니 가망 없다고 약도 주지 않고 주사도 놔주지 않았어요. 집 근처 냇가에서 기저귀를 빨고 있었는데 평소에 알고 지내는 조선인 아주머니와 만나게 됐습니다. 그 아주머니에게 막내아들 이야기를 했습니다. 그 아주머니는 "말 못 하던 사람이 말하게 되고 눈이 보이지 않던 사람도 보게 된다. 그런 신이 있는데 거기에 가보라."고 했습니다.

내 아이를 살릴 수 있다는 생각에 어딘지 귀 기울여 들었어요. 다음 날 미와역에서 그 아주머니를 만나기로 했습니다. 그 시절에는 내 돈이 없어서 시어머니에게 돈을 받지 않으면 전차비도 없었어요. 시어머니가 시아버지에게 말해줘서 돈을 받아서 갔더니, 천리교였습니다. 기도를 해줬던 사람은 조선인이었어요.

그 사람은 아이를 살리려고 매일 와 줬습니다. 신에게 올렸던 물과 밥을 가지고 와서 물은 아기에게 조금 마시게 했고 밥은 내가 먹어서 젖이 나오게 했습니다. 병원에는 가지 않고 그 기도를 계속했습니다. 그래서 아이는 살았고 나는 천리교를 믿게 되었습니다.

▶ 야간 중학교에서 배우다

지금, 나는 천리교 야간중학교에 다니고 있습니다. 야간중학이 있다는 말을 친구에게 듣고 공부가 하고 싶어서 다니기 시작했습니다. 이 나이 될 때까지 연필도 잡은 적이 없는데 선생님은 정말 친절하게 가르쳐줬어요.

글을 몰라서 고생한 일은 말로는 다 표현 못 해요. 삼남이 소학교 시험 때 "엄마, 이거 무슨 글자야."라고 물었지만 나는 글을 몰랐습니다. 그때 가슴이 무너졌습니다. 옛날에는 일본어를 가르쳐 주는 사람이 없었어요. 숫자는 100개라든가 200개라든가 머릿속으로 계산해서 장사를 했는데 100이라는 숫자를 어떻게 쓰는지는 몰랐습니다.

처음 학교에 갔을 때는 히라가나도 가타카나도 전혀 모르는 상태로 하얀 것은 종이고 검은 것은 먹, 그것밖에 몰랐어요. 하지만 선생님이 처음에는 히라가나, 다음은 가타카나를 가르쳐주었습니다.

히라가나와 가타카나를 다 배웠을 때, 선생님이 "강 씨, 이름 쓰기 연습해볼까요."라는 겁니다. 기쁘고도 기쁜 일이었지요. 히라가나, 가타카나보다도 자기 이름을 먼저 배우고 싶었지만 부끄러워서 말하지 못했는데…….

선생님에게 "내 이름은 '아라이 아사코'인데 어떻게 써요?"라고 물었더니 후쿠니시 선생님이 "본명 먼저 공부합시다."라고 해서 처음으로 썼습니다. 히라가나와 가타카나로 내 이름을 썼는데 지금까지 눈이 안 보이다가 환하게 모든 것이 보이는 느낌이었어요. 눈이 뜨이는 느낌이었습니다. 야간 중학교 덕분에 내가 눈이 밝아졌다는 것을 잊을 수 없어요. 야간 중학교는 목숨이 있는 한 가려고 합니다. 이제 내 나이 (세는나이로) 팔십칠이지만.

작문도 했습니다. "조선에서 일본에 와서", "노송밧줄 장사", "저울

이야기" 등입니다. 또 노송밧줄에 관한 것은 후쿠니시 선생님이 자료 조사를 하고 있어서 20관을 잴 수 있는 저울과 도구를 보냈습니다. 야간중학교에서 전시하고 있습니다. 지금도 학교에 다니는 것이 즐겁습니다.

08

강제연행 동포희생자의 유골을 모아 납골당 완성
배내선 裵來善(남)

취재일: 2006년 1월 13일
출생지: 전라남도 고흥군
현주소: 후쿠오카현
생년월일: 1921년 11월 12일

약력: 식민지시대에 두 번 강제연행 체험. 탄광에서 도망쳐 해방을 맞는다. 탄광지대 지쿠호筑豊에서 살았으며, 은퇴 후에는 강제 연행되어 탄광 등에서 일하다 희생된 동포들의 유골을 수집하기 시작한다. 동포조직, 일본인들과 함께 실행위원회 활동을 해서 2000년에 납골당을 완성시킨다. 2008년 6월 11일 서거.

취재: 김주리, 배동록 / 원고집필: 김주리 / 번역: 고경순

▶ 빈농의 장남

나는 1921년 11월 12일에 전라남도 고흥군에서 다섯 형제 중 장남으로 태어났습니다. 가업은 소작농으로 논 다섯 마지기(약 1,500평)가 있었는데 언제부턴가 남의 명의로 되어있었습니다. 작물의 7할은 땅 주인에게 바치고 남은 3할도 정월쯤 되면 떨어져서 아버지는 땅 주인에게 내년에 갚을 테니 빌려달라고 부탁을 했습니다. 그렇게 한 말을 빌리면 다음 해에는 두 말을 갚아야 했습니다. 산의 풀뿌리도 캐 와서 먹을 정도로 가난한 현실에 아버지의 불만은 커져만 갔습니다.

1910년에 조선이 일본에 병합되자 반일감정이 높아져서 아버지도

의용군으로 참가했습니다. 의용군은 누군가 조직한 것이 아니라 일반 사람들이 스스로 싸웠던 거지요. 그래서 아버지는 일본 글도 배우지 않았고 아이들도 일본 학교에 보내지 않겠다는 생각을 하고 있었던 것입니다.

나는 종가의 장남이었으니까 교육을 받지 않으면 안 된다는 입장이었지만 마을에 있는 학교는 일본인이 운영했기 때문에 가지 못했습니다. 여덟 살 되던 해에 10킬로쯤 떨어진 서당에 두 시간 걸어서 다녔는데 그 서당은 폐지당했습니다. 어쩔 수 없이 열다섯 살이 돼서야 남양 공립보통학교 3학년에 편입을 하게 됐습니다. 그런데 나이가 많아서 창피도 했고 그때는 조선 문자는 가르치지 않아서 배울 것도 없어서 반년쯤 다니다 그만둬 버렸어요.

1937년에서 1938년경이 되자 조선인은 강제연행이나 위안부로 끌려갔어요. 여동생도 열일곱 살 때 "너 일본 방적 공장에 가지 않을래? 일본에 가면 야간학교에서 공부도 할 수 있고 가난하게 살지 않아도 돼. 월급을 이쪽으로 보낼 테니 효도도 할 수 있어."라는 말을 들었던 거예요. 당시는 이런 상황이었고, 일본에 대한 동경도 있었지요. 하지만 사실은 위안소로 끌려간다는 말을 들었기 때문에 아버지와 나는 여동생을 빨리 시집보내기로 했습니다.

▶ 보국대

1930년경부터 남성은 3개월, 6개월, 1년 동안 보국대로 내몰렸습니다. 일단은 모집이라는 명분이었지만 실제로는 강제연행과 다르지 않았습니다.

내가 열일곱 살 때, 여덟 살 된 남동생과 친구와 셋이서 산에 땔감을 하러 갔습니다. 그때 트럭이 다가와서 "너희들 돈 벌러 가지 않을래?"

라며 유혹해 왔습니다. 망설일 틈도 없었어요. 나는 그 자리에서 남동생에게 "형은 돈 벌러 갈 테니, 너는 아버지를 도와주라."고 말했고 아무런 준비도 없이 그대로 트럭에 태워졌습니다.

십 수 명이 기차를 타고 끌려간 곳은 함경북도 청진이었습니다. 모래 평야를 개척하는 일을 3일쯤 했는데 음력 3월이었는데도 추워서 견딜 수가 없었어요. 그래서 친구들과 의논해서 도망쳐 나왔습니다. 돈도 없어서 십여 명이 같이 기차를 타고 함경남도 단천까지 가서 그곳에서 선로를 따라 달려서 도망쳤어요. 밭에 심어진 감자를 캐 먹으며 굶주림을 달랬고 잠은 다리 밑에서 잤습니다.

일주일쯤 걸려서 함흥에 도착했어요. 이곳에서 잠깐 동안 모심기를 하고 있었는데 이번에는 수력공장에 가면 돈을 벌 수 있다는 말을 듣고 가기로 마음먹었어요. 압록강 중주에서 흥남과 함흥에 전력을 보내는 크고 위험한 터널 공사였습니다. 일당은 40전 정도였는데 적지만 뭐, 그럭저럭 괜찮았어요. 하자마구미(당시, 일본의 대형건설회사)가 공사를 맡았었나? 일 년 후에 집으로 귀향했습니다.

2년 후인 1943년 1월, 스물한 살 때 두 번째 보국단 모집에 3개월 계약으로 신청했습니다. 니시마쓰구미에서, 서울에서 부산까지 가는 철도 복선 공사를 했습니다. 경상북도 하양면에서 강의 자갈을 운반하는 작업이었는데 일당은 42전이었어요.

▶ 모집에 신청해서 사가현 가와미나미조선소로

계약 기간 3개월이 끝난 후에 어차피 강제연행 등으로 일본으로 가지 않으면 안 되었고 집도 가난해서 어떻게 해서든 돈을 벌어야겠다고 생각했습니다. 마침 그곳에 일본에서 일했던 경험이 있는 신申 씨라는 사람이 있었어요. 그가 "일본 군수공장에 가면 돈을 벌 수 있다. 이미 나도 지인도 대구 소개소를 통해서 신청했다."라고 하기에 바로 나도 지인의 호적등본을 빌려서 신청 수속을 밟게 되었습니다. 그래서 배치를 받아 나가사키현과 경계에 있는 사가현 니시마쓰우라군 야마시로마치(현재, 이마리시) 우라노사키에 있는 가와미나미조선소로 4월 18일에 가게 되었습니다. 본사는 나가사키에 있고 사가지사에서는 군부의 지휘 아래, 500톤짜리 군함을 제조하고 있었습니다. 경상북도에서 온 100명은 20명씩 5개 반으로 편성됐고 나는 일본어를 약간 했기 때문에 반장이 됐습니다. 작업은 전주를 세우는 전기공사였습니다.

어느 날 합숙소에서 동포가 자기보다 나이도 어린 감시인에게 구타를 당했는데 그게 발단이 돼서 폭동이 일어났던 겁니다. 이마리경찰서에서 군대가 파견되어 사십 몇 명인가를 연행해 갔고 나도 2주일 정도 유치장에 갇혀서 고문을 받았습니다. 그 후에 검찰청으로 이감되었는데 "원칙적으로 하면 형무소로 보내야 하는데 지금은 노동력이 부족해서 용서해 준다. 지금부터는 성실히 일하라."며 집행유예로 나오게 됐습니다.

6월에 고향의 아버지가 위독하다는 연락이 와서 회사에 일시 귀국 허가신청을 몇 번이나 했지만 허가가 나오지 않았어요. 한 달 후에 아버지는 돌아가셨는데 임종을 지키지 못했던 것입니다.

도망하려고 해도 돈도 없고 유치장에서 받은 고문 때문에 신체 마디마디가 아픈 상태였어요. 그런데 합숙소의 대장인 동향 사람 신 씨가 10엔을 변통해 줘서 1943년 9월에 합숙소를 도망쳐 나올 수 있었습니다. 우라노사키역에서 이마리역을 거쳐 야마구치현 시모노세키역까지 가서 관부연락선을 타고 다음 날 아침에 고향 집에 겨우 도착할 수 있었습니다.

동생들은 "형이 돌아왔다. 이제부턴 아무 데도 가지 말고 어머니하고 집에 있어."라며 눈물을 흘리면서 기뻐했습니다. 그리고 바로 동생들과 같이 아버지 산소를 찾아갔습니다. 산소 앞에서 나는 "이제부터는 아무 데도 가지 않고 집을 지키겠습니다. 아버지, 지켜봐 주세요."라는 약속을 했습니다.

▶ 탄광으로 두 번 강제 연행되다

그런데 그 직후에 면사무소 직원과 경찰이 와서 내가 일본에 가지 않으면 배급을 끊겠다고 협박을 했습니다. 불안에 떨던 열세 살과 아홉 살 난 남동생이 내 옷자락을 힘껏 잡아끌며 "형이 일본에 가버리면 누구를 의지하냐."면서 울었습니다. 나도 도망치려고 생각했지만 어린 동생과 어머니를 추궁할 테니까, 어쩔 수 없었어요. 일해서 돈 벌면 또 보내주겠다고 동생들을 달랬습니다.

나는 다음날 면사무소에 갈 준비를 했습니다. 어머니는 천 지갑에서 신문지로 몇 겹이나 돌돌 말아뒀던 5엔짜리 지폐를 꺼내주며 "건강하게 일본에서 잘 견디고, 이 돈으로 뭐라도 사서 먹으라."고 말했습니다. 내가 동생들을 생각해서 필요 없다고 하자, 어머니는 눈물을 흘리면서 가지고 가라고 했어요. 나는 가슴이 먹먹해져서 그 돈을 잔돈으로 바꿔서 절반인 2엔 50전을 어머니에게 돌려드렸어요. 그러자 어머니는 그중에 50전을 더 주면서 "반드시 돌아와야 한다."고 했습니다. 그 어머니와는 두 번 다시 만날 수 없었지요.

이렇게 해서 고향 집에 돌아온 지 열하루 만에 또다시 일본으로 가기 위해 집을 나서게 된 것입니다. 1943년 10월 9일, 후쿠오카현 가이지마탄광으로 끌려갔습니다. 일주일 동안 훈련을 받은 후에 신체검사를 하고 작업 부문별로 배속시켰어요. 합숙소에서는 다다미 10조 방에 여덟 사람이 같이 잤어요. 감시인 두 명이 24시간 붙어 있었습니다.

이불 속에 들어가면 모두 "배고파서 못 견디겠다", "어머니가 보고 싶다"며 눈물을 펑펑 흘리면, 2년 계약이니까 참아야 한다고 서로를 위로하고 달랬지요.

그 후에 동료와 도망치기로 하고 보타산을 밤새워 달려서 도망쳤습니다. 동이 틀 무렵 민가 밖에 있던 젊은 여성과 마주쳤습니다. 낭패라고 생각했는데 그 여성이 조선어로 "당신 조선인이죠?"라며 말을 걸어와서 깜짝 놀랐습니다. 고독과 긴장감에서 해방되어 눈에서 눈물이 흘렀어요. 그 여성은 동포였는데 남편은 일하러 나갔다고 했어요. 내가 역에 가는 길과 기차 시간을 묻자, 기차 운임은 있냐고 걱정해 줬습니다. 잠깐 그 집에서 쉬고 정중하게 감사의 인사를 드리고는 나와서 하루다역에서 출발해서 몇 번인가 전철을 갈아타고 메타바루비행장으로 갔습니다. 그곳에는 고향 친구들이 많이 있었습니다. 나는 조선인 합숙소로 들어가서 옷과 수건을 받고 일을 했습니다.

열흘쯤 후에 친구와 구마모토현 다마나 히고이쿠라비행장 건설현장에 가서 잠시 일하고 이번에는 두 명이 같이 가고시마현 이부스키로 가서 해군 방공호를 파는 작업을 했습니다. 그런데 일본군의 비행장이어서 미군 함재기가 공습해 왔어요. 너무 위험하다고 느껴서 도망쳐 나왔습니다. 1944년 9월에 구마모토현 겐군비행장에 도착한 후에 친구와는 헤어졌어요. 그 후에 후쿠오카현 지쿠시군에서 조선인 합숙소에 들어가서 방공호 파는 일을 하고 있을 때 조국 해방을 맞았습니다.

▶ 호르몬(소나 돼지의 부산물) 장사

동포들은 일제로부터 해방됐다며 귀국하려고 하카타로 모여들었어요. 종갓집의 장남이었던 나 또한 고향으로 돌아가서 어머니를 돌보려고 했습니다. 그런데 당장은 배편도 없었고 그사이에 뱃삯을 벌려고 친구와 같이 교토와 오사카에 가서 암거래로 장사를 하다가 다시 후쿠오카로 돌아왔습니다.

1954년 10월에 조련(재일본조선인연맹) 중앙조직과 각 현의 본부가 결성되었고 후쿠오카현에도 조직이 생겼습니다. 나는 후쓰카이치에서 조총련 청년부에 가맹했습니다.

1954년경, 서른세 살 때 열두 살 어린 아내와 결혼했습니다. 탄광의 전성시대였던 때라 스미토모와 미쓰비시 합숙소에 취직하려고 했지만 조선인이라는 이유로 거절당했습니다. 그래서 후쓰카이치에 있는 도축장의 사장에게 호르몬을 공급해 달라고 부탁하고 작은 집을 빌려서 이즈카호르몬센터를 오픈했습니다. 밤에는 1955년에 결성된 조총련 호나미마치의 분회장으로도 활동했습니다.

나는 학교에 못 다녔기 못했기 때문에 아이들은 학교를 보내겠다는 마음이 강해서 모두 다가와조선초급학교에 보냈습니다. 그런 마음에서 조직의 돈을 모집하는 조선학교건설위원회 위원직도 맡았지요. 그 결실로 1973년에는 지쿠호조선초급학교가 개교를 했습니다.

그 무렵 나는 총련 이즈카 지부의 비상임 부위원장을 맡고 있었습니다. 1974년에는 조선인 강제연행 현지 조사를 위해 변호사 도코이 시게루 씨, 릿쿄대학 교수 야마다 쇼지 씨와 평론가인 후지시마 우다이 씨 그리고 총련 중앙 활동가들과 같이 지쿠호를 방문한 적도 있습니다.

▶ 유골 수집

강제 연행되어 일본에서 죽은 동포의 유골 수집을 시작하게 된 동기는 1986년에 폐기흉을 앓아서 입원했는데 어느 날 민단 사람이 찾아왔습니다. 그는 "전쟁 중에 일본에서 목숨을 잃고 방치된 조선인 유골을 모아 한국에 가지고 가서 합장하는 일을 하고 있다."라고 했어요. 그런데 나는 '합장해버리면 유족이 찾을 수 없지 않은가. 유골 중에는 이북 출신도 있을 텐데. 남북 분단 상황에서 이북의 유족을 생각하면 그것은 좋은 방법이 아니다'라는 생각을 하게 되었습니다.

1993년부터 나는 야마다, 가호마치, 호나미, 이즈카, 노가타, 다가와 등 지쿠호 주변의 절을 돌면서 조선인 유골을 찾아다녔습니다. 가호마치 젠쇼지善照寺라는 절을 찾아가서 옛날 장부를 봤더니 히사쓰네 탄광의 보국합숙소에 있었던 네다섯 명의 조선인 이름이 기입되어 있었습니다. 모두 십 칠팔 세의 청년들이었습니다. 주지스님은 납골당에서 본적지가 적혀 있는 조선인 유골함을 가져다주었습니다.

나는 그 유골함과 대면했을 때 눈앞이 깜깜해지고 가슴이 먹먹했습니다. '나도 도망치지 않고 탄광에 있었더라면 이렇게 됐을 것이다.'라는 생각을 하면서 눈물이 줄줄 흘러내렸습니다. 큰 충격을 받았습니다. 절을 나와 빗속을 달려 집에 도착했더니 밤 열 시가 지나 있었습니다. 잠자리에 들었지만, 잠들지 못했습니다. 절에서 동포의 유골과 대면했던 일로 부모님, 형제, 고향에서 지냈을 때 일들이 줄줄이 머릿속에 떠올랐습니다.

1995년 6월에 후쿠오카현의 총련 본부에 가서 "지쿠호 동포 유골을 수집해서 납골당을 건설하고 싶다."고 말했더니 "힘든 일이지만 힘써 달라."고 했습니다. 그 후에 현의 민단 본부도 찾아갔습니다. 또한 지역의 조합과 시민단체에도 호소해서 9월에 준비회가 발족되었습니다.

해방되고 50년이 지나서야 지쿠호의 각 절에 방치되어 있던 '유골 문제를 생각하는 모임'의 준비가 됐던 것입니다. 그리고 이 모임의 계기가 된 이즈카시의 젠쇼지라는 절에 아홉 구, 간논지觀音寺에 열아홉 구의 유골이 보관되어 있는 것을 확인할 수 있었습니다.

다음 해인 1996년 4월에는 '재일지쿠호 코리아강제연행희생자 납골

식추도비건립 실행위원회'를 발족했고, 내가 대표를 맡았습니다. 모임의 규약도 갖춰지고 어떻게든 유골을 유족에게 돌려보내려는 일념으로 널리 알렸습니다.

주변의 사원에 조선인 유골의 유무를 묻는 왕복엽서를 보냈더니 각 사원을 합쳐서 947구나 보관하고 있다는 답신이 왔습니다. 또 이즈카시 직원노동조합에서도 동참하겠다는 의지를 보이는 등 점차로 활동이 퍼져나갔습니다.

행정적으로는 5월에 이즈카시장과 시의회의장 앞으로 납골당건립의 협조를 구하는 요청서를 보냈는데 "홍보활동은 협력할 수 있지만 그 외의 사항에 대해서는 곤란하다."는 회답이 왔습니다. 그래서 매일같이 총무부장을 찾아가서 협력해 달라고 간청했습니다. 그러자 시에서도 "실현하려면 우선 시민의 여론을 환기시키자."고 제시를 해줬어요. 그래서 공민관 등에서 납골당 건설에 대해서 강연회를 열게 되었던 겁니다. 강연회장에는 시청직원과 신문기자들도 이야기를 들으러 왔고 시의 홍보지에 강연회 기사도 나왔습니다. 그로부터 연이어 공민관 예닐곱 곳에서 강연회를 열고 시민들에게 협력해줄 것을 호소하기 시작했습니다.

▶ 납골당을 완성하다

드디어 이즈카시에서 1998년 8월에 이즈카공동묘지 내의 토지를 정비해서 국제교류광장을 설치하고 그 광장의 일부를 대여해 주기로 했습니다. 납골당 부지가 정해지고 본격적으로 건설비용을 마련하는 모집활동에 돌입했습니다. 개인과 각 단체, 지쿠호 일원의 시정촌市町村(일본의 행정구역 단위), 일부 강제연행과 관계된 기업에서도 비용을 지원해줬습니다. 2000년 12월, 이즈카공동묘지 국제광장 내에 강제연행으로 희생된 조선인 납골당 '무궁화당'이 건립되어 낙성식을 거행하게 되었습니다.

광장에 세운 추도비의 비문은 실행위원들이 몇 번의 토의를 거쳐서 모두의 마음을 담아서 이렇게 새겼습니다. "지쿠호의 발전과 일본의 근대화는 실로 조선인을 비롯한 외국인 노동자의 피와 땀과 눈물 없이는 말할 수 없습니다. 21세기를 맞이하면서 역사적 사실을 새로이 인식하고, 불행한 과오를 두 번 다시 반복하지 않겠다는 결의를 담아서 이 추모당과 국제교류광장이 일본과 코리아, 두 민족은 물론이거니와 모든 인류가 영원한 평화를 희구하는 발신지로서의 의의를 가지고 세대를 초월하여 지켜가기를 바라마지 않습니다."라고.

지금은 동포들의 유골이 80구가 안치되어 있습니다. 앞으로 매년 일본 각지 그리고 한국에서도 많은 일본인과 동포들이 추모와 견학을 하러 올 것입니다. 최근에는 연간 방문객이 1,000명에 달했습니다. '무궁화당'이라는 명칭은 조선에서 옛날부터 사랑받던 꽃이 무궁화여서 이 이름을 붙이게 됐습니다. 이국땅 일본에 살고 있지만 잊어서는 안 되는 민족의 상징이지요.

내가 생각해 온 것을 이룰 수 있어서 정말 다행이라고 생각합니다. 계획했던 것이 순조롭게 진행되지 않았던 적도 있었고 고령이어서 돌아다니는 것이 힘들 때도 있었지만 '무궁화당'이 영원한 한일우호의 거점이 되길 바랍니다. 하지만 난 이미 나이가 들어버려서 다음 세대로 바통 터치해야겠지요.

09
영문도 모른 채 창고에 갇혔다가 홋카이도로
전보순 金補純(남)

취재일: 2007년 4월 25일, 26일, 5월 29일
출생지: 황해남도 안악군
현주소: 홋카이도
생년월일: 1921년 11월 14일

약력: 중국과의 국경지대에서 태어나서 자유롭게 중국을 드나들었다. 열일곱 살 때, 사리원에서 105명이 함께 열차에 태워져 강제연행당한다. 홋카이도 교코쿠초 京極町, 와키카타脇方광산에서 강제노역을 했다. 회사와 싸워서 부상을 입고 입원, 그 후 이곳을 나와서 왓카나이稚內 마가리후치曲淵광산에서 종전을 맞는다. 몰래 전분엿과 막걸리를 만들어 팔아서 한밑천 잡는다. 1965년에 공화국으로 귀국할 준비를 했지만 승선 4일 전에 교통사고를 당해 돌아갈 수 없었다.

취재: 도노히라 요시히코, 채홍철
원고집필: 도노히라 요시히코 / 번역: 고경순

▶ 조선과 중국을 자유롭게 왕래하다

1921년 11월 14일에 지금의 북조선 황해남도 안악군 태행면 학봉리 신기동에서 태어났습니다. 300채 정도의 집이 있었는데 박朴, 이李, 윤尹 씨가 한 집씩 있었고 나머지는 전全 씨였습니다. 일본인은 학교 교사 한 사람과 주재소 순사가 있었을 뿐입니다.

나는 여섯 형제 중 둘째였습니다. 장남은 평양에서 비행기 정비공을

하고 있었는데 1937년에 일본으로 끌려가서 행방불명됐습니다. 우리 집은 농가였지만 아버지는 목공소도 경영하고 있었기 때문에 여분의 토지는 남에게 빌려줬습니다. 학교는 열네 살 때까지, 4년제 사립학교에 2년간 다녔습니다. 학생은 400명 정도 있었던 것 같습니다. 과목은 국어와 산수, 도덕, 세 과목이었는데 국어(일본어)는 일본인 교사에게 배웠습니다.

나는 어렸을 때부터 제멋대로였고 10대 때는 불량소년이 되어있었습니다. 열다섯 살 때, 집 금고에서 돈을 훔치고 가출했습니다. 처음에는 진남포 요릿집에서 설거지를 하면서 요리 경험을 쌓았습니다. 그리고 신의주로 가서 술집에서 일했는데 여기서는 그룹으로 밀무역 암거래상을 했습니다. 자전거를 타고 다니면서, 예를 들면 중국 단동에서는 만년필과 포목을 가지고 와 팔았고 돌아갈 때는 중국에서 담배를 사서 조선에서 팔았지요. 매일 30전 정도는 벌었어요. 그리고는 봉천에 가서 조선인이 경영하는 여관에서 요리사로 일했습니다. 철도로 중국으로 들어올 때는 임시검문이 있었습니다. 일본 군인이 기차에 올라타서 검사하는데 패스포트 같은 것은 필요 없었어요.

한편, 우리 동네에도 중국인이 일하러 와서 살고 있었습니다. 진남포에는 수백 명의 중국인이 있었는데 채소재배를 하거나 빵을 만들거나 식당을 하고 있었어요. 중국인과 조선인은 사이가 좋아서 조선인은 중국말을 할 수 있었고 중국인은 조선말을 했어요. 중일전쟁 전인 1935년경의 일이지만.

진남포에는 일본인이 세운 신사가 있었는데 나도 참배는 했습니다. 하지만 조선인을 억지로 끌고 가서 참배를 시켰다는 말은 우리 동네에서는 듣지 못했습니다. 다만 일본인에게 머리카락을 잘린 아버지가 분해서 울었던 일은 기억하고 있습니다. 아버지는 상투를 틀었는데 일본인이 "머리 잘라."라며 빡빡 밀어버렸던 것입니다. 우리 형도 구장도 모두 일본인의 명령으로 머리를 잘랐습니다. 그 무렵 창씨개명으로 성 씨도 바꿔서 전숲에서 호시야마星山가 되었습니다. 물론 아버지는 싫어 했습니다.

▶ 갑자기 체포당해 창고에 갇히다

1942년 8월인가, 9월이었습니다. 사리원 거리에서 친구와 점심으로 냉면을 먹고 식당을 나오는 순간, 관청에서 나온 일본인과 조선인 두 사람에게 붙잡혔습니다. 무슨 일이냐고 물어도 가보면 안다고 할 뿐이었고 식당에서 200미터쯤 떨어진 큰 창고로 끌려갔습니다. 창고에는 이미 30여 명이 들어와 있었습니다. 이십 대도 오십에 가까운 사람도 있었어요. 우리를 창고에 가둔 후에도 계속해서 사람들이 들어왔습니다.

창고에는 시골에서 끌려온 농가의 자식들이 많았습니다. 밤이 되니 105명이 되었습니다. 저녁으로 주먹밥을 주고 주전자의 물을 마시라고 했어요. 창고 구석에 빈 석유 깡통 네다섯 개가 있었는데 소변과 대변은 그 속에 싸게 했습니다. 얇은 담요를 주며 잠을 자라고 했지만 앞으로 어떻게 되는지 아무런 설명도 없었어요. 먼저 들어온 사람들 사이에서는 일본전쟁 때문에 우리를 일본으로 끌고 갈 것 같다는 소문이 돌았습니다. "문 열어."라고 고함치거나 "부모님께 알려 달라."고 말했지만 조선인 모집인이 "알았다."라고 말할 뿐이었습니다.

이윽고 사람을 모았던 조선인이 우리에게 말했습니다. "모두 일본으로 갈 거니까 걱정하지 마. 부모님께는 내가 연락할게." 유무를 묻지 않은 강제연행이었습니다. 잠도 못 잔 채, 이른 아침 사리원역에서 경의선 기차에 실려 다음날 밤에 부산에 도착했습니다. 일본인 세 명이 감시했습니다.

다음 날 아침, 관부연락선에 태워져 시모노세키에서 배를 내렸는데 소독한다면서 전라 상태에서 몸 전체에 하얀 가루를 뿌려댔습니다. 시모노세키역에서 도시락을 먹은 후에 기차에 태워서 아오모리까지 가서 그곳에서 그나마 여관에서 하룻밤을 지냈습니다.

여관에서 105명에 대한 반이 편성되었습니다. 대장과 부대장이 정해지고 일본어를 아는 열 명이 반장이 됐습니다. 나는 일본어를 약간 할 수 있었기 때문에 반장이 됐습니다. 중학교를 나온 대장이 들어온 말에 의하면 철광석을 파러 홋카이도로 간다고 했습니다. 하지만 홋카이도가 어디이며 철광석이 뭔지도 전혀 몰랐어요. 또 일본인이 말하기를 사리원 관청에서 우리를 2년 동안 노역을 시킨다는 계약을 했다는 것입니다. 계약이 2년이라는 것도 그때 처음으로 알았습니다. 그날 밤에 세 명이 숙소에서 도망쳤습니다.

▶ 와키카타광산에서 강제노동

다음날 연락선으로 하코다테에 도착해서 열차를 타고 굿찬에서 갈아타서 교코쿠역에서 내렸습니다. 행선지는 일본제철의 철강산인 와키카타광산이라는 곳이었습니다. 102명 전원이 합숙소에 집어넣어 졌습니다. 합숙소에는 합숙소장과 사무를 보는 여직원 그리고 배식을 만드는 부부가 있었습니다. 합숙소는 18동이 있었습니다. 모두 조선인이었고 2,000명 정도 들어 있었어요. 일본인은 전부 사택에 살았습니다.

그들은 우리를 합숙소에 쳐 넣은 후에 바로 훈련을 시켰습니다. 아침 일찍 일어나서 좌로 정렬, 뒤로 돌아, 바로, 경례 등. 경례 동작이 나쁘다든지 "마와레미기(뒤로 돌아)."에서 반대로 돈다는 이유로 구타를 당했습니다. "마와레미기"라고 해도 일본어를 모르니 어쩔 수 없었던 거지요. 그다음에는 합숙소장이 와서 "삼교대로 일을 한다. 혼자 외출하는 것은 허락지 않는다. 일할 때는 셋이서 같이 일한다."라는 훈시를 했습니다.

식사는 감자, 보리, 팥, 콩 조림이었고 쌀은 거의 없어요. 그리고 된장국, 가끔 꽁치가 나왔습니다. 물개 고기가 나온 적이 있었는데 냄새가 나서 먹을 수가 없었어요. 늘 배를 곯았습니다. 가을에는 근처 밭에 가서 감자와 무를 몰래 훔쳐 먹었습니다.

한 공사장에 조선인 20여 명이 일했는데 일본인은 감독 한 사람이었어요. 하루 품삯은 60전에서 70전이었고 매달 현금으로 줬습니다. 일은 너무 고됐습니다. 쇠막대기로 구멍을 뚫고 다이너마이트를 장치해서 광석을 잘게 부수는 일이었습니다. 부서진 광석은 큰 것은 손으로 작은 것은 삽으로 광차에 실었습니다. 배급받은 장화는 금방 구멍이 나서 너덜너덜해지는데 그것을 끈으로 감아서 신었지요.

2년째 되던 어느 가을날 아침에 합숙소에서 조선인이 죽었습니다. 먹지 못해서 병이 들었던 거예요. 아침에 일어나 보니 죽어있었습니다. 광산에는 화장터가 없었기 때문에 시체를 계곡으로 옮겨 휘발유를 뿌린 후 태워서 유골을 강에 버렸습니다. 이렇게 얼마나 죽어나갔는지는 모르겠습니다. 중국인 노무자는 다른 합숙소에 있었으니까. 1942년 여름에는 썩은 밀가루로 만든 음식을 내줘서 폭동이 일어났는데 죽은 사람도 있었습니다.

배가 고파서 일을 할 수가 없었어요. 힘을 쓸 수 없었으니까요. 나는 도저히 참을 수 없어서 혼자 사무소로 갔습니다. 노무과장에게 "임금 따위는 필요 없으니까, 배부르게 먹여주시오. 장화는 제대로 된 것을 주시오."라고 교섭을 했습니다. "알았다."고 하더니 기다려도 전혀 변하지 않았습니다.

그래서 화가 나서 재차 사무소에 갔더니 사장이 "반장은 젊은 사람들에게 모범을 보이지 않으면 안 되는데, 너는 무슨 말을 하는 거냐."며 주먹이 날라 왔습니다. 나도 맨주먹으로 두세 차례 갈겨줬습니다. 그랬더니 상대는 세 명이 몽둥이로 내 몸을 마구잡이로 때리기 시작했습니다. 뼈가 부러지고 피도 흘려서 정신을 잃게 된 나는 오타루에 있는 회사병원에 2개월 동안 입원해 있었습니다. 그런 와중에도 간호사가 주먹밥을 먹여줘서 기분이 좋았습니다.

▶ 와키카타광산을 나오다

부상이 나아 합숙소로 돌아왔는데 한 달쯤 지나서 합숙소 소장이 "나가고 싶으면 나가도 좋다."는 것이었습니다. 아마도 회사에서는 나같이 거친 사람은 내보내기로 했던 것 같습니다. 그래서 나가기로 했습니다. 함께 일하던 동료들에게 나는 나가니 모두 건강히 지내라고 했더니, 네 사람이 "무슨 일이 있어도 같이 가고 싶다."고 했어요. 회사와 교섭했더니 네 사람도 같이 나가도 좋다고 했습니다. 1943년 10월이었습니다. 나는 그때까지 호시야마라는 이름을 쓰고 있었는데 호시야마는 아버지가 싫어하던 성 씨여서 와키카타광산을 나오면서 야마모토 호준山本捕純으로 바꿨습니다.

시마보쿠무라 모토마치에서 조선인이 군 관련 일을 한다는 말을 듣고 그곳으로 갔습니다. 그곳에서는 조선인 20여 명이 조선인 감독 밑에서 신도로 개착공사를 하고 있었습니다. 여기서 일 년 정도 돈을 벌고 그다음에는 구시로로 가서 항구 주변에 있는 큰 암석산을 파서 방공호를 만드는 일을 했습니다. 가지마건설의 하청 일이었어요.

1944년 여름에 구시로를 떠나서 이번에는 왓카나이 근처에 있는 마가리후치광산으로 가서 하청회사의 합숙소로 들어갔습니다. 노무 담당이 조선인이었는데 여기서 우리 다섯 명은 종전까지 같이 있었습니다. 전쟁이 끝났을 때는 기뻤습니다. 이제 자유다, 무엇을 해서 돈을 벌어야 할지를 고민했습니다.

▶ 전분엿과 막걸리 제조

전쟁이 끝나고 뭘 해서 먹고 살아야 할지 고민하던 중에 라디오 방송을 듣게 되었습니다. "조선으로 귀환하는 배를 준비하고 있으니 조선에서 모집으로 온 사람은 본국으로 귀환시킨다. 방송을 들으면 광산으로 돌아오라."는 것이었습니다. 다섯이 의논을 했는데 세 사람은 모두 같이 조선으로 돌아가자고 했습니다. 하지만 나는 한밑천 가지고 돌아가겠다고 했는데 야마다라는 일본명을 가진 최수만이 나와 의견을 같이했습니다. 세 사람은 아쉬워하며 왓카나이광산으로 돌아갔습니다.

나는 최수만과 같이 전분으로 엿을 만들어서 암거래로 장사를 시작했습니다. 어렸을 때 조선에서 보았던 엿 만드는 과정을 기억하고 있었으니까요. 내가 엿을 만들고 최수만이 아사히카와역에서 한 가락씩 쪼개서 팔았습니다. 군것질거리가 없던 시대여서 순식간에 팔려버렸어요. 그러는 사이에 아사히카와 거리에서 포장마차를 하던 일본인이 기차를 타고 마가리후치까지 사러 오기 시작하더니 속속 사 갔어요. 엿을 만드는 것은 저렴한 3등품 가루로 충분했습니다. 한 봉지에 천 엔에 사 와서 엿을 만들면 5천 엔에 팔 수 있었습니다.

그리고 네 말들이 술통을 사서 산속 농가의 마구간을 빌려 막걸리 밀주를 제조했습니다. 누룩과 밥을 미지근한 물에 잘 섞고 네 말들이 술통에 넣어서 일주일이 지나면 막걸리가 됩니다. 이것도 제법 잘 팔렸습니다. 그런데 어느 날, 버섯을 캐러 온 마을 아주머니들에게 막걸리 만드는 현장을 들켜서 경찰에서도 알게 됐습니다. 그래도 경찰서장이 너무 크게는 하지 말라고 훈방 조치를 해줘서 막걸리를 조금 대접하는 선에서 일이 무마되었습니다. 태평한 시절이었지요.

▶ 조선으로 돌아가려고 했는데

1947년 가을까지 장사했는데 100만 엔 정도는 모았을 겁니다. 둘이 이 돈을 가지고 조선으로 돌아가려고 기차를 타고 하코다테에 가서 연락선을 타려고 하는데 수상단속이 있었습니다. 경찰이 "조선으로 돌아갈 때, 돈은 한 사람이 2만 엔밖에 가지고 갈 수 없다. 나머지는 일본은행에 맡기라."고 했습니다. 고생해서 번 돈을 가지고 갈 수 없다니 그런 바보 같은 일이 어디 있냐고 생각해서 조선으로 돌아가는 것을 포기했습니다.

배표를 물렸지만 갈 곳도 없었습니다. 그래서 우리 둘은 노보리베쓰의 온천에 가서 한 달 정도 쉬었습니다. 최수만은 노름에 능해서 무로란의 노름판에 가서 돈을 벌어왔습니다. 돈은 줄기는커녕 불어만 갔습니다.

▶ 삿포로에서 유바리, 그리고 메무로에

온천에서는 놀 만큼 놀았고 노보리베쓰를 떠나서 삿포로로 갔습니다. 삿포로에서도 암거래 장사를 했습니다. 의류와 신발, 가방을 암거래로 사고팔았습니다. 군인들이 500엔 동전 크기의 금을 일본에 가지고 돌아와서, 그 금을 사달라고 했어요. 금을 사서 비싸게 팔았는데 이 장사도 꽤 돈이 됐습니다. 트렁크에 있는 돈은 늘어만 갔지요.

그리고 유바리에 가서 잡화도매상을 하면서 재일본조선인연맹 창립에 참여했습니다. 도마코마이에 본부가 있었고 내가 유바리에 지부를 만들어서 청년부장을 맡았습니다. 유바리에 있을 때는 전쟁 중에 조선인이 어느 정도 죽었는지 조사한 적이 있습니다. "탄광에서는 광부가 죽으면 8척의 콘크리트 방에 처넣었고 오이와케와 유바리 사이에 있는 철도에는 침목 하나에 두 사람이 묻혀있다."라는 말이 돌 정도였습니다.

나는 유바리에서 조선인과 중국인, 돈이 없는 일본인이 편하게 장사할 수 있는 건물을 지었습니다. 열여덟 칸짜리 연립가구를 지어서 '국제마켓'이라는 간판을 걸어서 귀환자들이 장사할 수 있도록 만들었던 것입니다. 이 이름은 국적과 인종 차별 없이 귀환자라면 누구라도 장사를 할 수 있다는 의미에서 붙였던 거지요. 임대료는 월 2천 엔이었어요. 생활이 안정되니까 모두가 좋아했고 장소는 제비뽑기로 정해서 술집, 시계방, 과일가게와 같은 여러 종류의 가게가 있었습니다. 반은 일본인, 반은 조선인이었어요.

그 후에도 이런저런 장사를 했습니다. 어느 때는 마야치탄광의 고철 매도인도 했습니다. 고철을 사려고 6백만 엔을 선불로 지불했는데 회사 사무원이 사장의 도장을 위조해서 불하했던 거예요. 그 회사는 증명서를 발급한 적이 없다고 경찰에 고소를 했던 것입니다. 또 강제로 끌려와 탄광에서 일했던 중국인 지안姜 씨와 하코다테에 땅을 사서 중화요릿집을 했던 적도 있습니다. 장사는 순조로웠는데 그 사이에 지안 씨는 연락선에서 안내 일을 하는 아가씨와 결혼하면서 뜻이 맞지 않아 갈라서게 됐습니다.

새로운 장삿거리를 찾아서 오비히로시 근처의 메무로초에 왔을 때는 포도당을 만드는 회사가 매물로 나와 있었습니다. 메무로농협이 경영했는데 세금을 못 내서 압류당하게 됐다면서 내게 사달라고 했어요. 그 당시는 고철만 해도 150만 엔어치는 가지고 있었는데 그 돈으로 건물을 사서 부쉈더니 또 150톤 이상의 고철이 나왔어요. 그래서 여기서도 돈을 벌었습니다.

▶ 약한 사람을 보면 도와주고 싶다

1947년에 구보타 시게코久保田繁子라는 일본 여성과 결혼했습니다. 시게코는 친정집에서 운영하는 가게를 돕고 있었는데 건강이 나빠져서 삿포로 호젠병원에 입원하고 있었습니다. 어느 날 내가 호젠병원 앞에 있는 조선요릿집에 식사하러 갔는데 간호사와 히게코가 들어왔습니다. 그 당시는 외식권이 없으면 식사를 할 수 없었는데 내가 히게코와 간호사에게 줬습니다. 그녀들은 기뻐하며 어디에 묵고 있냐고 물었고, 나는 숙소를 알려줬지요.

그날 밤 아홉 시 경에 아가씨 셋이, 병원에서 알코올을 가지고 숙소로 찾아왔습니다. 히게코가 내게 "부인 있습니까?"라고 물어서 "없다."고 했더니 그녀가 내게 "아내로 맞아 달라."고 말했어요. "좋다."고 대답했더니 다음 날 숙소로 왔습니다. 그렇게 해서……, 아들 둘과 딸 둘을 낳았습니다.

▶ 최수만의 죽음

최수만과는 늘 함께했습니다. 돈벌이도, 놀 때도, 싸움도. 그런데 유바리에 있을 때였습니다. 연말에 구리야마초 수수경단공장에 예약해놓은 수수경단을 가지고 오라고 최수만에게 부탁했습니다. 최수만은 수수경단 다섯 상자를 받고 돌아오는 길이었습니다. 그런데 그가 얼어있는 구리야마역 플랫폼에서 발이 미끄러져서 선로에 떨어져 기차에 치이고 말았던 것입니다.

심한 중상을 입어서 오이와케병원에 입원해 있었습니다. 내가 사고 소식을 듣고 병원으로 달려간 것은 한밤중이었습니다. 그는 발과 팔이 부서지고 한쪽 안구도 없었습니다. 내가 침대 곁으로 가자 수만이가 갑자기 침대에서 일어나더니 "야마모토 씨, 집에 가자."며 큰소리로 말하고는 숨을 거뒀습니다. 형제를 잃은 기분이었습니다.

▶ 귀국 준비를 하고, 그러나

드디어 북조선으로 가는 귀국운동이 일어났습니다. 1965년, 마흔세 살 때 귀국을 결심했습니다. 그해 5월경에, 7월 17일이나 18일에 출발한다는 연락이 왔습니다. 그 후로는 귀국 준비에 여념이 없었어요.

7월 14일 아침 10시였습니다. 당시에 나는 잡곡 수매를 하고 있었고 오토 삼륜차로 메무로 마을변두리까지 사러 갔었습니다. 그런데 조수석에 타서 출발하고 막 국도로 나가던 찰나 신토쿠에서 오비히로로 향하던 트럭과 충돌을 했던 것입니다. 갈비뼈가 아홉 대 나가고 얼굴에서 머리까지 심하게 다치는 중상을 입어 메무로초립병원에 입원을 하게 됐습니다. 귀국할 상황이 아니었던 것이지요. 일 년 가까이 입원해서 몸의 상처는 나았지만 갈비뼈가 심장에 박혀 있어서 완전하게 좋아지지는 않았어요. 그래서 삿포로 홋카이도대학병원에서 갈비뼈를 제거하는 수술을 받았습니다. 반년 정도 있다가 퇴원하고도 2년 정도 통원치료를 다녔어요.

이런 상황이어서 귀국하려던 마음은 완전히 잊어버리게 되었지요. 공화국에 편지를 보냈더니 동생은 빨리 오기를 바란다고 했습니다. 일을 정리하고 돌아간다고 답장을 했더니 이번에는 "아버지가 죽었다. 자매도 시집가서 고향에는 아무도 없다. 나는 원산에서 기차 공장에서 일하고 있다."는 답장이 왔어요. 그 후에는 공화국에 편지를 보내도 상대방에게 닿지 않아서 반송되어 왔습니다. 그렇게 고향 친척과도 형제와도 연락이 끊어진 상태입니다. 어떻게 지내고 있는지 모르겠습니다. 결국 귀국은커녕 고향 땅을 밟아보지도 못한 채 오늘에 이르렀습니다.

우리 장녀는 소학교 6학년 때부터 미용실에서 보조 일을 했습니다. 중학교 졸업 후에는 삿포로 미용실에서 수련하고 미용사 면허를 취득하려고 전문학교에 다녔어요. 그런데 면허시험을 치르면 일본 국적이 아닌 조선 국적인 사람에게는 미용사 면허를 주지 않겠다는 것이었습니다. 재판을 걸었는데 법원은 딸과 내가 일본 국적을 취득하면 어떠냐고 했어요. 화가 나서 나는 "일본 군인은 조선에 갈 때 호적을 파고 가느냐. 멍청한 놈."이라고 쏘아붙였는데 결국 재판은 졌습니다.

나는 일본 국적을 취득하면 고향으로 돌아갈 수 없다고 생각해서 국적을 바꾸지 않았습니다. 고향에 가보고 싶습니다. 손자들은 고향으로 돌아가면 어떠냐고 말하지만 지금은 만경봉호는 입항하지 못하니까요. 그래도 중국을 경유해서라도 갈 수만 있다면 죽기 전에 한 번은 가보고 싶어요. 일본으로 끌려온 후로 단 한 번도 돌아가지 못했으니까.

10

가족을 지키며
박승자 朴勝子 (여)

취재일: 2007년 12월 24일, 25일, 27일
출생지: 제주도 북제주군
현주소: 오사카부
생년월일: 1922년 3월 30일
약력: 여덟 남매의 장녀로 태어났다. 다섯 살 때부터 물 긷는 일을 했고 열세 살 때 오사카로 건너간다. 메리야스공장 등에서 일하다가 제주도로 돌아와서 열여덟 살에 결혼한다. 스물한 살 때 다시 일본으로 건너가서 옷 만드는 일을 한다. 조국 해방 직전에 제주도로 돌아갔다가 4·3사건을 피해 오사카로 도망가서 가족을 부양하기 위해 일을 한다.

취재: 김채린 / 원고집필: 김채린 / 번역: 고경순

▶ 어릴 때부터 가사노동을 하다

1922년 3월 30일에 제주도 북제주군에서 태어났어요. 아버지는 한방약을 연구하고 농사를 짓고 집에서 한문서당을 열어서 아이들을 가르쳤어요.

내가 어렸을 때, 제주도는 모두가 가난했어요. 떫은 감을 찧어서 물들인 감빛 옷을 입고 매일 밭에 가면 갈색에서 진한 흑갈색이 되어가지요. 농사를 지으니까 밭에도 매일 갔어요. 보리밭, 조밭, 쌀, 팥, 콩, 메밀, 그런 밭. 새가 울면 일어나서 어머니는 밥을 짓고 나는 물 길러 갔어. 빗물을 모아서 쓸 수 있게 해놓았지만 한 달 이상 비가 오지 않으면 물 길러 먼 곳에 가야 했어요. 보리와 조 껍질을 벗기려면 말을 움직여 돌을 끌게 해야 했는데 앉아서 쉴 틈이 없었어. 어머니도 너무 바빴어. 생선국을 끓여도 먹을 수 있을지는 몰랐어요. 밥 먹을 때 친척이 오면 어머니는 밥이 없어서 먹지 못하기도 했으니까. 보통, 밥은 보리만 가을에는 좁쌀만. 고구마를 찌면 고구마를 먹었어. 제주도는 쌀이 나지 않는 곳이었으니까.

▶ 학교에 가고 싶었지만, 갈 수 없었다

야학이 있었지. 친척 아주머니가 내게 "할머니에게 허락받으면 같이 공부할 수 있을 것 같으니까 할머니에게 허락받고 오라."고 했지만 할머니가 무서워서 말도 못 꺼냈어. 그래도 한글은 아버지가 가르쳐줘서 알고 있어. 보리나 조의 왕겨 위에다 나뭇가지로 글을 쓰며 연습했어. 그랬더니 금세 글을 익히게 됐어요. 한자는 아버지에게 배우고 싶다고 몇 번이나 졸랐는데 아버지에게 혼났어. "여자가 한자 공부를 해서 무당 될 거야, 점쟁이 될 거야."라며 한자는 절대로 가르쳐주지 않았어.

▶ 오빠를 의지해서 일본으로

열세 살 때(세는나이) 일본에 있는 두 오빠를 찾아 오사카에 왔는데 열네 살 무렵부터 눈이 나빠졌어. 나는 오사카 노다(후쿠시마구)에 있는 메리야스 공장에서 일했어요. 셔츠에 지퍼를 달거나 하는 곳이었는데 아침 여덟 시부터 밤 열한 시까지, 바쁠 때는 밤 열두 시까지도 일했어. 그때는 식당을 하는 친척 아저씨 집에 살았어요. 그 하숙집의 할머니는 조선에서 일하러 온 남자들에게 밥을 해주려면 아침 다섯 시부터 일했어. 그래서 나는 밤늦게 일하고 돌아와도 아침 다섯 시에는 일어나서 밥을 날라야 했지.

그런데 둘째 오빠가 세상을 떠나버려서 울면서 일을 했어요. 메리야스공장에서 옷소매로 눈물을 훔치면서 일했는데 그래서 눈이 나빠졌어요. 열다섯 살에 다시 한국으로 돌아갔어요. 가고 싶지 않다고 말했지만 오빠들은 한국에서 눈 치료하면 도항 증명을 보낸다고 하면서 나를 보냈어. 그래서 제주도로 돌아갔던 거지.

▶ 눈 고치려고 제주도로

그때 마침 중국 사람이 옷을 팔러 왔는데 한 벌에 1엔이었어요. 그래서 옷을 사 입고 모아 놓은 돈을 가지고 제주도 집에 갔어.

눈을 잘 고치는 아주머니가 있다는 말을 듣고 어머니가 내 손을 잡고 집에서 먼 곳까지 걸어서 갔어. 그 아주머니가 팥에 침을 꽂고 내 눈에 댔는데 눈에서 면실이 나왔어. 그리고는 집에 돌아갈 때는 눈이 보여서 그대로 걸어서 돌아갔지 뭐야. 오사카 메리야스공장에서 일할 때 눈에 실이 들어갔던 거야.

눈이 나으니까 오사카에서 오빠가 도항 증명을 바로 보내줬어. 그런데 그때는 일본 경찰관에게 그걸 보였는데도 허가가 나오지 않아서 일본에 못 갔어. 그래서 열여덟에 시집을 가게 된 거예요. 시집가서도 매일 밭에서 일했어요. 어느 날 바다를 보는데 배가 지나갔어요. '군대환(1923년 4월에 취항, 해방 때까지 제주와 오사카를 운항했던 정기선)'이라는 배였어. 그래서 "군대환이 온다, 군대환이 온다. 나를 데리고 가줘." 그렇게 노래 부르면서 김을 맸어.

열아홉 살 나던 여름에 친척 언니와 친구와 같이 천상당 폭포 물을 맞으러 갔어요. 불경을 외우면서 폭포를 맞으면 아픈 곳이 전부 낫는다는 곳이에요. 그래서 나는 즐겁게 목청껏 불경을 외웠더니 절에 있던 사람이 "어떻게 목소리가 그렇게 좋으냐."고 했어요. 게다가 나는 불교 경전이 너무 읽고 싶었어. 보살이 있는 관음사였지만 청소나 취사를 해야 했는데도 나는 그곳에 살고 싶었어요. 소나무가 바다와 한라산을 향해서 높이 뻗어 있었어.

집에 돌아와서 가족들에게 절에서 살고 싶다고 졸라댔는데 욕만 퍼먹었어. 그때 눈이 퉁퉁 붓도록 울었어요. 당시, 나는 독경을 전부 암기하고 있었거든.

▶ 군대환을 타고 다시 오사카로

제삿날에 왔던 시아버지가 도항 증명을 보낼 테니 오라는 거예요. 너무 기뻤는데 그때는 남편 혼자 일본에 갔어요. 나는 스물한 살 때 일본에 왔어. 그때는 군대환을 탈 때도 일본인들이 칼을 가지고 있었는데 무섭지는 않았어요. 그 배를 타고 오사카 축항 선창에 도착했는데 남편이 데리러 와서 같이 오토모마치(이쿠노구)에 왔어요.

일본에 와서 스물세 살 때, 장남을 낳았어요. 전쟁으로 폭탄이 팡팡 떨어질 때, 어느 날 밤에 장남이 심하게 열이 났어. 태어나서 딱 10개월 때였어요. 그 아이는 그때 "엄마, 아빠."라고 말도 하고 막 걸을 때였어요. 병원에 가도 모른다고 하고, 열 때문에 결국 죽고 말았어. 지금이라면 병도 아닌 병이었는데.

그 당시 암시장에서 일하다 잡히면 두들겨 맞았어요. 역에서 잡히면 전부 뺏겨버렸지요. 먹고 살려고 나도 암거래 장사를 했는데 그래도 나는 어찌어찌 무사히 피할 수 있었어. 그렇게 고기, 귤, 쌀과 감자를 사와서 도미하시와 나고야 쪽에서 팔았어요. 그렇게 일하면 그래도 돈은 남았어.

▶ 조국 해방과 그 후

해방되던 해 5월, 공습으로 폭탄이 떨어질 때 남편과 함께 작은 어선을 타고 한국으로 돌아갔어요. 일제시대 때는 증명을 받아서 군대환을 타고 일본과 한국을 왔다 갔다 했는데 일본이 전쟁에 졌을 때, 군대환을 부숴버렸어. 그래서 전쟁이 끝나니까 전부 끊겨 버렸던 거지. 연락도 편지도 할 수 없었어요. 몇 년간, 몇십 년간이었지? 편지는 왔다 갔다 했지만 아무튼 연락이 되지 않았어.

일본이 이겼더라면 조선은 모두 노예가 됐을 거야. 먹을 것도 없고 입을 것도 없어서 일본 왔더니 마늘 때문에 "조선인 냄새 난다"고 했어. 지금은 일본사람들도 마늘을 많이 먹고 있지. 전쟁이 끝나서 기뻤어. 해방 때는 제주도에서 큰북을 두들기면서 춤췄어요. 그야 기쁘고 기뻐서였지. 정말, 정말로 일본 사람이 이겼다면 우리 이렇게 살지 못했을 거야.

▶ 차남 출산

차남은 내가 스물다섯 살 때 제주도에서 낳았어요. 남편은 10개월 후에 혼자 일본으로 왔는데 차남이 어렸을 때는 미음도 제대로 먹이지 못했어. 아들이 1, 2개월 때 자는 아들을 업고 걸어서 멀리 있는 한림까지 갔어요. 피륙이나 쌀을 팔아서 조나 보리를 한 말 정도 샀는데 그러면 돈이 조금 남으니까.

▶ 4·3사건

4·3사건 때는 어머니와 셋째 오빠, 바로 밑에 남동생과 여동생 남편이 죽임을 당했어. 소나무에 매달아 무참하게 때려서 죽였어요. 아무 죄도 없는 사람들인데. 나도 오늘 죽나 내일 죽나 생각했어. 사람이

정말 많이 죽었어요. 네 살짜리 아들과 방을 빌려 살았는데 이제 좀 나아졌다고 생각할 때 헌병이 들이닥쳤어요. 총을 어깨에 걸치고 "남편은 어디 있냐."고 해서 편지를 보여줬어. 그런데 그 군인은 편지도 읽을 줄 몰랐어요. 다른 군인에게 편지를 보이고 오더니 그냥 넘어갔어. 그때 편지가 없었다면 나는 죽었을 거야.

밤중에 마을 사람 모두가 산에 있는 절로 도망갈 때, 아들이 심하게 울었지 뭐야. "그 아이 버려. 우리 모두 죽는 것보다 한 사람 죽는 게 낫잖아. 던져 버려."라고 했지만 그럴 수야 없었지. 그때는 정말 던져서 죽는 아이들이 있었어. 산에서 3일째 되는 날 경찰이 그 근처까지 와서 우린 모두 집으로 돌아올 수 있었어.

아무튼 무서웠어. 그렇게 수개월이나 계속됐어. 집은 태워버리고 사람이 보이면 죽여 버렸어. 산에서 내려온 사람들은 "순경과 한패"라고 죽였고 순경은 "모두 빨갱이"라며 죽여 버렸어, 그런 시대였어.

▶ **제주도에서 밀항선을 타고 섬들을 돌고, 그리고 하카타에서 오사카로**
서른세 살 때 제주도 시장에서 피륙을 팔고 있었는데 일본에 있는 할아버지가 "아들 데리고 일본으로 오라."는 전갈을 보내왔어요. 그러던 어느 날 아버지가 "아는 아주머니가 일본에 가는데 같이 가라."는 거예요. 그래서 배를 타고 내리고, 하룻밤 묵고는 마산으로 갔어요. 배를 두세 시간 타고 아침에 굿섬이라는 곳에서 내려서 여관에 2, 3주일 정도 있으면서 배를 기다렸었어요. 배가 와서 승객이 탈 때는 순경이 하나하나 전부 조사했어. 시계나 반지 같은 귀중품이 있으면 빼앗고 때려서 배에 태웠어. 어선이니까 고기를 잡으면 넣는 곳이 있잖아요. 그곳에 62명이 어깨를 꽉 붙여 앉았어.

하카타에 도착해서 일주일 정도 기다렸더니 친척이 마중을 왔어요.

그 친척과 함께 전차를 타고 이카이노 친척 집에 갔어요. 친척 아주머니는 2층에서 재봉틀을 놓고 스커트나 블라우스를 만들고 있었어요. 그곳에 방을 빌려서 아침 여덟 시부터 밤 열 시까지 보조 일을 했지요. 아들은 조선 시장에서 일했어요.

▶ 오무라 수용소로 송환되기 직전에 석방

지금의 오사카성 공원에 옛날에는 군수공장이 있었어요. 전쟁 중에는 미국 놈들이 맨 먼저 그 공장 있는 곳에 폭탄을 떨어트렸어. 그래서 그곳에 철이 많이 묻혀있었던 거야. 그걸 팔아 부자가 된 사람들도 많이 있었는데 나도 거기에 가려고 했어요. 그런데 처음 간 바로 그날에 붙잡히고 말았어.

경찰서에 끌려가서 구치소에서 2주일 정도 있었을 거야. 그때는 밀항자가 잡히면 우선 고베관리국(오사카입국관리국 고베지국)으로 보내졌고 그다음은 규슈 오무라수용소에 수감됐다가 부산으로 강제 송환됐어요. 어차피 돌아가야 한다면 까다로운 조사를 받는 것은 힘드니까 "일본에 살 겁니까? 귀국하겠습니까?"라고 물었을 때 "돌아가겠습니다."라고 대답했어요. 그 당시엔 전부 오무라로 보냈는데 마침 그때는 방이 없었던 거야. 방이 비면 거기로 보낸다고 했어요.

그래서 며칠 간 아무런 조사도 없었어. 아침밥 먹을 마음도 없고 머리도 아팠어요. 어느 날 밤, 여름이었는데도 추워서 "너무 춥다."고 했더니 밤늦게 순찰하던 담당자와 제일 높은 사람이 걱정돼서 왔던 거야. 그리고 다음 날은 병원에 데려다줬어요. 그랬더니 의사 선생님이 형사에게 "이런 병은 죽을지도 모른다."라고 해서 관리국 사람이 깜짝 놀랐던 거지. 그런 곳에서 죽으면 그쪽도 죄가 되나 봐요. 그래서 보증인이었던 남편에게 전화를 걸어 줬어. 다음 날 아침 아홉 시 반경에 "박 씨, 귀중품과 짐 전부 가지고 나오시오."라는 거야. 나갔더니 남편이 데리러 와 있어서 그길로 집으로 돌아왔어요.

▶ 서로 의지하는 가족

이마자토에 살 때, 장녀를 임신했는데 입덧이 심했어요. 그래서 바느질감 마무리하는 일을 받아와서 집에서 했어요. 마침 아들이 학교에서 돌아왔을 때 산통이 와서, 내가 "애가 나올 것 같다."라고 했더니 정말 기뻐했어요. 병원에 일주일 있었는데 퇴원하면서 바로 일을 했지. 장녀가 기어 다닐 무렵, 고베항에서 자전거와 담배를 팔았어요. 그 당시 한국으로 60만 엔 상당의 물건을 보냈는데 사기당해서 100엔도 돌려받지 못했어. 정말 그 후에도 고생이 이만저만이 아니었어요. 이러지도 저러지도 못했어. 그때는 정말 닥치는 대로 일할 수밖에 없었어요.

일본에 오기 전에 제주도에 있는 밭 세 개를 팔아서 오사카의 이 집을 샀어요. 아침에도 일, 밤에도 일, 일만 했어. 내가 마흔한 살(세는나이) 때, 둘째 딸을 낳았어요. 이때는 생활이 어려워서 고기가 먹고 싶어도 먹을 수가 없었어. 나에 대해서는 말을 하려고 해도 말로 다 할 수가 없어.

일을 많이 했으니까 차녀를 낳고 나서는 먹고사는 데는 문제가 없었어요. 차녀가 태어나고 얼마 안 돼 아들은 열여덟 살 되던 해에 시코쿠에 가서 조선학교 선생을 했어. 거기서 일을 해서 매달 내게 5천 엔씩 보내줬어. 친척 할아버지가 우리 아들을 무척이나 칭찬했어요. 나는 집을 사고서는 한복집을 하면서 생활해 왔어.

나는 지금이 가장 행복해. 아들과 며느리가 보살펴줘서 행복하게 살고 있어. 일본에 있어도 고향 한국에 간다 해도 여유롭게 지낼 수 있어.

11
아버지 손에 이끌려
일본 각지의 토목공사장을 전전하다
김경낙 金璟洛(남)

취재일: 2004년 8월 29일
출생지: 경상북도 경주군 양북면(현재, 경주시)
현주소: 미야기현 센다이시
생년월일: 1923년
약력: 1920년대, 아버지가 단신으로 도일. 1933년, 어머니와 함께 일본으로 건너간다. 아버지의 직장 이동을 따라 전국을 돌아다닌다. 요코하마에서 일하기 시작한 후, 징병제가 시작돼서 현역으로 지원한다. 입대 전에 고향을 다녀오는 과정에서 민족의식에 눈 뜨게 되어 징병을 기피하고 아버지가 있던 센다이로 피한다. 일본 패전과 동시에 재일본조선인연맹에 들어가서 공산당에 입당한다. 조선총련 활동에도 적극 참가하며 조선학교 건설·유지에 힘쓴다.

취재: 이형랑, 히구치 유이치
원고집필: 이형랑, 히구치 유이치 / 번역: 고경순

▶ 늘 하얀 치마저고리를 입고 있던 어머니

우리 마을은 소나무가 많은 곳이었는데 창씨개명 때 '마쓰오카松岡'라고 했던 것도 그 때문입니다. 우리 집은 농가였고 마을 안에는 선조의 낡은 사당이 있었습니다. 아버지는 1920년대에 어머니와 우리 자식들을 남겨놓고 홀로 일본에 와서 일했습니다. 작은아버지는 만주로 갔습니다.

나는 1933년 보통학교 1학년 때 어머니를 따라 아버지가 있는 일본으로 건너왔습니다. 여동생과 남동생도 함께였어요. 당시에 아버지는 이시카와현 가나자와시에서 집을 빌려 살고 있었고 강에서 자갈채취와 공사현장의 토목노동자로 일하고 있었습니다.

어머니도 몇 년인가 일했지만 내가 소학교 3학년 때 결핵으로 돌아가셨습니다. 어머니는 늘 하얀 치마저고리를 입고 있었습니다. 어머니가 돌아가신 전후로 여동생도 죽었습니다.

아버지에게 이끌려서 다음에 간 곳은 니가타현이었습니다. 이때 아버지는 공사 현장에서 합숙소를 경영하기 위해 동포 여성과 재혼을 했습니다. 니가타에서는 채 일 년도 머물지 않았고 다음에는 도야마현 다카오카시 근처의 건설공사장에서 일하게 되었습니다.

나는 소학교 졸업 직전이었고 다카오카의 공예학교 입학시험 준비를 하고 있었습니다. 그런데 아버지의 일이 도쿄 오쿠타마 오고치댐 현장으로 바뀌는 바람에 포기할 수밖에 없었지요. 그 후에 가고시마 광산으로 가서 제련소 건설 일을 했고 다음에는 도쿄 마치다 화약공장 그리고 바로 시즈오카 덴류가와天龍川 상류, 그다음은 아이치현 도요하시로 갔습니다. 시즈오카도 아이치도 토목공사 현장으로 기억하고 있습니다.

사실 나는 도야마에 남아서 공예학교에 가고 싶었습니다. 그 학교에 가면 대학과 연결되어 있었으니까요. 하지만 아버지는 자식과 떨어지는 게 싫었던 것입니다. 이동이 많았기 때문에 친구를 사귈 틈도 없었어요. 각지의 학교에서는 민족적인 차별을 꽤 받았습니다. "조선의 산속에서 희미하게 들려오는 돼지소리, 꿀꿀꿀."이라며 괴롭혔습니다. 선생님들 중에도 편견을 가진 사람이 있었지요.

나는 심상고등소학교(메이지유신부터 제2차 세계대전 촉발 전까지 존재했던 일본의 초등 및 중등교육기관. 당시, 조선에도 존재) 고등과를 졸업하고 아이치현 도요하시에 있는 비행기 부품공장에 취직했는데 아버지가 미야기현 센다이 공사장으로 옮기는 바람에 공장을 그만두고 센다이로 오게 됐습니다.

▶ 대일본병기주식회사에서 일하다

공공 직업안정소에서 가나가와현 대일본병기주식회사 쇼난기계공장의 면접을 보고 채용되어 견습공 양성학교 1학년으로 편입되어서 기숙사에 들어갔습니다. 그 학교는 3년제인데 1학년은 하루 종일 공부하고 2학년은 오전에 공부하고 오후부터는 현장에서 실습, 3학년은 하루 종일 현장에서 일했습니다. 그리고 일주일에 1, 2회 소집해서 군사훈련을 받았습니다.

일반회사에서는 차별이 있었지만 공장 내에서의 차별은 없었습니다. 1학년 2학기부터 부반장, 2, 3학년 때는 반장을 맡았습니다. 일반적으로 조선인은 반장은 시켜주지 않았는데……. 그리고 2학년 때부터는 기숙사의 부대표도 맡았습니다.

공장은 가나가와현 요코하마시 이소고구(현재, 가나자와구)의 도미오카에 있었습니다. 현장에 나와서 직장이 정해질 때 모두 마무리공장이라든가 힘든 노동을 하는 장소로 배치되었는데 나는 톱니 관련 공장의 정밀공으로 배속되었습니다.

1944년에 조선인에 대한 징병제가 시작됐을 때, 군대에 지원해서 검사를 받고 제1을종 합격을 받았습니다. 당시는 일본 교육을 계속 받았기 때문에 그런 마음이 들었던 겁니다. 하지만 전쟁이 심해져서 공장 기술자와 숙련공이 모두 소집되어 가버리자 불량품이 나오기도 하고 생산에 지장을 초래했습니다. 그래서 기술자와 숙련공은 소집이 일

년 연기되는 바람에 나도 일 년이 연기되었습니다. 그러던 중에 나는 군대에 들어가기 전에 고향에 가보고 싶었고 한 번도 본 적이 없는 만주에 사는 작은아버지를 만나고 싶은 마음이 들었습니다.

▶ 만주에 있는 작은아버지를 찾아서

1944년 여름에 경상북도 고향을 찾아가서 친척 집을 돌아보고 만주에도 갔습니다. 만주에서는 여러 경험을 했습니다. 기차 속에서 조선인 여성이 아이를 등에 업고 있었는데 임시검문에서 일본인 세관 직원이 그녀의 아기 포대기를 갈기갈기 찢어버렸습니다. 국경 열차 안에서 있었던 조선인에 대한 세관 조사는 엄격하고 무정했습니다.

만주에 들어서서 전족을 신은 중국 아주머니가 기차에서 내리려고 할 때, 만주철도 직원으로 보이는 일본인 청년들이 좌석에 발을 걸쳐서 가지 못하게 했습니다. 나는 그것을 보고 "너희들 그러면서도 황국신민이야?"라고 호통을 쳤습니다. 그랬더니 청년들은 깜짝 놀라서 발을 오므렸습니다.

또, 만주는 밤이 되면 야간통행 금지였습니다. 마적이 나온다는 이유였지요. 만주로 이주한 조선인의 생활은 편치 못했습니다. 쌀농사를 지어도 모두 강제적인 공출을 당해서 농민들은 옥수수로 연명하고 있었습니다. 그들은 일본인과 중국인들로부터 이중적 차별을 받고 있었던 것입니다. 이런 것을 보고 듣고는 왜 그런지 모르게 마음이 이상해졌습니다. 정의감과 민족적인 것을 불러일으키는 그런 생각을 하면서 돌아오게 되었습니다.

일본 전황이 나쁘다는 소식도 들려왔습니다. 공장은 도미오카에 있었는데 요코스카군항에 군함이 파괴돼서 들어와 있는 것을 보았습니다. 1945년이 되자 도쿄·요코하마를 향하는 B29기가 매일같이 공장

위를 날아다녔습니다. 결국 공장도 공습을 만났습니다. 나는 철야 근무가 끝나서 돌아가려고 타임레코더를 누르려는 순간 공습경계경보가 울렸던 거예요. 방공감시원이었던 나는 바로 감시소로 올라갔어요. 도미오카역 주변이 불에 타고 옥상의 감시소는 폭풍으로 쓰러질 것 같았습니다. 공습이 끝났을 때 구조대가 현장에 왔습니다. 목이 떨어져 나간 사람, 손과 발이 잘린 사람들이 일어났다가 다시 쓰러졌어요. 피바다였습니다. 그때 공장에서 돌아갔더라면 나도 역에서 죽었겠지요.

그 후에 요코하마에도 공습이 있었습니다. 그 무렵에 제2을종과 병종합격자는 선박병(육군선박부대 소속)으로 소집됐는데 미국 잠수함의 공격을 당해서 많은 사람이 전사했다는 소문이 있었습니다. 갑종 합격자와 제1을종 합격자는 본토 해전에 대비하고 있었다고 합니다. 나는 군대에 갈까 말까 망설이고 있었는데 기차표도 사지 않고 아버지가 있는 센다이를 향해서 무조건 도호쿠선 기차를 탔습니다.

▶ 징병을 피해서 센다이로

센다이 집에 갔는데 헌병이 나를 잡으러 왔다고 파출소 순사가 알려줬습니다. 아버지는 합숙소를 했기 때문에 파출소 순사와는 늘 사이가 좋았어요. 나는 바로 후쿠시마현 니와사카에서 토목공사를 하는 아버지 친구에게로 도망갔습니다.

이미 1945년 5월경에는 수사체제도 약화된 것 같았습니다. 특히 조선인합숙소는 헌병이 와도 수색하지 않았어요. 다른 조선인 합숙소에도 갔는데 잡지 않았습니다. 나중에 아내에게 들었는데 헌병은 아내의 집까지 찾아갔었다고 합니다. 아내와는 요코하마 군수공장에서 양성공으로 일할 때 교제하던 사이였습니다. 쓰루타 마쓰코鶴田まつ子라는 일본인입니다. 그때는 아직 결혼도 하지 않았는데 같은 직장에 있다는

이유로 거기까지 조사를 했던 겁니다.

▶ 해방을 맞아서

종전으로 해방이 됐을 때는 미야기현의 아키우온천 도로건설현장에 아버지와 함께 있었습니다. 해방된 것을 알았을 때는 쫓길 걱정도 없어졌고 조선도 해방돼서 기쁘기도 했지만 솔직히 말하면 마음이 복잡했습니다. 조선말도 모르고 글도 역사도 모르는 상태였기 때문에 앞으로 어떻게 하면 좋을지 생각하던 중에 그때서야 일본의 황민화교육에 의해 가장 소중한 것을 빼앗겼다는 사실을 알아차렸습니다.

일본에 와서 학교도 직장도 전부 일본어여서 조선어를 잊고 있었던 거지요. 합숙소는 조선어와 일본어가 반반씩이었습니다. 그 후에 조선인 조직에 들어가기도 하고 조선인과 말할 기회가 많아지면서 기억이 다시 돌아와 말할 수 있게 되었지요. 그런 이유로 모임에 참가하게 되었습니다. 1946년 2월 어느 날, 신문에 센다이 시내의 연극공연극장에서 조선민주청년동맹의 미야기현 본부 결성 준비회를 한다는 광고가 났습니다. 나는 아키우에서 참가하러 갔습니다.

교제했던 아내와는 해방 후에 결혼하려 했는데 상대편 부모님들이 모두 반대했습니다. 하지만 아내는 반대하는 부모를 뿌리치고 센다이로 왔습니다.

나는 해방 직후부터 민족운동 활동에 참가하고 있었는데 1946년 4월에 남한으로 돌아가려고 부모님과 아내를 데리고 부산까지 갔습니다. 그런데 아내가 부산항에서 하선하기 전에 걸리고 말았습니다. 일본 국적을 포기하고 오지 않았다고 입국을 거부당했던 것입니다. 짐도 전부 부쳐버렸는데 아내와 나는 아무것도 없이 일본으로 되돌아올 수밖에 없었던 거예요. 그런데 이번에는 하카타항에 와서 내가 붙잡혔습니다. 밀입국했다고 경찰에서 조사를 받았습니다. 나는 "부산에 가면 아내가 잡히고, 일본에 오면 내가 붙잡히니 어떻게 해야 하냐."며 항의를 했습니다. 그랬더니 경찰도 곤란했던지 우리 둘을 '귀환자'로 분리해서 입국을 인정해 줬습니다.

그렇게 일본으로 온 후에 아내의 친정이 있는 야마나시로 갔습니다. 농가였는데 장인은 깜짝 놀라는 눈치였습니다. 그래도 잠시 머문 후에 친척들을 불러서 정식으로 결혼식을 올려줬습니다. 그리고는 우리 둘은 센다이 아키우로 돌아갔습니다. 그때 우리에겐 돈 5엔과 담요 2장이 전부였어요. 아키우에서는 먹고 살길이 막막해서 센다이에 있는 아버지 친구를 찾아갔습니다. 그 사람이 센다이 조선인연맹 센다이 지부 상임활동가를 하라고 권해서 조선인 단체의 일을 하게 됐습니다. 그곳에서 일하면서 조선어를 배우고 역사도 공부하고 조선인의 주체성을 확립한 후에 귀국하려고 생각했던 거지요. 1946년 6월경이었던 걸로 기억합니다.

▶ 조선인연맹 활동에 참가

처음에는 조선인연맹 이와누마 지부의 보안대에 들어갔습니다. 해방 후에 조선인은 일이 없었고 암거래로 물건을 구입하고 있었는데 나는 영어 완장을 두르고 센다이에서 우에노까지 열차를 타고 말썽이 일어나지 않도록 활동을 했습니다.

또 민족적인 것과 사상에 대한 공부도 했습니다. 도호쿠에서 중심적인 인물은 허준삼이라는 사람이었습니다. 이 사람은 도호쿠대학에 있으면서 나중에 도쿄 민청(재일본조선인민주청년동맹)과 유학동(재일본조선유학생동맹)의 중심인물이 되었습니다. 나는 이 사람의 추천으로 1947년 4월에 도쿄 시나가와구 오이마치에 있던 3·1정치학원에 다니게 되었지요. 박은철 씨가 학원장이었습니다. 여기서 조선의 역사와 혁명 그리고 마르크스주의와 사회운동의 기초를 2개월간 배웠습니다. 졸업식에는 나중에 조선총련 의장이 되는 한덕수 씨가 조련의 내빈으로 참석했습니다.

조련의 중앙학원은 도쿄 고마에에 있었습니다. 1947년 7월경에 나는 도호쿠조련고등학원의 초기 교무부장으로 배속되었습니다. 학원장은 신석주 씨, 교무주임은 길호상 씨로 도쿄조련중앙학원의 센다이판이었습니다. 이곳은 도호쿠의 각 현에서 사람들이 몰려들었고 활동가 양성을 했습니다.

3·1정치학원에 있을 때인데 동경 중앙 메이데이에 참가하고 그 후, 1947년 5월에 나는 일본공산당에 입당했습니다. 그리고 내가 조련 센다이 지부 조직부장으로 활동하던 1948년 10월에 그 유명한 국기사건이 일어났습니다. 이때 우리 동포 김사암이 미군 헌병이 쏜 권총에 맞아 복부를 관통하는 총상을 입어서 병원으로 이송됐고 많은 간부가 체포되었습니다. 우리는 미군의 부당한 탄압에 저항했고, 투쟁했습니다.

1949년 9월 8일 일본 정부는 '단체등규정령'에 의해 조련과 민청을 부당하게 해산하고 회관은 몰수당했습니다. 그때 나는 민청 현 본부의 위원장을 맡고 있었습니다. 그 무렵 일본의 노동운동에서도 마쓰가와 松川사건과 미타카三鷹사건 같은 모략이 있었습니다. 재일조선인운동 탄압은 일본 노동운동을 탄압해서 땅고르기를 한 후에 이루어졌던 것이지요.

나는 조련·민청이 해산된 후에 청년들의 결집을 위한 활동을 하면서 시의 부흥국에서 일용직으로 일하고 있었습니다. 그리고 열성적인 사람들을 모아서 일용직 노동자 조합을 만들었습니다. 1950년 1월에는 코민테른에 의한 비판으로 공산당 내부가 소감파와 국제파로 갈라져서 항쟁상태가 되었습니다. 센다이의 『적기赤旗』지국은 완전히 붕괴되어 버려서 내가 『적기』의 분국원이 되었습니다.

그런데 1950년 6월에 조선전쟁이 시작되고 같은 해 8월에는 일본공산당 기관지 『적기』와 재일조선인 신문 『해방신문』을 일본 당국에서 폐간시켜버렸어요. 『적기』가 폐간된 후에, 나는 또 조선인운동으로 돌아갔습니다.

▶ 센다이에서 운동

센다이에도 조선인이 모여 사는 지역이 있었는데 나는 오다와라지구에 살았습니다. 30에서 40가구 정도가 살고 있었습니다. 해방 후에 조선인은 일이 없어서 이 지구에만 막걸리 만드는 곳이 열대여섯 집이 있었고 엿 만드는 곳이 두 집 정도 있었습니다. 나머지는 출가노동 아니면 무직이었습니다. 조선전쟁 이후에는 고철상 같은 일을 하는 사람도 있었습니다.

값이 싼 막걸리는 서민들에게 인기가 있어서 잘 팔렸지만 세무서 단속이 심했습니다. 빚기 시작한 막걸리를 감추거나 술독을 깨서 치우기도 했어요. 엿은 쌀을 발효시켜서 물엿을 만들어서 과자가게에 도매로 팔았습니다. 하지만 실업자는 생활이 곤란해서 30% 정도가 생활보호를 받았습니다. 모두 자주 모여서 의논도 했습니다. 김천해金天海 씨(일본공산당중앙위원)도 오다와라에 왔는데 그는 인기가 있어서 그의 이야기를 듣고 몇 사람인가는 공산당에 입당하기도 했어요.

1950년 2월에 시오가마와 마쓰시마지구에 있는 조선인 부락에서 막걸리 탄압이 있었는데 소위 시오가마鹽釜사건이 일어났습니다. 화가 난 동포들이 세무서로 쳐들어가서 이틀 동안 점거했던 것입니다. 나는 현의 지도부에서 파견 나가 있었는데 체포돼서 미야기형무소의 미결

수구치소에 2개월 동안 수감되었습니다. 그때, 체포된 활동가는 열 명 정도였습니다. 재판에서 징역 4개월에 집행유예 2년을 선고받았는데 검사가 항소를 했어요. 나는 보이콧을 하고 있었는데 2심판결에서는 집행유예가 없어지고 징역 4개월 실형 판결을 받고 형무소에 수감되었습니다.

조선인연맹이 해산된 후, 1951년 1월에 재일조선통일민주전선(민전)에 참가했습니다. 그 후 1955년 재일조선인운동 노선전환이 있었고 일본공산당에서 분리된 재일본조선인총연합회(총련)가 결성되었습니다. 나는 총련 미야기현 본부 창립대회에서 외무부장으로 선출되었습니다. 제2회 대회 이후부터는 조선인상공회 전무이사로도 활동했어요. 조선총련 제4회 대회(1958년)에서 현의 본부 상임임원에 뽑혀서 재정부장이 되었습니다. 제5회 대회(1959년)에서 조직부장, 제8회 대회(1967년)에서 부위원장이 되었고 1981년 제12회 대회에서 세대교체를 위해 퇴직하고 상공회 고문이 되었습니다. 현재는 조선총련 현 본부의 고문으로 있습니다.

▶ 동포 대중의 힘을 믿고

조련, 총련 시대를 통해서 가장 노력했던 점은 민족교육을 유지·발전시키는 것이었습니다. 민족교육은 공적인 원조가 없었는데 학부모들 모두가 협력해 줬습니다.

1964년 총련 제7회 대회에서 센다이에 초중급학교의 설립이 결정되면서 건설위원회를 조직했고 내가 전임 사무국장을 맡게 되었습니다. 학교를 지을 때, 동포들의 열정은 대단했습니다. 1엔도 없는 상태에서 시작했어요. 군고구마장수와 리어카로 고철장사를 하는 사람들이 돈을 모아서 매일 조금씩 가지고 왔습니다. 금반지를 팔아서 기부하는 부인들도 있었고 상공인은 현금이 손에 없었기 때문에 약속어음을 끊어주기도 했습니다. 감동적이었습니다.

모든 동포의 노력으로 1965년 4월 도호쿠조선초중급학교가 개교를 하게 되었습니다. 그리고 1966년 7월에 학교법인 인가를 받아 미야기조선학원이 설립되었습니다. 이어서 1970년 4월에는 도호쿠조선초중급학교에 고급부를 병설하게 되었습니다. 1엔도 없는 상황에서 이런 일이 가능했던 것은 간부와 활동가들이 일치단결해서 동포대중의 힘을 믿고 활동했기 때문이라고 생각합니다.

▶ 자식들은 민족학교에

결혼하고 1남 4녀를 길렀는데 아내가 고생했지요. 내가 야마가타형무소에 있을 때는 아이 둘을 데리고 면회를 왔습니다. 생활비는 아내가 날품팔이 같은 일을 해서 마련했습니다. 그렇게 무리를 해서인지 아내는 폐결핵에 걸렸습니다.

조선총련이 결성되는 10년 동안은 생활이 힘들었습니다. 나는 상공회 일을 마음껏 활동하기 위해서는 아내가 자활할 수 있는 체제를 만드는 일이라고 생각했습니다. 그래야 가정이 붕괴되는 것도 막을 수 있었으니까요. 그래서 동포에게 돈을 빌려서 임대책방을 열었는데 잘 돼서 빚도 갚을 수 있었습니다. 그 후에 텔레비전이 나오는 바람에 전업을 결심하고 망해가는 과자가게를 빌려서 과자를 팔기 시작했습니다. 이때 인근 주민들의 요청으로 전매공사 허가를 받아서 담배도 팔게 되었습니다.

아내는 지금 나와 같은 팔십인데 내 생활에 대해서 불평 하나 하지 않습니다. 늘 열심히 일해서 아이들을 조선인으로 키워 냈습니다. 아이들은 모두 조선학교에 들어갔습니다. 지금은 결혼해서 그만뒀지만 딸 둘은 조선대학 사범과를 졸업했고 센다이 조선학교 교원이었습니다. 손자 열 명은 모두 조선학교에 다녔는데 그 중에 셋이 조선학교 교원이 되었지요.

아내는 총련 집회에 갈 때는 반드시 조선옷을 입고 갔습니다. 지역에서는 조선총련여성동맹 분회장도 했습니다. 회의나 집회에 나가도 말은 반도 못 알아들었겠지만 조용히 듣고 있었습니다. 그래서 사람들은 조선인으로 알고 있었다고 합니다. 지금은 발이 안 좋아서 특별요양노인양로원에 들어가 있는데 마음이 편치는 않습니다.

12

사만삼천의 동포들이 사할린에 남겨지다
이희팔 李義八(남)

취재일: 2005년 11월 12일, 2006년 9월 19일
출생지: 경상북도 영양군 청기면 상청동
현주소: 도쿄도
생년월일: 1923년 4월 7일
약력: 1958년 1월에 사할린에서 귀환한다. 같은 달에 박노학 일행 몇 명과 같이, 도쿄에서 '사할린억류귀환자동맹(현재, 사할린귀환재일한국인회)'을 결성한다. 이후, 이 회의 주요 멤버로 사할린 잔류조선인 귀환운동을 전개한다. 1989년부터 이 회의 회장이 된다.

취재: 현무암 / 원고집필: 현무암 / 번역: 고경순

▶ 사할린으로

1923년 4월 7일 경상북도 영양의 한 가난한 농가에서 다섯 형제 중 막내로 태어나서 그곳에서 자랐어요. 당시 소학교는 의무교육이 아니었고, 세 곳을 전전하며 다녔어요.

1940년에 도계심상고등소학교를 졸업하고 1941년에는 영덕공립농업실수實修학교에 들어가서 일 년간 기숙사 생활을 하면서 공부했어요. 공부라고 해도 거의 농업실습뿐이었어. 집이 가난해서 신발 살 돈도 없어서 밭에 갈 때도, 산에 갈 때도 맨발이었어. 양말을 신고 있는 사람이 절반도 안 되는 가난한 시절이었으니까. 학교를 졸업하고 집으

로 돌아올 때는 버스비가 없어서 140리를 걸어서 돌아왔어.

고향 집에 돌아왔지만 일이 없었어. 농촌에서는 아무리 일해도 먹고 살기 힘든 상황이었으니까. 1943년 4월에 영양군청 농업지도원 임시직으로 채용되었는데 그것도 한 달 해서 끝나버렸어요. 그러던 중에 마을회에 참석했는데 사할린 돌린스크라는 곳에 있는 인조석유 주식회사에서 종업원을 모집한다는 광고를 보고 나도 응모하게 됐어요. 2년간 사할린에 가서 돈을 벌어오겠다고 생각했던 거지. 일당이 4, 5엔이었으니까, 꽤 높았어요. 시골에서는 하루 일해도 겨우 50전 정도 받을 때였으니까.

5월 29일에 영양군청에 집합해서 트럭에 나눠 타고 안동역으로 갔어요. 어머니가 20리 길을 걸어 나와 배웅을 해줬어. 2년 있으면 돌아올 테니 걱정하지 말라고 말했지만 그것이 마지막으로 보는 어머니의 모습이 되리라고는 생각지 못했던 거지.

부산에 가서 배를 타고 현해탄을 건너서 시모노세키에 상륙했어요. 교토, 우에노를 거쳐서 아오모리까지 가서 겨우 여관에서 묵을 수 있었어요. 촌놈이라 배와 기차 멀미를 해서 밥도 제대로 먹지 못한 상태였는데 아오모리에 도착해서야 겨우 목구멍으로 밥을 넘길 수 있었지요.

홋카이도와 하코다테, 왓카나이를 거쳐 사할린으로 건너갔어요. 그리고 코르사코프로 가서 기차를 타고 돌린스크시 브이코프에 도착했어. 출발하고 일주일 걸려서 목적지에 도착했던 거지. 영양군에서는 50명이 왔는데 한 명은 도망가서 목적지에 도착한 것은 49명이었어. 그런데 현장에 가서 보니 그곳은 완전히 탄광이었어요. 규슈에 갔던 사람들의 말을 듣고 탄광이 매우 열악한 곳이라는 것을 알고는 있었어요. 그래도 이런 깊은 산속까지 왔는데 여기까지 와서 돌아갈 수는 없다고 생각했어요.

▶ 일본인에게만 귀환통지가 오다

브이코프에 도착한 것은 6월 초순이었어요. 아직 계곡에는 눈이 남아 있었어. 일주일 후에 박노학 씨가 들어 왔는데 같은 합숙소에 같은 부서여서 친해졌어요. 브이코프 탄광에서는 2년 동안 일했어요. 휴일은 한 달에 한 번 있을까 말까였어. 청어가 많이 잡히는 곳이었는데도 조선인에게는 주지를 않았어. 일본인이 먹다 남긴 청어 대가리를 주워 와서 끓여서 먹었는데 배탈이 나서 드러누웠던 적도 있었어요. 그런 상태인데도 두들겨 깨워서 일을 시켰어.

그럭저럭 2년이 지나서 계약 기간이 만료돼서 돌아가겠다고 요청했는데 그때는 종전 직전이었잖아요. 헌병이 와서 광장에 전원 집합을 시켰어요. "이 비상시국에 어디를 간다는 거야. 오늘부터 너희들은 현지 재징용이다." 그 한마디로 현지 징용. 반항하는 사람은 다코베야에 감금된 채로 체벌을 받았어. 그 '생지옥'에 한번 들어가면 흠씬 두들겨 맞아서 온전한 상태로는 돌아올 수 없었어요.

일본이 패전해서 조선인은 해방됐지만 잠시 그곳에서 일하면서 돌아갈 날을 기다렸어. 열심히 일은 했는데 급료 전액을 강제로 전시보국우편저금을 들게 한 거예요. 그런데 일본이 전쟁에서 패하니까 통장은 휴지쪼가리가 돼버렸어. 몇 번인가 고향에 송금도 했는데 나중에 확인해 봤더니 그것도 가지 않았어. 우편저금은 일본으로 귀환하고 나서 십몇 년 분이라며 코딱지만 한 이자를 붙여서 4천 엔 정도 받았어요. 맡길 때는 쌀 1킬로에 16전이었고 물가는 수백 배 상승했는데. 그 소송을 지금 준비하고 있던 참이에요.

다음 해 2월에 박노학 씨가 먼저 코르사코프로 옮겼어. 그리고 바로 박 씨한테서 연락이 왔는데 그곳으로 와서 밀항으로라도 홋카이도로 건너가자는 거야. 그래서 4월에는 코르사코프로 갔어요. 그곳에서 다른 조선인 한 사람이 더해져서 세 명이 같이 생활하게 됐던 거지요.

하지만 귀환에 관한 이야기는 전혀 나오지 않았어. 그때는 아직 일본인도 귀환하지 않은 때라 암거래 장사를 하면서 생활했어요. 막걸리를 만들기도 했어. 1946년 12월부터 일본인의 귀환이 시작됐지만 코르사코프에서는 일본인 귀환도 늦어졌어. 잠깐 중단되었다가 1949년경에 일본인은 전원 귀환했을 거야. 처음에는 일본인보다 조선인이 먼저 귀환하게 될 거라고 생각했는데 일본인이 척척 돌아가도 조선인은 어느 한 사람에게도 귀환 통지가 오지 않았어요. 다음 달에는 오겠지, 내년에는 오겠지, 하며 참고 기다렸어요. 일본인이 전부 귀환하고 난 후에 이번에는 조선인 차례라고 생각했는데. 그 상태가 계속됐어.

처음에는 일본이 필요해서 '내선일체內鮮一體'라든가 황국신민을 운운하며 우리를 끌고 와놓고는 전쟁에 지니까 일본인만 귀환시켰던 거야. 사정없이 부려먹다가 전쟁이 끝나자 너희는 일본인이 아니라며 자기들만 돌아갔어. 그중에는 뒷돈을 줘서 조선인이 일본인인체해서 배를 탄 사람도 있었는데 나중에 밀고 당해서 하선당하기도 하고 행방불명된 자들도 있었어요.

▶ 축복받은 귀환

아내와 결혼한 것은 1950년이에요. 일본인과 결혼한 덕분에 나는 일본으로 돌아올 수 있었어. 하토야마 이치로鳩山一郎가 수상이 되고 난 후에 일본과 소련이 국교회복이 됐어요. 1957년에 일본인과 혼인한 외국인을 받아줄 용의가 있다는 말이 일본방송을 통해 흘러나왔어요. 그래서 1957년 6월경에 사할린에서 가도와 주재 소련대사에게 편지를 썼어요. 제국시대에 산업전사모집으로 와서 패전 후에는 일본인과 살게 되었는데 어떻게든 돌아가고 싶다고.

귀환은 그 후 바로 시작되었어. 나는 세 번째인 1958년 1월에 귀환했는데 귀환선에는 편지가 전부 진열돼 있었어요. 내가 쓴 편지도 있었어. 귀환 통지를 받고 출발할 때까지 겨우 1주일이었으니까 준비하는데 꽤 고생했지요. 그때 나는 사할린에서 운전 일을 하고 있었는데 퇴직 수속이 복잡했어. 소련은 국영이었기 때문에 전부 연결돼 있어서 뭐 하는 곳인지도 모르는 곳에 가서 허가를 받아야 했으니까. 그런데 외국으로 나가는 것이어서 출국허가도 필요했던 거야. 일주일 사이에 준비를 마치고 홀름스크로 가서 배를 탔어요.

그렇게 해서 나는 일본으로 왔던 거예요. 나는 자식이 셋인데, 막내딸이 태어나고 4개월 때 일본으로 돌아왔어. 이 당시 1,500명 정도가 귀환했고 나중에 500명 정도는 귀환선을 이용하지 않고 개별적으로 대륙을 경유해서 귀환했어요. 물론 일본의 원조를 받았지만 전부 합쳐서 2,000명 정도였을 거야. 자료는 없지만 신문 기사와 방송 뉴스에서 그렇게 추정했어요.

조선인은 거의 돌아올 수 없었는데 그들은 "일본에라도 갈 수 있다면 좋겠어. 한국은 가까우니까 가려고만 하면 금방 갈 수 있고, 이런저런 소식도 들을 수 있으니 당신들이 부럽다."라고 했어요. 역에 배웅 나와 울면서 소리치던 모습이 지금도 생생해요. 일본에는 한국 대표부와 민단도 있고 한국인도 많으니까 자신들도 돌아갈 수 있도록 힘써 달라고 입을 모아 말했어요.

하지만 마이즈루에 상륙했는데 일장기가 펄럭이고 많은 학생과 부인들이 환영하러 나왔지만 태극기는 하나도 보이지 않았어. 정말 쓸쓸했어요.

한국에는 귀환한 다음 해에 갔어요. 돈이 없었기 때문에 일 년간 일하고 돈을 모아서 겨우 고향으로 갈 수 있었던 거야. 16년 만에 보는 고향이었어요. 하지만 그때 어머니는 돌아가셔서 아버지 혼자서 마중 나왔어.

▶ 남겨진 사람들은 내게 귀환의 희망을 걸었다

사할린에서 나올 때 남아있던 사람들은 내게 귀환할 수 있도록 애써 달라고 호소했어. 그래서 나는 그 사람들을 모른척할 수가 없었어. 뭔가 그들을 구하기 위한 운동을 해야겠다는 생각을 했어요.

마이즈루에 상륙하고 아내의 친정인 센다이로 갈 예정이었어요. 그런데 마이즈루에 도착했더니 코르사코프에서 한발 먼저 귀환한 심계섭(후에 도쿄에서 함께 귀환운동을 함) 씨가 마중 나와 있었어요. 내가 센다이로 간다고 했더니 도쿄로 가서 같이 귀환 운동을 하자는 거예요. 진정이나 운동, 무엇을 해도 중앙이 교통도 편리하고 활동하기도 쉬우니까. 열 살 많은 박노학 씨와는 브이코프에서부터 쭉 같은 합숙소에서 형처럼 지냈는데 같은 배로 귀환했던 거야. 박노학 씨도 부인의 친정으로 가려던 계획을 돌려서 같이 도쿄로 갔어.

하지만 일본 법률도 생활습관도 전혀 몰랐기 때문에 민단과 한국대표부에 가서 어떻게든 도와달라고 부탁했어요. 대표부에 갔을 때는 과장에게 "왜 마이즈루에 오지 않았냐."고 화를 냈어요. 그랬더니 왔었다는 거예요. 그래서 나는 "우리가 스파이냐? 감시하기 위해서 왔던 거야? 올 거라면 태극기를 가지고 와야 하는 거 아니야? 16년간 억류됐다가 마이즈루에 도착했는데 태극기가 하나도 보이지 않아서 얼마나 서글펐는지 당신들은 알기나 해?"라며 화를 냈지. 민단도 마중 나왔다고는 하지만 아무도 보이지 않았어요.

▶ '사할린귀환재일한국인회' 설립

이렇게 여기저기 부탁하러 다녔지만 적극적으로 도와주는 곳은 없었어요. 민단에서는 선물을 좀 받았고 나머지는 복사기를 좀 쓰는 정도였어. 대표부에도 지원을 요청해서 활동자금도 얼만가 받았지만 그것뿐이었어.

도쿄 귀환자 합숙소에는 총련 사람이 한번 왔었는데 당신들 왜 일본으로 왔느냐는 거야. 요는, 살기 좋은 사회주의 국가를 버리고 왜 자본주의 일본에 왔는지를 따졌던 거지. 그래서 당신들과는 더 이상 말하고 싶지 않다면서 쫓아버렸더니 그 후에는 두 번 다시 오지 않았어요.

같은 합숙소에는 만주에서 돌아온 아리카와 요시오有川義雄라는 사람이 있었는데 그가 운동 방법과 청원서 쓰는 방법 등을 전부 가르쳐 줬어. 국회에 진정서도 같이 들고 갔고 사회당 국회의원도 소개해 줬어요. 그때 그는 마흔 살 정도였을 거야. 우리보다 지식이 있었으니까, 그의 지도를 받아서 회를 조직했는데 우리는 귀환해서 생활이 안정되기도 전에 '사할린억류귀환자동맹'을 결성했던 거야. 그런데 조금 지나서 사할린에서 문제 제기가 들어왔어요. '억류'라는 말은 어감이 좋지 않다고. 그래서 의논해서 '억류'라는 말을 빼고 '사할린귀환재일한국인회'로 했던 거지.

일은 진척돼서 아리카와 씨의 노력으로 사회당 시마가미 젠고로島上善五郎 의원이 처음으로 잔류조선인 문제에 대해서 국회에서 언급했어요. 그다음에는 일본과 한국 정부, 국제적십자사와 그 외에도 여러 곳에 탄원서를 써서 보내고 사할린에도 편지를 보냈어요.

처음에는 내가 회장을 했는데 연장자인 박노학 씨가 하겠다고 해서 그가 회장이 됐어요.

일본에 와서 한 달도 되지 않은 상황에서 1958년 2월 26일, 국회에서 사할린 잔류조선인 문제가 언급된 것은 큰 성과였다고 생각해요. 그것은 우리들의 힘이라기보다는 아리카와 씨 덕분이었지요.

우리는 자기 일을 찾기보다 활동이 먼저였어요. 아내는 다른 사람들은 모두 일하고 있는데 당신은 뭐 하고 있냐고 잔소리를 해댔어요. 그것이 한두 달도 아니고 일이 년도 아닌, 47년째. 물론 활동만 했던 건 아니지만 가늘고 길게 쭉 계속해왔어요.

일본 사회에서 조선인은 안 써주잖아요. 지금은 조선인이라도 대학을 졸업하면 일은 있지만 당시엔 아무도 안 써줬어. 이런 운동을 계속하려면 여간한 의지가 없으면 도저히 불가능했다고 생각해요.

▶ 편지 중계

일본에 와서 사할린 잔류 조선인 귀환을 위해 협회를 설립하는 등 활동을 계속하면서 그들에게 직접 편지를 썼어요. 그러자 저쪽에서 이쪽으로 정보와 가족의 소식을 물어오기 시작했어요. 모두가 편지를 쓰게 되고 그것이 점점 늘어나서 매일 3, 40통이 됐어요.

한국의 가족에게 전달해 달라는 편지도 보내왔어요. 보내온 편지에 답장도 해야 했지요. 편지를 한 통 보내는데 우편료가 사할린이 120엔, 한국이 50엔 정도였어. 그때는 일당이 250엔, 300엔이었으니까, 돈이 바닥나버렸어. 그래서 한국대표부에 가서 원조를 부탁했어요. 네다섯 번은 100달러, 200달러 정도 받았지만 그 정도로는 부족했어.

1987년경에 우리 주선으로 일본에서 가족 재회를 하게 돼서 사할린에서 일시 방문단이 왔어. 그때도 한국대사관에서 매월 6만 엔을 지원해줬고 민단에서도 지원해줬지만 턱없이 부족했어요. 사할린과 한국에서 온 사람들의 숙박과 식사 준비도 비용이 많이 들었고 또, 관광도 해야 했으니까 이것저것 수백만 엔이 들었던 거죠.

귀환 운동을 하려면 명부가 필요했어요. 그 명부를 만들기 위해 사할린에 편지를 써서 부탁했지. 그래서 보내온 편지를 자료 삼아 명부를 작성했는데 전부해서 1,744세대 6,924명의 명부를 완성하게 됐어요.

▶ 중앙정보부에 연행되다

1970년대에는 사할린에 사는 사람이 한국 방송을 통해서 가족의 소식을 들을 수 있게 됐는데 우리가 열심히 부탁해서 실현하게 된 거였어요. 한국의 방송국 국장을 만나서 사할린 동포가 들을 수 있는 방송을 해달라고 부탁했던 거야. 사할린 사람들이 한국 노래를 듣고 싶어 하니까 그런 음악을 보내 달라고 몇 번이나 부탁했어요. 그것은 일본에 와서 바로 있었던 일이에요.

그 시기에 KBS에 장민구라는 사람과 교류를 했었어. 그 사람이 여러 가지로 힘써줘서 우리도 방송에 한두 번 출연할 수 있었지요. 그때는 동아일보에 라디오방송이 있었는데 그 방송에서 이야기를 했어요. 그곳에서 내가 하고 싶은 말을 했어. 4만3천 명의 사할린 동포를 위해서 박 대통령이든 이승만 대통령, 윤보선 대통령은 대체 지금까지 무엇을 해줬나, 라고.

그 당시는 박정희 대통령 때였으니까 공산주의에 대해서는 철저하게 조사하는 시절이었어. 그래서 잡혀갔지. 서울운동장 뒤편에 있는 5층짜리 벽돌 건물로 끌려가서 조사를 받았던 거야. 그래도 이렇게 진술했어요. "라디오에서는 내 생각을 그대로 표현했을 뿐이다. 나는 그 어떤 나쁜 짓도 하지 않았다. 사람을 협박하지도 않았고 누군가를 상처 입히지도 않았다. 다만 대통령에게 왜 민족을 구출하지 않았냐고 말했을 뿐이다."

그랬더니 조사관이 내게 "여기가 어딘지 알고 있냐."고 물었어요.

"나는 한국인이지만 지금은 고향 방문 중이고, 해외에서 줄 곳 살았기 때문에 모른다."고 대답했어. 그러자 수사관은 "여기는 빨갱이를 잡는 곳이다. 당신은 대단히 훌륭한 일을 하고 있기 때문에 오늘은 자기 발로 걸어 나갈 수 있는 거다."라며 석방해줬어요.

택시를 타고 돌아오는 길에 택시기사에게 "오늘, 사할린 동포들에 대한 라디오 방송을 들었냐."고 물어봤어요. 택시기사는 "라디오에서 대통령을 비판하더군요."라고 말했어요. 그날 석간을 봤더니 오후 다섯 시 지나서 사할린 동포에 관한 특별방송이 있다고 나와 있었어요. 재방송된다고 했는데 중앙정보부에서 금지시켰어요. 방송 5분 전에 정보부가 테이프를 압수한 것 같았어요.

그때는 한국에서 해외교포연구소 소장도 만났는데 그는 "만약 당신이 체포됐다면 가만히 있지 않았을 거다. 오히려 훈장을 줘야 하는 거 아니냐."라고 했어. 지금까지 그런 것을 받은 적은 없지만.

또 1968년인가, 우리는 차지철(당시 한국 공화당 의원)이 불러서 한국대사관에 불려갔던 적이 있었어요. 갔더니 왜 이렇게 심한 어조로 탄원서를 썼냐고 물었어. 모두 침묵한 가운데 내가 말했어요. "사할린에 있는 4만 명의 우리 동포가 얼마나 고향을 그리워하는지 알고 있습니까?"라고. 역시 차지철도 그때만큼은 아무 말도 하지 못했어. 차지철이 박정희 대통령의 오른팔이라는 것은 나중에 들어서 알게 됐어요.

▶ 사할린 동포를 위하여

우리는 지식도 없는 노동자이고 무산계급이지만 양심만은 지켜온 셈이지요. 우리 민족을 지키는 것은 일본이 해줄 것도 아니고, 미국이 해줄 것도 아니야. 결국 우리 스스로 해야 하는 거지. 처음부터 그런 마음가짐으로 해 왔어요. 처음 활동을 시작했을 때는 정말 여러 일이 있었어. 말로는 다 표현할 수 없을 정도로. 하지만 일본인은 아무도 우리를 환영해 주지 않았어. 이것은 같은 민족으로서 알아두지 않으면 안 되는 일이야.

4만3천 명의 한민족은 지금까지 사할린에 남겨진 채로 고향으로 돌아가지 못하고 있어. 어떻게 해서 돌아갈 수 있었던 2천 명과 우리가 활동해서 귀환시킨 사람들이 2천 명 정도였어요. 물론 세월이 지났으니까 그곳에서 생활기반을 마련한 사람도 있겠지만 아직 안주하지 못한 사람들도 있다고 생각해요.

나는 고향에서 소학교밖에 못 나왔지만 일본으로 귀환한 사람 중에는 그 이상의 교육을 받은 사람이 있을 거예요. 그런데도 활동을 한 것은 우리뿐이었어. 나는 누가 뭐라 해도 민족의 일원으로서 온 힘을 쏟았던 이일이 자랑스러워. 누가 인정을 해주든 말든 한민족의 일인으로서 해야 할 일을 했을 뿐이지. 그게 자랑스러워.

13

민족 수난의 날들
백종원 白宗元(남)

취재일: 2006년 4월 25일, 7월 2일, 2007년 10월
출생지: 평안북도 의주
현주소: 도쿄도
생년월일: 1923년 12월 14일
약력: 봉천 일중을 졸업한 후, 가나자와 제4고등학교에 입학한다. 1948년에 교토대학 경제학부 졸업. 건설통신사(현재, 조선통신사) 사장이 되지만 1950년, GHQ(연합국총사령부)에 의해 해산된다. 1961년부터 조선대학교정경학부장을 거쳐 과학자협회 회장, 체육연합회 회장 역임. 1983년부터 1986년까지 조선총련 중앙 부의장을 맡는다. 조선민주주의인민공화국 교수·역사학 박사. 저서로는 『조선스포츠 2000년 朝鮮のスポーツ2000年』(1995년, 쓰게쇼보), 『조선·일본관계중요연표 朝鮮·日本関係重要年表』(2007년, 재일조선사회과학자협회), 조선어 저서로는 『일본군국주의의 형성과정』(2000년, 재일조선사회과학자협회), 『일본제국주의 성립과정과 조선식민지화』(2004년, 재일조선사회과학자협회) 등.

취재: 기무라 유키히코 / 원고집필: 기무라 유키히코 / 번역: 고경순

▶ 유소년기를 심양 교외에서 보내다

내 고향은 압록강 근처에 있는 의주라는 곳입니다. 우리 선조는 대대로 수백 년에 걸쳐 이 땅에 살고 있었습니다. 한일병합이 된 후에 일본이 식민지정책의 일환으로 맨 먼저 착수하고 장기간에 걸쳐 실시한 것이 '토지조사사업'입니다. 이것은 결국, 여러 구실을 붙여서 농민

의 토지를 강탈한 것인데 살길을 잃은 농민들은 만주와 시베리아 혹은 일본 등지로 흘러 들어갔습니다.

우리 집은 1920년대 초에 만주로 이주해서 심양 교외의 북릉 근처 부락에서 중국인 지주 밑에서 소작인으로 일했습니다. 북릉에는 청조의 시조인 누루하치릉이 있었습니다.

나는 유소년기를 이 심양 교외에 있는 중국인 부락에서 보냈는데 1920년대 말부터 주위 상황이 점점 어수선해졌습니다. 1928년에 만주의 제왕이라 불렸던 장작림張作霖의 폭살사건이 관동군에 의해 일어났습니다. 초여름의 아침 공기를 찢고 멀리서 들려오는 폭발음을 나는 북릉 부락에서 들었습니다. 첩보활동을 하고 있던 나카무라 신타로中村震太郎 참모장교가 중국 군벌에게 처형당하는 사건, 일본의 수리문제로 촉발된 만보산사건을 비롯해서 일본의 만주 침략의 야욕이 드러나면서 중국 민중의 반일기운은 격앙되어 갔습니다. 어린 나도 전운이 감도는 분위기를 느낄 수 있었습니다.

그 당시 중국 동북지방(만주)을 지배하던 중국 군벌은 이런 반일 분위기를 이용하여 조선인을 소小일본인이라고 배척하고 각지에서 박해를 가했습니다. 나는 부락에서 또래의 중국 아이들과 놀았는데 덩치 큰 아이들이 자꾸 때려서 늘 겁에 질려있었습니다. 이 부락에는 가끔 엿장수가 와서 그림연극을 보여줬습니다. 그 연극을 몰입해서 보고 있었는데 어떤 녀석이 내 위에 올라타서 "왕궈누, 왕궈누"라고 소리 지르면서 빨리 달리라고 놀려댔습니다.

붉은 석양이 지평선 아래로 가라앉는 것을 보면서 집으로 돌아온 나는, 굴욕감을 느끼면서도 아무것도 할 수 없었던 자신의 무력함이 한심했습니다. 그리고 세상 어디에도 의지할 곳 없다는 허전함과 고독감에 울 수밖에 없었지요. "왕궈누亡國奴"는 나라를 잃은 놈이라는 모욕

어인데 만주사변을 통해 나라를 잃은 국민이 어떤 것인지를 나는 직접 내 눈으로 봤던 것입니다.

사변이 일어난 후에 많은 동포가 패주하는 구舊 군벌의 박해를 피해서 오지에서 심양으로 모여들었습니다. 머나먼 길을 걸어오는 도중에 부모를 놓친 아이들과 가족과 뿔뿔이 흩어져 망연자실해 하는 노인들도 많이 봤습니다. 만주의 10월은 밤이 되면 추웠는데 입을 것도 먹을 것도 없고 아파도 약도 없는 극한 상황에서 마대와 거적을 두르고, 공터에서 추위와 굶주림에 떨고 있는 동포들의 모습은 비참했습니다.

그 당시 우리에게는 조국이 없었습니다. 동포의 고난을 보면서 어떻게든 구원의 손길을 내밀고 싶었지만 극도의 빈곤 속에서 같은 이국땅을 헤매는 우리에게 무슨 힘이 있으며 무엇이 가능했겠습니까? 나는 봉천보통학교(초등학교)라는 조선인학교 2학년이었는데 작은 가슴에 깊이 새겨진 이때의 참상을 잊을 수가 없습니다.

▶ 전설적인 김일성 장군 이야기

우리 할아버지는 학교 문 앞에도 간 적이 없는 사람이었지만 한문을 잘했습니다. 그런 할아버지에게 나는 학교에 들어가기 전부터 천자문을 배웠습니다. 종원이라는 내 이름은 본가의 장손이라는 의미입니다. 물론 총본가는 아니고 말단의 본가였지만 봉건제가 남아있던 때였으니까 장손인 나를 가족과 친척들은 소중히 여겼습니다. 식사는 늘 할아버지와 같이했습니다. 내가 가난 속에서도 학교에 갈 수 있었던 것도 그런 이유에서였습니다.

내 고향 의주는 임진왜란 때 왕이 피난 왔던 곳입니다. 이때 우리 선조는 어떤 공을 세워서 지방관직을 하사받았다고 합니다. 할아버지는 이 일을 "백씨 가문의 명예"라고 하시면서 지금은 만주에 있지만 결단코 선조의 이름을 더럽히는 일은 해서는 안 된다고 늘 내게 말을 했어요.

우리 보통학교에는 유격지구인 매화구, 반석, 산성진과 그 주변지구에서 전학 온 학생들이 있었습니다. 그들은 박해와 고난을 받았던 이야기를 해줬고 김일성 장군이 일본군을 무찌르고 조선독립을 위해 싸우고 있다고 알려줬습니다. "김일성 장군의 군대는 종이배로 강을 건넌다. 장군의 군대는 몇백 명이 눈 위를 걸어도 발자국을 남기지 않는다. 같은 날 같은 시간에 장군은 네 곳에 나타났다. 밀림 속에서 쉴 때도 호랑이와 늑대는 장군을 피해서 간다."라는 이야기를 들을 때면 우리는 흥분해서 넋을 잃고 빠져들었습니다.

만주 침략이 격렬해지면 후방기지인 조선에서의 수탈과 동화정책은 점점 심해져 갔습니다. 수백만 석의 쌀과 많은 소와 선조의 제사를 지낼 때 반드시 필요했던 놋그릇까지 모조리 빼앗아갔습니다.

이것은 물질적인 수탈이지만 동화정책으로 입은 정신적인 상처는 더욱더 깊었다고 생각합니다. 1930년대 후반이 되자 '내선일체', '국체명징國體明徵'을 끊임없이 외쳐댔고 조선어교육이 금지됐습니다. 교내에서는 방과 후에도 조선어를 사용하면 선생님이 복도에서 벌을 세웠습니다. 또 '황국신민의 맹세'를 강요당해 "죽음으로써 군국을 섬기라."라고 제창하게 했고 조선인도 '아마테라스오미카미(일본 신화의 주신, 일본 황실의 조신)'를 숭경하지 않으면 안 된다며 신사참배를 강요당했습니다. 우리 친척 중에는 개신교 목사가 있었어요. 그는 교의에 따라 참배를 거부했는데 경찰의 고문을 받아 척추를 다쳐서 평생을 걷지 못했습니다.

참혹했던 것은 강제로 '창씨개명'을 시켰던 것이었습니다. 조선인은 선조 공경을 매우 중요하게 여기며 그 풍습은 지금도 강하게 남아있는데 선조로부터 받은 성을 일본식으로 바꾸는 일은 가장 모욕적인 일이었습니다. 창씨개명 때 성을 '犬子(개새끼)'라고 한 사람이 있었습니다. 그것은 자기 대에서 성을 바꾸는 것은 선조에 대죄를 범한 것이므로 '개새끼'보다도 못하다는 죄책감과 자기 자신에 대한 엄중한 질책의 뜻을 담은 것이었지요.

▶ 친척들의 기대를 걸머지고 일본으로

구 군벌은 사라지고 1932년에 '만주국'이 세워졌지만 우리의 생활은 힘들어만 갔습니다. 내가 다니던 중학교에서는 군사 교련을 하러 북대영이라는 곳으로 자주 행군했습니다. 심양은 한 걸음 나가면 바로 인기척 하나 없는 황야인데 이곳을 지나칠 때 헌병이 수 명을 사살하고 구덩이에 집어넣는 것을 봤습니다. 다른 학급 행군에서도 같은 광경을 봤다는 말이 있었으니까 이런 처형은 자주 있었던 거겠지요.

중국인 거리의 입구에 소서변문이라는 아치형의 성문이 있었는데 그곳에는 늘 철삿줄에 사람 머리가 매달려 있었습니다. '공산주의 비적'에 대한 본보기였는데 수일 동안 비바람을 맞으면 거무스름해집니다. 이 희생자 중에는 조선인도 중국인도 있었을 텐데 일본 관동군과 헌병은 왜 이같이 참혹한 짓을 저지를까 하는 생각을 했습니다.

식량 배급도 일본인은 전부 백미였지만 조선인과 중국인은 조, 수수와 같은 잡곡이 많았고 기름과 설탕 배급은 그 격차가 심했습니다. 일본인 관리와 민간인이 조선인과 중국인을 때리고 매도하는 것은 늘 있는 일이었습니다. 만주국의 실태는 기시 노부스케가 말한 '오족협화의 왕도락토(1932년 만주국 건국이념으로 오족은 일본·조선·만주·몽골·중국의 5민족이 협력해서 아시아적 이상국가를 건설한다는 의미)'가 아니라 완전한 일본의 식민지였습니다.

전쟁이 격해지면서 우리 일가는 심양을 떠나서 심양과 길림 중간에 있는 청원현의 작은 마을로 옮겼지만 나는 친척들의 도움을 받으면서 심양에 남아서 중학교에 다닐 수 있었습니다.

이 무렵 나는 조부모님과 부모님을 조금이라도 편하게 하고 친척들의 은혜와 기대에 보답하기 위해서는 '입신출세'를 해야 한다고 생각하게 되었습니다. 그러려면 반드시 좋은 대학에 들어가야 한다는 생각에 사로잡혔어요. 내가 친척들에게 받은 비장의 대금 30엔을 들고 일본으로 향한 것은 1942년 3월 하순 무렵이었습니다. 어떻게든 공부를 해야 한다는 생각이 깊었지만, 정작 아는 사람 하나 없는 일본에 도착해보니 꽤 먼 곳까지 와버렸다는 것을 실감할 수 있었습니다. 쓰시마 고쿠라의 등불이 물결 사이로 흔들리고 부-하고 뱃고동 소리가 울리는 것을 들으니 고독감과 불안감이 엄습해왔던 것입니다.

나는 가나자와 제4고등학교(구 제국주의 제도)에 들어갔는데 가나자와는 고색창연한 옛 도시로 마을 사람들은 매우 따뜻했습니다.

입학 때는 일본인 학생은 사진 두 장이었지만 나는 넉 장을 제출해야 했습니다. 두 장은 현청과 특별고등경찰에 보냈던 것입니다. 나는 아무것도 모르고 시험을 치렀는데 수년 전에 호쿠리쿠 일대에서 4고등학교 학생이 주도한 조선인 학생 마르크스주의 독서회사건이 있었다고 합니다. 그때 상급생은 퇴학당하고 하급생 수 명은 정학을 당했는데 내가 입학할 때는 복학해 있었습니다. 이 선배들은 나에게 자신들의 하숙집에 와서는 안 된다고 주의를 시켰습니다. 특별고등경찰의 감시를 받았던 선배들은 나를 걱정해 줬던 거였지요.

하지만, 그런 틈바구니에서도 우리는 많은 기회를 통해서 서로 이야기를 나눌 수 있었습니다. 북조선의 경성鏡城에서 온 선배는 함경남북도 일대에서 일어난 농민투쟁과 데모에 관한 이야기를 해줬습니다. 김일성 장군의 항일유격부대가 광범위한 민중의 지지를 받으면서 각지에서 싸우고 있다는 말도 들었습니다. 일본의 재판기록에도 있는데 호쿠리쿠 지방의 조선학생들은 백두산의 김일성 장군의 유격대에 등사판을 비롯해 인쇄 용구를 보내고 있었습니다.

구제도의 고등학교는 아마도 다이쇼 민주정치의 마지막 빛이 희미하게 남아 있던 곳이 아니었을까요. 기숙사는 학생위원회에서 자치 운영을 했고 학생들 사이에서는 도사카 준의 유물론과 하니 고로의 좌익계 책이 널리 읽히고 있었습니다. 기숙사에서는 열띤 토론의 장이 자주 열렸는데 나는 여기서도 많은 자극을 받았습니다. 당시에 나는 선배들처럼 실제 투쟁에 참가할 용기 있는 학생은 아니었지만 이 시기에 받은 강한 인상은 내게 깊은 사상적 영향을 주었습니다.

나는 1943년 가을에 가나자와에서 징병검사를 받았습니다. 애투섬(알류샨 열도에 있는 섬), 과달카날에서 옥쇄전술이 일어나면서 일본의 패색이 짙어져 갈 때, 드디어 소집명령서가 왔는데 죽음의 초대장을 받은 것 같았습니다. 대학생에 대한 징병 연기가 없어져서 학우들은 연이어 소집되어 어제도 한사람 오늘 또 한 사람, 이빨이 빠진 것처럼 교실에서 사라져갔습니다. 우리들은 '장행회(장한 뜻을 품고 멀리 떠나는 사람의 앞날을 축복하기 위한 모임)' 따위는 하지 않았습니다. 기숙사에 모여 조용히 베토벤의 〈제5교향곡〉과 슈베르트의 〈겨울여행〉을 들었는데 그것은 우리 자신들에게도 닥쳐올 운명을 생각하는 시간이었던 거지요.

▶ 이승기 박사를 만나다

한때 귀성했던 나는 1945년 3월에 교토대학 경제학부에 들어가기 위해 다시 일본으로 향했습니다. 관부연락선을 타려면 일렬로 줄을 섰습니다. 조선인은 도항증명서를 보이고 짐 검사를 받아야 했는데 나를 조사했던 특별고등경찰은 트렁크에서 막 읽기 시작한 존 S 밀러의 『자유론(On Liberty)』을 발견하고는 무슨 책이냐고 추궁하기 시작했습니다. "자유론"이라고 대답하자 "너는 자유주의자냐."면서 심하게 두들겨 팼습니다. 자유주의자는 빨갱이와 동급으로 비국민 취급을 했던 시대였습니다. 그래서 대중들에 둘러싸여 부당한 모욕을 당하고도 참을 수밖에 없었던 그 원통함은 좀처럼 잊을 수가 없었습니다.

하지만 교토에서는 멋진 만남이 나를 기다리고 있었습니다. 이전부터 존경하고 동경하던 이승기 박사를 만나게 된 것입니다.

나는 중학 2, 3학년 때 『동아일보』에서 선생님에 관한 기사를 봤습니다. 세계적인 비닐론 발명자라는 머리기사에 큰 사진이 들어가서 보도되었던 적이 있었습니다. 내가 정말 놀랐던 것은 최고학부인 제국대학에 조선인 조교수가 있었던 일이었습니다. 이때는 후일에 내가 선생님을 만날 수 있다고는 꿈에도 생각하지 못했지요. 1930년대에는 고분자화학 분야가 세계적으로 눈부신 발전을 이뤘는데 이승기 박사는 20세기 합성섬유의 획기적인 시대를 열었고 절대적인 공헌을 했던 것입니다.

박사는 조선인 학생들로부터 깊은 존경을 받고 있었습니다. 일본의 패색이 짙어가던 때여서 우리는 격변하는 시국과 나중에 조선이 해방됐을 때 무엇을 해야 할지, 선생님을 중심으로 열띤 토론을 거듭했습니다. 선생님은 이전부터 헌병의 감시를 받는 대상이었습니다. 우리는 잘 몰랐지만 조선인 보조헌병이 수일간 마루 밑에 숨어들어서 우리의 이야기를 전부 감청했던 것입니다. 패전 직전이었던 7월 하순에 나는 치안유지법 위반으로 오사카 미도스지 이토추빌딩에 있는 헌병대 본부에 연행되었습니다. 여기서 선생님과 이과계 친구 둘이 이미 헌병대에 구류된 것을 알게 되었습니다.

헌병대는 한번 들어가면 나올 수 없는 곳이라고 알려져 있었고 만주에서 헌병대가 어떤 짓을 했는지 알고 있던 나는, 내 나름의 각오를 할 때가 왔다고 생각했습니다. 그런데 8월 10일경에 나가라는 거예요. 수일 후에 일본이 무조건 항복하는 것을 알 도리가 없었던 나는 이 갑작스러운 석방이 어쩐지 기분이 나빴습니다. 뭔가 더 불길한 일이 일어나기 전의 전조가 아닌지 불안했던 것입니다.

▶ 해방됐다! 해방이다!

나는 1945년 8월 15일에 광복을 교토에서 맞았습니다. 태양 빛이 사정없이 쏟아지는 매우 무더운 날이었지만 점심때 학생 식당을 향하던 나는 농학부 앞에서 많은 학생과 직원이 고개를 떨군 채 울고 있는 것을 보았습니다. 지금 막, 무조건항복을 알리는 천황의 '옥음 방송(일본제국 쇼와 천황이 무조건 항복을 알리는 종전 조서를 읽은 라디오 방송을 말함)'이 있었다는 것입니다. 나는 내 귀를 의심했습니다.

나는 신문도 라디오도 없어서 답답한 나날을 보내고 있었습니다. 하지만 지금, 전쟁은 틀림없이 끝났다는 것입니다. 길고 고통스러운 식민지시대는 끝나고, 우리는 해방됐다. 해방이다. 이때의 폭발할 것 같은 기쁨은 적절하게 표현할 수는 없지만 60년 이상이 지난 지금도 이때의 폭풍 같은 격정을 강렬히 기억하고 있습니다.

이 선생님은 8월 15일 밤늦게 발이 곪아 터져서 걷기도 힘든 상태로 석방되었습니다. 우리는 소리죽여 서로 부둥켜안고 눈물을 흘렸습니다. 이 밤은 그야말로 조국의 해방이 우리 개인의 자유와 중첩된 환희의 밤이 되었습니다.

광복을 맞은 우리가 무엇보다도 먼저 시작한 것은 청년들에게 국어와 조선 역사를 가르치는 일이었습니다. 그것은 빼앗긴 민족의 말과 마음을 되찾는 일이었기 때문입니다. 당시에 학교 건물도 교사도 자금도 없는 곤란한 상황을 이겨내면서 동포들은 각지에서 국어강습회, 야간학교 등의 형태로 민족교육을 시작했습니다. 우리도 기온이시단시타의 작은 이층집을 빌려서 청년학교를 열고 교토 시내 청년들을 가르쳤습니다.

또 하나 시급했던 것은 유학생동맹(재일본조선인유학생동맹 관서본부)을 조직하는 일이었습니다. 당시에 유학생 대부분은 고향에서 보내준 용돈이 끊겨 매우 곤란한 상태였습니다. 서둘러 조직을 만들어서 이 절실한 문제를 해결하지 않으면 안 됐기 때문에 우리는 이승기 선생님을 중심으로 단결해서 최선을 다했습니다.

그때 교토제국대학에는 공학부 교수로 이승기 박사, 이학부 교수에는 양자역학을 강의하고 있던 이태규 박사 그리고 같은 학부에서 결정학 연구를 하는 강사 박철재 박사가 계셨습니다.

우리는 해방된 조국의 과학·기술발전의 초석을 다지기 위해 선생님들이 하루라도 빨리 조선으로 귀국해야 한다고 말했습니다. 1945년 말, 어느 추운 날 열 명 남짓 남은 동창생들은 온기도 없는 방에서 선생님들을 보내는 송별회를 했습니다. 마른오징어 몇 개와 소주밖에 없는 초라한 모임이었지만 우리의 가슴은 뜨겁게 타오르고 있었습니다.

1948년에 대학을 졸업하고 그해 여름에 나는 도쿄로 와서 지금의 『조선통신』의 전신인 『건설통신』 창립에 참여하게 됐습니다. 당시, 남조선 사정은 비교적 잘 알 수 있었지만 북조선에 대한 정보는 그다지 전해지지 않아서 남북의 통신정보를 함께 다뤘던 『건설통신』은 동포들에게 큰 기쁨을 줬습니다.

북조선에서 실시했던 토지개혁, 노동법령, 남녀평등권령(남녀동등권에 관한 법령) 등의 민주화 내용이 구체적으로 전달돼서 재일 동포들은 오랜 동안 기다려왔던 일이 이루어졌다고 기뻐하며 환영했습니다. 하지만 주권기관인 인민위원회가 조선인이 직접 운영하는 북조선과는 달리, 남조선에서는 미군정이 실시되면서 군정 위반은 엄격히 처벌받았습니다. 남조선 각지에서 민중이 조직한 인민위원회는 탄압받고 해산당했습니다.

1946년 9월에 4만 명 정도의 남조선의 모든 철도노동자는 미군정과 이승만 정권에 반대해서 총파업을 했고 그해 10월에는 230만 명이 참가하는 '10월 인민항쟁'으로 확대해 나갔습니다. 이 항쟁은 죽은 자와 행방불명자가 3천9백 명에 달하는 대규모 투쟁이었습니다.

▶ 재일조선인에 대한 대탄압

우리는 광복 직후 얼마 동안은 미국도 소련도 같은 연합국이므로 조선의 독립은 금방 실현될 것이라는 안일한 생각을 하고 있었습니다. 하지만 냉혹한 현실을 통해서 일본으로부터 해방은 됐지만 미국점령체제에서는 독립과 통일의 길은 결코 쉽지 않다는 것을 통감하게 되었지요.

재일조선인에 대한 대탄압은 1948년 4월에 시작됐습니다. GHQ는 조선인학교 폐쇄 명령을 내렸던 것입니다. 동포들은 해방 후에 갖가지 고난에도 굴하지 않고 "힘이 있는 사람은 힘을, 돈이 있는 사람은 돈을, 지식이 있는 사람은 지식을"이라는 신조로 쉬지 않고 민족교육에 힘써 왔습니다.

4월 24일, 고베 동포들은 이 부당한 GHQ지령에 반대해서 일어났습니다. GHQ는 7년에 걸친 일본 점령 중에 한 번도 발동한 적이 없었던 '비상사태선언'을 발령하고 '조선인 사냥'이라는 대탄압을 자행했습니다.

4월 26일, 이번에는 오사카에서 동포 3만 명이 대항의 집회를 열었습니다. 이 집회는 오사카부(府)청사 앞에 있는 오테마에공원에서 개최했고 나도 참가했습니다. 얼마 후 수천 명의 경찰대는 도랑을 등지고 있던 우리들을 몇 겹으로 포위했고 전면의 경찰대가 앉아쏴 자세를 잡았다고 생각하는 순간, 탕, 탕, 타-앙하고 권총을 쏘기 시작했던 것입니다.

　내게서 5, 60미터 정도 떨어진 곳에서 "사람이 죽었어~."라며 외치는 소리가 거세어졌습니다. 이때 많은 부상자를 냈고 열여섯 살의 김태일 소년이 죽었습니다. 우리는 고베와 오사카에서 했던 투쟁을 '4·24교육투쟁'이라고 하는데 이 유혈 투쟁은 항상 우리들의 교육을 지키는 투쟁의 원점이 되고 있습니다.

　조선민주주의인민공화국(공화국)이 창건된 후부터는 공화국 국기게양을 금지하는 등 탄압의 수위는 점점 더 높아졌습니다. 1949년 9월 8일에는 조선인연맹과 민주청년동맹이 '단체등규정령'을 위반했다는 이유로 강제해산당했습니다. 이것은 중앙에서 하부에 이르는 모든 조직의 해산, 모든 재산의 몰수, 간부의 공직추방이라는 잔혹한 것들이었습니다. 요컨대 조선전쟁을 일으키기 전에 조선인 조직을 뿌리째 뽑아버리려는 것이었습니다.

　조선전쟁이 시작되자 『해방신문』도 우리가 일하고 있던 『건설통신』도 강제 폐간을 당했습니다. 우리들 재일조선인은 조직도 간부도 잃게 되었고 보도기관은 폐간돼서 우편 교환도 못 하게 되어버렸던 것입니다. 소위 일본 열도라는 네 개의 섬에 있는 강제수용소에 감금된 것 같은 상태였습니다.

▶ 평양에서 30년 만에 어머니와 재회

　1955년 5월 2일에 재일본조선인총연합회(총련)가 결성되었는데 결핵

수술을 해서 장기요양 중이었던 나는 이 대회에는 참가할 수 없었습니다.

조선총련 결성은 재일조선인운동의 근본적인 전환을 의미했습니다. 그때까지 일본에서 3반(반미, 반요시다, 반재군비反再軍備)을 목적으로 투쟁해 왔던 재일조선인운동은 앞으로는 일본의 내정 간섭을 하지 않고, 조국의 평화적 통일, 민주적인 민족 권리를 기본으로 하는 주체운동으로 크게 변했던 것입니다.

나는 장기요양을 하고 회복해서 바로 총련 연구 관계 일을 했는데 1961년 봄부터 조선대학교에서 강의를 하게 되었습니다. 조선대학교는 김일성이 보내준 교육원조비와 장학금으로 1956년에 창립됐고 작년(2006년)에는 창립 50주년을 맞았습니다.

1973년 여름에 나는 학생들을 인솔해서 공화국을 방문했는데 이때 나는 광복 후 30년 만에 조국 땅을 밟는 여정이 되었습니다. 더욱 놀랐던 것은 조국의 따뜻한 배려로 어머니와 가족들을 만날 수 있었던 것입니다. 우리는 지금까지 통신이 두절돼서 서로 생사를 몰랐습니다. 어머니는 내가 징병으로 끌려간 전쟁터에서 죽었을지도 모른다고 생각하고 있었습니다. 나는 내 나름대로 당시 만주에서는 중국공산당이 팔로군과 정부군이 격돌하고 있었기 때문에 오지에 있던 가족은 결코 무사하지 못했을 거라는 생각을 했던 것이지요.

우리들 모자는 평양역에서 30년 만에 만났습니다. 꿈인가 생시인가 라는 말이 있습니다만 나는 너무 충격이 커서 눈물도 나오지 않았습니다. 남동생과 여동생의 얼굴도 잠깐 동안 알아보지 못했습니다. 흘러가 버린 30년이라는 세월은 역시 큰 것이었습니다. 우리는 끊이지 않고 말을 이어갔습니다. 가족들은 만주의 오지에서 한 달이나 걸어서 1947년 가을에 압록강에 겨우 도착했다는 것이었습니다. 그리고 아버지는 1951년 겨울에 있었던 신의주 대폭격으로 머리털 하나 남기지 않고 폭사했다는 사실을 알게 되었습니다.

나는 1974년에 두 아들을 귀국시켰는데 둘은 대학을 졸업하고 의사와 대학교수가 되었습니다. 어머니는 평야에 있는 아파트에서 손자와 증손자들에게 둘러싸여 행복하게 살다가 3년 전에 아흔아홉 살로 천수를 다했습니다.

조선대학교는 창립 십여 년을 맞아서 고등교육기관으로 체제와 내용을 갖췄음에도 불구하고 일본 정부는 법적인가를 해주려고 하지 않았습니다. 그뿐만 아니라 일부의 정치가는 "세균전을 연구하고 있다."는 등의 악의적인 중상과 비방, 흑색선전까지 했습니다.

1967년에 미노베 료키치 선생님이 첫 혁신 도지사로 당선됐지만 대학 인가를 받으려면 우선 도의 사학심의회를 통과해야 했는데 이 절차가 매우 까다로웠습니다. 우리는 어떻게든 일본의 여론에 호소하려고 모든 교원과 직원들이 일본 학자와 문화인, 대학, 연구기관, 민주단체, 지방자치단체 등을 방문했습니다.

나는 교토에 가서 스에카와 히로시 선생님을 만나서 여러 가지로 협력해주실 것을 부탁했습니다. 잘 알려진 바와 같이 선생님은 제2차 세계대전 전에 교토대학 다키가와瀧川사건 때에 정부의 파쇼탄압에 저항해서 투쟁한 분인데 흔쾌히 교토, 오사카, 고베에 있는 국공립대학과 사립대, 저명한 학자와 문화인을 소개해 주셨습니다. 도쿄에서도 도쿄대학 오코치 가즈오 총장, 히토쓰바시대학의 마스다 시로 학장을 비롯한 많은 선생님들이 도와주셨습니다. 조선대학교는 1968년 4월 17일에 미노베 도지사가 인가를 해줬는데 일본의 양식良識을 대표하는 여러 선생님의 호소는 여론을 불러일으키는 큰 계기가 됐다고 생각합니다.

▶ 일본 친구들의 협력을 받아서

그 후에 나는 조선총련 중앙으로 옮겨서 국제국의 일을 담당했는데 여기서도 일본 친구들의 큰 협력과 지원을 받았습니다.

1987년 11월 대한항공기가 미얀마 해상에서 행방불명 된 사건이 있었습니다. 남조선의 군사정권은 아무런 조사도 하지 않고 잔해 한 조각도 찾지 못한 시점에서 북조선의 테러라고 단정했으며 일본과 미국은 제재를 가했습니다. 그리고 매스컴은 대대적으로 반공화국 선전을 시작했던 것입니다.

지금 남조선에서는 이 사건의 진상을 추적하고 있지만 당시 우리를 둘러싼 정세는 매우 험악했습니다. 마침 이런 상황에서 '조선의 자주적 평화통일을 지지하는 일본 위원회'의 전국 집회가 오미야에서 개최되었는데 우리는 대회를 성립시킬 수 있을지 마음을 졸였던 것입니다. 하지만 정시에 집회장은 가득 찼습니다. 나는 이 집회에 출석했는데 매스컴이 그토록 흑색선전을 했음에도 불구하고 우리를 이해하고 지지해주는 일본 친구들이 이렇게 많다고 생각하니 가슴이 뜨거워졌습니다. 이때 고故 이와이 아키라(전. 총평 사무국장) 씨와 대회 사무국장을 맡은 고故 와카바야시 히카루 씨가 남다른 고생을 한 일도 기억에 남습니다.

아무튼 나는 1986년부터 1998년까지 재일본조선인체육연합회 회장을 역임했는데 이것은 현역으로서 내가 한 마지막 일이 되었습니다.

1991년 가을에 우리 축구단은 미국으로 원정시합을 갔습니다. 지금까지 총련 관계로 미국에 들어간 사람은 개인적으로도 거의 없었고 50명이나 되는 단체가 미국을 방문하는 것은 광복 이후에 우리가 처음이었습니다.

당시에 로스앤젤레스에 30만 명의 동포가 있었고 전미에는 약 150만 명 정도가 있었습니다. 우리는 재미교포 축구협회의 초대로 갔는데 어쨌든 처음에는 서로 이해가 부족해서 "조선총련놈들은 돌아가."라며 소란피우는 사람도 있었습니다. 그러나 선수들이 일본에서 자랐음에도 불구하고 모두 조선어를 능숙하게 말하고 예의범절이 바르고 게다가 축구 수준도 매우 높아서 재미교포들을 완전히 탄복시켜서 마음을 터놓기까지 그리 오랜 시간이 걸리지는 않았습니다.

체육연합회에서는 여러 일이 있었지만 가장 인상에 남는 것은 역시 1991년에 있었던 제41회 세계탁구선수권대회(지바, 마쿠하리멧세)에서 '통일코리아팀'이 우승한 일이지요. 우리는 첫 남북통일팀이 실현된 일을 정말 기뻐했습니다. 하지만 한편으론 걱정되던 일도 있었습니다. 남북이 각각 다른 제도에서 자라고 연습 방법도 다른 선수들이 과연 잘 융화할 수 있을지 매우 걱정이 되었습니다. 하지만 이것은 기우에 지나지 않았습니다. 연습장에 가보면 "오빠, 언니" 하면서 활력이 넘치는 격려 소리가 난무했고 서로 사이좋게 잘 융화하고 있었습니다.

결승까지 나아간 통일팀 여자부의 상대 팀은 그때까지 7연패로 불패를 자랑하는 강호 중국팀이었습니다. 중국 선수가 내려친 최후의 일구가 탁구대를 크게 벗어났습니다. 우리들이 우승을 차지했던 것입니다. 이때 우리들 마음에는 남과 북도 없고 총련도 민단도 없이 다만 같은 민족이라는 뜨거운 일체감이 있을 뿐이었습니다. 잊을 수 없는 감동적인 일이었지요.

2000년 6월 15일에 남과 북의 수뇌가 함께 역사적인 공동선언을 했고 이와 관련하여 얼마 전에 재차 중요한 선언(2007년 10월 4일)을 발표했습니다. 우리가 살아있을 때 이 같은 획기적인 일을 만날 수 있었던 것은 큰 행운이지요. 내 인생의 허락된 시간은 이제 얼마 남지 않았지만 나는 앞으로도 통일을 향한 이 영광의 길을 일편단심으로 곧장 걸어가려고 합니다.

14

이 세상에서 가장 어려운 것은 그림 그리는 일
오병학 吳炳學(남)

취재일: 2007년 2월 8일, 5월 4일, 7월 25일
출생지: 평안남도 순천군
현주소: 가나가와현
생년월일: 1924년 1월 21일

약력: 보통학교(초등학교) 때부터 회화에 깊은 관심을 가진다. 평양상업학교를 나온 뒤에 화가가 되려고 도일한다. 태평양미술학교를 거쳐 도쿄예술대학에 입학하지만 실망하고 중퇴한다. 세잔느를 스승 삼아 독자적인 길을 개척해서 현재에 이른다. 일본 각지에서 개인전 개최, 2006년에 서울에서 '오병학전'을 개최한다. 『도깨비를 이긴 바위トケビにかったパウィ』(복음관서점), 옛날이야기 『금강산 호랑이 물리치기金剛山のトラたいじ』(호루푸출판) 등의 화집이 있다.

취재: 고수미 / 원고집필: 고수미 / 번역: 고경순

▶ **형은 시험을 쳐서 역원이 되었다**

나는 남자형제 중에는 두 번째이고, 형제는 전부해서 다섯입니다. 형과는 나이 차가 열 살 정도 날 거에요. 그리고 형과의 사이에 누나가 있어요. 뭐, 소작과 자작 양쪽을 하는 농민이었어요.

당시, 우리 마을에 처음으로 철도가 깔리고 역이 생겼어요. 순천 가기 전전 역이었는데 무인역이었어. 부모님이 역전에서 뭐라도 하자고 해서 집을 옮겨서 담뱃가게를 시작했던 것입니다. 담뱃가게를 하면

다소 현금수입이 생겼으니까. 부모님은 무학이었지만 자식들은 어떻게든 학교에 보내고 싶다며 형을 소학교에 넣었어요. 그 당시는 보통학교였지요. 그다음에는 평양에 있는 평양고등보통학교에 무리해서 넣었던 거예요. 일본의 구제舊制 중학교였지. 2학년까지 다녔는데 결국 월사금을 못 내서 퇴학당했어요. 형은 고등보통학교 중퇴였지만 당시 마을에서는 학력이 가장 높은 편이었고 시험을 쳐서 자산역의 역원이 됐습니다. 이 시절에 시골에서 월급쟁이는 대단한 것이었지요.

덕분에 나는 중학교까지 갈 수 있었습니다. 자산공립보통학교를 나온 후에 평양상업학교에 들어갔어요. 조선인은 열 명이 시험을 치르면 한 명 정도 들어갔던 곳이었어요. 대략 한 반에 25, 6명씩이었고 한 반에 학생은 일본인이 반 조선인이 반이었습니다. 한 학년에 학급 하나가 있던 학교였는데 같은 교실에서 일본인과 조선인이 같이 공부를 했습니다.

형은 그림 그리는 것을 좋아했는데 중학교 2학년까지 다녔기 때문에 수채화 도구를 가지고 있었습니다. 나는 형 몰래 그것을 꺼내서 장난삼아 그리다가 그림이 좋아지게 됐어요. 보통학교에 들어가서 그림을 잘 그린다는 말을 들은 후부터는 늘 그림만 그렸습니다.

상업학교에서는 미술부에 들어갔습니다. 상업학교는 졸업하면 싫어도 취직을 해야 했는데 도저히 취직할 마음은 들지 않았고 화가가 되겠다는 꿈을 꾸게 되었습니다. 부모님은 결사반대였어요. 졸업하면 월급을 받아와서 집안이 좀 편해질 거로 생각했는데 빗나갔던 거지요. 당장 부모와 자식 간의 연을 끊자면서 거의 의절하다시피 했어. 무리해서 나를 학교에 보냈으니까. 형이 월급을 받아와도 생활은 힘들었던 거야. 월사금을 가지고 가는 날은 늘 미안한 마음으로 받아 갔어요.

▶ 신문배달을 하면서 태평양미술학교에 다니다

학교는 쇼와 16년(1941)에 조기 졸업을 했어요. 소위 대동아전쟁이 시작돼서 조기에 졸업을 시키고 모든 학생에게 취직자리를 배당했습니다. 나는 취직하지 않겠다고 한 달 정도 버텼는데 학교는 강제적이었습니다. 평양에서 25킬로쯤 떨어진 곳에 오노다시멘트라는 큰 공장이 있었는데 결국 그 공장에서 강제로 일을 하게 됐어요. 일 년 정도 서무담당으로 있으면서 편지를 정서하는 일도 했지요.

근무 중에도 머릿속으로는 어떻게 하면 화가가 될 수 있을까 하는 생각뿐이었어요. 하지만 아무리 생각해도 평양에서는 화가가 될 수 있는 길이 없었어. 그 당시 조선인이 일본에 도항하려면 도항증명서가 필요했고 그러려면 부모님 동의 없이는 취득할 수가 없었어. 부모님에게 의절당한 상태였으니까 그건 불가능했어요.

때마침 도쿄사립학교에 다니는 보통학교 동창생이 있었는데 "하숙집 아주머니에게 내 앞으로 전보를 치게 해 달라."고 편지를 보냈어. "사촌 위독 바로 오기 바람."이라고.

당시에 오노다시멘트 평양공장에는 안도 도요로쿠라는 도쿄대 출신의 우수한 공학박사가 공장장으로 있었어요. 그에게 "이런 편지가 왔는데, 일본어를 제대로 하는 것은 나밖에 없어서 아무래도 가봐야 할 것 같으니 경찰서장 앞으로 소개장을 써 달라."고 부탁했어요. 그랬더니 소개장을 써줬어요. 당시에 오노다시멘트 공장장이면 그 지역에서는 경찰서장보다도 훨씬 지위가 높았기 때문에 무조건 도항 증명이 나왔던 거예요. 하늘에라도 오를 기분이었어요. 회사에는 "도쿄에 갔다 온다."고 말했습니다.

그런데 도쿄까지 갈 여비와 그곳에서 생활할 준비를 하나도 못 했던 거예요. 그래서 도쿄 가는 표만 끊어달라고 형에게 사정했지요.

평양역에서 부산까지 가서 배로 시모노세키, 그리고 도쿄로 갔습니다. 도쿄에 도착해서 바로 보통학교 동창생의 하숙집으로 비집고 들어갔어요. 그리고 하숙집 앞에 대서사무소가 있었는데 그 소장의 부친이 근처 신문사에 배달 일을 소개해줬습니다. 그래서 신문 배달을 하면서 야나카에 있는 태평양미술학교에서 데생을 공부할 수 있었어요. 한때 메이지화단의 권위자라고 불리던 나카무라 후세쓰가 만든 사설 학교였습니다. 학교라고는 하지만 내용적인 면에서는 연구소 같은 곳이어서 누구나 들어갈 수 있는 곳이었지요.

당시는 전쟁 중이라 대서사사무소만으로는 먹고살기 힘들 때여서 소장 부인이 하숙을 쳤는데 나는 그곳으로 옮기고 야나카까지 통학을 했습니다. 하숙했던 곳은 아사쿠사였는데 관음상(아사쿠사절에 있는 관음보살)과 요시하라의 중간쯤에 아사쿠사 기사카타경찰서가 있었고 그 맞은편에 있었습니다.

하숙집에서는 와세다와 게이오, 주오대학 학생들이 동인잡지 그룹을 만들어서 매일 서너 명씩 모여서는 기탄없이 논쟁을 벌였습니다.

▶ 조선인징병 제1기생에 차출되다

이 시기에 학도병 출진(1943년 10월)이 시작되었습니다. 일본의 대학생은 그때까지 징병 면제였는데 전부 군대로 끌려가게 된 거지요.

동인잡지 그룹 중에 지하철회사에서 야간전화교환수를 하고 있던 와세다 학생이 있었어요. 지금의 아르바이트지. 주간은 여자가 하지만 밤에는 여자가 못 하니까 남학생이 했었어. 그가 내게 자기 자리가 비어있으니, 해보라는 거예요. 조건을 들어보니 하룻밤 근무하면 2일분 즉 16시간 근무하는 게 되는 거야. 잠은 거의 못 자지만 그 대신 이틀 낮은 그림을 그릴 수 있었던 거지. 신문 배달보다 편하고 급료도 신문

배달보다는 좋았어요. 그렇게 지하철 직원이 됐습니다.

그때, 일본은 부족한 병력을 채우기 위해 조선인에게도 징병제를 적용했습니다. 1924년생인 나는 조선인 징병 제1기생에 해당해서 아사쿠사구청에서 징병검사를 받았습니다. 그래서 제2종으로 합격을 했습니다. 그해 여름에 교육소집이라는 소집명령장을 받았습니다. 그래서 고향으로 돌아가야 했던 거예요. 교육소집이라고는 했지만 비행장 건설이라든가 도로 공사, 요컨대 모자란 인부 대신 일을 시켰던 거지요. 고향에서 그렇게 한해의 여름을 보내고 다음은 진짜 빨간딱지(군 소집영장)가 와서 군대 갈 날을 기다리고 있다가 어차피 죽을 거라면 도쿄를 한번 보고 오자는 생각으로 도쿄로 갔습니다. 이번에는 태평양미술학교 학생증이 여권을 대신해 줬습니다.

도쿄에 도착한 것은 1944년 12월 17일. 도쿄는 그라망전투기의 기총소사를 당해 완전한 암흑의 세계였습니다. 아카사카미쓰케에 지하철 교환대가 있었고 그 밑에 다다미 3조 정도의 방이 있었습니다. 야간교환수가 잠깐 눈 붙이는 작은 다다미방인데 그곳이 도쿄의 나의 거처였습니다. 그곳으로 돌아갔던 거지요.

▶ 오로지 세잔느에 열중하다

1945년 5월에 결혼했습니다. 상대는 태평양미술학교에서 같이 데생 공부를 하던 일본인 여성인데 자유주의 학교로 꽤 유명했던 문화학원 출신이었습니다. 민족적 편견이 전혀 없었기 때문에 마음이 맞아서 결혼하게 됐지요. 그녀의 부모는 처음에는 물론 반대했어요. 그렇지만 딸의 의지가 강해서 결국 반대할 수 없었던 거지. 장인·장모는 좋은 사람들이었습니다. 그렇게 같이 있고 싶어 하는데 생이별시킬 수는 없다면서 니혼바시 미쓰코시에서 식을 올려줬습니다.

결혼식에는 그 시점에는 연락선도 끊겨서 우리 집에서는 참석하지 못했고 겨우 친구 몇 명이 온 정도였습니다. 게다가 아버지의 허락을 운운하는 것은 나와 관계없다는 생각도 했습니다.

대학은 1946, 7년에 들어갔나? 도쿄예술대학에 들어갈 때는 식민지 시대에 강제로 바꾼 다케노 히로시竹野広라는 일본명을 사용했어요. 지금도 기록에는 그 이름으로 되어 있습니다. 그래서 예술대학에 들어 간 다음부터는 일본명으로 통했어요. 일본에서 세잔느를 가장 깊이 있 게 연구하던 야스이 소타로 선생님이 도쿄예술대학의 유화과 주임교 수로 있었는데 그 밑으로 들어갔던 것입니다.

재일 동포 세 명이 같이 시험을 쳤는데 나 혼자 합격했어요. 그런데 야스이 교수는 학교에 한 달에 한 번 올까 말까였고 실제 수업은 조수 와 조교수가 했어요. 나는 세잔느에 미쳐있었기 때문에 조교수 정도로 는 성에 차지 않았어요. 그래서 학교는 적만 두고 가지는 않았어요. 방학이 되면 다마미술대학에 다니는 친구를 우리 대학으로 불러서 하 루 종일 대형 모조 조각의 데생을 했어요. 예술대에는 미켈란젤로의 '메디치가의 묘' 석고 조각상 놓여 있었는데 실물 크기였습니다. 지금 도 있어요. 여름방학 동안은 학교가 텅 비어있어서 르네상스 분위기가 흐르는 커다란 조각실에서 미켈란젤로와 도나텔로의 조각품을 하루 종일 데생을 했습니다. 방학이 끝나도 학교는 가지 않았어요. 그 사이 에 등록금을 내지 않았으니까 학교에서 제적한다는 통지가 왔고 그것 으로 학교는 끝이 나버렸습니다.

나는 일본 화단을 목표로 할 생각은 없었고 오로지 세잔느였어요. 이 거장을 맨 처음 만난 것은 평양에 있을 때였습니다. 평양은 서울 다음으로 큰 도시여서 고서점이 두세 곳 정도 있었는데 세잔느와 고흐 화집을 팔고 있었습니다. 무리해서 화집을 사서 매일 봤었지요.

이번에는 어떻게 해서든 파리로 가고 싶었지만 국적이 조선이어서 바로 가는 것은 불가능했습니다. 유럽에 간 것은 1990년이었어요. 그때까지는 루브르와 오르세의 전람회가 도쿄에서 열릴 때, 매일같이 다녔어요. 그래서 화집으로는 이미 알고 있는 그림에 대해 내 나름의 분석을 했던 거지요. 그것이 나의 스승이었습니다.

▶ 메이데이사건 때, 부상을 입다

대학 시절에 조선인 학생동맹(재일본조선 학생동맹=조학동)에 참가했습니다. 지금도 신주쿠에 조선장학회가 있는데 그곳의 회의실은 늘 만원이었습니다. 주제는 조국 건설에 대한 것이었지요. 해방감과 열기로 새로운 나라를 건설한다고 모두 의욕에 불타고 있었습니다.

그 사이에 조련(재일본조선인연맹)은 좌파와 우파로 분열이 되었습니다. 그래서 우파학생과 좌익계 학생들이 서로 장학회의 주도권을 잡으려고 다투게 됐지요. 당시는 GHQ지배 시대여서 군사재판에 부쳐진 자들도 있었고 자칫하면 본국으로 송환당할 때였어. 이때 학생동맹 제2대 위원장도 GHQ에 잡혀갔을 거야.

1952년 메이데이사건 때는 인민광장의 결기대회에 갔었는데 당시 고쿄(일본 천황의 거처) 앞의 광장을 인민광장이라고 했어요.

이 대회는 일본공산당이 지도했는데 선봉에 섰던 것은 재일 동포들이었습니다. 나도 처음부터 참가했습니다. 시위대가 점점 밀려서 마지막에는 오테몬까지 퇴진했고 그곳에서 마지막 있는 힘을 다하는 순간, 뒤에서 날아온 경찰봉에 머리를 맞아 피가 낭자했습니다. 이때 그것을 본 조선인 학생이 있었어요. 그는 시위에는 직접 가담하지 않았지만 눈앞에서 피를 흘리고 있는 나를 보고는 콜택시를 불러서 병원으로 데려다줬습니다. 바로 시바에 있는 지케이의대병원으로 데려다줬는데 그곳은 이미 부상자들로 가득 차서 치료가 불가능하다고 거절당했습니다. 그래서 내가 사는 근처의 요요기병원으로 갔는데 여기도 부상자들로 만원이었습니다. 할 수 없이 응급처치만 받고 집으로 돌아왔어요.

그다음 날, 지케이의대병원과 요요기병원 등에 입원해 있던 부상자들은 모두 체포당했어요. 반란죄라는 명목이었습니다. 나는 정말 아슬아슬하게 피했던 거였어요. 인민광장에서 부상당하고 각 병원으로 갔던 많은 동료들은 그 후에 인생의 중요한 시기를 재판으로 허비해 버렸어요. 나는 우연히 그곳을 운 좋게 피할 수 있었지만.

▶ 딸은 혼자서 고국으로 가다

지하철 아카사카교환대가 도쿄 대공습으로 타버렸어요. 전쟁이 끝난 후에 나는 이 공터에 작은 집을 지어서 살고 있었습니다. 그때 지하철회사가 직원들에게 주택자금을 빌려줬는데 메이지신궁의 외원(바깥 정원) 근처의 토지 30평을 사서 그곳에 작은 아틀리에를 직접 만들었습니다.

그런데 도쿄 올림픽(1964년) 전에 건설 붐이 일었어요. 국립경기장 바로 근처였기 때문에 너무 시끄러웠어요. 그래서 외원의 토지를 팔고 조용한 요코하마시 히요시에 주택을 사서 이사를 하게 됐던 거지요. 전화 교환일은 12, 3년 했는데 그림에 전념하려고 그만둬버렸어요. 수입이 끊겨서 평양 출신 선배에게 신세를 지기도 했지요. 그 선배는 오래전에 암으로 세상을 떠났어요. 박원준이라는 사람인데 소설을 쓰는 일을 필생의 업으로 여겼어요. 친형처럼 따뜻하고 정말 좋은 선배였는데……. 그는 산이치쇼보三一書房라는 출판사의 창립멤버였는데 바로 『해방신문』의 편집국장으로 발탁되는 바람에 회사 경영에서는 손을 뗄 수밖에 없었던 것 같습니다. 그 후에 그는 요코하마시 가나가와구 사와타리에 있는 조선학교 교장으로 부임했습니다. 그때, 그의 부탁을 받고 나는 그 조선중고급학교의 미술 강사를 이삼 년 정도 했었지요.

딸은 1946년생이니까 이제 환갑이 지났겠네요. 민족학교 고등학교 2학년 때인 열여섯 살 때 혼자서 귀국했습니다. 그때 나는 반대는커녕 열심히 조국 건설에 이바지하라고 말했습니다. 나도 곧 귀국하려고 했으니까요. 원래 고향이 평양이어서 친척이 있을 거로 생각했어요. 그런데 딸이 가서 알아봤더니 우리 집은 조선전쟁 때에 낙하산 부대가 투입됐던 곳이라고 합니다. 그때 일가는 뿔뿔이 흩어져서 소식도 모르고 부모님의 행방도 모르는 상태였어요.

나도 때를 봐서 귀국할 예정이었는데 꾸물대는 바람에 일본에서 화가로 살아가게 되어버렸습니다.

▶ 아틀리에를 닫고 찻집을 경영하다

어느 날 선배가 우리 집을 담보로 빌려달라고 해서 빌려줬습니다. 선배가 필요하다면 빌려주는 건 문제가 아니었으니까요. 선배는 우리 집을 담보로 은행에서 돈을 빌려서 가와사키역의 시청 근처에서 찻집을 시작했어요. 그런데 그가 암에 걸려서 병원에 입원해 버리는 바람에 은행 빚을 갚을 수 없게 돼버렸던 겁니다. 어느 날은 은행에서 압류통지가 와서 깜짝 놀랐어요. 이때 아내는 양복점 비슷한 것을 해서 겨우 입에 풀칠하고 있었는데 집까지 뺏기면 살길이 막막해지는 거였어요.

그래서 선배와 의논하러 갔는데 빚과 가게를 모두 넘길 테니 어떻게든 해보라는 거예요. 정말 일주일 정도 머리를 싸매고 있었어요. 어쨌든 커피 맛도 모르고 장사도 생각한 적이 없었으니까. 생각하고 생각한 끝에 결국 이 세상에서 가장 어려운 것은 뭐니 뭐니 해도 그림이 가장 어렵다! 장사는 보통 사람도 할 수 있으니까 그림을 그리는 에너지를 쓴다면 나도 어떻게든 할 수 있다고 생각했던 거지요.

일반적인 영업을 해서는 빚은 도저히 갚을 수 없었어요. 그런데 때마침 새로 들어온 종업원이 마이애미 흉내를 내보자는 제안을 했어요. 마이애미그룹의 가게는 대체로 역 앞에 있었는데 24시간 영업을 했어요. 그래서 우리도 24시간 영업을 했던 거지요. 그 당시 일본은 아직 경기 상승기여서 손님이 늘 가득 찼어요. 삼 년 정도 필사적으로 일했더니 빚을 갚을 수 있다는 희망이 보였어요.

그렇게 해서 결국 찻집 사장이 돼버렸던 거야. 그럭저럭 10년은 일만 해서 거의 그림을 그릴 수 없었지. 오병학은 그림 그리기를 그만둔 것 같다는 소문이 난무했지만 머릿속에는 늘 그림 그리는 생각으로 가득했어.

빚을 전부 갚고 나서 드디어 아틀리에를 다시 열고 그림을 그리려는 순간, 손이 전혀 움직이지 않았어요. 그래서 처음부터 새로 시작한다는 생각으로 인체 데생을 3년 정도 했어요. 그때까지는 누드를 본격적으로 그릴 마음도 그릴 기회도 없었는데 이번에는 매일 누드 데생에 몰두했습니다. 그 사이에 긴자 사에구사화랑에서 수채화전은 한 번 했어요. 수채화는 비교적 가볍게 그릴 수 있으니까. 하지만 유화는 그리 간단하지는 않았습니다.

나는 서울에서 언젠가 작품을 발표하고 싶었는데 드디어 2006년에 그 꿈이 이루어졌습니다.

▶ 나의 스승은 세잔느

조선의 가면은 정말 재미있어요. 다만 가면 자체는 만화에 가깝지. 하지만 내가 그리면 이것을 조선인의 얼굴로 그리는 거예요. 잘 보면 이런 타입의 얼굴은 얼마든지 있으니까.

김양기 씨의 『조선의 가면』이라는 책은 박원준 선배가 만든 신코쇼보新興書房 출판사에서 처음 나왔어요. 그 인연으로 그에게 가면 자료를 받아서, 그것을 내 나름대로 각색해서 그리고 있습니다.

우리나라 가면은 목각인 하회탈 이외에는 거의 만화예요. 하지만 조선에서는 가면을 한번 사용하면 태워서 버리고 다음 해에는 새로운 것을 만듭니다. 목각 가면 외에는 풀칠해서 만든 매우 값싼 것이지요. 그래서 너무 자유분방해서 때로는 엉망진창이라고 생각될 정도로 가면을 태연하게 만드는 거지. 아마추어가 만드니까.

아프리카, 중앙아프리카의 마야라든가 유럽의 여러 종류의 가면이 있지만 조선의 가면은 정말로 재미있어요. 유머러스하고 때로는 거의 엉터리야.

나는 본국에서 자랐으니까 내 안에는 리듬이 있습니다. 무녀의 춤 등을 늘 봤으니까. 일본의 리듬과는 전혀 다르지요. 요컨대 3박자가 주인데 원래부터 리듬감 자체가 매우 다이내믹했지. 유럽의 유화에서 가장 리듬감이 강한 것이 세잔느입니다. 뭐랄까, 바흐나 베토벤 같은 리듬이라고나 할까? 세잔느가 자신의 리듬으로 그렸듯이 나는 내 리듬으로 그리고 싶습니다.

민족적인 주제를 다뤄도 그 조형적인 레벨이 낮으면 그저 지역적인 설명서에 지나지 않는 것이니까요. 조선의 춤이 이토록 훌륭한데 완성도가 낮으면 오히려 웃음거리에 지나지 않게 되는 거지요.

한편, 조선 자기의 깊고 차분한 느낌, 그 매력을 무엇과 비유할까요. 그 따뜻함은 인체의 감촉에 가깝습니다.

다이내믹한 가면 춤과 그 반대로 조선인의 정적인 미의식을 단적으로 나타내고 있는 것이 바로 도자기입니다. 조선 자기의 깊고 차분한 느낌, 그 매력을 무엇에 비유할까요. 그 따뜻함은 인체의 감촉에 가깝다고나 할까요? 그래서 나는 이러한 체감에 자연스럽게 반응하는 두 개의 리듬감을 작품 안에 녹여내고 싶은 것입니다.

서울 개인전에서 만난 화가 중에는 내 작품이 그들의 작품과는 느낌이 다르다며 놀라워했습니다. 진심으로 기뻐해 줬던 것입니다. 나는 특히 흰색을 좋아해서 백자 그림이 대부분입니다. 하지만 또 청자를 좋아하지 않는 건 아닙니다.

나는 유럽의 유화를 기본으로 삼아 내 나름대로 분석하고 연구하지만 모티브는 우리 안에 있는 것을 표현하고 싶습니다. 가면과 조선 도자기, 혹은 조선인의 초상 등, 젊었을 때부터 이런 모티브를 작품화하고 싶었습니다.

세잔느가 나의 스승이라고 말하는 것은 직접적으로 나를 간섭하지 않은 것, 이것이 좋은 것입니다. 내게 있어 그의 그림이야말로 최고의 스승이었던 거지요. 하지만 화단의 보스는 자칫 제자들을 간섭하고 싶어지지요. 난, 그건 싫어요. 원래부터 나는 일본의 화단에서 자리 잡을 마음은 없었어요.

15

좋은 역사를 만드는 것이 지금 해야 할 일
정소용 鄭小鎔(남)

취재일: 2004년 7월 2일, 2007년 5월 9일
출생지: 경상북도 김천군 봉산면
현주소: 도치기현
생년월일: 1924년 2월 27일
약력: 농가에서 태어나서 열여섯 살 되던 해인 1940년에 형이 있는 도쿄로 건너간다. 이시카와시마石川島에 있는 조선소 등에서 일하던 중에 징병검사 대상이 되지만 일본 패전까지 이곳저곳 전전하며 도망 다닌다. 조국 해방 후에는 도치기현에서 식당, 파친코업을 한다. 1956년에 총련 도치기현栃木県 오야마小山 지부 위원장, 도치기현 본부 재정부장, 총련 중앙본부 재정부장 등을 역임한다. 1986년 4월에 민단으로 전향한다. 그 후에 민단 도치기현 본부 고문, 재정위원을 거쳐서 대한민국민주평화통일 자문위원을 역임한다. 1994년 12월 재일동포친목회결성, 이 회의 회장 역임.

취재: 오구마 에이지, 오야마다 모리타다, 오치아이 가쓰토, 고수미
원고집필: 니와타 사토루, 고수미 / 번역: 고경순

▶ 열여섯 살 때 형을 의지 삼아 일본으로

1924년 경상북도 교외의 농가에서 태어났습니다. 아버지 이름은 정형기, 어머니는 정방임입니다. 여자 형제가 넷, 남자 형제가 셋인 일곱 형제 중에서 나는 막내입니다. 옛날에는 웬만한 재산이 없는 집은 일가족 중에서 한 사람만 공부를 시켰어요. 그래서 우리 집도 남자 형제

가 셋이지만 가운데 형님만 공부했어. 나머지는 안 시켜줬어요.

나는 보통학교를 4학년까지 다니다가 그만두고 절에 들어갔어. 절에서 한문을 배워서 스님이라도 되려고 했던 거지. 흥국사라는 절의 스님에게 말했더니 모르는 것을 가르쳐 주겠다고 해서 그곳에서 일 년 반 정도 있었어요. 밤에는 절에서 자고 아침에는 산에 가서 물을 길어온다든가 운동을 했어요. 그러던 중에 우리 부모님이 스님 돼서 뭐 할 거냐며 빨리 내려오라는 거야. 지금은 스님에 대한 차별이 없지만 그때는 차별이 있었으니까. 그래서 절에서 내려와서 가족을 도왔어요.

일본은 열여섯 살 나던 해인 1940년에 왔어. 당시 두 형님 모두 일본에 와 있었어요. 그때는 일본에 가려면 도항증명서가 없으면 허가를 해 주지 않았는데 그걸 경찰서에 가지고 가서 일본에 가겠다고 말했더니 허가를 해 줬어요.

시모노세키 행 연락선에 타서 보니 배 안에 파출소가 있었어. 거기에 증명서를 내밀었는데 일본에 뭐 하러 가냐고 물어서 공부하러 간다고 했어요. 배가 출발한 후였는데 "너 일본에서 어떻게 살려고 그래. 시모노세키에서 바로 돌아가."라는 거야. 그 당시에는 일본인은 우리를 전혀 인간 취급하지 않았어요. 증명서도 가지고 있었고 턱 하니 태워 놓고도 안 된다는 거야. 하지만 돌아올 수는 없었지. 시모노세키에서 배를 내렸더니 도쿄 행 기차는 30분을 기다려야 했어요. 도쿄역에 형님이 데리러 오니까 원래는 그 기차에 탈 예정이었어요. 하지만 그 사이에 붙잡힐 것 같아서 30분이나 기다릴 수는 없었어. 15분 후에 오사카 행이 출발하는 것을 알고 오사카에서 갈아탈 생각으로 그 기차에 올라탔어요. 그런데 기차 안에서 경찰이 다가와서 "어디서 왔느냐."고 묻는 거야. 조선에서 왔다고 했더니 증명서를 보이라고 해서 보여줬지. 그런데 그 순경은 좋은 사람이었어. "그럼 열심히 공부하시게."라고 말해줬어요.

도쿄에 왔는데 공부할 상황이 아니었어. 어딘가 좋은 곳에 취직하려고 해도 좀처럼 없었어. 그 당시는 일손이 부족했는데도 조선인은 고용해주지 않았으니까. "너는 강 건너편이지?" 조선인이라고도 하지 않고 "넌 반도인이니까." 등의 이유로 안 된다고 했어.

그러다가 도쿄 후카가와구(현재, 고토구)에 있는 이시카와시마조선소에 들어가게 됐어요. 그곳에서는 배에 못을 박는 일을 했어. 지금은 전부 나사로 고정하죠? 하지만 옛날에는 대갈못을 녹여 용접해서 금속을 맞붙였어요. 이 이시카와시마조선소에서 가장 오래 있었지. 거기서 3년 정도 일했으니까.

그 후에 아버지와 다른 가족들이 모두 일본으로 와서 지바현 다테야마시에서 살았는데 나는 혼자 도쿄에 남았어요. 이것저것 하는 사이에 징병검사통지가 왔는데 종전되던 해(1945년), 스물한 살 때 다테야마에서 징병검사를 받았어요. 언제 소집 명령이 떨어질지 모르니 정확한 거주지를 알 수 있도록 하라고 했어. 하지만 우리 가족은 일본이 지는 전쟁이라고 했고 나도 절대로 전쟁터에는 가고 싶지 않았어요. 그래서 도망갈 수밖에 없었지. 도호쿠 지방을 걸어서 전전했어요. 그렇게 걷고 있는 사이에 이바라키현 시타다테에서 종전을 맞았지요.

해방에 대한 심정은 너무 기뻐서 말로는 표현할 길이 없었어요. 아, 이젠 살 수 있다는 생각을 했지. 참, 그래, 천황의 방송을 들었어. 그 방송을 들었을 때는 우리 조선인은 모두 얼싸안고 기뻐했지, 기쁨에 겨워 눈물도 흘렸어요.

▶ 왜 이름이 두 개, 세 개인가?

조선에 있을 때 정鄭이라는 성을 '다니구치谷口'로 바꿨어. 내가 원해서 바꾼 것이 아니라 성을 바꾸지 않으면 배급을 주지 않겠다고 해서 모두 바꾼 거였어. 친척들 모두가 모여 의논해서 다니구치로 한 거야. 정 씨로 되돌린 것은 종전이 되고 난 후였어요. 현관의 문패를 본명으로 쓰는 집은 드물었지. 지금은 흔한 일이지만 그 당시에 본명을 쓰는 것은 망설여지는 일이었어요.

이런 일도 있었어. 우리 할아버지가 어떤 집을 다니구치라는 이름으로 빌렸어. 그런데 집주인과 할아버지 사이에 법정 다툼이 일어났어요. 집주인은 빨리 나가라고 했고 할아버지는 조금만 더 빌려달라고 했어. 그래서 등기부 서명에 정으로 되어있어서 그 이름으로 재판을 했던 거예요. 그랬더니 집주인 쪽에서 "조선인은 보통 때는 하나인데 무슨 일이 생기면 두 개, 세 개의 이름이 나온다. 성가셔서 견딜 수가 없다."라는 말을 하는 거야.

그 말을 듣고 화가 나서 담당 변호사 사무소를 찾아갔어요. 사람들로 가득 차 있었는데 내 차례가 되어 들어가서 "선생은 조선인이 왜 두세 개의 이름을 사용하게 됐는지 알고 있습니까?"라고 물었더니 모른다고 했어. 그래서 "너 그것도 모르는 주제에 변호사 됐어? 너희들이 시킨 거잖아. 좋아서 다니구치를 사용한 게 아니야."라고 호통을 쳤어. 그랬더니 변호사가 나가라고 했어요. 가택침입죄로 신고하겠다는 거야. 나는 "들어올 때 분명히 승낙을 받고 안녕하세요라고 인사하면서 들어왔는데 왜 내가 가택침입죄가 되는 거야. 확실히 하지 않으면 나는 나가지 않을 테니까."라고 했지. 그리고 기다리고 있던 사람들에게 내가 나쁜 짓을 했냐고 묻기도 했어. 그 변호사는 나중에는 배움 부족으로 잘 알지 못해서 한 말이니 용서해 달라고 했어요. 그런 일도 있었지요.

▶ 총련에 들어가서 지부 위원장이 되다

해방된 후에는 사업을 했는데 식당도 경영했고 여러 가지 일을 했어요. 그리고 마지막에는 파친코를 했어요. 파친코가 가장 먼저 생긴 곳은 니가타였어요. 그 니가타 사람이 도치기현에 왔을 때, 파친코가 전망이 있으니까 해보라고 권해서 14, 5대 정도로 시작했어요.

파친코라는 것은 한국인, 조선인을 불문하고 피의 역사가 있어. 지금은 그렇지 않지만 당시는 돈이나 땅이 있다고 해서 할 수 있던 장사가 아니었어요. 어느 마을이나 야쿠자와 싸워서 파친코를 지켜왔어. 매일 밤 야쿠자와 싸웠지. 그중에는 야쿠자에게 죽임당한 사람도 있었어요. 목숨 건 일이었지. 우리는 이 장사를 지키지 못하면 먹고 살아갈 수 없었으니까.

파친코를 시작하고 얼마 안 됐던 1955년에 조선총련이 결성됐어. 그래서 1956년에 총련에 들어갔지.

그때까지는 장사의 토대를 만드는 일이 우선이었고 조직의 일은 하지 않았어요. 다만 무슨 일이 있을 때는 조련(재일본조선인연맹) 회의에 참석하기도 했고 민전(재일조선통일민주전선)에도 나갔어요. 그리고 총련의 첫 결성대회에도 나갔어. 도치기현 오야마에서 파친코를 막 시작할 때, 도치기현 본부 위원장이 파친코보다 조직 일을 하는 게 어떠냐는 거예요. 그래서 총련에 들어가서 지부 위원장이 됐어요. 그다음에 도치기현 본부 재정부장 그리고 부위원장 겸 재정부장. 그다음에는 중앙본부에 가서 중앙재정부장을 했어. 가게는 아내와 매니저와 종업원에게 맡겼지요.

내가 장사를 했기 때문에 중앙에 가서도 상공인과 연결이 됐어요. 장사를 모르면 상대방과 말이 잘 통하지 않았지. 그리고 장사를 하지 않으면 부정한 일을 범할 수도 있는 거야, 돈이 없으면.

지부와 현 본부의 운영은 회비로 충당해 나갔어. 하지만 중앙은 회비가 아니라 아래로부터 위로 올라오는 상납금이라고 해야 할까, 그것으로 운영했어요. 나는 관동지구에서 홋카이도에 이르기까지 그 주변의 1세대 상공인은 대체로 알고 있었어요. 그 당시에 연간 기부액이 일 인당 100만 엔대였어. 1970년대까지는 총련의 힘이 한층 강했었지요.

▶ 총련을 떠나 민단으로 옮기다

분명히, 귀국운동 당시에 일본에 살던 동포들 대부분이 힘든 상황이었어요. 학교에 가면 조선인은 마늘 냄새가 나니까 옆에 오지 말라고 했지. 그래서 학교도 가지 못했어. 사회에 나와도 취직이 안 됐어. 일상생활이 괴로웠지. 그렇다면 삶이 힘든 사람은 여기 있는 것보다 조국으로 돌아가는 편이 낫지 않을까? 그래서 그쪽으로 속속 보냈던 거야, 내 친구도. 내가 지부 위원장을 할 때도 꽤 많이 보냈지요.

북조선에는 1983년에 처음 갔고 총 세 번 갔어요. 가봤더니 아, 이런 사회주의가 어디에 있나, 라고 생각했어. 이런 것을 위해서 내가 그렇게 고생했나. 위와 아래의 격차가 너무 심했어. 빈부 차가 아니에요. 이것은 체제의 문제였지요. 상위클래스는 그야말로 천국이었고 하위클래스는 지옥이었던 거예요. 나는 상공인 대표로 갔는데 전차에서 내리면 벤츠가 대기하고 있었어요. 이때 우리를 안내해 준 반장이 있었는데 운전수가 반장보다 나이가 위였어. 그런데 같이 식사도 할 수 없었어. "너는 저쪽에 가서 먹어."라는 거야. 그래서 이 나라는 안 되겠다고 생각했지.

세 번째 갔을 때, 도치기현에서 같이 조직 활동을 했던 위원장에게 말했지요. 나는 두 번 다시 이곳에는 오지 않겠다고. 그러자 그 위원장이 울면서 그런 말 하지 말고 또 와달라는 거야. 나는 "아니, 이제 오지 않아. 두 번 다시 이 나라에는 발을 들이지 않는다. 이 나라는 절대로 유지할 수 없다."고 말해줬지. 그리고 돌아와서는 민단에 들어갔어요.

총련 중앙에서는 칠팔 년 정도 활동했어요. 재정부장을 그만두고 도치기로 돌아와서 민단에 들어갔을 때 지역에서는 "이제 총련은 끝이야. 정 씨 같은 사람이 조직에서 나왔으니 이제 총련은 끝난 거 아니냐?"는 사람들도 있었던 것 같아요. 나중에 들은 말이지만.

▶ 성묘하러 한국에 가다

일본에 있는 조선인은 조상의 산소가 대부분 남조선에 있어요. 그래서 총련에 있는 사람은 50년이나 60년 동안 성묘를 할 수 없었던 거지요. 그쪽에 친척이 있는 사람은 산소의 관리를 해줬지만 우리처럼 가족이 전부 이쪽으로 와버린 사람은 산소가 어떻게 됐는지 전혀 알 길이 없었어요. 그래서 아버지는 조상의 산소관리만큼은 누군가 가서 하지 않으면 안 된다고 늘 걱정하는 말씀을 했어요. 그래서 내가 두 번 갔다 왔더니 총련 도치기현 본부 사람들이 찾아와서 "또 갈 거냐?"라고 묻는 거야.

총련에서는 한국에 한 번 갔다 오면 따돌림을 당했어요. 총련에 있는 사람은 90% 이상이 남쪽 출신 사람이었는데 한국에서 돌아오면 뒤에서 험담을 했어요. 중앙본부에서 재정부장이나 하는 사람이 한국에 갔다 왔다는 거지.

민단에 들어가서 일 년 지났을 무렵, 대사관의 오재희 대사로부터 감사장을 받았어요. 그랬더니 술에 취한 사람이 다가와서 "당신 대사관에 얼마를 기부했기에 감사장을 받은 거야. 나는 40년이나 활동해도 감사장은커녕 아무것도 나오지 않았어. 아무것도 없어."라는 거야. 나는 그 사람에게 "한번 잘 생각해 봐라, 북조선에서 한국으로 도망쳐

온 사람들에게 한국에서는 집도 주고 먹을 것을 주면서 이것저것 다 해주고 있다. 그런데 총련 간부가 민단에 왔다. 그와 같은 의미로 감사장을 준거지, 기부해서 준 게 아니다. 한국을 잘 보라."라고 말해 줬지. 그 사람은 말을 듣고 보니 그렇다고 이해를 했어요.

▶ 재산보다 소중한 것은 교육

자식은 아들이 셋, 딸이 셋입니다. 모두 민족교육을 받게 했고 대학도 모두 보냈어요.

한국대사관의 주일대사와 공사가 민단의 중앙 간부와 함께 우리 집에 와서 식사한 적이 있어요.

아이들은 민족교육을 받았기 때문에 모두 우리나라 말로 인사를 했지요. 그랬더니 일본에 와서 처음으로 한국 냄새가 났다고 말하는 거예요. 다른 민단 사람 집에 가면 말이 하나도 통하지 않아서 일본인 집에 온 건지 한국인 집에 온 건지 알 수가 없었다는 겁니다. 우리 집에 오면 손자도 아들도 며느리도 모두 우리말을 사용하니까, 거의 한국에 온 것 같은 기분이 든다는 거였어요. 이것이 재산보다 소중한 것이라는 말을 들은 적이 있는데 무엇보다도 그 말이 기뻤어요.

그래서 교육은 사상교육뿐만 아니라 민족교육도 같이하면 좋은 거지요. 사상교육에 대해서는 뭔가 하고 싶은 말이 있었지만 말할 수 없었어요.

종전 직후에 북조선이 경제적으로 힘들었을 때인데 김일성 주석이 금을 1억 엔어치 사서 보내왔어요. 일본에 있는 모든 조선인 아이들에게 조선의 민족교육을 하라고 했던 거예요.

남한의 이승만 대통령의 경우는 철저한 반일사상을 갖고 있었어. 일본에 있는 60만은 한국인도 아니고 조선인도 아니다, 곧 일본인이 될 거니까 교육이든 뭐든 할 필요 없다고 했지요. 버림받은 느낌이었지.

총련에서는 북조선에서 보내온 금을 토대로 해서 금이 있는 사람은 금을 내놨고 힘이 있는 사람은 힘을 내놨고 교육받은 사람들은 지혜를 내놨어.

▶ 민족학교를 건설하다

도치기현에는 민족학교가 우쓰노미야시와 아시카가시, 이 두 곳에 있었어요. 1949년경에는 약 200명의 학생이 있었는데 귀국사업이 전개되면서 학생이 줄었어요. 학생 수가 적으니까 나중에는 한 곳만 운영하게 됐지요. 경비도 꽤 들어가서 한 곳으로 정리할 수밖에 없었지요. 그래서 오야마에서 하나로 통합시키기로 했는데 그때 내가 건설위원회의 사무국장을 했어요.

그 당시는 총련이 뭔가를 하려고 토지를 사려고 해도 일본인은 팔아주지 않았어요. 학교를 설립하려는 데도 팔아주지 않았어. 공안 경비과와 민단이 방해를 했어.

내가 오야마에서 적당한 토지를 찾아냈는데, 산이었어. 이 땅 주인에게 내가 토마토주스 공장을 지을 거니까 이 산을 팔아달라고 했어요. 학교를 짓는다고 하면 팔아주지 않을 테니까. 이렇게 해서 땅을 샀는데 민단 지부의 단장이 이 땅 주인을 찾아가서 취소를 해버렸어요. 내게 한마디 말도 하지 않고는 다니구치 씨가 토지가 필요 없다고 했다면서 백지화시켜버렸어.

당시에 나는 볼링장을 해보려고 은행에 돈을 저축하고 있었는데 총련의 본부 사람들이 그 돈으로 빨리 토지를 사달라는 거야. 방해하기 전에 내 개인 돈으로 빨리 땅 주인과 계약하고 오라는 거였어요. 그래서 제일 좋은 술을 사고 땅주인을 찾아가서 공장을 만들 거라고 통 사정을 했어. 땅 주인의 아들이 땅 팔면 안 된다고 방해도 했지만 어찌 어찌해서 계약서에 도장을 받아냈어요. 나중에 경찰 경비과에서 그 집에 가서 왜 다니구치에게 그 땅을 팔았냐며 다그쳤다는 말을 들었어요.

지금은 평당 몇만 엔이나 하겠지만 그때는 평당 3천 엔으로 1만3천 평을 구입했어요. 기부금도 모았어요. 많이 낸 사람 중에는 1천만 엔, 2천만 엔도 있었지요. 그런데 지금은 학생이 줄었어. 그래서 조선학교는 지금부터는 더 힘들 거라는 생각이 들어요. 빨리 민단과 합쳐서 학교를 운영해 나가지 않으면 총련만으로는 힘에 부쳐.

학교 운영비와 조성금도 마찬가지지. 지금 도치기현에는 자치단체의 조성금이 없어서 재정적으로 힘든 상태에요. 이것을 총련과 민단이 같이 현에 간다면 조성금을 받을 수 있을 텐데. 뉴커머와 민단과 총련이 함께 가면 되는 거야. 지금 도치기현에서 우리 동포들이 내는 세금이 연간 수십억이나 돼요. 이만큼이나 세금을 내는데 학교에 가는 아이들을 위한 조성금 정도는 내주는 게 도리 아니냐고 힘을 모아 말하면 될 텐데.

▶ 재일동포친목회 회장으로서

재일동포친목회를 결성한 것은 1994년이에요. 그 당시, 한국에 갔다 온 후에 총련과 관계가 단절된 사람들이 약 6만 명 정도 있었어요. 이들은 총련에도 가지 못하고 민단에도 가지 못했어. 나도 갔다 와서는 그렇게 됐던 거지요. 만나도 말도 하지 않아. 그래서 이 친목회를 만들었던 거야. 옛날처럼, 나는 총련이야, 나는 민단이야, 라며 서로 험담하고 으르렁거리는 시대도 아니고 앞으로도 일본에서 계속 살지 않으면 안 되니까.

언젠가 한국대사관에 불려갔는데 대사관은 무엇을 도와주면 되겠냐고 물었어요. 그래서 나는 이제 막 결성됐을 뿐이어서 조금 더 조직을 키우고 단단해지면 그때 대사관에도 협조를 부탁하겠다고 했어요. 그랬더니 그 공사가 "대중은 뭔가 이익이 없으면 오지 않는다, 여권과 호적정리는 친목회의 증명으로 할 수 있도록 하겠다."는 거예요. 그래서 지금은 일본 전국의 각 영사관이나 대사관에서는 이 친목회의 정회장이라고 하면 대부분 알고 있어요. 그렇게 커졌어요. 지금은 3천 명 가까이 됐지.

한국에 가서 강영훈이라는 적십자 총재를 만나서 이 친목회에 대해서 의논을 한 적이 있었어. 그때 총재가 "친목회는 정말 잘 만들었습니다. 타국에서 총련이다, 민단이다, 하면서 서로 으르렁거리며 싸울 필요가 뭐 있겠습니까. 내부적으로도 내가 간섭하면 또 분쟁이 일어날 수도 있으니까 앞으로 정 회장님이 잘 지켜가면서 이 친목회를 키워주시기 바랍니다. 그 대신에 적십자에서는 응원하겠습니다."라고 말했어요.

그런데 해보니 정말 그랬어. 역시 총련은 총련이어서 정면으로 공격하지는 않았지만 이러쿵저러쿵 말하는 사람이 있었어요. 이 친목회는 민단의 앞잡이라든가 대사관의 앞잡이라든가, 이 조직원들은 총련에서 잘린 인간들이어서 그곳으로 갈 수밖에 없다든가. 이렇게 말들이 많았어요.

▶ 나의 역사는 누구도 만들어 주지 않는다

총련에서 나온 후 바로, 1990년 즈음에 국적을 조선에서 한국으로 바꿨어요. 그리고 민단에 들어가서 대한민국 평화통일 위원회의 자문위원이 됐지요. 자문위원은 처음에는 거절했어요. 총련에서 나온 후에는 조직에 몸담고 싶지 않았던 거지. 이제는 죽을 때까지 구속받고 싶지 않았어요. 그런 내 생각을 말했더니 민단의 중앙의장이 "당신은 조국 통일을 위해서 지금까지 온 거 아니냐? 총련을 나왔으니까 통일과는 관계없다는 말이냐? 자문위원이 되면 일 년에 한 번 정도 외국에서 회의를 한다. 미국에서 회의를 하면 전 세계에서 동포들이 모이니까 좋은 이야기를 들을 수 있고 사업에 관한 말도 들을 수 있다. 그러면 총련을 그만둬서 저렇다는 둥 말은 듣지 않을 테니까 하면 좋을 거다."라고 권하는 거예요. 그렇게 해서 자문위원이 됐어요. 미국에서도 회의를 했고 나중에는 일본, 한국에서도 했어요. 지금까지 총련의 간부였던 자가 자문위원이 된 사람은 없었어요. 내가 처음이지요.

그 외에도 조국방문단 자문위원이라든가, 민단 중앙의 체육협회의 일들을 했어. 총련 간부가 민단에 가서 겨우 십몇 년 사이에 이만큼 하는 사람도 드물다고 생각해요.

내 역사는 내가 만들어 가는 것이지, 아무도 만들어 주지 않아. 한국에서 어떤 선생님이 "역사라는 것은 자신이 만들어 가는 것이다.", "좋은 역사를 만들어서 남기지 않으면 안 된다."고 했지요. 나쁜 역사를 남기면 욕먹어요, 나중에. 그러니까 좋은 역사를 만드는 것이 지금의 이 일인 셈이지. 그래서 남겨놓으면 몇십 년 뒤에는 그때 그 선생님이 이런 일을 했어요. 그런 선생님이 그런 일을 했어요, 라고 하겠지요. 그것은 몇백 년이 지나도 살아 있을 테니까.

16

크리스천으로 살면서
남주야 南周也(여)

취재일: 2007년 6월 6일, 7월 5일, 8월 2일
출생지: 경상남도 함안군
현주소: 후쿠오카현
생년월일: 1924년 8월 22일
약력: 크리스천 부모에게서 아홉 형제 중 막내로 태어나 유아세례를 받는다. 농사일을 돕고 소를 키우느라 학교는 다니지 못했지만 누에 치는 작업장에 설치된 야간학교에 다닌다. 열다섯 살 때 도일, 후쿠오카로 가서 오빠 밑에서 일을 한다. 열여섯 살 때 같은 크리스천 남성을 만나 결혼. 시멘트부대 재생공장과 기와 공장 등에서 일하면서 생활한다. 전쟁이 끝난 후에는 신발공장을 운영하면서 자식 넷을 키운다. 1950년대에 자동차운전면허를 취득한다. 일요예배 외에 일주일에 두 번 있는 밤 예배도 빠지지 않으며, 기도와 사회봉사 활동을 계속하고 있다.

취재: 가와세 슌지 / 원고집필: 가와세 슌지 / 번역: 고경순

▶ 아홉 형제 중 막내

아버지는 첫 번째 부인이 아이 셋을 두고 세상을 떠나서 우리 어머니와 재혼을 했습니다. 어머니와의 사이에서 자식 여섯이 태어나서 아홉 형제가 되었어요. 그중에 나는 막내인데 어머니가 마흔두 살 때 낳았습니다.

아이들 아홉을 떠맡았던 어머니는 정말 힘들었을 거라고 생각돼

요. 항상 꿰맨 낡은 옷을 입고 아침부터 밤까지 쉬지 않고 일만 했으니까요. 어머니가 시집올 때는 아버지에게 논이 있었다고 합니다. 하지만 수리가 좋은 곳이었기 때문에 일본인에게 빼앗겼다고 들었어요. 그 후에는 소작농으로 쌀농사를 지어서 쌀 열 가마를 수확하면 여섯 가마는 지주에게 갖다 바쳤다고 했습니다. 정말 고달픈 생활이었습니다.

아버지는 농사만 지어서는 생활이 안 돼서 마소의 중간상인 일을 했습니다. 맨 위 언니는 일찍 시집보냈고 장남은 농업을 이어받아 실가實家 근처에서 가정을 꾸렸습니다. 둘째 오빠는 아침 일찍 집을 나가 두 시간 걸어서 마산사범학교를 다녔는데 할아버지는 반대했어요. 교육시킬 여유가 없었기 때문이었지요. 새벽 네 시에 일어나서 소똥과 개똥을 모으고 물을 길어 와야 하는 바쁜 일상 속에서 공부한답시고 농사일에 전념하지 않는 것은 용납할 수 없었던 거예요. 하지만 어머니는 "밥은 안 먹어도 공부는 하고 있다."라며 늘 오빠를 감싸줬습니다. 매일 물 길러 가는 척하고는 살짝 도시락을 들려서 보냈습니다.

오빠는 학교를 졸업하고 일본 후쿠오카로 갔습니다. 그 당시 조선에서는 교육을 받은 사람은 뭔가 위험한 짓을 한다고 생각해서 경찰이 쫓아다녔기 때문입니다. 크리스천이어서 경찰이 더 주시했을지도 모르겠습니다. 또 일본이라면 일거리가 있을 거로 생각했을지도 모르겠네요. 오빠는 후쿠오카로 떠나면서 "돈 벌어서 보내겠다."고 했으니까요.

▶ 바로 위 오빠의 경찰 연행

우리 집은 할아버지와 부모님이 크리스천이며 나도 태어나자마자 바로 세례를 받았습니다. 어머니와 나는 낮에는 일했기 때문에 교회에 갈 수 없어서 수요일과 일요일 밤에 예배를 드리러 다녔던 기억이 납니다. 어머니와 같이 교회에 가는 것이 신났지만 어린 나는 목사님의 설교가 한 시간 이상 계속되면 잠이 들어버렸습니다.

성경이 한국어이고 교리가 하느님 나라에서는 일본인도 한국인도 평등하다는 것이어서 설교할 때는 일본 형사가 늘 감시하고 있었습니다. 정말 무서웠어요. 천황과 정치에 관해서는 일절 말할 수 없었습니다.

내 바로 위의 오빠는 학교에 다니지 못했는데 교회는 열심히 다녔습니다. 하지만 열아홉 살인가 스무 살 때 교회에서 쓴 글에 일본을 비판하는 내용이 있다는 이유로 경찰에 잡혀가서 며칠이나 돌아오지 못했습니다. 아버지가 데리러 갔는데 오빠는 심한 고문을 받아서 움직이지도 못했습니다. 그런 오빠를 아버지가 업어서 데리고 왔었습니다. 그 일이 있고 난 후에 오빠는 "조선에는 있을 수 없다. 일본으로 간다."며 오이타현로 갔던 것입니다.

▶ 요리를 잘했던 어머니에 대한 추억

나는 막내여서 언니·오빠들로부터 귀여움을 받았습니다. 또 아버지는 당신만 먹을 수 있었던 쌀밥을 일부러 남겨서 내게 주기도 했습니다.

어머니는 요리를 참 잘했어요. 아버지 밥은 약간의 백미를 섞었고 우리가 먹을 보리밥에도 무를 깔아서 밥을 지으면 단맛이 스며들어 정말 맛이 있었습니다. 잔대라는 들에 나는 풀뿌리, 고춧잎, 쑥 등으로 된장국을 끓이면 맛이 좋았어요. 배추는 김치를 만들었어요. 된장은 암염을 사용하는 조선의 독특한 방법으로 만들었습니다. 대나무로 만든 판 위에 돌을 얹으면 서서히 국물이 나와서 간장이 되고 그 아래는 된장이 됩니다. 나중에 일본에 와서 단맛이 나는 일본 된장을 보고 놀랐습니다.

▶ 빚을 내서 집을 사다

오이타에 간 오빠의 바로 위의 오빠도 규슈로 일하러 갔는데 도저히 생활할 수 없다면서 만주(현재, 중국 동북부)로 일자리를 찾아 떠났습니다. 언니들은 모두 결혼하고 집을 떠나서 마지막에는 아버지와 어머니, 그리고 나 이렇게 세 가족만 남게 됐습니다. 내가 열 살쯤에 철도선로 근처에 집을 사서 그리로 옮겼습니다. 집은 조선인 대금업자에게 빌려서 손에 넣었던 것이었어요. 그 집으로 옮긴 이유는 이곳에 오일마다 장이 섰기 때문입니다. 어머니는 장에서 장사하는 사람과 장을 보는 사람들에게 음식을 팔았습니다.

또 어머니는 신앙심이 깊어서인지 약자에게 친절했습니다. 시장이 서는 날이면 농아 청년이 늘 물을 길어다 줬어요. 조선에서는 물 긷는 일이 힘든 일이었습니다. 그 청년은 하루에 세 번 정도 물을 길어다 줬고, 어머니는 그 청년에게 국밥을 대접했어요. 지금도 잊히지 않습니다.

▶ 소 키우고, 물 긷고, 이른 아침에 소똥을 모으고

그 당시 한국에서는 경찰서장, 학교 교장 선생, 교감 선생은 일본인이었습니다. 나는 학교는 가지 못했지만 야간학교는 다닐 수 있었습니다. 시장에서 조금 떨어진 곳에서 일본인이 누에 실 뽑는 일을 하고 있었는데 그곳에서 일하는 사람들에게 글을 가르치는 야간학교를 운영하고 있었습니다. 집안일이 끝나면 나는 그곳에 갔습니다. 시장이 열리는 날은 너무 바빠서 빠지는 날도 있었지만 4년 다녀서 히라가나와 간단한 한자는 쓸 수 있게 되었지요.

또 아버지가 하는 일, 즉 소 먹이 주는 일을 도왔습니다. 소에게 풀을 먹이려면 강이나 제방으로 데려가야 했는데 도중에 남의 논에 소가 들어가는 거예요. 논의 풀을 먹어버리거나 짓밟아 버리거나 하면, 변상해 줘야 해서 그야말로 큰일이었습니다. 게다가 아버지와 내가 산의 경사면에서 산나물을 재배하고 있었는데 이 일과 물 긷기가 일과 중에 가장 큰 일이었습니다. 우물은 마을의 외곽지에 있었어요. 어느 집이든 딸은 물 긷기가 임무였습니다.

논에 쓸 비료를 아침에 모아 놓는 것도 나의 임무였어요. 새벽 네 시에 일어나서 마을길을 돌아다니면서 소똥을 주워 옵니다. 늦으면 다른 사람이 가지고 가 버렸으니까요. 열 살부터 열다섯 살까지는 겨울에는 꽁꽁 얼어붙은 소똥을 주웠습니다. 비료용으로 인분을 퍼내기도 했는데 그 일도 도왔습니다.

▶ 일본으로 건너오다

새 집에 5년 정도 살았는데 빚은 좀처럼 갚을 수 없었습니다. 마지막에 대금업자는 돈을 갚을 수 없으면 딸을 달라고 협박까지 했던 것입니다. 어머니는 더는 견딜 수 없어서 "빚을 갚지 못하면 이 아이의 일생은 엉망이 된다."라는 편지를 오이타현에 있는 바로 위 오빠에게 보냈어요. 오빠는 깜짝 놀라서 바로 조선으로 돌아왔습니다. 오빠와 의논해서 집을 대금업자에게 줘버리자는 결정을 하게 됐습니다. 그래서 아버지는 근처에 사는 장남이 돌보고 어머니와 나는 오이타에 사는 오빠에게 몸을 의탁하게 됐습니다.

어머니와 일본으로 간 것은 쇼와 14년(1939)경인데 도항 제도가 있어서 그리 간단히 허가가 나오지 않던 시대였습니다. 또 크리스천인 오빠가 감시를 받아서 일본으로 가기는 쉽지 않았습니다. 그런데 우연이지만 내가 아기 돌보미를 했던 것이 도움이 되었습니다. 집 근처에 조선 경찰관이 살고 있었는데 그 집에 여자아이가 둘이 있었어요. 그 집

부인이 아이를 좀 돌봐달라고 부탁해서 아침부터 저녁까지 아기를 돌봐줬습니다. 이 일로 경찰관 부인이 고마워했고 쉽게 도항 허가서를 내줬던 것입니다.

▶ 어머니와 이별하다

오이타에 사는 오빠는 결혼해서 고물 장사를 하고 있었습니다. 방은 4조 반과 6조 정도였고 화장실에 가려면 오빠네 방을 지나가야 하는 좁은 집이었습니다. 근처에 같은 또래의 조선인 여자아이의 권유로 시멘트부대를 재생하는 공장에 같이 일하러 다녔습니다. 그런데 부대에 남아 있던 시멘트 가루가 심하게 날렸습니다. 어머니는 일본어를 몰랐기 때문에 집에서 밥을 짓고 우리가 돌아오기만을 기다리고 있었습니다. 몇 달 동안 그 일을 했는데 계속 시멘트가루를 들이 마시면 병에 걸릴 것 같았습니다. 그래서 어머니에게 말하고 공장을 그만두게 되었습니다.

그다음에는 만둣집 사장의 두 살배기 아이 돌보미를 했습니다. 잊을 수 없는 것은 일본인의 젓가락 풍습을 몰랐던 일입니다. 식탁 한가운데 있는 그릇에서 단무지용 젓가락으로 자기 앞 접시에 덜어 와서 자기 젓가락으로 먹는다는 것은 조선에는 없는 풍습이었으니까요.

8월 오본(한국의 추석과 같은 일본의 전통명절)이 되면 귀여운 꽃무늬가 있는 하얀 앞치마를 선물 받기도 했습니다. 매달 말경에 월급을 받았는데 그 돈을 오빠 부부가 기다리고 있었어요. 쌀값 등을 통장 하나로 해결하고 있었기 때문에 월말에는 돈이 만만치 않게 나갔던 것 같습니다.

생활이 힘든 오빠 집에서 더 있을 수는 없었습니다. 어머니는 "이왕 여기까지 왔으니 후쿠오카에 있는 둘째 오빠한테 들렀다가 조선으로 돌아가자."고 했습니다. 그래서 그 오빠를 만나고 바로 어머니와 조선으로 돌아갈 작정이었지요.

둘째 오빠는 일본에 온 후에 후쿠오카에서 갖가지 일을 했던 것 같습니다. 후쿠오카의 특산품 가게에서 운송 일을 했는데 그 집 막내딸과 눈이 맞아서 둘이 가게를 나와 주물공장을 차리고 가정을 이루고 있었습니다. 내가 찾아갔을 때는 아이가 셋이었습니다.

둘째 올케는 노포집 딸이었는데 부모와 의절하면서까지 오빠에게 시집을 왔던 것입니다. 입을 옷 몇 벌만을 가지고 조선인 남편을 따라서 왔던 거예요. 올케는 부모님 살아생전에는 친정에 가지 못했고 자매들과도 만나지 못한 것 같습니다. 올케는 정말 존경할 만한 사람입니다. 주물공장을 잘 꾸려나갔고 오빠를 진심으로 사랑했습니다. 오빠가 간경변으로 입원했을 때는 직접 약초를 캐 와서 먹이기도 했어요. 오빠가 죽기 전까지 매일 아침 일찍 약초 캐는 일은 계속되었습니다.

둘째 오빠가 어머니에게는 아버지가 있는 조선으로 돌아가고 나는 그곳에 있으라고 했습니다. 오빠가 어머니를 시모노세키까지 모셔다 드렸는데 어머니는 그렇게 혼자 고향으로 돌아갔습니다.

어머니와 헤어지는 일은 정말 고통스러웠습니다. 일 년 정도 울면서 지냈습니다. 막내로 어머니의 사랑을 듬뿍 받고 자랐으니까요.

어머니와는 후쿠오카에서 헤어진 후에 딱 한 번 만날 수 있었습니다. 장남이 태어난 직후였어요. 고향에 갔는데 손자를 보고 기뻤는지 업어서 걸어가는데 내가 쫓아가기 힘들 정도였습니다. 그만큼 어머니는 나와 손자를 만나는 것이 즐거웠던 것이었겠지요. 어머니가 그 2년 후에 돌아가셨다는 것을 해방된 후에 소문으로 들었습니다.

▶ 올케에게 일본어를 배우다

올케는 풀이 죽어있는 내게 "곧 시집도 가야 할 나이니까."라며 많은 것을 가르쳐 주었습니다. "일본인은 남편에게 맨얼굴을 보이면 안 된다. 아침에 일어나면 세수를 하고 화장하고 밥을 짓고 남편이 아침 식사를 하는 동안 곁에 있지 않으면 안 된다."라고 가르쳐 주었습니다. 나는 그러지 못했지만 올케는 그대로 했습니다. 오빠는 늦게 들어오는 일이 많았는데 한겨울에는 화로에 숯불을 피워서 기다렸습니다. 본받을 일이 참 많았지요.

올케는 주물공장 경영도 뛰어났습니다. 배에 복대처럼 지갑을 두르고 종업원 세 명과 같이 군수공장에 가서 리어카로 금속류의 폐품을 사 왔습니다. 또 고물상 도매업도 했습니다. 그 안에는 『부인화보』라는 잡지가 들어있었습니다. 올케는 내게 그 안의 기사를 읽게 했습니다. 읽는 법이 틀리면 가르쳐줬습니다. 조선의 야간학교에서 일본어를 배웠지만 후쿠오카에서는 쓸모가 없었던 것입니다. 교과서에서와 후쿠오카에서는 전혀 발음이 달라서 알아들을 수가 없었어요. 하지만 올케의 말은 정중했고 잘 알아들을 수 있었습니다.

오빠 집에서는 밥도 짓고 저녁에 들어오는 금속류의 무게를 재기도 했습니다. 올케가 넷째 아이를 임신하자 내가 금속류를 모았습니다. 올케는 여학교 동창생의 소개로 공장을 돌아다녔다고 합니다. 공장 사장의 부인은 말씨도 고상하고 늘 옷을 단정하게 입고 양말을 신고 있었습니다. 그래서 말을 공손하게 하라는 올케의 가르침이 도움이 되었습니다.

▶ 열여섯 살에 시집가다

오빠는 주물공장을 올케에게 맡기고 근처의 교회를 다녔던 독실한 크리스천이었습니다. 멋진 서양식 교회를 지을 때도 협조했다고 합니다. 설계는 조선인이 했다는 말을 들었어요. 오빠는 그 교회에서 알게 된 규슈제국대학에 다니는 조선 청년 다섯을 일주일에 한 번 집에 초대했습니다. 그 시절 일본에서는 하숙해도 한국요리를 먹는 것은 힘들었으니까요.

올케는 그중의 한 남성을 내 짝으로 권했지만 오빠는 그 사람은 지금 학교에 다니지 않으니까 시집가면 고생한다면서 허락하지 않았습니다. 머지않아 오빠가 소개한 일곱 살 연상의 한 청년과 맞선을 보고 그 사람과 결혼했습니다. 그는 경상남도 출신으로 크리스천이며 쓰시마에서 가업인 숯가마를 하고 있었습니다. 이 사람은 고물상을 하는 크리스천과 쓰시마에서 알게 됐는데 후쿠오카에서 고물상 도매업을 같이 하자고 해서 이곳으로 왔다고 했습니다. 후쿠오카에서는 후쿠오카고등학교 앞에 살면서 일을 하고 있었습니다.

맞선은 오빠 집에서 봤습니다. 올케가 "상대가 방에 와 있으니, 차를 가지고 들어가라."고 해서 차만 가져다 놓고 얼굴도 보지 않고 부엌으로 돌아왔습니다. 좋지도 싫지도 않았습니다. 얼굴도 모르고 말도 하지 않았으니까요. 하지만 오빠는 막무가내로 결혼까지 밀어붙였습니다. 오빠가 언제까지 집에 있을 거냐며 화를 내서 나도 시집가기로 마음을 먹었던 거지요.

▶ 기와공장에서 일하다.

결혼하고 일 년쯤 후에 남편과 후쿠오카시의 다른 곳으로 옮겼습니다. 조선인 가정이 세 집 같이 있었는데 취사장은 공동으로 사용했어요. 남편은 오빠 집에서 일을 도왔고 나는 맥주 공장에서 병 씻는 일을 했는데 장남을 임신하고 입덧이 심해지고는 그만두게 되었습니다.

그다음에는 실패공장에서 일했습니다. 그래서 실패공장 근처로 이사를 했는데 밤중에 화장실을 가려면 집주인이 자는 방을 지나쳐 가야 했습니다. 그 일은 반년쯤 하고 빈 창고를 빌려서 이사를 했는데 함석

지붕이어서 여름에는 더워서 밤이 될 때까지 밖에서 시간을 보내야 했지요.

쇼와 17년(1942)에 장남이 태어났습니다. 둘째 올케는 고이노보리(단옷날 남자아이가 있는 집에서 다는 잉어 모양의 깃발)를 보내줬고 올케 집에서 일하던 종업원이 높은 대나무 장대를 세워줘서 매년 5월에는 고이노보리가 바람에 나부꼈습니다.

남편과 나는 가까운 곳에 있는 기와 공장에 다니게 되었습니다. 남편은 기와를 운반했는데 지붕을 이는 일도 했습니다. 눈썰미로 뭐든 할 수 있는 사람이었으니까요.

이 공장은 시멘트로 기와를 만드는 곳인데 흑연을 사용해서 광을 냈어요. 그 흑연이 몸에 묻어서 온통 새카맣게 됐어. 일주일에 한 번 교회에 갔는데 근처의 목욕탕에서 씻는 것이 유일한 낙이었습니다.

▶ 마차로 운송업을 시작하다

함석지붕 집은 좁아서 살 수가 없어서 이사를 했습니다. 오빠는 반대했지만 오빠 집의 공터에 집을 지었던 거예요. 폐가의 기둥이라든가 재료를 사 와서 남편이 직접 지었습니다. 사람을 쓸 돈이 없어서 벽은 내가 만들었는데 대나무를 쪼개서 벽토를 발라 토대를 만들었습니다. 벽토는 근처의 제방에서 날라 와서 발로 밟아 반죽을 했습니다. 8개월 정도 걸렸어요. 그곳에서 전쟁이 끝날 때까지 살았는데 외벽의 끝마무리는 결국 하지 못했습니다. 하지만 2층도 있고 취사장도 있는 훌륭한 집이었습니다.

그 사이에 남편은 징용에 끌려갈 위기에 놓였습니다. 남편은 징용을 피할 겸 말을 빌려서 물건을 운반하는 운송업을 시작했습니다. 오전 중에는 군수공장을 돌며 포탄을 운반하고 낮부터는 기와 공장에서 기와를 운반했습니다.

그 무렵 오빠 집의 맞은편에 살던 한국인이 막걸리를 만들어보라고 했어요. 노동자들이 많아서 마시는 사람도 많다는 것이었습니다. 만들어 봤더니 이게 제법 팔렸어요.

그런데 남편이 운송업을 시작하고 한 달도 안 돼서 빌려 온 말이 죽어버렸습니다. 익숙하지 않은 일과 환경이 원인이었다고 합니다. 빚만 남았지요. 넋이 빠져 돌아온 남편은 나를 보고 화를 냈습니다. 하느님이 화를 내는 것 아니냐, 라고. 크리스천은 술 만드는 일을 해서는 안 되는 것입니다. 그래서 막걸리 만드는 일을 그만두었지요.

▶ 눈먼 말과 후쿠오카 대공습

남편은 다시 말을 찾고 있었는데 평소에 알고 지내던 고물상을 하는 사람이 돈을 빌려줬습니다. 남편은 값이 싸게 나가는 눈이 보이지 않는 말을 사서 기와 공장과 군수공장의 일도 그대로 하게 되었습니다. 그 무렵 장녀가 태어났습니다.

그런데 이번에는 마차의 타이어를 도둑맞았습니다. 또 빚이었습니다. 전쟁은 점점 심해지고 식량난이어서 배급받은 설탕만으로는 아이들에게 단 것을 먹일 수도 없었어요.

쇼와 20년(1945) 6월 19일에 있던 일입니다. 군수공장이 시골로 소개를 가게 돼서, 남편은 눈먼 말을 끌고 나갔어요. 그런데 그날, 수차례의 공습이 하카타를 덮쳤습니다. 군수공장 근처에 있는 제방의 방공호로 나와 아이들은 피난했는데 남편이 돌아오지 않는 거예요. 불안해서 안절부절못하고 있었습니다.

그날은 후쿠오카 대공습이 있었던 날이어서 많은 사람이 타죽었습니다. 그런데 남편은 소개 장소에서 빨갛게 불타는 시가지를 보고는 말을 나무에 묶어 놓고 6~7시간 걸려서 돌아왔던 것입니다. 서로 살아 있다고 기뻐했지만 말을 데리고 온다며 남편은 다시 나갔어요. 그런데 말은 민감하고 불을 무서워합니다. 그런 상황에 놀란 말은 묶어 놓은 나무 주위를 몇 번이나 돌아서 나무에 줄이 칭칭 감긴 채 죽어있었던 것입니다.

▶ '구호회'에서 귀국하는 사람들에게 봉사활동

말은 잃고, 빚은 남았지요. 그런데 전쟁이 끝나기 전 달에 남편이 구두를 수선하는 도구를 받아서 왔어요. 조선에 돌아가는 사람이 버린다고 해서 돈을 좀 주고 받아왔다는 것입니다.

그리고 곧 남편은 지금의 JR요시즈카역 근처에 집을 빌렸습니다. 전쟁이 한창일 때였으니까, 도시를 떠난 사람들이 많았어요. 남편이 집을 빌릴 수 있었던 것은 빌리는 사람이 아무도 없었기 때문이었습니다.

한 달쯤 뒤에 전쟁이 끝났습니다. 돈이 있는 사람은 조선으로 돌아갈 준비를 하고 있었는데 하카타항은 그런 사람들로 야단법석이었습니다. 배가 없으니까 작은 어선을 사서 조선으로 건너가는 사람도 있었고 도중에 배가 전복돼서 죽는 사람도 있다고 들었습니다. 또 어느 정도 돈을 가지고 돌아가도 그쪽은 모두가 가난해서 견디지 못하고 한 달 안에 밀항으로 다시 돌아온 사람도 있었습니다.

남편과 오빠는 '구호회'를 만들어서 하카타항에서 조선으로 돌아가려고 출항을 기다리는 사람들을 돌봤습니다. '구호회'는 쇼와 20년 (1945) 12월경까지 이어졌습니다. 12월에 귀환하는 일본인들을 태우러 가는 배가 부산으로 출항했는데 그 빈 배에 조선으로 가는 사람들이 탈 수 있게 되었습니다.

하카타항은 미군이 6년 정도 관리했는데 영어로 미군과 교섭할 사람이 필요했습니다. 일본의 크리스천 중에서 영어를 잘하는 남녀 한 사람씩을 보냈습니다. 하카타에는 빈 군수품 창고가 많이 있었는데 귀국하는 사람들의 숙사로 쓸 수 있도록 교섭해 준 것도 이 크리스천들이었습니다.

▶ 귀국은 단념, 남편은 결핵

우리도 고향으로 돌아가려고 짐을 정리했습니다. 쇼와 21년(1946) 2월에 남편은 상황을 보러 부산으로 건너갔다가 한 달 만에 돌아왔습니다. 좀처럼 배가 없어서 돌아올 수 없었다고 했습니다. 그리고 남편은 고향은 살 수 있는 상황이 아니라며 결국 돌아가지 않기로 했던 것입니다.

돌아온 후에 남편은 신발 수선 도구를 가지고 신발가게를 열었습니다. 요시즈카 역 앞에 있는 묘켄도오리의 이름을 따서 '묘켄신발가게'라고 이름을 지었지요. 그런데 남편은 일을 무리했을 뿐만 아니라 영양실조로 결핵에 걸려버렸습니다. 그 당시 결핵은 불치병이라고 했지만 어느 크리스천이 스트렙토마이신이라는 신약을 알려줬습니다. 치료가 끝날 때까지 40만 엔이나 약값이 들었는데 병원에서 간호사가 일주일에 두 번 와서 주사를 놓아주었습니다.

▶ '묘켄신발가게'가 궤도에 오르다

덕분에 남편도 신발가게에 매진할 수 있었습니다. 군대에서 돌아온 사람들은 군화와 담요가 필요 없게 되니까 그것을 받아서 가게에 내놓으면 불티나게 팔렸습니다. 신발은 종전되고 3년 정도는 배급제여서 점점 재료를 손에 넣기는 쉬워졌고 아사히구두, 문스타고무에서 물건이 들어왔습니다.

그런데 문스타와 아사히에서는 어린이용 운동화, 고무장화, 작업화는 들어왔지만 여성용은 구할 수 없었습니다. 남편은 고베에 있는 고무공장까지 매입하러 갔습니다. 그것도 꽤 잘 팔렸어요. 자전거로는 물건을 다 싣지 못하니까 남편이 먼저 운전면허를 땄습니다. 나도 쇼와 30년(1955) 전후에 면허를 취득했습니다. 그 당시에 후쿠오카에서 자동차 면허를 가지고 있는 여성은 몇 명 없었을 거예요.

남편은 주물공장도 했고 신발가게 일은 내가 하면서 아침에 아이 넷을 학교에 보냈어요. 식사 준비를 하는 사이에도 손님이 오기 때문에 한시도 쉴 수 없었어요. 몇백 종류나 되는 신발을 닦는데도 아침부터 밤까지 걸렸어요. 하루하루가 전쟁이었습니다.

▶ 자식교육이야말로 중요하다

나는 교육을 받지 못했기 때문에 자식 넷은 충분한 교육을 시키겠다고 마음먹었습니다. 부모 참관수업에는 반드시 참석했어요. 자식 넷 모두 대학을 졸업했습니다.

장남은 규슈대학 농업 학부에 들어갔는데 졸업하고 나서 취직하는 것이 힘들었습니다. 다른 동창생들은 약품회사나 비료회사 등에 입사했는데 조선인인 아들은 서류심사에서 모두 떨어졌습니다. YMCA에는 취직했는데 3년 정도 근무하다 그만두고 집에서 하는 주물공장을 돕게 되었습니다.

하지만 남편은 장남에게 목사가 되라고 했어요. 남편은 교회 일을 그야말로 열심히 해온 사람이었으니까요. 나는 목사가 되면 가난하게 사니까 마음이 내키지 않았지만 결국 장남은 세이난학원대학의 신학부를 나와서 영국과 한국에서 1년간 유학하고 목사가 되었습니다.

차남은 주오대학 상학부에 들어갔습니다. 학생운동이 왕성한 시대였기 때문에 걱정돼서 오전 0시에 뜨는 비행기를 타고 도쿄의 하숙집을 보러 간 적도 있습니다. 차남은 후쿠오카로 돌아와서 세이난학원대학에 다시 들어갔고 졸업 후에는 한국을 대상으로 하는 무역 일을 했습니다. 그 후에 지인을 통해 큰 회사에 취직해서 지금은 후쿠오카 지점장입니다.

장녀와 차녀는 어렸을 때부터 피아노 교습을 시켰습니다. 교회에서 반주하려면 피아노를 배워야 한다는 남편의 뜻에 따른 것이었지요. 지금은 두 딸 모두 교토로 시집가 있습니다.

▶ 재일이 국적이다

40년 동안이나 함께 했던 '묘켄 신발가게'는 구획정리를 하게 돼서 결국, 가게를 접었습니다. 지금도 '묘켄 아주머니'라고 불릴 정도로 사랑받았습니다만.

남편은 3년 전 여든일곱 나이로 세상을 떠났습니다. 정말 좋은 사람이었어요. 형제들도 올케도 다 세상을 떠났습니다. 시간이 지나는 것은 순간입니다.

우리들 재일에게는 나라가 없어요. 한국인이지만 본국의 선거권이 없잖아요? 그래서 '재일이 국적'인 것입니다. 재일로 산다는 것은 의지할 곳이 없다는 의미입니다.

17

일본 정부에 사죄와 명예회복을 요구하다
서원수 徐元洙(남)

취재일: 2005년 3월 8일
출생지: 경상남도 김해군
현주소: 효고현
생년월일: 1924년 10월 17일
약력: 1933년에 도일. 조선총독부관방 문서과에 근무하던 1944년, 반일사상을 지녔다는 이유로 치안유지법 위반으로 체포당한다. 제2차 세계대전이 끝난 후에 조련 한신 지부 청년부장, 총련 니시노미야 지부 위원장 등을 역임. 2001년 일본 정부를 상대로 인권구제 이의 신청. 현재 '니시노미야西宮·고요엔甲陽園의 지하방공호를 기록하고 보존하는 회' 부대표 겸 조선인 측 대표 등.

취재: 고찬유 / 원고집필: 고찬유 / 번역: 고경순

▶ 완전한 일본인이 되기 위하여

나는 1924년에 경상남도 김해군에서 태어났습니다. 내가 한 살 때 아버지는 먹고 살 길을 찾아 일본으로 건너갔습니다. 나는 어머니와 함께 조부모님 집에서 자랐고 1933년에 어머니 손에 이끌려서 교토 단바의 아야베에 있는 노무자합숙소로 아버지를 찾아갔습니다. 아버지는 철도시설공사용 자갈을 채취하는 현장에서 광차 미는 일을 하고 있었습니다.

나는 소학교 1학년으로 입학해서 4월부터는 2학년이 되었습니다.

소학교 때는 "조선, 조선"이라며 심하게 괴롭힘을 당했습니다. 6학년 때, 아버지가 효고현 니시노미야의 시멘트 기와 공장으로 이직하면서 그쪽으로 이사하고 이마즈소학교로 전학했습니다. 그리고 1938년에 니시노미야시립상업학교(지금의 중학교)에 입학했습니다. 그 무렵부터 카메라를 좋아하게 됐습니다. 2학년 때 중고 카메라를 사면서 시작된 카메라 사랑은 지금까지 이어지고 있지요.

1939년에 창씨개명이 시행됐고 나는 1940년에 '다쓰카와 모토이치 達川元一'라는 일본명으로 개명하게 되었습니다. 완전한 일본인이 되지 않으면 안 된다는 생각으로 황민화교육, 충군애국교육을 남보다 갑절 열심히 공부해서 우수한 성적을 올렸습니다. 그런데 졸업할 때 동급생은 진학하거나 군대에 가거나 군수공장에 취직을 할 수 있었지만 나만 취직도 못 한 채 사회로 내던져졌습니다. 졸업식 날 모두 기쁨에 넘쳐서 교문을 나서는 모습을 보면서 분해서 울었던 일이 지금도 잊을 수 없습니다.

▶ 조선총독부 취직과 민족의식의 각성

아버지가 이런 사정을 고향의 할아버지께 편지로 알렸는데 할아버지가 꿈같은 소식을 전해 줬습니다. 조선총독부에 면접 보러 오라는 것이었습니다. 면접에서 맨 처음 질문은 "124대 천황까지 이름을 암송할 수 있는가?"였습니다. 바로 진무부터 지금의 천황까지 이름을 말했더니 시험관이 깜짝 놀라는 것이었습니다. 그다음은 '교육칙어(근대일본의 교육 기본방침. 1890년 10월 30일, 메이지 천황 발포.)'를 말하라고 해서 진오모후니(내가 생각하기에는)부터 시작해서 전부 말했더니 그 자리에서 채용이 되었습니다.

당시의 조선 총독은 고이소 구니아키小磯國昭였습니다. 이 또한 꿈

같은 일이었는데 취직한 부서가 총독 직속의 관방 문서과였던 것입니다. 일본의 내각에서 조선총독부로 오는 공문서를 취급하는 창구였습니다. 반년 정도 지나서 일직을 할 때는 조선 총독의 인감을 맡길 정도로 신뢰를 받게 되었습니다. 그런데 점점 좀 이상하다는 생각이 들기 시작했어요. 그 정도가 심한 것이 주택, 관청, 학교, 회사, 병원 등 가치가 높은 것들을 일본인이 독점하고 있는 것이었습니다.

오타니라는 니시노미야상업학교의 동창생이 있었습니다. 오타니는 조선은행에서 일하고 있었는데 월급이 얼마인지 돌리지 않고 물었습니다. 그랬더니 68엔이라는 거예요. 나는 43엔이었습니다. 보너스도 서너 배 받는다는 것이었습니다. 지금까지 일본인 이상으로 일본인이 되기 위해 열심히 황민화 교육을 받아왔는데 조선인 속이기 교육을 했다는 것을 알게 되었습니다. 그래서 조선인이 어디까지 차별받는지를 공부해야겠다는 마음을 먹게 되었지요.

▶ 치안유지법에 의해 체포당하다

니시노미야상업학교 동창생인 김규원은 관학(관서학원대학)의 구제舊制고등상업학부(현재, 대학 상업학부)에 입학해 있었습니다. 아주 친한 사이여서 총독부의 차별에 대한 불만을 편지로 써서 보냈습니다. 그것을 계기로 편지 왕래가 시작되었지요.

관학은 국제적인 캠퍼스여서 차별은 없다고 생각했는데 김규원이 보낸 편지에는 "조선인과 대만인에 대한 차별은 심하다. 식당에서도 조선인과 대만인에 대한 모욕적인 글이 나붙어있다."고 쓰여 있었습니다. 나는 "내지에서도 외지에서도 아무리 황국화 교육을 받아도 차별의 근본은 변하지 않는다. 나도 조선에서 힘쓸 테니 자네도 학교에서 힘쓰게."라고 편지를 썼습니다. 그리고 겁도 없이 동지들을 모으는 일에 의기투합해서 여름휴가와 겨울휴가 때 일본에 갈 때마다 책을 빌리고 빌려주면서 대여섯 번 정도 만났습니다.

그런데 1944년 봄 무렵에 김규원이 체포됐다는 말을 들었습니다. 당연히 나도 경찰의 손길이 미칠 거로 생각해서 총독부에 사표를 냈습니다. 경성에서 체포당하면 서대문형무소에 갇힐 것이니 부모님 얼굴도 못 보고 죽게 될지도 모른다고 생각했습니다. 어차피 체포당할 거라면 부모님 있는 곳에서 잡히는 것이 낫다고 생각해서 니시노미야로 돌아갔습니다.

집에 가고 얼마 없어 징병검사 통지가 왔습니다. 제1을종 합격이었습니다. 시력이 약했으니까요. 전쟁터로 보내질 거라고 각오하고 있었는데 근처에 있는 가와사키중공업 니시노미야특수강철공장으로 발령이 나서 그곳에서 일하게 되었습니다. 그러던 중, 8월에 집에서 체포되었습니다. 죄목은 치안유지법 위반이었습니다. 특별고등경찰 내선계에 체포돼서 니시노미야경찰서 독방에 감금되었습니다. 한창 더울 때인데 물 한 모금 주지 않아서 목이 말라 죽겠다 싶었습니다. 제대로 된 조사도 하지 않은 채 7개월 정도 있다가 고베형무소로 옮겨졌고 기소되었습니다. 천황제와 천황이 임명한 총독부에 반대해서 조선의 독립을 꾀한 자는 국적國賊이라는 것이었습니다.

▶ 공습 중에 죽음을 각오하고

1944년 말부터 1945년에 걸쳐서 일본 전역이 B29의 공습을 받았습니다. 고베, 아마가사키, 아카시는 물론이고 내가 있던 형무소도 거센 공격을 받았습니다. 공습경보가 울리면 강도, 살인, 강간 등의 흉악범이라도 뒤에 있는 정원으로 긴급 피난을 하게 했습니다. 그런데 나는 철창 안에 갇힌 채 피난도 시켜 주지 않았습니다.

가장 기억에 남는 것은 1945년 2월 초. B29 몇십 기가 편대를 짜서 한신(오사카와 고베) 사이를 초토화시켰는데 형무소도 직격탄을 맞았습니다. 이 세상 마지막이라는 각오를 하고 외친 말은 "아이고, 어머니"였습니다. 지금도 그때를 생각하면 전신이 떨려옵니다.

나는 검사에게 조사를 받을 때 "왜 나만 피난시켜주지 않았냐."라고 물었습니다. 검사는 "국적은 그럴 필요가 없다. 여기서 나가서 군대에 갈 것인지 아니면 여기서 개죽음을 당할 것인지 결정하라."라고 했습니다. 어차피 죽을 거라면 부모님 얼굴을 한 번이라도 보고 갈 수 있는 전쟁터로 가는 길을 선택했습니다. 일주일 후에 나도 김규원도 징역 2년, 집행유예 3년으로 석방됐습니다. 나는 집으로 돌아와서 다시 가와사키중공업의 징용공으로 끌려가서 그곳에서 전쟁터로 불려갈 날을 기다리고 있었지요. 8월 14일 밤에, 다음날 낮에 시내 회장댁으로 모이라는 비상 호출이 있었습니다. 다음 날 갔더니 수십 명의 노인이 모여 있었고 12시에 옥음 방송이 있었습니다. 잘 들리지는 않았지만 일본이 무조건 항복했다는 것은 알 수 있었습니다.

▶ 조련·총련에서 활동하다

그다음 날에 박주범 선생님이 갑자기 찾아왔습니다. 선생님은 크리스천이고 사회 사상가였습니다. 제2차 세계대전 전과 전쟁 중에는 조선인에게도 선거권과 피선거권이 있어서 두 번이나 마을회의원에 당선했던 분입니다. 이 박주범 선생님이 나를 조련(재일본조선인연맹)의 조직으로 인도해주었던 겁니다.

선생님은 1945년 10월에 조련 초기의 한신 지부 위원장으로 선출됐는데 나를 조련 한신 지부 청년부장으로 지명한 것입니다. 다음 해에 청년부가 해산되고 재일본민주청년동맹으로 조직이 개편되면서 나는 초대 민청의 한신 지부 위원장이 됐습니다.

조련과 민청은 각 지역에 있는 동포부락에서 국어강습소를 열고 머지않아 그것들을 통합해서 소학교를 건립했습니다. 그런데 1948년에 일본 정부는 조선인학교 폐쇄령을 내렸고 우리는 그 철회를 요구하는 투쟁을 시작했습니다. 이해 4월에는 고베와 오사카에서 '4·24한신교육투쟁'이라는 최대 규모의 투쟁이 일어났습니다.

그 당시에 나는 학교 관리조직에 있었습니다. 동포들은 4월 20일경부터는 매일 현청으로 몰려갔습니다. 24일에는 많은 동포가 현청을 둘러싸고 지사실 안과 밖을 200명이 점령해서 폐쇄령을 철회시켰습니다. 그런데 그날 밤중에 미제8군사령관이 효고에 와서 철회를 무효화하고 탄압을 시작했습니다.

나는 동포들을 동원해서 현청으로 달려갔던 첫 번째 전투부대였는데 마침 24일은 아내가 아이를 낳을 것 같았습니다. 그래서 점심 전에 집으로 돌아와 2층 방에 있었는데, 경찰과 헌병이 들이닥쳤습니다. 장모님이 지금 아이를 출산하고 있다고 화를 내자 경찰관들이 철수했고 덕분에 나는 잡혀가지 않았던 것입니다.

박주범 선생님은 1948년에 조련 효고현 본부 위원장으로 있었는데 고령인데도 4년 9개월의 형을 받고 고베형무소에 구금되었습니다. 노쇠한 몸으로 고문을 받고 빈사 상태가 돼서 석방되었는데 불과 3시간 만에 돌아가셨습니다. 선생님의 장례는 니시西고베조선소학교에서 인민장으로 치러졌고 1만 명 이상의 참례가 이어졌습니다.

그 이후에도 나는 쭉 조련과 총련에 적을 두고 일을 해 왔습니다. 조련에서는 한신 지부 청년부장부터 민청 위원장을 했습니다. 총련을 결성한 후에는 시니노미야 조선인상공회 초대이사장, 한신조선소학교(후, 한신조선초급학교) 상임이사, 니시노미야 지부 위원장, 금강보험효고

지사장을 역임했습니다. 총련에서 전무로 있으면서 효고조선인강제연행진상조사단 부단장, 사회과학자협회(재일본조선사회과학자협회) 부회장, 문예국(재일본조선문학예술가동맹) 고문을 겸하면서 사진연구회 대표도 맡아서 했습니다.

그리고 나는 1953년에 다쓰카와조합을 만들어서 사장이 되었습니다. 1994년에 다이쿄건설로 변경하면서 삼남에게 사장직을 주고 나는 회장으로 물러났습니다.

▶ 고요엔 지하방공호를 보존하는 회

나는 20년 전부터 효고조선관계연구회 회원으로 활동했습니다. 정년이 돼서 총련 활동을 그만둔 후부터는 니시노미야시의 고요엔에 있는 강제 연행자 조선인 600명과 대만인 200명에 의해 건설된 비밀공장과 지하 방공호를 보존하고 그 역사를 규명하는 일에 여생을 보내고 있습니다. 지금 가장 주력하고 있는 것은 '니시노미야·고요엔의 지하방공호를 기록하고 보존하는 회'의 활동입니다. 나는 부대표를 겸해서 조선인 측의 대표를 맡고 있습니다.

1987년 11월, 고요엔 지하 방공호에서 연구회 회원인 정홍영 씨가 '조선국독립', '초록의 봄'이라는 글을 발견했습니다. 지하공장은 마쓰시로松代 대본영(나가노현 마쓰시로에 있는 거대한 지하 방공호. 조선인과 대만인 등의 강제노동으로 만들어짐)을 비롯해 전국에 2,708개소가 있고 효고에도 47개소가 있습니다. 고요엔에만 터널이 일곱 개 있는데 출입이 가능한 곳은 4호 터널뿐입니다. 글자가 발견됐을 때는 전 세계가 놀라워했지요. 7, 8개국에서 지질학자들과 토목 관련 학자들이 조사하러 왔습니다. 또 일본의 건축가와 NHK에서 조사했고 국제적으로도 인정을 받았습니다. 터널 공사는 1945년 1월부터 8월까지 이어졌는데 길이 600미터의 터널이 바둑판처럼 되어 있었습니다.

작년(2004년) 8월까지 17년간 130회에 걸쳐 6천5백 명의 사람들이 견학을 했는데 작년 8월에 견학은 일단 중지되었습니다. 터널에 들어가려면 산 아래에 있는 민가를 가로질러가야 하는데 그 민가의 할머니가 "더 이상오지 말라."고 시에 민원을 제기해서 중지하게 되었습니다. 니시노미야시는 3년마다 정기검사를 해서 낙반의 위험이 없는지를 조사하고 있습니다. 우리는 행정에서 보존하도록 요구했는데 현의 교육위원회는 보존할 의향이지만 예산 관계로 실현하지 못하고 있는 상태입니다.

▶ 67년 만의 고향방문

2001년 남북공동선언의 결과로 고향 방문이 허락됐을 때, 70명 정도의 단체에 끼어 67년 만에 나는 서울에 갔습니다. 그동안은 총련 간부와 한국의 군사정권에 반대했던 사람은 국가보안법을 적용해서 한국에 갈 수 없었던 것입니다.

서울에서는 이틀 동안 자유시간이 있었는데 택시를 전세 내서 시내 수십 곳을 견학했습니다. 남대문과 경복궁이 70년 전의 모습을 그대로 간직하고 있는 것을 보고 감동을 받았습니다.

서대문형무소에 갔는데 높은 벽돌 담장과 도망자를 감시하는 감시초소가 그대로 남아있었습니다. 붉은색 벽돌 담장을 손으로 쓰다듬으면서 감정에 북받쳐 울었습니다. 치안유지법 위반에 걸렸을 때 일본으로 도망가지 않았더라면 나도 이 형무소에 갇혀있었을 테니까요. 옛날부터 서대문형무소는 들어가는 사람은 많이 보이지만 나오는 사람은 본 적이 없다고 해서 거의 무기징역 아니면 사형수들이 수감되는 무서운 형무소였습니다. 특히 가슴에 남았던 것은 사형 집행장입니다. 바로 앞의 큰 비석에는 사형당한 2백 몇십 명의 이름이 새겨져 있었습니다.

서울에서 유적 견학을 마친 다음에는 부산으로 갔습니다. 공항에는 많은 친척이 마중을 나와 있었습니다. 아버지는 다섯 형제 중에 장남이었습니다. 둘째 작은아버지의 아들인 사촌은 어렸을 때 같이 놀기도 했었는데 부산문화공로상을 받은 시인이 되어 있었습니다. 나는 한복을 입고 조부모님의 산소를 찾아갔습니다.

옛날에 할아버지가 나를 총독부에 알선해 준 후에 마을 사람들로부터 총독부에서 손자가 일하다니 뭔 짓이냐며 비난받고 들볶이고 심지어 집 담장 안으로 돌이 날아오기도 했다고 들었습니다. 그런데 나는 할아버지와 할머니가 살아 계실 때 인사 한번 드리지 못했던 것입니다.

그리고 니시노미야에서 돌아가신 부모님을 생각했습니다. 양친은 돌아가시기 5, 6년 전부터 죽기 전에 한번 고국에 돌아가게 해 달라고 말했지만, 그때마다 "조금만 더 기다리세요. 조국이 통일되면 당당하게 갈 수 있을 테니까."라고 말했던 것입니다. 결국 부모님을 한 번도 고향에 가보지 못하고 죽게 한 나는 불효자입니다. 아버지가 남긴 조부모님과 가족사진을 산소 앞에 놓고 할아버지와 부모님에게 저지른 불효를 생각하면서 땅을 치며 울면서 사죄를 드렸습니다.

▶ 김규원의 특별졸업증서

김규원과는 4월 9일에 서울에서 만났습니다. 그는 전쟁 말기에 귀국한 후에 서울대학교 대학원을 졸업하고 서울대학교 교수로 재직했는데 박정희 대통령 때는 정책심의회 부회장 등을 역임한 후에 공직에서 물러나 있었습니다.

그때 그는 아무런 말을 않았지만 그해 말에 편지가 왔습니다. "리쓰메이칸대학과 주오대학에서는 중도 퇴학생과 학도병으로 전쟁터에 동원된 학생들에게 특별증명을 내주고 있다고 들었다. 미안하지만 관서학원대학에 가서 나도 뭔가를 받을 수 있게 부탁한다."는 내용이었습니다.

여러 자료를 가지고 관서학원대학과 교섭을 한 결과, 3개월 후에 특별졸업증서를 발급해주겠다는 답신을 받았습니다. 그런데 그는 남산공원에서 산책하던 중에 빙판에 미끄러져 부딪친 곳이 악화되어 그 3일 전에 세상을 떠나고 말았습니다. 관서학원대학의 학장이 서울까지 가서 부인에게 졸업증서를 건넸습니다.

그 후에 부인에게서 깍듯한 감사의 편지가 왔는데 "망부는 국립애국지사묘역에 정중히 안장되었다."고 쓰여 있었습니다. 김규원은 내게 보낸 부탁 편지 말미에는 "김영삼 정권 때 건국포장을 받았다. 또 지금의 김대중 정권 때는 독립유공자상을 받아서 연금 50만 원을 받게 되었다."는 내용도 있었습니다. 이 건으로 내게도 한국의 유력자와 TV방송국, 신문사 등에서 취재를 해 갔습니다.

▶ 재일사회의 첫 인권침해에 대한 소송제기

2001년 3월, 나는 효고현 변호사회를 통해서 일변연(일본 변호사연합회)에 치안유지법에 따른 인권침해 소송을 제기했습니다. 내용은 "육체적·정신적 고통을 받은 것에 대한 사죄와 배상 및 명예회복"을 요구하는 것입니다. 이때, 총련의 중앙 조선인강제연행진상조사단의 지도와 협력이 있었는데 재일 동포 중에서 소송제기를 한 것은 내가 처음인 것 같습니다.

4년이 지난 올해(2005년) 2월에 일변연에서 "국가는 사죄하고 보상을 강구해야 한다."는 권고서가 나왔습니다. 일변연인권위원회의 위원이 외무성과 법무성에서 조사하고 법원 기록을 모아서 증거조사를 한 결과, 인권침해를 인정해 줬던 것이지요. 권고서대로 일본 정부는 사죄하고, 배상하고, 명예회복을 해주지 않으면 안 됩니다. 그것을 위해 몇 년이 걸리더라도 힘내서 싸울 작정입니다.

지금 내 삶의 보람이라면 70년 동안 재일조선인의 생활상을 카메라에 담고 있는 것입니다. 그 수가 20만 컷 이상이고 취미로 사 모은 카메라는 220대가 되었어요. 앞으로 재일로 살아갈 자식들과 손주들에게 바른 역사관을 알리기 위한 자료가 되도록 보존해 왔습니다. 신문사에서도 몇 번이나 협조를 부탁해 와서 자료제공을 했습니다. 물론 앞으로도 뭔가 도움이 된다면 기쁘겠습니다. 또 상업학교 시절부터 67년간 써온 일기도 내가 죽으면 손주들에게 남기고 싶은데 이 또한 내 삶의 보람 중 하나입니다.

18

살아남은 BC급 전범으로서
이학래 李鶴來(남)

취재일: 2006년 5월 27일
출생지: 전라남도 보성군 겸백면
현주소: 도쿄도
생년월일: 1925년 2월 9일
약력: 열일곱 살 되던 1942년에 포로감시원(군속)으로 동남아시아로 파견되어 태면 철도 건설현장 등에서 일을 한다. 종전 후에 포로 학대 죄로 고소당해 사형판결을 받지만 사형집행 직전에 20년으로 감형을 받는다. 1951년에 스가모巢鴨형무소로 이관됐다가 1956년에 석방된다. 1955년에 조선인 BC급 전범의 석방과 처우개선, 보상 등을 일본 정부에 요구하기 위해 동료들과 같이 '동진회'를 조직하고 지금까지 그 중심이 되어 활동하고 있다.

취재: 시라이 미유키 / 원고집필: 시라이 미유키 / 번역: 고경순

▶ 한국에 대한 추억

태어난 곳은 전라남도 광주 남쪽에 있는 보성입니다.

내가 태어났을 때는 식민지시대였고 우리나라의 이곳저곳에 일본인이 들어와 있었습니다. 이권은 모두 일본인의 것이었는데 예를 들면 담배 등의 전매품을 팔 수 있는 것은 일본인뿐이었습니다. 맨몸으로 온 일본인이 몇 년이 지나면 호화주택을 짓고 큰 부자가 됐던 것입니다. 아이들조차도 왜 아버지는 가난한데 일본인은 금방 부자가 되는 걸까, 라며 이상하게 생각할 정도였습니다.

시골은 어디나 다 그렇지만 현금수입이 없었습니다. 그래서 농한기에는 토목공사 일을 해서 얼마 안 되는 현금수입을 얻었습니다. 우리 아버지도 공사 현장에서 일했는데 어머니가 공사 현장에 자주 점심밥을 가지고 갔습니다. 나도 몇 번인가 어머니 손에 이끌려서 간 적이 있는데 지금도 기억하고 있는 일이 있습니다. 일본인 현장감독이 여성이 오는 것을 알면서도 당당하게 서서 오줌을 누는 것이었습니다. 그런 모욕감이 어디 있겠습니까? 지금 생각해도 화가 치밀어 오릅니다.

아무튼 일본인은 왕이었는데 학교 교장도 주재소 소장도 모두 일본인이었습니다. 나는 어렸으니까 식민지라고 해도 몰랐지만 동양척식회사가 모든 토지를 빼앗았다고 할머니가 자주 말씀하셨던 것을 기억하고 있습니다.

학교도 황민화 정책이 철저해서 조선어 사용을 금지하고 궁성요배(일제강점기 때, 아침마다 천황이 사는 궁을 향해 절을 하도록 한 것), 황국신민서사(맹세)를 제창하게 하고 신사참배 등을 의무적으로 지키게 했습니다. 조선적인 것은 집 안에만 있었습니다.

소학교를 졸업할 무렵에는 전쟁 분위기 일색으로 놋그릇 등은 모두 금속 공출로 갖다 바쳤습니다. 소학교를 나온 다음에 진학하면 농업지도원도 될 수 있었지만 상급 학교에 갈 수 있는 것은 부잣집 자식뿐이었습니다. 우리 집은 가난해서 소학교를 나오는 것이 빠듯했습니다. 나는 진학해서 역무원이 되고 싶었지만 농사일을 돕고 있었습니다. 농사라고 해도 쌀농사는 지어도 전부 공출로 가져가 버려서 쌀밥은 먹을 수도 없었습니다.

▶ 포로감시원이 되기까지

한때는 보성우편국에서 우편 담당으로 일했습니다. 그런데 우편국에 내가 들어가서 얼마 후 현금이 40엔이나 들어 있던 서류 봉투가 사라졌던 것입니다. 총무과장은 큰일 났다고 했고 나는 집에 돌아가서 어머니에게 울면서 매달렸습니다. 그 시절, 시골에서는 비상시에 쓸 비단 옷감을 장롱 속에 숨겨뒀는데 그것을 팔아서 변상했던 것입니다. 그리고는 진절머리가 나서 우편국을 그만둬버렸습니다.

마침 그때 친구가 남방 포로감시원 모집이 있는데 같이 가자는 것이었습니다. 1942년의 일이었습니다. 포로감시원의 조건은 나이 스무 살 이상이었고 월급은 50엔이며 2년 계약이었습니다. 어차피 어딘가로 끌려가야 할 운명이었고 2년 만에 돌아올 수 있다면 탄광보다는 낫다고 생각했던 것입니다. 게다가 징병제가 실시된다는 소문도 있던 터라 여기에 가면 군대에 안 가도 된다는 생각도 했습니다.

그래서 면접하러 갔는데 면장이 강압적으로 가라는 거예요. 그때 내 나이는 만으로 열일곱 살이었습니다. 하지만 조선은 유아 사망률이 높아서 아이가 태어나면 시간을 두고 출생신고를 했기 때문에 호적상은 실제보다 두 살이나 어립니다. 모집조건은 스무 살 이상이었으니까 안 되는 일이었는데 그런 것 따지지 말고 갔다 오라는 것이었습니다.

사실은 조선총독부에서 각 면장에게 공출인 수를 할당했던 것입니다. 그래서 표면상은 모집이지만 실상은 강제였던 거지요. 그렇게 응모하게 돼서 간단한 구두시험과 필기시험을 통과하고 포로감시원이 되었습니다.

1942년 6월에 조선 전역에서 약 3천 명의 청년이 징용되어 부산에서 2개월간 훈련을 받았습니다. 포로감시원이라고 해서 포로들의 풍속습관이라든가 언어를 공부한다고 생각했는데 그와는 전혀 달랐습니다. 다른 초년병보다 더 엄격한 군사훈련을 받았습니다.

▶ 태면철도 현장으로

그 후에 자바, 수마트라, 태국 등 남방지역의 포로수용소로 파견되었습니다. 싱가포르가 함락돼서 수십만 명의 포로가 발생했던 것입니다. 그 포로들을 군용도로와 비행장, 철도 건설 같은 노역에 활용하려고 우리 같은 관리 요원들이 필요했던 것입니다.

내 경우는 유명한 그 태면철도(태평양전쟁 중에 타이와 미얀마를 연결하던 철도)에 배속되었습니다. 태면철도는 태국의 논프라독에서 미얀마의 탄비자야를 잇는 철도로 415킬로미터나 됩니다. 우리는 1942년 9월 하순에 사이공(현재, 호치민)에 상륙했고 기차를 타고 배로 갈아타서 강을 거슬러 올라 가까스로 현지에 도착했습니다.

그곳은 태국 포로수용소 제4분소였는데 1만1천 명의 포로가 있었습니다. 이 인원을 17명의 일본인 하사관과 130명의 조선인 포로감시원이 관리했던 것입니다. 관리라고는 하지만, 도망가지 못하게 감시하는 것뿐만이 아니었습니다. 철도대에서 태면 철도건설 노동력을 요구하면 포로들을 제공하는 일도 했습니다.

그곳에서 나는 동료 여섯 명과 같이 영국·네덜란드·호주의 포로 500명을 데리고 힌톡으로 가라는 명령을 받았습니다. 이곳은 태면철도 건설에서도 가장 힘든 곳 중의 하나로 조선인군속(포로감시원) 여섯 명만으로 그들을 관리하게 됐는데 이것이 나중에 포로 학대로 고소를 당하게 되었던 것입니다.

힌톡에 도착했는데 이것은 전인미답의 울창한 정글로 낮에도 어두컴컴했어요. 철도건설이라고 했지만 먼저 정글 한가운데에 우리가 거처할 숙사를 만들어야 했습니다. 대나무가 덩어리져서 잘라내는 것만으로는 넘어가지 않았어요. 밧줄을 묶어서 대여섯 명이 잡아끌어 넘어뜨리면서 조금씩 장소를 확보했고 그곳에 대나무로 바닥을 깔고 니파

야자잎으로 지붕을 이은 연립숙사를 만들었습니다. 비가 내리면 흠뻑 젖지만 옷이 배급이 안 돼서 입은 채로 견뎌야 했습니다.

식량도 조달하지 않으면 안 됐습니다. 태국은 쌀이 잘 나는 곳이지만 포로에게 돌아갈 만큼 충분하지 않았고 채소도 거의 없었어요. 게다가 그쪽은 우기가 되면 식량과 물자를 운반할 배도 지나갈 수 없게 됩니다. 식량의 질이 나빠서 설사하거나 병에 걸려도 약은 거의 없었습니다. 그렇게 의식주 모두 최악의 환경에서 철도 강행공사를 하는 것이었습니다.

태면철도는 철도 9연대가 담당하고 있었고 그 시설이 100킬로미터 정도 떨어진 곳에 있었습니다. 우리는 매일 저녁에 메모와 구두로 "내일 포로 몇 명을 보내라."는 지시를 받습니다. 그에 따라서 우리가 포로대표에게 전하는 겁니다.

우기가 되면 이질, 말라리아, 콜레라와 같은 전염병이 만연했습니다. 그 무렵에는 포로들도 영양실조로 매우 약해져 있었는데 수가 모자라면 환자도 동원이 됐어요. 영양 섭취도 못하고 휴양도 하지 못한 상태에서 많은 사람이 죽어갔습니다. 우리만으로 총무와 노무일 전부를 했기 때문에 싫어도 어쩔 수 없이 포로들과 매일 얼굴을 마주해야 했지요. 그러자 얼굴도 기억하고 이름도 기억하게 됐습니다. 그때는 나도 열여덟 살이었고 훈련에서 주입당한 군인정신이 왕성했기 때문에 포로에게 얕보여서는 절대 안 된다고 생각하고 있었습니다. 그래서 학대할 생각이 아니라 상부의 명령에는 절대적으로 복종하자는 일념이었습니다.

▶ 용의자 확인검속에 걸려서 전범용의자가 되다

1943년 10월에 태면철도가 완성되자 산속에 있던 포로수용소는 방콕으로 집결하게 됐습니다. 내가 일본 패전 소식을 들은 것도 방콕에서였지요. 그곳은 총괄본부 같은 곳인데 포로들 수도 얼마 안 됐기 때문에 패전해도 포로들로부터 보복 린치는 없었지만 현장 수용소에서는 여러 문제가 있었다고 합니다.

일본이 패전했다고 들었을 때는 전쟁이 빨리 끝나서 좋다고 생각했습니다. 어찌 됐든 해방된 조국에 돌아갈 수 있다는 기쁨이 있었으니까요.

패전은 일본인 상관에게 들었는데 별다른 제대식이 있었던 것도 아니고 적당히 나가 달라고 해서 삼삼오오 방콕거리를 흩어져서 갔습니다. 태국은 절이 많이 있었는데 절의 경내에서 그날그날을 보내면서 귀환선이 오기를 기다리고 있었습니다. 그러던 어느 날, 연합군 명령으로 "고려인회로 집합하라."는 통지를 받았습니다. 고려인회는 조선인 군인, 감시원, 민간인이 모여 만든 조직입니다. 지정된 장소에 가서 보니 무시무시한 경계상황이었고 내일 이곳에서 용의자 확인검속을 한다는 것이었습니다. 다음 날 아침에 광장에 갔는데 영국·네덜란드·호주 병사들이 모여 있었고 그 앞을 우리가 일렬종대로 지나갔던 것입니다. 그곳에서 "컴온" 하고 불려갔는데 그것으로 끝. 그것이 전범용의자가 됐던 순간입니다.

전범을 잡는다는 이야기는 듣고 있었지만 내가 그 대상이 될 거라고는 생각지도 못했기 때문에 용의자 확인검속에 걸렸을 때는 정말 절망했습니다. 포로를 학대했다는 자각은 전혀 없었고 다만 명령을 충실히 실행했을 뿐이었습니다. 기억나는 것이 있다면 따귀를 한 번 때린 정도인데 따귀 때리기는 일본 군대에서는 일상다반사였습니다.

하지만 그들이 말하는 포로 학대는 개인적으로 때린 것보다도 관리상의 문제, 즉 시설이 나빠서 비가 새고 병에 걸려도 약이 없고 환자에게 노동을 시킨 것에 대한 원한이었습니다. 물론 내 위에는 일본인 상사가 있었지만 내가 여러 연락 담당을 하고 있었기 때문에 그들 눈에는 내가 책임자처럼 보였을지도 모르겠습니다. 그래서 나는 네 명의 포로에게 고소당했던 것입니다.

나는 짐을 가지고 트럭에 실려 태국 반완형무소로 끌려갔습니다. 이곳은 정치범을 수용하는 곳이었는데 이미 조선인 감시원과 일본인 헌병대원 등 수십 명이 있었습니다. 그리고 다음 해인 1946년 4월에 싱가포르 창이형무소로 이감됐는데 그곳은 참혹한 곳이었습니다. 신체검사부터 시작해서 때리고 밟는 것은 물론이며 식사도 제대로 주지 않아서 갈비뼈가 앙상하게 말랐는데 불볕더위에 맨발로 체조를 시켰습니다. 많을 때는 수천 명이 모였던 것 같습니다.

재판이 시작된 것은 가을 무렵이었습니다. 기소장에는 "히라무라는 힌톡 캠프의 지휘관이다."라든가 "환자에게 노동을 시켰다."라고 적혀 있었습니다. 히라무라는 나의 일본명입니다. "내게 그런 책임은 없다."고 부정했지만 "네가 뭐라 해도 이 기소장으로 재판을 하는 것이다."라며 그대로 독방에 격리되고 말았습니다. 그런데 1개월 후에 무슨 일인지 기소장이 각하됐다면서 다시 공동감방으로 옮겨졌고 연말에는 석방돼서 1947년 1월에 귀환선을 탔습니다. 일본으로 가는 도중에 연료와 식량을 보급하기 위해 홍콩에 기항했을 때, 다시 호출되어 창이형무소로 되돌아가게 됐습니다. 그곳에서 다시 같은 기소장을 받았습니다. 이번에는 아홉 명이 나를 고소했던 것입니다. 내용은 앞에 있는 것과 같습니다. 나중에 다시 만났던 던로프 중령의 이름도 들어 있었습니다.

1947년 3월 18일, 형무소 안에 있는 가설 법정에서 재판이 열렸습니다. 아홉 명이 나를 고소했는데 증인으로 나온 사람은 한 사람도 없었습니다. 단지 진술서뿐이었지요. 하지만 재판소도 그것을 그대로 믿어서 내가 하는 말은 귓등으로도 들으려고 하지 않았습니다. 재판 전부터 사형이 결정된 것 같았습니다.

일본에서 파견된 변호사도 있었지만 조선인에 대한 차별의식이 있었다고 나는 생각합니다. 내 상사였던 사람을 증인으로 세우려고 했는데 연락이 닿지 않는다든가 거절한다고 했습니다. 시간이 흐른 뒤에 내가 그 상사를 만났을 때 물었더니 그런 연락은 받은 적도 없고 내가 사형선고를 받은 것도 몰랐다고 하는 것이었습니다.

3월 20일, 또 한 번 재판을 했고 바로 판결이 내려졌습니다. 교수형이었습니다. 설마 사형선고가 내려질 거라고는 상상조차 못 했습니다. 망연자실했지요. 수갑이 채워졌고 그 수갑의 차가움 때문에 정신이 바짝 들었습니다. 조선인 감시원 중에 148명이 전범이 됐고 23명이 사형을 선고받아서 현지에서 처형당했습니다.

▶ 사형수가 되어서

사형판결을 받은 나는 사형수 전용의 P홀에 수감되었습니다. 그때 14, 5명 정도 있었던 것으로 기억합니다. P홀에 들어가면 대부분 수감돼서 3개월째에 사형집행을 당했습니다. 한 번에 세 명씩 집행되었고 나도 대여섯 번 정도 그들을 배웅했습니다.

P홀에서는 점차 고뇌가 깊어갔습니다. 모든 동포가 조국이 해방돼서 기뻐하고 있는데 나는 전범으로 죽어야 한다니. 대체 누구를 위해, 무엇을 위해서 죽는 것인가? 죽음을 납득할 수 없었습니다. 일본인의 경우는 자기 나라를 위해 죽는다는 마음의 의지가 있지만 우리의 경우는 그것조차 없었습니다.

죽어간 동료들도 같은 이유로 고뇌하며 죽어갔다고 생각합니다. 정말 견디기 힘든 원통함이었습니다. 이렇게 생각하니 위안을 주는 말 따위는 없었습니다. 지금 내가 조선인 BC급 전범을 위해 여러 가지 운동을 하는 이유도, 원통한 생각을 품고 죽어 간 친구들의 한을 풀어 주고 싶은 일념에서입니다.

나머지는 민족적인 빚 때문입니다. 우리는 강제동원되었다고 생각하지만 그 상황 속에서도 항일운동을 했던 열사들을 생각하면 같은 민족으로서 빚진 기분이 듭니다. 그래서 우리는 조국에 뭔가를 요구할 마음은 전혀 없습니다. 그쪽에서 해준다면 그저 맡길 뿐입니다.

▶ 동료들을 배웅하다

사형을 집행할 때는 그 전날 저녁에 인도인 대위가 통고서를 가지고 옵니다. 그리고 다음 날은 희망자만 모여서 만찬회를 엽니다. 만찬회라고 해도 일본식으로 밥, 된장국, 튀김 등의 간단한 것이었습니다. 형무소 근처의 트롱캠프에는 귀환선을 기다리는 사람들이 있었는데 음식은 그곳에 부탁했습니다. 대체로 두 시간 정도였습니다. 술은 나오지 않았지만 담배를 피우고 노래를 부르기도 해서 정말 내일 죽으러 갈 사람들이냐고 생각될 정도로 밝은 모습이었습니다.

그렇게 마지막 만찬이 끝나면 교수대에 가장 가까운 방으로 옮겨져서 마지막 밤을 지내게 됩니다. 다음 날 아침 여덟 시에 사형이 집행되므로 일어나서 맨 먼저 샤워를 하고 일본국가 〈기미가요〉, 군가 〈우미유카바〉를 부릅니다. 그 후에 일단 방으로 돌려보내서 얼굴에 두건을 씌우고 교수대로 데려가는 겁니다. 그 발걸음 소리가 탁탁탁 들리는가 싶을 때, 일본인은 "천황폐하만세", 한국인은 "대한독립만세"라고 외치는 소리가 들립니다. 그야말로 전 세계로 울려 퍼질 것 같은 외침이 들려오고 이어서 탕하는 소리가 납니다. 그것이 사형 집행하는 순간입니다. 눈에는 보이지 않지만 같은 감방 안이어서 손에 잡히듯 알 수 있었습니다.

 나도 딱 한 번 만찬회에 참석했습니다. 일반적으로는 본인 이외에는 참석할 수 없는데 그날은 동포인 임林 씨의 만찬회였습니다. 그는 음식에는 일절 입을 대지 않았고 노래도 부르지 않고 그저 묵묵히 시간만 보내고 있었습니다. 그리고 다음 날 아침에 헌병에게 부탁해서 마지막 인사를 하러 임 씨에게 갔습니다. 그는 내게 "히라무라 씨 부디 감형 받기를 바랍니다. 감형 받고 나가서 임이라는 인간은 그렇게 나쁜 인간이 아니었다는 사실을 알려 주세요."라고 말하는 것이었습니다. 하지만 나도 죽을 사람이었기에 어떤 대답을 할 수 있었겠습니까? 다만 머리를 숙이고 악수를 했을 뿐입니다.

 그런데 반년이 지나도 나의 사형집행 통지가 오지 않았습니다. 그리고 11월 7일에 호출을 받고는 올 것이 왔다고 생각하면서 사무소로 갔는데 20년으로 감형되었던 것이었습니다. 그런 상태에 처하면 인간은 바보가 되어버리는지 기쁨도 그 어떤 것도 느낄 수가 없었습니다.

 감형된 이유는 다음과 같습니다. 나는 한 번 석방된 상태에서 같은 죄상으로 다시 체포당해서 사형판결이 내려졌던 것입니다. 사형집행의 경우는 그 나라의 법무장관의 재가를 받아야 하는데 내 경우는 법무장관이 "한 번 석방한 사람에게 이번에는 사형을 구형하는 것은 너무 가혹하다. 다른 전범과 별반 다르지 않으니, 감형하라."고 했던 것 같습니다. 그런데 영국군이 이를 수용하지 않아서 나를 고소한 아홉 명 중의 한 사람인 던로프 중령에게 의견서를 내라고 했지만 그가 내지 않아서 감형이 되었던 것입니다. 이 이야기는 나중에 그와 재회했을 때 들었습니다.

 내가 군대에 있을 때, 한국에 있는 어머니는 눈이 오나 비가 오나 매일같이 기도를 드렸다고 합니다. 새벽녘에 우물에서 정화수를 길어와서 그 물을 부처님께 올리고 아들이 무사히 돌아오기를 빌고 또 빌었던 거지요. 조선은 우물이 멀리 떨어져 있었기 때문에 무척 힘든 일이었습니다. 스가모형무소에 있을 때 이 이야기를 듣고 감형 받은 것은 어머니의 기도 덕분이라고 생각했습니다.

▶ 창이에서 싱가포르, 그리고 스가모로

태국에서 싱가포르의 창이, 그리고 우오드럼형무소로 이관된 후에 1951년 8월에 일본인들과 함께 일본의 스가모형무소로 이관되었습니다.

그 무렵 한국은 조선전쟁이 한창이었습니다. 조선전쟁 발발을 알게 된 것은 우오 드럼형무소에 있을 때인데 그때는 왜 동족끼리 서로 죽여야 하는지 참담한 마음이었습니다.

스가모 안에서는 평화와 사회경제, 노동문제 등 다양한 공부 소모임이 있어서 나도 많은 공부를 했습니다. 일반 사회인이 다니는 주오노동학원에도 일 년간 다녔습니다. 스가모에서는 형무소 관리를 일본이 맡게 된 후부터는 외출도 자유로이 할 수 있었고 형무소에 있으면서 밖에서 직업을 구할 수도 있었습니다. 형무소 안에 극장이 생겨서 스모와 야구, 연극도 했습니다. 하지만 결코 편안한 나날은 아니었습니다. 샌프란시스코 평화조약을 계기로 석방을 기대하고 있었는데 어긋나기도 했고 수많은 고뇌도 있었습니다.

1958년 5월 30일에 드디어 스가모형무소에 남아있던 전원이 석방하기에 이르렀습니다.

▶ 한국 출신 전범자 '동진회'를 결성

전범 중에서 나는 늦게 석방된 편이었습니다. 그 전에 석방된 동료들 중에는 어차피 석방되어도 길거리를 헤매고 다닐 뿐이라고 석방을 거부한 사람도 있었습니다. 일본인은 석방되면 가족이 마중하러 와서 기쁘게 나가지만 우리는 마중 올 사람도 없을 뿐 아니라 살 곳도, 일도 없었던 것입니다.

쇼와 30년(1955)과 31년에 석방된 사람이 생활고로 자살한 일이 있었습니다. 한 사람은 철도로 뛰어들었고 또 한 사람은 신사의 경내에서 목을 매었습니다. 쇼크였습니다. 이것은 남의 일이 아니었지요. 우리는 스가모형무소에 있는 편이 났다고 하면서 석방을 거부했고 주택과 취직 알선, 일시 생활비 지급 등을 요구하는 운동을 시작했습니다. 그런 운동을 한 성과가 있어서 쇼와 30년에 주택시설이 생겼고 그리고 도영都營주택에 우선 입주를 인정받아서 내가 출소할 때는 어느 정도 개선되어 있었습니다.

이런 요구는 처음에는 청원 형태로 냈는데 이렇게 해서는 무시만 당할 뿐이었어요. 그래서 그사이에 수상관저 앞에 들어앉기도 하고 관저 문에 몸을 부딪치면서 항의 행동을 하게 되었습니다. 경찰과 대응한 적도 있습니다. 그리고 1955년 4월에 모두가 하나가 되어 전진하자는 의미를 넣어서 '한국출신전범자동진회'를 결성했던 것입니다.

▶ 경제적 기반이 된 동진택시

운동 덕분에 주거 문제는 조금씩 개선되었지만 일 문제는 점점 더 심각해져 갔습니다. 부탁할 친척도 지인도 없고 게다가 조선인은 차별해서 어디도 고용해 주지 않았지요. 그래서 모두 의논한 결과, 택시 회사를 만들기로 했습니다. 이게 가능했던 것은 스가모형무소에서 수형자를 위한 취업 훈련으로 운전면허증 취득과 이발사 또는 자동차 정비공 등의 공부를 시켜줘서 동료 중에 운전면허를 가진 사람이 많았던 것입니다. 쇼와 33년(1958)경에 동료들과 계획을 세웠습니다.

하지만 가장 중요한 자본금이 모이지 않았습니다. 그래서 이마이 도모후미井知文 선생님에게 의논하러 갔습니다. 이마이 선생님은 도쿄 에도가와구 히라이에서 이비인후과를 개업한 의사였습니다. 이마이 선생님 부부를 빼고서는 스가모의 역사를 말할 수는 없다고 할 정도로 BC급 전범 석방을 위해 큰 공헌을 하신 분입니다.

이마이 선생님은 스가모 안에서도 한국인 전범이 있다는 것을 알고 놀랐다고 합니다. 그래서 가엾다는 생각에 자주 면회를 와 주셨고 석방된 동료들의 주거와 취직을 도와주셨던 것입니다. 우리는 뭔가 있을 때마다 선생님께 의논을 드렸는데 그때 자본금이 없어서 힘들다고 했더니 바로 200만 엔을 준비해 주셨습니다. 당시에 200만 엔은 거액이었지요. 이렇게 해서 쇼와 35년(1960) 7월에 택시회사 인가를 받고 동료들을 모아서 동진교통이라는 회사를 시작했습니다. 경제적으로 받쳐줬던 동진교통이 있어서 여러 문제가 있었음에도 동진회가 지금까지 지속할 수 있었다고 생각합니다.

동진교통은 쇼와 60년(1985)에 모든 주식을 동진회의 밖에 있는 사람들에게 양도했고 소위 '전범택시'는 사라지게 됐습니다. 할 수만 있다면 2세들에게 물려줘서 그들이 어른이 돼서 왜 자신들이 일본에 살게 되었는지를 알고 싶어 할 때, 아버지들의 역사를 아는 실마리가 된다면 좋겠습니다. 하지만 주주가 귀국하고 타계하고 독립 등으로 감소했고 의견이 서로 달라 기업경영이 힘들게 되었습니다. 그래도 큰 성과는 남겼다고 생각합니다.

▶ 형량은 일본인, 보상은 외국인

1952년에 샌프란시스코 강화조약이 발효됐을 때, 조선인과 대만인은 자동으로 일본 국적을 상실했습니다. 강화조약 11조는 일본 국민을 대상으로 하고 있으므로 일본 정부는 우리를 석방시켜줄 거라고 생각하고 있었는데 아니었습니다. 변호사연합회의 협력을 받고 인신보호법을 적용해서 당장 석방하라는 소송을 제기했습니다. 하지만 대법원에서 "형을 부과할 때는 일본인이었으니까 형을 집행하는 것은 전혀 지장이 없다."는 이유로 각하되고 말았습니다.

하지만 생각해보세요. 일본인 전범은 국가에서 원호법(군인과 군속 등의 공무상 부상, 질병, 사망에 대한 국가보상금)과 은급법(군인이 퇴직 또는 사망한 후에 본인 또는 유족에게 지급되는 생활지원금)에 따라 갖가지 보상을 받고 있는데 우리에게는 형량은 일본인과 같이 복역하라고 하면서 일본 국적이 없으니까 원호와 보상은 해줄 수 없다고 합니다. 이것은 아무리 생각해도 도리에 맞지 않습니다.

하지만 한국 정부는 전범 문제는 회담 대상이 되지 않는다고 하고 있으며 우리 또한 이것은 일본 정부의 문제라고 생각해서 지금까지 그 해결을 요구해 왔습니다. 한일회담의 벽은 두껍고 동료들은 점점 고령화돼서 죽어갑니다. 이대로라면 우리들 생시에는 문제해결이 되지 못할 것입니다. 그래서 우리를 지원해주고 있는 게이센여학원대학의 우쓰미 아이코內海愛子 교수와 타개책을 논의했고 사법부로 가지고 갈 수밖에 없다는 결론을 냈습니다. 1991년 11월 12일에 일본 정부를 상대로 소송을 제기했습니다.

재판 근거는 "일본이 우리를 강제적으로 징용한 것, 2년 계약을 지키지 않은 것, 그리고 군 복무 중에 책임을 대신 떠넘겼다는 것, 일본인 전범과의 차별 처우, 50년이 지난 지금도 성의를 가지고 대처하지 않는 무례함." 등입니다. 이를 근거로 조리條理재판에 제소해서 8년에 걸쳐 법정 증언을 했지만 판결은 모두 우리들 주장을 인정하면서도 전쟁 후 보상 입법이 없다면서 기각당했습니다.

하지만 법원은 판결은 기각하면서도 부언으로 "이것은 나라의 입법 정책의 문제이므로 입법해서 문제를 해결할 필요성이 있다."고 입법화를 촉구하고 있습니다. 그래서 이번에는 의원입법을 만드는 운동을 시작했습니다. 하지만 최종결심에서 6년 이상이 지난 지금도 여전히 해결되지 않았습니다.

작년(2005년) 4월에 동진회 50주년을 축하하면서 이 문제를 해결하려고 노력했지만 잘 안됐습니다. 작년 8월까지는 자민당에서도 이해하는 의원도 있었지만 실제로 법안을 제출하는 것은 어려운 일이라고 합니다. 입법부는 사법부의 견해를 더욱더 진지하게 받아들여서 빠른 입법 조치를 강구하기를 진심으로 간청합니다.

일본에 사는 동진회 멤버는 50명인데 모두 고령화되고 타계해서 1세대는 열 명뿐이고 나머지는 유족 세대입니다. 어찌할 바를 모르고 있는데 작년 8월에 한국 정부는 한일회담 당시의 문서를 공개했습니다. 그 안에 한국 측의 "BC급 전범 문제는 어떻게 할 것인가."에 대해 일본 측이 "그것은 개별적인 문제로 검토하자."라고 대답한 자료가 있었습니다. 즉 일본 측이 주장하고 있던 "한일회담에서 해결했다."는 것은 거짓말이었던 것입니다.

그래서 이런 문제는 한국 정부에서 일본 정부로 제기를 해야 한다고 생각했고 작년 11월에 서둘러서 한국의 외무부와 정부 산하단체를 방문했습니다. 이 문제를 일본 정부에 문제제기를 해 주기를 한국 사회와 국회의원들에게 호소를 했습니다. 지금까지는 민족적인 빚 때문에 한국정부에 아무것도 요청하지 않았지만 이대로라면 아무런 해결도 못 한 채 모두 죽어버려서 잊힐 것입니다. 그렇게 되기 전에 할 수 있는 일은 해두고 싶은 것입니다.

▶ BC급 전범은 강제동원의 피해자

기쁜 일도 있었습니다. 한국에서는 작년에 '일제강점기 강제동원피해 진상규명위원회'가 설치되었는데 거기에 우리가 동원된 상황을 신고한 결과 "BC급 전범은 강제동원의 피해자다."라고 인정해 줬던 것입니다.

그때까지 한국에서는 우리를 친일파라든가 대일협력자로 간주하고 있었는데 일본의 천황에게 충성을 맹세하기 위해 응모한 것이 아니라 강압적으로 동원된 사실을 호소했고 정부가 이를 인정해 줬던 것입니다. 친일파라는 오명을 씻고 드디어 명예회복을 할 수 있었던 거지요. 자기 민족에게 냉안시 당하는 것만큼 괴로운 일은 없을 것입니다.

일본에서는 동진회를 통해서 33명이 신고했고 전범으로 사형당한 12명에 대해서는 친구의 이름으로 신고를 했습니다. 그 외에 일본에 있어도 연락이 되지 않는 사람들과 유족이 없는 사람들도 하루빨리 신고해서 인정받고 싶습니다. 신고하지 않으면 인정받지 못합니다. 스가모에서 석방돼서 한국으로 돌아온 사람도 70여 명 정도 있는데 그들은 한국에서 신고했을 거로 생각합니다. 북한으로 귀국한 사람들도 네댓 명 있는데 그들의 소식은 모릅니다.

니치렌슈이케가미혼몬지(도쿄 이케가미에 있는 절)의 쇼에이엔照榮園에 창이형무소에서 처형당한 이들의 위령비가 있는데 명예회복이 결정됐을 때는 그들의 영전에 보고하고 왔습니다. 지금까지 이 운동을 해 온 것에 진심으로 보람을 느낍니다. 시대의 흐름도 있겠지만 긴 시간 동안 했던 운동이 축적돼서 성과를 냈다고 생각합니다. 아무것도 하지 않았다면 인정해주지 않았을지도 모르겠습니다.

▶ 60년이 지나서

인생은 어디서 어떻게 될지 모르지만 내가 걸어온 인생이 남에게 비난받는 일이 되고 싶지는 않습니다. 나는 성실이라는 말을 좋아하며 성실하게 살아야 한다고 생각합니다.

그리고 죽어간 동료들의 마음의 한을 풀어주지 않으면 안 된다고 생각합니다. 이것만은 늘 머릿속에서 떠나지 않습니다. 그래서 지금까지 힘내서 살아올 수 있었던 것입니다. 내가 살아있는 동안은 최선을 다하고 싶습니다. 한국에서 명예회복은 됐으므로 이제는 일본 정부의 사죄와 국가보상을 받아서 동료들의 영전에 보고하고 싶습니다. 이것이 살아남은 우리들의 사명인 것입니다.

19

눈앞에서 내 나라가 세 번 사라졌다
박진산 朴進山(남)

취재일: 2004년 7월 5일, 2006년 7월 20일, 10월 20일, 11월 1일, 25일
출생지: 경상남도 합천군 삼가면
현주소: 도쿄도 스기나미구
생년월일: 1925년 6월 6일
약력: 구제舊制 마산중학교 졸업. 1943년, 삼가공립국민학교(초등학교) 교원이 된다. 1947년, 한국육군사관학교(제5기)에 들어간다. 1948년 4월, 육군소위 임관. 한국육군 제6연대(대구) 보급관 중대장이 된다. 10월, 육군 중위로 진급해서 보병 제10연대(강릉) 연대부관, 제1과(행정·인사) 주임 장교로 근무한다. 1949년, 국가보안법에 저촉되어 서대문형무소에 투옥된다. 조선전쟁 시, 인민군이 서울을 점령했을 때 출옥. 1950년 가을, 난을 피해 도일. 주오中央대학 경제학부 졸업. 1957년, 호세이대학 대학원 졸업(경제학석사). 재일본조선신용조합협회(조신협)에 입사. 각지의 조은朝銀·조신협朝信協 임원을 거쳐서 1972년, 조신협 부회장, 조신건강보험조합 이사장, 조신후생연금기금 이사장 등을 역임. 1990년 퇴직. 현재, 주오대학 재일한국동창회 부회장, 국립경북대학교 상국相國장학재단 이사. 저서『일본과 한국의 관료제도―그 성립과 변천』(남운당).

취재: 오구마 에이지, 오야마다 모리타다, 오치아이 가즈토, 고수미
원고집필: 고수미 / 번역: 고경순

▶세 번 바뀐 내 나라

　1945년부터 1950년 사이에 내 눈앞에서 국가가 사라지는 것을 세 번 경험했습니다. 우선 1945년에 일본제국이 없어졌습니다. 1949년

봄, 군의 숙청에 걸려서 육군형무소에 들어갔을 때는 대한민국이었는데 다음 해 1950년에 나왔더니 서울시가지는 북조선의 인공기가 펄럭이고 있었고 대한민국이 없어졌어요. 그런데 9월 중순이 되자 조선민주주의인민공화국과 인민군이 서울에서 사라졌던 것입니다.

▶ 보통학교, 마지막 졸업생

나는 1925년에 경상남도 합천에서 태어났습니다. 내가 살던 삼가면은 인구가 대략 1만 명 정도의 농촌이었습니다. 합천군에 있는 17개면 중에서 도청소재지인 합천과 삼가면이 가장 컸습니다. 아버지는 관청의 서기로 재직하고 있었는데 면의 중심지에 살고 있었습니다.

나는 서당에서 한문을 공부한 후에 만 일곱 살 때 삼가보통학교에 들어갔습니다. 보통학교에서는 조선총독부에서 만든 교과서를 사용했는데 조선 역사는 역사 교과서의 3분의 1정도 밖에 되지 않았습니다. 그리고 국어(일본어) 독본, 산수 외에 조선어가 매일 한 시간 있었습니다. 창가도 일본과 조선의 동요를 배웠습니다. 나는 1938년에 졸업했는데 이때 보통학교는 일본과 같은 학제인 심상소학교로 개편됐고 바로 조선어 교육은 없어졌습니다. 그리고 3년 후에는 국민학교로 바뀌었습니다.

졸업 동기 60명 중에 5년제 공립중등학교에 진학한 것은 세 명이었습니다. 내가 중학교에 들어갈 때까지는 일본인과 조선인의 학교는 달랐는데 '내선공학內鮮共學'을 내세워 서울의 욱구중학교(현재, 경동고등학교)가 제1호, 마산의 마산공립중학교가 제2호로 개교를 하게 되었습니다. 일본인 60명과 조선인 40명인 두 개의 반이었습니다.

조선인 학생이 중학교를 들어가는 것은 매우 어려운 일이었습니다. 1938년에 마산중학교에 입학한 조선인은 각 군에서 한 명 정도였고 합천군 전체에서는 나 한 사람이었습니다. 당시에 '내선공학'학교는 수준이 높았어요. 마산중학교 경쟁률은 일본인은 2 대 1, 조선인은 8 대 1 정도였어요. 중학교 선생은 전부 일본인이었고 이 또한 수준이 높았지요.

1938년에 조선인에게도 육군특별지원병제도가 생겼고 1940년에는 창씨개명이 실시되어서 내가 중학교 3학년 때는 학급 전원이 일본식 이름으로 바꿨습니다. 현역 육군 장교가 대구 보병 80연대에 배속되어 군사교련도 시켰습니다.

▶ 국민학교 교사가 되다

1943년 3월에 중학교를 졸업했습니다. 대학진학을 하고 싶었지만 전시체제가 급변해서 학생은 근로동원과 학도병 출진 때문에 공부를 할 수 없게 됐으며 조선인에게도 징병제가 실시되었습니다. 관부연락선은 자주 격침당하고 생활용품과 식량은 모두 배급제로 바뀌었습니다. 일본으로 진학할 수 있는 상황이 아니어서 포기하고 1년 후에는 징병검사를 받을 때까지 고향으로 돌아와서 국민학교 선생이 되었어요.

내가 근무한 삼가공립국민학교는 아동이 600명 정도였고 교원은 일본인 교장과 선생이 네 명, 조선인이 열두 명 정도 있었습니다. 그때는 조선에서도 국민학교가 의무교육이 돼서 아동이 급증했습니다. 교실과 교사가 부족해서 1, 2학년 두 학급을 오전과 오후로 나눠서 2부제를 실시했습니다. 내가 담당했던 3학년과 4학년은 한 학급을 초과한 아동 30명씩을 합쳐서 학급 하나를 만들었습니다. 한쪽은 산수 계산·자습, 다른 한쪽은 국어 등을 10분씩 교대로 가르치는 방법이었는데 일인이역의 역할을 했던 거지요. 5학년 이상은 한 학급이 70명에 달했고 교실은 만원이었습니다.

3년째 되던 1945년에는 6학년 담임을 맡았습니다. 6학년 학생은 상급 학교로 진학하는 반이어서 책임이 무거웠어요. 또 6학년 학생이 운동회와 농업실습, 청소작업, 방공훈련 등에서 지도자 역할을 해낼 수 있도록 담임교사가 총지휘를 했기 때문에 바쁘기 그지없었습니다.

나는 1945년 1월에 징병검사를 마치고 입영을 기다리고 있었는데 8월에 종전이 되었어요. 패전과 무조건 항복하면서 열심히 일했던 식민지체제가 순간에 사라지고 일본인은 전부 귀환한다고 했어요. 그래서 나도 인생의 새로운 출발을 생각하게 되었습니다.

1946년 봄에 학교 선생을 그만두고 대학진학이나 대도시에서 취직하자는 생각을 했습니다. 하지만 일본이라는 나라가 소멸해버려서 사회기구 전체가 정지되어 있었습니다. 관청·학교·사회·공장도 대학·고등교육기관·행정기관도 모두 멈춰있었습니다. 나는 대학에 진학할 경제력이 없어서 반년 정도 회사에 다니고 있었습니다.

1947년 5월에 신제도인 육군사관학교 사관후보생 공모시험 광고가 신문에 났습니다. 지금의 한국육군사관학교입니다. 국비로 고등교육을 받고 군 간부가 되는 좋은 기회라고 판단했습니다. 그래서 부산역 앞에 있는 옛 일본군 군사부시설에 있던 제5연대 본부에서 시험을 쳤습니다. 8천8백 명이 시험을 치러서 400명이 합격했는데, 22대 1의 경쟁률이었습니다.

▶ 한국육군사관학교에 입학

조선은 군사력이 없어서 일본의 식민지가 됐기 때문에 이번에 독립한 이상에는 강대한 국군을 만드는 것은 필연이라고 생각해서 우수한 장교 양성이 긴요했던 것입니다. 1946년 1월 15일에 미군 정내에 국방경비대라는 군사조직을 만들게 되었습니다. 그리고 일본군과 만주국군 장교였던 조선인과 해외에서 독립운동을 했던 광복군 장교, 중국국민 정부군 출신의 장교들을 육군사관학교에 들였습니다. 군제, 군기, 군사용어도 통일되지 않았기 때문에 고급 장교들도 전부 사관학교에 입학시켰던 것입니다. 한국군의 모체가 될 이 간부들의 교육은 단기적으로 미군 장교와 군사영어학교 출신의 한국인 장교가 시켰습니다.

육군사관학교 제1기와 2기는 이렇게 다양한 장교 출신자 중에서 선발했고 단기교육을 해서 임관시켰던 것입니다. 그래서 각 도에 1개 부대 편성을 목표로 해서 국방군을 만들 준비를 했습니다.

나는 시험에 합격해서 1947년 7월 1일부터 제5기 국군사관후보생이 되어 군사교육을 받기 시작했습니다. 400명의 사관후보생은 제1연대(서울), 제3연대(전북 이리), 제5연대(부산), 이 세 곳에서 기초교육이 실시되었습니다. 나는 서울에서 7월까지 3개월 동안 교육 훈련을 받았습니다.

제1연대는 서울과 경기도에 주둔하는 근위연대에 상당했고 연대장은 중국군 출신의 소령이었습니다. 육군사관학교 본교 교장은 전 만주군 중위, 학생 대장은 전 일본육군 소위였습니다.

사관학교는 휴일도 없이 일본 사관학교 4년분을 1년에 끝내는 단기교육이었는데 매주 테스트가 있어서 거의 20% 정도가 낙오할 정도로 엄격했습니다. 나는 1948년 4월 6일에 졸업과 동시에 육군 소위로 임관했습니다.

▶ 제6연대에 보급장교로 배속되다

임관 후에 나는 대구에 있는 제6연대에 배속됐고 제6연대는 경상북도 전역의 경비를 담당했습니다. 1개 연대에 동기생이 35명 정도 배속됐는데 바라던 대로 고향 가까운 제6연대에 배속되는 행운을 누렸습니다. 한국 국방경비대는 1948년 4월에는 구 일본육군 경무기로 무장한 보병 9개 연대 약 3만의 병력이었는데 9월에 드디어 박격포와 유탄포를 갖춘 15개 연대 약 5만의 병력이 되었습니다.

1948년 건국 직전부터 조선전쟁이 발발하는 1950년까지 약 3년간은 매우 다난했지요. 그 무렵 남쪽은 사회질서는 잡히지 않았고 전쟁 때보다 더 빈곤한 생활에 허덕였으며 성인의 반은 실업자였습니다. 미군정과 남조선 과도정부의 통치 아래 여러 정당과 단체가 많이 생겨서 100명 있으면 100개의 정당이 있다고 말할 정도였습니다.

임관 당시 나는 소위였는데 대대의 부관 겸 대위가 하는 보급 장교 일도 맡고 있었기 때문에 두 사람 역할을 담당하고 있었습니다. 그때는 아직 병사兵舍도 없어서 일본이 남긴 방적 공장을 병사와 대대 본부 그리고 교육 시설로 사용했고 임원 사택을 장교 숙사로 사용했습니다.

▶ 중대장이 되어 1인 3역을 해내다

내가 하는 일은 연대 본부의 군수과와 미군부대에 가서 미군의 야전 전투식량을 받아오고 도청과 교섭해서 식량과 생활용품 배급을 많이 받아오는 것이었습니다. 장병은 배를 곯으면 훈련을 못 할 뿐 아니라 탈주하게 되는 것이지요.

그리고 3개월 정도 지난 1948년 7월에는 새로운 대대가 경상북도 북부지역 안동에 신설되어서 그 대대의 제1중대장으로 배속되었습니다. 1948년 8월 15일의 대한민국 건국을 안동에서 맞았습니다. 겨우만 스물세 살 때였습니다.

중대장은 부하 200명의 지휘관이며 교육자였습니다. 신설 부대여서 연병장이 없었는데 오전에는 농림학교와 중학교, 사범학교 교정을 빌려서 훈련을 했고 오후에는 낙동강 상류 모래사장과 들판에서 훈련을 했습니다. 또 군사용어와 군대 정신, 군제, 병기 등에 대한 교육과 한국 역사도 중등학교 수준의 교육을 했습니다.

일본군이 남긴 소총으로 무장하고 미군식 훈련을 했습니다. 중대장인 나는 그렇게 조선어 구령으로 움직이는 병사를 훈련시키고 있었습니다. 장교 복장은 미군 장교복과 같은 개버딘 하복이었고 일본군 장교처럼 긴 지휘도를 허리에 차고 있었습니다.

20대 청년인 병사들은 온종일 중무장해서 땀을 흘리면서 훈련을 하니까 양껏 먹이는 것과 내부에서 상하 질서를 지키게 하고 전우애를 키우고 중대를 하나의 가정처럼 만드는 것이 나의 의무였습니다. 또 만약에 병사가 맹장 수술이라도 하게 되면 부모님이 올 수 없으니까 중대장이 부모 대신 수술 입회도 해야 했습니다. 그래서 중대장은 지휘관·교육자·부모라는 3역을 혼자서 하는 것입니다.

▶ '4·3사건' 진압 출동을 했던 여수 14연대가 반란을 일으키다

그사이에 큰 사건이 있었습니다. 1948년 3월 제주도 4·3사건 폭동입니다. 그때도 데모라든가 파업은 있었지만 무장반란이 일어난 것은 제주도가 처음이었습니다. 당시 인구가 30만이었던 제주는 매우 가난한 곳이어서 제9연대 소속 2개 대대밖에 없었습니다. 반란이 일어났을 때, 제주도에 있던 군과 경찰만으로는 도저히 진압할 수 없었습니다. 그래서 각지 4개의 연대에서 각각 1개 대대를 급파하라는 명령이 내려졌습니다.

내가 있던 제6연대도 기초훈련을 마친 정예 제1대대를 보냈습니다. 대대장은 전 일본군 준위로 육사 1기 대위였습니다. 또 권총이 지급되지 않았으므로 일본군 군도를 차고 출진했습니다.

이때, 장교는 몇 명 정도 남아서 비어있는 부대를 지키고 경비와 지원업무를 했습니다. 나는 대대부관 겸 보급 장교였기 때문에 병자와

시설관리 직무를 맡아 남아 있었습니다.

6월경에 전라남도 여수에 제14연대, 경상남도 마산에 제15연대가 신설되었습니다. 원래는 제주도로 파견할 예정이었지만 여수 반란사건이 돌발하였습니다. 10월 19일, 제주도 출동 전날 밤에 여수 제14연대에서 남로당계 장교 두 명과 하사관이 지휘해서 반란을 일으켰던 것입니다.

진압에 갔던 대구연대 1개 중대와 전주 제4연대 일부도 반란군에 합류하게 되면서 국군 동지끼리 유혈 항쟁이 되어버렸습니다. 반란군은 남로당 게릴라 부대에 합류해서 지리산 유격대(이현상 부대)를 조직했는데 1949년까지 한국 육군과 경찰에게 탄압받아 일부는 지리산으로 도망갔고 그 후로도 게릴라 활동을 계속했던 것입니다.

▶ 숙청되어 장교 관직을 파면당하고, 투옥되다

1948년 가을, 북과의 국경 가까운 곳에 제10연대가 신설되었습니다. 3개월 초년병 제1기 기초훈련을 마친 안동대대는 제10연대에 전속됐고 나는 중위로 진급해서 연대본부에서 연대부관으로 근무하게 되었습니다.

나는 5기 중위 중에서 맨 먼저 연대 본부의 주임 장교가 됐던 것입니다. 일본군도 그렇지만, 육군사관학교는 졸업성적순으로 장교임관 군번이 정해집니다. 내 성적은 졸업생 380명 중에서 71번째였습니다. 나보다 성적이 좋은 사람들은 육군 본부, 국방부, 사관학교 등 요직으로 발탁됐던 것 같습니다.

1948년 가을, 나는 연대장을 수행해서 38선으로 순찰을 나갔던 적이 있습니다. 북한의 인민군 진지와의 거리는 불과 300~500미터 정도였습니다. 하지만 1948년 여름까지는 서로 식사는 무엇을 먹었다든가,

농담도 하는 그런 분위기였습니다. 해방돼서 불과 3년밖에 지나지 않았고, 곧 통일된다고 생각하고 있었으며 병사들도 옆 마을 동향 사람들이어서 전투적으로 대립하는 일은 적었습니다.

그런데 1948년 10월 여수 반란사건과 지리산 유격대가 결성된 후에는 분위기가 사뭇 달라졌습니다. 북에서 남하한 태백산 유격대의 활동이 활발해지면서 남북 간의 군사적 분쟁이 일어나기 시작했던 것입니다. 한국 정부는 1948년 12월에 국가보안법을 제정해서 본격적으로 국내 좌익세력을 탄압하고 검거에 나섰습니다. 그리고 국방부에서는 소위, 숙청이 강행되어 공포감을 확산시켰습니다.

여수 반란사건이 일어난 직후에 국가보안법이 제정됐지만 나는 그 사실을 재직 중에는 몰랐고 관심도 없었습니다. 그런데 어느 샌가 육군 본부에서는 장교들의 신분·가족 조사를 철저하게 했던 것 같습니다. 재조사에서 한국군대 중, 좌익 계통과 관련이 있다고 간주된 자는 순차적으로 검거해 갔습니다.

그리고 의외로 나는 갑자기 국가보안법 위반 피의자로 1949년 봄에 헌병사령부로 출두하라는 명령을 받았고 바로 육군형무소에 수감되었던 것입니다. 그때까지 나는 좌익운동에 관여한 적도 국가보안법을 위반하는 활동을 한 적도 없었습니다. 다만 해방 직후에 숙부가 고향에서 농민운동 간부 활동을 한 적은 있었습니다.

하지만 그것은 특별히 이상한 일도 아니었지요. 쇼와 초에는 일본에 유학했던 지식층 대부분이 좌익이었습니다. 또 해방 직후 조선의 농촌은 극심한 빈곤으로 8, 90%가 좌익세력의 영향을 받았을 거로 생각합니다. 그런데 계속되는 폭동과 반란의 위기에 직면했던 육군 상층부는 의심쩍은 모든 사람에게 국가보안법을 적용하고 전기고문 등을 가해서 반사 상태를 만들고 국가의 죄인으로 만들었습니다. 나는 군법회의에 부쳐져서 5년 판결을 받았고 군대 관직도 파면당해, 서울 서대문형무소에 투옥되었습니다.

제주도와 지리산, 이 두 전투지역에서 반란군에 가담한 사람들은 사형을 당했습니다. 그 외에도 남로당 조직관계자와 그와 가까운 사람까지 수백 명이 숙청되었습니다. 형무소 생활 중에 보고 들은 것과 제반 실정을 종합해 보면 당시 투옥된 육군 장교 가운데 남로당 관계자는 2, 30% 정도였고 대부분은 육군 특무대가 성적을 올리기 위한 희생자였다고 확신하고 있습니다.

1949년 말에 서대문형무소는 수감자가 정원의 2, 3배나 되어서 장기수는 마포구에 있는 마포형무소로 이감되었습니다. 1950년 6월 25일에 동란이 발발했는데 형무소 안에서는 전혀 몰랐습니다. 전쟁이 일어나고 3일 동안 식사도 주지 않은 채로 죽음 같은 공포의 시간을 보냈습니다. 그리고 28일 낮에 인민군 기습진격을 받아 서울이 점령됐고 형무소 문이 열렸습니다. 수형자 전원은 여름 햇살을 맞으며 붉은 벽돌의 옥문을 나섰습니다.

출옥했을 때는 대한민국은 없었습니다. 서울 정부청사와 도로에는 북의 인공기와 남진하는 인민군부대로 가득 차 있었습니다.

▶ 인민군의 서울 점령으로 출옥하다

형무소에서 나온 100명쯤 되는 장교들은 서울에는 집도 친척도 없어서 갈 곳이 없었습니다. 그래서 장교가 서울 출장을 올 때 묵는 지정 여관으로 모두 모였지요.

나는 형무소에 들어갔을 때, 영양실조로 허약해져서 겨우 걸을 수 있을 정도였습니다. 머리도 전부 잘리고 '805' 번호가 붙은 옅은 청색의 죄수복을 입고 있었습니다. 여관에서 일주일 정도 묵으면서 겨우 체력을 회복할 수 있었어요. 그리고는 부모님에게 달리 생존을 알릴 방법도 없어서 약한 몸을 이끌고 산길을 걸어서 고향에 도착한 것이 9월 초였습니다.

전선에 가까운 고향은 폭격을 받아서 가족들은 산속으로 피난 가서 방공호 같은 가설 판잣집에서 살고 있었습니다. 내가 나타나자 소식 불명이었던 장남이 살아 돌아왔다면서 가족들은 크게 기뻐했습니다. 나는 출옥 후에도 약해진 몸 때문에 한여름에 말라리아에 걸리기도 했지만 영양을 갖춘 식사를 하면서 어찌어찌 회복할 수 있었습니다.

그러던 중, 9월 중순경에 인민군이 후퇴했습니다. 라디오와 신문도 없는 농촌에서 처음에는 작전상 일부만 이동한다는 소문이 있었는데 미군이 반격해서 서울을 수복했다는 뉴스가 머지않아서 퍼졌습니다. 그래서 이번에는 한국의 90%를 지배하고 있던 북조선군이 소리소문 없이 사라져갔습니다.

나는 형무소에서 나온 후여서 한국군이 돌아오면 체포당할지도 모른다는 불안감이 있었습니다. 그래서 일본으로 탈출하기로 했던 것입니다. 마산에 있는 외삼촌 집으로 가서 외삼촌 친구들과 10톤짜리 밀항선을 타고 밤에 마산 바다를 출항했습니다. 그리고 한산도와 쓰시마를 경유하면서 300톤 정도의 연락선으로 하카타항에 상륙했습니다. 1950년 11월 초의 일이었습니다. 남북을 합한 동란의 희생자는 3백만 명에 달했다고 합니다. 나는 평화로운 일본에 도착했다는 안도감에 온몸의 피로가 몰려왔지만 기뻤습니다.

▶ 일본으로 망명, 그리고 대학에 진학하다

나는 친척이 있는 나고야로 갔습니다. 사탕공장 노동자와 하천공사 막노동꾼으로 일하면서 조금씩 학비를 만들었고 친척의 도움을 받아

1951년 4월에 도쿄 주오대학 경제학부에 입학했습니다. 이렇게 태평양전쟁 때문에 이루지 못한 대학 진학의 꿈이 드디어 이루어진 것은 내 나이 스물여섯 살 때였습니다. 동란이 끝나서 통일된 조국에 도움이 되기를 바라며 전문교육, 고등교육에 모든 힘을 쏟겠다고 결의했습니다. 이때의 일본은 패전 후 겨우 6년이 지났는데 '조선특수'로 경제가 급속하게 회복하기 시작합니다.

대학의 학내 문화단체에서는 '사달학회(변론부)', '사회주의연구회' 등에 들어가려는 학생들이 많았지만 나는 평범한 '통계학연구회'에 들어갔습니다. 수업을 마치면 지도교수와 열정적인 선배들과 함께 총리부 통계국에 가서 국세조사·경제계수조사의 집계분석 등을 도우면서 통계학 실무와 통계이론을 배웠습니다. 경제학 수업 사이에 법학부와 상학부 강의도 청강하면서 오전·오후 쉬지 않고 강의를 받았습니다.

당시에 주오대학의 조선인 학생 수는 약 300명이 있었습니다. 조문연(조선문화연구회)이 80%, 한문연(한국문화연구회)이 20% 정도로 기억합니다. 전학련(전일본학생자치회총연합)의 학생운동이 왕성했던 시대였습니다.

대학 재학 중에 조선동란 휴전이 성립되어 특수가 끝나자 불황이 심각해졌습니다. 1955년에 대학은 졸업했지만 취직을 할 수 없었어요. 그래서 호세이대학대학원 경제학연구과에 들어가서 재정학 금융론을 전공하게 되었던 것입니다.

당시 조선인 대학원생은 도쿄대학·메이지대학·호세이대학·와세다대학에 몇 사람이 있었습니다. 이들이 모여서 재일본조선 사회과학자협회를 만들었는데 나는 그 상임위원으로 재직하게 되었습니다.

1957년에 경제학석사 학위를 취득하고 졸업했습니다. 일본에서 조은(조은신용조합)과 상은(상은신용조합)이 막 생길 때였고 재일동포상공업이 발생하기 시작할 무렵이었습니다.

첫 민족금융기관은 1952년에 도쿄에서 남북계열이 함께 시작한 동화신용조합이었습니다. 신용조합은 도도부현都道府縣(일본의 행정구획) 지사가 인가·감독하고 중소기업 등 협동 조합법에 기초한 협동조합으로 중소영세기업전문 금융기관이었습니다. 내가 졸업할 때, 조은朝銀은 여덟 곳이 있었습니다. 그때는 일본인 임원도 있었고 직원은 일본인과 한국 국적, 조선 국적도 있는 상태였습니다.

이것들의 중앙조직으로 재일본조선 신용조합협회(조신협)가 있었습니다. 하지만 여전히 힘이 약했어요. 각각의 신용조합도 아직 경영기반이 약했고 운영 경험자도 적었지요. 나는 대학원에서 금융론을 전공했기 때문에 소문이 났던 것 같습니다. 그 당시에 재정금융을 연구해서 경제학석사 학위를 받은 것은 동포 중에서는 내가 처음이었습니다. 그래서 "조신협으로 와 달라."고 해서 근무하게 되었던 것입니다.

그때는 민족차별이 심할 때였고, 일본인조차도 취직이 어려웠던 때여서 조선인 대학생은 졸업하면 실업자가 되는 것이 흔할 때였습니다. 조선인의 직업이라고 해봐도 토목, 운송, 소규모 유기장 경영, 영세한 가내공업, 야키니쿠 가게, 고철상 정도였습니다. 어떻게 해서 몇 명은 대학 졸업한 후에 조선학교 교사로 취직하지만 급료는 적고 부정기적이어서 겨우 생활하는 정도였지요.

하지만 신용조합은 금융업이니까 수지타산이 맞기 때문에 이곳에 취직한 직원은 대체로 정확히 급료를 받을 수 있었지요. 1957년, 조선중고급학교 교원의 초임은 5천 엔 전후였는데 신용조합 대졸 직원의 급료는 7천 엔이었습니다. 일본 신용조합·은행 초임은 8천~9천 엔 하던 때였습니다. 나는 대학원 졸업이었고 조신협 사무국 총무부장 직위로 들어간 데다 나이도 신참 대졸자보다 열 살이나 많아서 1만5천 엔을 받았습니다.

▶ 민족금융기관 중앙조직·조신협에서 근무

　내가 조신협에서 근무할 당시 사무소는 아사쿠사역 근처에 있는 3층 건물인 동화신용조합 본점에 있었습니다. 1층은 동화신용조합 총무부와 영업부, 2층은 상공연합회, 조신협, 도쿄상공회, 무역협회 등 동포경제단체 사무소였고 3층에는 회의실과 큰 홀이 있었습니다.

　조신협의 이중관 회장은 동화신용조합의 전무이사도 겸임했고, 상무이사는 상공연합회에서 전직한 조직 활동가였는데 금융사업의 미경험자였어요. 남성 직원 한 명, 일본인 여성 직원과 나, 이렇게 네 명이 전임 임직원이었습니다.

　비상근인 이 회장은 제2차 세계대전 전의 관서대학 출신이며 오십대의 경제단체 경험이 풍부한, 매우 유능한 지도자였습니다. 그리고 동화신용조합 초대이사장 이재동 씨는 도쿄에서 다이토제작소를 운영했고 동포 상공인들에게 존경받는 인격의 소유자였습니다.

　조은신용조합의 당면과제는 신용조합 설립을 전국적으로 확대해서 대학·고등학교를 졸업한 동포 인재들을 등용하는 것과 영세한 동포 상공기업인들에게 사업자금을 더욱 많이 융자해서 재일 동포들의 생업, 기업의 안정과 성장에 공헌하는 데 있었습니다. 그래서 나는 매해 3개 현에 신용조합을 신설하기 위한 활동을 인구가 많은 현부터 시작했습니다. 상공회를 모체로 신용조합설립 발기인회를 조직한 다음에 조합원 300명 이상과 5백만 엔 이상의 출자금 동의를 얻어서 현縣지사 앞으로 설립 인가신청서를 제출했습니다.

　빠르면 1년, 때로는 5년에 걸쳐서 현청 당국과 교섭을 거듭해서 겨우 현지사의 인가를 얻어서 설립·개업하게 됩니다. 재직 중에 26개의 신용조합이 설립 인가를 받고 개업해서 신용조합 총수는 38개 조합이 되었습니다.

1990년경, 일본 전국에는 약 600개의 신용조합이 있었고 그 가운데 외국인 신용조합은 조은, 상은, 화은華銀(중국계)을 합치면 80개의 조합이 있습니다. 26개 설립이라는 것은 개인으로서는 내가 최다라고 생각됩니다.

조은신용조합의 인가 교섭에서 가장 힘들었던 곳은 홋카이도였습니다. 그때는 강경파로 알려진 경시총감 출신인 마치무라 긴고 지사 시절이었습니다. 세이칸연락선과 야간열차를 하루 밤낮을 갈아타거나 또는 프로펠러 비행기로 십 수차례에 걸쳐서 붉은 벽돌건물의 홋카이도청을 방문해서 끈질기게 허가를 요청한 끝에 드디어 1965년에 인가 개설하게 되었습니다.

조신협은 각지의 동포 신용조합사업의 확대성장을 지원함과 동시에 업무 내용의 합리화와 모든 불의와 차별을 극복하기 위한 협조체제의 강화와 창조적인 정책을 업계에 선행해서 추진했습니다.

그 외에도 신용조합 업계에서 처음으로 직원 연수원 개설(1964년), 업무 집중을 위한 전산처리 컴퓨터 계산센터의 설립(1976년, 대장성 인가), 중소기업금융공고公庫 등 정부계 금융기관의 장기저리융자의 조은대리업무 인가(1974년, 대장성), 모든 신용조합의 전표문서, 업무 용품 등의 집중작성·인쇄·제조·배포를 이행하는 조신상사주식회사의 설립(1978년), 조신협 산하 동포 조합 3천5백 명의 전임 임직원의 후생시설인 조은건강보험조합(1985년, 후생대신 인가), 조은후생연금기금(공법인, 1987년, 후생대신 인가)을 실현했습니다.

이 사이에 나는 1957년부터 1990년에 걸쳐 조신협 상무·전무이사, 조은 지바, 조은 오사카 신용조합 상무이사, 조은 가나가와 부이사장 등의 관리직에 종사했으며 1972년부터 1989년에 걸쳐서 조신협 부회장과 조신상사(주) 사장, 건강보험조합 이사장, 조신후생연금기금 이

사장 등을 겸직했습니다.

내가 퇴직한 것은 1989년 말이었는데 조신협 산하의 전국 동포 신용조합은 38도부현都府縣(홋카이도를 제외한 행정구획)에 38개 조합, 조합원은 10만 명, 예금 총액은 약 1조8천억 엔, 임직원 총수는 3천5백 명으로 일본에서 동포 조직단체로서는 최대 규모였습니다.

▶ 신용조합이 이루어 낸 큰 역할

조선인은 자신의 노동력을 팔아서 쥐꼬리만 한 임금을 받아서 생활을 해왔지요, 종전 직후까지는. 그 후부터는 조금씩 장사를 하게 됐던 것입니다. 호르몬(소나 돼지의 부산물) 가게라든가, 고철상이라든가, 덤프트럭 등 작은 가업이라도 생업이 되면 자금이 필요한 것이지요.

작은 가게라도 자금을 빌려주는 곳이 금융기관입니다. 약간의 자금일지라도 빌려주는 곳이 있다면 장사를 할 수 있게 되고 그 지원을 받고 점점 커져서 중소기업이 되어 가는 것이지요. 그런 경제적인 역할이 있기 때문에 사업 활동도 가능하고 학교도 설립되는 것입니다. 그래서 경제적인 면은 가장 중요하며 신용조합이 큰 역할을 해냈던 것입니다.

두 번째는 고용 문제입니다. 일본 사회는 조선학교를 나온 사람을 고용하는 곳은 없습니다. 신용조합은 사회적으로 평판이 좋습니다. 게다가 신용조합에서 장부를 작성하는 업무를 몸에 익혀두면 자기 장사를 해도 수지·채산에 대한 계산도 할 수 있고 사회적으로도 정확한 사람이라는 평가를 받을 것입니다. 20년 전에는 3천5백 명의 임직원이 있었기 때문에 그 가족까지 포함하면 대략 2만 명이 됩니다. 그래서 그 2만 명의 생활을 보장했던 거지요.

세 번째는 동포들의 협동적인 교류이지요. 일본 사회에서 조선인은 모여서 사는 것이 아니라 점점이 분포해 있습니다. 그 점을 연결시킨 것이 신용조합이지요. 일본도 고도성장이 시작되면서 농협은 단체로 국내여행을 하거나 해외여행을 하는 등 사회에서 매우 큰 역할을 합니다. 조은도 같습니다. 시골에서 장사하면 여행을 꿈꾸지 못합니다. 신용조합은 일수를 찍어 비용을 모아서 단체로 100명이나 200명이 같이 온천여행을 갑니다. 그렇게 같이 여행을 하게 되면 그것을 기회로 서로 친해지게 되는 거지요. 결혼 소개도 하고요. 이것이 1960년대부터 1970년대의 모습입니다. 이렇게 생활인으로서 교류한 것이 신용조합이었던 것입니다. 신용조합은 100%, 재일 동포의 생활에 유익한 일을 했습니다.

지금, 조신협은 없습니다. 내가 퇴직하고 10년 사이에 조신협의 각 지역 조은은 차례로 파탄이 났습니다.

나는 조신협에 재직했던 33년간, 민족금융기관의 시작부터 쇠퇴하고 파탄에 이르는 과정을 함께했다고 할 수 있습니다. 기회가 된다면 이 기록을 정리해 두고 싶습니다.

20

임시거처로 생각하고 부임한 가와사키교회
이인하 李仁夏(남)

취재일: 2006년 4월 11일
출생지: 경상북도 구미시 인의동
현주소: 가나가와현
생년월일: 1925년 6월 15일
약력: 일본에서 신학교를 졸업한 후에 캐나다 토론토대학 신학대학 대학원 졸업. 재일대한기독교 가와사키교회 목사, 일본그리스도교 협의회 의장, 가와사키川崎 교회 부속 사쿠라모토櫻本어린이집 원장, 유엔공인 반차별국제운동 이사, '재일 전후 보상을 요청하는 회'의 공동대표, 가와사키시 외국인 시민대표자회의 위원장 · 의장 역임. 히타치日立취직차별과 싸우는 '박 군을 지원하는 회'의 공동대표를 비롯한 '오힌'지구 거리 만들기 협의회 등 일본의 다문화공생사회를 지향하는 운동에 힘씀. 2008년 6월 30일 서거. 저서로는 『기류민의 외침寄留の民の叫び』(신교출판사), 『역사의 협간을 살다歷史の挾間を生きる』(일본그리스도교단 출판국) 등.

취재: 김금영 / 원고집필: 김금영 / 번역: 고경순

▶ 아버지에 대한 기억

1925년에 경상북도 칠곡군 인동면(현재, 구미시에 편입)에서 소작인의 아들로 태어났습니다. 아버지는 1896년생인데 일본어를 할 줄 알았습니다. 일본이 정책상, 공립보통학교를 각 면에 만들었지만 당시에는 생활의 여유가 있는 사람은 서당에서 한문 교육을 받았고 보통학교는 들어가지 않았어요. 우리 아버지는 가난했기 때문에 식민지배기에 가장 먼저 일본어 교육을 받았던 거지요.

아버지는 일본어가 가능해서 측량반에 삼각대를 메는 조수로 채용되어 일본인 측량 기사와 조선반도를 종단했던 것입니다. 그 후에 아버지는 총독부 공무원시험을 통과해서 경찰에 배속되었어요. 마을의 젊은이들에게 나는 일본인 앞잡이의 자식이라는 이유로 '개새끼'라는 욕을 들었습니다. 그래서 나는 아버지가 싫었습니다. 하지만 아버지도 복잡한 사정이 있었습니다. 나중에 아버지는 "특고(특별고등경찰) 형사는 죽어도 하지 않았다"는 말을 자주 하곤 했습니다. 특고 형사는 조선인을 사상적으로 단속하는 역할입니다. 아버지 나름의 저항이었던 거지요. 그런 사정은 나중에 알게 되었습니다.

▶ 중학교가 폐교되어 일본으로 가다

나는 다섯 살 때 공립보통학교에 들어갔는데 교사가 일방적으로 가르치는 일본어를 전혀 알아들을 수 없었어요. 집에서는 거의 조선어만 쓰니까 일상생활에서는 필요도 없었지요. 그래서 1학년이 끝나서 성적을 봤더니 재적 학생 60명 중에 59번째였습니다.

모르니까 학교에 가는 것이 싫었는데 아버지는 주먹을 휘둘러서 학교로 몰아넣었습니다. 그런 일을 되풀이하던 중에 폐렴을 앓아서 몸이 쇠약해졌습니다. 걸어서 한 시간 거리에 있는 시내에 가서 주사를 맞는 생활을 반복하면서 소학교를 졸업하는 데 8년이나 걸렸습니다. 그래도 성적이 3학년 때부터는 여섯 번째가 됐어요.

하지만 공립고등보통학교라고 불리는 중학교시험에 떨어져서 재수를 하게 되었어요. 재수할 때 창씨개명이 실시돼서 이와시로 마사오岩城政雄라는 이름을 사용하게 됐지. 시험을 두 번 쳐서 함경북도 청진에 있는 사립태성중학교에 들어갔는데 1학년을 마쳤을 때 이 학교가 폐교되어버렸어.

일본의 동화정책에서 보면, 이 사립중학교에서는 민족문화를 지키고 계승하려는 신념이 있었던 거지. 직원, 학교 교사와 이사는 조선인뿐이었으니까. 1학년이 끝나가는 어느 날 학교에 갔는데 일본 헌병과 경찰관이 서 있어서 안으로 들어갈 수 없었어요. 수일 후에 전교생을 모아놓고 교장 선생님이 눈물을 흘리며 부득이 폐교된다는 사실을 말해줬습니다. 그 말을 듣고 전교생이 오열했습니다.

폐교처분을 받았을 때, 청진경찰서장이 이 처사가 너무 가엾다는 생각을 했어요. 그래서 50명에게 일본으로 갈 도항증명서를 발급해 줬는데 나도 그 안에 들었던 겁니다. 우리 50명은 연락선으로 청진에서 후쿠이 현 쓰루가에 상륙해서 그곳에서 25명씩 교토와 도쿄로 갔습니다.

그때 아버지는 경찰 관료를 사직하고 일본의 비행장 건설 현장에서 감독 일을 하고 있었습니다. 그래서 다소 수입이 좋은 편이었는데 내 학비를 내주겠다고 했던 거예요. 그 당시 돈으로 매월 18엔, 유부우동이 17전이었던 시절이었으니까 지금으로 치면 9만 엔 정도 될까?

▶ 특고 형사가 하숙집에

나는 교토로 갔습니다. 열다섯 살 소년이 홀로 떠나는 여정이었습니다. 내가 들어간 곳은 교토 진언밀교 도지東寺 본산이 운영하는 도지중학교였습니다. 그곳에서 탁음이 안 돼서 놀림을 당하기도 했습니다. 학교에서는 스님이 역사를 가르쳤는데 조선인이 일본인이 된 것은 매우 영광스러운 일이라고 했어요. 화를 내며 교실을 나간 학생도 있었지만 나는 마음이 약해서 몸을 움츠리고 있었습니다. 일본에 와서 2년째 되던 해에 3학년으로 올라갈 때는 반장으로 임명받았습니다.

어느 날 특고 형사가 하숙집의 내 방을 사찰하는 일이 있었습니다. 나는 일기를 쓰지 않아서 괜찮았지만 거기에 본심을 썼다면 큰일이 날 뻔했지요.

일본에 온 것은 1941년. 그해 12월부터 태평양전쟁이 시작됐어요. 중학교도 병영화돼서 군사훈련이 매주 있었어요. 배속장교는 학도병 출신의 소위였는데 그가 묘하게 조선인을 비호해 줬어요. 결과적으로 중학교 졸업 후에 성실한 덕분인지 나는 갑종 간부후보생이 되었습니다. 군대에 갔는데 3개월 동안 이등병으로 있다가 바로 사관후보생이 됐어요. 그리고 장교가 되는 거지요.

하지만 그전에 전쟁이 끝나서 다행이었어요. 당시 전선에서는 장교가 먼저 군도를 휘두르며 돌격하지 않으면 병사들이 쫓아오지 않았어. 그 돌격 장교인 소위가 가장 많이 전사했어. 전쟁이 계속됐다면 나도 죽었을지 모르지.

▶ 무리 속에서 우는 시늉을 하다

나는 본적지에 가서 징병검사를 받고 합격했는데 일단 학교 졸업 때문에 중학교로 돌아왔고 그 후에 교토 문과계열 전문학교에 진학했습니다. 진학한 이유는 군대에 갑종 간부후보생으로 들어가려면 중학교 졸업만으로는 충분하지 못했기 때문이었어요.

하지만 전황이 나빠서 거의 공부다운 공부는 못 했어요. 근로 동원돼서 군수공장에서 일만 했어요. 공장은 우지에 있었는데 정제되지 않은 황색 설탕을 탱크에 넣어 발효시켜서 알코올을 만드는 작업이었어요. 휘발유가 모자랐을 때 섞어서 비행기 연료로 쓰기 위해 만들었던 것입니다. 하지만 당시에 설탕은 다이아몬드만큼 귀한 것이었지요. 모두가 그것을 마실 수 있어서 배고픔에 시달렸던 기억은 없어요. 설탕을 몰래 가지고 돌아가면 모두가 기뻐했어요.

1945년 8월 15일, 공장의 앞마당에 학생과 공원을 모두 집합시켰어요. 정각 12시에 옥음 방송이 있었는데 확성기를 통해서 울려 퍼졌어요. 그런데 "갸-갸-" 하고 소음처럼 들릴 뿐 무슨 말을 하는지 좀처럼 알아들을 수 없었어요. 다만 "일본이 졌다."고 쑥덕거리는 소리와 함께 학생들이 울기 시작했어요. 큰 물결처럼 몇백 명의 학생들이 한꺼번에 엉엉 울었던 거야. 그 순간이 인생에서 내가 나에게 가장 놀랐던 때였어요. 같이 울지 않는 내가 거기에 있었던 거야. 일본을 위해 목숨을 다해 열심히 해왔다고 생각하고 있었는데 울지 못하는 내가 있었어. 일본 친구들에게 미안하니까 우는 시늉을 하고 고개를 숙이고 있었던 거야.

그때 나를 매우 아껴줬던 오사카대학 선배 둘이 와서 "진심으로 축하한다."고 말했어요. 그들이 "자네 민족은 독립했어."라는 말에도 어떻게 대답을 해야 할지 몰랐어. 하지만 한 가지 말할 수 있는 것은 그 당시 제국대학 학생들 중에는 조선의 식민지 지배는 옳지 않다고 인식하는 사람도 있었다는 거지요.

▶ 목사의 길로 인도되어

나와 『성경』과의 만남은 나의 죄의식 때문이었습니다. 가고시마 지란에서 특공대원으로 참가한 동포 병사가 열 한 명 있었어요. 피지배자인 우리가 중국인과 미국인에게 총을 겨누는 것은 당연하다고 내가 그들에게 말했던 거야. 이런 자신을 용서할 수 없었던 나는 견딜 수 없는 죄책감에 사로잡혔습니다. 이 죄책감에서 벗어나고 싶어 몸부림치고 있을 때 성경 말씀과 만났던 것입니다.

나는 두 사람과 만나면서 『성경』을 읽게 되었습니다. 한 사람은 중학교 때부터 친구인 야스나가(본명 '안安') 기요나리. 그에게 이끌려 교회에 갔더니 그곳에서 작은 성경책을 줬습니다. 그 후에 그 성경책은 근로 동원되어 공장에서 일하는 중에도 손에서 놓을 수 없는 가까운 친구가 됐던 것입니다.

그리고 또 한 사람은 나를 진정한 인간으로 대해 준 와다 선생님입니다. 와다 선생님은 전쟁 중에 일본의 만행을 마음 아파해서 한 사람의 중국인을 위해서라도 자신을 봉헌하겠다며 가족을 데리고 중국에 선교사로 갔어요. 와다 선생님은 불교계 중학교에 있었지만 크리스천이었습니다. 선생님은 자택에서도 식민지 출신 학생들을 모아서 『성경』을 교재로 당시 적성어였던 영어를 가르쳐 주셨습니다. 이때 성경의 "가난한 사람은 행복하다."라는 말을 접하고 충격을 받았습니다. "헐벗은 자, 멸시받는 자, 그 사람들이야말로 행복하다"라는 성경 구절이었습니다.

그 당시 나는 정책상 같은 일본 국민이었으며 모범생이어서 급장까지 됐지만 차별도 느끼고 있었습니다. 하지만 일본인 이상으로 일본인이라고 자부도 하고 있었지요. 그 자부심이라는 것은 나보다 성적이 나쁜 일본인에 대한 우월감이었는데 이것은 나의 열등감이 역으로 나타났다는 사실을 깨닫게 되었습니다.

완전하게 이 사실을 자각하게 된 것은 "예수그리스도를 만난 사람은 유대인도 그리스인도 없다."라는 말 때문이었습니다. 『성경』의 갈라디아서 바오로 서간에 나오는 말씀인데, 그것은 내게는, 일본인이나 한국인이나 백인이나 흑인이나 누구든 하느님과 마주 볼 때는 모두 죄인이라는 의미로 들렸습니다. 인간이 완전하지 못한 것은 '인간은 죄인'이기 때문이라는 것이었어요. 그런 내게도 예수그리스도의 십자가와 부활이라는 보물이 주어졌고 새로 태어날 수 있도록 허락해주셨습니다.

그 후에 지금의 도쿄신학대학 전신의 예과 2년과 본과 4년 코스를 밟아 신학을 배우고 졸업했습니다.

▶ 인생의 반려자와 조우하다

전쟁이 끝나고 교회의 일요학교에서 아이들에게 교리를 가르치는 교리교사가 되었습니다. 그곳에 전시 때부터 알고 지내던 사카이 유키코酒井幸子도 교사로 있었습니다. 나는 그녀와 같이 성경을 공부하거나 미군정 체제에서는 영어가 필요하다고 해서 학원에서 영어 공부도 같이 하게 됐던 것입니다. 집이 같은 방향이어서 종종 2킬로미터를 같이 걸어서 왕복했습니다.

그녀가 태어난 곳은 중국 청도입니다. 아버지가 무역상을 하고 있었는데 간암으로 일찍 돌아가시고 가족이 모두 청도에서 돌아와 있었습니다. 해외 경험이 있어서인지 가정은 비교적 오픈되어 있어서 자주 그녀의 집에 가서 그녀의 오빠와도 형제처럼 지낼 수 있었습니다. 그 형님은 나중에 목사가 됐고 최근에 돌아가셨는데 아무튼 그러는 사이에 그녀에 대한 애정 같은 것이 싹트게 되었지요.

이를 두고 우리 둘 다 당혹스러웠습니다. 종전으로 일본으로부터 독립한 한반도 출신자가 일본인과 결혼한다는 것은 있을 수 없는 일이라고 생각했습니다. 역시 이런 교제는 안 된다고 생각해서 관계를 청산했지요. 하지만 청산했다고 생각했는데 또 같은 직장에서 일하게 되고 청산하기를 세 번이나 반복했을 때, 결국 결론을 내지 않으면 안 됐습니다.

마침 그 무렵, 아버지가 크리스천으로 개종했습니다. 아버지는 교회 장로인 오래된 친구의 권유로 이런 고민을 서울에서 온 목사님에게 상담했더니 『구약성경』의 룻기를 읽어보라고 권유했던 것입니다. 그 이야기는 이방인 여자가 다윗왕의 증조모가 되는 내용인데 "당신의 민족은 내 민족이고 당신의 신은 나의 신"이라는 표현이 나옵니다. 아버지는 그 이야기를 읽고 교회에 나가게 됐고 나를 이해하게 되었지요. 그리고 우리 집 전체가 그리스도교에 입신하는 기적이 일어났어요. 그래서 내 결혼도 허락을 받게 됐던 겁니다.

▶ 당분간, 외국인으로 간주하다

그녀와의 결혼이 행운이었는지 나는 신학교에서 학력 우수상을 받았습니다. 다만 졸업할 때는 교회 목사가 될 거라는 생각은 하지 못했어요. 나는 내면의 문제를 해결하기 위해 신학을 공부했지만 신학교는 훈련을 받은 인간에게 사목자의 길을 가도록 방향을 정해주는 곳이었던 것입니다.

이때 나는 귀국해 고국에서 전도하려고 생각했습니다. 하지만 한국 전쟁이 일어나서 귀국할 수 없었어요. 그래서 귀국할 때까지 자신을 연마하기 위해 자진해서 조후의 다마가와 가센시키에 있는 빈민 지역으로 들어갔어요. 지금의 조후교회의 토대를 구축한 곳입니다. 한편으로는 일본에서 받은 교육만 가지고 한국으로 돌아간다면 전후의 8·15 광복을 맞은 한국에서 전도하기에는 뭔가 부족하다는 느낌이 들었습니다. 그래서 내 나름의 일본의 때를 씻어내기 위해 구미로 가서 신학 공부를 하고 가려고 생각했어요.

하나의 교회를 만들어 나름의 좋은 활동을 하고 있다는 것을 교단과 선교사들에게도 인정을 받게 되었습니다. 그래서 1955년부터 2년 2개월 동안 캐나다 토론토대학신학대학원에서 다시 『성경』을 학문적으로 배우고 돌아왔습니다. 드디어 한국으로 돌아갈 날을 맞았습니다.

그런데 서울역 앞에 있는 교회의 담임목사로 초빙 받아서 1958년에 수속절차를 밟으려는데 문제가 생겼어요.

일본은 1947년 5월 2일에 생긴 외국인등록령에 의해 조선인과 대만인은 일본 국적은 있지만 "당분간 외국인으로 간주한다."고 규정하고 있어서 외국인등록증을 발급하고 있었어요. 이 상태는 1952년 4월 28일, 샌프란시스코 강화조약의 발효로 조선인 등의 일본 국적이 박탈당할 때까지 계속됐지요.

나는 1951년에 결혼했는데 일본인끼리 결혼한다고 여겨졌어요. 그래서 아내도 내 호적등본에 올라가 있어서 아내 실가의 호적 난에 유키코는 지워져 버렸어요. 결국 그녀는 나와 결혼하면서 밀입국 여성이라는 의심을 받아 경찰에 불려가서 지문날인을 하게 됐던 거지요.

그렇다고 아내가 한국인과 결혼해서 한국 국적을 취득한 것도 아니었어. 1965년 한일조약이 체결되기 전이었으니까 아내가 한국에 들어가려면 한국 국적을 취득하는 절차를 밟지 않으면 안 됐어요. 그런데 아내는 무국적이었으니까 좀처럼 입국이 어려웠어요. 아내는 1959년에 겨우 국적을 취득할 수 있었습니다.

한국 부임지로 갈 짐을 꾸리려고 하는데 장남이 심각한 눈병에 걸리고 말았어요. 그러던 중에 내가 아는 목사가 그 서울의 교회로 가고 싶어 했습니다. 그 교회 쪽에서도 나를 기다리자는 쪽과 그 목사라도 좋다는 쪽으로 갈려서 결국 내가 포기하고 다음 기회를 기다리기로 했던 것입니다.

▶ 누구나 다닐 수 있는 어린이집 설립

가와사키에 부임했을 때 장남이 소학교에 입학하게 됐는데 일본인 보증인을 세우지 않으면 안 됐습니다. 그리고 딸을 바로 근처에 있는 어린이집에 보내려고 했는데 "조선인은 이 어린이집에 한 명도 없다."라고 거절당했습니다. 그동안 이러한 벽을 무리하게 열려고 해왔던 것이었습니다.

그리고 마을 축제 때 기부금을 모금하러 왔을 때 나는 거절했습니다. 식민지시대에 일본은 조선인에게 신사참배를 강요했습니다. 그것과 투쟁했던 천 명의 그리스도교 지도자들이 형무소에 갇혔고 그중 50명의 목사가 고문을 받아 순교한 아픈 역사가 있었습니다. 마을 축제라고는 하지만 결국 신사에 제를 올리고 신위를 모신 가마를 메는 이상, 일본의 국가 신도와 연결되는 것입니다. 그래서 기부를 거절했는데 마을 사람들이 신위 가마를 메고 교회 정원을 휩쓸었어요. 이것은 마을 전체가 행한 집단 따돌림이었던 것입니다.

10만에 가까운 재일조선인이 북으로 간 귀국운동도 그런 밑바닥 생활 속에서 일어났던 것입니다. 하지만 우리 교회는 반대운동을 했습니다. 당시 기시 노부스케 수상이 철저한 반공주의자였는데 조선인은 사회주의권 내로 송환한다고 했던 것입니다. 그래서 "일본 국가에 배타 의식이 있는 한 '송환운동'은 찬성할 수 없다."라는 성명서를 냈습니다.

또 이곳이 설령 타국의 임시거처라고 해도 구약의 엘리야가 말한 것처럼 지금 사는 나라가 보다 평안하고 오픈될 수 있도록 기도했어요. 성경 말씀을 빌리면 적대하는 자와 화해하는 길을 선택했던 것입니다.

화해하기 위해 시작한 것은 1969년에 부임하고 10년 후에 오픈한 가와사키교회부속 사쿠라모토어린이집이었습니다. 사쿠라모토는 이 마을 이름을 딴 것입니다. 마을 사람이면 누구나 다닐 수 있는 어린이집을 만들었던 것이지요. 폭력에 폭력으로 맞서는 것이 아니라 폭력을 화해로 감싸 안으라는 성경 말씀에 의해 탄생했습니다.

만약에 내가 일본의 민족차별 때문에 일본인을 미워한다면 일본인인 내 아내를 미워하는 것이 되는 거지요. 그래서 차별을 증오로 갚는 것이 아니라, 화해의 길을 내지 않으면 안 된다고 생각했던 것입니다.

▶ 히타치취직차별 문제

1970년이 저물어갈 때, 『아사히신문』에 큼지막하게 기사가 났는데 한 재일 동포 청년이 히타치취직시험에 합격했는데 호적이 없다는 이유로 배제당했다는 내용이었습니다. 그 청년의 호소를 듣고 당시의 게이오대학 학생들을 중심으로 "재일은 이 운동에 참가해야 한다."는 슬로건을 내걸고 그다음 해부터 요코하마 법정투쟁을 시작했습니다.

그래서 '박종석 군을 지원하는 회'가 만들어졌고 쟁쟁한 멤버들이 함께했습니다. 나는 일본인 목사와 짝이 되어 재일의 대표를 맡았어요. 재판 중에 박 군은, 이것은 자기 개인의 문제가 아니라 재일이 식민지시기부터 쭉 배제시스템 안에 있었다는 것을 깨닫게 되었던 겁니다. 요코하마지방법원에서는 출장 재판을 인정해줘서 나고야와 오사카에서 재일 동포들의 증언을 들었던 것입니다. 그 결과, 이 사람 저 사람 할 것 없이 취직차별을 받고 있었던 거예요.

그리고 처음에 박 군은 "일본인과 같은데 차별은 받고 있다."라고 주장했어요. 그 생각이 점점 변하기 시작했습니다. 왜 재일조선인이 조선인으로 사는 것을 거부하는 것인가? 이것이 분명한 차별이 아닌가? 일본인과 같은데 차별은 이상하다는 것은 동화의 발상인 거지요. 그것이 아니라 다름을 가지고 살아갈 권리를 박탈하는 국가 제도를 고발하는 운동으로 변해 갔던 것입니다. 그는 아직 재판 결과도 안 나왔는데 법원의 최후 진술에서 "나는 이 재판에서 승리했다."라고 선언했어요. "나는 이제 아라이 쇼지新井鍾司가 아니라 박종석朴鍾碩이다." 자신이 박종석이 될 수 있는 것, 바로 그것이 승리라고 했던 것입니다.

그리고 이 히타치취직차별은 일본의 식민지지배의 결과이며 기본적인 인권과 법 앞의 평등에 위반하는 것이라는 내용의 승소 판결을 1974년에 받았습니다. 이것은 제2차 세계대전 전후에 걸쳐 재판에서 조선인이 조선인이라고 인정받은 첫 판결이 되었습니다.

내가 어렸을 적에도 조선인이라는 것을 허용하지 않았으니까 그 체험까지도 모두 연결되어 있는 것이지요. 그래서 박 군 한 사람의 인간이 새로 태어난 것이 아니라 우리 모두가 "일본인과 같은데 왜 차별하느냐."라는 얄팍한 논리에서 깨어났던 것입니다. 이 일은 첫 재일변호사가 된 김경득에게 귀화해야 사법연수생이 될 수 있다는 일본의 처사에 대해 재일인 채로 변호사가 되기 위한 재판에서 승리한 일과도 연결되어 있습니다.

1974년부터 민족차별과 싸워 온 연락협의회의 운동에는 조선인만이 아니라 깨어있는 일본인들도 참가했습니다. 되돌아보면 히타치취직차별 재판 투쟁은 일본 사회에 시민운동의 원형을 만들어 냈던 것입니다. 그 전에 김희로 구원운동이 있긴 했지만······. 그런 의미에서 히타치취직차별 반대운동이 길잡이 역할을 했던 것이지요.

▶ 일그러진 사회구조 안에서 사는 재일의 고뇌

"재일은 세금을 내고 있는데도 아동수당조차 받지 못하고 있다."라고 우리는 가와사키시에 요구했던 것입니다. 국가 차원에서는 난민조약을 비준하고 1982년부터 아동수당을 지급했지만 가와사키시는 이에 앞선 1975년부터 아동수당을 지급하게 됐던 것이지요. 가와사키는 지방자치체여서 국가정책과는 관계없이 재일을 국민건강보험이라든가 시영주택 분양에 포함시키기도 했고 아동수당도 지급했어요. 이 가와사키의 복지정책은 좋은 본보기가 되어 전국으로 확장되어 갔습니다.

이런 것을 보면서 민족차별 문제는 국가에 의해 만들어진 제도적인 차별이라는 것을 깨닫게 되었습니다. 이것이 1980년대의 '지문날인거부운동'으로 이어집니다.

1970년대는 히타치재판과 김경득 변호사를 포함해서 재일이 원래의 자신으로 돌아가려는 자각의 시기라고나 할까? 그래서 지금까지 자신을 차별해 왔던 근원이 국가체제라면 그 상징은 외국인등록이 되는 것입니다. 그리고 도쿄 신주쿠에 사는 한종석이 지문날인을 거부한 일이 힌트가 됐던 것이지요. 지문날인거부는 국가권력에 대항하는 것은 맞지만 일본 사회를 적대해서 실해를 입히는 일은 아니었어요. 소위 상징적인 행위였습니다. 그리고 1992년에 재일의 지문날인은 더 이상 표면화하지 않기로 했습니다.

1990년대에는 일본 군대에 동원되었던 군인과 군속(포로감시원)에 대한 보상에서 식민지출신자들을 배제하고 있었는데 그 보상재판운동을 했어요. 이것은 종군위안부를 포함해서 전부 패소했습니다. 이는 역시 일본의 국가권력은 물론이거니와 일본인 개인이 가지고 있는 역사 인식의 근간을 흔드는 문제이기 때문이라고 생각합니다. 예전의 역사 인식이 되살아나서 이상한 역사 교과서를 만드는 그런 풍조를 보면 사회 전체적으로 용인하는 구조와 관련되어 있기 때문이겠지요.

▶ 바람직한 미래상을 모색하는 일본 사회의 일원으로서

재일 60만이라는 숫자는 한국에서 새로 들어온 사람들도 있어서 자연스럽게 증가할 법한데 변함이 없어요. 그것은 일본 국적을 취득하는 사람들이 있기 때문입니다.

가와사키시는 1998년에 '다문화 공생 사회를 추구하며'라는 교육 기본방침을 만들었습니다. 1996년에는 이미 외국인 시민 대표자 회의가 생겨서 시장이 그 자문기관을 통해 주택조례를 만들고 먼저 주거 문제를 개선해 갔습니다. 재일의 역사와 새로이 들어오는 다문화 상황이 함께해 가는 한 옛 일본의 초국가주의가 생겨나는 일은 어려우리라 생각합니다.

'평양선언'(2002년 9월 17일)에서는 식민지 지배로 조선 사람들을 괴롭힌 것을 반성하고 사죄하는 역사 인식을 표현하고 있어요. 그러면 전후의 보상이라든가, 동북아시아의 안전보장과 평화를 위해 서로 노력한다는 방향 설정이 가능한 것이지요. 그래야 일본인 것입니다.

나는 '반일'이라는 말을 싫어해요. 그러니까 '우일憂日'이라는 말은 어떻습니까? 국가라는 말은 싫으니까, 우리가 사는 가와사키시도 포함한 이 땅을 애써 사랑합니다. 그래서 사랑하게 되면 걱정이 되므로 경고를 하게 됩니다. 재일이라는 하나의 마이너리티 집단이 해야 할 역할이 여기에 있는 것이 아닐까요?

21

일본 국적을 취득하고 30년, 해마다 성묘하러
이와사키 아키오 岩崎晃雄(남)

취재일: 2004년 10월 21일, 12월 2일, 2005년 2월 16일, 6월 7일, 11일
출생지: 강원도 횡성군
현주소: 도쿄도 하치오지시
생년월일: 1925년 10월 12일(음력)
약력: 1941년, 둔내심상소학교 졸업 후에 중학교 진학을 위해 도일. 1945년, 일본 패전을 계기로 귀국을 결심하지만, 일본에 머물게 된다. 1946년, 일본인 여성과 결혼해서 1남 2녀를 둔다. 1992년까지 도쿄 하치오지시八王子市에서 45년간 식당을 경영한다. 1978년, 일본 국적을 취득하고 김(가네무라金村) 순복順福에서 이와사키 아키오로 개명한다.

취재: 고수미 / 원고집필: 고수미 / 번역: 고경순

▶ 길가 여관집에서 태어나다

본적지는 강원도 횡성군 둔내면 삽교리라는 곳이고 태어난 것은 음력으로 다이쇼 14년(1925) 10월 12일이지만 호적상 생년월일은 달라요. 나는 일본에 올 때 호적이 없었어요. 시골이어서 면사무소, 지금의 주민센터 서기가 자주 동네를 순회했어요. 우리 어머니가 박 씨이고 그 서기도 같은 박 씨여서 우리 집에 와서 어머니를 누님, 누님 하면서 잘 따랐어. 그래서 내가 호적이 없다는 것을 알았을 때, 그 서기에게 부탁을 했지요. 그런데 네, 네 대답은 잘만 하더니 아무것도 해주지

않았어.

　정작 일본에 오게 돼서야 이런저런 방법을 동원해서 부탁했는데 생년월일을 정확히 기억을 못 했어요. 그래서 다이쇼 14년 10월 12일을 잊어버려서 다이쇼 15년 8월 10일이라고 내 맘대로 만들어버렸던 거야.

　우리 아버지 이름은 김교수, 어머니 이름은 박봉춘 그리고 나는 장남이야. 부모님이 몇 살 때 나를 낳았는지는 몰라요. 다른 사람에게 들은 얘기지만 아버지의 첫 번째 부인은 자살했다고 했어요. 두 번째 부인이 우리 어머니였어. 우리 형제는 나보다 두세 살 위인 누나와 열두 살 어린 남동생, 해서 삼 형제였는데 누나는 5년 전에 죽었어요.

　우리 집은 식당이랄까, 민박집 같은 여인숙을 했어. 길가여서 거간꾼들이 묵었어요. 시골에 가서 송아지를 사 오거나 하는 사람들이 묵는 곳이었지. 담배도 말을 이용해서 운반해 왔던 것 같아요.

▶ 열 살 때, 소학교 1학년생이 되다

　학교는 남자아이인데 보내지 않겠냐고 교장이 권해서 들어가게 됐어요. 그래서 열 살 때 1학년으로 들어갔어. 둔내공립심상소학교라는 곳이었어요. 들어가자마자 조선어를 사용하면 안 된다고 했어. 이때가 쇼와 10년(1935)이었는데 조선어를 사용하면 벌금을 물었어. 당시는 '가네무라 순복'이라는 이름으로 통했어요.

　소학교 선생님 중에 가장 기억에 남는 것은 나가시마 선생님. 4학년과 5학년 때 담임이었어요. 한 학급에 40명이었고 시골이어서 학생은 모두 조선인이었어. 삽교리는 산골벽지거든. 전기도 지금부터 2, 3년 전에야 겨우 들어왔다고 하니까.

　나가시마 선생님은 도치기의 모오카고등학교를 졸업하고 원산사범학교에 들어갔던 것 같아요. 1년 만에 공부를 마치고 우리 학교로 왔던 거야. 아직 학생 도련님 같은 얼굴을 하고 있었지만 나가시마 선생님은 엄격한 선생님이었어. 그래서 자주 얻어맞기도 했어요.

아이들이 하는 것은 정해져 있잖아요? 교과서를 세워 놓고 그림책을 봤어, 그 당시에도 만화는 있었으니까. 완전 얻어 터졌지만 그 선생님이 좋았어. 그래서 선생님 하숙집에 놀러 가기도 했어요. 나가시마 선생님은 현지 소집됐는데 군대 가기 전에 병에 걸려서 죽었다고 들었어요. 집에는 가보지도 못했으니, 어머니도 가엾지.

나는 열 살 때 학교에 들어가서 열여섯 살 때인가 졸업했어. 3년이나 늦었어요. 나 외에도 늦게 들어간 아이가 있었는데 동급생 중에는 자식이 있는 녀석도 있었어요. 이젠 모두 죽어버렸지만. 작년에 마지막 남은 한 사람도 저세상으로 가버렸어.

▶ 카메라를 도둑맞았는데, 내가 소년원으로

일본에 온 것은 쇼와 16년(1941) 3월 20일 경인 것 같아요. 졸업식이 25일이었으니까 그전에 온 것이 확실해요. 졸업장은 아버지가 대신 받으러 갔어. 중학교도 입학식이 있잖아요? 그래서 와 버렸던 거지. 일본에는 공부하려고 친구 네 명이 같이 왔어.

아버지는 바지 벨트에 100엔짜리 지폐를 넣어서 꿰매주셨어요. 이 돈은 공부할 자금이기도 했는데 어렸던 나는 카메라를 사버렸어요. 그리고 가끔 그 카메라를 친구에게 빌려줬어. 그런데 좀처럼 돌려주지 않았고 이것이 내 인생을 꼬이게 했어.

부득이한 상황에서 카메라를 담보로 친구의 외투를 가지고 돌아왔어. 사실은 실제로 카메라를 빌려 간 녀석의 주소를 찾아서 가고 싶었지만 전화했더니 모르겠다고 하는 거야. 조선에서 같이 온 친구가 아니라 학교에서 알게 된 인간이었어. 어쩔 수 없었어. 원래 의도는 찾아가서 카메라를 되찾고 싶었는데 그것이 절도가 돼버렸던 거야.

사실은 내가 피해자였어. 경찰이 정확히 조사했더라면 일이 이렇게 되지는 않았을 텐데 "어이 이봐." 하는 시대였으니까 변변한 조사도 하지 않았던 거예요. 경찰은 부모를 불러오라고 했지만 조선에 있는 부모를 부를 수는 없었어. 결국 경찰들이 고향 집으로 전화를 했는데 올 수는 없었지요. 카메라 사건은 중학교 2학년 때 일이었어요. 학교는 그것으로 끝이 났지.

그래서 지금으로 치면 소년원으로 보내졌던 거야. 신일본학원, 요컨대 보호시설인데 다마소년원보다 강도가 약한 곳이었어요. 처음에는 내가 왜 그곳에 보내졌는지 잘 몰랐어요. 보호시설에 들어간 후에 보내진 곳이 군수공장이었어. 사이타마현 한노라는 곳에 있는 목공소에서 종전 때까지 폭탄상자를 만들었어요. 군수품공장에 있었기 때문에 작업 신발 등이 손에 들어왔어요. 당시는 모두 배급제여서 신청을 했는데 '유령'이라는 것이 있었어요. 다섯 명 있는 곳에 열 명분이 왔어요. 이런 여분이 있었는데 그 공장에 드나들던 대장 목수가 하나 달라고 해서 새것을 줘버리면 나도 곤란해지니까 내가 신던 것을 빨아서 줬어. 그랬더니 그 대장의 마음에 들었던 거야.

처음에는 딸이 있다는 것도 몰랐고 대장도 아무 말도 하지 않았어. 뭔가 용무가 있어서 그 대장 목수 집에 갈 일이 있었는데 그때마다 딸이 차를 내주곤 해서 알게 됐던 거예요. 왠지 마음이 쓰이게 돼서 편지를 보냈지. 서로 좋다는 느낌이 있었다고 생각해요.

▶ 귀국 열차에서 내리다

종전 후에 바로 귀국을 생각하고 있었어. 1945년 11월 2일쯤, 시나가역까지 갔어요. 돈 안 들이고 돌아갈 수 있었으니까. 역에 갔더니 열차가 도착해 있어서 탔는데 아무도 없었어요. 열차가 몇 칸이나 쭉 연결되어 있었는데 아무도 오지 않았던 거야. 불안해서 안절부절못하고 있는데 마침 친구가 배웅하러 와서는 나를 보자마자 가지 말라고 말리는 거야. 돌아갈 생각으로 송별회도 하고 전별금도 받아서 배낭을 짊어지고 기차에 탔는데 불안해할 때 일본인 친구가 가지 말라고 잡아준 거지. 그래서 그래, 그럼, 그만두자고 결정하고는 내려버렸어요.

갈 곳이 없어서 한노의 대장 목수 집으로 갔어요. 밤에 역에서 트럭을 타고 갔더니 대장이 당황해서 학원 원장에게 연락했던 거예요. 원장이 달려와서 "표까지 손에 들려줬는데 왜 돌아가지 않았냐."라고 화를 냈어요.

그러게, 왜 돌아가지 않았을까? 일본에서 교육을 받아서, 전혀 다르잖아요. 한글도 못 썼어요. 지금부터 60년 전 일이지만 시골로 돌아가도 전기도 없고 수도도 없는 곳. 게다가 학교 졸업도 못 했고 그게 걸렸던 거지요.

▶ 일본인 여성과 결혼

실은 내가 조선인이라는 사실을 아무에게도 말하지 않았어. 밝히게 된 것은 귀국을 결심하고 난 후였어요. 아내도 내가 조선인이라는 사실을 알고는 놀라워했어요.

장인은 나를 신뢰하고 있었던 것 같아요. 그러니까 내가 딸과 결혼하고 싶다고 했을 때 반대하지 않았던 거지. 하지만 장인은 국제결혼이어서 큰일 났다면서 친척들을 불러 모아서 의논했는데 큰 문제없이 잘 넘어갔어요. 이곳은 아주 옛날 조선인이 와서 정착한 곳인데 고마高麗는 모두 그 후손이라고 하고 있었어. 고마라든가, 고마촌, 남고마촌이 있고 그리고 고마신사는 조선인을 모시고 있었는데 아내의 친정

쪽에서도 이런 사실을 잘 알고 있었던 거예요.

결혼을 결심하고 나서 결혼까지는 빨리 진행됐어요. 11월인가 12월에 귀국을 포기하고 돌아오고 나서 실제로 결혼한 것은 다음 해 1월 15일이었으니까. 결혼식은 당시로서는 꽤 성대하게 했어요. 종전 직후인 쇼와 21년(1946)에 결혼했는데 3만 엔에 요릿집을 전세 내서, 수십 명의 친척과 지인들을 부르고 중매인을 세워서 식을 해줬어요.

조선에 있는 부모님께는 알리지 않았지요. 의논하면 돌아오라고 할 거니까. 결혼한 사실은 나중에 편지로 알렸어요. 나는 한글을 쓸 줄 모르지만 마침 고향마을에 일본인이 한 사람 있었어요. 종전 후에 조반 탄광에서 일하던 조선인 남편을 따라간 후쿠시마현 사람이었어. 그 일본인을 통해 부모님과 편지를 주고받았던 거예요. 아이가 태어났다는 연락을 했을 때 "결혼했다고는 들었지만, 설마 일본인은 아니겠지?"라는 편지가 왔어요. 그래서 일본인이라고 했더니 아무 말도 하지 않았어.

결혼했을 때는 여전히 학원의 일을 하고 있었어요.

종전되고 이번에는 그대로 니혼바시 본원으로 보내졌어. 급료는 700엔 받은 기억이 있어요. 어느 날은 담배를 사려고 거리를 걸어가는데 삼각복권을 팔고 있었어. 지금의 복권인데 당시에 담배가 30엔이었고 삼각복권이 한 장에 10엔이었던 것으로 기억해요. 담배 한 갑이라도 건지면 된다는 생각으로 담배 한 갑분의 돈으로 복권을 석 장 샀어.

처음에 봤을 때는 맞지 않아서 그대로 위쪽을 봤더니 1등 숫자가 보이는 거야. 그래도 믿기지 않아서 다른 복권을 봤는데 담배 한 갑이 당첨됐어. 마지막으로 한 번 더 아까 그 복권을 봤더니 정말 1등이었어. 월급 700엔을 받고 그 돈에서 30엔어치 복권을 샀는데 1,000엔을 벌었던 거야. 그래서 가까운 백화점에 가서 아내의 조리와 핸드백 같은 것을 샀어요. 월급을 전부 쓰고 돌아왔어. 태어나서 처음으로 복권을 샀는데 그것을 마지막으로 그 후에는 산 적이 없어.

▶ 까마귀부대라 불리는 숯장사를 하다

그곳을 그만둔 후에 암거래로 쌀장사를 하거나 봇짐장수를 했어요. 이렇게 나는 일본에서 장사를 시작했어요. 맨 처음에는 숯장사를 했어요. 마침 제은帝銀사건(1948년 1월 26일) 때, 시이나거리에 숯을 팔려고 짊어지고 갔어. 사이타마현 지치부秩父시의 아가노에 부락이 있었는데 그곳에 숯가마가 있었어요. 거기서 숯을 두 자루인가 세 자루를 사서 가방에 넣고 이케부쿠로행 전차를 타고 시이나에서 내렸어요. 닭구이를 파는 가게에 가지고 가서 팔았던 거예요. 갔다 오면 한 자루 분이 남았는데 그런 나를 까마귀부대라고 했어, 온통 새까맸으니까.

그때부터 일본인으로 둔갑해서 내가 조선인이라는 것을 쭉 감추고 살았어요. 여러 곳에서 일했는데 조선 국적이라는 것이 들통 나면 내 쪽에서 그만두곤 했어요. 사이타마 이루마시의 부시 가까운 곳에 사이타마 비료공장에 다닐 때도 일본인인 척하고 일했어요.

한노 고마천 주변에 낙농조합이 있었어요. 그곳에 집 지키는 일을 하러 들어가게 됐어, 보초였지. 낙농조합에서 농민들에게 비료를 팔았는데 돈을 못 받았기 때문에 그곳을 담보로 잡아두고 있었던 거야. 주거 공간은 다다미 6조짜리 방이 한 칸 있었어요. 공장도 있었기 때문에 비료회사 숙사처럼 사용하고 있었던 거지. 그 회사도 사장이 이곳을 그만두고 브라질로 이민을 가버렸어. 쇼와 23년(1948) 후반의 일이야.

이 무렵, 내가 신세 지고 있는 사람의 처제와 함께 사는 자가 새벽녘에 물건을 가지고 와서 "맡아 달라."는 일이 있었어요. 그런데 이것이 장물이었던 거야. 신문에도 자주 났던 일인데 전쟁이 끝난 후에 빈집털이가 유행하고 있었는데 그것을 했던 것 같아. 처음에는 몰랐어. 가지고 온 걸 맡아 놓아도 곤란한 일이었지, 하지만 한두 번이라면 괜찮지 않을까, 라고 생각했어. 아직 스물네 살의 애 같은 녀석이었으니까. 물론, 나도 바르게 대응을 못 했던 거지요.

그래서 훗사시에서 형사가 가택 조사를 왔어. 훗사는 도쿄야. 경찰은 한노의 경찰이 아니었어요, 재판소도 그렇고. 훔친 물건을 숨겨 준 것은 장물죄여서 하치오지 의료형무소에 미결로 수감됐어요. 보통, 초범은 집행유예인데 같은 죄인데도 한쪽은 집행유예이고 "나는 왜 실형을 받는 걸까?"라는 생각을 했어. 그 녀석은 일본인이고 나는 조선인이었던 거야. '그래서 차별받는 거구나.'라는 생각을 했지.

아내는 한노에서 면회 오는 것도 힘든 일이었고 신문에서도 야단법석이 나서 견딜 수 없었을 거야. 마침 그때 하치오지에 지인이 있었어요. 옛날에 마을회장을 했던 니시코리라는 사람이야. 지금은 돌아가셨지만. 옛날 야쿠자라고나 할까, 마을의 실력자 같은 사람이었어. 내가 한노에서 녹차 공장에서 일할 때, 이 노인 수하의 아들이 숨겨달라고 하면서 집으로 뛰어 들어왔던 일이 있었어. 무슨 짓을 한 거냐고 물었더니 미군 세탁소에서 일했는데 권총을 발사했다는 거야. 그리고는 그 권총을 가지고 도망쳤는데 경찰이 쫓아와서 우리 집으로 도망쳐 들어왔던 거였어.

이 녀석을 숨겨줬더니 그 노인이 신세졌다면서 자기 집으로 들어오라는 거예요. 목수인 처남들이 방을 만들어 줘서 아내는 하치오지로 옮기게 됐지. 그 노인의 집 옆으로. 조선인은 정말 파란만장하다고 생각해요.

▶ 국철시대, 식당은 번성하다

암거래로 숯을 팔고 다음은 돈이 되는 쌀장사를 시작했어. 처음에는 보리 한 말을 사 와서 팔았는데 한 말씩 두세 번 계속하다 보면 점점 불어났어요. 위험했지만 돈은 벌었어. 하루 장사하면 보리 한 말이 두 말이 됐어. 그래서 쌀을 살 정도의 돈이 모이면 신슈 마쓰모토에 쌀을 사러 갔어요. 열차로 운반하는 중에 단속에 걸려서 전부 빼앗긴 적도 있었지요. 암거래 쌀장사는 아이가 태어나면서 차츰 그만두게 됐어. 아이가 세 살쯤 됐을 때 "아버지, 몰래 쌀 팔고 있어?"라고 하는 거야. 그래서 그만둬버렸어.

지금 사는 곳은 원래 임대주택이었는데 쇼와 32년(1957)경에 빌렸어. 도로에 접해있어서 언젠가는 가게를 할 수 있겠다 싶었어요. 처음에 했던 것이 '이마카와야키(이마카와불고깃집)'였어요. 이때 나는 차를 가지고 아이스크림을 팔러 다니다가 메이토아이스크림 회사에 다니게 되었어요. 조선인은 취직하기 힘든 곳인데 쌀을 암거래하며 알게 된 고마운 사람이 소개해 줘서 다니게 되었던 거예요.

가게는 처음에는 고기만 팔았는데 누군가 라면도 팔라고 해서 라면을 팔게 됐고 이번에는 밥도 팔라고 해서 식당을 하게 됐던 거야. 뒤쪽에 국철사무소가 있어서 직원이 몇백 명이나 됐어요. 지금은 JR이 되면서 많이 줄어 버렸지만 그 당시는 굉장했어요. 다 받지 못할 정도로 손님이 많았어요. 들어오지 못하는 일반손님들이 "뭐야 여기는 국철직원만 밥 먹을 수 있는 곳이야?"라며 화를 냈었죠. 파업하는 날은 계속 밥을 지어냈어. 석 되짜리 솥에서 밥을 짓고 보온해놓고 정말 솥을 씻을 틈도 없이 바로 쌀 석 되를 씻어서 밥을 짓는 일이 연속됐어.

식당은 45년간 했어요. 식당은 아내가 거의 꾸려나갔는데 바쁠 때는 파트타임으로 사람을 많이 썼어요. 나는 트럭 한 대를 가지고 운송 일을 했고 나중에는 가게에 쓸 물품의 구매 정도를 도왔어요.

▶ 아내의 성으로 개명

귀화는 하고 싶지 않았지만…… 아니, 그렇지 않을지도 모르겠지만. 한국전쟁이 있었잖아요? 그때 우리 고향의 면사무소가 다 타버렸어, 호적이든 뭐든 전부 다. 그것도 모르고 고향에 가 보고 싶으니까 호적을 보내 달라고 남동생에게 편지를 보냈어요. 여권을 만들려면 호적이 필요해서 편지를 보냈는데 이때 호적이 없다는 사실을 알게 됐던 거야. 면사무소가 불타서 다시 호적 정리를 할 때, 나는 일본에 있었기 때문에 어머니가 죽은 것으로 처리한 것 같아요. 호적을 만들면 징병으로 끌려갈 수도 있어서 말하지 못했던 것 같아.

편지로 호적을 만들어 달라고 부탁했더니 돈을 보내라는 거예요. 호적 만드는 데 돈은 필요 없었지만 그래도 보내라고 해서 500달러를 두 차례 보냈어요. 그런데도 투덜거리면서 만들어 주려고 하지 않았어. 형한테 돈을 뜯어낼 작정인가라는 생각이 들어서 화가 났어요. 그리고는 조용히 귀화 신청을 해버렸어.

한국에 있는 동생에게는 도장을 찍어 달라고 부탁했어요. 내가 호적이 없다는 것을 증명한다고 써서 도장만 찍어달라고 했던 거지. 그 서류를 받아서 귀화 신청할 때 첨부했어. 그리고 일 년쯤 기다렸더니 나왔어요. 쇼와 51년(1976) 6월에 호적이 생겼다고 법원에서 관보가 왔어.

이와사키는 아내의 성이야. 아이들은 학교에서 쭉 이와사키라는 성을 사용했어. 아이들에게는 조선인이라는 교육을 시키지는 않았어요. 가르치지는 않았지만 그런 것은 알려지는 법이지요. 저 집은 조선인 집이라면서 딸이 놀림당한 적도 있었으니까.

귀국운동이 한창일 때는 귀국하지 않겠냐며 총련 패거리들이 몰려오기도 했어. 『조선화보』라는 것이 있었는데 그것을 우체통에 넣어놓고 가기도 했어. 딸은 그들이 집에 오는 것을 정말 싫어했어요. 얼씬도 못 하게 했어. 아들은 놀려대는 녀석들과 자주 싸웠는데 싸움에서는 지는 법이 없었어.

맨 아래 꼬맹이는 소학교 때부터 학교 선생님이 되고 싶었던 것 같아요. 그래서 선생님에게 의논했더니 국적을 바꾸지 않으면 안 된다는 말을 듣고 자신이 조선 국적이라는 것을 알게 됐던 거야.

일본 국적으로 바뀐 것이 1976년이니까, 그때까지 나는 '가네무라 순복金村順福'이었어요. 그런데 아이들 학교라든가 증명들은 쭉 이와사키岩崎로 쓰고 있었기 때문에 여러 가지로 귀찮기도 해서 이참에 이름도 아키오晃雄로 바꿔버렸어요. 왠지 좋은 느낌이 들어서.

한국에는 일본 호적을 만들고 나서 가기 시작했어요. 맨 처음에 간 것은 호적이 나온 1976년 9월이었어.

지난달(2005년 10월)에 성묘하러 한국에 가서 새로운 사실을 알게 됐어요. 나는 처음으로 남동생에게 "호적을 만드는데 왜 돈이 필요했던 건지 그리고 몇 번이나 돈을 보냈는데 왜 아무것도 하지 않았느냐."고 물었어요. 그랬더니 남동생이 "그것은 내가 아니다. 그때는 전쟁에 나가 있었다."는 거야. 죽은 여동생의 남편이 남동생 흉내를 내서 그 편지의 답장을 썼다는 것을 알게 됐어요. 나이도 나와 같고 일본에서 교육을 받았으니 일본어도 알고 있었던 거야. 이 사실을 그때까지 전혀 모르고 있었던 거예요. 드디어 가슴에 맺혔던 것이 풀리게 돼서 좋았어요.

양친이 언제 돌아가셨는지는 잊어버렸어. 우리 아버지는 오십쯤에 젊어서 돌아가셨고 그 후에 어머니가 돌아가셨어요. 장남은 살았는지 죽었는지 모른 채. 나는 바쁘다는 핑계로 집에는 편지도 보내지 못했어. 부모님도 고생 많이 했을 거라고 생각해요. 그래서 내가 고집 부려서 부모님의 산소를 만들었어요. 그렇지 않으면 형으로 체면이 안 서니까.

　돌아보면 내 인생은 그래도 행복했다고 생각해요. 성실한 아내와 결혼해서 지금은 먹고사는 데는 문제가 없어요. 그래도 때때로 생각하지요. 만약에 카메라 사건이 없었다면 나는 어떻게 됐을까? 그때 경찰이 정확히 조사해줬다면 카메라도 내 손에 들어왔을 것이고 그 후의 내 삶은 어떻게 됐을까? 필시 고향으로 돌아갔을 거라고 생각해요.

22

일본 관습도 이제는 다 잊어버렸어요
히라노 야에코 平野八重子(여)

취재일: 2004년 10월 11일, 11월 10일, 2005년 1월 19일, 4월 17일
출생지: 히로시마현
현주소: 도쿄도 아다치구
생년월일: 1926년 1월
약력: 일본인. 히로시마현 사에키구佐伯區 구바초玖波町(현재, 오타케시大竹市)의 농가에서 태어났다. 아버지는 히로시마 원폭으로 사망. 작은아버지의 소개로 재일조선인 1세인 김유근 씨와 만나서 결혼한다. 1950년부터 1957년까지 남편과 함께 쓰시마로 건너가서 파친코점을 경영한다. 그 후에 오카야마와 도쿄로 이전해서 현재에 이른다. 남편 김유근 씨는 1975년에 폐암으로 서거.

취재: 고수미 / 원고집필: 고수미 / 번역: 고경순

▶ 선조 대대로 내려온 농가에서 태어나서

내가 태어난 곳은 히로시마현 사에키 구바초라는 곳입니다. 우리 집은 선조 대대로 농사를 지었습니다. 땅이 16마지기(약 4천8백 평) 정도 있었으니까 농가 중에서는 좀 큰 편이었습니다. 조선인 머슴 둘을 고용해서 농사일을 했습니다. 그 당시에 머슴을 쓰는 것은 특별한 일은 아니었습니다. 조선인뿐 아니라 일본인도 고용했으니까요.

아버지는 조선에서 생활한 적이 있었습니다. 일본에 징병제라는 것이 있었잖아요? 그래서 용산에 갔어요. 78연대라고 했는데 이 얘기는

자주 들었어요.

그런데 아버지는 그곳에서 병에 걸려서 조기 제대해서 돌아왔어요. 그때 가네시로라고 하는 김 씨를 만나게 됐는데 이 사람이 한의사였어요. 그 사람이 구해줬다고 했습니다. 신뢰한다고 할까, 감사한다고 할까, 지금 살아있는 것은 그 가네시로 씨 덕분이라는 말을 자주 했습니다. 하지만 옛날에는 나도 어머니도 할아버지도 왜 조선인만 감싸서 저러고 있는 걸까 하는 생각을 했습니다.

우리 집에서 일하는 조선인 머슴의 친구는 결혼식이라든가 중요한 일이 있을 때마다 찾아와서 쌀을 나눠달라고 했어요. 어느 날도 예외 없이 그 조선인이 감자를 나눠달라고 찾아왔습니다. 감자는 일 년에 한 번 나는데 가장 좋은 감자는 그 한 해 내내 먹을 수 있게 감자 저장고에 넣어서 보관했어요. 그리고 자잘한 감자는 보리와 섞어서 말 사료로 주거나 했습니다. 우리 집은 말을 이용해서 논갈이를 했기 때문에 말 두 필이 있었지요.

그때는 마침 아버지가 안 계셔서 어머니가 알이 작은 감자를 손저울로 무게를 달아서 자루에 넣으려고 하던 참이었습니다. 바로 그때 아버지가 돌아와서 어머니에게 뭘 하고 있냐고 물었던 겁니다. 단지 어머니는 감자를 나눠달라고 해서 나눠주려고 한다고 대답했어요. 그랬더니 지금 생각해도 눈물이 납니다만 아버지가 처음으로, 대나무 빗자루의 자루로 어머니의 엉덩이를 아플 정도로 후려쳤던 겁니다. 그리고는 "당신은 소나 말에게 먹이는 것을 사람에게 주는 거야. 사람에게 줄 때는 우리가 먹는 것 중에서 가장 좋은 감자를 줘야지. 이 사람들이 소나 말이라는 거야?"라고 화를 냈어요.

우리 아버지가 어머니를 때린 것은 그때가 처음이었어요. 그랬더니 그 조선인들이 미안해하며 돌아가려고 했지만 아버지는 가장 좋은 감자를 줘서 돌려보냈습니다. 아버지는 사람을 소중히 여기는 사람이었습니다.

내가 소학교 6학년이었던 쇼와 12년(1937) 7월 7일에 로코교사건이 있었어요. 이날이 지나사변(중일전쟁)이 발발한 날이었습니다. 그래서 삼촌이 바로 소집되어 군대에 들어갔습니다. 아버지는 일곱 형제 중에 장남이었고 남자 형제는 다섯이었습니다. 그 삼촌은 세 번째였는데 중국 북지산서성에서 스물여덟의 나이로 전사했던 거예요. 결혼해서 8개월 때였습니다.

▶ 원폭으로 아버지가 돌아가시다

히로시마에 원폭이 투하됐던 쇼와 20년(1945) 8월 6일, 이날은 또렷이 기억하고 있습니다. 아버지는 원폭으로 돌아가셨습니다. 우리 집은 시골이었는데 아버지는 이날, 히로시마시에 가서 소개 때 썼던 집을 해체해달라는 요청을 동사무소로부터 받았습니다. 구바에서 경방단(화재 방지 조직단체) 100명과 애국부인회 100명이 같이 아침에 기차를 타고 히로시마로 갔던 것입니다.

그리고는 단 한 사람도 살아남지 못했습니다. 구바는 그 200명 외에도 병기창에도 동원되어 갔는데 그때도 마을주민 300여 명의 장례를 치렀습니다. 아버지가 전사하고 어머니가 이때 원폭으로 죽어서 아이들만 남은 집이 우리 마을에도 서너 집이 있었습니다.

그때 나는 여자정신대였는데 오타케해병단의 서무 분야 쪽에 있었습니다. 열 시 반경에 군의 부관이 "오늘은 빨리 돌아가도 좋다."고 했습니다. 그런데 그날은 기차도 전혀 다니지 않았어요. 오타케도 그 어디에도. 그래서 약 두 시간 반 정도 걸어서 집에 도착했습니다. 동사무소에서도 상황을 전혀 모른다고 해서 트럭에 타고 아버지를 찾으러 갔습니다. 한여름의 무더운 날이었습니다.

마침 구사쓰국민학교에 수용되어 있다는 사실을 알게 됐고 다음 날 아침에 동사무소에서 아버지를 데려다줬습니다. 어머니는 아버지에게 얇은 여름 이불을 덮어 드렸습니다. 그런데 아버지의 숨소리가 휴~하고 들려서 봤더니 몸 전체가 마치 염산에 닿아 구멍이 뚫린 것 같았습니다. 그걸 보는 순간이 얼마나 처참한 상황이었을까, 라는 생각을 했습니다. 아버지는 저녁 다섯 시 경에 돌아가셨습니다.

▶ 만주를 방랑하다

내 남편의 이름은 김유근입니다. 나보다 열한 살 위였습니다. 경상남도 부산시 초량동 출신이며 장남이었던 남편은 열아홉 살 때 부모님이 원해서 첫 번째 결혼을 했습니다. 결혼은 했지만 결국, 싫어서 집을 나와 좋아하는 기생집에서 기거했다고 합니다. 결혼하자마자 그랬으니까 아버지가 불호령을 내렸던 것입니다.

어쩔 수 없어서 한번은 집으로 돌아갔는데 "방에 이불이 단정하게 개어져 있고 아내는 불쌍하게 그 앞에 앉아서 기다리고 있었다. 그것을 보고 크게 반성했다."라고 했어요.

며칠 동안 같이 살았는데 그때 딸이 생겼다고 합니다. 하지만 좋아지지는 않아서 결국, 남편 혼자 만주(현재, 중국 동북부)로 건너가서 3년 정도 있었는데 무슨 일을 했는지는 모르겠습니다. 만주에 갈 때는 부모님 돈을 훔쳐서 갔다고 들었습니다.

이때는 만주에서는 김일성 부대가 자주 나타나서 언제 체포됐다든가 잡혔다는 말이 무성했었던 것 같아요. 제2, 제3의 김일성이 있었겠지요. 중국인 중에도 그런 사람들을 지원하는 사람들이 있어서 먹을 것을 말뚝에 걸어 놓았다고 합니다. 그것을 가지러 오는 것을 남편이 몇 번이나 봤다고 했습니다. 만주에 살았던 남편은 중국어를 참 잘했어요. 그리고 첫 부인과 딸은 몇 년 후에 병들어 죽었다고 들었습니다.

남편이 일본에 온 것은 전쟁 중이었던 쇼와 17년(1942)이었습니다. 시아버지 되시는 분은 열혈 애국주의자였던 같습니다. 당시는 조선어 사용이 금지되어 있던 시대였는데도 서당을 만들어서 비밀리에 조선어를 가르쳤던 겁니다. 남편도 같이 서당에서 교육을 도왔는데 어느 날 발각돼서 일본으로 도망쳐 왔다고 합니다. 남편은 오카야마에 와서 처음에는 치과에서 기공사를 했고 그 후에 미쓰다마라는 유기장을 했습니다.

▶ 공산당원이었던 작은아버지

우리 작은아버지(아버지 바로 아래 남동생)는 조선의 부산에 있는 해군국에 있었습니다. 제2차 세계대전이 끝났을 때 조선에 있던 일본인은 일본으로 돌아가야 했지요. 그런데 삼촌은 조선인과 관계가 좋았어요. 남편의 아버지와 작은아버지는 친형제 이상으로 가까웠습니다. 작은아버지는 귀환하기 전에 일주일 정도를 남편의 아버지 집에서 지냈습니다. 작은아버지는 공산당원이었어요. 전쟁이 끝나고 알게 되었지만 그 당시는 몰랐습니다.

이 작은아버지의 배우자 즉, 작은 어머니가 오카야마 사람이었습니다. 그 작은어머니의 양친은 돌아가셨고 남동생도 전사해서 집이 비어 있었습니다. 그래서 작은아버지는 오카야마로 귀환했던 것입니다. 작은아버지가 돌아올 때, 남편의 아버지가 아들이 오카야마에 있는데 잘 부탁한다고 했다고 합니다. 그래서 연락하게 됐고 남편이 가끔 놀러 왔던 거지요.

작은아버지에게 자식은 없었고 쓰토무라는 양자가 하나 있었습니다. 그 아이는 아직 어렸기 때문에 작은아버지 입장에서 보면 내가 장녀였던 거지요. 그래서 남동생도 여동생도 있었지만 작은아버지는 어렸을 때부터 나를 예뻐했습니다. 처음으로 작은아버지 집에 갔을 때, 마침 놀러 와 있던 남편을 만나게 됐습니다. 나는 그 당시는 별다른 감정이 없었지만 남편은 내게 첫눈에 반했던 것 같습니다. 설마 조선인과 결혼할 거라고는 꿈에도 생각지 못했어요. 하지만 결혼까지는 여러 일이 있었습니다.

▶ 성인학교에서 조선어를 배우다

하지만 결국 남편과 결혼할 수 있어서 좋았어요. 그때는 오카야마시에 연맹(재일본조선인연맹)이 있었고 김새락이라는 사람이 위원장이었는데 남편의 상사였습니다. 그 연맹 3층에서 결혼식을 올렸습니다.

쇼와 22년(1947) 10월 14일에 결혼식을 했는데 남편이 세상을 떠난 것은 쇼와 50년(1975) 10월 14일. 바로 결혼한 날에 돌아가셨어요. 우리 남편, 참 신기한 인연이죠? 하지만 친정에서는 결혼을 반대했고 결국 결혼식에도 오지 않았습니다.

신혼여행은 규슈 벳푸로 갔어요. 돌아오는 길에 구바에 들렸는데 이케다야라는 여관에 하룻밤 묵었습니다. 여관 주인이 우리 아버지와 친구였습니다. 다음날 그 여관 주인이 불쌍하다면서 간단한 음식을 차리고 남편과 나 그리고 우리 할아버지, 어머니와 삼촌들을 불러 모았습니다. 그렇게 얼굴을 마주하게 됐던 것이지요. 하지만 끝내 우리 선조의 묘가 어디에 있는지 등은 남편에게 가르쳐주지 않았습니다.

그 후에 남편은 3년간 1년에 두세 차례씩 처가에 들렸습니다. 그랬더니 할아버지가 드디어 가족으로 받아들였습니다. 우리 형제들도 이랬는데 일반 일본인들이 당연하게 볼 리가 만무하잖아요? 저 사람은 조선인에게 시집갔다며 손가락질을 했어요. 한편 조선인은, 저 사람은 쪽발이 여자라고 했어요. 얼마만큼 탄압받았다고 생각하세요? 말하면 끝이 없어요.

나는 연맹 시대에 성인학교에서 조선어를 배웠습니다. 일본인 부인 세 명과 총련 아주머니 몇 명이 같이 배웠습니다. 일본인 부인 두 명은 바로 그만뒀지만 나는 끝까지 했어요. 우리 남편이 선생님 같은 사람이어서. 일 년 7개월간 배웠어요. 장남 도추를 임신하고 7개월쯤 돼서 그만뒀습니다. 그래서 처음으로 한국으로 편지를 보냈습니다. 그랬더니 시아버지께서 매우 기뻐하시며 아무것도 필요 없으니 손주를 순산하고 오라고 말씀해주셨습니다. 그때 결혼반지와 한복, 고무신 등을 사람을 통해 보내왔습니다.

▶ 쓰시마에서 파친코 가게를 하다

쓰시마는 한국어로 대마도라고 하지요? 이 쓰시마 사스나산(쓰시마시 가미아가타초)에서는 부산이 보인다면서요? 배로 여섯 시간이면 갈 수 있다는 말도 들었습니다. 옛날에는 일본 본토에서 쇼핑하는 것보다 부산에서 쇼핑하고 당일치기로 돌아왔다고들 합니다.

히타카쓰(쓰시마시 가미쓰시마초)에 남편 친구가 있었습니다. 의형제를 맺은 정 씨라는 사람인데 그 사람이 우리 집에 왔었습니다. 대마도에는 아직 파친코 가게가 한 곳도 없으니까 그걸 해보라는 것이었습니다.

우리 고모할머니, 그러니까 할아버지의 여동생이 가미쓰시마초 히도에에 있는 선종 사찰의 스님에게 시집을 갔습니다. 그런 인연도 있어서 쓰시마에 가기로 결정했습니다. 도추가 쇼와 25년(1950) 3월에 태어났고 그해 11월에 쓰시마로 갔습니다. 남편이 먼저 가서 준비를 마치고 우리를 맞아줬습니다. 일 년에 몇 번 어선단이 들어왔습니다. 고등어와 전갱이를 잡는 건착선이 꽤 많이 들어왔어요. 그런 어선단을 상대로 하는 유곽은 있었지만 그 외에 오락거리는 하나도 없었습니다. 그래서 남편은 파친코 가게 두 곳을 열었습니다. 그것이 맞아떨어졌어요. 다른 오락이 없었기 때문에 어선단이 들어오면 헤아릴 수 없을 정도로 선원들이 많았어요. 섬에는 전기가 없었기 때문에 자가발전으로 전화도 넣었어요. 그리고 한 가게에 파친코 기계 76대를 넣었는데 당시로서는 꽤 큰 편이었습니다.

▶ 쓰시마의 산사람

내가 쓰시마에 도착하자마자 남편은 가장 좋은 이불 열 채만 만들어 달라고 했습니다. 뭐에 쓸 거냐고 물었더니 "동포들이 산에서 살고 있는데 수도도 없고 욕실도 없다. 산에서 내려왔을 때만이라도 욕실을 쓰게 하고 밥도 먹이고 싶다."는 거예요. 그래서 욕실도 가족용과는 별도로 큰 욕실이 하나 더 있었습니다. 그 사람들을 산사람이라고 했고 대부분 숯장사를 했습니다.

그때까지 그 산에 사는 동포들은 쌀이든 뭐든 먼저 빌려다 쓰고 숯이 팔리면 갚는 식으로 생활을 했었습니다. 그런데 남편이 그 빚을 모두 갚아준 다음에 먼저 숯을 팔아서 그 돈으로 쌀 등을 살 수 있도록 해 줬던 것입니다. 나는 심하게 잔소리를 했습니다. 이런 외양만 보면 일본인이 보든 조선인이 보든 우리가 제일 부자로 보였을 것입니다.

그런데 돈은 새어나갔습니다. 한국에 아직 시부모님이 계셨을 때니까 그곳에도 보내드렸고 작은아버지 집을 지어드리기도 했습니다. 사촌형제 결혼식을 올려주기도 했지요. 겉모양은 화려해도 동포가 김 씨라고 부르기만 하면 돈을 내줬어요. 그래놓고는 나중에는 갚지 않았습니다. 힘들었으니까 그럴 수밖에 없었다고 생각합니다.

강 씨라는 사람이 있었는데 첫애가 태어났다면서 남편에게 집에 놀러 오라고 했어요. 그래서 남편이 도추의 손을 잡고 내가 차남 도신이를 업어서 그 집에 갔습니다. 정말 좁은 길을 몇 리나 걸어서 갔는데 동포들로 가득 차 있었습니다. 춤도 추고 노래도 부르고 정말 흥겨운 분위기였어요. 맛있는 음식도 나오고 온돌방이 2개 있었는데 그 방에서 하룻밤 묵었습니다.

다음 날 아침에는 강 씨가 남은 요리를 지게에 지고 집까지 가져다주었습니다. 집으로 돌아와서 남편이 내게 강 씨 집에서 무엇을 느꼈는지 물었습니다. 나는 남편에게 "아직 수도도 없고 욕실도 없고 아무것도 없어서 불쌍하다."라고 말했습니다.

그랬더니 남편이 한숨을 쉬면서 "왜 강 씨 집에 당신을 데리고 갔는지 모르겠냐."라고 재차 물었습니다. 그리고는 "내가 이 파친코 장사를 시작한 것은 뜻이 있어서다. 나는 부귀영화라든가 안락한 생활을 추구한 적은 한 번도 없다. 어선단이 들어와서 수산시장의 사장과 선장들은 모두 돈에 여유가 있으니까 유곽에 가서 여자들과 놀기도 하지만 말단 선원들은 무슨 오락거리가 있겠는가. 파친코를 해서 놀아도 그것은 그 사람들의 피와 땀으로 번 돈이다. 이렇게 돈을 돌게 해주는데 내가 전부 잡고 있을 수 있다고 생각하는가? 그들은 고향에 가족들을 두고 목숨 걸고 일하러 와있다. 만약에 운이 나빠서 무슨 일이 생기면 목숨이 사라지는 거다. 그래서 내 영리만 추구하는 일은 생각도 하지 마라."라는 것이었습니다. 비가 오면 해상이 거칠어지잖아요. 그래도 선원들은 어선으로 다시 돌아갈 수밖에 없는 거죠. 돈이 없으니까요. 그래서 파친코 가게 2층에 있는 10조, 6조, 3조짜리 방을 개방했습니다. 이불 열 채를 내주고 욕실도 내주고 게다가 술까지 내줬지요.

▶ 신기한 인연

옛날 쓰시마에는 일 년에 한 번 유랑극단이 왔습니다. 어느 해에는 비가 내려서 공연을 못 하게 됐습니다. 공연장이라고 해도 큰 농가를 빌려서 텐트를 치고 했던 때였지요. 일주일 내내 비가 와서 공연을 못 하면 그 사람들이 먹지도 못한다면서 남편이 쌀과 이것저것을 다 모아서 공연 관람권을 전부 사들였어요. 그래서 마을 사람들과 조선인들을 공짜로 보게 해드렸습니다.

이 이야기는 아직 속편이 있어요. 이상한 인연이라고나 할까요. 삼사 년 전에 우연히 아사쿠사 모쿠바칸(아사쿠사에 있는 대중연극 극장)에 갔을 때 단장이 이런 이야기를 하는 것이었습니다. "아버지가 유랑극단 시절에 쓰시마에 공연하러 갔을 때 비가 계속 쏟아져서 흥행은 고사하고 관람권 몇 장도 팔리지 않아 안절부절못하고 있었는데 어느 파친코 사장이 좌석을 전부 사줬다. 그 사람은 그 외에도 여러 가지로 편의를 봐줬을 뿐 아니라 쓰시마를 떠날 때는 3만 엔이 든 봉투를 건네줬다. 한때는 그만 접으려는 생각도 했고 단원들은 스트립쇼라도 해서 극단을 살려볼까 하는 생각도 했다. 하지만 오늘날까지 그런 일 없이 여기까지 올 수 있던 것은 그때, 그 사장님 덕분이었다." 단장의 아버지가 돌아가시기 전에 자주 이 이야기를 해줬다고 합니다. 공연이 끝나고, 단장은 지금도 소중히 간직하고 있다면서 돈이 들어있던 봉투를 보여줬습니다. 봉투에는 '김유근'이라는 남편의 이름이 적혀있었습니다. 정말 깜짝 놀랐습니다. 남편은 이렇게 남모르게 어려운 사람을 계속 돕고 있었다는 것을 새삼 알게 됐습니다.

▶ 텔레비전 드라마 공모 수상작품 『병아리』

쓰시마를 떠난 것은 쇼와 32년(1957)경이었습니다. 파친코를 그만둘 수밖에 없었습니다. 고기는 한류와 난류의 흐름에 따라 고토열도와 쓰시마해협을 왔다 갔다 해서 삼 년 정도는 쓰시마 쪽에서 전혀 잡히지 않았던 거예요. 그래서 그만둘 수밖에 없었지요.

오카야마로 돌아와서 남편은 친구와 함께 홋카이도에서 가죽구두를 월부로 판매하는 일을 하러 갔어요. 일 년 정도 가 있었습니다. 한 번 돌아와서 또 갔는데 결핵에 걸려 병원에 입원하게 되었습니다.

남편이 입원하고 일 년까지는 자존심도 체면도 있으니까 참고 견디며 생활보호를 받지 않았습니다. 주위가 모두 일본사람들이었으니까, 초라하고 비참한 것이 싫었어요. 하지만 점점 견딜 수 없게 됐어요. 저축해 놓은 것도 바닥이 나버렸던 거예요.

그때 장남 도추는 소학교 5학년이었어요. 아침밥을 뭘 해서 먹일까 하고 찾아봤더니 쌀이 좀 남아 있었어요. "뭘 해줄까?"라고 물었는데 장남도, 둘째 아들도 낮에 급식 먹으니까 괜찮다는 거예요. 그러면서 아침밥을 먹지 않고 "어머니 드세요."라며 학교로 갔습니다.

아이들은 급식을 먹고 돌아오기 때문에 남은 쌀로 죽을 쒀서 밤에 먹였습니다. 그랬더니 아이들이 "어머니는 왜 먹지 않느냐."고 해서 "배가 아파서."라고 했죠. 그런 추억이 있습니다.

그때 나는 아이들을 죽이고 자살할까 하는 생각도 했어요. 이 아이들이 잠들면 목 졸라 죽이고 나도 죽어야지, 하고 생각했던 거예요. 아홉 시경에 "엄마, 조금만 기다려."라며 도추가 밖으로 나갔습니다. 한 시간이 지나도 돌아오지 않았습니다. 남편이 입원해 있던 병원은 걸어서 15분 거리에 있었지만 이 시간에 병원에 갔을 리는 없다고 생각했어요. 그렇다면 내가 아이들을 죽이려고 생각할 정도였으니 이 아이도 무슨 생각을 하고 있을지 모른다고 생각하니 불안해서 견딜 수가 없었습니다. 그래서 이웃집을 돌면서 찾았습니다. 이때 일본인 이웃들은 고맙게도 모두가 일어나서 "무슨 일이야? 도추가 돌아오지 않았어? 경찰에 연락해 줄게."라고 걱정하며 모여 있었어요. 그런데 바로 그 순간, 김치와 찬밥이 들어 있는 바가지를 가지고 도추가 성큼성큼 걸어와서 "어머니 이제 걱정하지 않아도 돼요. 아저씨에게 말했더니 쌀과 돈도 줬어요."라는 겁니다. 남편 친구가 역 앞에서 포목점을 하고 있었는데 그 가네야 씨가 도추의 뒤를 자전거로 바짝 뒤쫓아 왔습니다.

도추는 집에 있던 바가지를 품에 안고 가네야 씨 집으로 달려갔던 겁니다. 함석 덧문을 열었더니 도추가 "아저씨 내가 크면 다 갚을 테니 쌀과 반찬 좀 빌려 달라."고 했다는 것입니다. 가네야 씨가 깜짝 놀라서 "아주머니가 그 지경이었느냐, 알았으니 어서 돌아가라."면서 바가지에 밥과 김치를 넣어서 먼저 보내고는 자전거 뒤에 쌀 두 말을 싣고 돈 2만 엔을 가지고 와 줬던 거예요.

가네야 씨는 "아주머니 당신은 훌륭한 아들을 뒀습니다."라며 도추를 대견해하면서 "김 씨에게 미안하다. 내가 병원에는 자주 갔지만 집 사정이 이렇게 곤란한 줄은 몰랐다. 지금부터는 절대 쪼들리게 하지 않겠다."라고 했습니다. 가네야 씨는 우리 남편이 회복할 때까지 우리를 잘 돌봐줬습니다.

그 이야기를 내가 『병아리』라는 제목으로 글을 썼던 겁니다. 4백 자 원고지 56매를 써서 어느 텔레비전 드라마 공모에 응모했는데 그것이 입선했어요. 30만 엔 받았어요. 그런데 그때 나는 생활보호비를 받고 있어서 내 이름으로 낼 수 없었어요. 상금이 들어오면 보호가 끊겨 버리니까 다른 사람 이름을 빌려서 응모했습니다. 내가 20만 엔을 가지고 그 사람에게 10만 엔을 주기로 했습니다.

상금을 받아서 북조선으로 가려고 생각했어요. 상금을 받으러 도쿄에 간 김에, 사이타마 가와구치에 사는 여동생을 만나서 말했더니 "언니, 안 돼. 외국에 가서 뭘 하겠다는 거냐."며 울면서 말리는 것이었습니다. 여동생이 "땅이 45평 정도 있는데 거기에 조립식 집을 지어줄 테니까 가지 말라."고 해서 집으로 가는 길에 그곳에 들러봤습니다. 이곳에는 대마도에 있던 사람들이 많이 살고 있었습니다. 나카야마 씨, 현씨 등 이 사람들 모두가 함께 살자면서 나를 반갑게 맞아줬어요.

▶ 리어카를 끌고 고철상을 하다

오카야마로 돌아가서 남편에게 북조선으로 가겠느냐고 물었더니 싫다고 했습니다. "내 고향은 부산이야. 그보다도 당신은 일본인인데 무슨 놀림을 받으려고 그러느냐. 절대 가면 안 된다."라고 못을 박았습니다.

나카야마 씨의 부인이 빈방이 하나 있으니 어쨌든 오라고 해서 오카야마에서 이곳 아다치로 오게 됐습니다. 그래도 희망이 있었습니다. 아직 총련이 강해서 사람들이 속속 북조선으로 귀국했으니까요. 나도 가고 싶었어요. 그때는 아무것도 몰랐으니까.

여기는 쇼와 42년(1967) 3월에 왔어요. 지금은 하늘나라에 있는 차남 도신이가 중학교 올라갈 때였으니까. 조선학교에 들어가라는 유혹이 있었지만 그때는 일본 제4중학교에 들어갔어요. 고등학교는 하치오지 고등학교에 들어갔습니다. 막내 미자는 소학교 5학년 때였는데 2학기부터 우리학교(조선학교)로 편입해서 다녔습니다.

아다치에서는 고철장사를 했어요. 결핵이 나은 남편이 막 퇴원한 때였습니다. 그래서 남편은 무리하면 안 됐지요. 리어카를 끌면 하루에 3, 4천 엔 벌었습니다. 그 당시로써는 꽤 큰돈이었어요. 신문과 빈 깡통, 놋쇠 같은 것을 장사했습니다. 처음에는 그리 큰돈이 되지 않았지만 아이들을 키울 각오로 왔고 또 북조선에 가려는 꿈도 있었기 때문에 가기 전까지 이곳에서 열심히 해보자는 생각이었지요.

그래서 그럭저럭 7년 동안 했어요. 그야말로 리어카를 끌어 본 적이 없어서 처음에는 부끄러웠습니다. 스무날 정도는 나카야마 씨의 부인이 돌아다니는 구역을 같이 돌면서 익혔습니다. 그리고는 4천 엔에 중고 리어카를 사서 혼자서 했고 그것으로 아이들을 키웠습니다.

남편의 1주기가 끝나고 장남이 결혼해서 우리 집에 며느리가 들어왔어요. 집에 여자가 둘이나 있어 뭐하나 싶어서 그때부터 병원에서 파출부 일을 시작했어요.

▶ 남편의 죽음

내가 공산당원이 된 것은 우리 작은아버지의 영향이었습니다. 그 전부터 흥미는 있었지만 결혼한 후에 당원이 됐습니다. 쇼와 22년(1947) 10월에 결혼했으니까 그다음 해에 나는 주류파 당원이 됐어요. 내가 오카야마에 있을 때인데 그때는 국제파와 주류파가 있었어요. 나는 일본인이니까 주류파였고 국제파에는 대만인이나 조선인도 있었지요.

오카야마에서 이쪽으로 이사 왔을 때 당원 자격을 보류했다고 할까, 당원 활동을 하지 않기로 했습니다. 왜냐하면 조선인들은 총련이 됐던 것입니다. 나는 남편과 결혼했으면서 일본공산당 활동을 하는 것은 옳지 않다고 생각해서 총련에 들어갔습니다. 회비도 내고 대회에도 몇 번이나 갔습니다.

아다치에 온 것은 쇼와 42년(1967)이고 남편이 세상을 뜬 것은 쇼와 50년(1975)입니다. 남편은 겨우 8년을 이곳에서 살았던 거지요. 장례식 때는 500명이 조문하러 왔습니다. 알잖아요? 어느 정도로 인망이 높은 사람인지. 총련의 스나가와의 분회장을 했던 적도 있어요.

남편은 다른 조선인과는 달랐습니다. 예를 들면 텔레비전 드라마

상금이 들어왔을 때 남편은 병원에서 막 퇴원했을 때였는데 돈을 좀 달라고 했어요. 뭐 할 거냐고 물었더니 남편은 "내가 결핵으로 입원했을 때, 한때 총련에 좋지 않은 감정을 가졌던 적이 있어. 왜냐하면 돈이 있을 때는 김 씨, 김 씨 하며 모두 찾아왔고 결핵으로 쓰러져서 한 달 정도는 뻰질나게 드나들었어. 하지만 기간이 길어질수록 점점 발길이 끊어지는 거야. 뭐, 그게 인지상정이지만. 옆방에 다른 동포가 입원했는데 내가 있는 것을 알면서도 지나쳐서 수시로 옆방에 문병하러 가더라고. 그것만큼 쓸쓸한 적이 없었어."라는 말을 하는 것이었습니다.

그런데 남편은 그 돈으로 비누와 수건을 각각 200개 사서 깔끔하게 세트로 만들어서 병원을 찾아갔습니다. 볕도 들지 않는 곳에 동포들이 입원해 있었어요. 여기저기 찾아봤더니 민단도 아니고 총련도 아닌 160명의 장기입원 동포들이 있었던 겁니다. 그래서 나는 남편과 같이 수건과 비누를 가지고 문병을 했어요. 전혀 모르는 사람들이었습니다. 이런저런 사람들이 있었어요. 손을 잡아주기도 했어요. 누구 하나 거들떠보지도 않았겠지요. 남편은 그런 일을 했던 사람입니다. 그래서 정말, 나는 남편에게 많은 것을 배웠습니다.

나는 이제 일본인이 아닙니다. 그렇잖아요? 스물한 살에 결혼해서 내년(2006년)이면 팔십이 됩니다. 거의 조선 사람과 연결된 삶을 살아왔으니 이제 일본 관습도 잊어버렸어요. 그만큼이나 이어져 있었으니까요.

23

피폭을 극복하고 부인회 활동에 공헌
권순금 權舜琴(여)

취재일: 2007년 3월 5일
출생지: 경상북도 안동군
현주소: 나가사키현
생년월일: 1926년 1월 30일
약력: 세 살 때 도일. 1945년 나가사키에서 피폭. 야키니쿠 가게 '아리랑정'을 경영. 민단부인회 나가사키 본부 회장으로서 지문날인반대운동, 지방참정권운동 등의 활동에 참가. 나가사키현 일한친선협회 부회장. 나가사키현 중소기업가동우회 회원. 남편은 조련 나가사키현 본부위원장을 거쳐 민단 나가사키현 본부위원장, 나가사키 상은신용조합 이사장을 역임.

취재: 고찬유 / 원고집필: 고찬유 / 번역: 고경순

▶ 학교에 갔는데 '마늘 냄새 난다'고

나는 1926년 1월 30일에 경상북도 안동군에서 태어났습니다. 아버지는 농부였는데 내가 세 살 때 일본으로 왔습니다. 나중에 어머니와 내가 일본에 오면서 교토 아라시야마에서 살다가 교토시 우쿄구로 이사했습니다.

아홉 살 때 소학교에 들어갔는데 이름은 무슨 일이 있어도 본명을 사용했습니다. 그래서 "마늘 냄새 난다."는 말을 들었지요. 어머니는 늘 한복을 입고 있었기 때문에 운동회 때도 오지 않았습니다. 소풍날도 나는 배낭이 없어서 갈 수가 없었습니다. 학교행사 때는 늘 눈물을 흘리면서 그저 바라볼 수밖에 없었습니다.

교토는 소학교 4학년 때까지 있었습니다. 아버지가 아파서 좋은 약을 구하려고 욧카이치로 갔고 나중에는 기후현까지 가게 됐습니다. 어느 날 학교에서 돌아오는 길에 갑자기 비가 왔는데 어머니는 한복을 입고 우산을 가지고 마중을 왔습니다. 그것을 보고 친구들이 "조선인, 조선인"이라고 놀려대서 나는 어머니와 같이 갈 수가 없었습니다. 나중에 미안하다고 말했더니 어머니는 "난 우리나라 옷밖에 없으니까."라고 슬픈 듯이 중얼거렸습니다. 가슴이 찢어지는 듯했습니다.

기후에서 이곳저곳으로 옮겨 다녔고 학교도 열 곳 이상이나 전학을 다녔습니다. 나고야에서 사세보 아이노우라에 온 것은 쇼와 15년(1940)의 일입니다.

내 꿈은 간호사가 되는 것이었지만 그 무렵 여동생이 태어났습니다. 나이 차가 열다섯이나 났어요. 아이노우라심상고등소학교에 들어갔는데 어머니는 여동생을 업고 가라고 했습니다. 여동생은 수업 중에 울었는데 모두가 "야라시카, 야라시카"라고 했어요. 나는 사투리를 잘 몰라서 "더럽다"라는 말로 들렸는데 "귀엽다"라는 뜻이었습니다.

입학은 했지만 이도 저도 아닌 상태였습니다. 아버지는 내가 열대여섯 살 때부터 노무자합숙소를 시작했습니다. 그래서 그 많은 인부의 밥을 지어야 했고 또 여동생도 돌보지 않으면 안 됐어요. 판잣집에는 수도가 없어서 매일 아침에 물도 길어 와야 했습니다. 우물이 하나밖에 없어서 줄을 서서 기다렸다가 퍼왔습니다. 어느 날, 스무 살쯤 위로 보이는 사람이 "조선인이 먼저 물을 퍼 가겠다는 거야?"라는 말을 해서 화가 났습니다. "조선인이 왜, 어때서."라며 대들었어요. 지금도 그때 일이 생생합니다.

▶ 힘들었던 결혼생활

남편 조연식은 내가 열다섯 살쯤부터 아버지 일을 도와 장부 적는 일을 하고 있었습니다. 쇼와 19년(1944) 3월, 열여덟 살에 고야기지마에서 결혼식을 올렸습니다. 이해 10월경에 남편은 독립해서 고세도로 넘어갔습니다. 그곳에 우에무라구미上村組가 있어서 남편은 아홉 명쯤을 데리고 하청 일을 하러 갔던 것입니다. 우리 집에 있던 사람들은 강제연행으로 오지 않았지만 고야기지마 혼무라에는 징용으로 끌려온 사람들이 많았는데 힘든 노동을 하고 있었습니다.

이때 나는 친정에서 같이 살았는데 매일 스무 명 정도의 식사 준비를 해야 해서 고생도 했습니다. 섬에서는 물을 배로 실어 왔습니다. 매일 멜대 양쪽에 한말들이 양동이를 걸고 배까지 갔습니다. 무게가 10킬로그램 정도는 족히 됐으니까 여자 혼자서 옮기는 것은 힘든 일이었습니다.

전쟁이 격렬해지면서 식량난이 일어났고 헌병은 늘 조선인을 감시하고 있었어요. 조금이라도 일본인 험담을 하면 잡혀가서 뭇매질을 당했습니다. 공습경보가 울리면 이불을 뒤집어쓰고 방공호로 피했습니다. 3일에 한 번 정도 비행기가 조선소를 겨냥해서 날아왔습니다.

▶ 나가사키현에서 피폭

1945년 8월 9일에 있었던 일은 지금도 또렷하게 기억하고 있습니다. 남편은 일하러 나가고 나는 아사히초의 대기실에 갔습니다. 차를 마시려는데 남편도 돌아왔습니다. 열한 시 경에 쾅 하는 소리가 들려서 밖으로 나갔는데 검은 연기가 피어올랐습니다. 소나기구름이라고 생각하고 있었는데 하늘 전체로 퍼져나가던 연기가 집 안으로 들어왔습니다.

그 주변은 직접 피해를 보지 않았지만 공사 현장이 다테야마 쪽이어서 남편은 서둘러서 나갔습니다. 나중에 들었더니 현장은 아수라장이 됐고 하마노마치의 상점가는 흔적도 없이 다 타버렸다고 했습니다. 남편은 마스크를 쓰고 가서 동포를 찾았지만 어디 있는지 알 수도 없었고 강에는 죽은 사람들로 가득 차 있었다고 합니다. 피폭 후에 목이 말라서 강물을 마시려고 그곳으로 가서 죽은 것이었습니다. 개도 말도 모두 죽었습니다. 걸어가면 "물 줘, 물 줘."라며 발을 잡아당기는 사람도 있었다고 합니다. 그래서 남편은 일단 고세도로 왔던 것입니다.

저녁에 밖에 나와 봤더니 사람들이 줄줄이 돌아오고 있었습니다. 옷을 입고 있는 부분은 괜찮았지만 피부가 보이는 곳은 화상으로 짓뭉개져 있었습니다. 너무 심해서 차마 눈 뜨고 볼 수가 없었습니다. 며칠 뒤에 소문으로 원폭이라는 사실을 알게 되었어요. 남편은 그 후에 건설협동조합 전무에게 일을 받아서 피폭지 정리하는 일을 했습니다.

종전되고 양친은 10월경에 고향으로 돌아갔습니다. 그때 미군이 오면 죽인다, 여자를 범한다는 말이 있어서 모두 떨고 있었습니다. 그래서 나도 돌아가려고 했는데 남편이 못 가게 해서 심하게 싸웠습니다. 결국 남편이 져서 나 혼자서 고향으로 돌아가게 되었지요. 작은 밀항선을 탔는데 뱃멀미해서 죽을 뻔했습니다.

일본에 돌아올 생각은 없었기 때문에 집도 샀습니다. 안동은 부산에서 기차로 여덟 시간 정도 걸리는 곳입니다. 먼저 돌아갔던 아버지는 매일 노름을 해서 논과 밭, 집까지 팔아먹었습니다. 그래서 내가 산 집에 와서 같이 살았습니다. 아버지는 술고래였어요. 술이 떨어지면 메틸알코올을 마실 정도였으니까요. 그래서 간암으로 돌아가셨습니다.

나는 고향으로 돌아가도 말도 모르고 어울리지를 못했어요. 게다가 도저히 남편을 잊지 못해서 다시 일본으로 돌아오게 됐던 겁니다.

▶ 남편은 조련위원장에서 민단 단장으로

전쟁이 끝나고 조련(재일본조선인연맹)이 생겼습니다. 나가사키에도 1945년 12월에 본부가 결성됐는데 얼마 안 가서 남편은 나가사키현 본부 위원장이 되었습니다. 비어있던 우메가사키경찰서를 조련사무소로 사용했습니다. 남편은 도쿄에서 대회가 있으면 반드시 참석했습니다. 그런데 '북풍이 불기 시작하는 것 같다.'는 느낌이 들었어요. 확실히 북을 지지하는 단체가 됐던 것입니다.

그리고 박열 씨가 형무소에서 나왔잖아요? 그 사람이 민단을 설립해서 첫 민단 단장이 됐고 점점 전국으로 퍼져갔습니다. 남편은 박열 씨의 영향을 받았습니다. 가장 먼저 도쿄에 민단이 생겼을 때 의장을 맡았습니다. 이번에는 민단 일을 열심히 했고 나가사키현 본부를 결성하기 위한 준비 위원장이 되었습니다. 그래서 조련에서 왜 민단이 됐냐면서 동포 사이에 전쟁이 일어났던 거예요.

박열 씨는 전국 어디든 갔습니다. 민단 지부가 사세보에 생기고 이사하야에 생기고 또 오무라에도 생겼어요. 민단사무소가 생기면 조련 사람이 와서 돌을 던지고 간판을 떼어버리기도 했어요. 굉장했지요. 나는 집 앞에서 돌에 맞은 적도 있습니다.

남편은 이곳저곳에 민단 조직을 만들러 다니기도 하고 도망 다니기도 했습니다. 어느 날 피곤해서 집에서 낮잠을 자고 있었는데 갑자기 서너 명의 청년이 신발을 신은 채로 들어와서 남편을 끌고 가서는 우메가사키경찰서의 유치장에 가둬버렸습니다. 면회하러 갔더니 남편은 "내일이라도 CIC(미국육군정보부)에 갔다 오라."는 것이었습니다. CIC에 가서 남편의 일을 말했더니 깜짝 놀라며 달려 나왔습니다. CIC요원이 조련 사람에게 "너희들은 이럴 권리가 없다. 바로 꺼내줘."라고 했고 그 자리에서 보내줬습니다. CIC는 미군이니까 조련이 싫었던 거지요.

남편은 민단 나가사키현 본부 제2대 단장이 되었습니다. 그때는 조련을 지원하는 동포가 많아서 민단을 만드는 일은 고생이었습니다. 그래도 조련 사람들은 문제가 있을 때는 주위에서 응원을 와주었습니다. 사상이라는 것은 잘 몰랐지만 공산주의가 싫다는 생각은 하지 않습니다.

▶ 한국 정부에서 남편에게 훈장 수여

민단으로 옮긴 남편은 민단 일에 매달렸습니다. 가방을 들고 여기저기 돌아다녔습니다. 전국에서도 유명했지요. 남편이 하는 일은 전국에 조직을 만드는 것이었습니다. 급료도 아무것도 없었어요. 생활고는 그다지 없었지만 힘들었을 때는 눈 오는 추운 날 쌀 한 됫박을 사러 가는 생활을 반복하기도 했습니다. 그런데 조직 만들기가 일단락됐을 때, 이번에는 사람들이 서로 단장이 되겠다고 싸움을 했습니다.

남편은 20년 정도 나가사키 단장을 하고 있었습니다. 한국에도 가서 이승만, 박정희, 전두환, 김영삼 대통령 등 대통령 대부분을 만났습니다. 박정희와 김대중 대통령 때는 훈장도 받았습니다. 민단을 그만둔 후에는 상은(나가사키상은신용조합)에서 몇 년인가 이사장을 했습니다.

▶ 야키니쿠 가게 '아리랑정'을 개점하다

전쟁이 끝난 후에는 일도 없었고 아무것도 없었잖아요? 그 무렵에는 조선인 부락도 많았고 암거래도 많았을 때였습니다. 우리는 고베 산노미야에 가서 신발을 도매로 떼 와서 가게를 시작했습니다. 그리고 소주도 만들었어요. 하지만 밀주 만드는 걸 들켜서 남편은 오사카로 도망가야 했습니다. 나는 경찰에 불려갔는데 끝까지 모른다고 잡아뗐더니 경찰도 결국 포기하고 놓아줬습니다.

남편은 오사카에서 고베로 갔고 나도 뒤쫓아 갔습니다. 그래서 오사카 후세에 있는 민단 단장 집에서 신세를 지고 있었습니다. 이때 나가사키에 사는 사촌이 고철 장사로 꽤 많은 돈을 벌어서 집도 두 채나 있다는 말을 들었습니다. 그래서 나가사키로 돌아가서 집 한 채를 빌려서 우리도 고철상을 시작했습니다. 둘이서 리어카를 끌고 사세보로 고철을 팔러 다녔어요. 나중에는 인부도 두 사람 고용하고 차차 생활은 나아졌습니다.

고철상을 하면서 나는 쇼와 34년(1959)에 동포 부인과 같이 식도원이라는 야키니쿠 가게를 시작했습니다. 하지만 막 시작했을 때는 손님이 없어서 부부싸움만 했지요. 그리고 일 년쯤 됐을 때, 옆의 카바레에서 난 불이 옮겨 붙어서 가게가 반은 타버렸습니다. 이게 기회다 싶어서 가게를 접었지요.

마침 그때 나가사키 신문에 나와 있던 모토싯쿠이마치의 3만 엔짜리 가게를 빌려서 소화 38년(1963) 9월에 '아리랑정'이라는 야키니쿠 가게를 시작했습니다. 이때까지도 야키니쿠는 잘 알려지지 않은 때였습니다.

그 무렵 남편은 상은에 들어가서 이사장을 맡고 있었습니다. 그래서 가게 일은 나 혼자 할 수밖에 없었는데 정말 힘들었어요. 가게는 금방 알려져서 점점 자리가 부족해갔습니다. 그래서 1971년에 지금의 도자로 옮겼습니다. 이 가게도 잘 돼서 3층 홀에서 결혼식을 치른 적도 있어요. 지금은 1층과 2층이 가게이고, 3층은 여동생의 자식이 혼자서 살고 있고, 4층은 우리가 생활하고 있습니다.

▶ 민단부인회 회장으로서

나는 쇼와 27년(1952)경에 민단 부인회에 들어갔습니다. 아직 고철상을 할 때였습니다. 나가사키현 본부의 첫 회장은 몇 개월 만에 교체됐고 그다음은 내가 쭉 회장직을 맡고 있습니다.

주된 활동은 중앙본부와 연락하고 회비를 받고 또 단결하는 거지요. 일 년에 한 번 대회가 있을 때 재정 보고도 합니다. 그리고 민단에서 여행도 가는데 한국으로 가장 많이 갔습니다. 중앙에서는 산업사절이라는 연수여행이 일 년에 한 번 있습니다. 이때는 청와대에 가서 영부인을 만났습니다.

몇 년 전에는 청와대에서 전 세계에 사는 재외 동포들을 초청한 일이 있었습니다. 500명이 정원에서 가든파티를 했는데 대통령도 참석했습니다. 성대한 파티였어요.

민단 활동으로는 서울올림픽 때 꽤 많은 돈을 모아서 한국에 기부했습니다. 전국부인회는 10엔 모금 운동을 했는데 하루에 10엔으로 몇억이 모였습니다. 나는 패럴림픽 때 휠체어 두 대를 기부했습니다.

지문날인 문제는 전국에서 부인회가 들고 일어났던 것입니다. 이곳저곳을 다 다녔어요. 유럽까지 가서 4, 5개국을 돌고 제네바의 유엔사무소에도 갔습니다.

지방참정권 문제는 좀처럼 해결이 되지 않고 있습니다. 국회까지 갔지요. 지방에서 대표자만 모여서 지역 출신 국회의원들에게 부탁하자는 취지였습니다. 중앙에서 정확히 교섭해놓아서 이야기를 잘 전달할 수 있었습니다. 그래서 부인회라는 것은 권위가 있는 단체라는 것을 느꼈습니다. 하지만 나 자신을 위해서 하는 것이 아니었습니다. 동포들, 즉 우리 모두의 삶을 위해서입니다. 참정권을 갖는다면 귀화하지 않아도 됩니다. 지금 귀화하고 있는 것은 전부 자식들 취직 때문이지요. 어느 날 민단 단장이 현縣지사에게 참정권 문제를 말하러 갔는데 귀화하라는 말을 들었다면서 노발대발했습니다. 그래서 내가 친하게 지내는 전 자민당 나가사키현연합회 간사에게 그 이야기를 했더니 "귀화하면 되잖아요."라는 거예요. 그래서 내가 "당신, 무슨 말 하는 거야.

그런 말 하면 총 맞아 죽어요. 누가 참정권 때문에 자기 조국을 팔아요. 우리가 일본에 와서 얼마나 협력하고 있는데."라고 쏘아 줬습니다. 하지만 지문날인도 참정권도 운동이 크게 번지면서 일본인도 협력해주고 있고 사죄도 하고 있습니다.

라이온스클럽에도 들어갔는데 나이가 있어서 최근에 그만뒀습니다. 나가사키현 중소기업가 동우회에도 남편이 돌아가시고 난 후에 들어가서 20년간 활동했고 나가사키현 일한친선협회 부회장도 하고 있습니다. 일한친선협회는 한국인과 일본인의 친선단체입니다. 일본 쪽 회장은 사이히버스회사의 나카무라 사장입니다.

▶ 남편의 유해를 고향에 매장하다

쇼와 34년(1959)부터 46년(1971) 사이에 나가사키시 가지야마치에 살았습니다. 이때 마을에서 원폭 피해 신청을 해서 수첩을 받으라는 권유가 있었습니다. 하지만 피폭자 수첩은 영원히 이름이 남는다는 이유로 남편이 반대해서 신청하지 않았지요. 옛날에는 피폭자라는 것이 알려지면 오히려 곤란했었으니까요. 그런데 도자에 와서 남편의 목에 이상이 있다는 것을 알게 됐고 결국 신청하게 됐던 것입니다.

수첩을 받으려면 피폭당한 것을 증명해 줄 보증인이 두 사람 있어야 합니다. 전쟁 때부터 쭉 사정을 알던 사람이 보증을 서줘서 2차 피폭 환자로 단번에 인정받을 수 있었습니다. 수첩을 받으면 병원비는 전혀 들지 않습니다. 나는 특별히 몸의 이상을 느낀 적은 없었지만 무릎을 구부릴 때 저려서 서 있지 못하게 되었습니다. 그래서 항상 외과 치료를 받습니다. 한 달에 3만8백 엔의 원폭 수당도 받고 있습니다.

남편은 쇼와 58년(1983)에 암으로 돌아가셨습니다. 처음에는 둔탁한 통증이 있다고 해서 한 달 정도 입원했다가 퇴원했는데 또 통증이 온다고 해서 엑스레이 찍은 것을 원폭병원(일본적십자사 나가사키원폭병원)에 가지고 갔더니 그 자리에서 입원하라고 했습니다. 의사 선생님은 "암이 폐에서 간으로 전이돼서 손을 쓸 수 없다."고 했습니다. 남편에게는 위가 좀 나쁘다고만 말을 했습니다. 점점 야위어 갔습니다. 남편의 얼굴을 보는 것이 괴로워서 집에 혼자 있을 때는 눈물이 멈추지 않았습니다.

입원하고 4개월쯤 되던 어느 날 아침에 세상을 떠났습니다. 눈감기 전에 점점 의식이 없어지면서 "어머니 저도 갑니다."라고 한국어로 말했습니다. 집으로 모시고 가서 3층에서 이틀 동안 경야經夜를 했습니다. 한국 옷을 입히고 한국식으로 했지요. 3일째 되는 날 아침에 장례차로 후쿠오카까지 가서 관을 비행기에 싣고 고향으로 모시고 갔습니다. 그쪽에서도 이틀 동안 장례식을 하고 다음날 선산에 매장했습니다.

▶ 일본 정부는 보상을

여동생 둘도 피폭자 수첩을 가지고 있습니다. 열다섯 살 아래인 영자는 혈액암입니다. 영자보다 네 살 아래인 송자도 늘 다리가 아파서 수술도 하고 물을 뽑아내고 있습니다. 그 아이들도 세탁소에 간다면서 영자는 걷고 송자는 어머니가 업어서 기차를 타고 역 앞에 도착했을 때 원폭이 떨어졌던 것입니다. 그래서 둘 다 연기도 마시고 직접 원폭을 당했던 것이지요.

영자는 스물여덟 살에 결혼했고 아무렇지도 않았었습니다. 그런데 팔 년 전에 발이 아파서 병원에서 엑스레이를 찍었는데 뼛속이 나빠져서 위험하다는 것이었습니다. 의사 선생님이 나와 여동생의 남편과 딸을 불러서 다발성 골수암인데 수술해도 앞으로 3개월이라고 말하는 것이었습니다. 울면서 돌아왔지요. 여동생 남편은 아내가 죽는 걸 걱정했는데 삼사 년 전에 간암으로 먼저 세상을 떠났습니다. 지금 여동생은 지팡이를 짚고 걸어 다니고 있습니다.

　원폭 공원이라든가 자료관에는 몇 번이나 갔지만 원폭 사진 같은 것은 처참해서 볼 수가 없습니다. 피폭자는 모두 불안감을 가지고 있습니다. 2세에게 증상이 나타날지 어떨지 아직 모르기 때문입니다. 그래서 모두 감추는 것입니다. 한국에서도 쭉 감춰왔던 거지요. 그래도 재일 동포들은 피폭자 수첩이라도 받을 수 있지만 한국인은 그것도 받지 못하고 있죠? 민단에서도 그 문제를 해결하려고 꽤 노력했지만 좀처럼 성사되지 않았습니다.

　민단에서는 종군위안부 보상 문제도 전국에서 노력해 왔습니다. 강제 연행된 분들에 대한 보상 문제도 제기해 왔지요. 하지만 일본 정부가 깔끔하게 인정하지도 않고 아무것도 하지 않는데 화가 나지 않는다면 거짓말일 것입니다. 피해를 당하고 한국으로 돌아간 분들은 이제 나이가 들어서 움직이는 것도 힘들겠지요. 언제 죽을지 모르니까요. 더욱더 재판에 힘쓰면 좋을 것 같습니다.

24

민족학급과 함께한 36년
김용해 金容海 (남)

취재일: 2005년 12월 23일
출생지: 제주도 제주시
현주소: 오사카시 이쿠노구
생년월일: 1926년 1월 31일
약력: 오사카상업대학교 졸업. 1948년에 구라쓰쿠리鞍作조선인소학교 교사. 1951년부터 36년간 오사카시립 기타쓰루하시北鶴橋소학교에서 민족학급 담당 상근 강사. 민단 오사카 본부 문교부장 및 사무국 부국장 겸 문교부장, 민단 중앙본부 민족교육위원회장 등을 역임. 현재, 민단 오사카 본부 고문. 민단 중앙본부 민족교육위원. 관서제주도민협회 고문. 1995년, 제주도문화상 수상. 저서로는 『본명은 민족의 긍지本名は民族の誇り』(헤키가와쇼보壁川書房) 외

취재: 고찬유 / 원고집필: 고찬유 / 번역: 고경순

▶ 조선인 소학교 교사

나는 1926년에 제주도 제주시에서 태어났습니다. 그때는 황민교육 시대여서 소학교에서는 담임이 일본인 교사였을 때 특히, 철저하게 조선어를 금지시켰습니다. 조선어가 나오면 복도에 양동이를 들고 세우는 벌을 줬습니다. 물을 흘리면 목검으로 때리기도 했지요. 학교는 3학년 중도에 그만두고 1943년에 오사카로 와서 사촌이 경영하던 공장에서 잡역부로 일했습니다.

1945년에 조국 해방이 되자 사촌 형은 형수와 아이들을 먼저 제주도로 보냈습니다. 그리고 사촌 형이 히로시마 구레에 가서 생고무를 입수해서 이쪽으로 보내면 내가 받아서 단골집에 넣었는데 늘 적발되었습니다. 나는 공부에 보탬이 되는 곳에서 일하고 싶어서 동포가 운영하는 대중신문사에 들어가 반년간 교정 일을 했습니다.

1948년 당시, 히라노구에 조련(재일본조선인연맹)이 운영하는 구라쓰쿠리조선인소학교가 있었는데 교장 선생님이 고향 선배라는 연줄로 교사가 되었습니다. 판자로 된 가건물이었는데 교실은 세 개였고 학생은 140~150명 정도였습니다. 1학년과 3학년을 맡아서 말과 글, 역사, 산수, 사회를 가르쳤습니다.

4·24한신교육투쟁 때는 참혹했습니다. 문부성에서 조선인학교 폐쇄령을 내렸던 것입니다. 보호자도 선생도 모두 데모하러 나갔습니다. 4월 24일 날, 고베에서 일어난 탄압은 쇼크였습니다. 26일에 오사카부府청 앞에서 탄압이 있었을 때, 나는 학교에 있었어요. 우리 동포를 향해서 소방차가 물대포를 쏘아대고 경관이 발포해서 한 소년이 죽었다는 것을 데모에서 돌아온 사람에게 들었습니다. 결국 우리 학교도 폐쇄되었습니다.

그 후에 비누와 로션을 파는 선배의 가게에서 약 1년 일하면서 밤에는 조토城東전문학교를 정시제로 다녔습니다. 3학년 때, 한국전쟁이 일어난 것을 라디오를 듣고 알았는데 지금도 선열하게 기억하고 있습니다. 부모, 형제 생각에 정말 제정신이 아니었어요.

▶ 민족학급 강사의 고뇌

1951년 7월에 기타쓰루소학교(이하 기타쓰루) 교장이 조선어학급을 담당해 달라고 해서 민족학급을 담당하는 상근강사가 되었습니다. 민족학급이라는 것은 한신교육투쟁 후에 조선인 측과 오사카부府 지사 사이에 각서를 서로 주고받고 공립소학교에서 정규수업 시간 외에 국어(모국어)와 역사, 지리 등의 민족교육을 시행할 수 있도록 한 것입니다. 이것은 각서覺書민족학급이라고 해서 오사카에서는 1949년에 33개교가 설치되어 30여 명의 민족 강사가 채용되었습니다.

기타쓰루는 큰 학교여서 한 학년에 예닐곱 학급이었고 학생 수는 1,400명 정도였습니다. 그중에 동포 자녀는 500명 정도였고 본명을 쓰는 아이들이 많았지요. 동포 보호자들의 민족학급에 대한 열의는 매우 컸습니다. 그렇지만 학교 교장, 교감은 거의 모르는 척했지요.

민족학급은 토요일을 제외하고 매일 방과 후에 열었는데 교실이 없었어요. 당시는 학교 수업이 2부제였습니다. 저학년은 오전에, 낮부터는 고학년이었어요. 그러니까 빈 교실이 있을 리가 없었죠. 교재는 등사원지를 긁어서 등사판으로 인쇄했어요.

학년마다 수준이 다른데 600명이나 되는 아이들을 어떻게 해서 가르치겠습니까? 처음에는 전원을 강당에 둘러앉히고 수업을 했습니다. 1학년은 빨리 끝내고 다음은 2학년, 3학년 식으로 했는데 도저히 수업을 할 수 있는 환경이 아니었어요. 겨울이 되면 추워서 아이들이 도망가 버립니다. 난로가 있어도 민족학급은 과외라고 해서 석탄도 넣어주지 않았어요. 참가자는 점점 줄어 갔죠. 드디어 1학년 교실을 사용하게 되었는데 다음은 사물함이 문제였습니다. 운동회 때 수건이나 빗자루 등 도구를 넣는 방을 정리해서 사용하라는 거예요.

직원회의를 열고 선생님들에게 "학급 학생들을 민족학급으로 보내 달라."고 부탁해봤지만 협력해 주는 선생님이 있는가 하면 반대하는 선생님도 있었어요. 그런 일이 2년 반 정도 계속되자 싫어졌습니다. 다른 수업을 하는 것도 아닌데 아침 여덟 시 반에 와서 일반 수업이 끝날 때까지 직원실에서 교실 지키는 사람이 돼버렸어요. 지금도 분한 것은 내 책상이 늘 직원실 입구에 놓여져 있던 것입니다. 여름에는 덥고 겨울에는 추웠지요. 옆에 등사판이 있어서 잉크로 얼룩졌어요. 분명한 차별 아닙니까? 생활은 빡빡해서 가정교사를 하면서 생활비를 메꿔야 했습니다.

▶ 선생님은 방파제가 되어 주길

나는 민족 강사를 하면서 1953년에 오사카상업대학의 야간부를 졸업했습니다. 민족 강사를 2년 반쯤 했을 때, 보호자 임원회를 소집해서 "내년 3월까지 하고 그만두겠다."고 말했습니다. 그랬더니 보호자들이 "선생님이 있으니까, 차별받지 않고 아이들을 안심해서 보내고 있는 거 아닌가? 선생님은 방파제가 되어 주시길 바란다."며 좀처럼 놓아주지 않았어요. 그래서 마음을 돌려 다시 하기는 했지만 사면초가였습니다.

아이들은 말과 글을 배우는 것보다 놀고 싶어 했어요. 그런데 일본인 아이들이 운동장을 사용하고 있으니까 민족학급 아이들은 사용할 수가 없었죠. 어쩔 수 없이 3층 옥상에서 달리기도 하고 피구도 했어요. 그것도 4~6학년만 할 수 있었습니다.

부모들이 민족학급에 큰 기대를 걸었던 것은 1959년입니다. 북조선(조선민주주의인민공화국)으로 귀국사업이 시작되면서 매우 고조됐어요. 하지만 귀국자가 점점 줄어들면서 아이들도 줄었지요. 총련도 민단도 전혀 협력해 주지 않았어요. 이러지도 저러지도 못하는 상태가 계속되자 미칠 것 같았습니다.

▶ 재일제주도친목회 회장에 취임

1962, 3년경에 제주도 출신자로 구성된 4개의 단체가 모여서 재일

제주도친목회가 결성했습니다. 회원은 30명 정도였습니다. 나는 친목회 부회장이 되었고 1969년부터 1971년까지는 회장을 했습니다.

제주도에서는 4·3사건으로 학교가 거의 소실되어 버렸습니다. 고향의 모교에 가보니 오르간조차 없어서 친목회에서 오르간을 기증했습니다. 3년간 제주도 전 학교에 260대 정도 보냈지요. 책도 보냈어요. 제주도는 한국에서 유일하게 감귤이 가능한 곳이니까 와카야마의 감귤 묘목을 보내는 운동도 했습니다. 배를 전세 내서 28만 그루를 보냈습니다. 그래서 제주도가 감귤 붐이 일어나서 지금에 이르렀다고 할 수 있지요.

당시는 고향에 가고 싶어도 일본 정부에서 재입국허가가 나오지 않는 사람들도 있었습니다. 교통위반을 하거나 암거래 상행위 등을 한 사람들은 나오지 않았던 겁니다. 그래서 오사카 입국관리소 소장이라든가 경비과장 등을 한자리에 불러서 부탁을 했습니다. 그러자 친목회에 들면 제주도에 갔다 올 수 있다는 소문이 돌아서 회원이 250명으로 늘었습니다.

▶ 민단 오사카 문교부장으로서

1967년에 김진근 씨가 민단 오사카부 본부의 단장에 당선되었을 때, "문교부장으로 오라."는 제의를 받았습니다. 오사카부교육위원회에는 직무의무면제라는 제도가 있어서 오전 중에 민단, 오후에 기타쓰루에 가는 것이 허용됐어요. 그래서 1968년부터 1970년까지 문교부장을 하게 되었습니다.

당시, 한국인의 수험자격을 인정하지 않는 학교가 여섯인가 일곱 곳이 있었습니다. 호텔에서 소·중·고등학교 교장 회의를 열어서 민족적 이유로 입시차별을 하는 것은 인권의 문제라고 호소했습니다. 이때, 폴학원과 관서오쿠라의 교장이 다음 해부터는 수험자격을 인정하겠다는 약속을 해줬습니다. 그 후로는 공립, 사립학교 원서에서 국적에 대해서 운운하는 일은 없었습니다. 이 외에도 사학 조성금 문제로 오사카부교육위원회 담당과 교섭했는데 비교적 협조적이었습니다. 그런데 점점 민족학급보다도 이쪽에 관심이 깊어지면서 수업을 못 하는 날이 종종 생겼습니다. 그러자 보호자들로부터 불만이 나와서 1970년에 민단에 사표를 낼 수밖에 없었습니다.

▶ 차별하지 않는, 차별받지 않는 인간교육

조직을 통해 요망사항을 내면 민족학급의 길이 열린다는 사실을 민단의 경험으로 알게 됐지요. 그래서 더욱 적극적으로 해보려는 마음이 생겼습니다. 민단 지부에 제의해서 보호자가 아이들을 민족학급에 보내도록 하거나 오사카부 교육위원회 사람을 민족학급 수업에 참관하게 하거나 아이들을 데리고 건국학교에 가기도 했지요.

1971년에 오사카시립중학교장회에서 차별문서 문제가 발생했습니다. 교장회가 시내에 있는 모든 교장에게 보낸 비밀자료에는 조선인 아이들이 "태연하게 거짓말을 한다."라든가 "계속 같은 잘못을 저지른다."와 같은 편견의 내용이 가득 기술되어 있었어요. 우리 민족 강사 열 명이 교장회 회장에게 항의하러 갔더니 회장은 싹싹 빌며 사과를 했습니다. 이와 전후해서 1972년에 시외교(오사카외국인교육연구협의회)가 결성되었습니다.

오사카 시립학교에는 17,000명 정도의 외국인이 있었습니다. 대부분 동포의 아이들입니다. 기타쓰루에는 830명 중의 25%였습니다. 그 중에 홍이라는 아이가 준비물 등을 자주 잊어버려서 담임에게 종종 들볶였는데 한번은 심하게 얻어맞아서 얼굴이 부어올랐어요. 어머니가 학교로 뛰어 들어왔어요. 선생은 사과했지만 "사과해서 끝날 일이 아니다. 신문에 낼 거다."며 서슬이 퍼랬습니다.

발각 뒤집혀서 교감이 내게 어떻게든 얘기 좀 해달라고 해서 어머니를 만나서 이야기를 들었지요. 그 선생은 자주 그런 차별을 했다는 거예요. 교장과 교감, PTA(Parent-Teacher Association : 부모와 교사 모임) 임원들에게 그 이야기를 했더니 교장과 교감이 집에 찾아가서 머리를 조아렸지만 해결하는 데는 일주일이나 걸렸어요. 최종적으로는 그 어머니가 "정말로 민족 차별하지 않는 교육을 한다면 용서한다."고 양보했습니다.

▶ 본명 사용하기 운동에 돌입

어느 날 교감이 내게 기타쓰루에 차별이 있냐고 물어서 1학년부터 6학년까지 전학생에게 작문을 쓰게 해봤습니다. 그랬더니 "일본인 쪽이 훌륭하다는 차별을 당했다."라든가 "소풍 가도 옆에 앉지 않는다." 등 많이 나왔어요. 즉시 교내에서 외국인어린이교육연구회를 만들었어요. 그것이 "차별하지 않기, 차별당하지 않기 위한 인간교육"의 시작이었습니다. 우선 선생들 연수부터 시작했어요. 연수부회를 만들어서 내가 월 1회 교육 연수를 맡았어요. 연간 30시간을 설정해서 '민족차별을 없애기 위한 교육과정'을 작성했습니다. 이것이 『아사히신문』에 실렸어요.

1973년에 나는, 한국인이 "우리 민족의 이름으로 학교생활을 할 수 없다."라는 문제제기를 했습니다. 직원회의를 몇 번 열고나서 교장이 "이후 본명을 사용하는 교육을 한다."라는 안내문을 모든 보호자에게 보냈습니다. 그런데 부모들의 반대가 심했어요. 동포 부모들이었지요. 3분의 2는 반대였어요. 본명을 쓰면 차별을 받는다, 우선 이것이었습니다.

교장은 1년 후에 바뀌고 다음에 온 교장이 훌륭했어요. 보호자를 모아서 PTA총회도 열었습니다. 5월에 교장과 나는 반대하는 집을 방문했습니다. 담임선생들에게도 가정방문을 하게 했는데 "이런 담임선생이라면 본명을 써도 괜찮겠다."라는 부모도 나왔습니다. 9월에는 '차별을 없애고 긍지 높은 인격 형성'이라는 팸플릿을 만들어서 모든 보호자에게 배부했습니다. 동포 보호자들 가운데는 "먼저 일본인 부모교육부터 시키라."라는 의견이 많았으니까요. 시외학교도 '본명 부르기·쓰기 운동'에 본격적으로 돌입해 갔습니다.

한편 관서민족학급과는 별개로 니시나리구에 있는 나가하시소학교에서는 1972년에 보호자와 선생들의 노력으로 민족학급이 생겼는데, 그 후에 오사카 각지에 '72년형민족학급'이 생겼습니다. 또 1973년에 일본인 교사들에 의해 '공립학교에 재적하는 재일조선인 자녀교육을 생각하는 모임'이 결성되었습니다. '생각하는 모임'은 민족학급을 발전시키기 위해 적극적인 활동을 해서 1983년 전조교(전국 재일조선인 교육연구협의회) 결성으로 이어졌습니다.

▶ 『본명은 민족의 긍지』 출판

1974년 1월, 이쿠노구 PTA회장 이름으로 '외국인 자녀 밀집 학교의 의무교육 진흥에 관한 진정서'라는 문서를 문부성에 제출했습니다. 내용은 '조선인 민폐론'입니다. 민족 강사들에게 호소해서, 나와 기타나카미치·쇼지·나카가와 소학교의 선생들이 시외학교 회장을 찾아가서 항의했습니다. 회장은 정중하게 사과했습니다. 그해 졸업식 때 졸업증서에는 한 사람을 제외하고 모두 본명을 썼습니다.

5월에는 시내 500명의 소·중·고 교사가 모인 오사카시 교육위원

연수회에서 이야기를 했습니다. 그 후에 처음으로 오사카시교육위원회가 "금후 본명을 사용하는 교육을 해 간다."라는 방침을 공포했습니다. 지도요령의 성명란은 본명으로 통일하고 교사들이 민족명을 한글로 쓸 수 있도록 『인명가나표기편람』이라는 매뉴얼을 만들었습니다.

나는 1974년에 『본명은 민족의 긍지』라는 책을 발간했습니다. 『아사히신문』에도 『마이니치신문』에도 『영문마이니치』에도 소개되었습니다. 그 책은 소·중학교의 도서관에 대부분 비치되어 있습니다.

▶ 후임 강사제도 실현

나는 1986년에 정년이 되었고 그 후 1년간 촉탁을 했습니다. 그 1, 2년 전에 기타나카미치소학교와 사카이시의 쇼린지소학교, 이즈미오쓰시의 에비스소학교의 민족학급이 없어져 버렸습니다. 이 세 학교에서 민족 강사를 하고 있던 두 사람이 정년퇴직 후에 2년간 촉탁을 하고 나서 그만뒀어요. 행정 측은 민족 강사가 없으면 그 학교의 민족학급은 자연폐쇄가 된다는 자세였으니까, 이 사람들이 퇴직함과 동시에 세 학교에서 민족학급의 등불은 꺼지고 말았던 것입니다.

그다음이 나였습니다. 정년이 돼서 사표를 냈더니 교육위원회 과장 대리가 집에 찾아와서 "지금 당장 후임 강사를 찾을 수 없어서 2년만 촉탁으로 계속해 주기 바란다."고 했지만 거절했습니다. 과장 대리가 두 번째 찾아왔을 때 나는 1975년에 오사카부·시교육위원회 앞으로 "후임 강사를 조치해 주기 바란다."는 요청서를 민족 강사 열한 명의 이름으로 제출했던 기억을 되살렸어요. 그래서 "행정이 책임져서 에비스소학교 민족학급을 재개해준다면 1년은 촉탁직을 계속할 수 있다."고 말했습니다. 최종적으로는 내가 에비스소학교의 민족 강사 자리에 양의자 선생을 추천했습니다. 양의자 씨가 후임 강사가 된 것은 중요한 시작점이 되었지요.

다만 임시 강사였으니까 급료가 터무니없이 낮았어요. 사회보험도 없지요. 민족학급 강사가 처음으로 기타쓰루에서 상근 강사로 조처된 것은 1994년입니다. 그 이후, 매년 증가해서 1998년에는 후임 강사 10명 전원이 상근 강사화가 되었습니다. 지금 상근 강사는 11명 있습니다.

그렇다고 해도 이것은 각서민족학급 강사만 해당하는 것입니다. 현재(2005년) 오사카에는 '72년형 민족학급' 등을 포함해서 시에 101개 교, 부府 전체에는 170개 교의 민족학급이 있고 아이들은 3,000명 정도 있습니다. 민족 강사는 30여 명 있습니다. 하지만 상근 강사가 아닌 사람은 한 사람이 서너 학교를 겸직하고 있는데 보수가 적고 사회보험이 없어서 고생하고 있습니다.

1992년에 오사카시가 '민족클럽기술지도자초청사업'을 명목으로 예산에 대해 조치를 했습니다. 민족 강사에게 고등학교 클럽활동 지도원과 같은 고용보수를 지급하기로 했던 것입니다. 이것은 '72년형 민족강사'들의 요청사항에 대한 회답이었는데 민족학급의 확대라는 면에서 매우 중대한 일이었습니다. 1994년에는 오사카시교육위원회가 '재일외국인의 유아·아동·학생의 교육지도자료'를 시내 전 교직원에게 배포했습니다.

▶ 제주도문화상 수상

1991년, 다시 민단 문예부장이 되었습니다. 그것은 민족학급 상근 강사 문제가 있었기 때문입니다. 그리고 부府교육위원회의 외국인교육지침 개정 문제도 있었지요. 조총련도 민단도 해주지 않는 그 문제를 실현시키기 위해서는 내가 문교부에 가야 한다고 생각했어요. 결국 문교부에 가서 염원하던 두 가지 숙제를 실현할 수 있었습니다.

당시 부내 공립소중학교에 재적하는 동포의 아이가 본명을 사용하는 비율은 10% 정도였어요. 부교육위원회는 1988년에 '재일 한국·조선인 문제에 관한 지도지침'을 마련했는데 1998년 3월에 개정하고 새로이 "본명을 사용하는 것은 본인의 정체성 확립과 관계된다.", "본명을 사용할 수 있도록 지도에 힘쓴다."라는 내용을 추가했습니다.

1992년, 민단 문예부장으로서 처음 연구발표를 했습니다. 민단 중앙본부의 문교 국장이 의뢰해 와서 "공립학교의 민족교육 과제"라는 주제로 한국인 교육자 연구대회에서 발표했습니다. 이 계기로 중앙본부의 민족교육위원으로 임명되었습니다. 그 후, 1992년부터 중앙 민족교육위원을 1기 3년간, 부위원장을 3년간, 그 후에 3년은 교육위원장을 했습니다. 1995년부터 1998년까지는 민단 오사카 지방본부 사무국 부국장 겸 문교부장을 역임했습니다.

나는 1995년에 제주도문화상을 받았습니다. 이 상은 해외에 있는 제주도 출신자 중에서 제주도 발전에 기여한 사람에게 매해 수여 하는 것입니다. 한국에서『민족은 긍지』라든가『알아 두고 싶은 제사』라는 책을 출판했고 또 오랫동안 민족교육을 위해 노력하고 민단 오사카와 중앙본부에서 민족교육 일을 한 것이 좋은 평가를 받은 거겠지요.

25

징용되어 재일로 살아 온 61년
박명수 朴明壽(남)

취재일: 2005년 9월 15일, 21일, 12월 11일
출생지: 평안남도 개천군
현주소: 교토시 미나미구
생년월일: 1926년 2월 18일
약력: 지주의 아들로 태어나서 서당을 거쳐 공립소학교, 용문공업학교에 진학. 어머니 사후에 집을 나왔고 학교도 중퇴한다. 석탄채굴광업소에 취직하지만 사고를 쳐서 2개월 만에 퇴직. 1944년 7월, 징용되어 가가와현香川縣 나오시마直島섬 미쓰비시三菱금속 제련소로 끌려간다. 탈출해서 나고야축항 노무자합숙소에서 노동. 아이치군愛知郡에 소개를 가서 아탄을 채굴하고 있을 때 해방을 맞는다. 그 후에 아이치기계공업에서 도장공으로 10년 근무하고, 나가노현長野縣에서 고물상을 한다. 1981년에 교토로 가서 교토양생에서 임시 직공으로 20년간 근무하다 고령으로 퇴직해서 교토시 히가시쿠조東九條 지역 동포사회에서 살고 있다.

취재: 성대맹, 정명애 / 원고집필: 성대맹 / 번역: 고경순

▶ 서당폐쇄령이 내려져 공립소학교로

나는 1926년 2월 18일에 평안남도 개천군 북면에서 태어났습니다. 형이 세 살 때 죽어서 내가 사실상 장남이 됐고 누나와 여동생과 함께 셋이서 유년 시절을 보냈습니다.

아버지는 독자인 나를 가르치기 위해 내가 다섯 살 때 집 앞에 있던

토지에 서당을 세워서 훈장을 모셔왔습니다. 마을의 유일한 서당이었기 때문에 집마다 아이들을 부탁해 와서 열대여섯 명의 학생이 모였습니다.

학생들 중에는 여자는 한 명도 없었고 남자도 차남이 많았어요. 부유한 집에서도 형제 중의 한 사람만 공부를 시켰어요. 그것도 장남은 가업에 전념하게 했고 또 삼남 이하는 일을 시키고 차남만 서당에서 공부를 시켰지요. 공부를 시킨 이유는 관혼상제 때 필요한 서류 쓰기를 시키기 위해서였습니다.

서당에서 천자문을 배웠지만 그때는 종이가 귀해 풍족히 쓸 수 없었습니다. 그래서 모래판 위에 젓가락 같은 것으로 글을 쓰고 지우기를 반복하면서 공부했고 다음날 훈장님에게 검사를 받았습니다. 틀리면 회초리로 장딴지를 맞아서 너무 아프기도 하고 무서웠어요. 그래서 하루에 열여섯 문자씩 열심히 했더니 일 년 걸려 천자문을 다 뗄 수 있었습니다. 이렇게 전부 외우니까 천자문을 통달했다면서 집에서 떡을 쪄서 축하를 해줬습니다.

천자문이 끝나자 국가에 충의, 부모에 효도를 다 하라는 주제를 다룬 『공자』, 『맹자』 등을 배우게 됐지만 그 무렵 조선총독부에서 폐쇄령이 내려져서 서당은 없어져 버렸습니다. 그래서 1932년에 집에서 가장 가까운 평안북도 구장군 공립소학교에 입학했습니다. 교장선생님은 일본인이었습니다. 입학할 때는 조선인 선생님이 많았고 교감선생님도 조선인이었습니다. 그런데 해를 거듭할수록 일본인 선생님이 더 많아졌고 내가 5학년이 됐을 때는 조선인 선생님은 딱 두 명뿐이었습니다.

소학교에 입학해서 처음 일본어를 배웠습니다. 국어는 일본어를 말하는데 이 국어강독 시간이 1학년부터 있어서 필사적으로 배웠습니다.

어쨌든 고학년이 되면 학교 내에서는 노는 시간에도 일본어 상용이 원칙이었습니다.

조선인 선생님이 일주일에 세 번 하는 조선어강독 시간도 3학년까지는 있었습니다. 조선어강독 시간에 선생님은 지금부터 하는 말은 절대 밖에서 말하면 안 된다는 주의를 주고 이순신 등 애국 명장 이야기와 조선 독립에 관한 이야기를 해주기도 했습니다. 그런 선생님도 어느 샌가 퇴직당해서 내가 6학년 때는 조선어강독 자체가 없어져 버렸습니다.

학교 안에서는 강제로 일본어를 사용하게 했습니다. 국어 상용 카드를 한 달에 열 장씩 각자 지참하게 해서 조선어를 사용한 것이 발각되면 발견한 아동에게 카드를 내주도록 하는 방법으로 일본어 상용을 경쟁시켰던 것입니다. 자기 손에 카드 수가 많으면 성적이 오르고 적으면 아무리 시험에서 만점을 받아도 성적이 내려간다는 방식이었습니다. 5학년 때는 매일 아침 황국신민의 맹세를 제창하고 수업을 시작했습니다.

▶ 아버지의 재혼, 그리고 가출

1943년, 내가 평안북도 영변군 용산면에 있는 용문공업학교에 다닐 때, 어머니가 돌아가셨습니다. 그때 아버지는 아직 서른네 살이었고 지주라서 농사일을 해야 했기 때문에 후처를 맞게 되었습니다. 나는 그때 열일곱 살이었습니다. 계모가 아이 둘을 데리고 집으로 들어왔는데 그 아이들에게만 신경을 쓰거나 해서 계모와는 사이가 좋지 않았습니다. 모든 일이 재미가 없고 또 학교에 가도 수업은 거의 군사교련과 산에 가서 송진을 채취해 오는 것이 일과였습니다. 그래서 학교도 그만둬버렸습니다.

나는 집을 뛰쳐나와서 노무자합숙소를 하고 있던 고모 집으로 들어갔습니다. 고모 집은 약 8킬로미터쯤 떨어진 개천군 북단의 탄전지대에 있었습니다. 그곳에는 일본인 업자들이 경영하는 석탄채굴광업소가 많이 있어서 수백 명이 일하고 있었습니다. 그 무렵 조선총독부 토지조사사업 실시로 고향에서 쫓겨난 농민들이 이곳에서 탄광부로 일하고 있었습니다. 그들 대다수는 경상도와 전라도에서 온 사람들이었습니다.

▶ 석탄채굴광업소에 취직

고모는 계모가 와서 어쩔 수 없었을 거라며 가출한 나를 받아들였고 석탄채굴광업소에 취직할 수 있도록 소개해 줬습니다. 그 회사 면접에서는 이름과 일본어를 아는지 물었고 내가 일본어를 안다고 했더니 이력서를 가지고 내일부터 당장 오라고 했습니다. 그래서 다음날부터 그 광업소에서 일하게 되었습니다. 즉 일본어를 할 수 있는지 어떤지만 문제였던 것 같습니다.

내가 했던 일은 채탄부가 땅 밑에서 광차로 운반해 온 석탄을 정해진 오목한 땅속으로 퍼낼 때마다 장부에 도장을 찍어서 그들이 일한 양을 기록하는 것이었습니다.

어느 정도 일이 익숙해지고 그들과 농담도 할 정도로 친밀해졌을 때, 그들 중 한 사람이 도장 하나를 더 찍어 달라고 부탁을 해왔습니다. 그때 나는 젊었고 동정심도 있어서 찍어줬던 것입니다. 그러자 다음 사람도 "나도, 나도" 해서 부탁하는 모두에게 덤으로 도장을 찍어주게 됐습니다. 한 달 정도 지나서는 이미 소문도 났고 도장의 수와 석탄 양도 꽤 차이가 났기 때문에 사무소로 불려가서 그 자리에서 바로 잘렸습니다.

▶ 징용되어 미쓰비시금속제련소로

다른 취직자리를 찾아봐도 없어서 한동안 고모 집에 틀어박혀 있었습니다. 그런데 노무자합숙소를 상시 순찰하던 주재소 순사가 나를 발견하고 빈둥거리고 있을 거면 일본으로 징용을 가라는 것이었습니다. 나는 싫다고 말하고 도망쳐 나와서 다리 밑에 숨었는데 보초를 서고 있던 다른 순사에게 붙잡히고 말았습니다.

그곳에서 바로 주재소로 끌려갔는데 주재소에는 청년 대여섯 명이 잡혀 와 있었습니다. 그날 밤에 순사의 감시를 받으면서 트럭에 태워져서 경성으로 연행되어 갔습니다. 각지에서 연행당한 사람은 100명 정도였고 여관에 집결시켜서 하룻밤을 묵게 했습니다. 그리고 다음 날 밤에 부산행 기차에 태워지고 그다음 날 아침에는 부산에 도착했습니다. 각지에서 연행되어 온 수백 명의 청년이 대기하고 있었습니다. 그 당시 낮에는 미군의 공격이 심해서 배 운항을 할 수 없었습니다. 그래서 도착한 날 밤 11시경에 우리를 관부연락선 맨 밑바닥에 있는 삼등실에 집어넣고 출항시켰던 것입니다.

1944년 7월 29일 새벽 5시경에 시모노세키에 도착했습니다. 항구에서 목적지별로 정렬시키고 우리 30여 명은 바로 기차에 태워져서 출발하게 됐습니다. 내린 곳은 우노역이었는데 그곳에서 우리를 시코쿠 다카마쓰로 가는 배에 태우고 세토나이카이를 지나 나오시마에서 하선시켰습니다. 나오시마에 있는 미쓰비시금속제련소에서 일을 시키려는 것이었습니다.

도착한 그날은 숙소 배정만 받았는데 열아홉 살이었던 나는 스물세 살 난 청년과 같은 방에서 잤습니다. 다음 날 아침은 공장견학과 탈주노동자를 징벌하는 장면을 본보기로 보여줬습니다. 그 자리에서 감독이 "여기까지 왔으니 성실히 일해야 한다. 주위는 바다여서 도망하려고 해도 절대 도망칠 수 없다. 반드시 잡혀서 반죽음당할 뿐이다. 잘 봐둬라."라고 훈시를 했습니다. 정말 추악한 놈이었습니다. 붙잡힌 동포가 아파하는 모습은 정말 눈 뜨고 보고 있을 수가 없었습니다.

그 혐오스러운 처벌 장면을 보고 의기소침해 있을 때, 신참자를 인솔지휘하고 있던 사십 대로 보이는 오른팔이 없는 조선인 반장이 같은 방을 쓰고 있던 우리 셋에게 일부러 접근해왔습니다. 그리고는 "이곳은 젊은 사람들이 있을 곳이 아니다. 당장 이곳을 탈출하라. 붙잡히면 끝장나지만, 여기에 있어도 지옥이다. 호되게 부려먹고 결국은 나처럼 기계에 끼여 팔이 잘려 나가는 것이 고작이다. 이르지 않을 테니 셋이서 잘 의논해서 이곳을 탈출하라. 이 섬을 빠져나가면 어떻게 해서든 나고야로 가라. 나고야 축항에서 노무자합숙소를 하는 김덕구라는 내 친구를 찾아가면, 어떻게든 해줄 거다."라며 적극적으로 권하는 것이었습니다.

나와 전라도 목포 출신 위원 씨와 경상북도 출신 유원 씨, 이렇게 셋이 같이 도망치기로 했습니다. 회사가 새로운 징용공원을 받아 넣을 때는 인원을 반별로 배치해서 숙소를 배정하고 직장견학을 하는데 이때 섬의 상황을 가능한 파악하려고 노력했습니다. 이곳은 주변은 바다이고, 미쓰비시금속제련소 공장과 사무소, 종업원 숙소가 있을 뿐인 작은 섬이었습니다. 그 외에는 섬 주민이 사는 민가 열 채 정도가 전부였습니다. 외팔이 반장에게 셋이서 탈출하기로 했다는 말을 했더니 "결심했다면 오늘 밤이 가장 좋은 기회다."라며 격려해줬습니다.

▶ 필사의 탈출

우리 세 명 중에 위원 씨는 수영을 잘하는 사람이었습니다. 게다가 전에 한 번 일본에 왔던 적도 있고 히로시마에 지인도 있어서 어느 정도의 일본 지리가 머릿속에 들어있었던 것도 행운이었습니다. 위원 씨는, 어민은 반드시 작은 배를 가지고 있을 테니 우선 작은 배를 찾아내서 바다를 건너고 기차를 타면 나고야로 갈 수 있을 거라고 했습니다.

그날 밤 9시에 소등이 된 후에 세 사람은 숙소를 몰래 빠져나와서, 섬 주민의 거주지에 가까운 해변으로 가서 어선을 찾았습니다. 그런데 어선은 발견했는데 노가 없었습니다. 도망치는 것을 막기 위해 어민들에게 노를 가지고 들어가도록 엄명을 내린 것 같았습니다. 헤엄쳐서 바다를 건널 수도 없으니 포기하려고 했는데 위원 씨가 "100미터 전방에 모선이 정박해 있다. 본선에는 작은 배가 있을 테니까, 그것을 가지고 오면 된다."라며 헤엄치기 시작했던 것입니다. 그리고 30분쯤 후에 그가 작은 배를 저어 오는 것이 아닙니까? 뜻밖의 기쁜 일이었지만 그 기쁨을 뒤로하고 세 사람이 작은 배를 타고 맞은편 절벽을 향해 힘껏 노를 저었습니다.

시코쿠 다카마쓰가 아니라 혼슈 우노항을 향해서 갔는데 도중에 두 번이나 위기를 맞았습니다. 한 번은 섬의 경비원에게 걸렸는데 어디로 가는 거냐며 소리를 질러대서 섬으로 되돌아올 뻔했습니다. 하지만 상대가 노인이어서 우리 셋이 몸을 부딪쳐 기절시킨 뒤에 그 노인을 소나무에 묶어 놓고 출발했습니다.

정신없이 배를 저어가다가 절벽에 부딪히기도 했습니다. 그 절벽을 피해서 돌았는데 갑자기 서치라이트를 들이대서 "아, 이젠 안 돼. 절체절명이다."라고 포기했던 것이 두 번째 위기였습니다. 그곳에 해군 요새 기지가 있었던 것입니다. "너희들 뭐야. 어디 가는 거야."라는 심문을 당해서 "미안합니다. 고기잡이를 끝내고 돌아가는 길입니다."라고 대답하자 "여기 오면 안 돼, 당장 꺼져! 빨리 가."라며 고함을 질러대는 것이었습니다.

우리 셋은 전력을 다해 노를 저어 서치라이트 빛에서 벗어나서 해안가에 도착한 순간, 털썩 주저앉아버렸습니다. 이미 날이 밝아 있었습니다. 운 좋게 그곳은 우노항에 가까운 인적이 드문 해안가였습니다.

▶ 노숙자합숙소를 찾아가서

그때 목포 출신 위원 씨가 없었다면 탈출하지 못했을 것입니다. 그는 우리에게 "우노항으로 가면 도망자에 대한 연락이 들어가 있어서 잡히기 쉬우니까, 철도 노선을 따라서 2리 정도 떨어진 무인無人역으로 가서 기차를 타고 나고야로 가는 것이 좋다."고 알려줬습니다. 위원 씨는 혼자서 지인이 있는 히로시마로 간다면서 그곳에서 헤어졌습니다.

나와 유원 씨는 철도 노선을 따라서 갔습니다. 선로 위를 달리면서 멀리 사람의 모습이 보이면 밭 속으로 몸을 숨기기도 하고 때로는 낮은 포복으로 전진하면서 무인역에 도착할 수 있었습니다. 여덟 시쯤에 기차를 타고 바로 차장에게 기차요금을 지불하고 나고야로 향했습니다. 나고야역에 도착한 것은 밤 11시가 지나서였습니다.

역전 근처에 있는 작은 여관에서 하룻밤 묵고 다음 날 아침 여관을 나와서 축항으로 가려고 했지만 그곳은 멀었습니다. 그래서 우선 역 근처에 일할 곳이 있는지 이곳저곳을 찾아다니다가 우연히 작은 직업소개소를 발견했습니다. 그 소개소에 들어가서 일을 찾고 있다고 말했더니 구보타제작소로 데려다줬습니다. 남자 일손이 부족해서 채용됐고 바로 직원 숙소로 안내받았습니다. 여기서 주물 틀을 잡는 일을 하게 됐습니다. 이삼일 일을 해보니 노임은 하루에 50전인데 식비 포함한 집세가 25전이어서 이래서는 한 달을 일해도 돈이 되지는 않겠다는 생각이 들었던 겁니다. 그래서 유원 씨와 의논해서 나오시마에서 소개해준 대로 나고야축항으로 가기로 의견을 모았지요.

2주 정도 일하고 나서 휴일 오전 11시경에 숙소를 몰래 빠져나왔습니다. 그리고는 나고야 시내 전차를 타고 도중에 갈아타면서 김덕구 씨가 경영하는 합숙소가 있는 오테바시에서 내렸습니다. 우리는 길 가는 사람에게 물어보면서 겨우 합숙소를 찾아가서 김덕구 씨를 만날 수 있었습니다. "나오시마의 반장에게 소개받아서 왔다."라고 말하자 "아 그 외팔이 양반? 그런데 바로 어제 사람이 다 차서 잘 곳이 없다. 좋다면 잘 아는 다른 합숙소라도 소개해 주겠다."라면서 안내해 줬습니다.

이렇게 해서 알게 된 곳이 임삼랑이라는 동포의 합숙소였습니다. 일은 트럭에 실은 짐 위에 타서 관리하는 일이었습니다. 아이치항공기 회사에서 만든 비행기 엔진을 4톤 트럭에 싣고 안조 가리야에 있는 군수공장 등으로 가져가고 돌아올 때는 다른 짐을 싣고 오는 일인데 하루에도 몇 번이나 왕복했습니다. 하루 일하면 10엔 받았습니다. 그때 10엔은 꽤 큰돈이었지요. 식사 대금으로 2엔 50전을 빼고 7엔 50전 남았던 겁니다. 일은 중노동이어서 힘들었지만 수입이 있어서 만족했습니다. 가끔 고향 친척들에게 10엔씩 송금한 적도 있습니다.

▶ 폭격 중에 아탄을 채굴하다

이곳에 와서 3개월이 지난 1944년 8월 중순부터 공습이 격심해졌습니다. 12월이 되자 군수공장이 많았던 이 지대를 미군기가 집중적으로 공격하기 시작했습니다. 소이탄이 빗발치듯 날아오고 이곳저곳에 화재가 일어나서 공장도 민가도 피해를 당했고 매일 불을 끄고 대피하는 게 일이었습니다.

1945년 1월 중순에 임 씨가 시골로 소개를 갔는데 나도 같이 따라가게 되었습니다. 따라간 곳은 히가시야마 동물원에서 2리 정도 들어간 산기슭에 있는 농촌이었습니다. 그 소개지 일대는 아탄(탄화도가 낮은 석탄) 매장 지대였습니다. 나고야성 근처의 마을회장 헤사카 씨가 이 사실을 알고는 시추를 하고 아탄을 파내기 시작했는데 일손이 모자라서 임삼랑 씨에게 제의했던 것입니다. 임 씨는 축항의 합숙소도 그대로 경영하면서 나를 포함한 다섯 명의 노무자를 데리고 이 소개지에서도 헤사카 씨와 함께 일을 시작했습니다. 유원 씨는 그대로 합숙소에서 일했습니다.

지면을 파서 솟아나는 지하수를 퍼내고 30미터쯤 파 들어가면 아탄층이 나옵니다. 하지만 아탄층을 파서 들어가면 그와 동시에 지하수도 뿜어져 나왔기 때문에 펌프로 퍼 올리지 않으면 안 됐습니다. 그래서 잠수부 두 명을 고용해서 드디어 아탄을 파내기 시작했습니다.

잠수부가 캐낸 아탄을 갱외로 운반하는 일, 잠수부에게 공기를 공급하는 펌프 조작하는 일, 그 외에 잡다한 일이 많아서 우리 다섯 명만으로는 도저히 할 수 없어서 마을 사람들을 동원했습니다.

이렇게 해서 임 씨와 헤사카 씨의 사업은 궤도에 오르게 됐는데 3, 4개월 지나서 봤더니 그 지방 일대도 안전한 곳이 아니었습니다. 그 근처에 탐조등을 갖춘 방공진지와 고사포기지까지 있어서 그곳을 겨냥한 미군기 폭격이 오륙 월부터는 한층 심해졌습니다. 10미터 간격으로 폭격이 있었고 저공비행하면서 기관총 사격까지 퍼붓는 위험지대가 되었습니다. 하지만 모든 물자가 부족하던 때여서 아탄 채굴은 계속되었습니다. 그런 와중에도 같이 일하는 마을의 처녀들이 일찍 퇴근하거나 쉬는 날에는 집으로 놀러 오라고 해서 우리 다섯 명은 마을로 자주 나갔습니다.

그런데 마을 안에 동포의 집이 하나 있었습니다. 이만서라는 이 사람은 다이쇼 초에 일본에 와서 기요미즈터널공사도 했던 도급 업자였습니다. 나고야 시내에서 사업을 꽤 크게 했었는데 날마다 공습이 심해져서 이곳 종업원의 집으로 소개와 있었던 것입니다. 그 당시 내 나이는 스무 살(세는나이로)의 아직 어린 나이였지만 같은 동포라고 해서 환대를 해줘서 동료들과는 따로 이만서 씨의 집에 자주 갔습니다. 그때 그는 오십 대 후반이었고 "관동대지진 때는 오사카에 있어서 목숨을 건졌다."는 등 가족들 사이에 끼게 하여 많은 이야기를 해줬습니다.

▶ 해방의 날을 맞아서

이렇게 아탄 채굴 일을 하고 있을 때, 갑자기 8월 15일 해방의 날을 맞았던 것입니다. 해방돼서 흥분한 동포들은 바로 귀국하려고 했습니다. 축항에 있던 유원 씨도 바로 귀국하자고 말했습니다. 하지만 그때, 항해 중에 배가 지뢰에 맞아 난파당한다는 소문이 자자했습니다. 사실 이만서 씨의 친척, 배 씨도 "고향에 도착하면 반드시 알리겠다."라며 돌아간 채 소식이 없어서 뭔가 사고가 있는 것은 아닌지 모두가 걱정하고 있었습니다.

그럴 때 이만서 씨가 돌아가지 말고 사위가 되어 달라는 것이었습니다. 유원 씨와 의논하려고 축항에 가봤더니 그는 이미 귀국해버리고 없었습니다. 그래서 나는 무사히 귀국할 수 있을지 어떨지 불안도 했고, 또 귀국한다고 해도 고향 사정도 전혀 모르고 생활 설계도 자신이 없어서 이만서 씨의 요청을 받아들이게 되었습니다.

그 무렵에 아이치현에 조련(재일본조선인연맹) 조직이 생겼습니다. 그리고 아이치군 일대에 사는 동포들을 결집해서 조련 아이치군 지부가 결성되었고 나는 지부의 일을 돕게 되었습니다. 2, 3개월 정도 지나자 장모님이 "가장이 월급도 없이 어떡할 거냐."고 걱정을 하는 것이었습니다. 그래서 장인이 하청 받아 온 토목공사장에서 광차 밀기와 미군기의 폭격을 맞고 쓰러진 나무들을 처리(쓰러진 나무, 고목나무를 장작으로 만들어서 판매하는 일)하는 일을 해 봤습니다.

▶ 아이치기계공업에서 도장공으로 10년

나는 아무래도 토목 관계 일은 맞지 않아서 나고야로 나와서 일거리를 찾았습니다. 직업소개소에 갔는데 아이치기계공업주식회사의 도장공 모집 벽보가 붙어 있었습니다. 도장공이라면 간판을 그리는 일이라고 생각해서 습자에 자신이 있던 나는 바로 응모를 했습니다. 그런데 도장공으로 취직해 가보니 간판이 아니라 자동차 스프레이 도장이었습니다. 그리고 전쟁이 끝난 직후의 혼란기이기는 했지만 대형 회사에서는 조선인은 채용하지 않았습니다. 그래서 호적등본을 제출할 때는 고민을 많이 했는데 운 좋게 아이치군청에서 등본증명서 양식을 입수해서 잘 넘어갈 수 있었습니다.

이 회사는 제2차 세계대전 전에 항공기의 발동기를 만들었던 경험을 살려서 자동차 제작에 뛰어들어 자이언트라는 삼륜차를 제작해서 대성공을 거둔 회사입니다. 그 후에 닛산자동차와 업무체결을 해서 닛산자동차 계열 공장으로 조업을 해왔는데 공장을 미나토구 이나에이신덴 해안가의 큰 부지로 이전하게 됐습니다. 하지만 나는 통근을 할 수 없어서 10년 근무한 회사를 퇴직할 수밖에 없었습니다.

▶ 더블담요 판매와 고철상

목적이 있어서 퇴직한 것이 아니었기 때문에 정말 힘들었습니다. 어떻게 해서든 수입이 들어올 만한 길을 찾지 않으면 안 됐습니다. 그래서 오사카 이즈미오쓰시까지 소형트럭을 몰고 가서 더블 담요를 대량으로 매입해 와서 현의 농촌 마을을 돌면서 팔았습니다. 처음에는 물건이 부족한 시절이어서 쏠쏠하게 돈도 모았지만 서서히 상품 유통경로가 정비되어가면서 팔리지 않게 되었습니다. 마지막에는 축제 때 노점시장에서 팔았는데 결국 채산이 맞지 않아서 그만두게 되었지요.

그 후에는 잠시 나가노현에 가서 4, 5년 정도 살았습니다. 나가노는 공기도 좋고 온천도 많은 요양지여서 몸이 약한 아내의 건강을 위해서 가게 됐던 것이지요. 아파트 하나를 빌리고 취직하려고 했지만 일이 없어서 어쩔 수 없이 고철상을 했습니다. 폐신문과 잡지, 고서, 고철 등을 집집이 방문해서 모으는 일이었는데 신참자에게는 좀처럼 내주지 않았습니다. 그래도 참고 방문하는 사이에 점점 단골손님도 늘어나서 고철상도 궤도에 오르게 됐습니다. 그러던 중에 경찰관이 찾아와서 "여기서 산 지 일 년이 넘었으니까, 외국인등록법 위반이다. 경찰서로 출두하라."는 것입니다. 물론 등록증 뒷면의 기재 사실과 다른 사유가 발생했을 때는 2주 이내에 관할 관청에 신고하라고 기재되어 있긴 합니다. 그렇지만 이를 이행하지 않은 죄로 우에다시에 있는 간이재판소에서 벌금 1만 엔을 지불했던 것입니다. 심했죠.

나가노현은 동포수도 적어서 8·15해방 기념일 등의 모임이 있을 때마다 만나서 서로 분회장이라고 부르면서 친목을 다지기도 하고 조국통일 정세에 마음이 설레기도 했습니다. 각 지방에 동포들이 흩어져서 살고 있는 나가노현은 동포 가족 한두 집이 있는 조선 총련 분회가 적지 않아서 '일인 분회장'이 많았습니다.

▶ 건축양생 임시직으로 20년

나가노에서 교토로 온 지는 24년이 되었습니다. 막내딸이 시집온 곳이 교토인데 손주가 태어날 때마다 교토에 오기는 했지요. 그런데 교토에 정착하게 된 것은 사돈이 "나이 들었는데 눈이 많은 지방은 힘드니까, 교토로 내려오라."라면서 셋집도 알아봐 주고 해서 오게 됐던 것입니다. 사돈은 수년 전에 돌아가셨지만 진심으로 감사하고 있습니다.

사돈은 취직자리까지 알아봐 줬습니다. 처음에 소개한 곳은 사돈의 동포 친구가 하는 교리쓰상회였습니다. 엔진을 해체해서 부품을 골라내는 일이었습니다. 가모가와 제방가에 있는 공장에서 기름투성이가 되어서 하는 일은 힘들어서 계속할 자신이 없었습니다.

다음은 사돈의 동서가 지인을 통해서 소개해 준 곳인데 구조 거리에 있는 교토양생이라는 회사였습니다. 교토양생은 종합건설회사의 하청회사로부터 주문을 받아서 새 건축물의 양생(건축물을 베니어판과 마분지로 보호하거나 공사장의 곳곳을 방호하는 작업)을 전문으로 하는 소규모 유한 회사였습니다. 교토 시내에서 네야가와, 간사이공항, 기시와다, 시가현에 이르는 긴키 일원에서 호쿠리쿠의 후쿠이까지 나는 매일 이곳 히가시쿠조 일대에서 일꾼들 수 명을 태우고 목적지에 가서 건축 양생일을 해왔습니다. 하지만 칠십 대에 들어서면서 건축 현장감독이 "만에 하나라도 무슨 일이 생기면 내 책임이 되니까. 더 이상 일은 하지 않았으면 좋겠다."라고 해서 사직하게 됐습니다. 그때까지 20년간 임시직으로 일했습니다.

지금까지 쉬지 않고 일만 해왔습니다. 아내도 밤낮으로 사오십 대 동포 여성을 서너 명 태워서 청소회사 일을 하고 있었지요. 하지만 5년 전에 폐렴을 앓고 난 후에는 심하게 기침을 하게 됐습니다. 우리 부부는 고령이어서 일을 할 수 없게 됐지만 무연금이어서 장남이 용돈을 보내줘서 생활하고 있습니다.

장남은 아이치현 오와리아사히시에서 입시학원을 운영하고 있고 장녀는 미에현, 차녀는 교토로 시집가서 행복한 가정을 꾸리고 있습니다. 손주가 여덟에 증손주도 다섯 있습니다. 아무런 불만이 없는 행복한 여생입니다만, 아쉬움이 남는 것은 빠른 시일 내에 조국 통일은 되는 걸까요? 납치 문제라든가 KEDO(조선반도 에너지 개발기구)가 중지되는 것을 보면 고향에 한번 가서 어렸을 적 친구들과 장난질하면서 다녔던 산길과 집 근처의 샛길을 걸어보고 싶은 소망은 이루어질 것 같지도 않습니다.

하지만 이곳 히가시쿠조 지역에서는 "총련 미나미南 지부가 주최하는 신년회, 봄 꽃놀이, 가을 단풍놀이, 송년회 등과 교토 제1초급학교 운동회와 학예회, 금강산 가극단 공연, 교토 원 코리아 우리 장기대회, 에루화축제, 히가시쿠조마당 등등, 동포들이 모여서 친목을 쌓는 기회가 많다."고 모두 기뻐하고 있습니다. 나도 지역 동포사회의 활성화에 조금은 기여해 왔다고 생각하며 지금은 총련 미나미 지부 장수회 부회장을 맡고 있습니다.

26

한센병(나병) 만담가
김태구 金泰九 (남)

취재일: 2005년 3월 2일
출생지: 경상남도 합천군 봉산면
현주소: 오카야마현
생년월일: 1926년 10월 18일
약력: 1938년 일본으로 건너감. 구 육군 병기학교 졸업. 1947년에 오사카 상과대학 입학 후 한센병 발병. 1952년 나가시마 아이세이엔長島愛生園(오카야마현에 있는 국립 한센병 환자요양소)에 수용됨. 프로민(한센병 치료제)을 복용하고 1973년에 균이 음성이라는 판정을 받지만 1976년에 한센병 치료제인 DDS를 복용한 후유증으로 장애가 생김. 1998년에 시작된 '나병 예방법 위헌 국가배상 승소' 원고인단에 참여하여, 2001년에 구마모토 지방법원 재판에서 승소함. 현재(2005년) 각지에서 강연 활동 중. 저서로 『내 여든 살에 건배』(봇카샤牧歌舎)

취재: 고찬유 / 원고집필: 고찬유 / 번역: 고민정

▶ 눈썹이 세면대에 떨어지다

나는 1926년에 경상남도 합천군의 한 농가에서 태어났어. 아버지는 독립 만세운동 때 일본으로 밀항했고 3년 후 귀국해서 어머니와 결혼했어. 그 후 아버지는 다시 일본으로 건너갔으며 내가 소학교를 졸업할 무렵 다시 나를 데리러 왔어. 나는 어머니와 생이별하는 심정으로 관부연락선(당시 부산과 시모노세키를 오가는 연락선)에 올랐는데 그때가

1938년, 내가 열한 살 때였지.

아버지는 미야자키에서 누에고치의 실을 뽑는 공장을 경영하면서 오구라 야스코라는 일본 여자와 가정을 꾸리고 있었어. 나를 낳아 주신 어머니도 1943년경에 일본으로 불러들였기에 나에게는 어머니가 두 분이야. 친어머니한테 애정은 있었지만 나를 귀여워해 준 일본 어머니에게 더욱 애정이 갔지. 1944년에 일본 어머니가 돌아가셨을 때는 정말 슬펐어.

소학교 6학년을 마치고 중학교에 입학한 후, 1944년에 가나가와에 있는 육군 병기학교에 입학했어. 졸업 후 근무지가 만주(현 중국 동북부)로 정해져 있었는데 다행히 8월 15일에 일본이 패망하면서 갈 필요가 없게 됐지. 이듬해 친어머니가 나를 데리고 고향으로 간다고 했지만 난 아직 일본에 남고 싶다고 말하고 오사카 상과대학(현 오사카시립대학)에 입학했어. 공인회계사를 목표로 하긴 했지만 학생일 때 결혼을 해서 공부는 별로 하지 않았어.

1948년 연말쯤에 위궤양을 앓았는데 이제 더는 살 수 없겠다는 생각이 들 정도로 상태가 나빠져서 아베노구에 있는 시민병원을 찾아갔지. 그 무렵 오른쪽 팔꿈치에 종기가 났는데 좀처럼 낫질 않는 거야. 손톱으로 눌러도 아프지도 않고 의사가 상의를 벗기고 주삿바늘 같은 거로 등을 쿡쿡 찔러보는데 아픈 부위도 있고 아프지 않은 부위도 있었어. 검사 결과 의사는 "나병인 거 같다"라고 말했는데 나는 그 말을 듣고도 그다지 큰 충격을 받지는 않았어. 오진일 거라고 생각했기 때문이야.

일주일 정도 지나서 오사카 위생부 예방과의 여성이 찾아와서 "나가시마 아이세이엔(나병환자 요양소)으로 가세요"라고 하는 거야. 내가 "왜 요양소에 가야 하는데"라고 따지면서 말싸움이 났어. 그 후로도 그 위생부 여자는 몇 번이나 날 찾아오더라고. 나는 특별한 자각 증세는 없었지만 도서관에 가서 증상에 대해 찾아봤지. 그랬더니 초기 증상으로 자주 졸린다고 적혀 있는데 뭔가 마음에 짚이는 것이 있기는 했어. 어느 날 아침 세수를 하는데 세면대에 눈썹이 떨어지는 거야. 그땐 정말 충격이었어.

▶ 마침내 섬으로 유배되고

학교도 그만두고 선배가 하는 가게를 빌려서 작은 식당을 시작했어. 쓰텐카쿠(오사카에 있는 전망 탑)가 있는 신세카이(오사카의 번화가)의 한복판에서 우연히 알게 된 중화요리 주방장과 함께 중국식 만두를 만들어 팔았는데 가게는 손님으로 가득 찼지. 한참 장사가 잘되고 있는데 예방과의 여자가 찾아와서 "나병 환자는 이런 장사를 해서는 안 된다"라고 하는 거야. 나도 지지 않고 말싸움을 벌였지만 결국 가게를 접어야 했어. 그 후로는 암거래 브로커를 했어. 쓸만한 물건을 찾으면 큰돈을 벌 수 있어서 여기저기 돌아다녔지. 그다음으로는 실내 도박을 하는 등 법에 저촉되기 아슬아슬한 일만 했어.

1952년 1월 9일 밤, 경찰의 불심검문에 걸렸는데 병을 들키는 것이 싫어서 주소지 불명이라고 말했더니 아베노 경찰서로 데리고 갔어. 취조실에 들어가니까 세 명의 경찰관이 있더라고. 그때 나는 마스크를 하고 안경과 중절모자를 쓰고 있었는데 경찰관이 "마스크와 모자는 벗어"라고 하길래 그때 난 각오를 했어. 내가 마스크를 벗으니까 경찰관이 "너 뭔가 병이 있지"라고 묻길래 "병이 있지, 뭐더라, 나병이라던가"라고 말했더니 취조실에 있던 세 명의 경찰관이 자리를 박차고 뛰쳐나갔어.

그날 밤 수속을 밟고 다음 날 아침 오사카역에서 일명 '왕실열차'라 불리는 특별열차에 태워졌어. 우리들은 전염병 환자 전용 열차를 비꼬아서 '왕실열차'라고 불렀어. 나와 예방과 여자 둘만 타고 오카야마역으로 갔지. 역에서 요양소가 준비한 차를 타고 무시아게항으로 갔어. 그곳에서 배를 탔는데 그때가 가장 괴로웠어. 아 이제 드디어 섬으로 유배되는구나, 바깥세상을 보는 것도 이게 마지막이라는 생각이 들었는데 정말 힘들었어.

▶ **나가시마 아이세이엔(요양소)에서의 중노동**

나가시마 아이세이엔에 도착하자마자 바로 일을 시키더라고. 증상이 가벼운 환자의 집과 몸이 자유롭지 못한 중환자의 집은 따로 분리되어 있었고 증상이 가벼운 환자는 요양소 내의 일을 해야 하는 분위기였어. 눈이나 손과 발이 불편한 환자를 돌보는 일이었는데 그때는 환자가 환자를 돌보던 시절이었어. 중환자들의 수발을 드는 일은 정말 힘든 중노동이었어. 환자의 방에 가서 풍로에 불을 붙이고 차를 끓여서 마시게 한다든지 식사를 준비하고 청소를 하는 식인데 하루하루가 정말 고단했어.

건물은 다 목조로 되어 있었고 대체로 12조 반(6평 반) 크기의 방에서 네 명 정도 생활했어. 겨울에는 바람이 솔솔 들어와 방 한가운데의 화로에 목탄으로 불을 지폈는데도 여전히 추웠어. 건물은 1960년대 이후 일본의 고도성장 덕분에 다 일인실로 바뀌었지. 일설에 의하면 여기서 자살한 사람은 약 백 명 정도 된다고 해. 막다른 곳까지 몰렸다고 생각해서 그런 선택을 하는 경우가 많아. 금전적으로 곤란한 사람, 연애 끝에 자살한 젊은이, 우울증을 앓고 있던 사람 등.

▶ **프로민(Promin 항균제) 복용으로 균이 음성으로**

1949년부터 한센병 치료에 항균제인 프로민이 일제히 쓰이기 시작하면서 한센병은 완치 시대를 맞이하고 있었어. 당시의 후생성(일본의 행정기관, 보건복지부 같은 역할)도 '나癩 예방법'(구법)을 개정하지 않으면 안 되겠다는 분위기였어. 그런 와중에 미쓰다 겐스케 요양소장이 1951년 중의원 후생위원회에서 증언했는데 "지금의 법률은 너무 소극적이다. 수갑을 채워서라도 강제적으로 요양소에 집어넣어 주었으면 좋겠다" 게다가 "환자와 환자의 가족 모두를 사회와 격리해 버리는 게 바람직하다"라고 정말 터무니없는 말을 했어.

나는 요양소에 입소하자마자 '다르멘드라(Dharmendra)'라는 약을 테스트하는 신약 그룹에 속하게 됐어. 그때부터 프로민 치료를 2년 정도 받았는데 균이 사라진 거야. 몸도 아무렇지 않았어. 하지만 요양소 방침 때문에 완치됐다고 좀처럼 말해주지 않는 거야.

1955년 아내의 언니로부터 아내의 몸 상태가 좋지 않다는 편지가 왔어. 인사과 담당자에게 귀성하게 해 달라고 부탁했지만 보내주지 않는 거야. 죽기 살기로 부탁을 하니까 "그렇게 집에 가고 싶으면 콧물 검사를 해라"라고 해서 검사를 받았더니 음성으로 나왔어. 그래서 미쓰다 원장하고 면접했는데 원장이 "너는 아직 3년밖에 안 돼서 못 나가"라며 큰소리로 거절하는 거야. 그때는 정말 너무 억울했어. 1958년에 아내는 세상을 떠났는데 그것도 알 길이 없었지. 1957년에 미쓰다 원장이 그만두고 2대 원장으로 다카시마 시게타카라는 사람이 부임해 왔는데 다카시마 원장은 되도록이면 환자들이 밖으로 나가 바깥세상에 익숙해지는 걸 긍정적으로 생각했어. 1958년 9월인가 10월에 귀성했을 때 처음 아내가 죽었다는 사실을 알았어.

▶ 나병 예방법 반대 단식투쟁

1959년에 국민연금법이 제정됐어. 국민연금 중에 복지연금으로 월 1,500엔씩 받을 수 있게 된 것은 큰 매력이었지. 하지만 국적 조항이 있어서 조선 사람은 배제되었고 일본인도 장애 요건을 갖추지 못하면 받을 수 없었어. 한 방에 환자가 네 명 정도 있었는데 그중에 딱 한 사람만 연금을 받을 수 있는 거야. 나머지 사람들한테는 정말 괴로운 일이었어. 밖에 나가려고 해도 돈이 필요했지. 일본 정부가 위안금 명목으로 돈을 일률적으로 지급했는데 한 500엔 정도 되었을 거야. 환자들 대부분은 오랫동안 진료를 받아서 가족들로부터 절연당한 경우가 많아. 밖에서 돈을 부쳐 받는 일은 극히 드물었지.

1953년에 '나병 예방법'(신법) 개정 문제가 발생했을 때 나는 단식 투쟁에 두 번 참가했어. 처음 단식에는 열 명 정도 참가했는데 그중에 조선 사람은 나와 또 한 사람 둘뿐이었어. 단식 투쟁은 배고픔을 이겨 내며 해야 하므로 목숨을 걸고 하는 거야. 아이세이엔의 입소자들은 보수와 혁신 두 파로 나누어져 있었어. 보수는 미쓰다 원장을 지지하는 파였고 혁신파는 이를 배척하는 파로 특히 강제 격리 하는 나병 예방법을 반대했어. 매스컴은 정부 편이었고 법 개정운동을 이해하고 지지하는 단체는 하나도 없었어.

구법은 1931년(쇼와 6년)에 만들어진 '나癩 예방법'으로 명칭에 한자의 '癩(나)'가 사용되었어. 1953년(쇼와 28년)에 제정된 법률을 '나병 예방법' 즉 '신법'이라고 불렀어. 예방법 개정 운동에서 '나병'이라는 이름을 '한센병'으로 바꿔 달라고 요구했는데 신법의 부대결의 사항에 '병명 변경에 대해서는 장래에 검토할 것'이라는 문장을 추가하기만 하고 결국 이름은 바꾸지 않았어.

이 무렵 도쿄에 '전환협'(전국국립나병요양소 환자협의회)라는 중앙 조직이 생기고 여러 가지 사항을 후생성에 요구하고 있었어. 그것이 지금까지도 계속되고 있지. 2001년 재판(구마모토 지방법원)에 승소한 후로는 '전요협'(전국한센병요양소 입소자협의회)으로 명칭이 변경됐어. 1996년에

'나병 예방법'이 폐지되었을 때 드디어 '나병'이라는 명칭이 없어지고 '한센병'이라고 부르게 됐어.

▶ 부작용으로 생겨난 장애

1976년 1월경에 몸을 혹사하기도 하고 신경통도 생겨서 진찰을 받았어. 의사가 "DDS(한센병 치료제)라도 복용해 볼래"라고 해서 그 약을 먹었는데 DDS는 독성이 강한 약이었어. 하루에 한 알씩 복용했는데 일주일 정도 지나니까 온몸이 나른해지는 거야. 얼마나 나른한지 가만히 있을 수가 없었어. 그날 밤 화장실에 가려고 하는데 넘어지고 말았어. 오른쪽 발목이 반쯤 아래로 처져 있더라고. 다음날 아침밥을 먹으려는데 젓가락을 쥘 수가 없었어. 손목이 반쯤 내려가서 위로 올라가지를 않아. 그로부터 일주일 사이에 손이 돌아가고, 눈이 아프고, 안구 내의 압력은 올라가고, 입도 돌아갔어. 몸의 지각마비 증세도 퍼져나갔어. 다음날 의사한테 갔더니 "약 먹는 걸 당장 그만둬"라고 하는 거야. 신경장애의 경우 원상태로 회복되는 건 불가능해. 입이 돌아간 건 어느 정도 회복됐지만 입 주변의 마비를 푸는 데 1년 이상 걸렸어. 뭘 먹어도 기관으로 들어가니까 계속 유동식을 먹어야 했어. 나병균이 없는데도 계속 약을 먹어서 그 부작용으로 신경장애가 발생했던 거야. 몸이 완전히 이상해져 버렸어.

하나의 약효 성분으로 만들어진 약은 부작용이 있다고 해서 지금은 세 가지의 약을 동시에 복용하고 있어. 다중 약물치료는 효과가 빨라. 2, 3일 복용한 것만으로도 균은 감염력을 잃어버리게 되고 몸에 부작용도 없어. 한센병은 만성 감염증으로 유전병이 아니야. 몸에 나병균이 들어오면 먼저 피부와 말초신경으로 가게 돼. 말초신경은 이른바 감각 신경이라서 아프고 뜨겁고 차고 등의 감각이 예민해지거나 둔해지게 돼. 운동신경도 손상되기 때문에 손가락이 경직되거나 구부러져 버려. 감염된 사람과 접촉하더라도 모두가 감염되는 것은 아니야. 후천적인 요소인 거주 환경, 영양 상태 등 여러 가지 생활환경에 의해 발병 여부가 정해져. 성인이라면 '절대'라고 말해도 과언이 아닐 정도로 감염되지 않아.

1988년에 오쿠나가시마 대교(요양소가 있는 섬과 육지를 연결하는 다리)가 생겼을 때 가장 크게 기뻐했던 거 같아. 그것은 요양소의 보수, 혁신할 것 없이 모두가 원하는 요구사항이었어. 몇 번이고 가교촉진 결기집회를 열기도 하고 후생성에 진정하러 가기도 했는데 드디어 17년간에 걸친 노력이 이루어진 거야. 다리가 생기기 전부터 환자들의 외출은 신고제여서 외출 자체는 어렵지 않았어. 사회 복귀도 본인이 하려고만 하면 가능했지. 전부터 파친코(일본의 도박 게임)도 가고 놀러 갈 수도 있었지만 다리가 생기고 나서는 아무리 늦은 시간이라도 요양소에 돌아갈 수 있다는 게 고마웠어. 내가 가장 기뻤던 것은 다리로 육지와 연결된 이상 이제 더는 '섬으로의 유배가 아니다'라는 거였지.

▶ 나병 예방법 위헌 국가배상 소송의 승리

1998년 규슈의 요양소에서 열세 명의 환자가 '나병 예방법 위헌 국가배상 소송'을 걸었을 때 내가 그 원고인단에 들어갈 거라고는 생각하지도 못했어. 왜냐하면 상대가 국가이기 때문에 재판은 분명 질 거로 생각했지. 그런데 변호인단이 계속 찾아와서 자세한 이야기를 하는데 그걸 들으면서 절대로 져서는 안 되겠다는 생각이 든 거야. 절대격리 정책을 해 왔던 것은 분명 헌법 위반이고 국가의 잘못이라고 생각했어. 국제적으로 보면 격리를 한 나라도 있어. 하지만 그 격리라는 것은 상대적 격리로 환자가 완치되면 사회에 돌아가게 했어. 그런데 일본은 절대적 격리로 요양소에 한 번 들어가면 거기서 죽을 때까지 나오지 못해. 그렇기 때문에 '나병 예방법'은 분명 잘못된 거야.

그 무렵 원고인단의 인원은 많지 않았어. 전국에 있는 요양소의 입소자가 5천 명 정도 되는데 원고인단은 겨우 100명 정도 수준이었어. 내가 원고인단에 들어갔을 때는 200명 조금 넘었을 거야. 아이세이엔 요양소에서는 9명이 참가했어. 나는 도쿠다 야스유키 규슈 지역 변호인단의 단장과 몇 번이나 편지를 주고받았어. 조선 사람인 내가 깃발을 들면 아무도 원고인단에 들어오지 않을 거로 생각해서 상담을 했던 거야. 나중에 전국원고단 협의회 부회장을 역임하게 되는 우사미 오사무 씨 하고도 상담을 했어. 나는 그에게 "대표를 해 보지 않겠습니까"라고 물었지. 그는 공산당원으로, 원고인단에 들어가는 것에 대해 당은 반대했어. 결국 우사미 씨가 나가시마 아이세이엔 원고단의 단장이 되고 나는 사무국장이 됐어. 내가 원고인단에 들어가니까 아니나 다를까 "저 조센진, 돈 욕심으로 원고인단에 들어갔다"라고 험담하는 사람들도 있었지만 돈이 필요해서 원고인단에 들어간 것은 아니야. 잃어버린 인간의 존엄성을 되찾고 싶은 마음에 들어간 거지.

변호인단의 사람들이 와서 이야기해도 집회에 나오는 사람들은 20명 정도였어. 변호사는 요양소의 환자 전체를 대상으로 설명하고 우리들은 환자 하나하나에게 원고가 되도록 설득하고 다녔어. 원고인단에 들어온 사람 중에는 "익명으로 해줘"라고 요구하는 사람도 있었어. 1999년 9월에 오카야마에도 원고인단이 생겨서 소송을 걸었어. 몇 번이나 오카야마 지방법원에 재판을 방청하러 갔고 기자회견을 하기도 했어. 설마 전면 승소할 거라고는 예상하지 않았지만 질 거라고도 생각하지 않았어. 승리의 원인은 증인이 많이 나왔기 때문이야. 요양소의 전 원장이나 전 후생성의 의무 국장 그리고 현역 의사들까지 우리들의 입장에서 증언해 주었어.

2001년 5월 11일, 구마모토 지방법원의 판결이 있던 날에도 당연히 법정에 갔지. 재판소 앞뜰에는 방청하려는 사람들이 많이 모여 있었어. 재판장은 "나병 예방법은 헌법에 위반된다"라며 명확하게 국가의 잘못을 단죄했어. 전면 승리의 판결이 나와서 모두가 크게 기뻐했지. 하지만 나는 법정에서 나올 때 이 정도의 완전한 승리라면 정부도 가만 있지 않을 거라는 불안감이 들었어.

국가가 항소할 수 있는 기한은 2주간이었고 5월 25일까지였어. 우리들은 5월 21일, 22일에 도쿄로 갔어. 수상관저 앞에 천 명 이상의 사람들이 모여서 "항소하지 마"라며 구호를 외쳤어. 일반 시민과 지지자들도 많이 와 있었고 일본 각지에서 "항소를 단념해야 한다"라는 내용의 팩스나 메일이 수상, 후생노동성, 법무성에 쇄도했어. 원고인단이 수상관저로 들어갈 때 나도 사무국장 자격으로 함께 들어가는 거로 되어 있었는데 예정에 없었던 천용부라는 동포가 들어가 버리는 바람에 나는 양보할 수밖에 없었어. 5월 23일에는 아이세이엔 요양소로 돌아왔어. 방에 여러 명이 모여서 텔레비전을 보고 있었는데 고이즈미 준이치小泉純一郞로 일본 총리가 "예외적이긴 하지만 항소를 단념합니다"라고 발표할 때는 정말 만세라도 부르고 싶은 심정이었어.

▶ '식민지병' 체험을 말하고 싶다

재판 이후, 요양소 내부보다 바깥세상이 더 많이 변했지. 많은 사람이 요양소를 찾아왔어. 작년(2004년)에는 13,000명의 사람이 이곳을 방문했어. 향후 한센병 환자가 사라져 가는 것은 좋은 일이라 생각해. 다만 이후에도 우리들이 "살아남아서 다행이야"라고 생각할 수 있는 요양소가 되었으면 좋겠어. 요양소의 환자가 마지막 한 명이 될 때까지.

현재(2005년) 일본 전국에는 국립 요양소가 13군데 있고 환자 수는 3,400명 정도일 거야. 내가 있는 이 아이세이엔 요양소에는 450명의 환자가 있고 그중에 조선 사람은 약 60명 정도야. 동포들이 만든 근우회權友會 회원은 48명. 재판 이후에 사회에 복귀한 사람은 15~16명. 사회 복귀를 하지 않은 사람들의 이유는 나이가 많거나 이제 와서 바깥세상으로 나가는 게 두려워서야. 사회 복귀를 하면 정부에서 매달 26만 엔(약 260만 원)의 연금이 나와. 게다가 국민연금을 이미 수령하고 있는 사람은 연금이 추가되기 때문에 집을 빌려서 충분히 생활할 수 있어. 나중에 신병을 인수할 사람이 있는지 없는지는 문제가 되지 않아.

꽤 오래전부터 한국에 있는 형제들이 나보고 돌아오라고 하는데 가면 짐만 될 뿐이야. 내가 벌어서 생활할 수 있으면 괜찮지만 일을 오래 하지 못하잖아. 1979년에 처음으로 한국에 가서 형제들을 만났어. 1976년에 몸 상태도 안 좋고 눈도 나빠졌어. 더 시력이 나빠지면 아무 데도 못 갈 것 같아서 동생한테 편지를 보냈더니 "형 돌아와"라고 답장이 왔어. 1979년 11월 2일에 한국에 가니까 박정희 대통령 암살사건 직후라서 경계태세가 삼엄했어.

한국에 돌아간 이유는 그나마 지금의 시력이라면 어떻게 해서든 부모님의 묘소에 갈 수 있다고 생각했기 때문이야. 부모님 묘소를 찾지 않는 것처럼 심한 불효는 없으니까. 동생은 서울에 살고 있고 부모님의 산소는 합천군에 있어. 동생과 함께 가서 친척 집에 이틀 머물렀지. 한국에는 2주일간 있었는데 예전 학교의 동창생도 몇 명 만났어. 동창들이 "잔치해라"라고 해서 어른들과 할머니, 친구들을 위해 3일간 잔치를 벌였지.

나는 일본에서 '가네코 도시유키金子利幸'라고 불리고 있지만 대외적으로는 옛날부터 본명을 쓰고 있어. 14, 5년 전부터 만담가로 여러 곳을 다니고 있어. 처음에는 히메지에서 열린 '8·15를 생각하는 모임'에 초청받아, 당시 어떤 장관이 내뱉은 폭언을 비판하는 연설을 했어. 그랬더니 점점 입소문이 퍼지면서 강연 의뢰가 들어오더라고. 재판 이후로는 강연 의뢰가 더 많아져서 작년에는 40회나 강연을 했어. 더더욱 열심히 해야겠다는 생각이 들어.

나는 조선 사람 입장에서 이야기하고 싶어. 특히 식민지시대의 체험을 말하고 싶어. 요양소 입소자의 전체 비율을 보면 재일조선인 환자가 상당히 많아. 식민지시대에 한센병의 발생률이 높았기 때문이야. 일본인의 10배는 됐어. 히메지에서 강연할 때 어떤 사람이 "일본이 조선을 식민지화하지 않았으면 당신은 한센병에 걸리지 않았을 겁니다"라고 말했는데 나도 그렇게 생각해. 식민지시대에 한센병이 늘어났기 때문에 나는 '식민지병'이라는 말을 자주 사용해.

또한 한센병은 '빈곤병'이라고 불리기도 했어. 동남아시아나 인도, 아프리카에서 한센병이 발생하고 있는데 그 나라들도 예전에는 열강들의 식민지였고 지금도 경제 발전이 이루어지지 않은 나라야. 이 병을 없애기 위해서는 약도 중요하지만 더욱 중요한 것은 그 나라의 경제적, 사회적, 교육적 환경이 좋아져야 해. 빈곤이 없어지고 영양을 충분히 공급해서 면역력을 높여야만 해. 높은 생활수준, 풍요로운 삶만이 한센병을 근절할 수 있는 근본이라고 생각해.

27

식민지 지배 근성은 여전히 남아 있다
현순임 玄順任(여)

취재일: 2005년 3월 15일, 22일, 4월 21일, 5월 3일, 9일, 20일
출생지: 충청남도 연기군
현주소: 교토시 가미쿄구
생년월일: 1926년 12월 27일
약력: 충청남도 공주 출신. 1928년 생후 1년 8개월 때, 돈을 벌러 일본으로 건너간 아버지가 있는 교토로 감. 초등학교도 못 다니고 열네 살 때부터 니시진西陣에서 여직공으로 일함. 1945년 강제 연행으로 일본에 와 있던 김명구 씨와 결혼. 전쟁 후 여성동맹 지역분회장을 역임. 지금도 하루에 6시간씩 천 짜는 일을 하고 있음. 2004년 구 식민지 출신 고령자 연금 보장 재판의 원고가 됨.

취재: 성대성, 정명애 / 원고집필: 성대성 / 번역: 고민정

▶ 세금을 내기 위해 일본으로 건너간 아버지

1928년(쇼와 3년)에 어머니는 세 살 위의 언니와 1년 8개월 된 나를 데리고 아버지가 있는 일본으로 왔어요. 교토시 사쿄구의 작은 골목 안에서 처음으로 가족과 함께하는 생활이 시작됐죠. 아버지는 토목공사장에서 일했고 어머니는 자갈 채취하는 일을 했어요.

1931년(쇼와 6년)에 남동생이 태어났는데 강에 몸을 담그고 일을 하던 어머니는 산후조리가 안 좋아서 하반신에 마비가 왔어요. 온돌방에서 몸을 따뜻하게 하면 낫는다고 해서 숙부가 어머니를 업고 동생은

언니에게 업히고 나도 어머니를 따라서 충청도 고향에 돌아왔어요. 어머니는 고향에서 몸조리하고 많이 회복되었어요.

7개월간 고향에서 지내다가 다시 아버지가 있는 교토로 와 보니 아버지는 니조역에서 마차로 석탄 나르는 일을 하고 있었어요. 우리들은 아버지가 석탄을 납품하고 있는 관계로 스기모토 세이킨의 사택에 들어가게 되었죠. 그런데 내가 밖에 놀러 나가면 조선 사람이라고 놀리는 거예요.

조선이라는 나라는 말이지, 다른 나라를 침략한 적도 공격한 적도 없어. 다른 나라를 식민지 한 적도 없지. 정말 순수한 나라야. 그런데 일본 제국주의가 조선 사람은 나쁜 놈이라고 국민들에게 주입시켰어. 그래서 우리들도 일본 애들한테 "조센진 나쁜 놈 돌아가"라는 말을 지겨울 정도로 많이 들은 거야. 우리 세대들은 '조센진, 나쁜'이라는 말에 대한 기억이 있어요.

그래서 아버지에게 고향에 돌아가자고 몇 번이나 졸랐죠. 그러면 아버지는 돌아갈 곳이 없다고 했어요. "왜 없어, 할아버지, 할머니가 사는 곳이 있는데"라고 했더니 사정을 이야기해 줬어요. 우리 집은 밭도 꽤 있는 부자였다네요. 그런데 5분의 1만으로도 먹고 살 수 있다면서 5분의 4는 몰수해 갔다고 해요. 그리고 그 5분의 1의 수확도 가을이 되면 공출당했대요. 게다가 세금도 내야 했고요. 그래서 우리 아버지가 따지고 들었더니 바로 창고 같은 곳에 가둬두고 고문을 하며 "빚을 내서라도 세금을 내라"라고 했대요. 아버지가 "갚을 자신이 없어서 빚 내는 것은 싫다"라고 했더니 "괜찮은 일이 있으니 일본에 가서 일해서 세금을 내"라고 했대요. 나를 무릎에 앉혀놓고 아버지는 그렇게 말해 주셨어요.

▶ '기미가요마루(일본 국가)'를 못 부른다고 얻어맞는 조선인

네 살 때 할아버지가 자주 들려주던 이야기를 지금도 또렷하게 기억하고 있어요. "일본이 쳐들어와 '병합'이라고 속이며 나라를 빼앗고 모든 걸 수탈해 갔다. 모든 조선인을 노예로 만들었단다. 토지는 몰수하고 화약과 총에 쓰이는 면화를 심게 했어. 먹으려고 논두렁에 채소를 심었더니 일본 경찰이 와서 전부 뽑고 밟아 버려서 못 먹게 했어. 모두 굶어 죽을 정도로 힘들게 하고 도저히 사람으로서 할 짓이 아니야"라고 말하는 할아버지의 억울함이 우리들에게도 전해져 왔어요.

나중에 1943년(쇼와 18년)에 조선에서 건너온 주변 사람들도 "맞아, 다 할아버지 말 대로야"라고 했어요. 그리고 소학교(초등학교)에서도 1년간은 우리말을 써도 괜찮았는데 2학년이 되자 수업 중에 우리말을 쓰면 복도에 서서 벌을 받아야 했고 3학년이 되면서는 아무 때나 우리말을 한마디라도 하면 벌을 받았다고 했어요.

길을 걷다가도 "우리는 황국신민입니다"라고 말을 못 하면 얻어맞아야 했고 경찰에 끌려갔다고 해요. '기미가요마루'를 못 부르는 사람들은 곤봉으로 맞았다네요. 우리 어머니도 조선에서 길을 걷고 있는데 '기미가요마루'를 불러 보라고 했대요. 그래서 "몰라서 못 불러요"라고 하였더니 "이 비국민년!"이라고 하면서 곤봉으로 때렸다고 해요. 그래서 내가 어렸을 때 어머니는 순사를 보면 "숨어!"라고 소리치며 집에 들어와 화장실로 달려가 숨었어요. "엄마, 아무 잘못도 하지 않았는데 왜 숨는 거야"라고 물어보면 "순사가 곤봉으로 때리니까"라고 하면서 무서워했어요.

그리고 출생 신고나 결혼 신고, 사망 신고를 하러 관청에 가면 '기미가요마루'를 부르게 하고 만약 못 부르면 신고서를 접수해 주지 않았다고 해요. 할 수 없이 '기미가요마루'를 부를 수 있는 이웃 사람한테 모두

가 부탁하는 거죠. 그러면 생년월일도 이름도 틀리게 적게 되고 생년월일과 이름이 잘못된 조선 사람은 정말 많았어요. 나도 진짜 생년월일은 1926년(쇼와 원년) 12월 27일인데 1928년(쇼와 3년) 12월 27일로 되어 있었어요. 전쟁의 혼란한 틈을 타서 1926년(쇼와 원년)으로 고쳤지요.

▶ 학교에 가지 않고 독학으로 공부

내가 일곱 살 정도 되었을 때 동생이 태어나서 어머니는 갓난아기를 돌보느라 일을 못 하게 됐어요. 일을 못 하면 고향에 세금을 보낼 수 없으니까 어머니 자신은 일하러 가고 대신 나를 학교에 보내지 않고 태어난 지 2개월 된 동생을 돌보게 했어요.

제2요세이 소학교(현 교토시립요토쿠 소학교)에서 입학 통지가 왔을 때, 나는 일주일간 이불을 뒤집어쓴 채 밥도 먹지 않고 "학교에 가고 싶어"라고 부모님을 졸랐죠. 그러자 어머니는 아버지에게 "언문을 가르쳐주소"라고 했고 아버지는 "네가 학교에 가면 세금을 낼 수 없게 돼. 세금을 못 내게 되면 또 경찰에 잡혀가서 죽을지도 몰라"라고 했어요. 결국 나는 학교를 포기할 수밖에 없었어요. 그래서 근처에 사는 동포 아이에게 "여름방학 동안에 교과서를 빌려주지 않을래"라고 부탁했더니 "2학기가 되면 책이 바뀌니까 빌려줄게"라고 해서 교과서를 빌리게 되었어요. 교과서를 봐도 잘 몰랐지만 내 나름대로는 아주 열심히 공부해서 '아이우에오'를 외웠어요. 그래서 일단 '가타카나'와 '히라가나'는 외우게 되었죠. 한자는 그 당시 신문에는 '후리가나(한자옆에 읽는 법을 가나 仮名로 표기)'가 적혀있어서 그걸 보면서 화장실에서 외웠어요. 쓰는 것은 아버지가 언문도 가르쳐 줬어요. 서툴기는 하지만 자기 집 주소와 이름 정도는 쓸 수 있게 됐어요.

▶ 사택에서 조선인 부락으로

우리가 사택에 살았을 때 일본 사람들이 "조선인 가족이 하나 왔다"라고 하더니 살던 집에서 모두 나갔어요. 그 당시는 조선 사람이 집을 빌리려고 하여도 아무도 빌려주지 않을 때였는데 우리 집 주변에 빈집이 있다고 했더니 다들 이사를 와서 어느새 조선인 부락이 되어 버렸어요. 아직도 이름이 잊혀지지 않는데 진나이라는 일본인이 사택에 남아서 살았어요. 그 집에는 다섯 살짜리 여자아이가 있었는데 그 집 부모는 딸이 '조선 아이'와 노는 게 싫었는지 일하러 나갈 때 밖으로 못 나오게 문을 열쇠로 잠갔어요. 그 미치코라는 아이가 집 안에서 "열어줘 같이 놀자!"라고 우리를 불렀어요. 그런 시절이었죠.

▶ 시모지 경찰서에서 초주검이 된 아버지를 데리고 집으로 오다

우리 아버지는 일본말을 잘 못 했지만 어찌 된 일인지 석탄을 납품하는 가네보에서는 꽤 얼굴이 알려져 있었어요. 그래서 조선의 고향 사람들이 "일본 가서 일하고 싶다"라고 아버지에게 부탁해 오면 가네보에서는 "네가 보증을 서라"고 했고 보증을 서주면 부탁한 사람들이 일본에 들어올 수 있었어요.

그런 사람 중에 어떤 한 사람이 딸과 부인을 데리고 일본에 왔어요. 곧바로 아버지가 시쓰카이야(염색이나 세탁물을 취급하는 가게)에서 고용살이할 수 있도록 도와줬어요. 그런데 그곳에서 일본 애가 물건을 훔치는 일이 생겼어요. 그게 발각되니까 오히려 "저 조선인이 했어"라고 죄를 뒤집어씌웠죠. 조사도 하지 않고 죄인 취급을 하며 징역을 3년. 이제 더는 일본은 싫다며 귀국했어요.

그런데 아버지도 보증인이었다는 이유로 시모지 경찰서에 끌려갔어요. 1933년이었어요. 얼마나 맞았는지 이미 죽음의 문턱에 놓여 있

으니 찾으러 오라고 연락이 왔어요. 어머니는 일본말을 모르고 나도 아직 어려서 '문턱'이라는 일본말의 뜻도 모른 채 어머니와 함께 시모지 경찰서에 갔어요. 그런데 "여자와 애가 와서 데리고 갈 수 있을 거라고 생각하나"라고 하는 거예요.

그래서 근처에 사는 어머니의 사촌 둘이 판자 문짝을 들고 갔어요. 그랬는데 아버지가 거의 반 죽은 상태로 문짝에 실려 왔어요. 가난해서 의사한테 가지도 못하고 혹시라도 살아나기를 바라면서 어머니가 식초를 입에 머금고 얼굴에 뿌렸어요. 한 병 다 비울 무렵 숨이 돌아오긴 했는데 그 후로 아버지는 3년간 일을 할 수 없었어요. 나중에는 일흔 살까지 사셨어요. 일을 할 수 없으니 사택에서도 쫓겨났죠. 그 후 반년간 아버지는 병을 앓으면서도 돈을 빌려서 장만한 포장마차로 군고구마를 팔았고 어머니도 공사판에서 일했어요.

시모지 경찰서에 아버지를 찾으러 갔을 때의 일은 정말 죽을 때까지 잊을 수가 없어요. 얼마 전에 친척이 "맞은 사람은 잊지 않지만 때린 사람은 잊어버린다"라고 했어요. 정말로 그런 거 같아요. 지금도 시모지 경찰서 앞을 지날 때면 얼굴을 알아볼 수도 없을 만큼 부어오른 아버지의 얼굴이 떠올라 화가 치밀어 올라요.

▶ 생활을 위해 여직공으로

어머니는 온종일 물에 들어가서 자갈 고르는 일을 하셨고 내가 열한 살 되던 1939년 5월에 다섯 명의 아이들을 남겨두고 세상을 떠나셨어요. 그리고 그해 6월에는 생후 6개월 된 동생도 죽었어요.

그 후로 병상에서 막 일어난 아버지와 가족이 살아가기 위해서 나는 하오리(일본 기모노 위에 입는 짧은 겉옷)와 오비지메(띠가 흘러내리지 않게 띠 위에 두르는 끈)의 끈을 짜거나 푸는 부업 일을 했어요. 언니는 열네 살에 다카시마 직물회사에서 일하기 시작했죠. 오본(일본의 명절) 때 내가 부업 해서 번 돈으로 여동생 옷을 사줬던 기억이 나요. 언니는 아버지와 남동생의 옷을 사 왔어요. 모두가 가족들을 위하는 마음이 있어서 사이좋게 지냈어요.

나도 열네 살 때부터 햐쿠만벤의 우루시야마 직물회사에서 씨줄(직물) 감는 일을 했어요. 그 회사에는 직물의 모든 공정이 있었는데 다른 사람들은 자기가 맡은 분량의 씨줄만 감고 남는 시간에 잡담하고 있었지만, 나는 모든 공정을 배우려고 안간힘을 썼어요. 그런 내 노력을 인정받아 회사가 폐업할 때 나만 가라스마 가미타치우리에 있던 미야카와 직물회사에 소개해 줬어요. 그 후로 그 회사에서 같은 일을 하던 사람의 소개로 당시 니시진의 동포 중에서 알고 지내던 구리야마 씨의 공장에서 일하게 됐어요.

그 무렵 언니는 결혼해서 다른 살림이었고 나는 여직공으로 일하고 있었지만 생활은 계속 어려웠어요. 1944년 아버지는 장남이라서 나와 언니를 제외한 나머지 가족을 데리고 고향으로 돌아갔어요. 가족이 빈손으로 귀향하게 할 수는 없어서 그때까지 모아 둔 돈과 직장에서 빌린 돈으로 아버지에게는 당장 쓸 돈을 드리고 동생들에게는 옷가지 등을 챙겨 줬어요.

▶ 예과련에 지원한 외삼촌

전쟁이 격렬해지면서 조선 사람도 일본군으로 많이 끌려갔어요. 외삼촌이 육군으로 징병되어 전장으로 나갈 때 나는 센닌바리(한 조각의 천에 천명의 여성이 붉은 실로 한 땀씩 꿰매서 천 개의 매듭을 만들어, 무운과 안녕을 빌며 출정하는 군인에게 주었던 것)를 만들어 외삼촌의 배에 감게 하고 길모퉁이에 서서 출정하는 걸 지켜봤어요. 또 어머니 쪽 친척 중에도 일본군으로 입대한 사람이 있어요. 동생인 자기가 지원을 하면 장남인 형이 징병을 면제받을 줄 알고 예과련(해군비행 예과연습생의 준말)에 지원을 했던 거예요. 그런데 그 형은 바로 남쪽 전장으로 끌려갔어요. 그래서 그 친척은 집안에서 일할 사람들을 예과련과 징병에 모두 빼앗겨 버려 아내와 아이들을 데리고 우리 아버지가 있는 교토로 왔어요.

예과련에 지원한 그 사람은 물로 이별의 잔을 주고받으며 곧 출격하려고 할 때 종전이 됐어요. 그래서 곧바로 형을 찾으러 돌아다녔는데 다리를 다쳐서 한국에 돌아갔다고 해요. 그 후로는 행방불명이에요. 그런 일이 내 주변에 많이 있었어요. 종전됐다고 하는데 조선과 편지 연락은 바로 안 됐어요. 아버지의 임종도, 여자 형제가 시집간 것도 전혀 알지 못했어요.

▶ 강제징용으로 끌려온 남편과의 결혼

종전 후에 바로 결혼을 하게 됐어요. 그 무렵 징용이라고 하면 군대에서 오는 빨간 통지와 같은 것으로서 조선 사람은 피할 수 없었어요. 내 남편은 일곱 형제 중에 장남으로 어머니가 빨리 돌아가시고 아버지는 병약해서 남편이 일꾼으로 집안의 기둥 역할을 하고 있었어요. 그런 와중에 징용 통지가 왔는데 시아버지가 찾아가서 "집안의 일꾼이니까 좀 봐주세요"라고 부탁하였더니 "이 비국민이!"라고 하며 발로 차 버렸다고 해요. 남편은 어쩔 수 없이 일본으로 끌려왔고 히라카타의 화약공장에서 연중무휴로 월급도 없이 일하게 됐어요.

그리고 정월에는 1박 2일로 이세신궁(일본 혼슈 미에현 동부 이세에 있는 신궁)에 끌려갔다고 해요. 조선에는 정좌(무릎을 꿇고 앉음)하는 습관이 없는데 이세신궁에서는 정좌하게 했다고 해요. 식사할 때 죽 먹는 소리가 나거나 정좌한 자세의 무릎이 아파서 조금 움직이면 긴 봉으로 때렸다네요. 남편은 그때 너무 억울했다는 말을 자주 했어요.

남편은 1943년(쇼와 18년) 봄에 끌려와서 1945년(쇼와 20년) 여름에 종전이 됐어요. 강제징용돼서 온 사람들은 마이즈루에 모이게 하였고 돌아갈 때는 입고 있는 옷 말고는 아무것도 없는 빈털터리였어요. 그래서 남편은 남동생, 여동생, 아버지와 마주할 면목이 없어서 탈주했다고 해요. 만약 그때 돌아갔다면 우키시마마루浮島丸(강제 징용자를 태우고 폭발사고로 침몰)에 탈 예정이었으니 남편은 죽었을 거예요.

히라카타에서 노무자 합숙소를 하고 있던 외숙모가 같은 고향 사람이라며 탈주해서 온 남편과 나를 결혼시켰어요. 옛날에는 결혼이란 게 터무니없이 진행되어서 서로 얼굴도 보지 않고 부모나 친척이 서로 이야기해서 정하곤 했어요. 남편의 소지품은 속옷 두 장이 전부였어요.

그렇게 결혼해서 히라가타에서 잠시 살았어요. 남편은 기술이 없어서 밭일만 했는데 그래서는 돈을 모을 수가 없었어요. 그래서 내가 예전에 살았던 교토에 가서 니시진오리(교토 니시진에서 나는 비단의 총칭. 일본의 대표적 고급 직물) 일을 배워 직업을 가져보려고 교토에 갔어요.

예전에 신세를 졌던 구리야마 씨는 전쟁 전에 귀국해서 없었지만 나를 구리야마 씨에게 소개해줬던 사람이 정경(직물에 필요한 날실을 가지런히 맞추는 일) 기계 하나를 가져다주었어요. 남편이 정경 일을 하고 나는 여직공으로 일했어요. 크게 성공하지 못하고 일을 접어야 했지만 아이들(2남 1녀)도 조선학교에 다니게 하고 우리가 살 집 정도는 지을 수 있었죠.

나중 일이지만 남편은 1985년에 세상을 떠났어요. 몸 상태가 안 좋아서 병원에 갔더니 위암이어서 "바로 수술을 해야 합니다. 하지만 수술 후에는 어떻게 될지 모르겠습니다"라고 의사가 말했는데 결국 수술을 했어요. 그랬더니 "전이도 없이 암세포가 덩어리로 굳어 있었습니다. 위 뒤쪽 혈관에 구멍이 생기고 피가 흘러나와서 열여섯 명분의 혈액을 수혈받았습니다. 전이도 없어서 99퍼센트 괜찮습니다"라고 했는데 그 후로도 입원과 퇴원을 반복하다 결국에는 수혈에 의한 혈청간염으로 죽게 되었어요.

▶ 종전 후 곧바로 조련 니시진 지부 가시와노 분회를 결성

식민지 지배에 대한 가혹함은 부모에게 들어서 알고 있었기 때문에 종전 후에 우리는 바로 조선인연맹(재일본조선인연맹)을 만들었어요. 그때 니시진 지역에서 제일 처음 만들어진 것이 가시와노 분회였어요. 센본이마데가와 서북쪽에 있는 절집 옆에 3층 건물이 있는데 그곳이 니시진 지부 사무실이었어요. 그때 나는 여맹(재일본조선민주여성동맹) 교토니시진 지부 제1, 2 분회장이었죠.

또한 그 무렵 선거에 공산당 후보가 출마하면 후보 얼굴도 모르면서 선거 홍보를 위해 돌아다녔어요. 내 일이 끝나면 메가폰을 들고 공산당 후보를 찍도록 부탁하며 돌아다니거나 전단지나 포스터를 부치러 다녔어요. 아이들에게 풀통을 들게 하고 다니면서 내가 풀을 칠해서 주면 아이들이 포스터를 부치곤 하였어요. 들키면 경찰에 붙들려가니까 긴장을 해가며 붙였어요. 혁신파의 니나가와 도라조우 교토지사와 다카야마 기조 교토시장, 두 명의 첫 선거에서는 정말 얼마나 붙이고 다녔는지 모르겠어요.

왜 그렇게 공산당을 응원했는가 하면 우리 집 근처에 형이 공산당원인 사람이 있었는데 그 사람이 집에 돌아오면 항상 가족들에게 이런 말을 했다고 해요. "조선 사람을 괴롭히면 천벌을 받아야 마땅해. 조선 사람은 하나도 나쁜 짓을 하지 않았어. 아무 죄도 없는 조선 사람들을 강제로 징용해서 중노동을 시켰어. 그래서 죽은 사람도 많아. 그런데

도 일본 정부는 아무런 말도 하지 않고 있어. 그러니까 개인이라도 조선 사람을 괴롭혀서는 안 돼"라고. 그런 사람이 있는 당이라면 응원해야 한다고 생각했어요. 그 형은 결핵으로 죽었는데 도쿠다 규이치德田球一(일본공산당의 대표적인 활동가) 씨가 장례식에 왔었다고 해요.

그래서 지금 납치 문제로 매일 북조선이 악당 취급을 당하고 있는데 그 남동생의 부인만 우리한테 말을 걸어왔어요. "가네모토 씨, 많이 힘드시죠, 지금 납치, 납치하고 있지만 우리 오빠가 말하는데 전쟁 중에 수많은 조선 사람들을 일본에 끌고 와서 일 시킨 것, 이것도 모두 납치라고. 일본이 수백만 배 납치했는데도 조선 사람은 아무 말도 하지 않는데 몇 명 납치된 거로 왜 이렇게 야단법석인지 모르겠어요"라며 나를 위로해줬어요. 그렇게 말하는 사람은 오직 그 한 사람이었어요.

▶ 구태의연한 식민지 지배 근성

바로 어제까지는 미영 공멸이라고 외쳤는데 종전되고 나서는 미국 만세로 확 바뀌었어요. 그런데 전쟁이 끝났는데도 일본은 여전히 식민지 지배 근성에서 벗어나지 못하고 있어요. 특히 자민당은 지금까지도 벗어나지 못했어요. 작년(2003년)에 자민당에서 높은 위치에 있는 아소 다로麻生太郎라는 사람이 식민지 시절의 창씨개명에 대해 "조선인 자신이 원해서 한 거다"라고 폭언을 했는데 정말 어이가 없었어요. 너무 심해요. 우리 할아버지는 개명하지 않고 끝까지 저항했는데 참을 수 없을 만큼 책임을 추궁당해 결국에는 현玄 자에 별星 자만 부쳐서 '세이겐보星玄'이라고 했어요. 그래도 1943년(쇼와 18년)까지 개명하지 않고 버틴 것은 대단한 거 같아요.

나는 지금도 니시진에서 띠 짜는 일을 하고 있어요. 집에 베틀을 2대 놓고 하루에 6시간씩, 주문이 있으면 토요일 일요일도 일해요. 그래도 생활은 어려워요. 10대 때부터 직물회사에 수습생으로 들어가 정경, 직조(실을 엮어내 직물을 만드는 작업), 날실을 베틀에 거는 작업 등 전부 배웠어요. 이제는 처음 공정부터 마지막까지 가능한 사람이 교토에서도 소수라고 들었어요.

"그 나이까지 열심히 일하고 있다"라고 칭찬받고 있지만 솔직히 말하면 힘들어요. 이렇게 일만 하고 생을 마감하게 되는가라는 아쉬운 마음이 들기도 하지만 가족을 부양해 온 내 일에는 자부심을 느껴요. 전쟁 중에 군복을 짜라고 했던 것은 싫었지만요. 기술직이라고 하지만 전쟁이 끝난 후에도 차별은 있었어요. 모집 광고를 보고 찾아가면 "좋은 사람이 와줬네. 조선인이 오면 어떻게 하지, 걱정돼서 밤에도 잠을 잘 수가 없었어"라는 말을 대놓고 들은 적도 있었어요. 하지만 가족을 위해서 밤낮없이 띠를 짜 왔죠.

▶ 손자에게 "한국인 돌아가!" "야, 식민지!"

차별이라면 이런 것도 있었어요. 납치 문제로 시끄러울 때 사쿄구로 시집을 간 우리 딸의 아이가 학교(슈가쿠인중학교)에서 "한국인 돌아가"라는 말을 듣고 울면서 집에 돌아왔다고 해요. 그래서 우리 딸이 학교로 찾아가서 "한국인이라고 말을 듣는 건 한국인이라 아무렇지 않아요. 그러나 '돌아가'라는 말은 도저히 용납할 수 없어요. 나는 아버지가 강제 징용돼서 온 2세예요. 강제로 끌려와서 여기서 죽어 가는 것을 내 눈으로 봤어요. 얼마나 슬프게 돌아가셨는지 사무치게 느꼈어요. 그렇기 때문에 용서할 수 없어요"라고 항의했다고 해요. 그러니까 학교 선생님이 그렇게 말한 학생의 보호자를 불렀어요. 그 학생과 부모가 진지한 태도로 사과를 했고 교장 선생님도 "앞으로 이런 일이 없도록 서로 협력하며 잘 지내도록 합시다"라고 말해서 우리 딸도 납득하고 돌아왔다고 해요.

그런데 작년 여름, 이 손자가 또 "엄마 식민지는 뭐야? '야, 식민지'라는 말을 들었어"라며 딸한테 호소했다고 해요. 식민지라고 해도 지금 학생들은 무슨 말인지 당연히 모를 거예요. 학교에서도 가르치지는 않았을 테고 아마도 할아버지나 할머니가 식민지에 대해서 뭔가 말하는 걸 옆에서 듣고 놀린 거 같아요. 용서할 수 없다고 생각했지만 말하는 아이도 자기가 무슨 말을 들었는지 모르고 있는 것 같아 항의하러 가는 건 그만뒀다고 하네요.

▶ 무연금 재판의 원고로

국민연금 제도가 생겼을 때 근처에 사는 사람들의 권유로 가입신청을 하러 구청에 갔는데 "국적이 다르니까 안 된다"라는 말을 들었어요. 그때는 '안 된다'라는 말을 들어도 예전부터 조선 사람은 그런 대접을 자주 받아서 어쩔 수 없다고 생각하여 아무 말도 하지 않고 그냥 돌아오긴 했지만 사실은 정말 억울했어요.

1982년에 일본이 난민조약(난민의 지위에 관한 조약)을 비준하여 국적 차별이 없어지고 1986년에 국민연금법을 개정하여 재일조선인에게도 연금을 지급하게 됐어요. 그렇지만 그때 35세 이상인 사람들은 젊었을 때 연금을 내지 않았다고 해서 적용받지 못했어요. 나도 해당이 안 되었죠. 하지만 당시는 그런 정보를 전혀 알지 못했어요.

교토시에서 무연금자에게 혜택금제도가 생겼다는 것은 교토시의 광고를 보고 알았어요. 나는 생일이 몇 개월 차이가 나서 연금을 받을 수 없다는 것을 알았어요. 하지만 재일 동포의 어려운 생활에 조금이라도 보탬이 됐으면 해서 자격이 되는 사람들에게 신청하도록 알리고 다녔어요. 나이가 든 재일 동포 대부분은 학교에 갈 수 없어서 글자를 모르는 사람들이 많고 정보를 알지 못하면 신청을 놓치게 되고 그러면 연금을 받을 수 없다는 걸 알았기 때문이에요.

무연금 재판의 원고가 된 까닭은 내 자식들도 손자도 모두 세금을 내고 있는데 왜 연금을 받을 수 없나라는 생각이 들었기 때문이에요. 재일 동포가 연금을 받을 수 없다는 것은 불공평해요. 전쟁 중에 부려먹을 때는 마음대로 부려먹고 연금을 줄 때는 못 준다고 하는데 너무 비겁하다고 생각해요. 일본에서 죽을 때까지 '나쁜 조센진'이라는 딱지를 붙이지 않고 인간으로서 누려야 할 당연한 권리를 보장받고 싶어요.

28

"여자아이 열다섯 명 내놔"라는 말을 듣고
김덕옥 金德玉 (여)

취재일: 2007년 6월 2일, 8월 4일, 19일
출생지: 경상북도 기성군
현주소: 사이타마현
생년월일: 1927년 3월 15일
약력: 한국 나이로 열다섯 살 때 오빠가 있는 일본으로 건너옴. 열여덟 살에 이준식 李俊植(1921년생) 씨와 결혼, 자녀는 2남 1녀. 남편을 도와 파친코 점을 운영. 남편은 35년 전에 뇌경색으로 쓰러져 오른쪽 반신마비가 됨. 남편의 간호를 계속하다가 2008년 8월 17일 별세.

취재: 고수미 / 원고집필: 고수미 / 번역: 고민정

▶ "날아가는 까마귀도 내 술을 먹고 가라"

아버지 어머니 이름은 몰라. 잊어버렸어. 일곱 형제로 제일 위 오빠 이름은 추한이라고 해. 둘째는 언니이고, 여자 형제들은 모두 '옥玉' 자를 붙였어. 셋째도 언니, 넷째는 오빠로 우한이라는 이름이었어. 그 밑이 나야. 여섯째는 여동생, 막내가 남동생.

우리 아버지는 어렸을 때 고생을 모르고 자라서 세상 물정에 어두워. 조선에서 재산이 있는 집은 자식들이 결혼할 때 재산을 나눠주곤 해. 아버지도 집, 논, 밭, 산 등을 물려받았다고 하는데 어느 새인가 다 없어졌다고 해. 아버지는 술을 좋아했고 게다가 사람이 너무 좋았어. 마을에서는 우리 아버지를 두고 하는 이야기가 있어. "날아가는 까마귀도 내 술을 먹고 가라"라는. 어려운 사람을 보면 돈을 빌려서라도 도와줬지. 아버지와 어머니는 결혼하고 같은 마을 안에서 열두 번이나 이사했어. 작은 마을 안에서 이사할 때마다 생활은 점점 나빠져만 가는 거야. 우리 아버지에 대해 나쁘게 말하는 사람은 아무도 없었어. 그런 아버지를 속이는 사람은 그냥 평범한 사람이 아냐. 질 나쁜 사람들이나 아버지를 속이는 거지. 그런 사람들에게 속아 넘어가 재산을 다 잃고 말았어. 술에 취해 자고 있을 때 지장을 찍게 하는 등 별의별 방법으로 당했다고 해. 내가 어렸을 때 우리 어머니가 자주 울면서 그런 얘기를 했어.

큰오빠가 일찍 일본에 간 것은 돈이 필요했기 때문이야. 아버지가 빚이 있었는데 돈을 안 갚았다고 집 안에 온통 빨간딱지를 붙여서 식구들이 집에 못 들어간 적도 있었다고 해. 쌀이나 보리를 쌓아 두는 작은 창고가 있었는데 그때 어머니는 큰오빠와 큰언니를 데리고 셋이서 거기에 들어가 거적을 뒤집어쓰고…… 그곳에서 어머니는 펑펑 울었다고 해. 그리고 "셋이서 죽자"라고 했대. 그때 우리 큰오빠는 겨우 다섯 살 난 아이였는데 "어머니 그러지 마세요. 크면 돈을 벌어서 아버지가 잃어버린 재산을 다 찾아올게요"라고 했다네. 어머니는 그 말 한마디에 죽지 않고 살아야겠다고 마음을 고쳐먹었어.

큰오빠는 어렸을 때 한 말을 지켰어. 커서 돈 벌러 일본에 갔으니까. 화장실에서 오물 퍼 나르는 일 있지, 처음에는 그걸 했어. 성실하게 열심히 일하니까 주변 사람들이 좋아해 주고 도와주는 사람들도 많이 생겼다고 해. 큰오빠는 일본에 건너간 뒤로 아마 10엔으로 기억하는데 매월 정해진 돈을 보내왔어. 그 돈이 오면 아버지는 한 푼도 집에 갖다 주지 않고 사람들한테 술을 사주면서 다 써 버렸어. 아버지는 아들이 술값에 보태 쓰라고 매달 돈을 부쳐준다며 사람들한테 자랑하곤 했어. 하지만 어머니는 아무 말도 하지 않았지.

우리 아버지는 일본 사람을 아주 싫어해. 일본인이 하는 말은 아예 들으려고 하지 않았어. 그래서 단단히 찍혀있었지. 내가 일곱인가 여덟 살 때의 일이야. 어느 날 논에서 모내기를 하고 있는데 사람들이 줄줄이 오는 거야. 일본 사람이 맨 앞에 있고 그 뒤로 조선 사람이 뒤따라왔어. 아마도 관청 사람이 아니었나 싶어. 논에 와서는 "벼를 똑바로 심지 않으면 안 돼"라면서 뭔가 트집을 잡는 거야. 나는 그때 왜 아버지를 따라갔는지 기억이 잘 안 나지만 논에 가니까 그 사람들이 계속 트집을 잡고 있었어. 그래서 아버지가 조금 말대답을 하니까 아버지 멱살을 잡고 때리는 거야. 그래서 내가 "그러지 마세요"라고 울면서 뛰어들었어. 그랬더니 나를 번쩍 들어서 논 가운데로 던져버리는 거야. 그 당시는 평범한 사람들이 일본 사람한테 말을 걸면 제대로 대꾸도 해주지 않았어. 처음부터 "흥" 하며 무시하고 모두가 그런 건 아니지만 그런 사람들이 많았어.

▶ 상놈 글은 배우면 안 돼

조선에서는 여름밤이면 노인들이 모기향을 피워놓고 아이들을 모이게 해서 이것저것 가르쳤어. 책을 읽는 게 아니라 입으로 "이런 이유로 이렇게 되는 거야"라며 재미있게 설명을 하셨지. 지금은 다 잊어버렸지만 그렇게 역사 이야기를 많이 들었어. 몇 명이라고 정해져 있는 게 아니라서 아이들이 모이는 건 그때그때 달랐어. 그다지 크지 않은 마을이라서 우리 집에 모두 모여들었지. 우리 어머니도 참 좋은 사람이었어. 너무나. 아버지가 아이들을 데리고 와도 싫은 기색을 안 해. 모두가 먹을 수 있게 콩을 볶아서 놓아두면 아이들은 좋아하며 먹었어.

옛날에는 부모가 없는 애들도 이웃 사람들이 그런 식으로 돌봐 주었지. 모르는 것이 있으면 가르쳐 주기도 하고.

학교에 들어갔더니 책이 전부 일본 책이었어. 아버지는 "더 이상 학교에 가지마"라며 교과서를 전부 태워버렸어. 아버지는 "상놈 글은 배우면 안 돼"라고 했지. 그래서 나는 학교에 가지 않았어. 겨울에만 야학이라는 것이 있었는데 야학이라고 말하지만 낮에 했어. 학교에 가지 않은 아이들을 가르쳐 주었는데 나는 아마 일 년 정도 다녔을 거야. 그래서 '곤니치와' 같이 간단한 말은 조금 알게 되었어. 야학은 조선 사람이 가르치긴 했지만 운영은 일본 사람이 했어.

▶ 마을 면장 집에서 크게 난리를 친 오빠

내가 열넷인가 열다섯 살일 때 아버지가 돌아가셨어. 그때 큰오빠와 둘째 오빠는 일본에 있었는데, 큰오빠가 "네가 어떻게 해서든 어머니와 가족들을 잘 돌봐줘"라고 해서 둘째 오빠는 집으로 돌아왔어.

둘째 오빠가 집에 돌아오고 나서 생긴 일인데 이 마을에서 열네 살부터 열여덟 살 또는 스무 살까지의 "여자아이 열다섯 명 내놔"라는 통보가 온 적이 있어. 거기에는 처음부터 여자아이들 이름이 적혀져 있었는데 내 이름도 들어가 있는 거야. 말로는 그곳에서 "군인들의 밥을 짓거나 빨래를 하는 거라 위험하지 않아"라고 하는데 문제는 면장의 친척이나 자식 이름이 그 열다섯 명 안에 들어가 있지 않은 거야.

그래서 우리 오빠가 그 면장 집에 쫓아가서 난리를 쳤어. "여자애들을 그런 곳에 보내려면 너의 집 딸도 너의 친척 딸들도 다 내놔. 그러면 내 동생도 보낸다"라며 큰소리로 따졌는데 정말 큰 소동이 벌어졌어. 오빠는 일본에 있었기 때문에 모든 걸 알고 있었어. 빨래하거나 밥 짓는 게 아니라 일본 병사를 상대한다는 것을 이미 알고 있었기 때문에 그렇게 심하게 반대를 한 거야. 그때 아주 난리를 치는 바람에 한동안 여기저기 도망 다니게 됐어. 지금 생각해보면 둘째 오빠는 나하고 여섯 살 차이가 나니까 그때 겨우 열아홉인가 스무 살이었던 거야. 참 대단하지. 그래도 그 덕분에 마을에서는 아무도 끌려가지 않았어.

우리 집 바로 옆이 경찰서였어. 그 경찰서장이 일본 사람이었는데 생각보다 아주 좋은 사람으로 우리 어머니 요리를 좋아했어. 그래서 김치나 고추장이 필요하면 "어머니!" 하고 부르며 찾아왔어. 아버지가 일본 사람을 엄청나게 싫어한다는 걸 알고 있어서 아버지가 집에 있는지 없는지 몸짓으로 물어보는 거야. 그래서 아버지가 집에 없는 걸 알면 어머니한테 "김치 주세요"라고 부탁하곤 했어. 그 서장도 오빠가 면장 집에서 난리 친 것을 알고 있었어. 결국, 그때 우리 마을에서는 여자아이가 한 명도 끌려가지 않았지만 이대로 조선에 있으면 또 언제 같은 일이 생길지 모른다고 걱정해 줬어. 그렇다면 "일본에 있는 편이 더 좋을지 모르겠다. 일본에 있으면 그런 일은 없을 테니까"라고 말하며 일본행을 주선해 줬어. 그 사람의 도움으로 나와 동생이 먼저 일본으로 올 수 있었지.

서장은 우리 오빠가 난리 친 것을 들었을 때 "당연하지"라고 말해주었어. 그 서장도 왜 여자아이들을 모으고 있는지 알고 있었던 거야. 그 사람이 우는 것을 본 적이 있어. "정말 부끄러워. 나도 일본에 돌아갈 거야. 이렇게 심한 짓을 더 이상 보고 있을 수가 없어"라며 눈물을 뚝뚝 흘리더라고.

▶ 남동생과 둘이서 일본으로

그때 일본에 온 것은 나와 남동생 둘뿐이야. 어머니도 오고 싶어 했지만 가족 모두가 올 수는 없었어. 일본 정부에 피해가 간다는 이유로 일하는 사람 한 명당 몇 명까지만 가족을 데리고 올 수 있다고 정해져 있었거든. 일하는 사람은 큰오빠 혼자였기 때문에 어머니는 올 수 없었어. 그때가 아버지가 돌아가시고 난 이듬해 봄으로 내가 열다섯 살이었어. 남동생은 소학교 1학년이었을 거야.

우리 큰오빠는 교토의 야마노우치라는 곳에 있었어. 그런데 거기에 가보니까, 전쟁 중이라 공습을 피해서 후쿠시마현에 있는 광산으로 가고 없는 거야. 그래도 다행히 교토에 친척이 한 사람 있어서 그곳에 갔더니 큰오빠가 우리가 오는 걸 기다리고 있었어. 거기서 며칠간 머물다가 다 같이 후쿠시마로 갔지. 거기가 아마 요나이하타(현 후쿠시마현 기타가타니시 아쓰시오카노마치)라는 곳이었을 거야. 큰오빠는 그곳 광산에서 동광銅鑛(구리가 든 광석)이라고 황색 빛깔의 금 같은 광물이나 석고를 각각 분류하는 작업을 하고 있었어. 나도 선광장選鑛場이라고 캐낸 광석 중에서 쓸모없는 것을 골라내는 일을 하는 곳인데 거기서 일하게 됐지.

결혼은 큰오빠가 마음대로 정해버렸어. 사실은 고향에 어렸을 때 부모들끼리 정해둔 혼약자가 있었어. 그래서 결혼을 한다고 알렸더니 "조선에 돌려보내라"라고 하는 거야. 둘째 오빠는 정말 고지식했어. 우리 어머니도 "돌려보내라"라고 하는데 어떻게 돌아가겠어 벌써 정해져 버렸는데 못 가지.

▶ 어머니를 찾아서 일곱 살에 가출

할배(여기서는 남편을 지칭)는 옛날에 술을 마시면 자기 이야기를 자주 해줬어. 할배의 아버지는 기독교 전도사였어. 원래 할배가 살던 곳은 절집이었고 집안 대대로 물려받은 절도 있었다네. 모두가 불교 집안이었지. 자식들도 대학에서 공부할 때 자주 그 절에 가서 공부를 했다고 해. 그런데 할배의 아버지는 기독교인이 되어 버린 거야. 전도하기 위해 가족을 두고 혼자서 일본에 왔다네. 자기 먹을 것도 남에게 주는 생활을 하다 보니 본인의 몸을 망쳐서 다시 조선으로 돌아왔어. 그리고 조선에서 돌아가셨어. 할배가 일곱 살 되던 해였다고 해.

할배에게는 여섯 살 아래 남동생이 한 명 있었는데 당시 여자 혼자서 두 아이를 키우는 게 쉽지는 않았어. 그래서 어머니는 재혼했다고 해. 어머니는 재혼하면서 어린 동생을 데리고 갔어. 할배도 같이 가기로 되어 있었는데 할머니가 절대 놓아주지 않았대. 할배가 장남이라서. 그래서 큰아버지한테 맡겨졌다고 해. 조선에서는 아버지가 돌아가시면 본가에서 아이를 맡아 기르곤 했어.

본가에는 할배와 같은 나이의 아이가 있었어. 그래서 같이 키우는 게 힘들었을 거야. 어느 날 "양자로 달라"라며 어떤 사람이 집에 찾아왔대. 할머니는 울면서 "절대 안 돼"라고 했는데 큰아버지는 "우리 집에 있는 것보다 거기에 가는 게 애한테 좋을 거다"라고 하면서 할머니를 설득했다고 해. 그런데 어른들이 하는 얘기를 그때 여섯인가 일곱 살이었던 할배가 들어버린 거야. 그걸 듣고 할배는 바로 가출을 했다고 해. 그 어린아이가 말이야.

자기 친엄마한테 가려고 했다고 해. 모르는 사람 집에 찾아가서 애가 있으면 애를 돌봐주고 대신에 밥을 얻어먹으면서 얼마나 걸렸는지 모르지만 결국엔 친엄마한테 가긴 갔다고 해. 친엄마한테 갔더니 그곳에는 전처가 난 남자아이가 있었대. 알고 보니 친엄마의 결혼 상대도 재혼이어서 할배의 어머니는 후처가 되었던 거야. 할배가 가니까 전처의 아이가 심술궂은 아이라서 할배를 굉장히 괴롭혔다고 해. 그래서 아무 말도 안 하고 그냥 나와버렸대. 가출을 또 했는데 아직 어려서 할 만한 일이 없는 거야. 조선에서는 소먹이로 볏짚, 풀, 콩 등을 삶아서 주는데 할배는 한 농가에 들어가 그 일을 맡아서 했어.

그러던 어느 날 논에서 벼를 베고 있는데 큰아버지가 그걸 본 거야. 어렸을 때 집을 나가버리는 바람에 큰아버지도 책임을 느꼈는지 열심히 찾으러 다녔다고 해. 큰아버지는 보따리 장사를 해서 장이 열리는 곳을 많이 돌아다녔는데 그러다가 우연히 논에 있는 할배를 발견한 거야.

하지만 큰아버지의 부인도 후처였어. 본처가 죽고 들어온 후처였는데 역시 조카인 할배가 불편한 거야. 집안 형편에 조카애까지 돌봐줄 여유가 없으니까. 양자로는 절대로 보내지 말라던 할머니는 이미 돌아가셨대. 그래서 큰아버지 집에서 나와 지요리공장이라고 정어리기름을 짜는 공장에 들어가 일을 했대.

옛날에 조선에서는 치과의사라고 하지만 병원을 가지지 않고 여기저기 돌아다니면서 이를 고치는 의사가 있었어. 행상의行商醫라고 불렀는데 부탁하면 일주일 정도 어딘가 빌려서 치료하고, 끝나면 또 다른 곳으로 가고, 마치 떠돌이 보따리장수 같았어. 할배는 그런 행상의가 되려고 생각했대. 그래서 한 행상의를 따라다니면서 일을 배우고 있었는데 어느 날 그 사람이 "금을 사러 가야 하니까 돈 좀 빌려줘"라고 하더래. 할배는 어릴 때부터 고생하며 돈을 어느 정도 모았는데 돈이 있는 걸 그 사람이 알고 있었던 거야. 그래서 돈을 빌려주었는데 아무리 시간이 지나도 돌아오지 않더래. 그냥 돈만 잃어버린 거지. 그때가 열여덟 살이었다는데 아직 뭘 모를 때야.

▶ 사할린(일본명으로 가라후토)의 탄광에서 도망

할배의 고향 가까운 곳에서 사할린 탄광에 가는 모집이 있었대. 백명 또는 오십 명씩 모집하는데 거기에 응모한 거야. 그때가 열아홉인가 스무 살이었대. 나중에 전쟁이 격렬해져서 그런 모집은 없어지고 다 강제징용으로 바뀌었지만. 사할린에 왔는데 할배는 터널이나 산속에 들어가는 게 너무 무서웠다고 해. 자기 생각에 하늘이 두 개 겹쳐진 듯한 느낌이었대. 탄광이라서 불이 나면 사람들이 안에 있어도 탄광 입구를 닫아버린다고 해.

그래서 너무 도망가고 싶었대. 그런데 그리 간단히는 도망갈 수가 없잖아. 경계도 삼엄하고 말도 안 통하는데 어떻게 도망가겠어. 그런데 조선 사람 중에 마음씨 좋은 사람이 있어서 "도망가, 갈 곳이 있다면 여기서 도망가는 게 좋아"라고 말해 주었대. 그 사람 말을 듣고 혼자서 탄광에서 일하는 복장 그대로 도망쳤다고 해.

탄광에서 도망친 것은 좋았는데 말도 모르고 돈도 없고 막막했지. 잡힐까 봐 불안해하면서도 어떻게 배를 타서 홋카이도까지 무사히 도망갔다고 해. 너무 배가 고파서 도움을 청하려고 한 농가로 들어갔더니 그 집 남편이 마침 군대에 가서 남편 어머니와 며느리 둘이서 목장을 하고 있었대. 할배가 가니까 아주 친절하게 대해 주었다고 해. 탄광 옷을 입고 있으면 들키니까 남편 옷도 주었다네. 그 집에서 몇 년 동안 목장 일을 도와주면서 사촌이 있는 곳을 찾았다고 해. 사촌 주소는 조선에서 떠날 때인지 사할린 탄광에서 도망칠 때인지 잘 기억이 안 나지만 손바닥에 적어서 절대 잊어버리지 않게 외웠다고 해.

그래서 할배는 사촌을 찾아서 왔는데 그곳에 우리들이 있었어. 큰오빠는 할배가 이웃 마을 출신이라 서로 사정을 잘 알고 있어서 나하고 결혼시키면 좋겠다고 본 거야. 내가 열여덟 살이었으니까 지금 생각하면 너무 빠른 결혼이었어.

▶ "아아 이제 조선은 살아났다"

결혼해서 처음 살았던 곳은 요나이하타(후쿠시마현에 있는 옛 광산촌)

야. 놋쇠나 석회암 같은 것을 캘 수 있는 곳이었어. 여자들은 공장 안에서 기계로 돌 씻는 일을 했고 남자들은 갱내에 들어가서 돌 캐는 일을 했어. 할배는 갱내에 들어가는 걸 너무나 싫어했어. 하지만 여기는 어디를 가도 똑같은 일을 할 수밖에 없어.

할배는 먹을 것이 많은 곳에서 살고 싶다며 그런 곳을 찾아다녔어. 어느 날 "좋은 곳을 찾으면 데리러 올게"라고 말하더니 나를 두고 어디론가 가버렸어. 그때 나는 임신해서 배가 많이 불러 있었지. 하지만 일하지 않으면 쌀 통장(전시체제에서 곡물 배급을 관리하던 통장)을 빼앗아 버리니까 할 수 없이 광산의 노무자 합숙소로 갔어. 남편은 어디론가 가버리고 나도 배가 이렇게 불러서 일할 수 없어 곤란해 하고 있다고 사정을 얘기했지. 다행히 그곳은 조선 사람의 합숙소로 제주도 출신 감독이 아주 친절한 사람이었어. 사정이 딱하다며 "하루만이라도 좋으니 한번 해봐. 하루만 가도 쌀 통장을 받을 수 있어. 그리고 그만둬도 되니까"라고 말해 주었어. 하지만 광산에 가니까 유황 냄새가 너무 심한 거야. 배는 남산만 하지, 웩웩거리며 토하지, 더 이상 참을 수가 없었어. 그래서 쌀 통장을 받고 그다음 날부터는 가지 않았어. 그렇게 한참을 지내고 있으니까 할배가 돌아왔어. 돌아오니까 곧 종전이 되는 거야.

8월 15일 그날, 어떤 영감이 바로 우리 집 앞에 서서 "아아 이제 조선은 살아났다"라고 말하는 거야. 할배와 나는 놀라서 "일본인이 들으면 죽일지도 모르니까 그런 말을 해서는 안 돼요"라고 하였더니 "괜찮아 이제 살아났어"라고 하는 거야. 정말 그랬어. 일본 사람은 모두 집에 들어가서 문을 잠그고 밖으로 나오지 않았어.

그 후 모두 한국으로 떠났지. 해방되고 2년도 채 되지 않았을 거야. 첫 귀국선을 타고 모두 돌아갔어. 사촌들이 "같이 돌아가자"라고 했지만 할배는 결국 돌아가지 않았어. 돌아간다 한들 머물 집도 반겨줄 가족도 없었기 때문이야. 그래서 모두 귀국하는 날 광산이 있는 산에서 내려왔어. 할배가 항상 다니던 이발소가 있었는데 그 이발소 주인한테 지낼 만한 곳이 없는지 물었더니 "카바이드(carbide 탄화칼슘)를 취급하는 회사가 이제 문을 닫아서 집이 많이 비어 있어"라고 말하며 집을 빌려주었어. 그 집에서 7, 8년 살았지.

거기에서 처음에는 엿을 만들어 팔았어. 고에몬욕조(일본식 철제 목욕통)에 끓여서 만들었는데, 만들면 만드는 대로 잘 팔렸어. 그러자 욕심이 생겨서 막걸리를 만들었지. 막걸리도 만들면 만드는 대로 잘 팔렸어. 그런데 할배가 "모두들 먹을 것도 없는데 이런 걸 하면 안 되겠지"라며 장사를 그만두는 거야. 당시 조선 사람들은 이런 식으로 허가받지 않고 장사를 해서 꽤 먹고살 만했어. 그에 비해 일본 사람들은 많이 위축돼 있었지.

그때 도쿄에서 놀러 온 사람이 있었어. 할배와 같은 나이로 와세다대학을 나온 사람이었는데 그 사람하고 상담을 했어. 그랬더니 그 사람이 엿을 만들 수 있는 기술자를 불러와서 감자로 엿을 만들어 보면 좋겠다고 해서 그렇게 해 보기로 했지. 마을 사람들에게 박하도 심게 하고 그러면 마을 사람들이 모두 좋아하며 도와주곤 했어. 아무것도 없는 시절이라 뭔가 하면 자신들도 먹고사는 데 도움이 된다고 하면서 말이야. 모두 그렇게 도와주었는데 아무리 열심히 해도 잘되지 않는 거야. 결국에는 엿 장사를 그만두게 됐어.

▶ 생명의 은인이 죽임을 당해서

그 후로 할배는 파친코에 관심을 가졌어. 야마가타의 다카하타라는 곳인데 당시 그곳에는 파친코 가게가 일곱 군데 있었어. 작은 마을이어서 어느 가게나 열 대 정도의 파친코 기계를 놓고 장사하고 있었는데 할배는 50대 정도 기계를 들여와 파친코 가게를 시작한 거야. 그랬더니 나머지 가게들은 다 망해서 문을 닫았어. 요네자와, 오마치, 오바나자와에서 파친코를 차리고 다른 사람에게 넘기고 하면서 이사를 다녔어. 그리면서 우리는 야마노베(야마가타현에 있는 지명)라는 곳으로 갔지. 야마노베에서 파친코 가게를 열었는데 할배가 쓰러진 거야. 뇌경색이었어. 목숨은 어떻게 구했지만 그때부터 몸이 불편해져서 일할 수 없게 됐지.

할배는 사할린에 있을 때 도망가게 해준 사람을 평생 잊지 못하고 있었어. 그 사람이 생명의 은인이라며. 종전이 되고 조총련에서 헤어진 사람을 찾아주는 행사를 한 적이 있었어. 그래서 조총련에 부탁해서 그 사람을 찾아봤더니 이미 죽었다는 걸 알게 된 거야. 할배를 도망치게 하고 자신은 반 죽을 만큼 두들겨 맞았는데 결국에는 죽었다고 해. 할배는 그걸 알고 아주 괴로워했어. 좀처럼 눈물을 보여주는 사람이 아닌데 그 사람이 죽었다는 걸 알았을 때는 눈물을 흘렸어.

29

북도 남도 내 조국
송동술 宋東述(남)

취재일: 2006년 10월 27일
출생지: 전라남도 신안군
현주소: 오사카부
생년월일: 1927년 12월 18일

약력: 열두 살 때 혼자서 일본 나가사키長崎로 건너가 낮에는 학교, 밤에는 일하는 생활을 함. 종전되던 해에 중학교를 졸업하고, 그 후 대학 입학을 위해 오사카로 건너감. 1954년 오사카공업대학을 졸업한 후 민족학교 교사가 됨. 오사카초중급학교, 고급학교의 교감, 교장을 역임. 1983년 이후 조총련 오사카 본부 부회장 등 반세기에 걸쳐서 민족교육 활동에 매진함.

취재: 김채린 / 원고집필: 김채린 / 번역: 고민정

▶ 태어난 고향 옥도(전라남도)

나는 1927년 12월 18일에 태어났어. 목포에서 배를 타고 서쪽으로 2시간 정도 가면 하의도가 있는데 하의도는 본섬이고 거기에 부속된 옥도가 내가 태어난 곳이야. 옥도는 섬 둘레가 16킬로밖에 안 되는 작은 섬으로 내가 섬에 있었을 때는 150명 정도가 살고 있었어.

내가 일본으로 건너올 때 조선은 식민지여서 사람이 살만한 곳이 못 되었지. 풍습은 제주도와 크게 다르지 않아. 옛날에 양반들이 유배되어 오던 섬이었는데 아직도 그 습관이 남아 있어서 여자들한테만 일을 시키고 남자들은 별로 일을 하지 않았어. 돈이 있는 사람은 하의도에 있는 심상소학교(메이지유신부터 제2차 세계대전 촉발 전까지 존재했던 일본의 초등 및 중등교육기관. 당시, 조선에도 존재)에 유학하듯이 갔지만 우리 집처럼 가난한 사람들은 섬에 있는 한문 서당에서 공부했어. 나이가 많은 사람들은 모두 글을 알고 있었어. 옛날에는 모두 백성이었으니까 글공부를 한 거지. 아이들은 아침 일찍 산에 소를 끌고 가서 풀을 먹여. 그리고 서당에서 돌아오면 밭을 갈기 위해 다시 소를 끌고 나가.

우리 아버지는 한문 서당의 선생이었어. 그런데 아버지는 겨우 서른네 살, 내가 태어난 지 28일째 되던 날 폐렴으로 돌아가셨어. 그래서 나는 아버지의 얼굴을 몰라. 형제는 여섯 명으로 가족은 아홉 명. 소작농으로 살아가는 살림살이라 내가 어렸을 때는 먹을 것이 없어서 생활이 아주 빈곤했어. 형수가 2년에 한 번씩 출산하는 바람에 먹을 것이 더 부족했어. 열한 살 때까지는 서당에서 배웠고, 열네 살 때까지 '옥도신명학원'이라는 곳에서 공부했어.

일본에는 공부하러 온 게 아니라 먹고살기 위해서 왔어. 열네 살, 만으로 하면 열두 살에 혼자서 건너온 거야. 나가사키에 아는 일본인이 있어서 부탁했더니 "우유 배달해 볼래"라며 일을 소개해 주었어. 그 덕분에 정식으로 도항 증명을 받고 배로 일본에 오게 된 거야.

▶ 호신을 위해 유도를

우유배달을 하면서 밥은 먹을 수 있게 되니까 이번에는 공부라도 좀 해볼까라는 생각이 들었어. 일명 고학이라고 할 수 있지. 나가사키라는 곳은 주변이 다 바다여서 사람들의 성격이 굉장히 거칠었어. 금방 발끈해서 싸움을 벌여. 나가사키에는 조선 사람이 별로 없기 때문인지 민족차별이 말로는 다 표현할 수 없을 만큼 엄청 심했어. 진제이가쿠인鎭西学院 중학교에 들어갔는데 모두가 나를 괴롭히는 거야. "야, 조센" 하면서 아침부터 밤까지.

도무지 마음 편한 시간이 없었어. 그나마 수업 시간이 좀 나았는데 교과서를 펴놓고 선생님한테 얼굴이 안 보이게 하고 자주 울었어. 반 년 정도는 그런 식으로 보냈지. 아무래도 호신술을 배워야겠다고 생각하고 유도부에 들어갔어. 일본말은 조선에 있을 때도 사용했기 때문에 그다지 어려움은 없었어. 나는 몸이 커. 그래서 2학년이 되었을 때는 이미 초단, 즉 검은 띠를 매게 되었지. 옛날에는 초단만 되어도 상당히 강한 편에 속했어. 그래서 단도 같은 짧은 칼 정도는 그다지 겁나지 않았어. 강하니까 시합에도 나갈 수 있었지. 그랬더니 "진제이가쿠인 중학교의 조센진 '송'이라는 놈은 강해"라고 소문이 돈 거야. 몸을 지키기 위해 배운 유도가 시합까지 나갈 정도로 강해지니 모두가 나를 인정하더라고. 일부 애들이 여전히 "조센, 조센"이라고 불렀지만 별로 신경 쓰지 않았어.

내가 일본에 온 해에 창씨개명이 시작되어서 이름이 바뀌었지만 처음에 '송'이라고 말했더니 친구들도 계속 '송'이라고 불렀어. 졸업증서에도 '송'이라고 적혀있지.

▶ 전후와 고학

1945년 종전이 되는 해에 중학교를 졸업하고 고등학교에 가게 됐어. 의사 될 생각에 나가사키 의학전문학교에 진학하려고 했는데 전쟁이 격해지면서 학교를 졸업한 후 가고시마의 제7고등학교에 들어갔어. 전쟁 중이어서 공부는 전혀 하지 못하고 종전이 됐어. 해방된 민족의 한 사람으로서 정치 활동에 가담하게 되었지. 학교도 그만두고 청년 활동을 2년 정도 했어.

그 후 혼자서 교토로 가서, 리쓰메이칸대학 이공학부 전신인 니치만 고등학교의 전기과에 들어간 거야. 그때가 1948년으로 그다음 해부터 4년제 대학으로 바뀌었어. 나는 여전히 힘든 생활을 하고 있었어. 학생동맹의 기숙사가 교토에 있는데 나는 그곳에서 생활하고 있었지. 그때는 조학동(재일본조선학생동맹)이라는 것이 있었는데 교토에 관서 본부가 있고 각 현에는 지부가 있었어. 나는 학생동맹의 활동도 하면서 학교에 다닌 거야. 당연히 아르바이트도 했는데 제빵 공장에서 빵 만드는 일을 했어. 빵은 주로 밤에 만드니까 낮에는 학교에 다닐 수 있었거든. 하룻밤은 자야 하니까 2인 1조로 했어. 학생들한테는 월급을 반밖에 안 줬지만 그래도 그 돈으로 어떻게든 먹고 살 수 있어서 그냥 계속했지.

그다음에는 가루비누를 팔았어. 학교 갈 때 가루비누를 5개 가지고 가는 거야. 학교가 끝나면 가루비누를 하나에 100엔 받고 팔았는데 원가가 70엔이었으니까 한 개 팔면 30엔을 벌 수 있었어. 다 팔면 150엔, 그 당시 쌀 한 되가 150엔 했는데 쌀 한 되 있으면 하루 먹고도 조금 남았어. 그래서 가루비누 파는 아르바이트를 가장 오래 했어. 빵집 일도 꽤 오래 했지. 그때가 1949년이었을 거야.

▶ 조선전쟁(한국전쟁) 중의 대학 시절

리쓰메이칸은 소위 말하는 전문학교야. 그곳을 졸업하고는 수업료가 비교적 저렴한 오사카 공업대학에 들어갔지. 학교에서 가까운 교바시라는 곳에 안약을 넣는 작은 유리병을 만드는 공장이 있었어. 어떤 사람이 거기서 일하면 좋다고 추천해 줘서 그곳에서 일하기로 했지.

4년간 공부하면서 조학동 운동도 했어. 조선 학생이 일곱 명 있었는데 조학동 지부를 만들었지. 일곱 명 중에 나만 조선어를 알고 있어서 다들 나한테 배웠어. 그때가 마침 조선은 전쟁 중이었는데 우리는 그 당시에 비합법이었던 반전운동을 했어.

1951년, 대학 2학년 때 나는 결혼을 했어. 아내는 미용사로 내가 졸업할 때까지 뒷바라지해 주었어. 졸업하면 당연히 취직을 해야지. 당시 조학동에는 두 가지 진로지도가 있었는데 조선말과 글을 아는 사람은 조선학교에서 선생을, 모르는 사람은 일본 대학원에 가서 연구하라는 지시였어. 나는 그대로 따랐지.

그 당시 오사카에는 조선학교가 17군데나 있다 보니 학교마다 가르칠 선생이 모자랐어. 나는 대학 4학년, 1953년 4월부터 1954년 3월까지 미유키모리의 조선소학교(현 오사카 조선 제4초급학교)의 재건사업에 관여하기도 했어.

▶ 동포들과 함께 걸어온 교원 생활

제4초급학교에서 교무주임을 1년간하고 그 후 오사카조선고등학교에서 수학과 물리를 가르쳤어. 1958년 1월1일부터 1961년 3월까지 오사카조선고등학교의 교감, 1961년 4월부터 1963년 3월까지 나카오사카조선초중급학교에서 교장으로 근무했지. 그해 4월부터는 오사카조선고등학교의 교장이 되었고, 1983년 3월까지 만 19년이라는 긴 시간 동안 교장을 역임했어. 그 후에 조총련 오사카 본부의 부위원장을 2년간 했어.

학교에서는 교원으로서 맡은 바 책임을 다하며 보냈어. 지금까지 조선학교가 계속 유지될 수 있었던 것은 모두 재일 동포들의 피나는 노력 덕분이고 그런 노력이 있었기 때문에 학교가 여기까지 발전할 수 있었던 거야. 거기에는 말로는 다 표현할 수 없을 만큼 엄청난 각오가 필요했어.

예를 들면 오사카조선고등학교에 다니는 학생 중에 미에현의 이가 우에노에서 오는 학생이 있었어. 전철을 두세 번 갈아타고 와야 하는데 시골이라 전철도 자주 오는 게 아니야. 만약 전철을 놓치기라도 하면 당연히 지각하지. 지각하면 안 되니까 학생의 부모는 리어카에 딸을 태우고 이삼십 분 걸리는 전철역까지 가는 거야. 눈 오는 겨울날 아침은 아직도 깜깜해. 그런데도 딸을 전철역까지 하루도 빠짐없이 배웅했어. 눈이 오나 비가 오나. 그 부모는 돼지를 키우고 있었는데 돼지 사료를 나르는 리어카에 태우는 바람에 옷이 더러워져. 그런데도 신경 쓰지 않고 꼬박꼬박 학교에 왔어. 와카야마의 미노시마, 가이난시 등 진짜 먼 곳에서도 학생들이 왔다니까. 그런 부모들은 민족의식이 뚜렷해서 자기 자식들도 조선 사람으로 반듯하게 키우고 싶은 거야. 자식과 손자를 민족학교에 보내기 위해 부모와 할아버지는 유치원부터 대학교까지 길게는 18년간 그런 고생을 하는 거지.

조선전쟁 후, 일본인들은 조선 사람에게 일을 주지 않았어. 할 수 없이 동포들은 기차 연료인 석탄이 타고 남은 코크스(cokes 해탄)나 쇠부스러기를 주어서 팔고 아이들에게도 그 일을 하게 했어. 학교 선생님들의 생활이 어려워서 모금을 받으러 학생들의 집에 가면 부모들은 쌀통이라고 말하기 민망한 양철통에서 쌀 한 줌을 쥐고 봉지에 넣어 주는 거야. 시골에서는 자신들이 기르던 돼지를 한 마리 주기도 하고 농사지은 쌀을 정월에 나눠 주기도 했어. 그렇게 모든 동포가 일치단결해서 서로 협력하며 민족학교를 지켜냈어. 아이들을 훌륭한 조선 사람으로 키우기 위해 피나는 노력을 한 결과가 지금의 민족학교인 거야.

오사카조선고급학교에는 기타北중, 미나미南중, 니시나리西成중, 히가시東중, 나카中오사카중 모두 5개의 중급학교에서 학생들이 들어오는데 3분의 1 정도의 학생들은 졸업을 못 해. 중간에 그만두는 이유는 집안일을 도와야 가족들이 먹고살 수 있기 때문이야. 너무 안타까운 마음에 눈물이 났어. 나도 도와줄 수가 없었어. 한 학생은 고교 2학년 때 공부하고 싶은데도 집안일을 돕지 않으면 안 되니까 학교 담을 넘어서 조퇴를 하려고 했어. 그런데 수위아저씨한테 들켜 버린 거야. 그래서 내가 그 학생에게 "교장이 허가증을 써 줄 테니 정문으로 당당히 나가라"고 했지. 많은 학생이 그런 이유로 학교를 그만둬버리는 거야. 교장인 나는 그게 너무 안타깝고 억울했어. 그래도 모든 동포들이 서로 협력하고 노력했어. 운동회 때는 학교에서 광고를 내는데 모두들 학교의 어려운 형편을 알고 있어서 졸업했음에도 불구하고 일부러 광고를 신청해서 돈을 내는 거야. 동포애가 아주 강했지. 나는 그런 것들을 평생 잊지 않고 간직하려고 해.

예전에 교원 생활에 대해서 글을 쓰고 싶었는데 조총련 중앙의 허가 없이는 글을 쓸 수 없던 시기가 있었어. 그러면 당연히 글을 못 쓰는 거지. 그게 지금에 와서는 얼마나 잘못된 것이었는지 조총련 내부에서는 아직도 모르는 것 같아. 조총련에 참가한 사람 중에는 훌륭한 학자들도 많아. 소설가의 재능을 가진 사람도 많이 있었으니까 얼마든지 학교 이야기를 재미있게 쓸 수 있었지. 하지만 많은 사람들의 머릿속에 있는 우수한 지식이 책을 통해 밖으로 나온 적이 없어. 그때 조총련 중앙의 방침이 너무 아쉬울 뿐이야.

사실 나는 자랑할 만한 이야기는 별로 없어. 다만 재일 동포의 민족교육은 너무나 중요해서 그 일에 일생을 바치려고 했던 내 결심은 틀리지 않았다고 생각해. 나의 모든 걸 바치려 했고, 또 그대로 실행한 것에 대해서는 큰 자부심을 가지고 있어. 예를 들면 오사카조선고등학교의 경우 제1기생은 졸업시키지 못했지만 2기부터 28기까지는 모두 알고 있으며 약 8,600명의 졸업생을 배출시켰어. 상당히 많은 학생을 졸업시켰다고 생각하지만 중간에 학교를 그만둔 학생들까지 포함하면 약

13,000명의 학생을 오사카조선고등학교에서 교육한 거야.

학생 한 명 한 명의 재능을 끌어내는 것이 교육의 근본이기 때문에 나는 학생의 이름을 기억해서 부르고 직접 여러 가지 이야기를 나눴어. 외국에서 사는 사람들에게 가장 중요한 것은 민족의식을 가지고 자기 민족에 대한 자긍심을 지켜가는 일이라 생각해. 민족을 잊지 않고 상부상조의 정신으로 공존공영할 수 있는 사람을 어떻게 해서 길러낼 수 있는가? 그런 문제에 주목해 일생을 바쳐온 것에는 자부심을 가지고 있어. 그리고 어느 누구에게도 당당히 말할 수 있지.

▶ 이데올로기와 개인숭배

나는 정확히 30년간 교육자로 일을 했고 조총련 본부에서도 일했어. 오사카 본부로 가서는 14개 학교의 교육내용과 운영에 관여했지. 학교를 방문하면 선생님들과 많은 대화를 나눴어. 가령 소학교의 경우는 아이들이 성장기여서 책상은 세 가지 종류를 준비하지 않으면 안 됩니다. 낮은 책상, 중간 책상, 높은 책상 순으로 배치해야 합니다. 학생들은 항상 선생님 쪽을 향해 앉기 때문에 1년에 2, 3회 정도는 좌석을 바꿔주어야 합니다. 그렇게 하지 않으면 등뼈와 눈이 이상하게 됩니다 등등.

재일본조선인 과학기술협회 서일본지부의 회장, 거기에 같은 협회의 오사카 지부 회장도 했지. 모두 합쳐 45년간 사회활동을 했는데 그 중에서도 가장 심혈을 기울였던 일은 교원 생활이었어. 그 교원 생활을 뒤돌아보면 졸업생에게 사과해야 할 일이 두 가지 있어.

하나는 이데올로기의 문제야. 우리는 전 세계를 김일성 주석의 주체사상으로 일색화한다는 이데올로기를 주장했어. 이 점에 대해서는 사과하지 않으면 안 돼. 20년, 30년 후의 인재를 양성하기 위해 교사라는 직업이 있는 거야. 그런 교사야말로 30년 후의 세상에 대해 잘 판단하지 않으면 안 돼. 그런데 김일성 주석의 주체사상으로 일색화하려 했던 거야. 죄를 지었다고 생각해. 교사는 시대적 제약이라는 것을 잘 생각해서 가르쳐야 했어. 세계의 흐름을 깨닫지 못한 거야.

또 하나는 교원 자신의 일인데, 선생이 자기 나라의 말과 글로 가르치고 자기 나라의 역사와 지리를 정확히 가르치는 게 민족교육의 기본이야. 그런데 말하기도 창피하지만 우리 학교의 경우 도중에 역사교육을 엉터리로 했어. 1932년에 김일성 주석이 항일빨치산 활동을 시작했다는 걸 알고 나서는 1932년 이후의 역사만 학생들에게 가르쳤던 거야. 교과서 내용도 모두 바꿔 버렸어. 김일성 주석만을 '장군'이라고 했어. 게다가 재일 동포의 90퍼센트가 조선반도의 남쪽 출신임에도 불구하고 자신의 고향에 대해서는 잘 몰랐어. 왜냐하면 학교에서 가르치지 않았으니까.

정보를 더 취합하고 확인했어야만 했어. 동창회가 열리면 참석하여 "사과하고 싶은 게 있다"라고 말하고 졸업생들에게 내가 무지했다는 것을 사과하고 있어.

▶ 지금의 북조선을 보면서

지도자는 항상 원점을 생각하지 않으면 안 돼. 나라의 지도자는 우선 자신이 국민을 위해 봉사하고 있다고 생각해야 해. 지금 북에서는 국민이 굶고 있고 기름도 없는데 거대한 힘을 가진 미국을 상대로 힘으로 뭔가 해보려고 하는 것 같아. 정말 세상이 어떻게 돌아가는지 모른다고 생각해. 남에서 햇볕정책을 펴고 있으니 더욱 남쪽 정부와 대화를 하고 더더욱 평화적으로 해나가는 게 좋다고 생각해. 남쪽은 북의 정권을 무너뜨리려고 하는 게 아니니까. 남쪽과 손을 잡고 미국의 정책을 바꾸게 하는 방향으로 그렇게 원점으로 돌아갔으면 좋겠는데 좀처럼 그렇게 되지 않아. 불행한 민족의 역사가 계속되고 있어. 우리가 여기서 한탄한들 아무 소용이 없지만 어떻게 보면 지금이 좋은 기회라고 생각해. 이미 핵을 보유하고 있고 세계도 그걸 알고 있어. 6자 협의에서 그것을 잘 이용하면 좋겠는데.

재일 동포는 아직까지도 무지하다고 할 수 있어. 특히 조총련의 지도부는 심해. 엄연히 이곳에 영주하고 있으니까, 영주하기 위한 대책을 세우지 않으면 안 돼. 조총련의 정책에는 그런 게 없어. 자신들이 가장 잘났다고 생각하거든. 더 많은 사람들의 의견을 종합해서 여기서 살아가기 위해서는 이렇게 해야 한다는 대책을 세우지 않으면 안 돼. 그게 조총련이 할 일이야. 민족교육도 남쪽과 연락해서 역사 교과서 내용을 바꿔야 해. 지금 상태로는 동포들이 따르려고 하지 않아. 일본이라는 복잡하고 까다로운 나라에서 민단과 서로 으르렁대고만 있으면 결국 득을 보는 것은 미국이야. 대다수 동포는 한탄만 하고 있어.

▶ 남쪽(한국)에 갔을 때의 느낌

2000년에 내가 태어난 옥도에 가 봤는데 저렇게 작은 섬에 전기는 물론 텔레비전, 전화도 있었어. 좋은 것도 있지만 안 좋은 면도 있더라고. 젊은 사람들이 모두 도시로 떠나버려서 이 지역은 점점 인구가 줄어들고 있는 상태야. 학교는 2000년 3월까지 있었다고 하는데 학생들이 없어서 폐교됐어. 목포도 민둥산이라고 생각했는데 나무와 식물이 많이 심어져 있었어. 내가 어렸을 때 목초는 장작이나 가축 사료로 다 썼지. 그런데 지금은 일본의 농촌과 같아. 이런 풍경은 유복하다고 해야 할까 만족감을 안겨 줬어.

61년이나 지나버려서 아는 사람이 한 명도 없었어. 산과 하천은 전혀 다른 모습으로 변해 있었고 정말 사람답게 살고 있다는 느낌을 받았지. 그런데 아무에게도 이런 말을 하지 않았어. 왜냐하면 한국이 살기 좋다는 선전을 하러 간 게 아니라 부모님 묘소에 성묘하러 가는 게 목적이었으니까. 내가 조총련의 간부였기 때문에 이런 말을 하면 "너 언제부터 물들었어, 속고 있는 거 아냐"라는 말을 분명 들을 테니까 누구에게도 말하지 않았어.

서울 가서 감동했던 건 역시 가로수야. 박정희 대통령 때 새마을운동으로 심어 놓은 가로수가 질서정연하게 쭉 늘어서 있었어. 나는 박정희 씨에 대해 아주 안 좋게 말했었어. 그가 잘한 일에 대해선 잘 몰랐지. 나무를 심는 것은 30년, 40년 앞을 내다보는 거야. 자신이 죽고 난 후라도 자자손손 나무를 소중히 여기며 살라는 뜻이 담겨있어. 이게 바로 인민에 대한 봉사 정신이야.

운전기사와도 이야기했는데 운전기사의 생각도 아주 반듯했어. 사람들의 마음이 변한 거야. 예를 들면 서울에는 차가 참 많아서 "이렇게 차가 많으면 운전기사들이 밥 먹고 살 수 있어요?"라고 물었더니, 운전기사가 3교대로 운전하고 있다고 해. 그래서 내가 이것도 국가의 정책이냐고 다시 물으니 "운전기사들이 모여서 교대 시간표를 직접 만들고 있으니까 걱정하지 않아도 돼요"라고 하는 거야.

이런 나라라면 좋아지겠어. 어느새 우리 민족이 여기까지 발전했다는 생각이 들었지. 정신적으로 여유가 있어 보여. 정신적 여유가 있는 민족은 발전해. 그래서 나는 아주 만족하고 일본으로 돌아왔지만 다른 사람들에게는 말할 수 없었어. 역시 안타까워.

30

현실을 살기 위한 실천적인 역사학을
박종명 朴鐘鳴 (남)

취재일: 2005년 2월 18일, 24일
출생지: 전라남도 광주시
현주소: 오사카
생년월일: 1928년 1월 22일
약력: 다섯 살 때 일본으로 건너감. 1952년 간사이대학 문학부 졸업. 청년운동을 거쳐 교육관계, 연구자 단체 관련 일에 종사하면서 조선 고대사 연구회에서 역사 연구에 전념. 현재(2005년) 간사이대학원 강사. 도시샤대학 자유강좌 종합코디네이터. 『김만유 과학진흥회』 평위원. 민족도서관 '긴슈문고(錦繡文庫)' 고문. 오사카시 외국적 주민시책 유식자회의 위원. 번역서 『징비록懲毖錄』『간양록看羊錄』(도요문고 東洋文庫), 저서 『조선에서의 이주민 추적』(긴슈문고錦繡文庫), 『고대 오사카를 여행하다』(브렌센터), 『나라奈良 속의 조선』(아카시쇼텐明石書店), 편저 『재일조선인-역사·현상·전망』(아카시쇼텐) 외.

취재: 한동현 / 원고집필: 한동현 / 번역: 고민정

▶ 몸을 숨기고 고향을 뒤로한 아버지와 5년 만에 재회

1928년 1월에 현재 주소로 광주시 하남면에서 태어났어. 우리 집은 부모님과 두 살 위의 형과 나, 할아버지 그리고 아버지가 장남이라서 삼촌도 있는 일곱 명의 대가족이었어. 우리 집은 땅을 조금 가진 농가였는데 할아버지가 교육열이 높아서 아버지를 중학교까지 가르쳤어. 아버지는 중학교 졸업 후 면사무소에서 서기를 했지. 당시 중졸이라고

하면 상당한 인텔리였는데 아버지는 독립운동에도 관여했다고 해. 그 책임자가 잡혀가고 관계자들은 몸을 숨겼는데 아버지는 일본으로 도망간 거야. 어머니와 형, 한 살이던 나는 고향에 남겨졌어.

내가 다섯 살일 때 아버지에게서 할아버지 앞으로 편지가 왔어. 일본에 있는 동안은 어떻게든 괜찮겠다고 적혀 있어서 어머니는 형과 나를 데리고 일본으로 가야겠다고 마음먹었어. 아버지는 오사카항에서 짐을 나르는 노동자로 5년간 일을 했고, 그 후에는 오사카항 근처에서 작은 와셔(볼트나 너트로 고정시킬 때 사이에 끼우는 둥글고 얇은 쇠붙이)를 만드는 제조공장에 취직해 있었어.

우리들은 여수에서 시모노세키로 향하는 배를 탔지. 배 밑에 있는 선실에는 사람들로 넘쳐났어. 그때 선실에 있었던 동그란 창문만은 생생히 기억해. 시모노세키까지는 하루 꼬박, 스물 몇 시간은 걸렸던 것 같아. 시모노세키에서 오사카로 향하는 기차 안에서 한 일본인 아주머니가 우리 형제에게 바나나를 하나씩 줬어. 세상에 이렇게도 맛있는 게 있구나 하고 깜짝 놀랐지. 당시 어머니는 일본어를 전혀 못 했고 마을 밖으로 거의 나간 적이 없었어. 얼마나 불안했을까 싶어.

오사카역 개찰구를 나오니까 아버지가 기다리고 있었어. 나중에 어머니한테 들었는데, 그때 나는 아버지의 얼굴을 모르니까 무서워하면서 자꾸 어머니 뒤로 숨기만 했었대. 아버지는 동포들이 모여 사는 오사카 덴진바시스지 6초메에서 삼촌과 함께 살고 있었는데 우리들이 오니까 근처에 새로운 집을 얻었어.

▶ 따돌림당하는 이유를 몰라서 답답했던 소학교 시절

일본에 온 지 약 1년 후, 오사카시립 시로키타심상고등소학교에 입학했어. 한 학년에는 모두 8학급이 있었고 학급당 학생 수는 약 50명 정도였어. 많은 곳은 예닐곱 명 적은 곳은 서너 명의 동포 아이들이 각 학급에 있었는데 모두 심하게 괴롭힘을 당했지. 학교 가까운 곳에 피차별부락(에도시대부터 형성된 최하층 집단 부락)도 있었는데 우리들보다 조금 많은 수의 부락 애들이 있었어. 일반 애들은 부락 애들을 차별하고, 우리 조선 출신 애들은 인간 이하라서 부락 애들조차도 우리를 차별했어. 그래도 학급에서 일본인을 포함해 3, 4명 정도 친하게 지내는 애들이 생겼지.

기억이 뚜렷하게 남아 있는 5학년부터는 괴롭힘을 당하거나 싸움을 했던 기억밖에 없어. '기무치! 마늘 냄새! 존코(조선 사람을 멸시해서 칭하는 말)!'라는 말을 누군가가 외치기 시작하면 모두가 같이 외치는 거야. 그래서 처음 놀리기 시작한 녀석과 싸우게 되는데 나는 절대로 먼저 싸움을 끝내는 법이 없었어. 맞아도 맞아도 계속 덤벼들었더니 결국에는 상대편 녀석이 울어버리는 거야. 선생님도 내 말은 들어주지 않고 "또 너냐"라며 때리는데 정말 억울했어.

5학년 정도 되니까 조선 사람이라서 이렇게 당한다는 걸 알았어. 그런데 도대체 왜 그런지 이유를 알 수가 없어서 아주 답답했지. 누군가에게 물어봐도 참아야 해, 지면 안 돼, 좌우간 공부를 열심히 해라는 말밖에 돌아오지 않았어. 어머니는 대답해줄 것 같지 않았고 아버지는 무서워서 말도 붙일 수가 없었어.

할아버지가 돌아가시고 할머니가 아버지를 만나러 일본에 오신 것도 그때쯤이었을 거야. 아버지는 예절에 대해서 늘 엄격했는데 할머니를 대하는 아버지의 공손한 태도를 보고 왜 그렇게 엄격했는지 충분히 납득했던 기억이 나. 할머니, 아버지, 어머니는 모두 조선말로 대화를 나누는데 나는 그때 조선말을 거의 다 잊어버렸어.

▶ 교사의 부당한 처사에 자포자기하다

당시 중학교는 5년제였는데 따로 입시시험은 없었고 내신서와 면접만으로 결정되었어. 소학교 6학년이 되면 통일 시험이 있는데 그 시험 성적에 어울리는 중학교를 선택하면 담임선생이 입학원서와 내신서를 써줘. 3,000명 이상의 동급생 중에 항상 상위 5등 안에 들었던 나는 당연히 시내의 상위급 중학교에 지원할 수 있다고 생각하고 있었어. 그러나 아버지를 부른 담임선생은 상위급 학교를 지망한다면 내신서를 못 쓰겠다고 말하는 거야. 주소와 수입이 불안한 조선인은 어차피 지원해도 떨어트린다는 이유였지. 같은 공장에 10년 이상 근무해서 생활은 충분히 안정되어 있다고 아버지가 간곡히 부탁하는데도 선생님은 거절했어. 결국에는 아주 급이 낮은 중학교를 추천해 주는데 너무 억울했던 기억이 나.

입학하고 1년 정도는 열심히 공부했지만 아무리 열심히 해도 재미가 없었어. 공부를 잘해도 조선인 주제에 건방지다는 말을 들었는데 참 바보 같다는 생각이 들었지. 동포 학생들은 한 학급에 한두 명 있었어. 싸움해도 나만 혼이 나고 매를 맞아도 나만 맞았어. 또 중학교에는 학생들의 군사훈련을 위해 군에서 파견된 배속장교가 있었는데 그 장교한테 엄청나게 괴롭힘을 당했어. 1943년인가 44년이었을 거야. 주 1회 하는 군사교련 시간에 6킬로 정도 되는 장비를 메고 운동장을 몇 바퀴 도는데 조선 학생들만 항상 몇 바퀴 더 돌게 했어.

공부도 재미없고, 학교 분위기도 나쁘고, 어머니에게 불만을 얘기하는 것도 한두 번이고, 아버지에게 호소하는 건 무섭고, 정말 앞날이 깜깜해서 어찌해 볼 도리가 없었어. 1학년이 끝날 무렵에는 학교에 가는 것조차도 싫었지. 2학년이 되어서는 학교에 간다고 하고 집 근처의 요도가와 하천부지에서 멍하니 시간을 보내다가 도시락만 먹고 집에 돌아갔어. 언제까지 그런 짓만 계속할 수는 없어서 일주일에 한 번 정도는 가방을 숨기고 번화가에 나갔지. 하지만 부모님에게 용돈을 받지 못하는 처지여서 번화가에 나가도 할 일이 없었어. 그냥 이리저리 돌아다니다가 날이 어두워지면 가방을 찾아서 집에 돌아갔어. 학기 말에 학교에서 집으로 결석이 많다는 연락이 왔는데 이미 아버지는 어떤 사정인지 대충 알고 있는 것 같았어. 길이 열리는 날이 반드시 올 테니까 그때까지 참고 견뎌야 한다고 말씀하셨지.

당시 일 년에 한두 번 집에 와서는 이를 잔뜩 옮기고 가는 손님들이 있었는데 그들은 아마 조선 출신의 사회주의자, 공산주의자가 아니었나 싶어. 일본제국주의의 멸망이 그리 멀지 않았다는 믿음을 가지고 조직 활동을 하고 있었지. 아버지도 그들과 대화하면서 앞날을 예측하게 되었고 가까운 시일 내에 분명 길이 열릴 테니 지금은 열심히 공부해야 한다고 말했던 것 같아. 하지만 어떻게 길이 열리는지는 전혀 알 수가 없었어.

거리에는 불량한 사람들이 많았고 할 일 없으면 따라오라고 말을 거는 사람도 있었어. 혼자 그저 어슬렁거리는 것도 재미가 없어서 결국 따라가 보았지. 한번은 영화를 보여준다고 해서 좋다고 따라갔더니 극장 입구에서 표 받는 여자를 협박해서 표도 사지 않고 떼거지로 들어가는 거야. 그런 식으로 나는 점점 나쁜 길로 빠져들었어. 3학년이 되어서는 이미 동네 불량배의 일원이 되었지. 어쩌다 한 번 가는 학교에서 조센이라고 놀리는 놈을 반쯤 죽여 놓았더니 배속장교가 사벨(서양식의 긴 칼)로 후려치는 거야. 어쨌든 3학년이 끝날 즈음에는 학교에서 나를 건드는 녀석은 아무도 없었어.

일종의 긴장감은 있었지만 즐겁지는 않았고 그냥 허무했어. 불량 그룹에 든 애들은 전부 일본 애들이었는데 그렇게 친하지도 않았고 그냥 어울려 다닐 뿐이었지. 집에 돌아와 잠들려고 하면 나는 앞으로 어떻게 될까 하는 생각에 잠을 잘 수가 없었어. 조금이라도 빛이 보이면 그것을 목표로 노력했을 텐데 도무지 아무것도 보이지 않았어. 그 시절에 싸우다 찔린 상처가 지금도 오른쪽 허벅지 안쪽에 남아있어. 조국의 해방이 없었다면 아마 오랫동안 이런 생활에서 벗어날 수 없었을 거야.

▶ 조국 해방, 조선 역사와의 만남, 청년활동

4학년 때인, 1944년 연말부터 학도동원이라고 해서 중학생들도 군수공장에서 일하게 되었는데 나도 거의 매일 공장에 나가야 했어. 공장은 사쿠라지마(고노하나구此花區)에 있었고 비행기 프로펠러를 만드는 곳이었지.

1945년 8월 15일, 해방은 그 공장에서 맞았어. 창고 같은 곳에 모이게 해서 라디오를 들려줬는데 천황이 무슨 말 하는지 잘 못 알아들었어. 주변 사람들도 무슨 말인지 모르겠다는 표정이었지. 선생과 군인들은 전쟁이 끝났으니까 이제 집에 돌아가서 조용히 있으라고 했어. 비탄해 하거나 원통해 하지도 않았고 할복해서 죽자는 분위기도 아니었어.

1944년 말부터 그럴 것 같은 분위기가 있었어. 형도 선배들도 전쟁은 곧 끝난다고 하니까 너도 바보 같은 짓은 그만하라고 말했었어. 군인들과 선생들이 이 전쟁은 아무래도…라며 수군거리는 것을 들은 적이 있어서 형의 말을 이해할 수 있었지. 하지만 전쟁이 끝나면 우리들의 입장이 어떻게 바뀌는가 등 전쟁이 끝난다는 의미를 잘 몰랐어.

라디오를 듣고 집에 돌아온 다음 날부터 우리 집은 180도 바뀌었지. 아버지는 가족들을 앞에 두고 일본이 무조건 항복해서 우리나라는 해방되었다. 조선은 독립국이 됐으니 장래를 잘 생각해서 열심히 살아가지 않으면 안 된다고 말씀하셨어. 아버지는 그날부터 공장을 그만두고 조선인 조직을 만들기 위해 바쁘게 움직이기 시작했어. 아버지는 앞으로 조선 사람들이 살아나갈 길을 만들기 위해서는 조직이 필요하다고 생각했고 그런 생각을 하는 사람들이 모여들었지. 물론 그중에는 같은 생각을 하는 사람들만 있었던 건 아니야. 그저 상황을 보기 위해 모여든 동포도 있었고 일본이 망한 걸 좋아만 하다가 또 당하는 것은 아니냐고 걱정하는 사람도 있었어. 그러나 어찌 되었든 우리 집은 수입이 없어진 아버지를 대신해서 어머니가 생계를 책임지게 되었어. 그래서 어머니가 정말 고생을 많이 했지.

나는 그때가 마지막 5학년이었는데 몇 개월 후 졸업을 했어. 해방이 되었다고 해도 해방이 어떤 의미를 가지는지, 내 생활과 어떻게 연결되는지 잘 몰라서 여전히 똑같은 생활을 반복하고 있었지.

9월 초에 한 청년이 나를 찾아왔어. 그는 우리 아버지 밑에서 청년 조직을 만들려고 했던 사람으로 평소에도 집에 자주 왔었어. 나를 요네가와의 제방으로 데려가더니 아버지는 죽을힘을 다해 동포를 위해, 민족을 위해, 나라를 위해 노력하고 있는데 너란 녀석은 불량배 같은 흉내나 내고 있으니 그래서 되겠냐며 불같이 화를 내는 거야. 내 일이니까 상관하지 말라며 대들었는데 그 남자는 정말 강해서 무참하게 깨지고 말았어.

그는 나를 앞에 앉히더니 이렇게 말했어. "너는 일본 학교에서 배운 알량한 지식으로 우리 민족이 열등한 민족이라고 생각할지 몰라도 그게 바로 네가 바보인 증거다. 우리나라는 세계에서 처음으로 잠수함을 만들었다. 너는 이순신 장군을 모르지. 세계 최초로 금속활자와 천문대도 만들었다. 그런 것도 모르면서 아버지는 민족을 위해 필사적인데 너는 도대체 뭐냐. 정신 똑바로 차려라"라고.

지금 생각하면 반절 이상은 지어낸 얘기였지만 이제까지 학교에서 들어본 적이 없는 이야기라서 아주 흥미로웠어. 집에 돌아와서 아버지에게 아주 조심스럽게 물어봤더니 아버지가 단군 이야기, 위대한 선조들의 이야기 등 여러 가지를 들려주셨어. 그때는 정말 깜짝 놀랐어. 그날을 계기로 조선의 역사에 대해서 열심히 공부하기 시작했지. 집중해서 전문 서적까지 정말 열심히 읽었어. 어렸을 때 억지로 익힌 덕분에 한문을 조금은 이해할 수 있어서 고전도 읽었어. 그러자 그 청년이 얘기한 내용 중에 거짓도 섞여 있었지만 반 이상은 사실이었으며 우리 민족은 절대 열등하지 않아서 노력만 하면 일본인 이상으로 재능을 꽃피울 수 있다고 확신했어. 이제 더 이상 식민지가 아니니까 영원한 패배자가 되지 않도록 지금부터라도 열심히 노력해야겠다고 결심했지. 죽을 각오로 공부해서 대학에 들어간 것은 1947년. 그런데 청년운동을 돕기 시작하면서 그쪽 일에 더 재미를 느껴 학교는 거의 가질 않았어. 그러는 동안 1949년에 조련(재일본조선인연맹)이 해산되고 민전(재일조선통일민주전선)이 생겨났으며 그 청년조직인 민주애국청년동맹 지역지부의 위원장을 맡게 되면서 결국 조직 운동에만 전념하게 됐어.

1952년 겨우 졸업은 했는데 어떤 한 동포에게 "민족운동에 한 몸을 바친다는 청년이 우리말을 못 해서 되겠어"라는 말을 듣고 큰 충격을 받았어. 그래서 아버지 친구가 교장으로 있는 고베의 조선소학교에 억지로 부탁해서 교사가 되었지. 대학까지 나온 사람이 왜 소학교 선생을 하냐고 말하는 사람도 있었지만 우리말을 배우기에는 소학교가 가장 좋다고 생각하여 교사가 되었어. 4학년 담임을 맡았는데 내가 아이들을 가르친다기보다 아이들에게 우리말을 배운다는 게 솔직한 모습이었지. 물론 교본이나 입문서도 읽고 다른 선생님한테도 배웠지만 수업 시간에 아이들을 대하면서 배운 게 가장 많았어. 아이들 덕분에 우리말이 많이 늘어 나중에는 진짜 선생답게 아이들을 교육할 수 있었지.

▶ 노선 전환과 공립 우리 학교 '니시이마자토중학교'

1955년 노선 전환으로 일본공산당 밑에서 일본 혁명을 목표로 하던 '민전'이 해산되고 공화국(조선민주주의인민공화국)의 해외 공민으로서 민족적 권리와 조국 통일 실현을 목표로 한 조선총련이 새롭게 결성되었어. 나는 오사카로 불려와 오사카 시립 니시이마자토西今里중학교의 교무주임을 맡게 됐지.

니시이마자토중학교는 한신교육투쟁(1948년 일본 정부의 전국 조선인학교 폐쇄령을 반대한 민족교육 투쟁) 후에 오사카 동포들의 많은 노력으로 오사카시립학교가 되었어. 동포의 아이들만을 가르치는 '우리학교(민족학교)'로, 동포들은 '서금리西今里중학교'라고 불렀지. 오사카에서 유일한 이 조선중학교는 조총련 결성 후에도 한동안은 일본 공립학교 체제가 그대로 이어졌는데 교장도 조선 사람과 일본 사람이 한 명씩, 교사도 반반인 형태가 계속되었어.

당시 오사카 활동가 전체에서 민전 시대의 노선이 옳다고 보는 사람은 3분의 2, 노선 전환을 지지하는 사람은 3분의 1 정도였을 거야. 노선 전환 반대파들은 나를 좋게 보지 않았어. 그 이유는, 조총련이 발족하고 그것을 지지한 지역의 초대 지부 위원장이 나의 아버지였고, 조총련 발족을 예상한 당시 교장이 오사카에 불러들인 게 바로 나였기 때문이었지. 나와 교장은 한몸이라고 할 수 있고 교장은 도쿄의 한덕수韓德銖조총련 의장과 아주 잘 아는 사이라서 "교무주임 앞에서는 쓸데없는 말 하지 마"라는 분위기였어. 그 덕분에 나의 학교생활은 힘들었어.

아이들을 가르치는 내용에 대해서도 교사들 사이에서 약간 대립이 생겼어. 예를 들면 노선 전환에 반대하는 사람들은 학교가 오사카시립이며 일본인 교사가 반이나 있으니 적어도 자연과학계의 교과서는 일본 교과서를 사용하자고 주장했고, 반면에 노선 전환을 지지하는 교사들은 민족교육의 현장에서 왜 일본 교과서를 사용하냐며 반론했어. 당시에는 공화국에서 보내온 교과서를 '학우서방'이라는 출판사에서 편집해서 사용하고 있었어. 중학교에 '조선민주주의인민공화국 헌법'이라는 수업이 있을 정도로 공화국에 의존하고 있었지.

당시 니시이마자토중학교에는 오사카는 물론이고 효고, 와카야마, 나라 등 먼 지역에서 오는 학생들도 있었고 귀국사업 직전인 1959년, 60년경에는 약 1,600명 정도의 학생들이 있었어. 학생들이 너무 많아서 운동장 한가운데에 조립식 건물을 세워놓고 전쟁터 같은 상태에서 수업했지. 학생들의 부모는 대부분 재일 동포 1세라서 민족교육을 바라는 마음이 보통이 아니었어. 또한 그때부터 우리말 등 민족교육에 대한 요구와 함께 일반적인 지식, 학력에 대한 교육 요구도 높았어. 공화국 일색의 정치교육보다는 남과 북 모두 우리의 조국이라는 민족교육을 부탁하는 학부모들도 일부 있었지. 하지만 압도적 다수의 학부모는 공화국을 지지했어.

그 후 조총련이 발전해 조직이 강화되면서 노선 전환을 둘러싼 대립도 차츰 안정되어 갔어. 학교 내부도 점점 안정을 찾아가고 노선 전환을 반대하는 교사도 줄어들었지. 당시의 교장, 나중에 오사카 교육부장이 되는 H 씨의 공적이 가장 컸어. 그는 과거 반대파였던 교사들에게 좌천 등의 보복인사를 하지 않았어. 계속해서 새로운 학교가 만들어지던 시기라 실력 있는 교사는 차례차례 새 학교의 교장으로 보냈지. 나는 지금도 H 씨에 대해서는 깊은 경의를 가지고 있어. 그에게서는 배울 점이 아주 많았지. 나는 니시이마자토에서 교무주임을 하면서 처음에는 영어를 가르쳤고 몇 년 후부터는 바빠진 교장을 대신하여 교장 업무도 봐야 했기에 3학년 과목을 주 1회만 가르쳤어.

노선 전환을 둘러싼 대립이 일단락된 후, 교육 면에서 가장 힘들었던 것은 일본인 교사와 조선인 교사를 중간에서 조절하는 일이었어. 시립학교라서 일본인의 교사 위에는 오사카시의 교육위원회가 있고 우리들 위에는 조총련 오사카 본부의 교육부가 있었어.

일본인 교사들은 두 부류로 나누어져 있었는데 하나는 사상이 불온하다는 이유로 보내져 온, 즉 좌익적 사상을 가진 사람과 교원 조합 운동을 했던 사람으로 이 경우는 교사의 능력을 갖추고 있는 사람들이 많았어. 다른 한 부류는 여러 가지 원인이나 이유가 있었겠지만 뭐랄까 아주 소극적인 선생들이야. 첫 번째 부류의 선생들이 많기는 했지만 교사로서 양극화가 존재하고 있는 상태였지.

첫 번째 부류의 교사들은 민족교육에 대한 이해가 깊었어. 조선 아이들의 교육은 조선인 교사들이 자주적으로 결정해야 할 문제로, 즉 민족자결을 원칙으로 해야 한다는 생각을 가졌어. 실제 교육 운영은 민족 과목에 대해서는 조선인 교사가 담당하고 수학 물리 영어는 양쪽의 교사가 가르쳤는데 이런 일본인 교사들은 기본적으로 아주 협력적이었어. 다만 그들도 하기 쉽지만은 않았을 거로 생각해. 원래 교육이라는 것은 아이들과 항상 마주 보면서 해야 하는데 민족성을 향상시키는 부분에 대해서는 손대면 안 된다고 스스로 자제하니 다소 소극적인 대처 때문에 그들도 힘들었을 거야. 하지만 사려 깊은 선생은 제한된 범위 안에서 자신이 가지고 있는 능력을 발휘해 조선 아이들의 향학심을 뒷받침하려고 전력을 다했어. 그런 선생들의 수업내용은 질이 아주 높았지.

한편 그런 일본인 교사와 비교해서 조선인 교사는 학생들이 나중에 크게 되길 바라는 마음에 수업을 엄하게 했어. 그런 이유로 학생들 입장에서는 일본인 교사 쪽이 편했을 거야. 수업을 잘하는 일본인 선생들은 아이들에게 인기가 많고 평가도 좋았어. 우리들도 일본인 교사를 어떻게 대응하면 좋을지 늘 심사숙고하면서 토론이나 의견 교환을 많이 했어.

귀국운동을 시작하기 전후부터 부모, 학생, 교사들 사이에 민족적 의식과 조국에 대한 지향성이 매우 높았어. 수년간 조국으로 귀국한 학생들은 전체의 15~16퍼센트로 약 150~160명 정도 되었지. 귀국한 대부분의 학생들은 이대로 일본에 있으면 향후 학업을 계속하기가 힘들기 때문에 조국의 학교에 진학하기 위해 떠나갔어. 부모들도 공화국에 가면 기본적으로 의식주가 보장되니까 본인의 능력만 있으면 공부도 일도 얼마든지 할 수 있다고 생각했지. 당시는 그럴듯한 얘기가 많았고 대부분 학생들의 생활 수준이 낮았기에 그런 생각을 하는 것도 무리가 아니었어.

학교에서도 교육부서의 지도 아래, 가령 홈룸(학급 내 학생 자치 활동) 시간에 귀국운동의 의의나 귀국하면 무엇이 기다리고 있는지 등을 가르쳐 희망을 심어준 것도 사실이야. 하지만 상부의 지시 이상으로 일부 교사들은 조국에 함께 가서 미래를 밝히겠다며 정열적으로, 소위 말해 자주적으로 아이들을 설득했어. 학내에 집단을 만들어 같이 귀국한 교사가 있을 정도로 그때의 분위기는 대단했지.

▶ 어려운 교섭을 힘들게 진행하여 학교 자주화의 길로

귀국운동의 영향으로 학생 수는 늘어나고 우리들도 더욱 바빠진 1961년, 오사카에 온 조총련 중앙의 한덕수 의장이 우리 학교를 방문했어. 한덕수 의장은 오사카시립, 즉 오사카시의 간섭에서 벗어나 자주화해야 한다는 방침을 학교에 제시했어. 1955년을 전후로 자주화한 도쿄 등에 비해, 우리 학교는 전국에서 가장 마지막까지 공립 학교로 남아 있었어.

가장 힘들었던 것은 오사카시 교육위원회와의 교섭이었지. 우리들의 요구는 지금까지 지급되어 왔던 것과 같은 금액의 보조금을 달라는 것이었고, 교육내용은 우리들의 독자성을 제한하지 않고 '이치조코一條校'(일본의 학교교육법 제1조에 해당하는 '학교')로 인가해 달라는 것이었는데 교섭이 순조롭게 진행될 리가 없었어. 보조금과 학교 자격에 대한 입장은 지금의 조선학교가 요구하는 것과 똑같아. 학부모인 오사카 동포들도 일본인처럼 세금을 내고 있으니까 학교에 보조금을 지급해야 한다는 게 보조금 요구의 근거야. 학교 자격에 관해서는 '이치조코'가 안 되면 진학이 어려워진다는 의견이 있어서 허가를 주장했어. 하지만 진학 못하면 귀국해 버리고 도쿄에 조선대학교도 생겼으니까 '이치조코'가 아니어도 상관없다는 의견도 있어서 학교 자격은 보조금 지급에 비해 그다지 심각하게 제기하진 않았어. 무엇보다도 완전한 민족교육으로 전환한다는 자주화 그 자체가 중요해서 그 방침에는 모두가 납득하고 있었지.

또 하나의 요구는 일본인 교사를 원만하게 일본의 학교에 재배치하는 거였어. 이것은 비교적 수월하게 합의됐는데 보조금과 자격에 대해서는 좀처럼 합의에 이르지 못하고 교섭에 1년 정도 걸렸어.

조총련 중앙의 지시는 어떻게든 '자주화하자'라는 것뿐이었고 그 방법이나 교섭 조건은 오사카 자체에서 정했어. 하지만 결국에는 보조금도 자격 허가도 받아내지 못했어. 보조금은 일시 지원금이라는 명목으로 한꺼번에 받는 형식이 되었고 그 돈은 히가시東오사카중학교 신설에도 쓰였어. 니시이마자토 중학교는 나카中오사카초중급학교가 되었고 기타北오사카초중급학교도 신설되어 오사카에는 조선 중급학교가 세 군데나 생겼지.

이 교섭이 아주 힘들었던 탓이었는지 나는 몸이 망가져서 일 년 정도 병원 치료를 해야 했고 그 후 히가시오사카 본부의 교육부 부장으로 이동하게 됐어. 그때가 1963년 4월, 내가 서른다섯 살이 되던 해였지. 그 3년 전인 서른두 살에 지금의 아내와 결혼을 했어. 교육부 부장이 되고 나서 1년이 조금 지난 1964년 9월에 다시 병으로 입원하면서 업무에서 멀어졌고 그 후 몇 년간은 입원과 퇴원을 반복했어.

▶ 기본은 민족, 그의 기본은 민중

그 후 재일본조선인 사회과학자 협회 오사카 본부의 일을 하면서 많은 연구자와 함께 연구회를 조직하여 역사 공부에 몰두했어. 투병 중에도 책만 읽었지. 역사를 선택한 것은 니시이마자토중학교에서 근무할 때, 학생들의 수학여행지에 의문을 가진 것이 계기가 되었어. 조선학교의 수학여행인데 가는 곳은 일반 관광지인 거야. 민족교육인데 이래도 괜찮은가라고 생각했지.

일본에는 과거에 우리나라에서 건너온 정치가, 기술자, 학자 등이 많이 있어서 그와 관련된 유적도 분명 어딘가에 있을 거라고 생각했어. 여러 문헌들을 찾아보았더니 긴키 지방에 그러한 유적들이 집중적으로 분포되어 있다는 걸 알았지. 그러나 그런 유적들의 존재를 역사학적으로 뒷받침할 수 있는 지식이 부족한 것을 깨달았어. 그래서 역사 공부를 본격적으로 시작한 거야. 그렇기 때문에 나의 역사 공부는 학문적 욕구보다 실천적 욕구에서 시작되었어.

과학자 협회에 들어간 뒤에는 시간적으로 여유가 조금 생겼어. 바로 그 시기에 조선 고대사가 전문인 이노우에 히데가쓰 선생과 만남이 있었는데 그의 꾸준하고 정밀한 학풍으로부터 많은 것을 배울 수 있었어. 선생이 책임자로 있는 조선사연구회 간사이부회에 나가게 되면서 선생과 함께 조선고대사연구회를 새로 창립하고 월 2회 연구회를 가졌어. 그런 과정을 거쳐서 조일 관계사에 대해서는 조금 자신을 가지고 말할 수 있게 되었고 동포들과 일본 시민을 상대로 강연도 하게 되었지. 1974년부터는 오테마에여자단기대학, 간사이학원대학에서 강의하게 되었는데 강의는 조일 관계사를 종으로, 재일 동포들의 현재를 횡으로 나열하여 진행하는 인권 강좌 같은 거야. 1989년에 개설된 도시샤대학의 자유 강좌도 올해로(2005년) 17년째 하고 있어.

그동안 여러 가지 일이 있었지만 지금까지 계속 생각해 왔던 것 중에 하나만 말하고 싶어. 역사적으로 봐도 민족이 있어서 나라가 있고 그다음에 정부가 있는 거야. 조총련이 '애국애족'이라는 슬로건을 수년 전부터 '애족애국'으로 변경했는데 그게 맞다고 생각해. 민족 개념은 여러 가지 있지만 민족이 있어서 나라가 있고 그 나라를 움직이기 위해 정부가 있는 거야. 이 순서가 틀리면 역사의 흐름에 반하는 일이 종종 생겨. 그래서 민족이 기본이라고 말하고 싶어.

나는 역사가이기 때문에 민족사의 정통성에 대한 생각도 하게 돼. 한마디로 말하면 어떤 관점에서 역사를 봐야 하는가, 즉 우리 동포, 인민, 민족은 무엇을 소망하며 살아왔는가. 외적에 굴복한 적도 있지만 기본적으로 외국의 지배에 반대하며 자주적으로 살아가는 것이 우리 민족이 가지고 있는 전통 중의 하나야. 또한 기본적으로 민중 생활, 민생을 중시하는 정치를 하고 있는지 어떤지. 예를 들면 임진왜란, 정유재란 때의 의병들이나 전쟁 후 사회 경제상의 현실적 요청을 실현하기 위해 노력한 '실학자'들의 성실함 등에서는 배울 점이 많다고 생각해. 물론 그것을 그대로 현대로 가지고 온다고 다 좋은 것만은 아니지만, 그 시대의 상황을 검토하고 현대의 이론적인 검증을 거치면 지금도 충분히 활용할 수 있는 부분이 많이 있다고 생각해. 이렇게 하는 것이 민족사의 정통성을 계승하는 거야. 또한 역사의 결점도 민족사로 보면 사실이기에 두 번 다시 같은 잘못을 반복하지 않기 위해서 철저히 분석하고 연구해야 해. 이러한 민족사의 정통성을 계승하는 국가를 우리들은 지지하고 이것을 유지하는 정부를 응원해야 해.

기본은 민족, 그리고 그의 기본은 민중. 그것은 6·15남북공동선언의 전문에 적혀진 선언의 정신이기도 해. 남북공동선언문에는 이렇게 적혀있어 '조국의 평화적 통일을 염원하는 온 겨레의 숭고한 뜻에 따라' 민족 자주정신으로 통일을 실현시켜야 해. 조총련의 기본이념도 그렇고 민족교육도 그런 방향으로 발전하지 않으면 안 된다고 생각해.

31

강제 철거의 불안 속에 우토로에서 살아가다
김군자 金君子(여)

취재일: 2006년 6월 2일, 7월 27일, 8월 28일
출생지: 경상북도 군위군
현주소: 교토부 우지시
생년월일: 1928년 11월 16일
약력: 1931년, 어머니가 두 살인 나를 데리고 일본으로 건너옴. 심상소학교를 졸업하고, 마쓰시타전기松下電器의 하청공장에서 근무하다가 아버지의 징용, 어머니의 사고 등이 있어서 일을 그만둠. 병약한 어머니를 도와 여덟 가족의 살림을 맡아서 해 오던 무렵 조국 해방의 날을 맞이함. 이듬해인 열일곱 살에 중매결혼을 하고 우토로에서 살기 시작. 1957년 남편이 죽은 뒤, 강제철거의 불안 속에 시아버지, 다섯 명의 아이들과 함께 살아감.

취재: 성대성, 정명애 / 원고집필: 성대성 / 번역: 고민정

▶ 일본에 돈 벌러 간 아버지

나는 1928년 11월 16일, 경상북도 군위군에서 장녀로 태어났어요. 내가 태어났을 때 조선은 일본 식민지 지배하에 있었어요. 결혼한 성인 남자들도 일할 곳이 없어서 결국 아버지도 돈 벌러 일본에 갔다고 해요. 아버지가 일본에 가고 나서 1년이 지날 무렵 할아버지, 할머니가 "젊은 사람들이 따로 떨어져 있으면 안 된다"라고 하셨어요. 그래서 1931년 1월 2일에 어머니가 두 살배기인 나를 데리고 일본에 오게

됐죠.

아버지는 일본에 오고 나서 공사판의 막일을 하셨는데 모리야마, 야스 등 사가현 내의 공사장을 이리저리 옮겨 다녔다고 해요. 그 후에 시마모토초(오사카부)나 오야마자키초(교토부 당시는 촌락) 등에서 발파 작업을 하고 있었는데 우리들이 일본에 온 거예요.

아버지 혼자 벌어서는 가족들의 생활을 지탱할 수 없어서 어머니도 고물을 주워서 팔거나 잡일, 품팔이 등을 했어요. 어머니는 어디를 가도 일을 잘한다고 상당한 신뢰를 받았고 그 덕분에 돈을 조금 빌릴 때도 믿고 빌려줘서 어떻게든 생활을 꾸려갈 수 있었어요. 그러는 사이에 남동생과 여동생들이 차례로 태어났어요.

▶ 여자아이도 학교에 보내야 한다

내가 학교에 들어갈 나이가 되니까 어머니는 "여자아이도 학교에 보내야 한다"라고 아버지에게 말하고 오사카부 미시마군 시마모토심상소학교에 보내 주었어요. 6년간 다녀서 무사히 졸업하였는데 당시 조선 아이가, 게다가 여자아이가 학교를 끝까지 다닌 경우는 많지 않았어요. 물론 입학식도 나 혼자 갔어요. 바로 밑에 남동생을 학교에 데리고 가서 선생님께 부탁했더니 의자를 하나 더 내주셨어요. 동생을 내 옆에 앉혀 놓고 돌보면서 공부를 했어요. 특히 5, 6학년 때의 담임인 스즈키 선생님은 정말로 좋은 분이었어요.

학교에서 담임선생님이 바뀔 때마다 자기소개를 시키는데 내가 "네, 김남용입니다"라고 말하면 모두 낄낄거리며 웃어요. 나는 그게 너무 창피했어요. 학교에서 '조센'이라고 놀림을 당하기도 했지만 친하게 지내는 일본 애들도 있었어요. 이름 때문에 웃음거리가 되는 게 너무 싫어서 졸업하고 '김군자'라는 이름으로 바꾸어 버렸죠.

▶ 산골짜기로 굴러떨어져 피범벅이 된 어머니

전쟁이 심해지고 나서 벌어진 일이에요. 아버지가 징용으로 다카쓰키의 군수공장에 나가 있던 낮 시간, 어머니는 그날 담배 배급이 있다고 해서 근처에 사는 사람들과 같이 외출을 했어요. 나는 어린 남동생과 여동생들, 그리고 같은 또래의 옆집 아이와 같이 어머니를 기다리고 있었죠.

몇 시간이 지나서 집에 돌아온 옆집 아주머니가 "빨리 집에 가봐"라고 해서 집에 갔더니 어머니가 머리를 풀어 헤치고 몸은 피범벅이 된 채 현관 앞에 주저앉아 있었어요. 순간 귀신이 앉아 있는 줄 알고 문을 쾅 닫고 밖으로 도망쳤어요. 어머니인 줄 몰랐던 거예요. 옆집 사람한테 물어보았더니 어머니가 담배를 배급받고 산길을 걸어 내려오다가 발을 잘못 디뎌서 산골짜기 아래로 굴러떨어졌고 같이 오던 사람들이 겨우 끌어올렸다고 해요.

그렇게 한참 소란을 피우고 있는 사이에 아버지가 돌아오셔서 어머니를 리어카에 싣고 4, 50분 걸려서 의사에게 데려갔어요. 의사한테 겨우 도착했다고 생각했는데 "공습경보 때문에 불을 켤 수 없다"라며 치료해 주질 않는 거예요. 공습경보가 해제되어 간신히 꿰맬 곳은 꿰매고 치료할 곳은 치료하고 다시 리어카에 태워서 집에 돌아와 다들 잤어요.

그런데 다음날, 어머니가 나를 부르더니 "어떻게 된 건지 돌아눕지도 일어나지도 못하겠어. 등 좀 봐줄래"라고 해서 등을 봤더니 등 전체가 시퍼렇게 되어 있었어요. 이런 상황인데도 아버지는 징용이라서 군수공장을 쉴 수가 없어 평소와 같이 아침 일찍 출근해야 했어요.

▶ "마지막 방법인데 똥물을 먹여 봐라"

그런데도 어머니는 아는 사람이 많아서 모두 병문안을 와 주었는데 다들 "힘들겠어"라는 얼굴이었어요. 그러고 있는데 어떤 할머니가 "너희들은 아직 어린데 불쌍하구나. 마지막 방법인데 똥물을 먹여 봐라"라고 알려 주었어요. 그래서 바로 밑의 남동생과 둘이서 모두가 사용하는 공동변소에 달려가 국자로 똥을 떠서 행주에 담고 양쪽 끝에 봉을 끼어 돌려 짜서 그 물만 따로 받아냈어요. 그것을 한 달 동안 쉬지 않고 만들어서 어머니에게 먹였어요. 어머니는 어린 자식들이 만들어주는 거라 똥이 좀 들어가 있어도 눈을 딱 감고 단숨에 마시곤 했어요. 그러자 한때는 모두가 "이젠 틀렸어"라고 했던 어머니가 병상에서 일어난 거예요. 어머니는 그 후로도 특별히 허리가 아프다고 하지도 않고 아흔 살까지 건강하게 사셨어요.

▶ 열일곱 살에 중매로 결혼해서 우토로에 살다

나는 심상소학교를 졸업하고 다카쓰키에 있는 마쓰시타전기의 하청공장에서 전지의 테두리를 만드는 납땜 일을 했어요. 아버지는 징용으로 매일 아침 일찍 나가서 저녁 늦게야 돌아오니까, 결국 내가 어머니의 병간호와 동생들 뒷바라지까지 전부 다 해야 했어요. 그래서 1945년 8월 15일 해방이 되면서 가장 기뻤던 것은 아버지가 징용에서 벗어나 야마자키에서 일하게 된 거였어요.

아버지는 발파하는 일로 바쁘고 어머니는 건강이 좋아지면서 잡화를 팔러 다니는 행상을 해서 집안일은 내가 하고, 동생들은 학교에 다니고, 가난하긴 했지만 평범한 생활이 시작되었어요. 그러던 중에 1946년 12월 열일곱 살이 되던 해에 아는 사람 소개로 선을 보게 됐고 그다음 해 1월에 결혼하게 됐어요. 상대는 한 살 연상으로 지금의 후시미공업고등학교를 졸업한 수재였어요.

남편은 소학교를 고향에서 마쳤는데 은사인 일본인 선생님이 "대학에 들어가서 공부하고 싶다"라며 일본에 귀국할 때, 남편도 "나도 선생님과 함께 일본에 가서 공부하고 싶어요"라며 부모님을 졸라서 허락을 받고 일본에 왔어요. 시즈오카에 있는 은사 집에서 하숙하며 중학교에 다녔다고 해요. 그 은사가 양자로 입양되어 결혼한다는 소식을 듣고 남편의 아버지가 1944년에 일본에 왔어요. 일할 곳을 찾아보려고 남편을 데리고 교토에 와서 우토로에 정착했다고 해요.

내가 시집온 것은 해방되고 두 해가 지난 정월이었는데 우토로에는 전쟁 전에 비행장 건설을 위해 끌고 온 조선 사람들의 합숙소가 전쟁이 끝나고도 그대로 방치되어 있었어요. 똑같은 집을 한 줄로 쭉 지어 놓았는데 수도도 없었고 목욕탕도 없었어요. 일주일에 한 번 모모야마에 목욕하러 갔다가 돌아오면 우리 집이 어디에 있는지 찾지 못할 정도로 집들이 다 똑같았어요.

우토로에 사는 남편과 결혼했을 때는 남편의 부모님도 같이 살았어요. 당시 시아버지는 우토로에 있는 조련(재일본조선인연맹) 구세 지부 사무소에서 개교한 민족학교의 선생님을 하고 있었고 시아버지의 둘째 부인인 시어머니도 조선여성동맹(재일본조선민주주의여성동맹) 활동을 열심히 하고 있었어요. 남편도 조련 구세 지부의 일을 조금 하긴 했지만 생계를 위해 리어카를 끌고 돼지먹이 잔반을 모으는 일이나 쇠 부스러기 모으는 일을 했어요. 또 제조 방법을 배워 와서 본격적으로 직접 소주를 만들어 팔았더니 동네에서 소문이 난 적도 있었죠. 아이가 생기고 나서는 닛산자동차의 하청업체에서 고철 나르는 일을 하면서 가족들의 생활을 책임졌어요.

남편은 학력은 있지만 운전면허가 없어서 운전사를 한 명 고용해서 같이 일을 했어요. 8월 23일 남편은 여러 가지를 트럭에 싣고 평소처럼 일하러 나갔는데 도우라는 곳에서 트럭이 콘크리트 전봇대와 부딪히면서 핸들이 남편 옆구리를 찔렀다고 해요. 그날 나는 남편의 귀가가 늦다고 생각하면서 부모님과 아이들에게 저녁밥을 차려주고 기다리고 있었어요. 그러자 남편이 운전사와 함께 트럭 밧줄만 챙겨서 택시 타고 돌아왔어요. 남편의 옆구리를 보니 빨갛게 된 곳에 고약을 붙이고 있었어요.

그 후 옆구리의 상처는 나았지만 "몸이 안 좋아"라고 해서 "입원하면 어때요"라고 했더니 남편은 "당장 하루 생활이 걸려 있어서"라며 그냥 참고 말았어요. 한 달, 두 달이 지나도 몸 상태는 전혀 좋아지지 않았어요. 평소에는 집에 사람이 찾아오면 아주 좋아했던 남편이었는데 사람들이 찾아와도 그다지 표정이 밝지 않고 말수도 적고 좋아하는 술도 마시지 않고 그냥 잠자코 있을 때가 많았어요.

그러는 사이에 해가 바뀌고 정월이 되자 남편이 "몸 위쪽에서도 아래쪽에서도 핏덩어리가 나와"라고 하는 거예요. 9일 밤중에 적십자사로 갔어요. 의사에게 자초지종을 말하니까 "일주일 정도 입원하면 집에 갈 수 있다"라고 했는데 다음날도 되기 전에 남편 상태가 급변하더니 결국에는 죽고 말았어요.

▶ 남편이 죽고 나서 더 힘들었어요

유치원과 소학생이던 아이들 다섯 명에 시아버지는 심한 홍역으로 한 달에 거의 보름은 누워 지내는 상황이었어요. 간사이전력회사에서 찾아와 사고 당시의 전봇대 수리비용을 내라고 하길래 "남편이 죽었다"라고 했더니 그 후로는 청구서가 날아오지 않았어요. 하지만 병원의 입원 치료비용은 전부 냈어요.

그 무렵 남편과 싸움하는 꿈을 자주 꾸었어요. 내가 꿈속에서 남편한테 화를 내요. "애들을 모두 나한테만 맡기고 당신은!"이라며, 그럼 남편이 "걱정 말아, 당신 뒤에는 내가 지키고 있잖아"라며 비록 꿈이지만 따뜻하게 말해 주었어요.

남편이 세상을 떠났을 때, 나에게는 결혼 이후 남편과 조금씩 모아둔 돈 75만 엔이 있었어요. 하지만 그 돈을 생활비로 써 버리면 아무것도 남지 않을 거 같아서 그 돈으로 집을 짓자고 집이라도 있으면 어떻게든 살아갈 수 있다고 생각했어요. 그래서 부모님과 가까운 목수에게 견적을 부탁했더니 120~130만 엔 든다고 하길래 친정 부모님한테 사정을 이야기하고 벌어서 조금씩 갚을 테니 부족한 돈을 빌려달라고 했어요. 그 뒤로 빌린 돈은 잘 갚아 나갔는데 나중에 어머니가 "이제 더 갚지 않아도 된다"라고 했어요. 하지만 끝까지 다 갚았죠.

그렇게 해서 겨우 내 집을 마련했지만 시아버지 가족과 아이들을 부양하기 위해서는 일을 해야 했어요. 집 뒤의 텃밭에서 돼지를 기른 적도 있어요. 아이들이 아직 어려서 직업안정소에 찾아가도 집 근처의 우지에서는 할 수 있는 일이 없었어요. 후시미까지 가서 접수하기도 했어요. 그 후에는 콘크리트 반죽, 외발자전거로 자갈과 시멘트를 싣고 달렸어요. 육체 노동일이 많았어요. 조난고등학교 운동장의 울퉁불퉁 파인 곳에 흙을 넣고 롤러로 밀어 평평하게 만드는 일도 했어요. 누가 뭐라고 해도 가족들을 위해서 정말로 열심히 일했어요. 아이들이 중학교에 들어갈 무렵에는 골프장에서 공 줍는 일도 했어요.

우토로에는 거의 조선 사람들이 살았는데 다들 가난했지만 서로 도와가며 살았기에 나도 열심히 하며 살 수 있었어요. 이런 식으로 힘껏 노력하여 아이들이 어른 될 때까지 뒷바라지하였고 아이들도 성인이 되어 차례로 가정을 꾸리고 지금은 증손자까지 손자가 모두 다섯 명이나 있어요.

▶ 강제집행의 불안 속에서

그런데 지금 우토로는 퇴거 재판에 지면서 언제 강제집행될지 모르는 상황에 놓여 있어요. 우토로에 살게 된 자세한 사정은 사람마다 다 다르지만 식민지 지배와 전후 계속된 차별 속에서 조선 사람들은 이곳에 살 수밖에 없어서 지금까지 계속 살아온 거예요. 이제 이 나이가 되어 살날도 얼마 남지 않았지만 우리에게는 당연히 여기서 살 수 있는 권리가 있어요. 지금 이대로 살게 해주면 좋겠어요. 최근에는 유엔인권위원회의 특별 보고관인 도도 디엔(Doudou Diene) 씨와 한국의 총영사, NGO(비정부 기구) 단체 등 많은 사람이 우토로를 방문해 줘서 마음이 든든해요. 감사하게 생각하고 있어요.

이 나이가 되어도 일을 하지 않으면 생활이 안 되니까 열심히 일하고 있어요. 연금도 없어요. 고령자 사업조합에서 시간제 근무로 우지 문화센터에서 주 2회 청소하는 일을 소개해줘서 그걸 하고 있어요. 계단과 재떨이 청소를 하거나 잡초 뽑기와 개똥을 치우는 일 등. 그 외에도 일반 가정집에서 풀 뽑기, 묘지 청소 등 순번제 일도 하는데 모두 합치면 한 달에 14~5일 정도는 일해요. 수입은 한 달 평균 7만 엔 정도가 돼요.

자식들도 자기 생활이 있는데 부모가 짐이 되어서는 안 된다고 생각해서 이 나이에도 일하는 거예요. 일본인 고령자에게는 연금이 있는데 70년 이상 일본에서 생활하면서 세금도 꼬박꼬박 냈는데도 우리에게 연금이 없는 것은 정말 불공평하다고 생각해요.

국민연금의 국적 조항이 사라지고 난 뒤 같은 우토로에 살면서 친하게 지내는 시미즈(조선 사람) 씨가 시청에 가서 국민연금에 가입하려고 했더니 몇십만 엔이나 되는 선불금을 일시불로 내야 하고 나머지는 매월 내야 한다는 거예요. 실업대책사업의 일환으로 일하고 있는 우리에게 몇십만 엔이라는 큰돈이 있을 리가 없죠. 분명히 연금에 가입 못하게 하려고 그렇게 무리한 요구를 하는 거예요. 한 번에 큰돈을 내는 것은 무리지만 조금씩이라면 낼 수 있어요. 실제로 지금 매월 일해서 받는 돈 7만 엔 중에서 간호 보험료 7,000엔과 건강보험료 1,700엔을 매달 내고 있어요. 나이가 조금 더 들었더라면 교토부와 우지시에서 재일고령자에게 주는 혜택금 1만 5천 엔을 받을 수 있어요. 하지만 나는 나이가 조금 모자라서 해당이 안 돼요. 연금을 받지 못하고 혜택금도 받지 못하는 우리 세대는 앞으로 어떻게 하면 좋을까요. 그래서 나도 무연금자 소송 원고단에 들어갔어요.

32

후세대에게는 편견과 차별 없는 사회를
고순일 高淳日 (남)

취재일: 2005년 9월 9일, 11월 26일
출생지: 제주도 제주읍 도두리
현주소: 도쿄도
생년월일: 1928년 11월 27일

약력: 세 살 때 어머니 손에 이끌려 아버지가 있는 오사카로 온다. 1947년 오사카대학 구제舊制부속약학전문학부에 입학. 재학 중 결핵 발병, 장기요양으로 대학 중퇴. 도쿄에서 화랑찻집, 레스토랑 등을 경영. 지역 상점회 회장으로 20년 동안 활동. 토지권자 여덟 명의 권리조정을 도모하고 설득해서 5년에 걸쳐 공동 빌딩건설을 완성한다. 1972년 재일실업인 동료들과 함께 청구회靑丘會를 만들어 '청구문화상'과 '청구문화장려상'을 창설. 현재, 시민 고대사연구서클 '실크로드회' 대표.

취재: 고수미, 오치아이 가쓰토 / 원고집필: 고수미 / 번역: 고경순

▶ 태어난 마을은 지금은 사라지고

나는 1928년에, 4남 2녀 중 장남으로 태어났습니다. 내가 태어난 마을 도두리 몰레물(도두리 사수동)은 지금의 제주국제공항 근처인데 이미 사라지고 없습니다. 지나사변(중일전쟁)이 시작되면서 일본군은 제주도를 중국 대륙을 향한 도양폭격기지로 삼아 도두리에 비행장을 만들었습니다. 비행장을 만들려고 마을 전체를 강제로 철거시키는 바람에 마을 사람들은 뿔뿔이 흩어지게 됩니다.

어머니는 마을에 일본인 경찰관이 처음 온 날을 기억하고 있었습니다. "검은 제복을 입고 허리춤에는 칼(양검)을 차고 왔어. 칼을 차고 까마귀 색 옷을 입고 왔어."라는 말은 온 마을에 삽시간에 퍼졌고 그 말을 듣자마자 집으로 냅다 뛰어가서 모든 문을 걸어 잠그고 집 안에 틀어박혀 있었다고 합니다.

▶ '군대환'을 타고 오사카로

내가 제주도를 떠난 것은 세 살 때입니다. 직항선 군대환을 타고 어머니와 나는 아버지가 기다리는 오사카로 직행했던 것이지요.

오사카 생활은 이쿠노구 이카이노초에서 했습니다. 같은 마을 출신 사람이 작은 자물쇠공장을 하고 있었는데 아버지는 그 공장의 직공이었습니다. 공장 대부분은 연립가구 같은 곳이었는데 종업원 다섯 정도가 일하는 영세 가내 기업이었습니다.

나는 쇼와 10년(1935) 쓰루하시 제2심상소학교에 입학했지만, 전 해 (1934년 7월 21일) 무로토 태풍으로 오사카 일대는 심한 피해를 보고 있었습니다. 내가 입학할 예정이던 학교 건물도 모두 파괴됐고 교사와 학생 중에서도 상당한 희생자가 나왔던 것 같습니다.

나는 공부를 해도 성적부에는 최저 순위인 병이라는 글자투성이였습니다. 특별히 악동도 아니었는데 그 당시의 조선인 아이는 거의 그런 성적이었지요. 시험을 치러서 나온 성적이 아니었으니까요. 그 무렵 일본인 사회에서는 어디를 가나 차별이 있었어요. 그래서 어린 마음에도 그냥 예사로 생각됐습니다.

지나사변에 동원됐다가 퇴역한 이웃 아저씨가 아이들을 모아놓고 중국에서 있었던 무용담을 들려준 적이 있습니다. 중국인을 업신여기는 '찬코로'를 연발하면서 일본도ㄲ가 잘 드는지 시험 삼아 중국인의 목을 베었다는 이야기는 너무 무서웠어요. 보통 때는 선량한 모자 만드는 직공이었는데 말입니다.

'창씨개명'은 소학교 때 있었습니다. 고씨 성은 제주도에서는 양梁, 부夫와 함께 유서 깊은 성씨이기도 해서 어른들은 성을 바꾸는 일에는 몹시 저항했습니다. 일본식 이름 두 글자 안에 조상의 출신을 상기할 수 있는 흔적을 끼워 넣을 궁리를 했지요. 그래서 '다카마쓰高松'로 했습니다. 관청에 성을 바꾸는 신청을 했습니다. 관청에서는 "황공하고 어이없게도 황족 성씨를 쓰는 것은 뭐 하는 짓이냐."라며 호되게 질책했습니다. 우리 반에는 다카마쓰 성을 쓰는 일반 일본인이 있었기 때문에 그 불합리성에는 화가 나서 견딜 수가 없었습니다. 결국, '다카오카高岡'라는 성으로 바꿔서 나는 다카오카 구니카즈邦和가 되었습니다.

▶ 중학교에 보내준 아버지께 감사

아버지는 계를 해서 모은 돈을 밑천 삼아서 사촌과 둘이서 자물쇠 공장을 재개했습니다. 그런데 역시 자금회전이 잘 안 됐던지 얼마 없어 사업은 실패하고 말았습니다. 소학교를 마치면 가계를 돕기 위해 일하러 나가는 것이 당연했던 시대여서 나도 그렇게 결심하고 있었습니다. 그런데 아버지는 나를 3년제 을종중학교에 진학시켜 줬습니다. 일반 진학학교인 중학교는 5년제였습니다. 그래서 오사카 시모데라마치, 덴노지구에 있는 슈세이修成공업학교의 기계공학과에 입학했습니다.

학기마다 시험 성적이 나쁘면 낙제한다는 사실을 중학교에 들어가서야 알게 되었습니다. 낙제하지 않으려고 부단히 노력했습니다. 진학해서 새로운 학과를 접하고 공부의 신선함을 느끼며 아무튼 한문과의 만남은 그 후의 인생에 커다란 영향을 미쳤습니다.

또, 숙부가 제주도에 있을 때 한시를 지을 정도로 한문에 재능이 있었다고 들어서 한문 개인지도를 부탁했습니다. 그런데 "정말 할 마음이 있으면 한글을 먼저 공부하라."는 거예요. 숙부는 나에게 조선인으로서의 마음가짐을 심어 놓으려고 했던 것입니다.

졸업할 때는 우등상 수상자를 대표할 정도로 성적이 좋았습니다. 이 기쁜 소식과 학업을 마쳤다는 것을 아버지께 말씀드리고 조선식으로 절을 올렸습니다. 도제 고용살이로 일을 배우려던 나를 가엾게 여겨 진학시켜주신 것에 대한 감사의 마음을, 고국의 예절로 표현했던 것이지요. 아버지는 조용히 고개를 끄덕이고 있었습니다.

학교 성적이 좋아서 오사카 항구에 있는 제국화공이라는 대기업에 취직할 수 있었습니다. 내 주위에 있는 조선인은 도제 고용살이로 가든가 마을의 영세공장에서 일하는 것이 고작이었습니다. 직장에서는 설계도를 투사해서 그리는 부서에 배치됐습니다. 그런데 공장 내부는 독특한 화학약품 가스로 자욱했습니다. 이 가스는 폐부를 찌르는 자극적인 냄새를 수반해서 공장 내부를 오염시킨 채 머물러 있는 것이었습니다. 며칠은 무리해서 견뎠지만 도저히 더 다니고 싶은 마음이 생기지 않았어요. 또 그 무렵에 아버지는 당시 불치병이었던 무서운 결핵에 걸려있었습니다. 나도 이 병에 걸리는 것을 극단적으로 두려워했기 때문에 폐를 해치는 곳에서 근무를 계속할 수는 없다고 생각했지요.

그 당시는 일정 직업이 없는 사람은 징용으로 차출돼서 강제노동에 보내지고 있었습니다. 징용공은 정부의 명령으로 어디로 보내질지 몰랐어요. 그래서 조선인 의사 진료소에 가서 상담을 했지요. 의사 선생님은 내 이야기를 듣고 진단서에 '통근할 수 없는 병'이라고 써 주었습니다. 그래서 징용의 공포에서 벗어날 수 있었습니다.

▶ 일본 군대에 지원해서 출정한 숙부

전쟁이 끝날 때까지 조선인들의 조직적인 연대·연계는 전혀 없었습니다. 그때까지는 경찰이 만든 관제조직인 협화회協和會가 조선인을 속박했습니다. 조선인 지도원에게 특권을 주고 경찰행정에 협력하게 했어요. 협화회는 소위, 일본 경찰의 앞잡이 노릇을 한 거지요.

숙부는 조선 민족이 일본 지배에서 벗어나려면 비장한 결의가 필요하다고 생각을 했던 것 같습니다. 협화회는 경찰을 뒷배로 젊은 조선인들에게 일본군에 지원하도록 맹렬히 압력을 가해 왔어요. 지역마다 인원수를 할당해서 모집하니까 숙부는 어쩔 수 없이 지원에 응했던 겁니다. 숙부는 마을회와 경찰로부터 공공연히 칭찬받고 대환영을 받았습니다.

이 무렵 숙부는 내게 조용히 "민족 독립을 쟁취하기 위해서는 자신의 힘을 가져야만 한다. 그러려면 역시 훈련된 지도자가 없으면 안 된다"라고 말했습니다. 이런 말을 남기고 숙부는 지원병이 돼서 평양으로 갔습니다. 그곳에는 육군 군사훈련소가 있었는데 속성으로 훈련받은 군인은 미얀마로 파견되었습니다. 그리고 숙부는 미얀마 전선에서 일본 패전을 맞았던 것입니다. 숙부는 고향 제주도로 돌아갔습니다. 이것이 숙부의 운명을 크게 바꿔놓았지요. 제주도에서는 얼마 후 4·3사건이 일어났는데 군대 경험이 있다는 이유로 반정부 쪽 조직에 끌려갔던 것입니다. 결국 숙부는 그 동란 속에서 어떻게 죽었는지 모릅니다. 시체도 찾지 못했습니다.

▶ 관동대지진 학살을 피해서 살아남은 아버지

1945년 8월 15일은 일본 패전의 날입니다. 많은 사람이 허탈한 상태가 되었지요. 아버지는 관동대지진을 겪었기 때문에 빨리 고향으로 돌아가자고 했습니다. 일본인이 전쟁에 져서 거꾸로 원한을 품고 또다시 조선인을 학살할지도 모른다고 생각했던 거지요. 가족과 친척들 사이에서는 지진이 난 후에 우에노공원에 조선인 시체가 쌓여 있었다든가 참담한 이야기가 돌고 있었습니다.

몇 년 후에 아버지와 같은 마을 출신의 노인에게 들은 이야기인데 아버지는 도쿄에서 간사이關西를 향해 걸어서 피난했다고 합니다. 도쿄에서 도카이도東海道의 주요도로를 따라가면 그 사이에서 학살당할 수 있다고 판단하고 우회해서 다른 길을 갔던 것 같습니다. 실제로 요코하마에서는 자치경찰단에 잡혀서 수많은 사람이 죽었으니까요. 아버지는 50톤 배를 전세내서 우선 값나가는 물건을 거의 싣고 고향으로 보냈습니다. 귀향 준비가 척척 진행됐는데 나는 일본 군대에 지원한 숙부의 말이 떠올랐습니다. 민족을 이끄는 훈련된 지도자가 필요하다. 그러니까 "일본의 산업 선진성을 배우자."고 생각해서 나는 홀로 일본에 남아서 면학의 길을 선택했던 것입니다.

짐은 보냈는데 장남인 나는 돌아가지 않겠다고 하자 아버지도 곤혹스러워했습니다. 배편을 늦춰서 내가 마음을 돌리기를 기다렸는데 속속 새로운 뉴스가 들어오는 거예요. 먼저 귀국한 사람들이 다시 돌아와서 본국은 지금 참혹한 혼란 상태라는 것이었습니다. 제주도 또한, 대혼란 상태에 있다고 전해 주었습니다. 가재도구를 보냈던 할머니 집도 4·3사건의 혼란한 시기에 방화로 불타버렸어요. 아버지는 나중에 절실히 말했습니다. "돌아가지 않아서 좋았어. 네 덕분에."라고 했어요. 귀향했더라면 학살의 소용돌이에 휘말렸을지도 모른다고 술회했습니다. 그런데 아버지는 결핵으로 마흔여덟 살에 돌아가셨습니다. 내가 스물두 살 때였지요.

▶ 학생극 『안중근』을 공연하고

나는 중학교에서 구제舊制 간사이고등공업학교 야간부(현재, 오사카공업대학)에 진학했습니다. 그리고 종전 2년 후인 1947년에 오사카대학 구제부속약학전문부에 입학했습니다. 하지만 오사카대학 생활은 짧았어요. 2학년 재학 중에 결핵이 발병해서 일 년 반 정도 요양 생활을 해야 했으니까요. 이때, 내게 긴급한 과제는 학업을 계속하는 것보다 가족의 부양 문제였습니다. 잠깐 동안 학업을 중지했지만 결국은 포기해야 했습니다.

아버지가 돌아가시기 전, 재일 학생운동에 힘쓸 때의 일입니다. 전쟁이 끝난 후에 조선인의 연락조직이 처음으로 일본 각지에 생겨났습니다. 이 조직은 조선인 스스로가 만든 자주적이고 대등한 관계의 조직들이었지요. 이때, 학업에 뜻을 가지고 온 동포들이 각지에 있다는 사실을 처음으로 알게 되었습니다. 그들은 학업을 목적으로 오기는 했지만 전쟁 후에 고향과의 소식이 끊겨 버렸던 겁니다. 일본에는 의지할 가족이나 친척이 없는 동포 학생들이 많다는 것도 알게 되었지요. 그리고 그 학생들이 바로 생활권 옹호와 상호부조를 목적으로 '재일본조선학생동맹'을 조직했던 것입니다.

나도 이런 조직에 들어가서 활동을 시작했습니다. 『안중근 열사 사기史記』라는 연극공연에서는 기획과 출연도 했습니다. 내 조선어는 일본인 투의 사투리가 있어서 하야시 곤스케라는 일본인 역할을 했어요. 역할을 맡은 사람들은 실로 열연을 했습니다. 대본은 본국에서 상연됐던 것인데 어떻게 입수했는지는 모르겠지만 오리지널 책을 등사판으로 인쇄해서 사용했어요.

그때는 연극을 공연하려면 GHQ의 검열을 받아야 했는데 대본의 영어 번역본과 일본어 번역본을 1부씩 제출하라는 거예요. 번역본을 들고 오사카 아사히신문사 빌딩의 몇 층인가에 있는 검열부에 갔어요. 일본계 2세인 미국인 장교가 갑자기 마구 고함쳐 대서 놀랐습니다. 험악한 상판대기를 한 덩치 큰 사내가 일본어로 "어째서 너희들이 이런 걸 한다는 거야."라며 거만한 태도로 다가왔습니다. 왜 화내고 있는지 몰라서 조금 긴장했지만 "이것은 우리 조국의 역사입니다."라는 말이 나도 모르게 나와 버렸어요. 그런데 그 장교가 갑자기 서둘러 서명하더니 그것으로 끝났던 겁니다. 그래서 드디어 상연하기에 이르렀지요. 오사카부府청 옆에 있는 국민회관에서 장기 연속공연을 하게 됐어요. 큰 극장에서 했던 공연인 만큼 많은 노력이 필요했습니다.

출연자 의상도 다카라쓰카소녀가극단 극장에 가서 부탁했습니다. 젊은 혈기에 저지른 당돌한 발상이었지요. 내가 교섭을 맡아 성심껏 부탁하면 들어줬습니다. 그리고 분장도 부탁했더니 바로 그 분야의 프로를 보내줬습니다. 정말 모두가 기뻐했습니다.

무대 음향효과는 절대 빠질 수 없는 것이었어요. NHK가 바로 옆에 있어서 부탁해 보기로 했습니다. 방송국 음악 담당자를 만나 연극의 내용을 설명했어요. 안중근이 가족과 이별하고 조국 독립운동에 투신해 가는 장면에서 플루트 음이 있으면 좋겠다는 등의 이야기를 했더니 좋은 생각이라며 연주자를 보내줬어요. 정말 모든 게 너무나 다행스러운 일이었지요. 이것은 당시 재일 학생들의 열정이 있어서 실현 가능했던 일입니다. 그래도 많은 일본인이 협력의 손길을 보내준 일은 결코 잊을 수 없습니다.

▶ 학생운동 도중에 결핵에 걸려

8·15해방 후, 학생동맹이 처음 생긴 것은 센다이인데 도호쿠대학 조선인 유학생들을 중심으로 조직됐어요. 그 후에 도쿄 학생들이 일어

났고 이어서 교토, 그다음이 오사카입니다. 눈 깜짝할 사이에 도쿄 메이지대학 강당에서 전국 조직통일결성대회로 진행되었습니다. 우리도 오사카에서 수십 명이 상경했습니다. 여관에서는 열띤 격론을 뿜어내며 논쟁이 시작되었는데 그것은 뜨거운 열기였습니다. 1946, 7년경의 일이었지요.

그 무렵 센다이 조직이 기획했던 것이 이데올로기토론회였습니다. 조금은 학술적이고 조선어로 하는 '사상토론회'였고 장소는 산속에 있는 나루코온천이었습니다. 토론회는 이틀 정도 숙박하면서 진행되었습니다. 그다음부터는 각지에서 이런 형태의 토론회를 조직이 돌아가면서 하게 되었지요. 그런데 조직 내에서 의견을 달리하는 사람도 있고 그로 인해 분열이 일어났는데 언제부터인가 이 행사는 사라져버렸어요.

전쟁 중, 뜻을 굽히지 않고 18년간이나 옥중생활을 하고 있던 공산당 간부 도쿠다 규이치德田球一, 시가 요시오志賀義雄를 나는 존경하고 있었습니다. 조선인 당원 김천해도 도쿄 후추형무소에서 석방된 후에 바로 활동을 개시했습니다. 어느 샌가 나도 일본공산당 당원이 되어 있었습니다. 공산당 일반 하부조직은 '세포'라고 해서 최소 세 명으로 구성되어 있습니다. 젊고 지혜를 겸비한 당의 세포를 학내에 육성해서 당의 상부로부터 지도를 받으면서 활동을 전개해 가는 것입니다.

그런데 나는 그런 학생운동 도중에 결핵에 걸려버렸어요. 병세는 내가 생각했던 것 이상으로 심각했던 것 같았습니다. 이대로라면 죽는다고 의사가 말할 정도였으니까. 그렇게 당 활동을 못 하게 되면서 당과의 연도 자연스럽게 끊겼어요. 발병 원인은 아버지의 병이 감염된 것이었어요. 아버지가 결핵으로 죽은 직후여서 어찌할 바를 몰랐습니다. 진찰 결과, 바로 입원 치료가 필요하다는 진단을 받았습니다. 하지만 집안 사정이 입원할 상황이 아니었어요. 의사에게 솔직히 털어놓았습니다. 주치의가 무심히 병원 접수처에 환자상담소가 있는 것을 알려 줬습니다.

이때 민생위원이 나를 구해준 셈이지요. 민생위원이 "결핵은 감염병이므로 강제 입원해야 한다."라고 관청에 통지를 해줬던 거예요. 관청의 호출을 받아 갔더니, "입원 치료하라."는 명이 내려졌던 것입니다. 비용은 공비에서 나왔어요. 그렇게 해서 오사카 남부에 있는 센보쿠(현재, 사카이시)에 있는 국립오사카후쿠센요양소에 입원하게 됐습니다. 여기서 1년 반 동안 요양 생활을 해서 건강을 회복하게 됐지요.

병원 밖에서는 사회운동의 물결이 크게 넘실대고 있었습니다. 입원 중이던 1950년에는 조선전쟁이 발발했습니다. 반미투쟁의 격동 속에서 스이타吹田사건, 오스大須사건 등으로 체포되고 그리고 재판 투쟁으로 생애를 보낸 친구들도 있습니다. 나도 요양소가 아닌 사회운동 안에 있었다면 아마도 그들과 같은 운명의 길을 걸었겠지요.

사회에 복귀한 후에 낙원이라 불렸던 북조선으로 돌아가는 귀국운동이 시작될 때도 내가 앞장서서 갈 작정이었습니다. 지역 총련 간부들도 "너 같은 인텔리는 빨리 귀국해서 조국 건설을 위해 몸을 바쳐라."고 맹렬히 권유했어요. 거듭 고생만 하던 터라 나 또한 신천지에 대한 꿈에 부풀어 있었습니다. 빚이 있었기 때문에 빨리 신변정리를 마치고 귀국하려고 결심했지요.

그때는 같은 고생이어도 조국에서 고생하는 편이 보람 있다는 것이 일반적인 생각이었고 나 역시 그렇게 생각하고 있었습니다. 하지만 내가 하고 있던 사업 정리가 쉽게 진척되지 않았습니다.

▶ 과로해서 결핵이 재발하다

조선전쟁의 특수효과로 일본은 전후에 파멸상태였던 경제가 단번에 회복되었습니다. 하지만 1953년에 조선전쟁은 휴전협정이 성립되었고 일본은 특수경기의 반동으로 불황을 맞게 되었지요. 이 무렵, 나는 결핵은 나았지만 생활 터전을 찾아 교토로 갔습니다.

학생동맹에서 활동할 때부터 8년 동안 교제하던 여성이 있었습니다. 하지만 결혼까지는 장벽이 높았어요. 그녀의 본가는 경상도, 나는 제주도 출신. 육지라고 불렸던 본토 사람들은 제주도는 문화가 없는 곳이고 미개한 인간이 사는 곳이라는 차별의식이 있었습니다. 한편 제주도 쪽에서는 육지 사람은 손톱만큼의 인정도 없다는 편견이 있었어요.

그녀의 부모님은 그 당시 일본에 사는 사람치고는 드물게 교양이 높은 사람이었습니다. 하지만 나와 교제하는 것을 알게 된 아버지는 딸에게 "제주도는 옛날부터 산업은 없고 남자는 장기판이나 두들기면서 놀고먹으면서 여자에게만 일을 시키는 예절 없는 인간이 사는 곳이다."라고 타일렀습니다. 그녀는 이렇게 아버지가 보내온 편지를 가끔 보여줬습니다. 하지만 우리의 애정 감정은 이미 급류처럼 용솟음쳐서 어떻게 할 수 없게 돼버렸습니다. 나는 부친의 생각에 예를 다해서 소신껏 반론을 적은 편지를 보냈고 드디어 그녀의 고베 본가로 부모님을 찾아뵐 기회가 주어졌습니다. 모친이 뒤에서 잘 중재해주셔서 겨우 뵐 기회가 주어진 것이었어요.

찾아뵌 날 광경은 지금 생각해도 긴장 그 자체였습니다. 조선식으로 큰절을 올리고 인사의 예를 갖췄습니다. 옛 예의범절을 중시여기는 부친은 내 예법에서 느끼는 바가 있었겠지요. 그걸 계기로 사업가 동료이며 제주 출신 친구에게 의논하고 나서 우리는 1955년 11월 21일에 결혼하게 된 것입니다.

이렇게 결혼은 했지만 살림은 가난 그 자체였습니다. 하지만 아내의 헌신적인 활동과 친한 선배들이 자금을 지원해줘서 작은 가게에서 상사회사로 성장시켜갔습니다. 그런데 한 번 치료했던 결핵이 재발했던 것입니다. 인간관계와 사업상의 걱정과 과로가 겹쳤던 것이었겠지요. 도산 형태로 사업은 폐쇄하게 되었습니다.

▶ 사업 도산, 상심 뒤에 기이한 인연으로 시부야에

사업 실패로 상심했던 나는 갑자기 오사카가 그리워졌습니다. 오사카에는 옛 친구들이 있었어요. 그들에게 도와달라고 부탁할 생각은 아니었어요. 다만 유아기부터 청소년기를 보낸 오사카는 고향 같은 기분이 들었던 것이지요.

그런데 기이한 것이 오사카에 이사할 곳을 막 정하려던 참에 시부야의 백화점 앞에 팔려고 내놓은 집이 있다는 부동산 광고가 눈에 확 들어왔습니다. 전부터 시부야를 동경하고 있었기 때문에 업자를 찾아가서 명함을 건네 두었습니다. 새로 지은 도큐백화점 본점 앞에 있던 그 집은 지리적 접근성이 좋아서 매수자가 많았던 것 같습니다. 신앙심이 깊었던 건물주는 누구에게 팔아야 할지 몰라서 교단의 교주에게 의논하러 갔던 거예요. 그런데 많은 매수자 리스트에서 내 명함을 고르라는 신탁이 내려졌다는 것을 나중에 듣고 알게 됐어요.

시부야에 토대를 마련한 후에 나는 아내와 열심히 일한 덕분에 잘 풀려서 가난에서 벗어날 수 있었습니다. 하지만 처음에는 그 땅에서 무엇을 할지 정해진 것은 아니었습니다. 찻집은 매니저에게 맡겨 놓아도 경영이 된다는 지인의 말을 듣고 '찻집 경영' 관련 잡지를 사서 공부를 시작했습니다.

그리고 아오야마에 있는 케이크 가게 '웨스트'의 사장을 찾아가서 조언을 구했습니다. 찻집을 할 장소와 찻집 경영에 대해서 의논했더니 이렇게 말해줬습니다. "그쪽에는 쇼토松濤라는 백그라운드가 있습니다. 그곳에 거처하는 사람들은 신분이 높은 사람들입니다. 만약 개업한다면 그 계급을 타깃으로 하세요."라고.

운 좋게도 나는 친한 친구 중에 건축설계 전문가가 있었습니다. 나는 입구도 신경을 썼고 화장실은 남녀별도로 하고 자리에서 초록정원이 보이도록 해달라는 요구를 했던 거예요. 좁은 공간에 테이블을 채워 넣었던 당시의 찻집 경영 상식에서 보면 허점투성이의 희망사항을 요구했던 거지요. 하지만 그 친구는 땅은 30평밖에 안 되는데 이걸 모두 만족시키는 건물을 지어주었습니다. 유럽의 작은 성을 닮았다는 평도 있었습니다. 그 주변은 단층이나 2층 목조가옥이 대부분이어서 이 건물은 시부야에서도 눈에 확 띄는 존재였어요. '피코크'라고 이름을 지었습니다.

당시 시부야 거리에서 커피 한 잔 가격은 비싼 곳이 70엔이나 80엔, 일반 시세는 50엔이었어요. 그런데 우리는 '웨스트'와 같은 150엔으로 시작했습니다. 메뉴에 신경 쓰는 것은 물론, 식기도 배려했습니다. 도자기류는 모두 고란샤香蘭社에서 구입했습니다. 그리고 가게 내부를 꾸밀 꽃은 그 분야 사람에게 부탁했지요.

또 이런 생각도 했어요. '30엔이나 50엔 단가로 만석이 되든 150엔으로 그 반 정도가 차든 매상은 차이가 없다. 하지만 후자 쪽이 가게는 늘 여유 있는 조용한 환경을 유지할 수 있다.' 종업원에게는 단정한 몸가짐을 요구했습니다. 벽면을 장식한 그림은 한 달에 한 번 렌탈 갤러리에서 바꿨습니다. 이렇게 해서 쇼토에 있는 부유층이 즐겨 찾는 시부야에서 가장 비싼 찻집을 만들었던 것입니다.

언제부턴가 일요화가 그룹의 작품 전시를 했습니다. 이것이 가게의 특징이 되어서 예기치 않게 화랑의 풍격도 갖추게 되었습니다. 그리고 차츰 문화 이벤트를 매달 바꿔가며 개최하게 되었지요.

그중에서도 특이한 이벤트라는 평판을 받은 것은 지금은 고인이 된 이와나미쇼텐岩波書店의 『세계』 편집장이었던 다무라 요시야田村義也 씨의 책표지 전시였습니다. 그의 본업은 편집자이지만 북 디자이너로서도 주목을 받고 있었어요. 그리고 왠지 조선인 작가 책에는 혼신의 힘을 다하고 있다는 생각이 들었습니다.

운 좋게도 친구인 도노오카 히로시 씨가 서점에 진열된 다무라 씨의 책표지를 정성껏 골라내어 400점에 이르는 작품 리스트를 만들어 냈습니다. 이것을, 당시에 내가 만들고 있던 동인지 『공작정亭 통신』에 게재했는데 그것을 보고 마음이 움직인 다무라 씨도 전람회 개최를 허락해 줬던 것입니다. 전람회는 대성공을 거둬서 매스컴에도 보도되었습니다.

▶ '청구회'를 만들다

내게 있어 1970년대는 획기적인 시대였습니다. 현재, NHK는 라디오와 TV에서 한글 강좌를 개설하고 있습니다. 그 강좌 개설은 내가 『아사히신문』(1974년 11월 26일)의 '목소리'란에 투고한 것이 계기가 되었습니다. 이것은 작은 돌 하나에 지나지 않았지만 그 파문은 전국으로 퍼져나갔습니다. "NHK는 조선어강좌를 개설하라."는 시민운동이 일어나는 등 여러 곡절을 겪고(1984년) 한글 강좌개설로 이어져 갔습니다. 되돌아보면 감개무량한 일이지요.

그보다 앞서, 1972년에 일본 고대사를 고쳐 쓸 정도로 충격적인 뉴스가 보도되었습니다. 다카마쓰즈카고분 발견입니다. 일본의 고대문화가 조선 문화의 영향을 받았다는 사실이 명백해지면서 재일 사회에도 밝은 분위기가 흘러넘쳤습니다.

그 무렵 '청구회'가 발족했던 것입니다. 초창기 회원은 박남규(빌딩

경영관리), 김준경(회사경영, 고인), 김인영(금융업, 고인), 배순석(무역회사경영, 고인), 그리고 나, 이렇게 다섯 명이었습니다. 가끔 만나서 술 한잔하자며 모였을 때, 단순히 술 마시는 모임이 아니라 사회적으로 의미 있는 모임이 되면 좋겠다는 공통된 인식이 자연스럽게 끓어올랐던 것입니다.

모임의 이름에는 신경을 썼습니다. 그 이유는 조국이 남북으로 분단돼서 당시 재일 사회에서도 대립이 계속되고 있었기 때문이지요. 이 멤버조차도 각각 소속된 단체가 민단과 총련으로 나뉘어 있었어요. 그래서 '조선'이라는 명칭도 붙일 수 없고 '한국'이라는 명칭도 거슬렸던 겁니다.

이런 상태에서 모임의 명칭은 내 제안으로 '청구靑丘'로 하게 되었습니다. 일본국이 "야마토는 나라 중에 가장 뛰어난 곳"이라고 했듯이 우리 조선도 삼국시대 이래 아칭으로 '청구'라고 했던 것이 생각났습니다.

그 후에 회원이 늘어나서 멤버가 열 명이 되었습니다. 자금난 시대였기 때문에 정액 회비를 받아 적립하고 저금한 자금을 서로 이용하면서 사업 경영상의 자금으로도 충당했던 것입니다. 재일사업가에게는 금융 면에서도 일본 은행·금융기관은 차별과 제한을 했기 때문에 우리끼리 자금을 상호 부조했던 것이지요. 금융난 시대여서 동네 대부업자는 열흘에 1할이라고 하던 시대였고 이곳 융자이자는 월리로 3%였는데 그 이자분을 적립해서 원금을 늘렸어요.

청구회가 적립을 시작하게 된 데는 다른 이유가 있었습니다. 재일 사회에서도 일본인 시점으로는 쓸 수 없는 문학작품이 창작돼서 세상의 이목을 끌게 되었습니다. 전쟁 전의 일본 통치시대에도 김사량이나 이광수 등 조선인 작가가 쓴 일본어 작품 중에 독자적인 것이 있었지만 해방 후에도 김달수나 김석범 등의 문학 활동은 눈부셨습니다. 전후에

이 작가들은 아쿠타가와상이나 나오키상 등에 노미네이트됐던 적이 몇 번이나 있었지만 이유도 없이 수상은 하지 못했습니다. 이런 동향 때문에 재일사회가 울적한 분위기였습니다. 그렇다면 우리들 손으로 뛰어난 작가에게 우리들 방법으로 표창하자는 이야기가 나온 것은 어쩌면 당연한 일이었지요.

하지만 조국의 남북, 그 어느 쪽에도 그런 상은 없었습니다. 또한 재일을 대표하는 총련, 민단 어느 단체에도 이 같은 표창 제도는 없었지요. 그래서 청구회가 발족하고 2년이 지나서 자금이 어느 정도 축적됐을 때, '청구문화상'을 설정했던 것입니다.

1974년에 제1회 수상자는 작가 김달수 씨로 정했습니다. 김달수 씨의 아주 가까운 사람만 모여서 수상식과 축하회를 개최했습니다. 잊을 수 없는 것은 석상에서 김달수 씨가 했던 말입니다. "나는 재일 사회 안에서 나름대로 최선을 다해서 지금까지 노력해왔다. 하지만 비난과 중상을 받은 일은 있어도 칭찬받은 일은 단 한 번도 없었다. 이번에 처음으로 이 상을 받아서 기쁘다."라고. 이 말을 들었을 때는 정말 잘됐다고 생각했습니다.

▶ 청구문화상, 향후의 과제

청구회는 1997년까지 거의 22년 동안 계속 활동해 왔지만 지금은 휴지 상태에 있습니다. 이제 재일작가도 젊은 층이 많이 배출돼서 문제작이 다수 세상에 나오게 되었어요. 또 문예 방면에 한정하지 않고 각 분야에서 수상자가 배출되고 있지요. 청구문화상은 이런 시점에서 일단은 그 역할을 다한 거로 생각됩니다. 이런 이유로 개점휴업 상태가 됐습니다.

하지만 일본 내에서 재일이라는 특수한 사회는 엄연히 존재하고 있습니다. 그래서 거기에 사는 사람이 있는 한, 이 사업은 계속 발전시켜 나가야 한다고 생각합니다. 그런 의미에서 향후 이 청구문화상을 어떻게 발전시켜야 할 것인가라는 큰 과제로 남아있습니다.

마지막으로 꼭 하고 싶은 말이 있습니다. 하나는, 내가 지금까지 살아올 수 있었던 것은 내 힘이 아닙니다. 다른 사람들 덕분이지요. 가족을 포함해서 많은 재일사람들 그리고 일본인 친구·지인들로부터 받은 은의도 큽니다. 차별과 편견 때문에 압박을 받았던 것도 이제는 뒤돌아보면 운명이었다는 생각도 하게 됩니다. 받은 은의를 갚는 길은 역시 민족을 받드는 것입니다.

또 하나는, 내가 속한 국가체제에 대한 생각입니다. 일본 사회에 뭔가 공헌하고 싶은 것입니다. 그것은 편견과 차별 없는 사회를 실현하기 위한 노력입니다. 다음 세대를 위해서라도.

33

피폭, 남편의 죽음, 친형제와의 이별
정수상 鄭壽祥(여)

취재일: 2005년 3월 24일
출생지: 경상남도 진주
현주소: 히로시마현
생년월일: 1928년 12월 15일
약력: 1933년에 먼저 건너간 아버지를 찾아서 어머니, 형제들과 함께 일본으로 건너감. 공장 등에서 일을 한 후, 열여덟 살에 결혼. 1945년 히로시마시에서 피폭. 해방 후 부모님과 형제들은 귀국. 귀국 후 일 년도 지나지 않아 부모님은 사망. 1946년 남편이 사망. 엿장수, 양계, 양돈, 농사일 등을 하면서 두 아이를 키움.
취재: 고찬유 / 원고집필: 고찬유 / 번역: 고민정

▶ 아버지를 만나러 히로시마로

내 생일은 1928년(쇼와 3년) 12월 15일, 고향은 경상남도 진주야. 우리 집은 농가였는데 무척이나 가난했어. 아버지가 일본에 건너간 뒤 1년 정도 지나서 여비를 보내왔어. 친척들은 "가지 말라며" 울면서 말렸지만 먹고살기 위해서는 어쩔 수 없었어. 결국 엄마와 일곱 형제가 일본으로 오게 됐지. 배로 시모노세키에 도착해서 히로시마시의 히로세초로 왔어. 와서 보니 아버지는 공사장에서 막일하고 있었는데 아버지 얼굴을 보자마자 눈물이 났어.

조선 사람들은 대부분 외진 곳에서 살았는데 요코가와역 뒷골목에 판잣집을 짓고 살았어. 아마 30채 정도 있었을 거야. 6조(약 9평) 정도 되는 방에서 다 같이 살았는데 잘 때는 길게 눕고 옆으로 눕고 방이 꽉 찼어. 일본에 와서 여동생이 태어나면서 많을 때는 8명이 한 방에서 지냈어. 전구도 우리 가족만 사용할 수 있는 게 아냐. 우리 집과 옆집 사이에 미닫이문이 있었는데 천정 가까운 곳에 구멍을 뚫고 그곳에다 전구를 켰어. 옆집과 같이 사용한 거지. 수도는 공동수도였어. 양동이를 들고 30분 정도 걸어서 물을 길어 오는데 너무 힘들었지.

아버지는 해가 뜨기 전부터 자전거를 타고 일하러 가서는 한밤중이 되어서야 돌아왔어. 엄마도 후쿠시마산 모피 씻는 일을 했어. 당시는 일본인이 조선 사람을 너무나도 싫어해서 나를 자주 괴롭혔는데 "조센 돼지! 한 관에 15전!"이라며 돌을 던지는 거야. 나도 질세라 마구 던졌지.

열 살 때 덴만초에 있는 튀김집에서 아이 돌보는 일을 했어. 거기에 살면서 한 살 된 남자아이를 돌보는 일인데 역시나 힘들었어. 게다가 부모님이 너무 보고 싶어서 많이 울었지. 아이 돌보는 일은 며칠 못 했어. 그다음에는 귤 통조림 만드는 공장에서 1~2년 정도 일했는데 거기서 번 돈은 엄마를 다 줬어. 엄마는 아주 좋아하셨지. 그 후 작업신발의 단추 만드는 공장에서 2~3년 있었는데 일본 애들도 있었지만 거의 대부분이 조선 애들이었어.

▶ 열여덟 살에 시집

열여덟 살에 부모님이 정해서 결혼했지. 옛날에는 부모가 정하면 울든 웃든 무조건 결혼해야 했어. 게다가 당시에는 여자아이도 징용으로 끌려간다는 소문이 있어서 아버지가 "징용 가면 안 되니 어쩔 수 없다"며 바로 결혼시킨 거야.

남편을 본 건 결혼식 날이 처음이었는데 첫인상은 좋았어. 남편은 조선에서 태어나 아홉 살 때 일본에 와서 중학교를 졸업하고 국철(일본 국유철도) 소속의 히로시마역 샤쇼구에서 역무원으로 일했어. 조선 사람이 역무원 되는 건 아주 드문 일이야. 결혼식은 미나미미사사南三篠에 있는 우리 집에서 올렸어. 돼지 편육도 하고 잔치를 벌였지. 그러고 나서 지금도 살고 있는 니시카스미초의 바로 이 집에서 시부모님을 모시고 시누이도 함께 살게 되었어.

시아버지는 후추시에 있는 논밭에서 농사를 지었는데 나는 주로 밭일을 도왔어. 결혼해서 2년 되는 해에 첫째 아들이 태어났지. 나는 시집와서 줄곧 이 집에서만 살고 있어. 많은 추억이 있는 집이라 큰아들이 자기 집으로 모신다고 해도 안 가고 있는 거야.

▶ 원폭의 참상

1945년(쇼와 20년) 8월 6일 아침, 장남을 등에 업고 피복창 옆(폭심지에서 2.5킬로)으로 땔감을 구하러 나가 있었어. 그런데 갑자기 뭔가 번쩍하더니 무슨 일인지도 모른 채 옆으로 쓰러졌어. 숨쉬기가 힘들고 잠시 정신이 나가서 이제 죽는다고 생각했는데 다행히 크게 다친 곳은 없었어. 주변의 집은 전부 다 부서져서 활활 불타오르기 시작하는 거야.

부랴부랴 집에 돌아오니 집도 옆으로 쓰러져 있었어. 밖으로 나와 보니 사람들이 흙투성이에 머리는 산발인 채 떼거지로 이쪽 방향으로 오고 있는 거야. 모두가 우리 집 뒷산(황금산 기슭)에 가려고 오는 거였어. 죽은 아이를 업고 있는 사람도 있었어. 남편은 죽었다고 생각했어. 시아버지도 집으로 돌아오지 않고 걱정이 태산이었는데 해 질 녘이 되어서야 남편이 돌아왔어. 크게 다치지는 않았어. 나중에 시부모님도 무사히 돌아왔는데 죽었다고 생각한 사람들이 살아 돌아오니 너무나 기뻤어. 남편은 시내에 있었는데 히로시마 전체가 전멸이라고 했어.

가족들은 뒷산에서 일주일 정도 지냈는데 동포들도 모두 와 있었어. 알고 지내던 동포 중에 피해를 입은 사람도 많이 있었지. 오코소학교에 주먹밥을 받으러 갔더니 운동장은 시체로 넘쳐나는 거야. 옷을 전부 벗겨서 알몸인 채로. 냄새가 무척 심했어. 트럭이 시체를 운반해 와서 버드나무 밑에서 휘발유를 들이부어 태우는데 그걸 어찌 말로 표현할 수 있겠어. 학교 건물은 그다지 부서지지 않았어. 멍석을 깔고 그 위에 사람들을 재웠는데 건물 안에도 시체가 많이 있었어. 약이 없으니까 치료라고 해 봤자 아카진키(빨간약, 머큐로크롬) 바르는 정도였어. 조선 사람이 "우리도 발라 달라"고 했더니 "일본 사람 바를 것도 없는데 조센진 바를 게 어디 있냐"고 말하더라고.

부모님은 미나미미사사(폭심지에서 1.7킬로)에서 큰오빠 부부와 두 조카, 게다가 두 명의 이모와 외삼촌 아홉 명이 함께 살고 있었는데 피폭당했어. 조선인 부락은 대부분이 부서졌는데 천만다행으로 부모님과 식구들은 살아남았지. 아래 남동생은 결혼해 부모님 근처에서 살고 있었는데 아들이 집에서 깔려 죽는 바람에 그 충격으로 완전히 정신이 나가버렸어. 아들이 겨우 두 살이었을 거야. 사카이초(폭심지에서 700미터)에 살았던 외삼촌 일가는 큰아들 식구까지 합쳐서 7~8명이었는데 외삼촌만 살아남고 모두 죽었어. 그리고 남편 사촌 동생은 여학교에 다녔는데 학교에서 근로 봉사 가서는 돌아오지 않았어. 남편이 매일 찾으러 다녔지만 결국 찾지 못했지.

▶ **친형제들의 귀국**

그 일 이후 주변의 동포들은 모두 귀국했어. 뒷거래로 배를 구해서 가다가 도중에 배가 뒤집혀 바다에 휩쓸려 간 사람도 있었지만 모두 필사적으로 고국에 돌아갔어. 왜냐하면 전쟁 중 많은 일본인이 조선의 남쪽에서 살면서 조선 사람을 괴롭혔는데 일본이 패망한 거야. 그들이 맨몸으로 일본에 돌아오면 조선 사람을 모두 죽인다는 소문이 있었어. 그 때문에 모두들 죽을힘을 다해 돌아가려고 한 거야.

우리 집 가족들도 모두 귀국했어. 부모님과 큰오빠 가족, 작은오빠 가족, 여동생 둘과 남동생 둘. 배가 뜬다고 해서 급히 귀국을 결정했다고 해. 어머니는 나랑 같이 남으려고 했다는데 나는 이미 결혼도 했고 가족들이 떠난다고 하면 힘들어할 것 같아서 결국 나한테는 알리지 않고 귀국해 버렸어. 그 후 언니네 다섯 식구도 귀국했어.

나는 가족들과 이별 인사도 못 하고 그게 마지막이었어. 어머니는 고국으로 돌아가고 나서 줄곧 눈물로 지냈다고 해. 남편 집안도 일곱 형제와 친척들 모두 귀국했어. 시아버지만 논이랑 밭을 버릴 수 없다며 돌아가지 않았지.

▶ 남편의 죽음

남편은 전쟁이 끝나고 철도 일을 그만뒀어. 머리카락이 조금씩 빠지고 몸 상태도 나쁘니까 그만두더라고. 시아버지의 농사일을 돕기도 했지만 1946년(쇼와 21년) 8월 22일에 세상을 떠났어. 겨우 25살에. 죽기 전 남편은 갑작스러운 고열로 일주일 정도 앓아누워 있었어. 한밤중에 시아버지가 "배고프다"라고 하셔서 죽을 끓여 시어머니는 시아버지한테 가지고 가고 나는 남편한테 가지고 갔어. "일어나요"라고 말하며 몸을 흔들었는데 이미 숨이 멎어 있더라고. 장례식을 치르려고 했지만 돈이 한 푼도 없었어.

남편이 죽고 나서는 하늘을 봐도 음악이 흘러도 무엇을 해도 눈물만 나오는 거야. 내 나이 아직 스물한 살에, 거기다가 둘째 아이가 배 속에 있는 걸 알게 되었어. 다음 해 1월 둘째가 태어났는데 그때가 가장 슬펐어. 정말로 많이 울었지. 이 아이는 아빠 얼굴도 모른 채 태어났다고 생각하니 너무 가여운 거야.

남편이 죽고 얼마 지나지 않았는데 오빠가 밀항해서 일본에 오더니 "고국으로 돌아가자"라고 하는 거야. 나는 "못 간다"라고 했어. 나는 학교도 안 다녔지, 시부모님을 어디 맡길 수도 없지, 아이들을 위해서라도 돌아갈 수 없다고 했어. 아버지 어머니는 귀국한 지 일 년도 되지 않아 돌아가셨다고 해. 그곳에서 병에 걸렸었대. 바로 위 언니도 방사능 때문에 죽었다는데 정말 충격이었어. 이제 나 혼자야 세상에는.

시아버지도 몸이 안 좋았어. 시어머니는 항상 "아프다 아파"라고 하시는데 그때는 보험이 없잖아. 시아버지는 피폭당하고 난 뒤 이상해지셨어. 아들이 먼저 죽어서 그런지 전에는 술을 못 마셨는데 어느 날부터 술을 입에 대기 시작하는 거야. 자포자기하신 거지. 우리 큰아들이 중학교 다닐 때였을 거야. 술을 마시고 집으로 돌아오다가 도랑에 빠지셨어. 폐렴에 걸린 것 같았는데 하루 정도 앓다가 돌아가시더라고. 시아버지도 참 불쌍한 분이셨어.

▶ 살기 위해 진검승부

수도세, 전기세를 내라고 하는데 돈 들어올 데가 없는 거야. 김치를 담아서 시장에 내다 팔거나, 엿을 만들어 팔아봤어. 이 일 저 일 많이 해봤지. 이 집에서 닭도 키워봤어. 많을 때는 50~60마리 되었을 거야. 막걸리나 소주도 만들었어. 식당 같은 곳에 도매로 넘겼지. 뭘 하든 실패는 없었어. 언제나 죽기 살기의 진검승부였으니까. 그때는 모두가 역전 암시장에 무엇이든 가지고 가는 거야. 파는 사람이 있으면 사는 사람이 있고, 사방팔방에서 조선 사람들이 모여들었어. 물건을 짊어지고 40~50분 걸어서 역까지 가는데 그게 제일 힘들었어.

돼지도 키워 보려고 처음에 한두 마리로 시작해 봤어. 먹이를 여기 저기서 모아 오는 게 가장 힘들었어. 드럼통 두 개 정도 들어가는 큰 솥에 장작을 지피고 먹이를 밤새도록 끓이는 거야. 그리고 또 먹이를 구하러 가고. 비가 와도 눈이 와도 사람이 죽어도 돼지 먹이 만큼은 절대 거르는 법이 없었지. 돼지 먹이는 식당에 가서 비지, 우동, 야채를 가득 받아 왔어. 모두 공짜로. 가게에서도 남는 음식을 처리하지 못하면 썩어 버리기 때문에 기분 좋게 내줬어.

돼지 우는 소리 때문에 근처 주민들이 많이 항의했는데 "냄새난다"라는 소리도 많이 들었지. 귀찮아도 아침에 일어나면 빗자루로 쓸어 내고 물로 씻어 내기도 했어. 아들한테도 돼지 먹이를 얻어오라고 시켰는데 "부끄럽냐"고 물었더니 "아무렇지도 않다"고 하는 거야. 아들이 그리 말해주니 더욱 힘이 나더라고. 사실 아이들도 힘들었을 거야. 하지만 그런 강한 마음으로 열심히 해 주었어.

▶ 자식들을 키우고

아이가 중학교에 들어갔을 때, 혹시 나쁜 길로 빠지면 큰일이다 싶어 "운동부에 들어가라"고 해서 첫째는 야구, 둘째는 탁구를 했어. 둘 다 성적도 좋았는데 학교를 그만둔다는 거야. 작은 아이도 도중에 학교를 관두고 일한다고 하고.

나는 "우리의 역사와 말을 모르면 안 돼. 가이타의 중학교(조선학교)로 가라"며 다른 학교로 보냈어. 그런데 역시 적응을 못 해서 도중에 그만두길래 내가 다시 보냈어. 가이타의 조선학교에는 중학교와 고등학교가 있는데 첫째도 둘째도 1, 2년 정도 다녔지.

큰아들은 고등학교를 그만두고 나서 도장 일을 했는데 한 달 월급을 꽤 많이 받아온 거야. 수금을 잘했더니 사장이 많은 돈을 줬다고 해. 나는 아들이 잘못된 길로 들면 안 되겠다 싶어 "조선대학교에 들어가라"라고 했어.

그런데 조선대학에서 규슈로 실습 간다고 하는 거야. 그 이야기를 듣고 아들한테 "너는 장남이다. 실습 가면 조총련에 들어와서 조청(재일본조선청년동맹) 일을 하라고 할지 몰라. 나는 네가 조직 활동하는 건 반대다. 조은(조은朝銀히로시마신용조합)으로 가서 돈이 얼마나 귀중한 것인지 공부하도록 해"라고 했지. 그런데 아들이 실습에서 돌아와서는 역시 본부(조총련히로시마현 본부)에서 "조청일해라"라고 했다는 거야. 나는 "안 된다"라며 허락하지 않았어. 결국 조은으로 가게 됐지.

조은에 가서는 성적도 좋았어. 하지만 20년간 근무하면서 여기저기 지점장도 하고 그랬는데 본점으로 다시 돌아올 때 "내 사업을 해야겠다"며 조은을 그만두더라고. 그러더니 소도시에서 파친코 2군데와 부동산 사업을 시작했어. 아들 둘, 딸 하나를 낳았는데 지금은 그 아들들이 파친코 하나씩 물려받아서 잘 운영하고 있어.

장남을 가이타에 있는 중학교에 보냈을 때 둘째도 같이 1, 2년 다녔어. 그 후 "조선대학에 가서 공부해라"고 했는데 학교는 안 가고 나와 같이 연근 농사를 짓는다며 운전 일을 시작하더라고.

나는 돼지를 키우면서 연근 농사를 30년간 해 왔어. 야마구치현 이와쿠니시에서 밭을 빌려서 하는데 매일 둘째가 트럭을 운전해서 같이 가. 왕복 3~4시간 걸려. 트랙터로 2미터 간격의 구멍을 파서 씨를 심는데 보기보다 꽤 힘든 일이야. 지금은 여기저기에서 연근 농사를 하고 있기 때문에 그다지 돈이 되지 않아. 둘째에게 "다른 장사를 해 봐라"고 몇 번이고 이야기했는데도 계속 이 일만 하고 있어.

▶ 일하다 보니 이런 몸이 되다

나는 여태 살면서 "오늘은 좋네"라고 말해 본 적이 없어. 모두가 건강하게 살아주니 그게 제일 좋아. 매일 아침 2시간씩 걷고 있어. 전에 혈당치가 높았을 때는 방석이 무릎에 닿기만 해도 아팠어. 30대부터 당뇨병에 걸려서 조금이라도 추워지면 손발이 얼음처럼 차가워지는데 병원 약보다는 가급적 건강식품을 먹었지.

그 이후 발이 저려서 세 번이나 넘어졌어. 한 번은 침대에서 넘어지고, 두 번째 넘어졌을 때는 어깨가 골절되고, 세 번째는 자전거 타다가 넘어져서 혈관이 끊어졌어. 일하는 게 천성이라 여기까지 일만 하면서 왔는데 결국 몸이 이렇게 됐네.

원폭 때문에 이상 증상도 있었던 것 같아. 3년 전 일본 적십자사에 입원했었어. 그때 한쪽 신장인가 간장이 제 기능을 못 해서 간경화가 되었는데 몸이 망가질 대로 망가졌다고 하더라고. 2년 전까지 눈은 좋았는데 지금은 아른거려서 조금 먼 곳은 보이지가 않아.

1978년(쇼와 53년)에 아침에 일어났더니 코피가 나서 멈추지 않는 거야. 의식이 점점 멀어져 가는데 이제 죽을지도 모르겠다는 생각이 들어, 바로 앞집에 사는 둘째 아들한테 전화했어. 아들이 바로 와서 응급차로 대학병원(히로시마대학 의학부 부속병원)에 데려갔지. 거기에서 2주 정도 입원했는데 의사 선생님이 "피가 코로 나와서 살았어요. 만약 뇌쪽으로 갔으면 힘들었을 겁니다"라며 다행이라고 했어. 그 후로 잠깐 동안 어지럼 증세는 있었지만 더 이상의 원폭 후유증 같은 건 없었어.

한국에서 여동생이 여러 가지 약을 보내 줬어. 지금 여동생은 골다공증으로 등뼈가 6개 정도 변형되었고 심장도 좋지 않아. 나이가 칠십도 넘었어.

일전에 아들이 "어머니, 한국에 모시고 갈까요"라고 물어보길래 "살아 있을 때 동생 은혜를 갚아야 하니까 한번 가자"라고 말했어. 그 뒤로 한국에 갈 수 있도록 열심히 노력하는 중이야. 한국에는 딱 한 번 갔었는데 20년 전에 민단의 성묘단으로 가서 3~4일 정도 머물렀어. 그때는 국적을 '한국'으로 바꾸지 않아도 갈 수 있었지. 만난 가족은 여동생뿐이야. 고향 집에는 끝내 못 가봤어. 생각해 보면 일본에 온 뒤로 고향 집에는 한 번도 못 갔어.

▶ 할 일은 다 했다

원폭수첩(피폭자 건강수첩)을 받은 것은 1962년(쇼와 37년)이었을 거야. 마을회장이 "원폭수첩 신청해"라고 해서 신청했더니 바로 받을 수 있었어. 어떤 병도 치료는 무료야. 노인수첩과 원폭수첩을 제시하면 입원도 무료. 죽으면 얼마 정도의 장례식 비용도 나와. 지금은 얼만지 모르겠지만 시어머니가 돌아가셨을 때는 10만 엔 나왔어.

원폭수첩을 받고 난 뒤 건강관리 수당도 받게 되었지. 매달 3만4천 엔 정도. 한국 사람은 재작년(2003년)부터 건강관리 수당을 받을 수 있게 되었어. 조피협(히로시마현 조선인 피폭자 협의회)과는 특별한 관계가 없었지만 이실근 회장한테 한국에 있는 여동생 것을 부탁해서 신청했어. 1년 반 전에 여동생도 원폭수첩을 받았지. 북조선 사람은 받을 수 없어. 일본인은 북조선을 싫어하잖아.

나는 슬픈 일이 많이 있어도 속 시원히 털어놓을 상대가 없어. 원자폭탄이 떨어지고 얼마 되지 않아 남편을 잃고 부모님도 돌아가시고 형제들도 뿔뿔이 흩어져 버렸어. 솔직히 식민지만 되지 않았더라면 내가 일본에 와서 이런 고생은 하지 않았을 거야. 재혼 얘기는 전부 거절했어. 아이들 때문에. 적어도 중학교까지는 돌봐 줘야지, 다음은 고등학교, 그다음은 사회인이 될 때까지 하면서.

자신의 입장만 생각하면 무슨 일이든 가능하겠지만 주변 입장을 같이 생각하면 마음대로 되는 게 아니야. 아들 둘 다 조선 여자와 결혼해서, 큰아들은 아들 둘에 딸 하나, 둘째는 아들 둘 딸 둘, 손주 일곱 모두 조선학교에 다니고 있어. 아들들도 열심히 살고 있고 손주들도 모두 착해.

나는 일흔두 살까지 밭에 나가서 일했는데 4~5년 전부터는 그만뒀어. 태어나서부터 평생 일만 하면서 살아왔어. 그렇게 하지 않으면 살 수 없었던 시절이었으니까. 할 일은 전부 다 해서 후회는 없어. 원폭 당하고 힘든 일도 많았지만 열심히 살아온 보람은 있다고 생각해.

34

야키니쿠 가게에 반평생을 걸다
최일권 崔一權 (남)

취재일: 2006년 10월 15일, 16일, 17일
출생지: 경상남도 창녕군 영산면
현주소: 오사카
생년월일: 1928년 12월 15일
약력: 경상남도의 산골에서 태어남. 1934년 만 여섯 살 때 먼저 일본으로 건너간 아버지를 찾아 어머니와 함께 일본으로 건너옴. 전쟁 중에는 오사카 사카이堺에서 어린 시절을 보내고 학도근로동원으로 군수공장에서 일함. 전쟁 후에는 여러 가지 일을 전전하다 야키니쿠 가게를 시작함. 사카이 지역의 야키니쿠 선구자로 한때는 지역에서 1, 2위를 다툴 정도로 번창했음.

취재: 최건삼 / 원고집필: 최건삼 / 번역: 고민정

▶ 여자 형제들 사이에 태어난 장남

내가 일본에 건너온 것은 1934년(쇼와 9년) 만으로 여섯 살 때. 가끔 생각나는 것은 2층 창문에서 보았던 경치야. 항구에 떠 있던 배들과 뱃고동 소리. 내가 태어난 곳은 경상남도의 산골짜기였으니까 그것은 조선에서 일본으로 건너오기 전에 묵었던 부산의 한 숙소에서 본 경치일 거야. 이상하게도 그 풍경만은 잊을 수가 없어.

나는 경상남도 창녕군 영산면에서 태어났어. 그곳은 험난하고 비탈진 산골 마을이야. 당시 일본인이 그 주변 땅들을 전부 사들였다고 하는데 우리 아버지가 가지고 있는 땅은 산속 중에서도 산속이라 일본인도 안 샀다고 해. 아버지는 농사일보다 일본에 가서 돈 버는 편이 낫다고 보고, 자식 다섯 명과 어머니를 남겨두고 혼자서 일본에 건너갔어. 나는 2, 3년 후에 어머니가 아버지를 찾아서 일본에 갈 때 누나 두 명이랑 어머니를 따라서 여기에 온 거야. 나중에 남동생이 어머니에게 들은 이야기인데 어머니가 일본으로 온 이유는 싸움 때문에 히로시마의 유치장에 들어가 있는 아버지를 꺼내오기 위해서였대. 고향의 논밭은 동네 사람들에게 맡기고 급하게 일본으로 왔다고 해. 형제들은 전부 열한 명이었다고 생각하는데 막내 여동생과 남동생이 죽고 내 위로 아마 네 명이었을 거야. 나는 장남이었으니까 당연히 애지중지하며 키웠지. 누나들도 처음으로 태어난 남자아이라서 동생인 나를 돌봐야 했다고 해.

▶ 아버지의 귀가를 기다리는 나날들

어머니와 우리들은 화물선을 타고 부산에서 오사카로 왔어. 아버지는 히로시마의 유치장을 나온 후에 오사카의 다이쇼구에 있는 처남의 공사 현장에서 일했어.

우리들은 얼마 동안 다이쇼구에서 지냈는데 마침 무로토 태풍(1934년 9월 21일)이 온 거야. 엄청난 태풍으로 당시 사망자와 행방불명자가 3,000명이라고 했어. 아버지는 "이곳은 사람 살 곳이 못 된다"라고 하며 사카이(현 오사카 사카이시)로 이사를 갔어. 사카이 주위에는 방직공장이 많았고 조선 사람들도 살고 있었어. 그때는 어디를 가도 조선 사람들이 살만한 곳은 그리 많지 않았지. 조선 사람이 일본인들이 사는 나가야長屋(칸을 막아서 여러 가구가 살 수 있게 만든 집, 일본식 다세대 주택의 일종)에 이사를 오면 그곳에 살던 일본인들은 다 나가버려. 그러면 어느새 그

나가야는 조선 사람들만 살게 돼.

아버지는 사카이에서 다이쇼구까지 매일 자전거로 일하러 다녔어. 당시 조선 사람들이 할 수 있는 일이라곤 힘쓰는 일밖에 없었어. 나는 일본 말도 못 하고 친구들도 없으니까 매일 아버지가 돌아오는 길에 나가서 아버지를 기다렸지.

▶ 베니어판 비행기

아홉 살에 사카이에 있는 이치市심상소학교에 입학했어. 그때는 일본말을 조금 했는데 학교에서 괴롭힘을 당한 기억은 별로 없어. 조선 애들은 일본 애들보다 학교에 늦게 들어가는 경우가 많아서 같은 학년이라도 일본 애들보다 두, 세 살 나이가 많아. 게다가 그 학교 우두머리가 조선 아이라서 놀림을 당하면 바로 복수를 해 주었어. 같은 반의 반장도 조선 아이였는데 나이는 열 살이었고 성적도 달리기도 싸움도 다 일등이었어.

소학교에는 처음 1년만 다녔고, 그 후로는 이시즈石津에 있는 군수공장에 일하러 갔어. 예전에는 방직공장이었던 곳인데 소위 말하는 근로 동원인 거지. 그때가 종전되기 2년 전 즈음이었어. 거기서는 베니어판으로 글라이더 같은 비행기를 만들었는데 아마 금속 재료가 없어서 베니어판을 썼을 거야.

그 군수공장의 책임자와 교장 선생님에게 "이 비행기는 어디에 쓰는 거예요"라고 물었더니 "미군이 상륙할 때 이 비행기에 전차를 넣고 날려 보낼 거다"라고 하는 거야. 도대체 무슨 말을 하는 거야라고 생각했어. 베니어판 비행기가 전차를 실어 나른다는 게 도무지 말이 안 되잖아.

▶ 공습을 피해서 아와지섬으로

종전되던 해에는 공습이 심해져서 3월 오사카 대공습 때는 매일 같이 공습경보가 울렸어. 이시즈의 군수공장에도 사람들이 거의 오지 않았어. 폭탄으로 집이 날아가 버렸는데 일하러 올 리가 없지. 학교 친구랑 공장에 갔는데 사람도 없고 베니어판도 재료도 아무것도 없었어. 할 수 없이 친구들하고 나뭇조각으로 모형 비행기를 만들거나 나막신을 만들어 숨겨서 가져왔지. 그러면서 매일 놀았어.

5월에 공장 밖에 나가서 하늘을 쳐다보니 하늘이 새까맣게 될 정도로 B29가 날아왔어. 해안에 배치된 고사포가 불을 뿜어대는데 한 발도 맞추지 못해. 고사포의 사정거리는 8,000미터, B29는 만 미터의 상공, 당연히 맞을 리가 없지. 그 공습으로 고베는 불더미가 되었어.

공습이 심해지면서 아버지는 사카이 해변의 방파제에 구멍을 내고 사설 방공호를 만들었어. 하루는 방공호 바로 옆에 폭탄이 떨어진 거야. 다행히 불발탄이어서 살았지만 아버지는 사카이도 위험하다고 생각했어. 고모하고 연락을 주고받던 먼 친척이 아와지섬에 살고 있었는데 그곳으로 가족들을 다 보냈어.

▶ 쌀엿 장사하며 보냈던 청춘 시절

그 후로 아버지는 밀조한 막걸리를 팔았어. 어머니가 아와지섬淡路島에서 쌀을 사 오면 아버지는 그것을 사카이로 가지고 가서 막걸리를 만들었어. 술을 구할 수 없던 시절이라 다들 사러 왔지. 가끔 경찰이 사카이에 있는 집으로 조사를 나왔지만 한 번도 들킨 적이 없었어. 화장실 벽에 구멍을 내고 거기에 막걸리 독을 숨겨 두었거든.

그 무렵 아와지섬 상공도 고베로 향하는 B29가 자주 지나갔고 7월에는 공습으로 사카이가 그만 잿더미 벌판으로 변해버렸어. 아버지는 종전 직전에 가족들을 친척이 있는 기후岐阜의 아사히초(현 다카야마시)로 데려갔어. 처음에 아버지는 시간이 지나면 사카이로 다시 돌아갈 생각이었는데 기후가 마음에 들었는지 그냥 눌러앉는 바람에 종전은 기후에서 맞이했어. 내가 열일곱 살 되던 해였지.

종전 직후는 어딜 가도 먹을 것이 없던 시절이었어. 있는 것은 뭐든지 다 전쟁에 사용되었고 공장은 전부 군수용 공장, 식량도 전쟁터로 보내지고 집은 불타고 남자들은 대부분 전장으로 끌려갔고, 정말 아무것도 남은 게 없었어. 하지만 다행히 우리가 옮겨간 기후현에는 쌀이 있었어. 어머니가 쌀로 예전에 조선에서 먹었던 쌀엿을 만들면 나는 주로 히다고잔(기후현 히다 지방에 있는 시)에 팔러 나갔고 여동생은 게로 온천으로 팔러 갔어. 당시는 그런 군것질거리를 만드는 곳이 없었고 아무것도 없던 시절이라 불티나게 팔렸지. 그때가 나한테는 가장 즐거웠던 청춘 시절이야. 장사가 잘돼서 돈도 있었고 돌아오는 길에 댄스홀에서 놀기도 했지. 그러나 그런 즐거움도 바로 끝나 버렸어. 다카야마와 게로에 과자를 만드는 공장이 생기면서 쌀엿이 안 팔리게 되고 결국엔 장사를 그만뒀어.

▶ 아버지의 결단으로 결혼

전쟁이 끝나고 바로 한국에서는 토지개혁이 있었어. 아버지는 고향에 있는 땅이 걱정됐던지 한국에 돌아갈 배 한 척을 구입하는 거야. 그런데 돌아갈 용기가 없었는지 망설이다가 배를 태워버렸어. 결국 한국에는 돌아갈 수 없었고 고향 땅은 다른 사람에게 넘어가 버렸는데 끝내 돌려받지 못했어. 그러는 사이 일본에서는 화폐가 신엔(1946년에 새로 발행된 '신일본 은행권'의 통칭)으로 바뀌었어. 아버지는 그 정보를 몰라서 아무런 손도 쓰지 않고 그냥 몇 개의 가방에 돈을 넣어두기만 한 거야. 쌀엿 장사로 번 돈 모두가 휴지조각이 되어 버렸어. 아버지는 집 마당에서 모닥불 피우듯이 돈을 다 태워버렸지.

그 후로는 집에 돈이 다 떨어져도 아버지는 은거하는 사람처럼 어슬렁거리며 아무 일도 하지 않았어. 집에서는 어머니와 여동생들이 목탄 자동차의 연료인 장작을 쪼개거나 쌀과자를 만들어 파는 등 먹고살기 위해서 열심히 일했어. 나는 뭐 했냐고? 그때 조선 남자들은 막노동 말고는 할 게 없었어. 동네 사람들은 아사히 댐 건설 현장에 중노동하러 가는데 나는 힘든 중노동이 너무 싫은 거야. 그러다가 일본에 있는 조선 사람의 권리를 요구하는 민족 운동에 흥미를 가지게 됐고 그 일로 아버지와 자주 싸웠어.

그런 나를 어떻게 하지 않으면 안 되겠다고 생각했는지 전쟁 끝나고 4년이 지날 무렵 아버지가 혼사를 정해버려서 나는 어쩔 수 없이 장가를 가야 했어. 아버지는 기후현에 있는 친척을 통해 오사카 사카이에서 불법 담배 만드는 일을 하고 있던 젊은 여자를 소개받았어. 술도 담배도 냄비도 쌀도 생선도 전부 암시장에서 거래되던 시절이었어.

내가 결혼한 여성은 오복순이라는 이름으로 열아홉 살이었지. 나는 스물두 살. 다소곳하면서 예쁘고 헌신적으로 일하는 여자였어. 장남한테 시집오는 바람에 집안일도 해야 했고 게다가 내 남동생과 여동생까지 돌봐야 했어. 한겨울에 결혼했으니까 아내는 눈이 많이 오는 구구노로 시집온 거야. 나중에 들은 얘기지만, 사카이에서 축하해주러 온 장인어른은 돌아가는 기차 안에서 이렇게 추운 곳에 시집간 딸이 불쌍하다며 울었다고 해.

▶ 여기저기 전전하다 찾아낸 반평생의 일

결혼한 다음 해에 남자아이가 태어났어. 나는 공사판에서 일하는 게 싫어서 시계 브로커라든지 여러 가지 장사 일을 했지만 모두 길게 하지는 못했어. 이 지역에서는 일을 구할 수 없다는 생각이 들어 아내와 아이들을 남겨두고 혼자서 사카이나 나고야까지 돈 벌러 나갔지. 그 무렵 파친코가 유행하기 시작했는데 사카이에서 파친코 기계의 못을 조절하는 일을 했어. 파친코 가게가 막 시작할 때라 못 조절하는 일은 인기가 많아서 당시 돈으로 하루에 10만 엔 번 적도 있어. 지금 돈으로 환산하면 100만 엔(약 천만 원)야, 그것도 단 하루에. 하지만 그런 돈벌이는 오래가지 못했어.

그래서 여전히 기후의 구구노와 오사카의 사카이를 왔다 갔다 했지. 그러는 와중에 둘째 아들도 태어났어. 사카이에서 파친코 일을 하기도 하고 건설 면허를 따서 건설업도 해 보았지만 처자식과 형제들까지 먹여 살릴 수 있는 일은 그리 쉽게 구해지지 않았어. 전후 10년간은 겨우 먹고살 정도였지.

그사이 조선전쟁이 일어나고 보수 합동으로 자민당이 결성되고 나도 뭔가 쓸만한 일을 해야겠다고 생각하여 사카이에서 호르몬(소나 돼지의 내장) 구이를 시작했어. 당시 사카이에는 호르몬 구이집을 하는 곳이 한 군데밖에 없었어. 나 혼자 포장마차를 끌고 가서 철판에다가 호르몬을 구워서 팔았어. 그런데 철판에 구우면 호르몬이 타서 눌어붙는 바람에 점점 맛은 없어지고, 당연히 손님도 떨어졌어. 그래서 이리저리 궁리하다가 철망에 호르몬을 구웠더니 손님이 다시 모여들기 시작한 거야. 이거라면 잘 되겠다는 생각이 들었지.

▶ 노상 포장마차에서 호르몬 구이

뭔가 전망이 보여서 기후현에 있는 아내를 불러들였어. 두 아이는 구구노에 남겨둔 채로. 사카이 도이가와의 강가길에 포장마차를 끌고 나가 아내와 둘이서 호르몬 구이를 시작했는데 생각보다 손님들이 많이 왔어. 아내는 일도 잘하고 표정도 밝고 음식 솜씨도 있어서 김치나 다른 음식을 만들어도 다 맛있었어. 그런 아내의 손맛과 활달한 성격이 인기의 비결이었지.

장사가 잘되니 나도 의욕이 생겨서 조리사 면허를 따고 재료도 직접 시장에 나가서 구입해 손님들에게 항상 신선한 고기를 내놓았어. 고기 다루는 방법도 연구했지. 아내도 여러 가지 양념 맛을 시도해 보곤 했어. 고기를 절일 때 쓰는 양념과 구운 고기를 찍어 먹는 양념장은 각각 따로 만들어 준비했는데 구운 고기를 양념장에 찍어 먹는 방법은 아내가 처음 고안한 것일지도 몰라. 그때까지는 그런 풍습이 없었거든.

그러면서 일본인 입맛에 맞는 양념과 조선 사람들 입맛에 맞는 매운 양념, 두 종류를 만들었어. 처음으로 김치를 먹어 본 일본인도 아내가 만든 김치는 맛있다고 인정했어. 가끔 다 팔려서 없다고 하면 농담 반 진담 반으로 화를 내는 손님이 있을 정도였지. 손님들은 샐러리맨부터 일용직 근로자까지 매일 초저녁부터 새벽 4시, 5시까지 가게는 늘 북적거렸어. 우리 것을 흉내 내서 호르몬 구이를 하는 사람이 생겨났는데 맛은 흉내 낼 수가 없었지.

포장마차로는 손님을 다 받을 수가 없어서 가건물을 짓기로 했어. 허가 없이 가건물을 짓는 거라, 그것도 길가에, 일단 지어 놓고 2, 3일간 상황을 지켜봤지. 시청 직원이 철거하러 오지도 않고 뭐라고 항의하는 곳도 없어서 호르몬 구이집을 바로 시작했어. 그랬더니 전보다 더 손님이 몰려드는 바람에 가건물을 늘려야 했어. 사람들이 몰려드니까 주변에 다른 가게들도 생기기 시작하면서 어느새 북적거리는 거리가 됐어.

그때부터 매상이 빠른 속도로 늘어나는 거야. 자리가 꽉 차서 들어오질 못하고 그냥 돌아가는 손님이 끊이질 않았고 빈 맥주병 상자를 놓아 둘 곳이 없어서 밖에 쌓아둬야 했지. 새벽 4시까지 일을 하고 집에 돌아오면 바로 쓰러져서 낮까지 자고, 또 일어나면 재료 사러 나가고, 저녁 5시부터는 다시 전쟁이야. 정말 바쁘긴 했지만 충실한 나날이었어.

그때가 1960년대 전반으로 70만 엔 정도면 정원이 딸린 집을 살 수가 있었어. 가게 월 매상이 70~80만 엔 일 때도 있었으니 얼마나 손님이 많았겠어. 소문을 듣고 "야키니쿠 가게를 하고 싶은데 가르쳐 주세요"라며 찾아오는 사람도 있었어. 몰래 손님으로 가장해서 맛을 알아내러 오는 사람도 여러 명 있었지. 사카이에는 우리보다 훨씬 큰 야키니쿠 가게가 있었는데 그곳 지배인도 맛을 가르쳐 달라고 왔어. 아는 사람이나 열심히 하려는 사람에게는 맛을 전수해 주기도 했지. 형제들은 "경쟁자를 더 만들 뿐이다"라며 뭐라고 했지만 옛날부터 성격이 좋다 보니 어쩔 수 없었어. 그래도 아내의 맛을 흉내 낼 수 있는 사람은 한 사람도 없었지. 우리 아내는 요리에 관해서는 정말 천재야.

▶ 사카이에 가족을 맞이해서

첫째와 둘째를 구구노에 남겨 놓은 채 사카이에서 셋째가 태어났어. 부부가 같이 일하니까 갓난아기 때부터 가게에 데리고 나와 아내가 애를 업고 일했어.

1961년 이제 슬슬 구구노에 있는 아이들을 불러야겠다고 생각하던 차에, 갑자기 아버지가 쓰러지셨어. 추운 겨울날 이웃 마을에서 잔치가 있었는데 아버지가 강에서 잔치 요리에 쓸 돼지를 잡다가 쓰러지신 거야. 눈이 녹아 얼음처럼 차가운 강에 발을 담근 채 돼지를 잡고 있었던 모양이야. 아버지는 고혈압이었는데 순간 혈관이 터져 버린 거지. 아버지가 환갑을 맞이했던 그다음 해였는데 그 이후로 아버지는 하반

신마비가 되어서 누운 채로 지내야 했어. 아버지를 들것에 실어서 기차로 구구노에서 사카이의 새집으로 모셔 왔어. 물론 남겨둔 아이들과 어머니도 함께였지.

그로부터 6년 후에 아버지는 돌아가셨어. 예순여덟의 나이셨지. 아버지 때문에 이루 말할 수 없이 고생했던 어머니였는데 아버지가 쓰러지고 나니까 매일 아버지 간호만 하셨어.

▶ 올림픽, 퇴거, 새 가게

아버지가 돌아가셨을 무렵에는 이미 가와바타川端(강가)의 가건물 가게는 문을 닫았고, 사카이역 앞의 새로 지은 건물에 '에이요켄榮養軒'이라는 야키니쿠 가게를 하고 있었어. 가와바타의 가건물 주변은 한때 1킬로미터 이상 음식점이 늘어서 있었는데 나중에는 한 집도 남지 않았어. 내가 그 가와바타에서 호르몬 구이집을 시작한 것이 1955년이었는데 그 뒤에 가게 옆으로 포장마차 스시집이 생기고 이세완 태풍(전국에 5,000명 이상의 희생자를 낸 슈퍼 태풍)이 있던 1959년 이후에는 가게들이 급격하게 늘어났어. 당시 이케다 하야토池田勇人 내각의 고도 경제성장 정책으로 경기가 좋아지기 시작했거든. 도쿄올림픽도 눈앞에 다가왔고 사카이에 있는 오하마 바다도 매립공사가 시작되어서 규슈 지역으로부터 노동자가 대량으로 흘러들어왔어. 그 덕에 가와바타의 가게는 돈 벌러 온 단기 노동자 손님으로 넘쳐났지.

그런데 도쿄 올림픽이 개최되기 전년도에 거리 미화라면서 포장마차를 전부 철거한다고 갑자기 시청에서 통보가 온 거야. 우리들은 모두 반대했지만 강제철거한다고 하면서 그 지역 폭력배들을 앞에 내세우더니 그들에게 협상까지 맡기는 거야. 이제 더는 안 되겠다는 생각이 들어 서둘러 가건물 가게를 접고 매물로 나온 사카이역 앞의 점포

2채를 샀어. 점포 두 개를 서로 연결해 넓게 만든 다음, 이름은 '에이요켄'이라고 짓고 영업을 시작했지. '에이요켄' 가게에는 가와바타 때의 손님도 찾아오고 입지 조건이 좋아서 그런대로 장사가 잘됐어. 역에 내려서 바로 가게 문을 열고 들어오는 샐러리맨 손님도 많았어.

그런데 종업원을 늘리고 가게도 어느 정도 안정을 찾아갈 무렵 몇 집 떨어진 이비인후과 병원에서 "고기 굽는 연기가 환자들에게 나쁜 영향을 끼친다"라고 항의를 하는 거야. 몇 번이나 항의가 들어와서 방법을 찾아보았는데 당시는 무연 로스터도 없어서 고심 끝에 그냥 가게를 그만두기로 결정했어. 그 후 사카이의 번화가에 작은 술집 두 군데를 시작했고 새로 집을 지어 1층은 야키니쿠 가게를 차려서 아내에게 맡기고 2층에서는 우리가 살기로 했어.

▶ 우리 가게의 음식 맛은 아내의 손맛

1976년에 일흔여섯 살로 어머니가 돌아가셨어. 어머니는 전형적인 옛날 어머니들처럼 부지런하고 성실하며 다정다감했어. 형제들 모두가 슬퍼했지. 한 시대가 이제 끝났다는 생각이 들더라고.

어머니가 돌아가시고 난 뒤 아내 일도 많이 늘어났어. 집안일에 가게 일까지 스트레스가 많이 쌓였을 거야. 혀 감각도 변했는지 고기 맛도 매일 다른 느낌이었어. 그래서 그런지 손님도 전보다 줄더라고. 내가 해 오던 작은 술집도 오일쇼크 이후로 불경기가 되면서 손님이 줄어들고 사카이 번화가도 예전처럼 사람들이 모여들지 않아서 망하는 가게가 속출했어.

그 후로도 술집과 야키니쿠 가게를 계속하긴 했는데 1980년대에 들어서면서 술집을 그만뒀어. 어떻게 할까 고민을 많이 했는데 "역시 야키니쿠밖에 없어"라는 생각이 들어 과감하게 집 1층에 있던 가게를 접고

사카이 동쪽의 번화가에서 '아지라쿠테이味樂亭'라는 새 가게를 열었어. 막내아들이 도와준 덕분인지 개업하자마자 손님들이 많이 와 주었고 그러면서 가게 매상도 점점 안정되어 갔어. 막내아들에게 가게를 물려주려고 생각하고 있었는데 아들은 자기 꿈을 찾아서 도쿄로 가 버렸어. 가와바타의 가건물에서 장사할 때 아내가 장사하면서 업고 키운 게 막내아들이라 야키니쿠와 잘 어울린다고 생각했는데 조금은 아쉬워.

그러고 나서 구 사카이항 앞에 있던 우리 집이 철거되었어. 그때는 버블 경기 시절이어서 생각지도 못한 철거 보상비가 나온 거야. 그 돈으로 사카이의 다른 장소에 집을 샀고 거기서도 야키니쿠 가게를 열었어. 하지만 어느 가게도 예전만큼은 번창하지 못했어. 자식들은 다 독립해서 나가고 집에는 우리 부부 둘밖에 없었지만 그런대로 마음 편하게 장사할 수 있었지. 그래서 이대로 그럭저럭해 나가면 괜찮겠다고 생각하고 있었는데 생각지도 못한 일이 벌어진 거야.

▶ 아내가 세상을 떠나고 가게를 그만두다

일 년에 한두 번 아내와 둘이서 여행을 다니는데 그때가 1997년 6월 동북지방을 여행하는 중이었어. 아오모리에 있는 도와다 온천에서 숙박하고 있었는데 아내가 온천물에서 나와 옷을 갈아입던 도중에 쓰러진 거야. 여탕에서 비명소리가 들리고 소동이 벌어져서 급히 달려갔더니 아내는 의식불명에 고통스러운 얼굴을 하고 있었어. 구급차로 병원까지 갔는데 그대로 숨을 거두고 말았어. 원래 심장이 안 좋긴 했지만 겨우 예순여섯의 나이였어.

아내한테는 정말로 고생을 많이 시켰어. 아내는 스무 살 때부터 내 동생들을 보살피며 아버지와 어머니 말씀도 잘 따르고 기후의 시골에서도 불평 한마디 없이 열심히 살았어. 사카이에 와서는 일 년 열두 달 하루도 쉬지 않고 가게에서 일만 했지. 자식도 셋 모두 아들이라 아무도 어머니를 도와주지 않았어.

▶ 어디에 있든 같은 하늘 아래

후회스러운 일이 많지만 그나마 죽기 전에 아내를 내 고향인 경상도 영산면에 데리고 간 일은 잘했다는 생각이 들어. 고향에서는 친척들과 마을 사람들이 따뜻하게 맞아주었지. 아내가 죽고 나서는 야키니쿠 가게도 그만뒀어. 아내 말고는 아무도 그 맛을 낼 수가 없기 때문이야. 아들 녀석이 "어머니가 돌아가셔서 더는 그 맛을 맛볼 수 없게 됐어"라고 말하더라고.

아내가 죽고 나서 오사카와 나라로 이어지는 가쓰라기산葛城山에 가족묘를 새롭게 만들었어. 거기에 아버지와 어머니 그리고 아내가 묻혀 있어. 이제 조금 있으면 나도 들어가게 되겠지. 산비탈에 세워진 묘로 주변은 산으로 둘러싸여 있어. 고향인 영산면과 어딘지 모르게 닮아 있어. 으음, 어디에 있든 같은 하늘 아래에 있는 거야.

35

활동가로서 민족에 헌신한 인생
박용철 朴容徹(남)

취재일: 2005년 8월 18일, 9월 14일, 9월 28일, 11월 9일
출생지: 충청남도 논산군
현주소: 오사카시
생년월일: 1929년 2월 15일
약력: 식민지 시절 아버지가 경제적인 사정으로 가족들을 남겨 둔 채 일본으로 건너가, 혼자서 고향 집을 지키고 있던 어머니 밑에서 성장함. 전후 활로를 찾기 위해 아버지가 있는 일본으로 건너감. 아버지가 미에현三重縣에서 조련 활동에 관여하고 있었기에 나도 활동가의 길로 들어섬. 일본공산당을 거쳐, 조선총련의 활동가로서 일생을 민족운동에 바침.

취재: 박재영 / 원고집필: 박재영 / 번역: 고민정

▶ 고향에서의 나날들

나는 1929년 2월 15일 충청남도 논산군 연산면 천호리에서 장남으로 태어났어요. 내 밑으로는 여동생이 둘, 남동생이 하나 있었죠. 우리 집은 증조부모, 조부모, 아버지 삼 형제 부부, 남자 조카와 여자 조카, 모두 16명의 대가족이었어요. 아버지는 집안의 장남이라서 서당에 다녔고 보통학교를 졸업하고 철도국의 선로보수공으로 취업하여 시골에서는 꽤나 안정된 생활을 했어요. 아버지는 지식과 체력을 갖추고 있었고 인성도 좋았지만 술과 도박에 손을 대고 말았어요. 박씨 집안 종

산의 나무를 내다 팔아 도박 빚을 갚고, 광산 인부모집에 응모해 일본 야마구치현 우부광산으로 갔어요.

나는 일본인이 교장이지만 교원 절반이 조선 사람인 공립보통학교에 다녔어요. 1937년에 입학했는데 3학년 때 소학교로 바뀌고 5학년 때는 국민학교로 바뀌었어요. 한 학급의 학생 수는 80명 정도였는데 학생들 나이는 제각각이어서 열일곱, 여덟 살에 벌써 결혼한 학생도 있었어요.

학교에는 조선 이름으로 다녔어요. 수업은 일본어로 이루어졌고, 2학년까지는 조선어 수업이 일주일에 2시간 정도 있었는데 3학년 되더니 없어졌어요. 그러면서 '국어'(일본어) 사용을 강요했어요. 학교에서 행사가 있는 날에는 교장 선생이 '교육칙어'를 낭송했고 기념일에는 신사참배도 했죠. 일본인 교사가 조선 사람을 멸시하는 풍토 속에서도 조선인 교사에게서는 민족정신이 느껴졌고 굳이 '조선 독립'이라고 말하지 않아도 학생들로부터 존경을 받았어요.

국민학교를 졸업하고 3년제인 대전 공립직업학교의 기계과에 들어갔어요. 아버지가 일본에서 돈을 보내주신 덕분에 마을에서 나 혼자만 직업학교에 진학할 수 있었어요. 지금은 이렇게 말하고 있지만 나도 어렸을 때는 일본에 대한 동경이 있었어요. 그래서 소년항공병에 지원했는데 그것을 할아버지에게 말했더니 "바보 같은 놈! 박씨 집안의 장손이 일본을 위해 죽는단 말이냐, 종손이라는 놈이 집안일을 잊고 있었단 말이냐!"라며 크게 화를 내셨고, 결국에는 시험을 칠 수 없었어요.

▶ 조국 해방

3학년 때 조국이 해방되었어요. 조선 사람들은 활기가 넘쳤고 '독립 만세'를 외치는 소리가 퍼져 나왔어요. 일본인들은 의기소침해져서 집

안에만 틀어박혀 있었죠.

1946년 정월에 친하게 지내는 후배가 자기 아버지의 책이라면서 일본어로 된 『공산당선언』을 빌려줬어요. 잘 이해는 안 됐지만 책에 빠져서 몇 번이나 읽었어요. 지금까지와는 전혀 다른 역사가 있다는 것을 알게 되었고 나도 공산주의자가 된 것 같은 기분이 들었어요. 하지만 집안 사정도 안 좋았고 아버지 송금도 끊기는 바람에 1946년 여름에는 학교를 중퇴할 수밖에 없었어요. 여동생은 소학교에 들어갔고 어머니 혼자서 농사일을 하고 있었는데 나도 어머니 일을 도왔죠.

그러는 사이에 보통학교 선배가 찾아와서 "남로당(남조선 노동당)에 입당하지 않을래"라고 권유하길래 그렇게 하기로 했어요. 당시는 남북이 대립하고 있었고 지방에서는 친일파와 대지주에 대한 공격이 끊이지 않았어요. 전체적으로 소란스러운 분위기였죠. 1948년의 5·10 남쪽 단독선거 때는 북쪽의 통일선거 주장이 옳다고 보고 선배와 함께 마을을 돌면서 서명을 모았어요. 그 후에 여수, 순천에서 반란 사건이 일어나고 사회 분위기는 어수선했으며 불안감이 높아만 갔어요.

내가 있던 지방에서는 크게 경찰과 충돌하지는 않았지만 뭔가 불안한 느낌이 들었고 한국에 없는 편이 낫겠다는 생각이 들었어요. 그래서 1948년, 열아홉 살 나이로 일본에 건너갔어요. 그 무렵 아버지 돈을 전달해주던 사람이 찾아왔는데 나는 그 사람을 따라서 미에현의 가메야마로 온 거예요.

그 후에는 어머니 혼자서 오랫동안 고향 집을 지켰어요. 정치적인 사정으로 내가 고향에 갈 수 없으니까 1990년에 어머니가 일본에 오셔서 한 달간 같이 지냈어요. 당신 손주들이 한국말로 '할머니, 할머니' 하고 불렀더니 많이 기뻐하셨죠. 어머니는 농사일하면서 자식들을 다 키워냈고 이십 대 후반에 남편과 헤어져 여든 살이 될 때까지 혼자서 지내셨어요. 말로 하는 것은 간단한데 생각하면 눈물이 나오네요.

▶ 일본에서 첫걸음

일본에 와 보니까 아버지는 조련(재일본조선인연맹)의 가메야마 지부 위원장을 하고 있었으며 암시장에서 장사해 돈을 좀 모았고 일본 여자와 가정을 꾸리고 있었어요. 내가 온 것을 알고 동포들은 자주 찾아와서 고향 얘기를 해달라고 했어요. 그것이 계기가 돼서 민청(재일본 조선민주청년동맹) 미에현 본부에 상임으로 추천을 받아 미에현 본부의 문화부장이 됐어요.

미에현에서 1949년 3·1혁명 기념대회를 마치고 민청의 간부들이 민단의 구와나 지부에 쳐들어가 '민단을 해산해라'며 실랑이를 벌였어요. 이로 인해 경찰이 출동했고 나를 포함해 민청 단원들이 검거되는 사건이 있었어요. 이 사건이 구와나 사건인데 나는 이 사건을 잊을 수가 없어요. 이 사건을 구실 삼아 1949년 9월에 미군의 지령으로 조련은 해산하게 되었죠. 그 후에는 미에현의 청년단체협의회 간부로 활동했어요. 1949년 10월에는 중화인민공화국이 탄생했고 우리들은 드디어 사회주의의 승리를 확신했죠.

1950년 6월 25일에 조선전쟁이 일어났어요. 우리는 인민군의 서울 해방 소식을 듣고 남북통일이 목전에 왔다고 축배를 들었어요. 그러나 거기에 미군이 참전한 거예요. 우리는 조국 방위를 위해서 "무기를 만들지 마라, 보내지 마라"라고 일본 노동자에게 호소하는 전단을 만들어 배포했어요.

1952년 연말, 스물세 살 때 민전(재일조선통일민주전선) 미에현 본부의 서기장이 됐어요. 이듬해 7월에는 조선전쟁 정전 협정이 조인되고 같은 해 8월 5일에는 조선노동당 중앙위원회 전원회의에서 '모든 힘을 전후 인민경제 부흥발전을 위해'라는 기본방침이 발표됐어요. 나는 미국한테 엄청난 폭격을 당하고도 불사조처럼 살아난 공화국(조선민주주의인민공화국)에 민족적 공감을 가지고 있었어요. 그래서 이규환 의장과 상의한 다음 상임위원회에서 조국 부흥자금을 공화국에 보내기로 결의했어요. 이 결의가 일본에서 '조국부흥 복구자금'을 보내는 운동의 시작이었죠.

이런 운동을 한 전례도 있고 해서 나는 일본공산당의 방침에 반하는 민족주의적 경향을 가진 사람으로 간주되었어요. 그래서 그런지 1953년 11월에 도야마현의 일본공산당 민족대책부 책임자로 가게 되었어요. 미에현에 있는 동포들은 헤어짐을 아쉬워하며 각 지부에서 송별회를 열어줬어요. 아버지는 이전에 밀주를 만들어 팔거나 암거래를 했었는데 내가 결혼할 때는 오사카의 가시와라에서 파친코 가게를 하고 있었어요. 결혼한 지 얼마 안 된 아내를 그곳에 맡기고 나는 도야마로 갔어요.

▶ 도야마 시절

도야마에 부임해 와서 예전부터 안면이 있던 권기봉 민전 도야마현 의장에게 인사하러 갔더니, "공산당이 배치한 거지, 그렇다면 월급도 공산당에서 받아야겠네"라고 하더라고요. 나중에 들은 얘기로는 전임 민족대책부 책임자에게 권 의장이 만 엔, 다른 두 명의 간부가 오천 엔씩 내서 월급을 주었는데 민대와 의장들의 의견이 맞지 않아 돈을 내지 않았더니 더 이상 그곳에 있을 수 없게 되었고 민족주의적 성향이 있어 보이는 내가 대신 배치된 거라고 해요.

권 의장은 예전에 민전 회의에서 만난 나를 보고 "젊지만 조국을 생각하는 활동가"라고 생각했다네요. 당시 도야마의 동포 수는 2,800

명 정도였고 권 의장은 해방 전부터 일본 북쪽 지역에서 노동운동을 했던 애국자였어요.

도야마에는 다테야마立山(해발 3,015m)의 개발공사가 있어서 동포들의 노동자 합숙소가 여러 군데 있었고 합숙소의 우두머리도 조선 사람이었어요. 공기가 희박하고, 물자도 사람 손으로 직접 옮겨야 하는 곳이라 일당 3,000~5,000엔으로 보통 임금보다 3배나 높았죠. 나는 합숙소의 노동자들에게 조국의 정세를 설명하고 기부금 형식으로 만 엔 정도 모았어요. 또한 합숙소 우두머리한테 만 엔을 받아서 그 자금을 조총련이 결성될 때까지 활동자금으로 썼어요.

당시 뜻을 가진 활동가들은 국제 혁명이라는 명분으로 모두 일본공산당에 들어가 있었어요. 이른바 '일국일당 원칙'이죠. 일본공산당의 조직 내에는 민족대책부라는 조직이 있어요. 그곳의 지시를 받고 나도 도야마의 민족대책부의 책임자로서 활동하고 있는 거였죠. 그래서 1953년까지는 일본공산당의 영향도 받고 지시도 따랐는데 그들이 우리에게 '민족파'라고 몰아세우는 등 여러 가지 불화도 있어서 상당히 불편한 상황이었어요. 급여도 공산당에서 지급받는 걸로 되어 있는데 알고 보면 본인의 급여는 본인 스스로 알아서 조달해야 하는 형편이었죠.

그 무렵 민족대책부와 민족파의 대립은 날로 심해져 갔고 같은 활동가끼리도 정도를 벗어난 비판에 서로 상처를 입히는 상황이었어요. 결국 나는 1955년 일본공산당을 나왔어요. 권 의장 측은 조총련이 결성되기 일 년 전 즈음에 이미 탈당했고요.

1955년에 도야마에도 조총련이 결성되었는데 특별히 큰 혼란도 없이 민전 시대의 간부가 그대로 조총련의 간부가 되었고 나도 조직부장을 거쳐 사무국장이 되었어요. 조총련이 결성되고 새로운 노선에 대한 학습회나 강연 등을 여는 정도였지 활발한 운동은 아직 전개하지 않았어요.

이야기가 뒤로 돌아가지만, 도야마 시절에 한 가지 잊지 못할 일이 있었어요. 내가 사무국장으로 일할 때였는데 도야마에 새로운 공회당이 생겼어요. 당시 일본에서 세 번째로 컸다고 하는데 그곳에서 세계적으로 유명한 음악회나 극단의 공연이 열리곤 했어요. 어느 날 아는 사람의 권유로 친구와 둘이서 카라얀의 연주회를 보러 갔어요. 그날은 추운 겨울날이었는데 우리는 한창 연주하는 도중에 군고구마를 사러 밖에 나갔죠. 그런데 사 가지고 다시 안에 들어갔더니 마치 물을 뿌린 것처럼 조용한 거예요. 다시 말하면 그때까지 우리의 수준은 딱 그 정도로, 아직 음악을 감상할 수 있을 정도의 문화 수준이 아니었던 거죠.

이대로는 안 되겠다는 생각이 들어서 나는 공연 주최자를 만나서 상담을 하고 중앙예술단(재일조선 중앙예술단, 현 금강산 가극단)을 도야마로 불렀어요. 비용은 13만 엔에서 15만 엔 정도. 발이 넓은 권 의장이 도야마현의 지사와 7개 시장, 동포 상공회 사람들과 차례로 만나서 광고료로 40만 엔 정도 모아 왔고 나는 그 큰 공회당을 어떻게 채울지 불안해하면서 관객 동원에 전력을 다했어요. 민주 단체에 초청장을 보내고 북일본 신문사에 공연 소개기사도 실었어요. 2,800명을 수용하는 곳에 2,400명이 들어와서 다행히 공연은 성공적으로 마칠 수 있었어요. 도야마에서 예술단의 성공은 일본 각지에 알려지게 되었고 이후 금강산 가극단의 순회공연은 지금도 그때의 광고 모집 방식, 사람들과의 연결 방식 등을 참고하고 있어요. 도야마의 사례가 하나의 모델이 되어서 전국으로 퍼져 나간 거죠.

그 무렵 1956년에 조선대학교가 설립된 것을 알게 됐어요. 나를 돌아봤더니 민족의 역사도 모르면서 혁명가의 탈을 쓰고 활동하고 있더라고요. 나는 이게 너무 부끄러워서 공부해서 교원이 돼야겠다고 결심하고 도쿄로 왔어요. 입학 자격이 없어 처음에는 청강생으로 조선대학교 2기생 역사 지리학부에 입학했어요. 학생 수는 100명 정도였는데 일본 대학을 졸업하고 온 사람도 있었고 현역생은 적었으며 대부분 2~3년 사회생활을 하다가 온 경우가 많았어요.

대학에서는 선생님들이 열정적으로 강의를 해 줬는데 그중에서도 역사 강의에 깊은 감명을 받았어요. 세계에 자랑할 수 있는 명장이나 문화유산을 알게 되어 민족적 자부심을 가졌죠. 2년 동안이었지만 자유롭게 토론에 참여하여 격론을 나누고 독서에 집중하며 청춘을 즐기던 시절이었어요. 내 인생에서 조선대학교의 2년간은 민족적 주체성을 확립한 중요한 시기였다고 생각해요. 그러고 나서 1958년에 조총련 중앙에 배치받았어요.

▶ 조선총련 활동가로서의 발자취

졸업 후의 진로로 교원을 지망했지만 조총련 중앙 사회경제부에 배속되어 1958년 4월부터 6개월간 근무했어요. 그때가 마침 조총련의 노선 전환기로 조직은 혼란스러운 상태였어요. 나는 상공인들의 강습회를 조직하면서 다시 한번 상공회의 중요성을 깨달았고 대학생 여러 명을 동원해 강의 내용을 정리한 자료를 만들어 배포했어요.

1958년 9월에는 조총련 중앙에 인사부가 생겨서 두 명이 배치되었어요. 인사부에서는 간부들을 평가하는데 평가 기준으로는 세 가지 항목이 있었죠. 첫 번째 항목은 김일성 주석에 대한 충성심, 두 번째는 조직방침 실천의 업적, 세 번째는 동포들의 신뢰였는데 어떤 식으로 전국에 있는 간부들을 평가하면 좋을지 몰랐어요. 그 때문에 조직부의 협력을 얻어 간부들을 평가했어요.

그때는 매년 중앙대회가 열려서 아침부터 밤까지 바빴는데 낮에는 조총련 중앙에서 근무, 오후에는 중앙학원에서 생활지도, 집에는 옷

갈아입으러 일주일에 한 번 들어가는 정도였어요.

중앙학원의 학습을 통해 조총련 운동도 착실하게 발전해 갔어요. 8기부터는 『항일 무장투쟁 참가자들의 회상기』(김일성이 이끌었던 항일 무장투쟁 기록집)를 교재로 해서 학습 운동을 시작했는데 그 학습은 조총련 운동 발전의 정신적 지주로서 큰 역할을 했어요. 『회상기』는 구가쓰쇼보(조총련 출판사)에서 출판한 걸 우연히 발견하고 "이거 주세요"라고 했더니 4권밖에 없었어요. 많이 팔린 거죠. 그때까지 우리는 항일 무장투쟁의 빨치산 등에 대해서는 전혀 알지 못했어요.

1958년 11월부터 '회상기 독서 운동'이 일본 전국 조총련 조직에서 시작됐어요. 『회상기回想記』는 모두 12권이었는데 매회 스토리가 있었고 재미있으며 읽기도 편해 동포들 사이에서 베스트셀러가 됐어요.

1959년 말부터 김병식이라는 사람이 인사부장이 되면서 분위기가 달라졌어요. 원래 일본에는 당이 없으므로 파벌 같은 게 존재하지 않는데도 불구하고 그는 조선노동당 역사를 모방해서 '반종파투쟁'이라는 운동과는 동떨어진 사상 투쟁에 역점을 두었어요. 강연과 강의에서 일방적으로 반종파투쟁을 강조했으며 반대파에게는 종파라는 허울을 씌워서 타격을 입혔죠. 그 때문에 조직 내에서 대립과 혼란이 극심했어요.

1961년에 공화국의 지도 아래 '재일조선인 운동사의 시정 강의'라는 것이 시작됐어요. 재일조선인 운동사는 그때까지 전 일본공산당 정치국 일원으로 18년간 감옥에 투옥되었던 김천해 선생의 지도 아래, 식민지 시절에도 노동운동을 하고 민전 시대에도 공화국을 지지했던 한덕수(조총련중앙의장) 씨 등에 의해 조총련이 결성되었어요. 운동사의 강의는 처음에는 한 의장이 나중에는 중앙학원의 학감(현 교무주임 격)이었던 내가 맡아서 했어요.

'재일조선인 운동사의 시정 강의'라는 것은 재일조선인 운동은 독자적인 것은 아니라 항일 빨치산의 영향을 받아서 진행된 것이다. 즉, 그때까지의 운동사를 전면적으로 시정하라는 내용이었어요. 수강생 중에는 재일조선인 운동이 혁명 전통이라고 말하는 사람도 있었으며 그럼 "지금까지의 책임은 누구에게 있는가"라는 추궁에 "중앙학원에서 시작된 것은 아닌가"라는 목소리도 있었어요. 재일조선인 운동사에 대한 공리공론 투쟁이 시작된 거죠. 니가타에서 전국위원장 회의가 열리고 나는 거기에서 "종파를 적극적으로 정리하지 못한다. 팔방미인 같다"라는 말을 들었어요. 하지만 나는 금방 돌변해서 누군가를 적으로 돌려버리는 짓은 할 수 없었어요.

▶ 오사카에 배치되고

조총련의 인사부가 조직부에 통합되고 나는 거기에서 부부장직을 맡고 있었는데 1963년 10월에 남오사카 본부의 조직부장으로 좌천됐어요. 그 결정을 들었을 때 나는 이제 엘리트 코스에서 배제된다는 생각에 조금은 동요했어요. 사심이 앞선 거죠. 그러나 동포가 가장 많이 사는 오사카에 가는 것을 기피하는 것은 내가 이제까지 중앙학원에서 강의해 온 주체사상과 『회상기』의 내용에 비추어 보면 나는 진정한 애국자도 진정한 혁명가도 아닌 거죠. 나의 그런 마음이 너무 부끄러워서 크게 반성하고 용기를 내서 오사카에 가기로 했어요.

오사카의 현실은 상상 이상으로 곤란한 상황이었어요. 우선 규율이 흐트러져 있었는데 예를 하나 들면 본부의 숙직자는 밥 먹으러 나갈 때 문도 잠그지 않고 열어둔 채로 나갔어요. 나는 조직부장으로 먼저 『회상기』의 독서 운동을 시작했어요. 우선 청년들과 여성동맹(재일조선민주여성동맹)이 눈에 띄게 달라져 갔어요.

1965년 4월에 그때까지 동, 중, 남, 북으로 나뉘어 있던 네 개의 본부가 오사카 본부 하나로 통합되었어요. 위원장에는 윤봉구 조총련 중앙 부의장이 되었고 나는 교육부장이었어요. 오사카 생활 14년 중의 10년은 교육 분야에서 활동했어요.

윤 위원장은 권위도 있었고 위원장이 되기 전에는 오사카조선고교의 부채감소 운동을 지도해 성과를 낸 실적도 있었어요. 윤 의장은 "애국 조직은 빚이 있어서는 안 된다"라는 생각을 가지고 있었죠. 우리들은 윤 위원장과 함께 '절약해서 학교를 지키자'라는 슬로건을 내걸고 당시 5억 엔 있었던 부채를 2년 동안 다 변제했어요. 부채 중에 3억 엔은 학교와 관계된 것이었어요. 재임 중에 8개의 조선학교를 재정비하였고, 오사카조선고등학교 건설 때는 실제로 1억3천만 엔의 흑자를 냈어요.

나는 오사카에서 교육부장을 2년, 선전부장을 1년 반, 이쿠노니시지부의 위원장을 1년 그리고 본부의 교육 담당 부위원장을 맡아서 하는 동안 이달신 본부위원장 밑에서 8개 학교를 부채 없이 신축 건물로 교체했으며 오사카 행정기관으로부터 조선학교의 각종학교 허가도 받아냈어요. (각종학교: 일본 학교 교육법 제1조에 규정된 학교 이외의 학교로 학교 교육에 준하는 교육을 실시하는 학교)

당시 오사카의 사토기센 지사는 문부차관이었을 때 '조선학교 불인가' 차관통달을 내린 인물이었는데 그때까지 오사카에서 조선학교는 각종학교 인가신청도 하지 못하는 상태였어요. 게다가 학교의 토지, 건물의 대부분은 개인 명의로 되어 있어서 명의인이 사망하거나 유족의 소재가 불분명해지면 인가신청서를 만드는 것조차 곤란했어요. 하지만 한덕수 오사카부 교육회장을 중심으로 각 학교의 교육회장들이 일치단결해 명의 문제 등을 해결해 갔어요.

같은 시기에 오사카부 의회의 각 당에 청원하여 협력을 이끌어 냈죠. 의원들이 조선학교를 방문하는 일이 있었는데 그때 자민당의 한 의원이 "조선학교는 반일 교육만 한다고 생각했는데 와서 보니까 적의는커녕 학생들이 예의도 바르고 인사도 잘하고 수업 내용도 일본 학교와 다르지 않아 좋은 인상을 받았다"라고 말하고 "일본 학교에서는 볼 수 없는 오래된 목조 교실과 열악한 시설 환경에 동정심을 갖게 됐다"라는 말도 했어요. 그렇게 해서 오사카의 조선학교는 1965년에 '각종학교' 허가를 받아냈지만 1966년에 문부성이 '외국인학교 법안'의 국회 상정을 시도했어요.

우리는 학교를 지키기 위해서 전면적인 법안반대에 나섰죠. 오사카의 사회과학자 협회(재일본조선사회과학자 협회) 지부에서는 일본 학자들에게 반대를 호소하기도 했어요. 민족교육을 잘 이해해주던 리츠메이칸대학의 스에카와 히로시 총장이 전면적으로 협력해준 덕분에 국, 공, 사립 19개 학교의 총장, 학장 14명, 전 학장이 4명, 일본학술회의회원 7명, 교수 5명, 모두 합쳐 30명의 지지자가 참석한 '재일조선인 민족교육에 관한 긴키近畿 각 대학학장, 교수 간담회'가 1966년 11월 27일에 열리게 됐어요. 그 간담회는 여론에 큰 영향을 주었는데 그 후 긴키 지역에 이어서 일본 각 지역에서도 간담회가 열렸고 여론의 지지를 받아 그 법안은 1972년 6월 7일에 폐기되었어요.

1967년부터는 선전부장이 되었어요. 선전부는 간부교육, 동포교육, 신문잡지 보급 등 광범위한 일을 하는데 당시 광고물의 지연 배달과 대금 누적이 문제가 되고 있었어요. 조사해보니 지부의 선전부장도 대부분 광고물을 읽지 않고 있었어요. 나는 회의를 열어서 지부의 선전부장들은 먼저 자신이 읽고 그 내용을 해설해서 독자들에게 보급하라고 지시했으며 대금도 선납 형식으로 바꿔 적자를 청산하고 나중에는 학습회도 열었어요.

이쿠노니시 지부의 위원장으로 1968년부터 1년간 업무를 보았는데 이쿠노니시는 조선총련 안에서는 가장 큰 지부로 15,000명의 동포가 살고 있었어요. 분회가 43개나 있지만 두 시간 걸으면 전 분회를 다 볼 수 있을 정도로 좁은 지역이었어요. 작은 선전차를 사서 동포들과 관련된 소식을 선전하기도 하고 게시판도 100개를 만들어 사진 속보 등에 활용했어요.

그동안 빌려서 쓰던 상공회관도 일본의 민주상공회로부터 사들여 지부 소유로 만들었어요. 그러던 어느 날 대기업가인 문경수 사장으로부터 만나고 싶다는 연락이 왔어요. 최근 이쿠노니시 지부가 아주 잘 하고 있으니 매월 5만 엔씩 찬조금을 내고 싶다는 거예요. 나는 감사해 하면서 찬조금은 2만 엔만 받을 테니 3만 엔분으로 다른 찬조회원 3명을 조직해 달라고 부탁했어요. 문 사장은 "이제까지 더 달라는 곳은 있었어도 이런 제안을 하는 곳은 여기가 처음이야"라고 하며 기꺼이 3명의 회원을 조직해 줬어요. 이런 일도 있으면서 내가 부임할 때 3명이었던 찬조회원이 임기가 끝날 무렵에는 80명으로 늘어났어요.

오사카부의 교육담당 부위원장 시절에는 이길병 상공회(재일본조선인상공회) 회장이 2억7천만 엔을 기부해서 그 기부금으로 신오사카에 조총련 오사카부 본부 회관을 새롭게 지었죠.

▶ 오카야마의 조총련 조직본부 위원장 시절

1978년 10월 당시 오카야마에는 동포 수가 8,500명, 초중급학교가 2개, 조은朝銀신용조합의 예금액은 68억 엔, 조총련 본부의 부채 금액은 8억 엔이었어요. 하지만 그 무렵, 오카야마에서는 당시 본부 위원장의 관료주의에 반대하는 일부 간부들과 상공인들이 연명으로 의견서를 작성하여 중앙의 한덕수 의장에게 제출하는 사태가 일어났어요. 조총련 중앙은 놀래서 중앙조직부장을 책임자로 앉히고 전국의 충실한 활동가를 동원해서 40일간 집중 지도를 하였어요. 그 후 오카야마에서 11차 정기 대회를 열었는데 나는 아무것도 모른 채 그 대회에 참가했고 거기서 오카야마의 새로운 위원장으로 선출됐어요.

하지만 조총련 간부와 상공인들은 둘로 나누어져 대립이 계속되고 있는 상황이었어요. 나는 이후 5년간 본부에서 먹고 자는 생활을 했어요. 위원장이 되고 나서 본부 및 지부의 대회를 무사히 마치고 상임위원회를 열었더니 재정부장이 그만두고 싶다는 거예요. 연말까지 재정 문제를 해결할 자신이 없다는 게 그 이유였어요. 내가 각 조직을 둘러보았더니 오히려 전임 간부가 있었던 지역인 오카야마와 구라히키에는 문제가 있고 전임 간부가 없었던 쓰시야마, 신미, 와게 지역은 별문제가 없었어요.

나는 개인적 신념도 그렇고 앞으로 절대 어음 유통을 하지 않겠다고 맹세하면서 그해 연말에 유력한 상공인들의 협력을 받아서 겨우 해결할 수 있었어요. 나의 이런 결과 보고를 듣고 본부의 활동가들도 나를 인정하게 되었고 분위기도 조금은 바뀌었어요.

어느 날 밤, 숙직하는 지국장과 잡담을 하고 있었는데 그가 "오카야마 간부들은 새로 온 위원장이 어느 파의 입장에 서 있는지 주시하고 있다"라고 하길래 "나는 어느 쪽 파도 아니고 오직 조국과 동포만을 생각하며 땀 흘려서 활동하는 입장에 서 있다"라고 말해줬어요. 그런 일이 있고 난 후로 나는 기회가 있을 때마다 "비방과 중상은 그만두고 동료들의 좋은 점을 배웁시다. 만약 비판할 게 있다면 허심탄회하게 본인 앞에서 합시다. 남북분단이라는 불리한 조건을 극복하기 위해서라도 서로 단결하여 민족적 권리를 지켜나가야 합니다. 조국 통일을 위해서 한층 더 땀 흘려 활동합시다"라고 호소했어요. 이러한 노력 덕분인지 상공인들이나 간부 활동가들이 내 의견에 조금씩 공감하기 시작했고 그때까지 오카야마에 만연했던 비방과 중상은 눈에 띄게 줄어들었어요. 그 후로 오카야마 상공회는 발전을 거듭했고 학습회도 처음에는 참가자들이 12~13명이었는데 어느새 40~50명으로 늘어나고 나중에는 70~80명 규모로까지 발전하게 되었어요.

오카야마의 동포 수는 8,500명 정도였는데 초중급학교 두 곳은 동포들의 자랑이면서 동시에 고민거리였어요. 그 원인은 학생 수의 감소와 운영난이었죠. 본부에서는 '교육의 날'을 정하고, 매월 1회 활동가나 부모가 학교에 모여서 시설 정비와 환경개선을 위한 봉사활동과 홍보에 힘을 쏟으라고 했어요.

민족교육을 지키는 큰 계기가 있었는데 1979년의 금강산 가극단 공연이었어요. 나는 그때까지의 경험을 기반으로 금강산 가극단의 수입은 전부 학교 운영에 돌리자고 제안했어요. 이에 활동가들이 "자신들의 인건비도 나오지 않는데"라며 반대하기도 했지만 결국 흑자 금액 중 1,700만 엔을 학교 운영비로 돌릴 수 있었어요. 나이 많은 간부와 많은 동포들이 "좋은 일을 했다"라며 칭찬해 주었고 결과론적으로 조총련 회비를 내는 회원이 늘어나는 계기가 됐어요.

또한 오사카에서 재일본 조선사회과학자협회의 대학교수와 오사카조선고급학교 출신의 이학, 공학박사들을 강사로 초청했고 교사들도 아이들과 함께 강연에 참가하도록 했어요. 동포들은 조선 사람 중에 교수나 박사가 있다는 것을 실제 눈으로 보고 놀라워하면서 감동했어요. 이러한 대처를 반복하는 사이에 1978년부터 1987년까지 학생 수는 43퍼센트 증가하였고 히로시마조선고등학교나 조선대학교로 진학하는 학생들도 많이 늘어났어요.

상공인 중에서는 구라히키 지역에 이강열 씨가 있었어요. 2005년월드컵 축구 예선에서 공화국 대표로 나온 이한재 선수의 아버지예요. 그는 우리 부모들이 고생하면서 힘들게 세운 학교를 지키고 발전시키기 위해 많이 노력했어요. 아직 조직에 가입하지 않은 동포들을 모으더니 '애교회'라는 조직을 만들어 학교 운영에 큰 도움을 주었어요.

비 오는 어느 날 밤, 본부에 있으니까 그가 방문해서 본부를 둘러보더니 "새로 지읍시다. 이렇게 비가 새는 건물은 고쳐도 소용없어요. 나도 1,000만 엔 낼게요"라고 말하는 거예요. 나는 상공회 회장과 조은신용조합 이사장에게 보고하고 건설위원회를 결성해 1억7000만 엔의 건설비를 흑자 재정 상태에서 결재했어요. 또 어떤 날은 이강렬씨가 찾아오더니 내가 본부장과 재정부장을 겸하면서 일이 많아 고생하는 것을 보고, "그렇게 해서 일이 되겠어요. 이제부터는 상공인들로 재정위원회를 구성합시다"라고 말하더니 조은오카야마신용조합의 이사와 상담하고 진짜로 재정위원회를 만들었어요. 그 후로는 본부, 지부, 단체의 인건비 전부를 거기에서 해결해 주었어요.

조은신용조합도 예금 68억 엔 중에서 불량채권이 19억 엔으로 오카야마현의 관리대상이 되어 있는 상태였어요. 이것이 크게 바뀌게 된 계기가 있었는데 그건 당시 다른 지방에서는 거의 사라진 게임 업자를 조은신용조합의 지도 아래 파친코 사업으로 전업시킨 거예요. 처음 한 두 가게가 성공하자 여기저기서 나도 하겠다고 나섰고 몇 년 후에는 20군데가 되었으며 그게 다 성공했어요.

조은신용조합의 예금은 10년 사이에 68억에서 280억으로 늘어났고 불량채권은 모두 없어졌어요. 1990년대의 그 금융 파탄 속에서도 '이코노미스트'지의 전국 500개 신용조합 건전도 조사에서 오카야마 조선신용조합은 23위였으며 재일조선신용조합 중에서는 가장 건전한 조합이었어요. 그래서 몇 년 후 신용조합 통합 때에는 오카야마 조은이 조은 서西신용조합의 본점이 됐죠. 내가 위원장 시절에 상공회 회원은 처음에는 180명이었는데 임기를 마칠 무렵에는 400명으로 늘어나 있었어요.

▶ '임진왜란과 교토의 코무덤, 귀무덤을 생각하는 모임'

1987년에는 오사카에 돌아와서 재일본 조선사회과학자협회 서일본 본부의 고문, 서일본 본부가 없어진 후에는 오사카 지부의 고문이 되어서 지금까지 하고 있어요. 또 1995년부터는 '임진왜란과 교토의 코무덤鼻塚, 귀무덤耳塚을 생각하는 모임'을 긴키 지방의 유지들과 결성해 매년 9월 28일에 '코무덤'에서 임진왜란 때 희생된 선조들의 위령, 공양, 추모를 위한 모임을 갖고 있어요.

임진왜란은 도요토미 히데요시가 시작해 7년간 진행된 전쟁으로 그 전쟁에서 일본군에게 학살된 조선 사람은 수십만이며 기아와 전염병에 의한 사망자를 포함하면 100만 명을 넘었어요. 히데요시는 전라도를 침공해 "전 주민을 다 죽여라"라는 명령을 내렸어요. 그 명령을 실행한 일본군이 증거로 조선 사람들의 코와 귀를 잘라서 일본으로 보냈는데 그게 코무덤, 귀무덤이 된 거죠. 1597년 9월 28일, 교토에 귀무덤을 만들고 교토고잔京都五山의 승려 400여 명을 동원해서 세가키공양을 했다고 해요.

그러나 우리 민족은 이순신 장군, 곽재우 의병군을 비롯해 수많은 의병이 목숨 걸고 싸워 결국 전쟁에서 승리했어요. 그 전쟁은 민족 불굴의 생명력이라는 교훈을 주었고 지금까지 이어져 오고 있어요. 반면에 왕과 신하들의 공리공론은 그대로였고 지배계층의 당파싸움은 계속되었으며 국력은 갈수록 쇠퇴하고 결국에는 일본의 식민지가 되고 말았죠. 또한 해방 후에는 강대국에 의해 남북이 분단되면서 조선전쟁이라는 아픈 역사를 체험해야 했어요.

▶ 역사에서 배우려는 자세를

나는 4남 1녀를 두었고 손주들은 14명이나 생겼어요. 자식, 손주들 모두 민족교육을 받게 했어요. 뒤돌아보면 나는 민족, 국가, 사회, 단체의 하나의 구성원이었으며 어떤 자리에 있든 항상 책임과 역할을 다해 노력한다면 반드시 작은 성과라도 얻어낼 수 있다는 확신이 있었어요.

2000년 6월에 김대중 대통령과 김정일 국방위원장은 남북 수뇌회담을 열었어요. 남북공동선언이 발표되고 난 후 남북은 적대, 대립 관계에서 대화, 교류 관계로 바뀌고 민족통일의 길을 걷기 시작했어요.

우리 민족의 최대의 문제점은 결정적 순간에도 지배층이 공리공론에 빠져서 제대로 판단하지 못하는 어리석음이에요. 이순신 장군이야말로 '주체'라는 의식이 확실히 정립되었던 인물이었죠. 역사에서 배우려는 자세를 일상에서도 항상 지켜나가며 잘못을 반복하지 않고 사람들을 위해 발전하는 조국이 되길 진심으로 바라고 있어요.

36
조선인피폭자협회와 함께
이실근 李室根(남)

취재일: 2005년 3월 25일
출생지: 야마구치현 도요우라군 우쓰히무라(현 시모노세키시)
현주소: 히로시마시
생년월일: 1929년 6월 22일
약력: 1945년 8월, 히로시마에서 간접피폭. 조선(한국)전쟁을 반대하는 전단을 배포해 징역 7년 복역. 조선총련 히로시마현 본부에서 근무. 히로시마현 조선인상공회 이사장직을 거쳐 1975년 히로시마현 조선인피폭자협의회를 결성하여 회장으로 취임. 미국, 유럽, 구소련 등 해외 강연 여행 다수. 북조선 거주 피폭자의 구제활동 추진. 히로시마 슈도대학에 비상근 강사로 근무하다 퇴임. 저서로 『프라이드 –공생으로의 길』(조분샤汐文社).

취재: 고찬유 / 원고집필: 고찬유 / 번역: 고민정

▶ '조센진 주제에'

나는 1929년에 야마구치현 도요우라군 우쓰히무라에서 태어난 재일 2세예요. 아버지는 경상남도 의령군에서 농사를 짓고 있었는데 1920년대 초반에 교토로 왔다고 해요. 그 후 산속에 들어가 숯 굽는 기술을 배웠고 어머니도 나중에 아버지를 찾아 일본으로 건너왔어요.

나는 야마구치현의 우쓰히심상고등소학교를 졸업하고 아사중학교에 입학했어요. 당시 학교에서는 육군 중위가 군사교육을 하고 있었죠. 대나무에 짚이나 천을 붙여 허수아비 같은 것을 만들어 놓고 나무총으로 찌르는 훈련을 시켰어요. 어느 날 중위가 나에게 검도할 때 입는 보호구를 입게 하고 "어이 조센진, 여기에 서 봐"라고 하더니 학생들에게는 "이 조센진을 '찬고로'(당시 중국인을 가리키는 속어)라고 생각하고 찔러"라고 하는 거예요. 동급생들은 적당히 하면 뺨을 맞기 때문에 힘을 다해 찔렀고 그게 며칠간 계속되니까 어깨와 가슴 아래쪽이 시커멓게 변했어요. 어머니가 "이대로 가다가는 애가 죽겠네"라고 하셨고 결국 2년이 안 돼서 학교를 중퇴했어요.

그때 아버지가 친분이 있는 국철 아사역의 부역장에게 상담했더니 '학도동원'으로 해줄 테니 역에서 한번 일해보라고 해서 아사역에 일하러 나가게 되었어요. 그 후에 미네선의 시게야스역으로 전근을 가게 되었고 그곳에서 종전이 될 때까지 그런대로 편하게 지낼 수 있었어요. 그곳은 석탄과 대리석이 나는 곳이라 조선 청년들이 일을 찾아 모여들었고 노무자 합숙소를 만들어 일하고 있었어요. 하지만 그다지 돈벌이는 되지 않아서 시골에서 쌀을 사서 고베의 산노미야로 가져가 팔곤 했죠. 어느 날 "너도 같이 갈래, 대신 표는 네가 사라"라며 유혹하는 사람이 있었는데 그것이 나의 장사의 시작이었어요.

▶ 히로시마의 참상

1945년 8월 5일 밤, 아홉 명의 동료들과 함께 산노미야에 가서 쌀을 팔고 야간열차로 돌아오는 길이었는데 열차가 히로시마현의 하치혼마쓰역(현 히가시 히로시마 시)에 도착하더니 그 뒤로 움직이지 않는 거예요. 할 수 없이 걸어서 히로시마역까지 왔는데 깜짝 놀라고 말았어요. 히로시마역 전체가 폐허로 변해버린 거예요. 역 철골도 선로도 모두 힘없이 구부러져 있고 건물들은 다 쓰러져 있었어요.

히로시마역에서 서쪽으로 가면 그곳은 유곽 거리인데 여자들의 시체가 엄청 많았어요. 강에는 갈대에 시체들이 걸려 있고 마치 지옥을 보는 듯했어요. 내장이 터진 사람, 가슴이 뚫려 구멍이 난 사람, 머리가 터져 흰색 내용물이 나와 있는 사람, 아직도 울부짖고 있는 사람, 시체 썩는 냄새, 정말 속이 울렁거려 바로 토할 것 같았고 다리는 부들부들 떨려 걸을 수가 없었어요. 한참을 걷고 있었는데 마차와 군사용 트럭이 시체와 부상자들을 싣고 이와쿠니 방면으로 가더라고요. 그 트럭을 타고 오타게 근처까지 간 다음 걸어서 이와쿠니에 가서 화물열차를 타고 집으로 돌아왔어요.

그러고 나서 조금 지나니까 열이 40도까지 오르고 설사가 멈추지 않는 거예요. 그것이 나의 첫 원폭 체험으로 흔히 말하는 '입시피폭자(피폭지에 들어가 잔류 방사능으로 인해 피폭자가 되는 경우)'가 된 상태였어요. 당시 아홉 명 중에 일곱은 이런 증상이 나타났는데 모두 방사능의 피해인 거죠.

▶ 반전 전단을 뿌리고 도주생활

아사 마을에는 수천 명의 조선 사람이 있었는데 종전되자 모두 만세를 부르며 덩실덩실 춤을 추었어요. 나는 황민화교육을 받아 온 탓에 그 무리에는 바로 낄 수가 없었어요. 그러던 중 아사도서관에서 규슈제국대학을 졸업한 선배들이 사회과학연구회라는 공부 모임을 하고 있었는데 권유를 받고 모임에 참가해 공부하다 보니 조선인운동에 뛰어들어 볼까라는 생각이 들었어요.

1945년 10월에 조련(재일본조선인연맹)이 결성된 후, 청년동맹(재일조선민주청년동맹)이 생기고 나도 거기에 들어갔어요. 그런데 1948년 9월에 "중앙학원에 가보지 않을래"라고 하는 거예요. 중앙학원은 도쿄의 다마가와라는 강 옆에 있었는데 자본론, 변증법적 유물론, 철학 등을 가르치고 있었어요. 약 6개월간 집중적으로 교육을 받았더니 조선 사람으로서의 민족의식이 완전하게 되살아났어요.

1950년에 조선전쟁이 시작됐을 때는 목숨을 걸고서라도 나라를 지키고 싶다는 마음이 들었어요. '미제국주의는 나쁜 놈들이다'라고 적힌 전단을 영화관 2층 관람석에서 뿌렸더니 경찰이 바로 달려왔어요. 다음날 경찰이 와서 집 주위를 둘러쌓았죠. 뒷문으로 도망치긴 했지만 2, 3개월 뒤에 붙잡혔고 겨우 보석으로 나올 수 있었어요. 이미 요코하마에서 전단을 뿌린 사람이 징역 10년에서 15년 판결받은 걸 알았기에 도주하기로 마음먹었죠. 연말에 도움을 청하러 히로시마 지부에 갔더니 아지트라며 동포가 돼지 키우는 곳으로 안내해 주었어요. 참 힘든 생활이었어요. 몇 개월 지나서 다른 조선인 마을로 이동하라는 지시를 받았는데 그곳에서 처음으로 인간다운 생활을 할 수 있었죠.

▶ 칙령 위반으로 징역 7년 판결

일본공산당이 국제파와 주류파로 나누어져 있던 시기였어요. 히로시마는 국제파로 무력혁명을 투쟁방침으로 삼고 청년들을 모아서 공산당 중심의 자위대를 만들려고 했어요. 한편 민전(조선인민민주주의전선)에는 조국방위대가 있었는데 이는 일본공산당 내에 있는 민족대책부의 지도를 받았어요. 나는 그때 일본공산당으로부터 직접 지도를 받고 있었기 때문에 공산당의 자위대 같은 역할을 하고 있었어요.

스이타吹田 사건(1952년 오사카 스이타시에서 학생, 노동자, 재일조선인이 한국전쟁에 협력하는 것에 반대해 대규모 반전시위를 벌여, 경관대와 충돌한 사건)이나 메이데이사건(1952년 5월 1일 일본 도쿄에서 경찰이 재일조선인이 다수 참여한 시위대를 습격한 사건)과 같은 사건들이 전국에서 빈번히 일어나는 중이었어요. 1952년 5월 경찰 1,300명이 조선인 마을을 포위해서 조사했는데 나도 그때 붙잡혔어요. 용의는 칙령 제311호 위반이라고 하는데 본래 이것은 일본의 강화조약 발효와 동시에 면소가 되는 것이었어요. 그런데도 '외국인 등록법' 위반이라든지 여러 가지 이유를 붙여서 죄를 무겁게 만들었어요.

붙잡힌 사람은 모두 4명이었어요. 제2호 법정에서 재판이 열리기 직전 조직 사람들이 와서 "그들은 애국자라서 무죄다, 석방하라"라고 요구하며 거꾸로 검사와 경찰관에게 수갑을 채워 버리고 법정을 탈취했어요. 그리고 다 같이 도망갔죠. 나중에 법정 탈취죄가 되면서 큰 소동이 났고 그로 인해 다수의 동지가 검거되었어요. 나도 6월에 다시 잡혀갔어요. 제1심 재판에서는 징역 15년의 구형이 나왔고 제2심에서는 징역 7년, 결국 최고재판에서 형이 그대로 확정되면서 횟수로 8년간의 감옥생활을 하게 됐어요.

조국과 혁명을 위해 죽을 각오를 했죠. 그랬더니 두려움도 없어지고 마음이 편해졌어요. 1년 후, 야마구치 교도소에 수감된 어느 날, 식사 시간에 식기에서 소리가 난다고 조선인 노인이 간수에게 얻어맞고 발로 차이는 걸 봤어요. 나는 변호사에게 "여기는 정말 지옥 같다, 고발하겠다"라고 했죠. 그러자 관리부장이 "너 히로시마에 돌아갈래"라고 말하더니 나를 히로시마로 돌려보냈어요.

1959년 2월에 석방되었고 조총련의 히로시마현 본부조직부 부부장 자리를 맡게 되었어요. 그리고 나서 히로시마시 전조선청년동맹 위원장 겸 본부 부위원장이 되었어요. 그 후 여기저기서 활동을 했고 1964년부터는 히로시마현 조선인상공회를 맡아 총무부장, 부이사장을 거쳐 이사장이 됐어요.

▶ **조피협(재일본조선인피폭자협의회) 결성**

히로시마에 와서 비합법 활동을 하고 있었을 때, 실업대책사업으로 일용직 노동자 일을 하고 있었어요. 어느 여름날, 긴 소매 옷을 절대로 벗지 않는 사람이 있었는데 내가 조선 사람이라고 했더니 "당신한테는 말해주지"라고 하면서 셔츠를 벗었어요. 몸을 봤는데 온통 화상 흉터로 덮여 있는 거예요. 수많은 조선 사람이 군사시설에서 일하다가 원폭으로 죽거나 방사능 피폭을 당했는데도 그대로 방치된 채로 있다고 하는데 그 얘기를 듣고 도저히 참을 수 없었어요.

상공회 이사장을 하고 있던 1975년에 상층부에 "피폭자 조직을 만들자"라고 건의했어요. 그랬더니 "지금은 모든 힘을 결집해서 조국 통일을 실현하는 것이 과제 아닌가"라고 말을 하는 거예요. 당시 미국의 국방부 장관이었던 슐레진저(Schlesinger)가 "조선반도에서 핵무기를 사용도 있을 수 있다"라고 공언을 했어요.

피폭자 중에서 유력가들을 만나 얘기를 했더니 "우리끼리라도 만듭시다"라고 하길래 나만 결심하면 되겠다는 생각이 들었어요. 1975년 8월 2일, 시의 복지센터에서 히로시마현 조선인피폭자협의회(약칭 '히로시마 조피협') 결성대회를 가졌어요. 130명이나 모였고 내가 회장이 돼서 활동을 시작했죠. 상공회 이사장직은 연말에 스스로 관뒀어요.

그 후 1979년 8월에 나가사키에서 조피협을 결성하고 이기상李崙相 씨에게 회장을 부탁했어요. 그리고 히로시마, 나가사키에서 피폭당하고 교토와 오사카, 관동, 북해도 등 여러 지역으로 이동한 사람들도 있으므로 이기상 씨와 둘이서 대표위원이 되어 1980년 8월 재일본조선인피폭자연락협의회를 발족시켰어요. 이기상 씨가 죽고 나서는 내가 회장이 되었지만 전국 조직으로서의 활동은 그다지 활발하지 못했어요.

▶ 골짜기 피폭자

원자폭탄이 투하됐던 당시 히로시마현 내에는 10만 명, 시내에는 53,000명의 동포가 있었고 후생노동청이 말하는 '폭심지에서 4킬로 이내'의 지역에 있던 사람은 약 48,000명이며 그중 25,000명에서 30,000명이 행방불명되거나 사망했어요. 나가사키의 피폭자 수는 30,000명으로 사망자 수는 12,000명으로 보고 있어요.

원폭수첩을 신청할 때 조선 사람 두 명의 증인으로는 신빙성이 부족하다며 신청접수를 거부했는데 이 문제로 히로시마시와 꽤 많이 싸웠어요. 겨우 시정이 돼서 신청서만으로 심사를 받을 수 있게 되었죠.

조피협에 등록한 사람은 처음엔 540명 정도였는데 실제로는 4,300명의 재일피폭자가 있었어요. 지금은 많이들 사망해서 4,000명이 안 되고, 그중 조피협에 등록한 사람은 3,000명 정도예요. 원폭수첩을 받으면 모든 치료가 무료이며 건강관리수당, 의료수당, 간호수당, 거기에 인정피폭자는 인정피폭자수당 등이 나와요. 건강관리수당은 이전에는 월 34,000엔이었는데 지금은 33,900엔으로 거의 변하지 않았어요.

피폭자들은 한국으로도 많이 돌아갔는데 얼마 전에 한국피폭자협의회 회장 곽귀훈 씨에게 물었더니 "조사가 전혀 이루어지지 않았고 해방 후 한국 정부도 아무런 관심을 주지 않았는데 이제 와서 무슨 소용이 있겠냐며 포기하는 사람이 많아요"라고 하는 거예요. 내 생각에 피폭자가 한국 내에 적어도 만 명 정도는 있을 거라고 봐요. 한국에 사는 여러 명의 피폭자가 나에게 상담하러 왔어요. 내가 수첩을 받게 도와준 사람만 해도 200명 가까이 돼요.

1970년부터 일본원수금(원수폭금지 일본국민회의), 히로시마원수금, 히로시마현 피단협(피폭자단체협의회) 등과도 연계가 있었어요. 1977년에 유엔 비정부조직(유엔NGO)이 주체하는 피폭 문제 국제심포지엄이 히로시마에서 개최되었을 때에는 처음으로 조선인 피폭자의 실정을 호소해서 큰 반향을 일으켰죠. 하지만 일본의 피폭 운동 안에서 우리 조선인 피폭자들은 관심을 받지 못했어요. 그걸 크게 느낀 것은 1978년 제1차 유엔 군축 특별총회가 있었을 때였어요. '핵무기 완전금지를 요청하는 일본 국민대표단'으로 일본인 500명이 참가하고 나와 백창기 부회장은 특별참가 형식으로 동행했어요. 당시 나는 '조선' 국적으로 미국에 들어간 제1호였죠.

일본인들은 자신들의 행동계획에 따라서 움직였고 우리들의 존재는 무시했어요. 당시 일본은 '유일한 원폭 피해국, 유일한 피폭자'론을 맹렬히 주장할 때였어요. 조선인 피폭자는 '골짜기谷間 피폭자'라고 불릴 정도였어요. 히로시마에서부터 동행한 매스컴 관계자, 일본저널리스트회 히로시마 지부의 멤버들에게 사정을 얘기했더니 미국의 7개사 정도의 매스컴 관계자들을 불러주어서 기자회견을 할 수 있었어요. 기자회견 보도가 나간 후에 재미 한국인, 재미 한국인 유학생, 미국의 평화단체들과 교류를 할 수 있게 되었죠.

조피협은 조선인 피폭자의 실태조사를 실시하여 1979년에 『하얀 저고리의 피폭자』(로도준포샤勞動旬報社)를 출간했어요. 혼자서 수십 명의 동포 피폭자 체험담을 녹음하고 저널리스트회 멤버들의 도움을 받아서 3만 부를 발행했어요. 서문을 누구에게 부탁할까라고 서로 이야기하는 중에 한 기자가 "마쓰모토 세이초松本淸張(일본을 대표하는 소설가)가 가장 좋아요"라고 말을 하는 거예요. 마쓰모토 세이초는 평소 구름 위의 존재라고 생각하고 있었어요. 긴장하며 전화를 걸어 사정을 얘기했더니 "활자로 되어 있나요, 그렇다면 보내주세요"라고 뜻밖의 대답이 돌아오는 거예요. 모두들 "해냈다"라며 함성을 질렀죠.

▶ 해외 강연 여행

1982년 8월 일본피단협의 '유럽 여행'이라는 기획 아래, 반핵운동 단체와의 교류를 목적으로 러시아, 체코, 동독, 헝가리 4개국을 방문했어요.

강연 활동을 한 것은 1983년 10월의 '뜨거운 유럽의 반핵운동'이 있을 때였어요. 한 달간 혼자서 유럽을 가게 되었는데 가장 인상 깊었던 것은 함부르크에서 40만 명이 모인 집회였어요. 나는 퍼싱II(미군의 핵탄두 미사일) 배치를 반대하는 집회에서 연설했어요. 그전에 2만 명의 종교자 집회에서도 했고요. 그 외에 요소요소에서 시민들과의 교류회도 가졌죠. 또한 재서독 한국인들과의 교류도 있었으며 마지막에는 동베를린에 들어가 공화국(조선민주주의인민공화국) 대사관에서 신세를 졌어요. 돌아오는 길에 암스테르담을 거쳐 무사히 귀국했죠. 나한테는 평생 잊을 수 없는 추억이 됐어요.

1984년 10월에는 캘리포니아대학 로스앤젤레스교校 아시아, 아프리카 연구소의 초청을 받아 미국을 방문해 일주일간 강연 활동을 했어요. 가는 김에 코리아타운에도 들렸고 샌프란시스코에서 전미 방사선 희생자 회의에 참석했으며 캘리포니아대학 버클리교校에서는 학생들과 교류를 가졌어요. 일본에 돌아와서 원수금 사무국장에게 "일본에서 세계 핵 피해자 대회를 열어 달라는 요청이 있었습니다"라고 보고하자 바로 "합시다"라고 결정하더군요.

1987년 8월에는 피폭자 긴급호소단 대표로 소비에트(구소련)를 방문했어요. 1988년 6월에는 제3회 유엔 군축 특별총회의 국제회의에서 핵 철폐를 호소했죠.

원폭 공원의 한국인 위령비는 1970년에 만들어졌어요. 처음엔 민단 소속 사람들이 위령비를 만들려고 움직였는데 그때가 1967, 8년이었어요. 하지만 공원 안에 들어갈 수가 없어서 혼카와바시 밖에 세워졌어요. 그것을 내가 차별이라고 호소했더니 여론이 형성되어 1999년에는 공원 안으로 위령비를 이전할 수 있게 되었죠. 이 일로 민단 사람들도 조금은 호의를 가져 주었어요. 그 사이 손진두孫振斗 재판(1972년 피폭자 건강수첩 교부를 요구해 후쿠오카현 지사에게 제소한 행정소송)이 있었고 재판은 계속 이겨 왔어요. 이 재판으로 여론이 높아지자 일본 정부는 재한피폭자에 대한 치료지원기금으로 1991년에 17억 엔, 1993년에 23억 엔, 합계 40억 엔을 한국 정부에 지급했어요.

▶ 북조선의 피폭자

피폭자 문제로 북조선을 방문한 게 열일곱 번이나 됐어요. 1989년 평양에서 사회주의 국가의 청년들이 모이는 제13회 세계청년학생제전이 열렸을 때, 나와 일본인 피폭자에게 "연설해 주세요"라는 연락이 와서 평양에 갔어요. 인민대학 학습당에서 연설했는데 그게 크게 보도가 되어서 열 명의 피폭자가 호텔로 찾아왔죠. 그것이 계기가 되어 1991년에 피폭자를 히로시마에 초청했어요. 그때부터였어요. 북조선의 피폭자 문제에 관심을 가지기 시작한 것은. 그 후 매년 하는 형식으로 모두 일곱 명의 피폭자를 맞아들였어요.

1992년에 실태 조사지를 만 장 인쇄해 북조선에 가져가 관계자에게 부탁을 했어요. 북쪽에서는 1993년과 1994년 2년간 실태조사를 실시하고 1995년에 '반핵평화를 위한 조선 피폭자협회'를 만들었어요. 그 후로 '반핵평화를 위한 조선 원폭 피해자협회'로 명칭이 바뀌고 회원은 모두 928명. 실태조사 결과 피폭자 수는 1,953명으로 밝혀졌고 그중 생존피폭자는 928명이었어요.(주: 2008년 6월에 이실근 씨가 북조선을 방문해서 확인한 결과에는 등록자 1,911명, 생존피폭자 382명) 이들은 일본 정부로부터 1원 한 푼도 못 받았고 당연히 치료도 받지 못했어요.

1999년 8월에는 평양에서 조선피폭자협회 주체로 처음으로 히로시마 나카사키 원폭 사진전을 성대하게 치렀어요. 그리고 2000년 2월에 북조선 피폭자 실무대표단이 일본을 방문해 오부치 게이조小淵惠三(당시 일본 총리) 씨와 노나카 히로무野中廣務(오부치 내각 관방장관 역임) 씨, 무라야마 도미이치村山富市(제81대 일본 총리) 씨와 만났어요. 역사적인 순간이었죠.

▶ 북조선 피폭자의 조기 구제를

한국에는 원폭수첩을 가진 사람이 2,300명 정도 되고 갖고 있지 않은 사람이 육백 명 정도 있어요. 한국 정부는 일본 정부로부터 40억 엔을 받았고 매년 피폭자 수당이 일본 적십자사와 대한적십자사를 통해 피폭자의 은행계좌로 입금이 되고 있어요. 한국 병원에서 받은 치료비도 일본 정부가 부담하는 것으로 재미, 재브라질의 재외 피폭자도 모두 치료를 받을 수 있게 되었어요. 단 한 나라, 북조선의 피폭자만이 완전히 방치된 상태로 있어요.

피폭에 의한 모진 고통과 쓰라림보다 더 큰 문제는 고령화예요. 적어도 한국 피폭자에게 하는 것만큼 지원을 해줘야 한다고 얘기하는데도 일본 정부는 전혀 움직이질 않아요.

나는 1990년부터 히로시마 슈도대학과 같은 대학의 단기대학에서 비상근 강사를 해 왔어요. 가장 중요한 수업으로 평화학 그리고 일본의 근현대사, 인권과 차별 등을 가르쳤어요.

원폭 자료관에는 히로시마가 원폭의 목표가 된 이유로 "히로시마에 포로수용소가 없었기 때문에"라고 적혀 있지만 그것은 전혀 중요한 이유가 아니에요. 히로시마는 일본 최대의 군사도시로 조선 사람이 많이 끌려온 곳이에요. 대부분이 강제 징용되어 왔어요. 트루먼 미국 대통령은 원폭 투하 후 16시간 뒤에 성명을 냈어요. "일본군의 하와이 기습공격에 대한 보복이다"라고. 히로시마는 가해자의 군사기지였던 것을 인정하고 싶지 않아서 항상 피해자 의식만 내세우고 있어요. 하지만 청일전쟁부터 러일전쟁, 만주사변, 중일전쟁, 아시아태평양전쟁, 이 5대 전쟁은 모두 히로시마에서 군대가 파견됐어요. 나는 왜 이러한 역사에 대해서는 한마디도 하지 않는가를 호소해 왔어요.

대학 강의는 작년(2004년)에 정년이 되면서 그만뒀어요. 지금은 일본 정부와 히로시마시를 상대로 북조선 피폭자의 조기 구제를 요구하는 한 가지 일에만 전념하고 있어요. 히로시마의 젊은 저널리스트들이 '이실근 씨를 격려하는 모임'을 만들어서 따뜻한 우정을 나누어주고 있어요. 정말 감사한 마음이 가득하며 나에게는 큰 힘이 되고 있어요.

37

가족은 늘 뿔뿔이 흩어져 살았다
김성화 金星化 (남)

취재일: 2006년 3월 5일, 4월 18일
출생지: 오사카
현주소: 도쿄도
생년월일: 1927년 6월 27일

약력: 세 살부터 일곱 살까지 제주도 남제주군 대정읍에서 생활. 어머니가 돌아가신 후, 소학교 입학을 위해 다시 오사카로 온다. 니시노다西野田직공학교 4학년 때 퇴학 처분을 받고 메이세이明星상업학교로 편입해서 졸업한다. 조국 해방 후에는 아마가사키尼崎를 거점으로 조련 활동. 한신阪神교육투쟁 때 검거되어 3년 형을 받는다. 그 후에 총련 일에 매진하며 도쿄 오타구大田區의 상공회에서 일하다가 1970년경에 조직을 떠난다. 2007년 3월 29일 서거.

취재: 고수미 / 원고집필: 고수미 / 번역: 고경순

▶ 일본에서 돌아가신 어머니

내가 태어난 것은 1927년 6월 27일입니다. 오사카에서 태어나서 세 살 때 제주도로 돌아갔어요. 그런데 내가 다섯 살 때쯤에 어머니가 누나하고 둘만 일본에 나와 버렸어요. 누나는 방직 일을 했는데 어머니는 무슨 일을 했는지 모릅니다. 당시 아버지는 오사카에 있었어요. 그래서 다섯 살 때부터 나와 남동생은 할머니 손에서 크게 됐지요.

내가 살던 데는 대정읍인데 제주도에서 유일하게 쌀이 나는 곳이었어요. 그 주변의 땅은 논으로 만들어도 될 정도로 토질이 좋다고들 했어요. 그래서 도예를 할 때도 3개월 정도 이 시골에 있었지요. 할머니는 농사를 지었는데 논과 면화, 보리와 조 농사를 짓는 밭도 있었어요. 그런데 제주도에서 유일한 쌀 생산지였기 때문에 착취를 당했어요. 일본에 공출하는 양이 많아서 늘 가난했지.

제주도를 남과 북으로 나누면 대정읍은 남쪽인데 군수비행장이 있었어. 지금은 국유지이지만 군수 도로 정비에 집마다 한 사람씩 동원되는 것을 본 기억이 있어. 일본인 경찰관이 셰퍼드를 데리고 자전거로 순찰을 다녔어요. 면장 집에 와서 술도 마시고 밥도 먹곤 했어.

어머니가 돌아가셨을 때, 난 겨우 여섯 살이었어. 할머니가 짐을 챙겨서 등에 지고 숙부를 찾아가서 뭔가 말을 했어요. 나는 무심코 엿들었는데 일본에서 어머니가 돌아가셨다는 전보가 왔다는 소리를 언뜻 들어 버린 거야. 그 말을 듣고 옷을 전부 벗어 던지고 마루에 대자로 누워서 펑펑 울었어요.

▶ "조선 돼지, 산으로 돌아가"

일본으로 온 나는 오사카 다이쇼구 이즈오에 있는 이즈오제일소학교에 입학했어요. 35명 정도의 반이 서너 개 있었어. 이즈오여학교 부속소학교 같은 학교였어. 처음에는 일본어를 잘 몰라서 조선인을 욕하는 줄도 몰랐어. 같은 반 아이들이 "조선 돼지, 산으로 돌아가"라고 했어. 나는 그저 돼지는 보통 산에서 키우는 거라고 말하는 줄 알았지. 그런데 3개월쯤 지나서 의미를 알고 나서는 늘 싸웠어요.

아무튼 나는 욕하는 것만큼은 참을 수 없었어. 그래서 자주 두드려 패줬어요. 맞은 녀석들은 선생님에게 일러바쳤어요. 선생님은 나를 체벌했어. 난 그때 생각했어요. 왜 선생님까지 이렇게 하는 거지?

나는 싸움은 잘했어. 우리 반에는 오쿠다라는 좀 모자란 녀석과 오토바이 사고로 왼팔을 잃은 미타니라는 녀석이 있었어. 주변 녀석들이 이 아이들을 괴롭혔어요. 나는 그것도 참지 못해서 괴롭힌 녀석들을 두드려 패줬어. 그랬더니 차츰 일본인들에게 지지를 받게 됐어. 웃기는 일이지. 아무튼 약자를 괴롭히는 것은 정말 싫었어. 그래서 그 지역에서는 아귀대장이라고 유명해졌어.

▶ 잠수함 설계를 했다는 이유로 학교를 퇴학당하다

우리 작은 할아버지가 오사카 후쿠시마구 노다에 살고 있었어. 그래서 소학교를 졸업하고 노다직공학교에 들어갔어. 지금으로 치면 기술전문학교였는데 꽤 우수한 학교였어요.

그런데 4학년 초에 사건이 일어났던 거야. 똑똑한 선배가 있었는데 네댓 명이 잠수함 설계를 했는데 나도 일부분을 도왔어. 단순히 흥미가 있었던 거지. 그랬더니 스파이라고 몰리게 된 거야. 선배들은 모두 징역. 주모자 격인 선배와 담임은 종전까지 감옥에 있었고 나머지는 전부 퇴학이었어. 나도 헌병대에 끌려가서 심한 고초를 당했어요. 그래서 4학년 초에 퇴학 처분됐어요.

어떻게든 중학교만은 졸업하고 싶었지만 그런 꼬리표 붙은 자를 받아줄 학교는 그다지 없었어. 그래서 시험도 아무것도 없이 오사카 메이세이상업학교에 겨우 들어가서 일단은 중학교 졸업장을 받았어요.

▶ 도박을 좋아하던 아버지

경제적인 여유는 없었어. 작은 할아버지 댁에 있었으니까 배를 곯지는 않았지만 학비는 내주지 않았어요. 그래서 학교 다니면서 밤에는 일을 했어. 노다에는 법랑냄비 관련의 큰 회사가 있었는데 그곳은 24

시간 가동했어요.

　우리 아버지는 적당주의자였어. 기분파에 무책임했지. 베니어판을 만들거나 막일을 해서 돈이 손에 들어오면 노름만 했어요. 당신은 그러면서 내게는 "공부하라"고 했어. 그러면 적어도 학비는 내달라고 말하고 싶었어. 노름만 하지 않으면 좋은 아버지였는데.

　내 남동생은 소학교 4학년인가 5학년 때 고향으로 돌아가 버렸어. 아버지가 그 모양이고 할아버지도 두 사람을 돌보는 것은 힘에 부쳤겠지. 그래서 우리 가족은 뿔뿔이 흩어지게 됐어요. 형과 누나와 남동생은 제주도로 돌아갔고 일본에 남은 것은 아버지와 나뿐이었어요. 가족이 모두 함께 살았던 기억은 거의 없어. 그 사이에 할아버지도 집만 남겨두고 제주도로 돌아가 버려서 나와 아버지와 숙부 이렇게 셋만 남게 됐어요.

　중학교 때는 이미 전쟁 중이었는데 근로 동원되어 가와니시항공기라는 회사에 매일 일하러 갔어. 비행기 기체에 못 박기 등 여러 일을 했었지. 사실 나는 해군비행예과 연습생 등에 차출될 나이였어요. 이공계 학생은 기술 수련생으로 인정받아 병역유예가 됐는데 우리 학교는 공업학교였던 거예요. 게다가 그 잠수함 사건으로 꼬리표가 붙어서 군대에 끌려가지 않게 된 거야.

▶ **교육투쟁으로 체포되어 형무소에**

　종전을 맞게 된 것은 오사카였는데 솔직히 말하면 종전과 동시에 허탈 상태가 됐어. 뭘 할지 아무리 생각해도 아무것도 없었어. 그래도 배는 고프니까 숙부와 공동으로 식량을 사들였어요. 오카야마 등지에서 쌀을 사 와서 그걸 팔아서 돈으로 바꿨던 거야. 그 당시 기차표는 좀처럼 살 수가 없었어. 그래서 기차표를 위조했어요. 표 전체를 위조하는 것은 어려우니까, 한 번 사용한 표의 날짜를 성냥개비 끝으로 지우고 고쳐서 사용했던 거지. 그렇지 않으면 입장권으로 들어가 부정 승차도 했어요. 이런저런 나쁜 짓 많이 했어. 그렇게 하지 않으면 살 수 없었으니까. 그런 생활을 일 년 반 정도 했나? 그러다가 차츰, 보람 있는 일을 찾지 않으면 안 되겠다는 생각이 들었어요. 그럴 때 조선인 동료들이 생겼던 거야. 얼마 안 가 조련(재일조선인연맹)이 생겼어요. 그 하부조직으로는 민청(재일본조선민주청년동맹)이 결성됐어. 나는 이미 학교를 졸업했지만 그곳으로 잠입해서 학생동맹으로 참가했어요.

당시에 오사카와 효고, 두 곳에서 교육 투쟁이 있었어요. 나는 오사카에 살다가 친척이 있는 아마가사키로 옮겼을 때니까 양쪽에 모두 관계하고 있었지. 옮긴 후에는 효고 조직위원회에 합류했어요. 오사카 집회에서 김태일 군이 사살된 사건이 일어났을 때, 나는 경찰관 부대와 격돌하고 있었어. 우리는 큰소리로 "즉시 폐쇄를 멈춰라, 멈춰라."라면서 맹렬히 항의를 했는데 경찰관 놈들이 총을 빵빵 쏘아 대는 거야.

지금 돌이켜 보면 좀 더 지혜로운 전술은 없었을까? 하는 생각이 들기도 해요. 예를 들면 데모에도 소학교 학생들까지 동원해서 참가시켰던 거야. 아무튼 수적으로 대항해보려는 전술이었지만 그런 어린애들까지 데모에 참가시켜도 권력은 그런 것쯤 눈 하나 깜짝하지 않았어. 절실히 그것을 느꼈어. 나는 데모 선두부대였는데 잡혀갔어요. 집단시위행위라든가 폭력행위라든가 공무집행방해라는 여러 죄목을 쓰고 3년간 형무소에 있었어요.

내 친구 중에 안타까운 녀석이 있었어. 이 녀석은 상부 명령으로 미군용차에 화염병을 던졌어. 그런데 타고 있던 미군 대령 등은 아무런 부상조차 없었는데 일본인 운전수가 실명해 버렸던 거야. 그래서 그 녀석은 7년이나 형무소에 있었어요.

형무소에서 나왔을 때 나는, 뭔가 허무했어요. 왜 좀 더 제대로 된 전략을 세우지 못했던 걸까? 라든가. 하지만 당시 상황으로서는 어쩔 수 없었던 면도 있었어요. 우리도 그야말로 목숨 걸고 있었으니까. 그때는 일본공산당에 모두 입당하는 분위기였지만 나는 입당하지 않았어. 왜냐하면 일본 정치단체였으니까. 우리는 어디까지나 외국인이니까 외국인으로서 뭔가 조직을 만들 필요가 있다고 생각했어요.

▶ 일본 각지를 홀로 여행하며

형무소를 나와서 얼마 없어 총련이 생겼어요. 입회할 때까지 나도 꽤 고민했어요. 조선인으로서 어떻게 살아갈까? 게다가 3년이 지나서 세상으로 나왔는데 세상은 완전히 변해 있었어. 형무소 안에서 생각했던 것과 현실 사이의 갭이 커서 고뇌했어. 그래서 이곳저곳을 여행했어요. 완행열차를 타고 주고쿠 지방, 시코쿠, 규슈 등.

여행하면서 감동받은 것은 시골에서 아이들을 조선학교에 보내는 부모들의 교육열이었어요. 자신이 사는 가까운 일본 소학교에 넣지 않고 일부러 멀리 있는 기숙사가 있는 조선학교에 넣는 것은 당시의 분위기가 아니면 불가능했던 일이지. 그런 사람들과 이야기를 해보면 대부분 징용으로 왔던가, 조선의 생활이 숨 막혀서 일본에 왔다는 것이었어요. 직업도 토목이나 고철상 등이 대부분이었어. 내가 총련에 들어간 것은 그런 현실을 봤기 때문이었어요. 아무튼 동포를 위해 힘쓰고 싶다는 마음이 들었던 거지.

처음에는 도쿄의 오타 지부의 선전부에 들어갔어. 일 년 정도 지났을 때 조직부장이 내 능력을 인정해줘서 상공회(재일본조선인상공회)에 전임으로 추천해줬어. 사실 나는 메이세이상업학교에서 부기 1급 자격을 땄거든.

당시, 총련에서 회계 지식이 있는 사람은 도쿄 내에서도 세 명 정도밖에 안 됐어요. 상공회 문제는, 그때까지는 모두 정치적으로 해결하고 있었어. 구체적으로는 세무서와 절충을 해야 했는데 "우리는 학교도 운영하고 있다."라든가 "조직도 우리들 손으로 운영하고 있다."라는 식으로 흥정을 하고 있었던 거야. 하지만 그런 건 언제까지나 계속할 수 있는 것은 아니지. 일본 세무서는 숫자를 중시했으니까 조선인의 소규모 장사는 봐줬지만 대규모 사업을 하는 사람들은 노리고 있었어. 그럴 때 대항할 수 있는 지식이 전혀 없었어요.

나는 운 좋게 일단 부기를 배웠으니까, 세무서가 납득할 정도의 장부를 만들었던 거야. 예를 들면 일 년 동안 판매한 금액이 이것이고 경비가 얼마이고 이익이 얼마 그래서 세금은 이 정도, 라는 세무서가 납득할 수 있는 장부를 만들었던 거예요. 요컨대 숫자를 쓰는 서류 따위는 방법을 아는 사람은 적당히 조작할 수 있거든. 그래서 세무서와 흥정할 수 있었던 건데 아무튼 동포 상인들도 고생했어. 옛날 1세는 장사나 임대 등은 의리 인정의 세계였으니까 영수증 같은 것은 받아두지 않았던 거야. 게다가 조사해봤더니 1세의 문맹률이 60% 정도였어. 깜짝 놀랐어요. 그러니까 필사적으로 일해서 꽤 돈을 모았지만 영수증이나 세금 따위는 전혀 머릿속에 없었던 거야. 그래서 납득시키는 것도 꽤 힘든 일이었지. 세금에 대해서 하나하나 설명하지 않으면 1세는 고집스러운 면이 있어서…….

그런 설득을 할 때는 이치가 아니야. 그런 사람들은 정이 있어. 내가 조직을 위해 박봉으로 일하고 있는 것을 알고 있었으니까 설득하러 가면 밥을 먹으라든가, 술을 마시라든가, 온천으로 데려가 준다든가, 그렇게 환대해 줬어요. 그래서 밥을 먹으면서 설명해줬어요. 예를 들면 세무상으로는 100만 엔 세금을 내야 한다면 이렇게 설명했어. "당신은 이 정도 벌었으면 이 정도의 세금을 내야 해요. 하지만 내가 서류를 작성해서 세액을 원래의 25%로 낮출게요. 그러니까 25%는 학교나 총련에 기부하세요. 그 대신 남은 50%는 내가 책임지고 당신 수중에 남게 할게요." 그러면 그 상공인도 이득을 보고 동포에게 기부도 하게 되는 거지요.

▶ 고향으로 돌아간 아버지

나는 북조선으로 귀국할 마음은 없었어. 그리고 우리 아버지는 귀국 운동이 한창일 때 남으로 돌아갔어요. 아버지는 무슨 일이 있어도 당신이 태어난 고향으로 돌아가고 싶어 했으니까. 그 마음을 잘 알고 있었지요. 그런데 이 일을 총련에서 문제 삼았던 거야. 그래도 나는 굽히지 않았어. 아버지 마음을 잘 알고 있었기 때문에 버틸 수 있었던 거였지.

총련 내에서 이해해 주는 사람도 있었어요. 말로는 하지 않았지만 심정적으로는 이해해줬어. 그 당시 총련에 있던 사람 중에, 부모를 남으로 돌려보낸 경우는 아마도 없지 않을까? 아버지의 경우는 제주도로 돌아가면 논도 있고 손자도 있고 친구도 있고 생활 기반이 있었어.

아들이 총련 일을 하니까 아버지가 돌아가면 한국 정부로부터 미움 받지 않을까라는 걱정도 했어. 그래도 그 나이 든 사람을 스파이 취급할 만큼 어리석지는 않을 거라고 믿었어. 그리고 남동생이 한국 국방군 제1기생이었는데 조선전쟁에서 전사해서 위로금이 나왔어요. 그래서 괜찮을 거라고 생각했어.

우리 아버지는 행복했어요. 시골에서 손자들 여섯을 돌보며 살았던 것 같아요. 내가 제주에 갔을 때는 증손자들도 모두 성인이었는데 할아버지가 키워줬다고 말했어요. 아버지는 여든네 살에 연로해서 돌아가셨지만 행복했을 거라는 생각이 들어요.

▶ 지명해서 지역 활동가를 비평

그래도 나, 마흔두 살 때 총련을 그만뒀어요. 1970년경이야. 당시 김병식(총련 제1 부의장)이라는 자가 대단한 관료주의였어요. 자기 측근으로 에워싸서, 지역에서 착실히 활동하고 있는 사람을 지명해서 '반민족주의자'라며 헐뜯는 버릇이 있었어.

나는 늘 도쿄 본부와 언쟁했어요. 예를 들면 당시에 재일에게는 국민건강보험이 없었어요. 그래서 우리는 지역 활동을 해서 겨우 획득했었던 거지. 그랬더니 그것을 그만두라는 거야. 그 이유가 일본 국민건강보험을 취득하는 것은 공화국 공민으로서의 긍지가 없다는 것이었어. 금융에서도 우리 상공회가 도쿄도와 교섭해서 공적 융자를 받을 수 있게 됐었어요. 그것도 안 된다는 거야.

나는 조직에 몇십 년이나 있었지만 급료를 제대로 못 받았던 시기도 있었어요. 있어도 없는 것 같은 박봉. 지역 상공인이 불쌍하다고 원조해 줄 정도였으니까. 그것으로 활동하고 있었는데 '반민족주의자'라고 하는 거야. 위에 있는 자들은 각 지역에 있는 동포들의 생활 실정을 모르는 거니까. 우리는 지역 활동을 늘 보고하고 있었지만 총련 중앙 본부 녀석들은 파악하지 못했던 거야. 그래서 자기들 성적만 올리려고 했어. 철저한 관료주의자였지. 조직도 커지면 그런 녀석들이 나오기 마련이지만. 그런데 그것에 동조해서 도쿄 본부도 '반민족주의자'라고 했던 거야. 그래서 싸웠어요. "멍청이, 우리가 어떻게 고생해서 제도융자와 건강보험을 획득했는지 알기나 해?"라고 도쿄 본부의 조직부장에게 일본어로 소릴 질렀어.

▶ 도쿄 본부에서 소환장이 오다

그것이 문제가 돼서 도쿄 본부에서 소환장이 날라 왔어요. 나는 가지 않았어요. 내 의견을 듣고 싶으면 지역으로 내려오라고 했지, 위에서 설교하지 말고. 한 달쯤 지난 후에 지부 위원장이나 조직부장도 곤란했던지, 나를 달래는 거야. 그래도 나는 듣지 않았어요. 자르려거든 자르라고 했어, 나도 그런 고집은 있으니까.

그 당시 나는 상공회 전무이사였어. 나와 시나가와 도시마 그리고 고토·주오 상공회 전임직원 네 명이 뭉쳐서, 소환에 응하지 않았어요. 조직이라는 것은 각 지역에서 착실하게 활동을 했기 때문에 본부가 생길 수 있는 거야. 돈도 그자들이 지역에 내려와서 모으라고 하는 거야. 하지만 돈을 모아서 우리는 오타에 있는 도쿄조선제6소·중급학교도 운영해야 하고 상공인의 권리 옹호도 해야만 했어요. 그런 성실한 활동은 전부 무시하고 돈을 모아서 조직에 상납하라는 거야. 사실이에요.

이런 일이 있었어요. 총련 본부에서 온 사람이 어느 상공인에게 기부를 받으러 갔어요. 그랬더니 그 상공인이 "김성화 씨가 오지 않으면 일 진행이 좀 곤란합니다."라고 한 것 같아요. 나는 그 정도로 상공인에게 신뢰받고 있었기 때문에 좀처럼 나를 자를 수는 없었지.

▶ 조직을 떠나서 공장을 경영하다

하지만 결국, 싫어져서 그만뒀어요. 그러던 중에 어느 상공인에게서 연락이 왔어. 1억 정도 빚을 내고 가족과 함께 도망가 있다는 거야. 선후책을 협의하려고 만나서 이야기를 들어봤어요. 그랬더니 절친한 사람들에게 1천만 엔이나 2천만 엔씩을 빌렸는데 그런 사람들에게 면목이 서지 않는다는 거였어. 나는 "일단 집에 있는 것 전부 내놓고 다시 일어설 때까지 기다려 달라."고 채권자를 모아놓고 사과하라고 말했어요. 그런데도 그자가 못 하겠다고 버텼어. 그래서 "지금까지 했던 일

처리는 어떻게 할 거냐."라고 물었더니 에바라제작소라는 회사의 하청 권리를 갖고 있다는 거야. 그 에바라제작소 하청 일의 내용을 들었는데 그다지 어렵지 않은 일이었어요. 에바라제작소는 선박의 파이프를 만드는 회사인데 그 하청일은 파이프를 열처리해서 한 번 굽고 약품을 바르고 그것을 분사기로 세정하는 간단한 일이었어요. 이 정도면 나도 할 수 있다고 생각하고 그 일을 맡아서 시작했어요. 가와사키의 다카쓰구에 있는 공장이었어요.

그 일이 꽤 돈벌이가 됐어. 종업원도 12, 3명쯤 있었어요. 칠팔 년 했지. 계속했으면 좋았을 텐데. 수입이 짭짤한 일이어서 파이프 관련 회사들이 관심이 많았어. 결국, 경쟁자가 많아지면서 그 회사는 망해버렸어. 그 일을 접고 이번에는 봉제공장 일을 하게 됐어요. 교토에 봉제공장을 하고 있던 숙부가 있었는데 그 숙부가 젊어서 죽었어요. 아들들이 스물두 살 정도였는데 내게 도움을 청해왔어요. 나는 전혀 그 일을 모른 채로 뛰어들어서 그 일로 큰 손해를 봤지.

▶ 지독하게 일만 했던 1세들

1세라는 존재는 재미있다고 생각해. 아침 여섯 시가 되면 일어나 일하고 밤 아홉 시, 열 시까지 일했으니까. 왜 그렇게까지 일을 하는지 생각해 봤어. 아이들 교육을 위해서이기도 했어. 자신들은 문맹이었으니까 아이들은 어떻게 해서든 학교에 보내겠다는 마음이 강했던 거지. 자신들의 일터에서는 온 힘을 쏟았어요.

옛날, 청년상공회라는 조직을 상공회 안에 만들었던 적이 있었는데 그 녀석들 앞에서 말했어요. "자네들은 앞으로 최선의 노력을 하지 않으면 아버지들이 쌓아 올린 재산을 지킬 수 없다. 그것을 더 발전시키고 싶다면 상당한 각오를 하고 스스로 노력하지 않으면 안 된다."라고.

젊은 2세나 3세는 건방져요. 공부하면 아버지를 업신여기고. 그래서 새로운 일을 생각하지. 새로운 것이라는 것은 찻집을 하거나 스낵바를 한다든가. 그러지 말고 예를 들면 철공소라면 철공소를 발전시킨다면 그 나름의 이익도 오를 텐데. 하지만 그런 지저분한 일은 싫어하지. 더욱더 1세들의 일을 소중히 여기지 않으면 안 돼요.

38

스이타 사건·오사카에서 싸운 조선전쟁
부덕수 夫德秀(남)

취재일: 2005년 1월 28일, 2007년 6월 3일
출생지: 함경북도 청진시
현주소: 오사카부 셋쓰시
생년월일: 1929년 10월 1일
약력: 부모님은 제주도 출신. 어머니는 해녀, 아버지는 해녀들을 실어 나르는 배의 사공. 1937년에 아버지가 돌아가시고 어머니와 함께 일본으로 건너와 오사카에서 지냄. 해방 후 한신교육투쟁 등에 참가. 조선전쟁 발발 후 스이타사건 소요죄 주모자로 기소되지만 무죄로 판결. 조총련의 활동가를 거쳐 오사카에서 닭꼬치 가게 '잇페이一平'를 30년 남짓 운영하다 요통으로 휴업하고 자택 요양 중.

취재: 니시무라 히데키 / 원고집필: 니시무라 히데키 / 번역: 고민정

▶ 어머니는 해녀, 아버지는 뱃사공

내가 태어난 곳은 청진이야. 일본 니가타와 북조선을 만경봉호가 왕래하고 있지. 그 만경봉호가 도착하는 북조선 항구가 청진이야. 하지만 청진은 그냥 태어난 곳, 딱 그 정도야. 일본의 식민지 지배로 조선 사람들은 생활이 어려웠어. 우리 부모님도 돈 벌려고 거기 청진까지 간 거야. 해녀 일하려고. 그러다가 내가 태어났어. 부모님 두 분 다 제주도에서 태어났으니까 나도 제주도 출신이라고 생각해.

태어난 건 1929년 10월. 어머니는 해녀였고 아버지는 서너 명 탈

수 있는 작은 배에서 노 젓는 일을 했어. 부둣가에 나가서 해녀 두세 명을 모집해, 그리고 그 해녀들을 돌보면서 바다에 나가는 거지. 하지만 바다에서 수확한 대부분을 배 주인한테 빼앗겨서 아무리 일을 해도 항상 가난한 거야. 그래서 부모님은 제주도를 떠나서 원산, 청진 등 조선 반도의 해안가를 따라서 이동하는데 잠은 오두막집에서 자면서 해녀들을 데리고 다녔어. 나중에는 러시아의 사할린이나 블라디보스토크까지 발길을 뻗쳤다고 해.

내가 여덟 살 때 아버지는 돌아가셨어. 1937년, 중일전쟁이 시작되던 해야. 아버지는 죽기 전까지 추운 바다에서 일하기 위해 아주 독한 술을 마셨는데 그 때문에 안 그래도 약한 몸은 더 나빠졌고 위는 남아나질 못했다고 해. 억척스러운 어머니는 친구에게 돈까지 빌려 가면서 몸이 약해져 거의 죽을 지경이 다된 아버지를 데리고 고향인 제주도에 갔어. 아버지 소원대로 제주도 누나 집에 도착했는데 그날 밤 아버지는 세상을 떠나셨어. 아버지는 집안에서 셋째 아들이라 집도 묘 쓸 곳도 없어서 도로변의 좁은 땅에 겨우 묘지를 만들었다고 해.

아버지가 돌아가시고 어머니는 생활하기가 무척 힘들었을 거야. 그래서 어머니는 부산 서쪽의 통영이라는 곳에서 사는 아버지 사촌에게 돈을 빌렸어. 빚의 담보로 당시 다섯 살인 여동생을 맡겨 놓고 '기미가요마루'라는 제주도와 오사카를 오가는 정기선을 탔지. 먼저 일본으로 건너간 첫째 아들이 오사카에서 살았는데 그리로 갔다고 해. 어머니는 일본 와카야마 근처에서 해녀 일로 돈을 모았고, 그 이듬해에 제주도로 돌아가 이번에는 나를 데리고 다시 일본으로 건너왔어. 그리고 또 그다음 해에도 돈을 마련해 빚 대신 맡겨놓은 여동생을 데려왔어. 어머니 생활이 안정이 될 때까지 우리 식구들은 말 그대로 이산가족이었지.

▶ 아홉 살에 일본으로

내가 일본에 와서 살기 시작한 데가 오사카 기타구 나카자키초야. 지금도 민단의 오사카 지방본부의 사무소가 거기에 있고 조은(조은신용조합) 본점이 있던 곳으로 조선 사람들이 많이 살고 있었어. 내 기억으로 나카자키초는 이쿠노구의 이카이노 다음으로 조선 사람이 많았을 거야. 형이 나보다 먼저 일본에 와서 나카자키초에서 트럭운전수를 하고 있었는데 나는 학교에 가지 않고 형 일을 도왔어. 그 트럭회사는 군사물자 등을 운송하는 곳으로 우리 세 식구는 어떻게든 먹고 살 수 있었어.

1944년, 일본의 패색이 짙어지면서 미군의 오사카 공습이 심해지더라고. 그래서 친척이 있는 군마현의 아카기무라村로 피난 갔지. 도네가와 상류의 댐 공사 현장에서 사촌이 일하고 있었는데 그 사촌이 노동자용 숙소를 빌릴 수 있게 도와주어서 어머니랑 식구들 모두가 거기에서 지냈어.

아카기무라에서 처음으로 일본 국민학교에 1년간 다녔어. 나이로 따지면 중학생인데 오사카에서 학교를 안 다녔기 때문에 한 학년을 낮추어서 국민학교에 들어갔지. 그런데 수업은 거의 없어, 매일 군사교련만 했지. 볏짚으로 만든 인형을 죽창으로 찔러, 그런 거로는 미군을 이길 수 없다는 걸 나도 알겠더라고. 전 학생 수가 30명 정도인 작은 학교였는데 내가 학생회의 부회장이었어.

▶ 조국 해방

일본이 패망한 날은 거의 기억이 없어. 댐 공사 현장의 합숙소에 있던 일본인이 라디오를 듣고 사촌한테 알려주고, 사촌이 다시 우리 식구들한테 알려줬다는 걸 희미하게 기억하기는 해.

해방되었다고는 하는데 제주도에 돌아갈 돈이 없었어. 한동안 군마에서 뻥튀기를 만들어서 요코하마나 도쿄의 암시장에 내다 팔아서 돈을 모았지. 전쟁이 끝나고 한참 지나서야 오사카의 나카자키초로 돌아왔어. 그런데 우리들이 군마로 피난 가 있는 동안 나카자키 집에는 다른 친척들이 많이 들어와 살고 있었고 그 친척들이 "지금 돌아오면 곤란하다"라고 하는 거야. 친척들과 어떻게든 담판을 짓고 겨우 방 하나를 얻어서 어머니 동생 식구들이랑 모두 여섯 명이 한 방에서 지내기 시작했어. 어머니는 와카야마현의 가타, 고시엔의 하마라는 곳에서 물에 들어가 미역을 따기도 하고 오사카 야오 주변의 야채를 사서 나카자키초까지 가져와 팔았어. 그러면서 어떻게든 가족을 먹여 살렸지.

어머니는 일본어를 잘 못 해. 그래서 기차 탈 때도 역 이름이 한자라 잘 못 읽어. 어떻게 와카야마와 야오, 오사카를 왔다 갔다 했는지 정말 불가사의야. 엄청 생활력이 강한 거지.

▶ **민족조직 활동가로**

나카자키초는 조선 사람이 많이 사는 지역으로 태평양전쟁 전에 오사카부에서 조선인들을 위한 직업훈련소를 만들었는데 그게 그대로 있었어. 전쟁 후에는 민족조직인 조련(재일본조선인연맹)이 사무실로 쓰기도 하고 청년들을 위한 학교를 개설하기도 했어. 우리 가족은 그 사무실 뒤쪽에 살고 있었는데 그래서 그런지 나도 자연스럽게 그 사무실에 드나들게 되었지.

조련의 청년조직인 '민주청년동맹' 사무실이 조련 사무실 바로 옆에 있었고 그곳에서 일하는 청년을 위해 야간학교를 열었어. 강당에는 피아노도 있고 아주 훌륭했지. 나는 당시 열일곱 살이었는데 거기서 공부를 했어. 나중에 일본공산당 중의원 의원이 되는 가와카미 간이치

선생님이 철학을 담당했고 나이가 어느 정도 있는 조선인 선생님이 조선어와 민족역사를 가르쳤지.

내가 처음 사무실에 드나들 때는 주로 담배 심부름을 했었어. 그러는 동안 세계정세라든지, 남쪽에서 이승만이 단독선거를 강행하려고 한다든지, 그런 여러 가지 이야기를 들었는데 그게 다 공부가 되었지.

1948년 4월 3일에 시작된 제주도 4·3 봉기 얘기도 들었는데 조선의 분단이 고착화되는 걸 반대해서 봉기했다, 도민이 무장봉기해서 많은 사상자가 나왔다, 등의 정보를 야간학교에서도 들을 수 있었어.

일본 국내에서도 큰일이 있었어. 오사카와 고베에 민족학교가 많이 세워졌는데, 제주도 4·3 봉기와 같은 4월에 오사카, 고베, 게다가 니시미야의 민족학교에 미군의 암묵적인 허가를 받은 일본 경찰이 떼거리로 몰려와 강제적으로 학교를 없애려고 한 거야. 이른바 한신교육투쟁이 일어난 거지. 나는 주먹밥을 들고 오사카 시내의 여러 민족학교에 응원하러 다녔어. 그것이 활동가로서의 첫걸음이었지.

▶ 남북 조선의 분단, 그리고 조선전쟁(한국전쟁)

제주도 4·3봉기 때는 인구 20만 명의 작은 섬에서 3만 명이 사망했고, 한신교육투쟁에서는 오사카 부청 앞에서 열여섯 살인 조선인 소년(김태일)이 경찰관의 총에 의해 사살됐어. 제주도에서 사건이 일어난 같은 해 8월에 남조선에서 한국 정부가 수립되고 북조선도 9월에 건국을 선언했어. 38도 선을 사이에 두고 서로 대립하는 분단이 시작된 거야.

일본은 아직 미군정 상태였어. 일본에서 체포되면 자신의 조국이 조선민주주의인민공화국이라고 아무리 주장해도 한국으로 강제송환됐어. 강제송환되면 한국에서는 공산주의자라고 바로 중형을 내렸지. 그래서 당시의 활동은 정말 죽기 아니면 살기로 해야 했어.

이런 일도 있었지. 현재 오사카 유니버설 스튜디오 재팬이 있는 장소에 옛날에는 많은 공장이 있었고 '니시로쿠샤(西六社, 전기 금속 화학 선박 제조 가스 등 6종류 회사의 거대공장이 밀집)'라고 불렀어. 지금의 JR서일본의 유니버설시티역 주변은 공장 노동자가 많아서 노동운동이 활성화됐던 지역이야. 하루는 조선전쟁에 반대하는 전단을 뿌리러 나갔어. 경찰이 오면 동료들에게 알려주는 감시역이었는데 갑자기 경찰이 나타난 거야. 잡히면 바로 강제송환이라 다들 죽으라고 도망갔지.

다른 동료들을 잘 도망치게 하고 주위를 둘러봤더니 도망갈 데가 없는 거야. 할 수 없이 어떤 대기업 공장 입구로 가서 "실례합니다, 노동조합에 가려고 하는데요"라고 했더니 "알았다"라며 손가락으로 공장 안쪽을 가리키더라고. 나는 고개만 숙이고 공장 안으로 도망쳤지. 그런데 공장 안이 너무 넓어서 어디로 도망가야 할지 도통 모르겠더라고. 그래서 지나가는 공원에게 "어디로 가야 전철을 탈 수 있나요"라고 물었더니 시영전철 타는 곳을 알려줬어. 덕분에 무사히 집으로 돌아올 수 있었지.

지금이라면 어땠을까? 이상한 삐라를 손에 쥔 수상한 놈을 대기업 경비원이 공장 안으로 들여보낸다고? 절대로 불가능하지. 하지만 당시에 나는 바로 이것이 프롤레타리아의 국제연대다, 라며 감격했어.

▶ 스이타(吹田) 사건

이제 1952년의 스이타 사건을 말해 볼까? 내가 있는 곳에 "집회에 참가하라"라는 비밀지령이 도착한 것은 1주일 정도 전이었어. 조선전쟁이 시작된 지 정확히 2년째가 되는 6월 25일에 반대 집회를 열려는 계획이었지. 전날 24일 밤부터 다음날 25일에 걸쳐 '이타미(伊丹)기지 분쇄, 반전·독립의 밤'이라는 이름의 집회를 계획한 거야. 장소는 이시바시역과 가까운 오사카대학 도요나카 캠퍼스 옆 공터.

나는 집회 시작 시간인 오후 6시에 도착하지 못하고 오후 8시경에나 도착했어. 이시바시역은 경찰의 경계가 삼엄할 거라고 판단하여 두 역 전에 내려서 걸어오는 바람에 늦고 말았지. 조선전쟁이 한창일 때였는데 지금은 오사카 공항이 되었지만 그 당시의 이타미 공군기지는 미공군이 점령하고 있어서 B29 폭격기를 조선에 출격시키고 있었어. 그 기지에 가까운 오사카대학 도요나카 캠퍼스에서 전쟁 반대 집회를 하니까, 경찰에서는 데모대가 그 기지로 몰려갈 가능성이 있다고 보고 경계태세에 들어간 거야.

주위를 경찰이 둘러싼 긴장된 분위기에서 집회가 열렸는데 약 3천 명은 모였다고 해. 복잡한 내용이나 깊은 속사정을 나는 잘 몰랐지만 당시는 '전쟁에 반대하고 싶다'라는 생각만으로 행동했어. 한밤중에 집회가 끝났는데 이미 전철은 끊겼고 데모대가 이시바시역으로 몰려가 "특별열차를 편성해 줘, 이시바시에서 오사카 시내의 우메다까지 인민전철을 운행해"라고 역장과 교섭 아닌 교섭을 했어. 그 데모대는 당시 '인민전철부대'라고 불렀는데 사실은 경찰 눈을 속이기 위한 미끼부대였어. 역에서 교섭하는 척하며 경찰 눈을 돌려놓고 또 다른 데모대가 오사카대학 구내를 빠져나갔지.

▶ 야마고에(山越, 산을 넘다)부대

나는 오사카 공항이나 이시바시역과는 정반대 방향으로 향하는 다른 데모대의 선두에 서서 데모대를 이끌었어. 오사카대학의 집회 장소에는 마치카네야마라는 이름의 조금 높은 언덕이 있었는데 그래서 내가 이끄는 데모대를 야마고에부대라고 이름 붙였지. 나는 데모대의 선두에 있었지만 그 야마고에부대의 목적지를 사전에 사령부로부터 전해 받지 못했어. 나는 조선인 부대의 리더역이었고 내 옆에는 산키 쇼고라고 일본인 부대의 리더 역할을 하는 사람이 있었어. 그 산키라는 사람이 전체 리더 역할도 했지.

철야 데모여서 야마고에부대에 주먹밥이 배급됐어. 오사카부의 여성 동맹 어머니들이 가난한 생활 속에서도 어렵게 쌀을 모아서 주먹밥을 만들어 온 거야. 어머니들은 "열심히 해라"라고 격려하며 데모 참가자들한테 주먹밥을 나눠줬어. 참가자들도 긴 싸움이 될 거라는 생각에 각오를 새롭게 다졌고 나는 이런 데모 계획 전체가 사전에 주도면밀하게 준비되었다는 것을 알게 되었어. 하지만 현장에는 세분화된 임무만 주어졌고, 전체적인 흐름을 파악하고 있는 건 소수의 지도부뿐이었지.

결국 목적지는 국철 스이타 조차장이었어. 당시 오사카의 여기저기에서 제조된 무기와 탄약은 국철인 화물차에 실려 스이타 조차장으로 집결시킨 후 고베항에 있는 미군의 병탄 기지로 보내지고 있었어. 그래서 스이타 조차장에서 데모를 해서 무기가 조선반도에 보내지는 것을 1분이라도 10분이라도 늦추어 놓으면 그만큼 동포의 목숨을 구할 수 있다고 생각한 거야. 나 또한 진심으로 그렇게 생각했어.

▶ 철길 밑 굴다리에서 무장 경찰과 대치

오사카대학을 출발한 지 어느덧 4, 5시간. 철야 데모 행진 끝에 해 뜰 무렵에는 스이타 조차장에서 가까운 센리오카역 주변의 스사노우 신사에 도착했어. 그 신사 경내에 경찰 1,300명이 기다리고 있었고 데모대가 가는 길을 막아섰어. "그냥 도로 위를 걸어가는데 뭐가 문제냐"라고 반론하면서 데모대가 당당하게 걸어갔더니 그 당당한 기세에 압도당했는지 대치하고 있던 경찰 저지선의 라인이 양쪽으로 벌어지는 거야. 조금 더 나아가자 철길 밑을 지나가는 굴다리가 있었는데 경찰들이 권총을 들고 굴다리 입구에서 데모대를 기다리고 있었어. 우리 데모부대 입장에서 보면 이 굴다리를 통과하지 않고는 스이타 조차장으로 갈 수 없었어. 거기가 바로 천하를 두고 겨루는 대결전 같은 장소였어.

데모대가 잠깐 궁리를 하고 있었는데 조선인 부대에서 결사대가 나와 선두에 섰어. 무장 경찰이 총을 쏘면 부상이 아니라 목숨이 위험한 상황인데 결사대의 젊은이들이 선두에 서서 데모대를 이끌고 앞으로 나가는 거야. 그 바로 뒤에는 큰 북을 안고 있는 남자가 있었는데 그 남자도 가슴을 펴고 북을 두드리며 당당하게 앞으로 나아갔지. 쿵쿵하는 북소리가 지휘하고 있는 내 가슴 속까지 울려 퍼졌고 점점 사기가 올라갔어. "데모를 끝까지 사수한다, 조선에 무기 보내는 것을 1분이라도 10분이라도 멈추게 해야 한다"라는 뜨거운 의지가 솟아올랐어.

▶ 스이타 조차장의 데모를 관철

굴다리를 일제히 빠져나온 후 데모부대는 스이타 조차장 남쪽 구내로 진입했어. 나는 미군의 함재기나 전차가 있는지 화물열차를 하나씩 샅샅이 뒤졌지. 하지만 철도회사도 데모를 사전에 눈치 채고 있었는지 조차장 안에는 아무것도 없더라고. 어쨌든 우리들은 스이타 조차장 구내를 25분간 시위 행진했어. 우리 조선 사람에게 있어서 이 데모는 '미국의 공격으로부터 조국을 지키기 위한 투쟁'이었고 일본인 참가자들은 그것을 지지하기 위한 국제연대 데모였지.

데모대는 스이타 조차장 북쪽으로 나왔고 이번에는 오사카의 번화가인 미토스지선에 가서 조선전쟁 반대데모를 하자고 의견을 모았어. 그래서 오사카역으로 가는 열차를 타기 위해 데모대는 스이타역으로 향했지. 우리 데모대가 스이타역에 도착하니까 마침 역내에는 오사카행 열차가 들어오고 있었어. 선두는 증기 기관차. 그 열차에 데모대대부분이 올라탔을 무렵, 갑자기 경찰들이 권총을 손에 쥐고 승강장에 나타나더니 열차 기관사에게 "출발하지마"라고 소리치고 열차 안에 있는 데모대원을 검거하기 시작하는 거야.

그냥 보고만 있을 수는 없으니까 데모대의 누군가가 화염병으로 응전했더니 갑자기 열차를 향해 총을 쏘더라고. 많은 사람이 다쳤어. 나중에 알게 된 사실인데 그때 오사카대학 의학부의 한 학생이 경찰관이 쏜 총알에 허벅지를 관통당하면서 큰 부상을 입었고 나중에 손해배상청구소송을 걸었는데 재판소가 발포는 지나쳤다고 판결해서 그 학생이 승소했다고 해.

스이타역의 혼란에서 빠져나와 우리들은 열차로 오사카역에 갔지. 그런데 그 오사카역에서도 경찰이 총으로 위협을 하면서 데모 참가자들을 체포하려고 했어. 우리들은 경찰들을 피해 일단 지금의 미네자키 경찰서 앞의 미도스지로 나가자고 했고 그곳에서 전쟁반대 데모 행진을 진행하자고 결정했어. 그런데 그때는 이미 다들 흩어지고 따라오는 동료들이 없더라고. 할 수 없이 데모 행진은 포기하고 이제는 도망쳐야겠다고 마음을 고쳐먹었지.

나는 다시 오사카역으로 들어가서 이번에는 조도선, 지금의 오사카 간조선의 열차를 타고 쓰루하시역까지 도망쳤어. 쓰루하시역 고가다리 밑에 있는 국제마켓을 통해 이쿠노의 조선인 거주지역으로 가려고 하는데 이른 아침이라 국제마켓 거리에는 물이 뿌려져 있었어. 나는 그만 길에 미끄러지고 말았고 나를 쫓아온 경찰들에게 둘러싸였어. 그들하고 난투를 벌였는데 결국에는 붙잡히고 말았지.

경찰은 이미 내가 민족조직의 청년조직 오사카부 위원장이라는 걸 알고 있어서 그런지 취조를 심하게 하더라고. 자백시키려고 온몸을 곤봉으로 두들겨 패는 거야. 내 머리 좀 봐 봐, 거기에 지렁이 기어간 것 같은 흉터가 있지, 그때 맞은 상처야. 그때부터 50년 이상이 지났는데도 그때를 생각하면 열불이 나, 허리도 아프고. 그때 몇 번이나 허리를 맞은 데다가 오랫동안 무릎을 꿇고 있어서 그래. 허리가 아플 땐 그냥 아픈 게 아니라 아예 뼛속부터 아파 와.

▶ 21년간의 재판 투쟁

스이타 사건 재판이 바로 시작됐어. 체포된 사람은 모두 250명, 기소된 사람은 111명으로 대규모의 재판이었지. 나는 데모 행진을 지휘한 주동자, 일본인 쪽 주동자는 산키 씨야. 피고가 법정에 서는 것만으로도 100명을 넘어버려. 거기에 변호사랑 검사, 방청객, 신문기자까지 있어서 굉장히 넓은 법정이 필요했지.

같은 시기에 도쿄 메이데이 사건(1952년 5월 1일 도쿄에서 경찰이 재일조선인이 다수 참여한 시위대를 습격한 사건)과 나고야의 오스사건(1952년 7월 7일 나고야시 오스구장에서 발생한 사건, 검거한 사람 중 반 수 이상이 재일조선인)이 있었는데 다 같이 소요죄가 적용되었어. 나고야에서는 분리공판이라고 해서 피고들이 그룹으로 나누어져 재판을 받았는데 오사카에서는 하나의 사건은 하나의 재판이라는 피고와 변호사의 주장이 통했어.

재판과정은 길었지. 나는 이름도 주소도 말하지 않고 완전 묵비권을 행사했기 때문에 피고 100여 명 중에 마지막까지 보석을 받지 못하고 계속 구치소에 있어야 했어. 나중에 공산당으로 중의원 의원이 된 히가시나카 미쓰오 변호사가 면회 오더니 "이름과 주소 정도는 말해야 보석이 돼, 그 정도는 인정해도 괜찮아"라고 하길래 이름과 주소를 말하고 드디어 2년 만에 보석으로 풀려났어.

구치소 밖으로 나가 맨 처음 한 것은 심호흡. 바깥 공기를 가슴 가득 마셨더니 그게 맛있더라고. 공기는 맛있는 거야.

피고가 100명을 넘어서는 큰 재판이어서 스이타사건 재판은 주 2회 정도 열렸어. 안 나가면 보석이 취소될지도 모르니까 일주일에 두 번은 재판에 얼굴을 비쳤지. 단순히 얼굴만 비추는 게 아니라 소요죄 재판과 싸워 무죄를 쟁취하는 것이 우리들 인생 그 자체라고 생각했어. 필사적으로 재판소에 다녔는데 먹고도 살아야 하니까 민족조직의 일원이 되어 조직 활동도 열심히 했어.

결혼도 재판 중에 했지. 아내는 자신의 주관이 뚜렷한 조선인 여성이었어. 결혼 당시는 오사카부 소속의 여성으로서 제1호 미용사 자격을 가지고 있었어. 그래서 우리 집 1층에 파마집을 열었지. 그렇다고 해도 4조 반(2평 반)인 공간에서 어머니와 함께 신혼 가정을 꾸렸으니 꽤나 힘들었을 거야.

나는 재판을 받고 있는 몸이라 어쩔 수 없이 고베의 야키토리(닭꼬치) 가게에서 소스 만드는 법을 배워 와서 작은 야키토리 가게를 시작했어. 이곳 주소+三에서 가게를 시작했는데 가게 이름은 고베 가게 이름을 그대로 사용했고 아내와 같이 닭꼬치를 구웠어. 지금은 아내가 이 가게 사장이야. 남자아이가 세 명 태어났는데 이 가게 덕분에 무사히 키울 수 있었어. 야키토리 가게로 생활 기반을 닦아 놓고 재판에서 끝까지 싸웠어. 최고재판소(대법원에 상당)에서 판결이 확정될 때까지 무려 21년이나 걸렸지.

결과, 다들 알고 있잖아, 무죄야. "전쟁을 반대해서 데모하는 것은 헌법 21조 표현의 자유에 해당한다"라는 판결이었지. 처음 오사카 지방재판소에서 '무죄'라는 재판장의 목소리를 들었을 때는 정말로 너무 기뻤어. 자신의 인생을 걸었던 싸움이 결코 틀리지 않았다는 판결이라 더더욱 기뻤지. 재판 당시의 신문 기사가 남아 있는데 소요죄 재판에서 주동자는 나와 산키 씨여서 우리 부부의 신혼 때 사진이 사회면에 크게 실려 있더라고.

이심도 무죄, 최고재판에서도 무죄. 21년 걸렸지만 결론은 딱 하나야. 몇 번이나 말하지만 무죄라는 그 한마디를 듣고 내 인생이 절대 틀리지 않았다고 확신했으며, 전쟁을 반대하길 정말 잘했다는 생각이 들었어.

▶ 민족학교 개교와 장남의 귀국

보석으로 풀려난 뒤 야키토리 가게의 운영자와 민족조직의 활동가를 동시에 하는 생활이 계속됐어. 스이타 사건 당시의 민족조직은 1955년에 해산되었고 새롭게 조선총련이 탄생했지. 가장 큰 과제는 민족학교의 존속과 학교 교사를 새롭게 짓는 사업이었어.

나는 당시 최연소로 오사카의 히가시요도가와 지부 위원장에 선출됐어. 북오사카조선초중학교의 낡은 목조건물을 콘크리트 4층 건물로 새로 지어야 하는데 그 비용을 조달하는 게 나의 가장 큰 임무였어. 나는 돈 많은 부자에게 의지하면 일시적으로 돈은 모을 수 있을지 몰라도 학교 운영은 계속할 수 없다고 생각했지. 그래서 학부모들을 상대로 기부금을 모으기 시작했고 결과적으로 목표치 이상의 금액을 모을 수 있었어. 내 생각이 맞아 떨어져 정말 기뻤지.

세 명의 아들 중 첫째는 통학 전철 안에서 사소한 일로도 일본 불량배들과 싸우는 녀석이었는데 어느 날 비장한 얼굴로 내 앞에 오더니 이렇게 말을 하는 거야. "조국 건설을 위해 평양에 가고 싶습니다"라고. 우리 부부는 아들 얘기를 다 듣고 "어설프게 결정해서는 안 된다. 조국 건설의 걸림돌이 되지 않을 각오가 되어 있냐"라고 물었지. 그러자 본인이 어떻게든 꼭 평양으로 갈 거라고 하길래 결국 귀국을 허락해 줬어.

지금은 우리 부부도 나이를 먹어서 야키토리 가게는 쉬고 있고 가끔 평양을 방문해 아들 부부와 건강한 손자를 만나는 것이 가장 큰 즐거움이야. 둘째와 셋째는 서로 협력하며 도쿄에서 훌륭히 자립했어. 부모를 잘 보살피며 효도도 잘해.

조금 있으면 여든 살이네. 고생은 정말 원 없이 했지만 후회는 하나도 없어. 그게 내 인생의 자랑거리야.

39

조선 현대사를 산 시인
김시종 金時鐘(남)

취재일: 2006년 3월 9일
출생지: 강원도 원산시
현주소: 나라현 이코마시
생년월일: 1928년 12월 8일
약력: 제주도에서 성장. 일본 식민지시대는 황국 소년이 되는 것을 너무나 갈망하였고, 중학교 때 해방을 맞이함. 민족사를 새롭게 인식하고 그 운동에 온몸을 바침. 1949년 4·3사건의 박해로부터 도망쳐 일본으로 건너감(김석범 씨와 공저 『왜 계속 써 왔는가, 왜 침묵해 왔는가』(헤이본샤平凡社 참조). 민족교육 운동·문화 운동을 하면서 재일조선인과 민족사를 접목한 시 창작 활동을 시작함. 효고현에 있는 고등학교에서 교원 생활 등을 하면서 자신의 시를 살아옴. 저서 다수.

취재: 이영녀 / 원고집필: 이영녀 / 번역: 고민정

▶ 4·3사건의 침묵을 깨고

지금까지 침묵하고 있던 제주도 4·3사건에 대해 내가 입을 열기 시작한 것은 김석범 씨로부터 재촉을 받았기 때문이야. 그와 대담하기 전에 도쿄에서 4·3사건 52주년 기념강연회(2000년 4월)라는 모임이 있었고, 김석범 씨에게 "이제 그냥 얘기해버려"라는 재촉을 받았어.

지금까지 입을 열지 못했던 이유는 몇 가지 있는데 하나는 4·3사건의 기억을 가진 사람들에 대한 배려. 그들은 그 사건을 '인민봉기'라고 말하고 있어. 내가 경험한 참극을 이야기하면 '인민봉기'라는 정당성이 없어질 수도 있겠다고 생각했지. 그리고 다른 하나는 나의 체류자격 문제. 만약 이 문제로 한국에 강제소환이 되면 살아갈 수 없을 거라고 생각했어. 그리고 무엇보다 가장 큰 이유는 기억하고 싶지 않다는 거야. 복권에 당첨될 만한 행운이 나한테 있었는지 정말 구사일생으로 일본에 도망칠 수 있었어. 지금도 비참하고 참혹하기 그지없는 기억을 떠올리면 잠을 잘 수 없을 정도야. 그 사건으로 아버지는 돌아가셨고 도망쳐 나온 나는 남아있던 사람들에게 큰 마음의 빚을 졌어.

일본의 식민지지배 시절, 나는 황국 소년이었어. 일본은 신의 나라다, 천왕은 신이다, 이런 걸 믿으며 일본인이 되기 위해 공부했지. 중학교 4학년, 일본이 패망했을 때는 정말 믿을 수가 없어서 일주일, 열흘 동안 밥도 먹지 않았어.

해방되고 나서 죽을힘을 다해 조선어를 익히고 역사를 배웠어. 그리고 피 끓는 심정으로 민족운동과 학생운동에 뛰어들었지. 1945년 가을부터는 문화 운동에도 관여했어. 해방을 맞이했는데 조선어로 부를 수 있는 노래가 거의 없는 거야. 그래서 '귀로'나 '라·팔로마(La Paloma)' 같은 세계적인 명곡을 조선어로 번역했어. '클레멘타인의 노래'는 아버지가 가르쳐준 유일한 조선말 노래야. 조선 노래가 내 입에서 자연스럽게 흘러나올 때 조선 사람으로 다시 태어난 것 같은 느낌이 들었지. 내가 번역한 노래 중 몇 개는 지금도 여전히 불리고 있는데 작사자 불명이라고 적혀있어. 최근 한국에서 『세계 명곡집』이 나왔고 그중에는 내가 번역한 곡도 여러 개 들어 있는데 내 이름이 아니라 다른 사람 이름으로 되어 있더라고.

해방으로 부풀었던 기대감이 점차 무너지고 2, 3개월 만에 도로아미타불이 되었어. 조선총독부에서 미군으로 바뀌었을 뿐 법률도 조선총독부가 제정한 그대로였어. 겨우 민족의식에 눈을 뜬 나는 그냥 가만히 있을 수 없었지.

1945년 12월 28일 모스크바에서 열린 미국·영국·소련의 3개국 외상 회의에서 유엔이 조선을 신탁통치 하는 것으로 결정됐어. 남조선노동당(남로당)은 처음엔 신탁통치를 반대했지만 나중에 찬성으로 돌아서면서 혼란이 일어났지. 해방 직후의 조선반도는 어수선한 상태였어. 9월 6일에는 북에서 조선인민공화국이 독립국 수립을 선언했고 미국이 남으로 진군해 온 것은 9월 8일. 해방군으로 열렬하게 맞이했는데 9월 9일에 '맥아더 포고' 제1호를 발동해 미국의 군정을 선포하고 조선인민공화국를 부정하며 인민위원회의 해산을 명령했어.

미군은 자신들이 조선인과 직접 충돌하는 것은 좋지 않다고 보고 방패막이로 우익단체를 내세웠어. 그래서 총독부 밑에서 일했던 수많은 친일파들이 다시 관공서로 복귀할 수 있었지. 태평양전쟁 중에는 '성전수행' '천황만세'를 부르짖었던 민족의 반역자들이 이번에는 '반공'을 외치며 돌아다니더라고. 미군은 해방군이 아니라 점령군이었으며, 그들은 조선의 독립과 통일을 원하지 않았어. 그때는 이미 인민위원회가 조선반도 각처에 만들어져 있었고 일부 친일파를 제외한 거의 모든 사람이 지지했어. 그래서 해산을 명령한 미군정에 항의하는 행동들이 날이 갈수록 심해져 갔지. 제주도만 그런 게 아니라 전국적으로 다 그랬어.

내가 남조선 노동당의 당원이 된 것은 1947년 2월. 처음엔 말단 당원이었어. 그해 연말에는 제주도 학무과의 촉탁을 받고 교원양성소에 사무직으로 들어갔어. 해방 후에 여기저기서 민족학교가 생겨나는데 학생한테 가르칠 교재가 없는 거야. 1946년 봄에 임시정부의 문교부가 중학교, 소학교의 국어 교과서를 만들었는데 그걸로는 부족했지. 그래서 교원양성소에서 교재를 만들어 전국 각지에 보냈어. 그런 역할을 하고 있어서 우체국에는 학무과 촉탁 직원의 신분으로 쉽게 드나들었지. 그 덕분에 비밀업무인 당의 연락책도 할 수 있었어. 우체국은 정보 수집과 연락의 거점이었거든.

▶ 무참한 패배를 넘어서 자랑스러운 역사를 남기다

4·3사건은 무참한 패배였어. 하지만 민족해방 후의 역사를 되짚어 볼 때, '무참한 패배'로 기록되는 것이 아니라 '자랑스러운 패배'로 기록될 거야. 남쪽에서만 단독 선거를 치르겠다는 것은 나라가 영구히 분단된다는 걸 의미해. 그런 의미에서 4·3사건은 선거를 성립시키지 않으려는 무력투쟁이었어. 처참하기 짝이 없는 무참한 패배를 당해야 했지만, '눈앞에서 민족이 분단되고 있다' 그래서 온 힘을 다해 반대를 외쳤던 사람들이 있었다. 이렇게 4·3사건은 자랑스러운 역사로 기록되어야 해.

예컨대 4·3사건과 광주 사건은 같은 맥락이라고 봐. 광주에서 그런 큰일이 벌어졌는데 그때 나는 일본에 있어서 목숨은 보전했지만 아무 것도 할 수 없어서 너무나 원통했어. 그 원통한 심정으로 『광주시편光州詩片』을 써 내려갔지.

4·3사건은, 부정한 행위를 인정할 수 없다, 조국 분단을 용서할 수 없다, 이런 민중의 의지가 표출된 사건이야. 그때 분단되지 않았다면 북도 지금과 같은 모습이 아니었을 거야. 내가 알고 있는 양심적인 학자와 많은 문화인이 사회주의의 정의를 믿고 북조선으로 월북했지만 모두 행방불명이 됐어. 4·3사건에서 남로당의 제주도 군사위원회가 무력투쟁의 핵심이었던 것은 틀림없는 사실이야. 하지만 민중이 군사위원회에 호응한 것은 단지 호소가 있었기 때문만은 아냐. 미군정에

대한 분노가 깊게 쌓여 있었기 때문이지. 당시 민중은 산에 들어가 무장한 남로당 부대가 자신들의 소망을 이루어 줄 거라고 믿고 있었어.

하나뿐인 아들이 점점 민족운동에 빠져들어 가는 것을 보고도 아버지는 굳이 반대하지 않았어. 아버지 자신도 3·1독립운동을 경험했거든. 해방 후에는 청년들을 모아서 문화 운동을 하기도 했고 민족악기 다루는 법을 가르치기도 했어. 아버지는 피리를 잘 불었지.

1948년 5월에 우체국 집배과의 동지가 길에서 사살되는 사건이 일어났어. 그에 대한 복수로 우편물을 태워버리라는 임무가 떨어졌지. 그 우체국 사건이 계기가 되어 나는 지하로 숨어들었어. 그 사건 후에 친구 중 몇 명이 참살당했고 나는 도립병원에 숨어서 숨을 죽이고 있었지.

숙부 집에도 숨었어. 그런데 그 숙부를 남로당의 무장대가 처형했어. 숙부는 구장이었는데 사복 경찰과 정부 쪽 토벌대가 집에 드나드는 것을 보고 남로당 측에서는 숙부를 배신자로 보았던 거야. 죽창으로 옆구리를 찔러서 처형했는데 옆구리에서 빠져나온 내장이 돌담을 넘어갔어. 3일간 정신을 잃고 있다가 돌아가셨지. 내가 숨어 있던 마구간까지 '아이고' 하는 곡소리가 들려왔어. 그러자 아버지는 온갖 방법을 다 동원해서 나를 일본으로 도망치게 했어.

아버지, 어머니는 하나뿐인 아들이 살아만 있으면 괜찮다고, 나머지는 다 포기할 수 있다고 하셨어. 돌아오지 마라, 내 눈앞에서 죽지 마라, 부모보다 먼저 죽지 마라, 운명이니까 그냥 일본에서 살아라, 이렇게 말씀하셨지. 돌아가시기 전까지 단돈 백 엔도 보내 달라고 하신 적이 없어. 정말 괴로웠어.

당시에는 본인이 출두하기까지 근친자를 대신 가두어 두는 '대리구류'라는 것이 있었는데 내가 일본으로 도망가는 바람에 아버지는 한 달 가까이 유치장에 들어가 있어야 했어. 집에 돌아와서도 그 후유증으로 누워 지내는 날이 많았고 결국 1957년에 돌아가시고 말았지. 아버지 어머니에게는 차 한잔 물 한잔도 올리지 못했어. 지금도 나는 좋은 술은 못 마셔. 좋은 술을 보면 아버지에게 한잔 드려야 할텐데라는 생각에 가슴이 미어져.

1998년에 처음으로 아버지 산소에 갔어. 조카뻘인 친척이 40년간 아버지 묘를 돌봐주고 있었지. 묘지 앞에서 조카에게 "사진은 없는가"라고 무심코 물었더니 잠시 멈칫거리며 "제가 전부 태워버렸어요. 용서하세요"라고 말하며 눈물을 보이더라고. 4·3사건으로 인해 내가 일본으로 도망갔다는 것을 모두가 알고 있기 때문에 주변의 증거가 될 만한 물건은 전부 다 태워버렸다는 거야. 조카가 그러더군 "삼촌은 사람도 아니라며 원망한 적이 있어요. 아무리 공산주의자라고 해도 반성하면 돌아올 수 있잖아요"라고.

아무런 대답도 할 수 없었지. 나하고 관계있는 사람은 모두 죽여버리니까 조금도 흔적을 남길 수 없었다고 해. 살아남은 사람도 고생을 많이 했고. 그런데도 조카는 40년 동안 묘지를 잘 보살펴 주고 있었던 거야. 나는 가난을 고통이라고 생각해 본 적이 없었는데 이런 상황에서는 가난이 죄라고 생각했어. 조카한테 보답해 주고 싶은데 아무것도 없는 거야.

술 한잔도 제대로 올리지 못한 아들이었기에 적어도 일 년에 한 번은 와서 벌초라도 해야겠다는 마음을 먹었지. 북조선 국적으로 성묘할 수 있는 건 다섯 번으로 제한되어 있어서 2004년에 한국 국적을 취득했어. 한국 국적도 본명으로는 만들 수 없었어. 영사관의 도움으로 오직 한 세대에 한정된 본적을 취득했지. 제주도에는 원망도 있지만 그리움도 있어. 그래서 제주도에 본적을 두었어. 그때의 심정을 성명문으로 만들어서 주변 사람들에게 보냈지.

▶ 도망쳐 나온 마음의 빚을 짊어지고 다시 일어서기 위해

일본에 온 것은 1949년 스물한 살 때였어. 구사일생이었지. 일본으로 건너오긴 했는데 경찰의 호각 소리 같은 날카로운 소리만 들어도 몸이 움츠러들고 어둠이 무섭고, 큰길이 무섭고, 길모퉁이도 돌아갈 수 없는 상태가 2년이나 계속됐어. 공포가 몸에 배어 있었던 거야. 노동해본 경험 없이 일본에 왔더니 일본 생활은 하루에 쿠페빵 하나 먹는 게 다였어. 배고픈 것처럼 괴로운 일은 없더라고. 내가 사는 지역인 이카이노(오사카시)를 걷다 보면 해 질 무렵에 꽁치 굽는 냄새가 나는데 그땐 정말 참기가 힘들었어.

일본에 오고 나서 1950년에 조선전쟁이 일어났는데 그때도 정말 힘들었어. 조국은 불타오르는데 혼자서 도망쳐 왔다는 부담감에 자신을 다그치며 바로 일본공산당에 입당했지. 다시 일어서야겠다는 절박함이 있었던 거야.

일본에 와서 바로 나카니시의 조선학교 개교를 위한 활동에 들어갔어. 니시아지로西足代 지구는 조선 학생들의 보호자도 많이 사는 지역이었어. 1948년 일본의 조선학교 폐쇄령으로 폐교가 된 학교를 다시 개교시키는 활동이었는데 꼬박 2년 걸리더라고. 당시 조선학교를 다시 여는 건 불법이어서 일본 경찰의 기동대에 포위된 상태로 학교를 열어야 했어. 하지만 학부모들의 힘도 강해서 내가 그들과 이어져 있다고 생각하니 경찰도 그리 두렵지 않았어. 스이타吹田사건(1952년 오사카 스이타시에서 학생, 노동자, 재일조선인이 한국전쟁에 협력하는 것에 반대해 대규모 반전시위를 벌여, 경관대와 충돌한사건)에도 참가했지. 나카니시는 동포들의 결집이 강한 지역이라 스이타사건이 벌어졌을 때 데모대의 후미를 맡았어.

나카니시 조선학교는 폐쇄 후 다시 개교한 최초의 민족학교였어.

그 후 일 년에 걸쳐서 제1회 졸업생을 배출시켰고 각지에 문화동아리 만드는 활동을 했어. 50개 이상은 만들었을 거야. 그 동아리를 협의체로 해서 문화총회를 조직했지. 해방기념일의 오기마치풀장 집회 때는 기획, 연출 등 모든 걸 다 했어.

정말 열심히 민족운동 활동을 했어. 그래서 그런지 몸이 망가져서 1953년 연말에 쓰러지고 말았지. 1년 반 병원 생활을 했어. 영양실조, 호흡곤란, 심장질환으로 쓰러졌는데 근본적인 원인은 장결핵이었어. 투병 생활은 그야말로 생지옥이었지. 지금까지 여섯 번이나 입원해서 간장 등 8군데를 잘라냈어.

퇴원해서 『진달래』라는 책자를 만들었어. 이 또한 조직의 명령이었고 글 쓰는 사람을 모으는 일종의 거점 만들기였지. 책자를 정기적으로 발간했고 젊은 청년이 50~60명 모여들었어. 하지만 제대로 된 글을 쓸 수 있는 수준이 되면 선전, 선동 글을 써야 한다는 현실이 바보처럼 느껴졌고, '김일성 만세'만 들어가면 뭐든지 다 좋다는 표현에 정말 싫증이 났어.

▶ 공화국에 대한 이상을 상실하고

그 무렵 조직이 민전(재일조선통일민주전선)에서 조총련으로 바뀌었어. 조직 개편이라기보다는 암투 속에 벌어진 쿠데타였지. 토의도 없이 중앙의 핵심 요직을 소리소문 없이 바꿨어.

그리고 나에게 차마 듣기 민망할 정도의 비판이 쏟아졌어. 민중의 관심 끌 만한 사건을 만들지 않으면 조직을 유지하기가 힘들었을 거야. 마침 내가 사상악思想惡의 표본에 안성맞춤이었겠지. 민전의 비밀작업 같은 일도 하고 있었고 아마 적당한 공격대상이었을 거야. 처음엔 반론을 펼치며 싸웠는데 어쨌든 반 조총련은 반 공화국(조선민주주의인민공화국)이라고 정의해 버리니까 더는 못 싸우겠더라고. 조선작가동맹이 비판문을 4번 내고 시분과위원장이 서명을 넣은 비판문을 발표했어. 김시종은 '배추밭의 두더지'라고.

그런 가운데 『장님과 뱀의 실랑이』라는 에세이를 썼는데 조총련을 비판했다며 다시 공격하는 거야. 그런 비판은 1958년부터 1965년까지 계속되었고, 거의 10여 년 동안 표현 활동을 할 수 없었어. 일본 문화인과의 만남도 금지되었고 먹고 살기가 힘든 생활이었지. 서평도 쓰고 돈이 되는 것은 뭐든지 했어. 학교의 비상근 일도 찾긴 찾았는데 조직에서 항의하는 바람에 바로 거절당했어. 10년간이나 비판을 견딜 수 있었던 것은 공화국이 내 조국이라고 생각했기 때문이야. 공화국과 연결하기 위해 일본까지 흘러들어왔는데 나 스스로 단절하는 것은 불가능했어.

나는 1970년에 소속기관과 상의하지 않고 장편집 『니가타』를 출판했어. '귀국은 무엇인가'라는 주제로 시를 썼지. 그 시는 이미 1960년에 작업을 끝내 놓은 상태였는데 어디에도 발표하지 않고 10년간 갖고 다니기만 했어. 그 시집 출판을 계기로 조직 규율을 완전히 벗어 던졌지. 많은 좌절을 맛보며 살아가는 것이 인생이라고 하잖아, 나의 가장 큰 좌절은 북쪽과 김일성의 실상을 알아버린 거였어. 조총련 조직의 관료주의도 알게 되었고.

조총련을 떠날 때의 좌절감은 정말로 컸어. 4·3사건 때 일본에 살아서 도망쳐 온 것은 그냥 운이 좋아서였지. 그렇지만 일본에서 북으로 가는 배가 있다는 것은 당시에도 알고 있었고 그 귀국선에 오르는 것이 최소한의 꿈이었어. 당시 나는 공화국의 정의가 으뜸이라고 그걸 굳게 믿고 4·3사건에서 살아남았는데 북의 실태를 알고 나서는 이제 어떻게 일본에서 살아나가야 할지 많이 고민했어.

▶ 재일조선인으로 살아남는 것이 명제

그 깊은 좌절감으로부터 빠져나와 일본에서 살아남는 것이 나의 시의 명제라고 생각했어. '재일在日을 산다'라는 말을 그때부터 쓰기 시작했는데 내가 한 말 중에 가장 성공한 표현이라고 생각해. 일본에 살고 있다, 이 의미를 생각하고 그것을 의식화하는 것이 나의 행동 원리가 되었어. 재일조선인에게 교육이 얼마나 중요한가를 새삼 깨닫게 된 것도 바로 그때였지.

조총련(재일본조선인연맹) 시절부터 민족교육은 있었어. 조총련의 전성기에는 소학교에서 대학까지 민족학교가 170개나 있었지. 하지만 그 전성기 때조차도 중등교육에서 민족교육을 받는 학생은 전체 재일 학생 중 20% 정도였고 대다수는 일본 학교에 다니고 있었어. 그 학생들이 다니는 일본 학교의 교사들과 만나서 그들과 관계를 만들어 가는 것이 내 목표가 되었지.

1973년에 효고현의 교원채용 시험을 봤어. 공립고교에서 재일외국인교원 제1호가 나야. 정시제 고교에 가서 많은 교사를 만났지. 귀화라는 건 어떤 의미를 가지고 있는가, 재일조선인에게 있어 교육이란 무엇인가, 이런 주제를 가지고 정말 많은 대화를 나눴어.

지금 분단되어 있는 남과 북의 통일은 아직 머나먼 얘기겠지. 우리들에게 있어 중요한 것은 같은 민족 간의 융화를 선행시키는 거야. 이것은 나의 '재일을 산다'라는 명제의 근간을 이루는 주제이기도 해. 알다시피 남쪽은 오랫동안 반공을 국시로 삼아왔어. 북쪽은 한국을 용인하지 않아. 사상과 신조가 다른데도 불구하고 같은 지역에서 함께 살아온 것은 재일조선인밖에 없어. 우리들은 재일 동포로서 '재일'을 함께 살아 온 거야. 개별적으로 보면 부모와 자식이 반목하거나 형제가 대립하는 가정도 있지만 가족을 와해시키고 완전 남이 되어 사는 경우는 거의 없잖아. 아무리 다투어도 관혼상제는 같이 치르지. 그런 점을 의식화해서 만나면 안 되는 사람들을 만나고 입장·사상·신조가 틀린 사람들끼리 동족 문제를 같이 생각하며 불신을 불식할 수 있다면 그게 바로 실질적인 통일이라고 할 수 있어.

냉전이 없어졌다고는 하지만 미국의 강건한 지배체제가 흔들리는 것은 아냐. 그래서 남북이 통일을 이루기에는 아직 멀었지. 그때까지 그냥 기다릴 게 아니라 우리들 재일이 먼저 나서서 동족 간에 반목하지 말고 같은 말로 동족을 깎아내리지 않으며 함께할 수 있는 일이 있으면 함께하는 거야. 일본에 살아가면서 재일조선인의 시민적, 민족적 권익을 지키기 위해 같이 움직이고 같이 문제제기를 하는 거야. 그런 의미에서 재일은 조선 민족의 통합을 먼저 경험할 수 있는 훌륭한 토대를 가지고 있어. 나는 그런 점을 항상 말해 왔지.

우리들 재일은 국가라는 곳에 원망을 가져도 괜찮은 존재야. 해방 후, 재일조선인은 일본에게 온갖 멸시와 제도적 차별을 받아 왔어. 그런 일본에 대해 조국은 아무런 행동도 취하지 않았지. 그런 조국, 국가에 재일조선인들은 문제 제기를 해야 해. 그건 정말 중요한 과제야.

▶ 분단된 조국과 대립하며 살아오다

나는 지금까지 내 마음속에서 북의 체제와 대립해 왔어. 마음속에서는 단 한 발자국도 뒤로 물러난 적이 없지. 말로 꺼내지 않고 침묵해 왔지만 북의 체제를 사회주의라고 말하기에는 무리가 있어. 나는 지금도 사회주의를 믿고 있어. 노후 불안이 없고 노동에서 얻은 결과를 도로 빼앗기지 않으며 상대를 쓰러뜨려야 하는 경쟁 교육이 아니라 평등 교육을 지향하는 체제가 나쁠 리가 없잖아. 하지만 그 어떤 제도라도 자신의 주장을 자연스럽게 피력할 수 있는 체제여야 해. 작년(2005년)

9월에 중국 연변에 갔었는데 바로 강 건너편이 북조선이었어. 그런데 연변 사람들은 김일성체제를 경멸하고 있는 거야.

항일운동 때 연변에 살던 사람들은 곤란한 생활 속에서도 항일투쟁을 지원해 줬어. 그런데 그게 전부 김일성이 했다고 되어있는 거야. 연변 사람들은 전쟁이 끝나고 북이 해방되었는데도 돌아가려고 하지 않았어. 국경인 두만강은 겨우 10분이면 건너갈 수 있는데. 그만큼 실망이 컸던 거야. '위대한 장군님'을 중심으로 하는 체제에서 찬양을 그렇게나 많이 늘어놓았다는 것은 그만큼 알맹이가 없다는 거 아니겠어. 그러한 사실을 연변 사람들도 잘 알고 있는 거야.

내 경우는 열일곱 살까지 일본은 신의 나라, 천황은 신이라고 믿고 있었어. 옴진리교사건(1995년 일본의 신흥종교가 지하철 전동차 안에 맹독가스를 살포한 사건, 사망자 12명)이 일어났을 때 생각했어. 군국소년이었던 나도 옴진리교 신도들과 다를 바가 없다고. 옴사건이 지금까지 내 마음을 아프게 하는 이유는 이대로는 안 된다며 일본을 어떻게든 더 좋게 해보려던 옴진리교 신자들이 결국엔 함정에 빠졌기 때문이야.

마찬가지로 '위대한 장군님'만을 외치는 북은 굶주림에 지친 주민들이 몸을 팔아야만 하는 나라가 되었어. 오히려 위대한 장군이 한 사람도 없는 한국이 세계 수준으로 볼 때 선진국에 가까울 정도로 발전했지. 한국이 유화정책을 펼치고 있는데 국내에서는 알력도 있을 거야. 북이 유화정책을 잘 받아들여서 다툼보다는 동족 간의 대화를 최우선으로 삼아 서로 마주 보는 자리를 가졌으면 좋겠어.

그러나 북조선이라는 국가와 민중은 별개의 문제야. 일본 납치피해자 가족을 지원하는 사람들이 북에 제재를 가하자고 목소리를 높이는데 그것은 인간미가 너무 없는 대응이라고 생각해. 북조선에는 2천 수백만 명의 사람들이 있어. 일본이 경제제재를 해도 체제는 무너지지 않지만 민중은 고통을 감수해야 해. 북에서도 살아가는 사람들이 있고 국교 수복을 하지 않은 책임은 일본에 있다는 것을 자각했으면 좋겠어. 가족을 빼앗긴 원한은 충분히 이해되지만 헌법 개정이나 자위대 파병의 이유로 '북조선의 위협'이라는 엉터리 정보에는 주의를 기울여야 해.

▶ 김시종이라는 시를 살아가다

나는 의지가 강했다고 보는데 어쨌든 하고 싶은 대로 하면서 살아왔어. 이제 내 삶의 남은 시간이 많지 않겠지만 고맙게도 어려운 일본 출판 상황 속에서 시를 쓰면서 살아 올 수 있었어. 일본은 시 써서 밥 먹고 살 수 있는 나라가 아닌데 말이야.

쓰지 못하는 소설은 존재하지 않지만 시는 쓰지 않아도 존재한다고 나는 믿고 있어. 시라는 것은 누구나 가지고 있는 것으로 시인으로 불리는 사람들의 점유물이 아니야. 사람은 누구나 턱밑까지 치솟는 자신의 생각을 부둥켜안고 살아가지. 한평생 선로보수공으로 사는 사람, 요리사로 사는 사람, 평교사로 인생을 다 보내는 사람, 이런 사람들의 생각과 삶을 가끔 문자로 표현하는 게 시인이야.

예를 들면, 히로시마 사람으로 30년 가까운 세월 동안 지구 어디선가 핵실험이 있으면 항상 같은 장소에 혼자서 쪼그리고 앉아 있는 중년 남자가 있어. 그 남자는 30년이나 히로시마 원폭 참상에 대해 침묵하고 그 장소를 찾아간 거야. 그런 삶 자체가 시인 거지. 그런 사람들의 존재에 감정을 이입하면 시가 떠올라. 시인은 언어를 사용하여 시를 쓰고 있지만 타인의 생각을 함께 공유해야 시를 살릴 수 있어. 시를 보편적으로 설명하면 이렇게 말할 수 있겠지.

지금 〈조선시집〉을 번역하고 있어. 번역은 자신의 모국어로 되돌아가는 작업이라고 생각해. 김소운 씨가 일본어로 번역한 〈조선시집〉은 당시 일본인이 되기 위해 공부했던 황국소년인 나에게 조선의 시심詩心이 현란한 일본어에 안겨져 있다는 것을 가르쳐 줘서 기뻤어. 조선이 해방되고 조선 사람의 일인이 된 나는 식민지 지배 속에서 죽은 언어였던 조선어의 명맥을 접하고 일본어의 정감과는 다른 운율이 체내에서 맥박 치는 것을 느꼈어. 나는 조선어와 일본어, 그 틈새를 밝혀내고 싶어. 좋든 싫든 조선어와 일본어를 함께 지니고 있는 자로서 〈조선시집〉 원시原詩와 일본어의 조화를 이루고 싶어.

40

조선시장에서 코리아타운으로
홍여표 洪呂杓(남)

취재일: 2006년 2월 19일
본적: 제주도 제주시
현주소: 오사카시 이쿠노구
생년월일: 1930년 4월 9일
약력: 와카야마현和歌山縣에서 출생. 제2차 세계대전 중에 오사카 대공습을 체험. 종전 후, 조련에서 민족 활동. 1955년, 오사카시 이쿠노 조선시장에서 도쿠야마德山상점 개업. 1984년에 ㈜도쿠야마물산 설립 후에 일본 각지, 한국, 중국으로 사업 확장. 1990년대 이후에 조선 시장을 이쿠노生野 코리아타운으로 발전시키는 데 공헌. 2003년 반가식공방班家食工房 설립. 현재, ㈜도쿠야마물산 회장.

취재: 고찬유 / 원고집필: 고찬유 / 번역: 고경순

▶ 지옥 같은 오사카 대공습

나는 1930년 4월 9일에 와카야마 미노시마라는 곳에서 출생한 것 같습니다. 아버지와 어머니는 제주도에서 결혼하고 1923년에 제주도와 오사카를 잇는 직항편이 취항한 후인 1925, 6년경에 일본으로 온 것으로 추정됩니다. 당시 미노시마 주변은 방직기업이 많아서 어머니는 방직공장에서 여공으로 일했고 아버지는 항만 근로자라고나 할까, 배에 짐을 싣고 내리는 일을 했던 것 같아요.

내 위로 둘이 있었는데 태어나자마자 죽었다고 합니다. 그래서 나만은 어떻게든 살리려는 마음으로 내가 태어나자 바로 제주도로 데리고 갔던 거예요. 제주시에서 절을 경영·관리하고 있던 고모가 있었는데 그분께 경제적으로 의존했던 것 같습니다. 하지만 생활이 점점 힘들어져서 내가 세 살 때 다시 일본으로 되돌아왔다고 합니다.

오사카로 오고 나서 한 곳에 정착해서 살았던 기억이 없어요. 아버지는 막노동을 하거나 부두 하역 인부를 하거나 선상 생활을 했어요. 3조짜리 다다미방 한 칸을 빌려서 삼 형제가 등걸잠을 잤던 기억밖에 없어요. 나는 소학교 1학년인가 2학년 때부터 시영전차 정류소에서 석간신문을 팔았습니다. 진눈깨비가 내리던 추운 날 일본 아주머니가 따뜻한 군고마를 손에 쥐여 주었던 그 감촉이 지금도 남아 있습니다.

1945년 초, 아시하라바시(나니와구)에서 드디어 연립가구 한 칸에 정착했습니다. 볶은 콩을 신문지를 접어 만든 삼각형 봉지에 담아서 과자집에 도매로 팔거나 행상을 했습니다. 그 당시 지금의 오사카성 공원에는 육군포병 공창이 있었는데 강제연행으로 온 수많은 동포 노동자들이 있었어요. 일주일에 한 번 쉬는 날에는 아시하라바시에 왔어요. 모두 배가 고팠겠지요. 마 소재의 옷을 들고 와서 "뭐든 먹을 거로 바꿔 주라."든가 "술 한 잔 주라."며 나를 종종 찾아왔어요.

오사카 대공습이 있었던 것은 1945년 3월 13일입니다. B29의 폭격소리가 대지를 진동했습니다. 밤에 소이탄에 한쪽 팔을 잃고 신음하는 사람을 보면서 지옥이란 이런 것이 아닐까 하는 생각을 했습니다. 여기저기 모두 불바다였습니다. 이른 아침에 피난 갈 때면 주변이 시체로 산더미를 이뤘어요. 물웅덩이나 방화용수가 있는 곳에는 사체가 겹겹이 쌓여 있었는데 인간이 죽으면 그렇게 부풀어 오르는 건지요?

우리 연립가구도 타버려서 이쿠노구 나카가와에서 철공소를 경영하고 있던 사촌 누나 집으로 피난을 갔는데 거기까지 걸어가는 길은 지금도 선명하게 기억합니다. 집마다 방화용수에 풍선처럼 **빵빵**하게 부풀어 오른 시체가 가득 들어있었어요. 뜨거움을 피하려고 모두 그 안으로 들어갔던 거지요. 차마 눈 뜨고 볼 수가 없었어.

그 후에 다쓰미에 방을 빌려서 생활하다가 10월경에 니가타현 아라이초(현재, 묘코시)로 소개를 갔습니다. 거기에 대일본 셀룰로이드공장이 있었는데 아버지는 공장 정비도 하고 광차를 끌어 흙이나 자재를 운반했습니다.

▶ 2·7사건의 일제 검거

니가타에서 조국 해방을 맞았을 때, 동포들은 모두 막걸리를 마시며 서로 기뻐하며 벅차했습니다. 고향으로 돌아간 것은 1946년입니다. 아버지는 남고 어머니와 우리 삼 형제는 제주도로 돌아갔어요. 하지만 밭이 있는 것도 아니고 집이 있는 것도 아니었어요. 일본에서 알루미늄 냄비나 솥을 사서 갔는데, 제주도에서는 팔리지 않아 사촌이 있는 전라북도 이리에 가서 아침장에 내다 팔았습니다. 그래서 겨우 제주도 신촌에서 집을 살 수 있었지요.

하지만 밭이 없으니까 고모네 밭을 경작했어요. 이때는 자기 밭이 아니면 수확의 반은 밭 주인에게, 반은 자기 몫이 되는 제도가 전통적으로 있었던 것 같습니다. 나도 밭에 가서 김매기 등을 했던 경험이 있어서인지 농가의 고통은 잘 알고 있어요.

1948년이 되자 '4·3사건' 전 단계로 '2·7사건'이라고 해서 2월 7일에 일제검거가 있었습니다. 신촌 청년은 나를 포함해서 전부 검거되어 제주시까지 연행돼 가서 2주일 정도 유치장에 갇혀 있었습니다. 나는 말도 잘 못 하는 상태여서 야간학교에 다니고 있었습니다. 활동을 주도했던 것은 좌익적인 사람들이었어요. 하지만 나는 그저 성실하게 일하고 공부회 등에 2, 3회 정도 참가했던 것뿐인데 나도 호되게 고문을 받았습니다. 밤중에 석방돼서 트럭에 실려 신촌 집에 돌아가 보니 아직도 밝은 빛이 있었습니다. 밤 열두 시를 지난 시간이었는데 부엌에서 어머니가 촛불을 켜고 열심히 빌고 있던 광경을 지금도 생생하게 기억합니다.

그 후에 4·3사건이 있었는데 우리 모두가 끌려 나갔습니다. 아직 열일곱, 여덟 살 때였는데 연락 담당이다, 뭐다, 라며 산속까지 편지를 배달하기도 했습니다. 그러던 중 점점 형세가 불리해져서 "이대로라면 자손이 끊긴다. 아들 하나라도 살려두지 않으면 안 된다고." 해서 6월경에 나는 밀항선에 태워져 일본으로 다시 보내지게 됐습니다.

▶ 군수물자를 보내지 마!

아버지는 니가타 아라이초에서 밀조주를 만들고 있었습니다. 내가 갔을 때 아버지는 일본 사람을 아내로 들여 자식이 둘이 태어나 있었습니다. 아버지는 내가 4·3사건을 경험한 것을 자랑스럽게 생각했어요. 나는 조련(재일본조선인연맹)의 여러 회합에 끌려 다녔는데 조련은 1949년에 강제로 해산당했습니다. 1950년에 한국전쟁이 시작됐을 때는 데모를 하고 전쟁에 "군수물자를 보내지 말라."는 전단을 뿌리기도 했습니다.

민전(재일조선통일민주전선)이 생긴 것은 1951년입니다. 당시는 모두 일본공산당원이였으니까요. 일공(일본공산당) 안에 민대(민족대책부)가 있어서 민전활동이라는 것은 거의 일본공산당 세포 활동의 일환으로 행해졌어요. 나도 공산당에 들어가서 등사판으로 인쇄물을 만들고 계몽전단을 나눠줬어요.

사상적으로는 어찌 됐든 생활 체험에서 나라 없는 민족의 비애와 하층계급의 비애를 느껴서 각성했던 거지요. 그 무렵의 청년은 그런 활동에 참가한 사람이 많았어요. 조선전쟁이 일어났을 때는 민대의 지도를 받으면서 조국방위대를 중심으로 화염병을 만드는 등 모두 열정적이었습니다. 1955년에 총련으로 노선을 전환할 때도 니가타는 기초준비가 되어 있어서 순조롭게 진행되었습니다.

▶ 조선시장에서 개점

당시, 제주도에는 아직 어머니와 두 형제가 배고픈 삶을 살고 있었습니다. 아버지는 아라이에서 파친코를 경영하고 있었고 니시쿠비키군 오우미마치(현재 이토이가와시)에도 하나 더 있었는데 그곳을 내가 맡게 됐어요. 그런데 사업이 잘 안돼서 1954년인가, 모아뒀던 자금을 들고 오사카로 와서 이쿠노구 조선시장(현재 코리아타운)에 집을 샀습니다. 이때, 어머니와 동생을 불렀던 거지요. 나는 근처의 그릇공장과 동포가 운영하는 나사가공 공장에서 일했습니다.

결혼은 1955년 1월 15일에 했습니다. 집사람은 저쪽에서 태어나서 열여섯에 일본에 왔습니다. 먹고살려고 조선시장에서 도쿠야마상점을 시작했습니다. 시루떡을 만들어 팔기 시작했지요.

이쿠노에 동포가 많이 살게 된 것은 동포들이 히라노강 개수공사 인부로 왔다가 그대로 남았기 때문입니다. 1920년대 후반에는 동포의 고무공장과 열쇠공장 같은 금속가공 공장이 이곳에 여기저기 있었기 때문이지요. 게다가 1923년에 제주도와 오사카를 잇는 직항선이 생기면서 점점 더 늘어났던 겁니다.

지금 '코리아타운'이라고 부르는 미유키도오리 상점가는 원래 1926년에 개설된 오사카시 쓰루하시 공설시장을 중심으로 열렸어요. 미유키모리신사에서 히라노강까지 약 500미터 정도인데 도로를 끼고 양쪽으로 가게가 늘어서 있었습니다. 그러니까 조국 해방 전의 옛날 조선시장은 더 남쪽인 지금의 오사카조선제4소학교가 있던 주변에 형성되어 있던 거지요. 1927, 8년경부터 드문드문 장사꾼들이 늘어나서 1930년대에는 전성기였던 것 같습니다. 4, 50채의 가게가 T자형으로 늘어서 있었고 많을 때는 하루에 손님이 2만 명이나 찾아와서 활기가 넘쳤다고 합니다. 그런데 전쟁 중에 물자통제령(생활필수물자통제령, 1941년)으로 경찰 단속이 시작되면서 대부분이 파괴됐어요. 그래서 정식으로 장사하려면 앞쪽의 미유키도오리 상점가 쪽으로 나와야 했지요. 내가 옛 조선시장에 가게를 냈을 때는 이미 장사가 잘 안될 때였습니다. 집 앞에서 산나물을 팔거나 콩나물을 가공하던 곳이 두세 채 있는 정도여서 우리도 상점가 쪽으로 나가는 것이 꿈이었습니다.

그쪽에서 장사할 때는 찐빵을 팔았습니다. 빵을 반죽하고 잤다가, 새벽 3시경에 일어나서 빵을 만들었어요. 집사람이 유모차에 싣고 가서 국철 쓰루하시역 육교 밑에서 팔았어요. 지금은 육교 아래에 국제마켓이라는 시장이 형성되어있지만 그 당시 식료품 장사를 하는 사람은 아무도 없었습니다. 지금의 김치골목에서 장사를 했던 것은 두세 채밖에 없었지요. 그 외는 모두 의류 관계였지요.

▶ 미유키도오리 상점가로 진출

내가 미유키도오리 상점가 쪽으로 진출한 것은 1964년입니다. 일본인이 하던 가게를 사서 옮겼어요. 그 무렵, 상점가 3분의 1 정도는 동포가 경영하고 있었습니다. 1960년대 초부터 말까지는 정말로 번창했었어요. 조선 물품은 이곳에서만 살 수 있었기 때문에 관혼상제라든가, 정월 명절이라든가, 추석 때는 전국에서 식재료를 사러 왔어요. 추석이나 정월 명절 일주일 전부터는 사람으로 가득 차서 걸을 수 없을 정도였으니까요. 그런데 1970년대에 들어서서 점점 쇠퇴해졌어요. 국철 쓰루하시역(1932년 개업)은 전부터 있었지만 1969년에 지하철 센니치마에선 쓰루하시역이 생긴 것과도 관계가 있었지요. 쓰루하시역 주변에 있는 국제마켓 쪽이 편리하니까 점점 커지게 됐고 그와 반비례해서 이쪽이 쇠퇴해 갔습니다.

그리고 1973년에 '이카이노(재일 한국·조선인이 집주하던 지역)'라는 지명이 없어졌습니다. 이카이노 조선시장이라고 하면 1세, 2세에게 있어서 역사적인 명칭이었는데 우리에게는 아무런 의견도 묻지 않고 행정 쪽에서 결정한 거지요. 그래서 섭섭하기는 했지요.

▶ 회사의 발전

우리는 1984년에 주식회사 도쿠야마물산을 설립해서 일본 전국의 식품도매업자와 거래를 시작했습니다. 그리고 떡 자동 라인을 만들어서 자동포장기를 구입했는데 제작할 때 고생담을 말하면 끝이 없어요.

떡은 겨울철에 주로 만들었어요. 여름에 뭔가 일이 없을까 생각하다가 야키니쿠 가게에서 냉면 면을 반죽하는 것이 어렵다는 데 생각이 미쳤어요. 그래서 업자와 공동으로 면 압출기를 개발했습니다. 처음에는 면을 보존하는 기술이 없어서 건면을 만들어보기도 하면서 여러 시도를 했어요. 하지만 "이런 고무 같은 것을 먹을 수 있겠냐. 우리 입맛에 맞지 않는다."라며 여러 번 거절당했습니다. 그래도 포기하지 않고 지혜를 짜내서 지금의 모양을 만들어낸 것입니다.

우리 압출기로 만든 생면을 도매하면서 회사는 비약적으로 성장했습니다. 지금도 우리의 그 보존기술을 사용하고 있어요. 그리고 1988년 올림픽을 전후로 한국의 식재료 붐이 일어나 점점 애호가들이 늘어났던 거예요.

1991년에는 충청북도에 공장을 세웠습니다. 한국의 자연식품기업으로 큰 위치를 차지하고 있는 풀무원이라는 식품회사에서 떡 기술을 한국으로 가지고 오면 어떠냐는 제안이 있었기 때문입니다. 그곳에서는 주로 냉면과 떡을 만들었는데 일본과 한국을 넘나들며 관리하는 것이 힘들어서 그 주식을 풀무원에 거의 양도했습니다. 하지만 떡은 이렇게 일본에서 한국으로 퍼져나갔던 것이지요. 그 후 서울에도 사무실을 차렸습니다.

회사는 1995년에 별도 법인으로 도쿄 우에노에 주식회사 도쿄 도쿠야마물산을 설립했습니다. 그다음에 오사카에서 도쿠야마물산의 자회사로 유한회사 도쿠야마식품과 주식회사 반가식품을 설립했고 2000년에는 도쿄 지사를 개설했습니다.

2001년에는 이쿠노구 이마자토에 7층짜리 본사 건물을 신축했습니다. 그곳은 양판점 대상의 영업과 무역을 위주로 했는데 IT사업부가 있어서 통신판매도 하고 있습니다. 2004년에는 도쿄지사 빌딩을 다이토구에 신축했고 주식회사 반가식품의 중국 청도사무소도 생겼습니다.

나는 13년 전에 사장직을 그만두었습니다. 지금은 장남이 사장이 됐고 다른 자식들이 힘을 모아 사업을 하고 있습니다.

▶ '코리아타운'의 재생

이곳은 1993부터 '코리아타운'이라든가 '코리아로드'라는 이름을 쓰게 되었습니다. 이 상점가는 동과 중앙과 서, 이렇게 셋으로 나뉘어 있습니다. 옛날에는 하나였던 것 같은데 나눠진 것은 50년대에 들어서가 아닐까요? 각각 독립해서 운영하고 있고 회의도 개별로 하고 있습니다.

쇠퇴한 이곳 상권을 살리려고 1988년 즈음 젊은이들이 모여서 의기

통합했지만 중심이 되어야 할 사람이 없어서 흐지부지하게 됐지요.

이것이 구체화 된 것은 1993년에 오사카시에 신청하고부터입니다. 내가 중앙상점가 고문을 하고 있던 때인데 대점포법 개정 등으로 양판점에 밀려서 지역 상점가가 모두 죽어간다는 이유를 내세워 행정 보조책의 예산을 이용하고자 했던 것입니다.

애초에는 심한 분쟁이 있었지요. 하지만 모두가 "여기는 다른 일본 상점가와 같은 관점으로 시장 활성화를 생각해서는 안 된다. 어디까지나 조선시장으로서의 역사를 근간으로 한 특색을 살려서 일본인과 재일의 공생사회를 지향해 간다."라는데 뜻을 모았습니다. 그래서 시에 요청했더니 비교적 수월하게 답을 해줬습니다. 아치(아치형 문)라든가 가로등이 생기고 길도 모양을 바꿔서 포장됐어요. 아치를 만들려면 소방법 규제 등의 여러 문제가 있었지만 겨우 허가를 받아서 동과 중앙의 상점가에는 아치를 만들게 되었습니다.

다만 여기를 '코리아타운'이라는 명칭으로 하는 것에 대해서는 상당한 분쟁이 있었습니다. 전에 상점가의 미래 구상에 대해 논의를 한 적이 있는데 그때 매스컴에서 코리아타운이라는 명칭이 나오자 "이곳을 조선거리로 할 거냐."라며 괴롭히거나 불만의 전화가 오기도 했었지요. 간부 중에서도 코리아타운으로 하는 것은 시기상조라는 의견이 있어서 명칭을 통일시키지 못했어요. 그래서 당분간은 미유키도오리 중앙상점가라고 부르기로 했지요.

나는 부회장 등을 데리고 야마가타현에 갔어요. 모가미강 하류 기점에 있는 마을에서는 '동북으로 한일우호의 마을을'이라는 슬로건을 내걸고 '마을 살리기' 운동을 벌이고 있었습니다. 그 일환으로 10억 엔 가까운 예산을 편성해서 고려관이라는 큰 건물을 네 채 정도 건설하고 있었어요. 또 규슈에서도 코리안을 이용해서 '도시 살리기'라든가 '마을 살리기' 등의 운동을 하고 있었지요. 이런 시대에 조선시장의 전통 있는 곳에 코리아타운이라는 이름을 사용하지 못한다는 것은 무슨 경우냐는 의미였지요. 그래서 타협안으로 나온 것이 '코리아로드'였습니다. 그래서 중앙상점가에서는 일단 코리아로드라는 명칭을 사용하게 됐던 겁니다.

동 상점가 쪽에서는 코리아타운이라는 명칭을 사용했습니다. 동 상점가 회장이 그런 면에 관심이 있어서 코리아타운으로 가자고 했던 겁니다. 동 측은 부산 자갈치시장과 제휴해서 한 시간은 공동 이벤트를 했지만 동 측만으로는 집객력이 없었어요. 그렇게 해서 2년 전(2004년)인가, 동과 중앙은 드디어 코리아타운으로 명칭이 통일될 수 있었습니다.

다만 서 상점가는 결국, 오사카시 신청에 가담하지 않았습니다. 서는 반 정도가 일본인들이서 코리아타운이라는 구상이 좀처럼 받아들여지지 않는 상태로 의견일치를 보지 못했습니다. 하지만 서 측도 올해부터 재일한국인이 회장이 됐어요. 삼자가 어떻게든 통일해 보자는 의견을 가지고 있습니다.

손님층을 보면 1970년대까지는 거의 한국, 조선인이었습니다. 그것이 서울올림픽을 계기로 서로를 알자는 기운이 고조되어 1993년에 코리아타운에 아치가 생기고 나서는 매스컴에서도 다뤄져서 손님층이 크게 변화하고 있습니다.

▶ 대성공을 거둔 '장금' 이벤트

1994년에 첫 번째 아시아민족제가 개최되었습니다. 이벤트 실행위원회가 만들어지고 상점가가 협력을 하는 형태입니다. 이벤트를 할 때는 코리아타운 옆에 있는 공원에 가설무대를 설치하는 등 꽤 분주했는데 젊은 실행위원회 멤버들이 중심이 돼서 해줬습니다. 그 후로 매해 이벤트를 하고 있지요.

재작년까지는 이벤트의 메인은 전통결혼식이었습니다. 그런데 젊은 간부들 쪽에서 좀 바꿔보자는 의견이 나와서 지금 텔레비전에서 화제인 '장금'(NHK 텔레비전에서 방송된 한국 드라마 『대장금』)이로 바꾸게 되었습니다. 그 주제가 재미있어서 장금을 메인으로 작년 11월에 코리아타운축제를 했습니다.

어린이행렬 등 다양한 기획을 했어요. 장금의 패션 의상은 민족의상을 파는 상점 주인의 협력을 받았습니다. 특히 우리 아이들의 사는 모습을 소개하려고 제4(오사카조선제4소학교)의 어린이들도 출연해서 커다란 반향을 불러일으켰지요. 이벤트에는 5, 6천 명이나 와 줘서 대성공이었습니다.

▶ 정보 발신기지 – 반가식공방

코리아타운의 한가운데에 반가식공방을 세운 것은 2003년입니다. 조선시장에서 50년간 장사를 했기 때문에 어떤 형태로든 은혜를 갚고 싶다고 줄곧 생각하고 있었지요. 우리가 조선시장에서 장사를 시작할 때는 일본 사람들 눈에는 좀처럼 익숙하지 않은 것들이 즐비하게 놓여 있어서 다가서기가 어려웠던 것 같습니다. 그것이 매스컴에서 이것저것 다루고 소개한 후에는 아이들이 차별 관념이나 편견 없이 흥미를 가져준 것이 기뻤습니다. 우리 시대에서 생각해보면 천양지차지요.

그래서 처음에는 도쿠야마상점 2층에 초대해서 전통식품과 이 거리의 유래를 설명해주기도 했어요. 그러다, 뭔가 아이들이 편안히 쉴 수 있는 장소가 있었으면 좋을 것 같아서 집사람과 의논을 했지요. 마침 그때 중앙상점가에 있던 조은(조은신용조합) 출장소가 경매에 나왔어요.

그리고 그 뒤편에 있는 100평 정도 되는 토지도 팔려고 내놓았기에 둘을 묶어 구입해서 반가식공방을 오픈했던 것입니다.

원래는 NPO법인을 만들려고 고민도 했지만 우선 딱딱한 문화보다도 먹을 것을 통해서 서로 이해하면 좋을 것 같았어요. 그래서 앞에는 한국의 전통적인 음식을 진열했어요. 이 일은 2년 정도 내가 했고 작년부터는 회사의 문화사업부에서 하고 있습니다.

지금은 민족무용 교실도 있고 태권도 교실과 가야금, 발레 교실도 열고 있습니다. 요리 쪽에서는 비빔밥과 찌개 만드는 방법 그리고 김치 교실도 매우 인기 있는 것 같습니다.

코리아타운에는 월평균 5천 명의 사람이 찾아옵니다. 연간 6만 명 정도. 그것도 70%가 일본 사람들입니다. 그래서 상점가 활성화 문제와도 관련해서 어떻게 보면 새로운 의미에서의 공생의 거리이며 재일의 새로운 문화를 창조하는 거리로서 정보 발신의 역할을 할 수 있다고 생각합니다.

▶ 공생사회의 새로운 문화 창조

앞으로 재일세대는 크게 변화하겠지요. 1세, 2세 시대는 본국 지향이었습니다. 하지만 3세, 4세에게는 앞으로 일본 사회와 어떻게 관계해 갈 것인지가 큰 과제가 될 겁니다. 그런 3세, 4세가 정체성을 명확히 확립한 후에 새로운 공생사회를 창조하고 정보 발신을 해야 한다고 생각합니다.

안타깝게도 현재, 해마다 1만 명이 넘는 귀화자가 나오는 현실을 보면 코리아타운이 해야 할 역할은 점점 더 커진다는 것이지요. 새로운 문화라는 것은 문화의 차이를 서로 평가하는 가운데 창조되는 것이고 동화 안에서는 새로운 것이 생기지 않지요. 역시 자신이 주체가 돼서 민족적인 긍지를 가지고 난 후에 일본 사회 안에서 자신이 맡은 역할을 생각해 가는 것이 중요하지 않을까 하는 생각을 합니다.

자신의 주체성을 확립하는데 민족교육이 차지하는 위치는 큰 것이지요. 나는 아들이 다섯이고 딸이 하나인데 모두 조선학교에 다녔습니다. 조선고등학교에서 치대를 나와서 치과의사를 하는 막내만 제외하면 모두 조선대학교를 나와서 우리 회사에서 각자 자신의 역할을 하겠다고 자각하며 일하고 있습니다.

매스컴에서 최근 한류 붐이라고 말하고 있지만 한류 붐은 갑자기 일어난 것이 아니에요. 그런 면에서도 코리아타운이 맡은 역할은 매우 크다고 생각합니다. 7, 80년 동안 이어진 조선시장의 역사라는 바탕이 있어서 지금의 한류 붐이 있는 거라고 생각합니다. 나에게도 이곳을 방문하는 학생들이 강연해달라는 요청을 해옵니다. 그럴 때 나는 1세가 걸어온 역사를 아이들이 뒤돌아보고 원점으로 돌아올 수 있는 소재라도 되기를 바라는 마음으로 강연을 하고 있습니다.

41

야간학교에서 받은 보물
천남필 千南弼(여)

취재일: 2007년 2월 18일
출생지: 경상남도 울산군
현주소: 효고현
생년월일: 1930년 7월 8일

약력: 1939년에 일본으로 건너가 고베神戸에 거주, 열여덟 살에 결혼. 남편이 하는 케미컬슈즈 회사 일을 도우면서 찻집을 운영. 1995년 한신・아와지阪神・淡路대지진 (1995년 1월 17일 일본 효고현의 고베시와 한신 지역에서 발생한 대지진)에서 구사일생으로 목숨은 건졌지만 집은 붕괴. 4년간 가설 주택에서 생활함. 1999년 효고현이 소유, 관리하는 임대주택으로 이주. 식자識字교실(문맹자에게 글을 가르치는 교실)을 거쳐 야간 중학교를 다닌 후 정시제 고등학교에 입학, 2004년 졸업.

취재: 고찬유 / 원고집필: 고찬유 / 번역: 고민정

▶ 슬픔과 억울함을 맛 보았던 어린 시절

나는 1920년 경상남도 울산에서 다섯 형제 중 셋째로 태어났어요. 우리 집은 농가였는데 내가 철들기 전에 이미 아버지는 일본에 건너갔어요.

소학교에는 1년 늦게 들어갔어요. 1년 정도 다녔는데 다리가 불편했던 오빠가 죽게 되고 그러고 나서 일본에 건너왔죠. 그때가 1938년(쇼와 14년) 내가 아홉 살 때였어요. 처음에는 고베시 나다구라는 곳에서 살았어요. 집 4채가 쭉 이어진 나가야에서 살았는데 아버지는 매일 일을 나갔죠. 일이라고는 하지만 공사장에서 힘쓰는 일 말고는 다른 일이 없었어요. 히에다 소학교에 2학년으로 들어갔지만 일본어를 몰라서 처음엔 힘들었어요.

그 뒤로 고등소학교에 들어갔는데 들어가자마자 학생들을 방적 공장에 보내버리는 바람에 제대로 공부할 수가 없었어요. 간단한 한자 정도는 읽을 수 있었지만 글을 쓰지는 못했죠. 한자와 영문자를 조금만 더 쓰고 읽을 수 있게 되는 게 그 당시 나의 꿈이었어요.

전쟁 중에는 엄청난 수의 미군기가 날아왔고 빗발치듯 떨어지는 소이탄과 폭탄으로 지옥이 따로 없었어요. 내가 사는 고베에 대공습이 있었죠. 1945년(쇼와 20년) 3월 17일 밤에 미군 B29 폭격기가 날아와서 폭탄을 떨어뜨리는데 너무 무서웠어요. 이불을 뒤집어쓰고 산으로 무조건 도망갔죠. 도망가다가 잠깐 뒤돌아봤더니 이미 고베는 불바다였어요. 소이탄이 떨어져서 시뻘겋게 불타고 있었죠. 산에서는 사람들이 서로 밀치며 북적거리는데 난리도 아니었어요.

나는 언니를 따라 가와니시 쪽으로 피난 갔어요. 그런데 하필이면 피난 간 곳이 이타미 공항 근처라 바로 비행기가 날아왔어요. 개울 쪽으로 도망치는데 뒤에서 피융 피융 총소리가 막 들려요. 정말 어떻게 살아남았는지 지금도 모르겠어요.

종전됐을 때는 이타미에 있었어요. 규슈에 있던 큰 언니가 제일 먼저 고국으로 돌아갔죠. 아버지는 "좀 더 기다려 보자"라고 하셨고, 그러던 중에 먼저 귀국했던 사람들이 다시 돌아왔어요. 둘째 언니도 돌아가서 소식이 없자 아버지는 "이건 아닌 것 같다"라고 하시며 그냥 일본에 눌러앉아 버렸어요.

일 년 정도 집에 있다가 1947년(쇼와 22년) 1월에 열여덟 살 나이로 시집갔어요. 남편 이름은 손익관이라고 해요. 아버지 고향 사람 소개였는데 갑자기 모레 약혼한다고 해서 깜짝 놀랐어요. 시댁은 모두 열명 가족이었는데 낮이나 밤이나 빨랫거리가 산더미였어요. 눈물로 지새우는 나날이었죠. 한번은 친정아버지가 집에 왔는데 "헤어져서 집에 가고 싶어요"라고 울면서 말했더니 "네가 헤어지면 언니들 얼굴에 먹칠하는 거다, 그냥 내 눈앞에서 목을 매라"라고 하시는 거예요. 눈물이 멈추지 않았어요. 아이 셋을 낳고서야 "이제 본가에 일하러 오지 않아도 된다"라는 말을 들었는데 그때의 그 기쁨이란 지금도 잊을 수가 없어요.

▶ 한국·조선 사람이 쌓아 올린 케미컬슈즈

남편은 고베 나가타구에서 타이어 만드는 일을 하다가 1959년(쇼와 34년)에 케미컬슈즈 회사를 시작했어요. 종업원은 신발 밑창 붙이는 사람 4명, 정식근무자 2명, 총 6명 있었어요. 비닐 원단을 사서 비닐 뒷면을 가공하고 재봉틀 작업을 전문점에 맡겨요. 그러고 나서 신발 밑창을 사서 붙이면 케미컬슈즈가 완성돼요. 아침부터 밤까지 쉬지 않고 일했더니 안정된 생활을 할 수 있었어요.

그때는 고베가 케미컬슈즈로는 일본에서 최고였어요. 이 일을 하는 사람은 압도적으로 한국·조선인이 많았어요. 열에 여덟은 될 거예요. 케미컬은 비닐이라서 가죽에 비해 반 가격도 안 되지만 대신 오래 신지를 못해요. 비닐 다음으로 합성피혁이 나왔죠.

▶ 남편의 죽음

내가 서른세 살 때 다른 곳에서 난 불이 옮겨 붙는 바람에 남편 회사가 다 타버렸어요. 하지만 경기가 호황이었던 시절이라 다시 일어설 수 있었죠. 그런데 서른여섯 살 때 남편의 몸 상태가 좋지 않아 병원에 갔더니 의사가 "바로 입원하세요"라고 하는 거예요. 맹장을 수술해서 담석을 제거했는데도 신장까지 나빠져 계속 투석을 해야 했어요. 그 후로는 집에서 요양하면서 통원치료를 받았죠. 그래서 회사는 지배인에게 맡기는 형국이 되었고 결국에는 문을 닫았어요.

나는 남편 회사 일을 도와주면서 찻집도 운영했어요. 그때가 내 나이 쉰두 살이었는데 17년간 병석에 있던 남편이 세상을 떠났어요. 앞일을 생각하면 막막하기만 해서 울 틈도 없었어요. 그 뒤 일 년 정도 지나서 찻집을 그만두었고 가게는 다른 사람에게 빌려줬어요. 그 후에는 남편의 유족연금으로 근근이 살아왔죠. 나는 어떤 가난도 두렵지 않아요. 어렸을 때 질리도록 경험했으니까요.

지진이 있기 일 이 년 전에 다시 찻집으로 돌아갔어요. 세입자가 "가게를 그만한다"라며 가게 문을 닫았고 내 나이 아직 예순여섯인데 "충분히 할 수 있어"라고 생각해 다시 시작했죠. 1층이 가게였고 2층에서 혼자 살았어요.

▶ 한신·아와지 대지진에서 구사일생으로

1995년 1월 17일, 2층에서 자고 있는데 지진이 일어났어요. 쾅 하는 소리에 눈을 떴는데 움직이려고 해도 움직일 수가 없었어요. 지붕이 내려앉은 거죠. 생매장되어서 숨도 제대로 못 쉬었어요. "이제 죽는구나"라고 생각했죠. 겨우 손만 움직일 수 있어서 여기저기 더듬거렸더니 작은 막대기 같은 게 잡혔어요. 위쪽으로 여러 번 찌르니까 펑 하고 구멍이 생겼고 그 구멍으로 간신히 빠져나왔어요. 나중에 보니까 거기가 지붕 위였어요.

깜깜해서 아무것도 보이지 않았어요. 옆집 아주머니가 "살려줘 살려줘"라고 소리치는데 나도 어떻게 할 수가 없었어요. 나도 살려달라고 외쳤지만 누구 한 사람 대답이 없었죠. 또 한 차례 큰 지진이 왔고 나는 잠옷 차림에 맨발로 정신없이 밑으로 내려갔어요. 잠시 흔들림이 멈추자 사람들이 밖으로 나왔는데 주변 집들은 반쯤 부서지거나 완전히 무너진 상태였어요. 여기저기서 불타고 있는데 어쩔 방법이 없었죠.

외아들이 걸어서 20분 정도 되는 곳에 살고 있었어요. 옛날 집이어서 "분명 다 죽었을 거야"라는 생각이 들어서 나는 거의 제정신이 아니었죠. 날이 좀 밝아 와서 "아들 집에 가봐야겠어"라고 했더니 이웃 사람이 "위험하니 지금 가면 안 된다"라며 말렸어요. 아침 7시가 돼서야 밖으로 나와 내 집 앞을 지나가는데 아들이 내려앉은 지붕 위에서 부서진 것들을 치우며 "어머니 어머니" 하고 나를 부르고 있었어요. "나 여기 있다"라고 했더니 아들은 나를 보고 그 자리에 털썩 주저앉았죠. "살아있었구나 정말 다행이다 다행이야"라며 아들 손을 잡고 기뻐했어요. 정말 천만다행이었죠.

아들이 "어쨌든 집으로 가요 어머니"라고 하길래 먼저 아들 집에 갔어요. 저녁 무렵 집으로 돌아왔더니 구조대가 정신없이 생매장된 사람들을 찾고 있었어요. 지진으로 근처 주민 중 한 명이 죽었고 친척 집도 거의 다 부서졌어요.

▶ 피난소와 가설주택 생활

일단은 아들 집에서 지내며 매일 부서진 집에 가서 쓸만한 물건들을 꺼내 왔어요. 가스도 물도 없어서 배급소까지 가서 물을 받아 왔어요. 먹는 것은 매일 배급받는 도시락이 다였죠. 집에서는 따뜻한 음식을 먹을 수 없어서 힘들긴 했는데 그래도 다행히 주변 학교에 가면 밥을 나눠줬어요. 동포들이나 민단 등 여러 곳에서 이런 봉사활동을 했어요.

무너진 집에 매일 들락거리고 있었는데 주변에서 "일단 피난소로 가는 게 좋아"라고 말하는 사람이 많았어요. 나도 같은 생각이었죠. 일단 피난소에서는 여러 정보를 들을 수 있잖아요.

고마바야시중학교의 피난소에는 100명 이상의 사람들이 와 있었어요. 교실 바닥에 이부자리를 깔아 놓고 집을 오가며 물건 꺼내 오는 일을 매일 반복했죠. 결국 피난소에 간 게 정답이었어요. 가설주택 추첨에서 첫 번째로 당첨되었거든요. 그런데 이걸 기뻐해야 할지 슬퍼해야 할지 참 미묘했어요. 가설주택은 좀 먼 곳에 있었는데 미리 한번 보러 갔다가 "이런 우바스테산(노부모를 산 깊숙이 버려두는 옛날 일본의 풍습, 남은 가족들이 먹고살기 위해 노부모가 희생) 같은 곳에 버려져서 이젠 어쩌지"라고 한숨짓고 울면서 돌아왔어요. 그래도 어쩔 방법이나 도리가 없어서 4월에 가설주택으로 들어갔어요.

가설주택은 지하철 사이신추오역에서 10분 정도 버스를 타고 들어가야 했어요. 그곳이 버스 종점인데 똑같은 모양의 주택이 몇십 채나 세워져 있더군요. 세 집 떨어진 집의 화장실 물소리까지 들렸어요. 집에는 6조(3평) 크기의 방 하나와 부엌, 화장실 등이 있었고 집세는 없었지만 수도, 전기료 등 공과금은 본인 부담이었어요. 입주할 때 베개와 이불, 고타쓰(일본식 난방기구), 냄비, 칼, 주전자 등 여러 종류의 생활용품을 받았어요. 밥솥과 냉장고 등 가전제품은 각자 샀어요.

가설주택을 논 위에 지어 놔서 비가 오면 물이 빠지지 않아 길이 온통 질퍽거렸죠. 비가 온 다음 날 밥하려고 밥솥 뚜껑을 열면 달팽이가 들어 있을 정도였어요. 지금 생각해도 오싹해요. 몸이 약한 사람도 있어서 건강한 사람들이 돌봐주기도 했어요. 서로 도와가며 살자는 분위기였죠.

▶ 힘들어도 살아야 했다

나는 지진으로 순식간에 모든 것을 잃어버리고 졸지에 지진 가난뱅이가 되고 말았어요. 그래도 억울하게 죽어간 사람이 수천 명이나 있으니 괴롭고 힘들어도 어떻게든 살아야겠다고 생각했어요. 그때 내 나이가 예순다섯이었죠. 예순다섯이면 아직 젊잖아요. 이러고 있으면 안 되겠다 싶어 다시 장사하려고 마음먹었어요.

처음에는 지진복구사업으로 사람들이 일하러 몰려오니까 밥장사를 하려고 했어요. 그런데 그렇게 생각하고 일을 진행했는데 나중에 완성된 건 찻집이었어요. 전에 살던 집은 이미 빈터가 되어있어서 그곳에 컨테이너 같은 이동식 가건물이라도 설치해야겠다고 생각했어요. 그래서 임대업자한테 갔는데 이상한 창고 같은 것이 덩그러니 놓여 있었어요. 할 수 없이 그걸 빌려서 빈터에 놓고 그 뒤편에 판잣집을 지어 자는 곳으로 썼죠. 그런데 신나가타역이 바로 옆이라 자려고 누우면 머리맡으로 전철과 사람이 지나가는 느낌이 들었어요. 도저히 무서워서 잠을 잘 수가 없었죠. 그래서 잠은 가설주택에서 자는 거로 했어요.

가설주택에 살면서 낮에는 가게에 나와 장사하는 생활을 했는데 몸이 견디질 못했어요. 새벽 5시에 일어나 가게에 나가고 집에 돌아오면 저녁 8시, 이런 생활을 계속하다 보니 64킬로 나가던 체중이 60킬로 이하로 떨어지고, 결국 1년 만에 그만두었어요.

그 뒤로 3년간은 몸이 안 좋아서 계속 가설주택에서 지냈어요. 스트레스가 쌓이니까 약간 우울증 증세도 나타나고 별의별 생각이 다 들었어요. 심장이 아파 와서 50일 정도 입원한 적도 있었어요. 큰딸 집에 한 달 정도 있다가 돌아왔더니 좀 안정되었어요. 지진으로 생매장된 적이 있어서 지금도 엘리베이터 타기가 힘들어요. 게다가 지진 꿈까지 자주 꿔요. 괴로워하면서.

▶ 야간학교에서 다시 태어난 기분을 느끼다

그러는 동안 효고현, 고베시에서 여기저기에 임대아파트를 짓기 시작했어요. 나는 운 좋게 효고현에서 지은 임대주택이 당첨되었어요. 가설주택에서 4년간 살다가 1999년(헤이세이 2년) 4월에 지금 살고 있는 이곳 임대주택으로 이사 왔죠. 지진 피해를 입은 사람들이 들어올 수 있는 곳이라 집세는 아주 싸요. 6조(3평)의 거실과 침실, 4조 반(2.5평)의 방에 욕실이 딸린 꽤 넓은 집이었죠.

가설주택에서 지낼 때 식자교실(문맹자에게 글을 가르치는 교실)이 있다는 이야기를 듣고 가 보려고 했지만 돌아오는 밤길이 무서워서 단념하고 있었어요. 그런데 임대주택으로 이사 와서는 조금씩 마음의 여유가 생기더니 식자교실이 궁금해졌어요. 마음 한구석에 글을 배우고 싶었지만 포기하고 있었던 꿈이 다시 살아난 거죠. 그래서 한 달에 두 번 식자 교실에 다니기 시작했어요. 그랬는데 거기서 근무하는 아가씨가 "할머니는 글을 좀 읽을 줄 아니까"라고 말하더니 미나토가와고등학교로 데려다주었어요. 이 고등학교는 낮에는 효고현립 효고고교라는 이름이었지만 오후 5시가 지나면 효고현립 미나토가와고교(정규시간제과정, 보통과)라는 이름으로 바뀌고 학생들도 전부 달랐어요. 그곳에서 월 2회 '생기가 넘치는 하이스쿨'이라는 식자교실을 열었는데 학생들은 50여 명 남짓이었고 대부분 나이 많은 노인들이었어요. 수업은 미나토가와고교의 선생님이 가르쳤어요.

나보다 나이 많은 할머니들이 야간고등학교에 다닌다는 것을 알고 나도 고등학교에 들어가고 싶은 마음이 생겼어요. 선생님과 상의했더라면 바로 고등학교로 갈 수 있었는데 나는 소학교만 나왔으니까 중학교 가는 게 맞다고 혼자서 생각했죠. 결국 고베시립 마루야마중학교의 니시노분교(야간중학교)에 들어갔는데 집에서 7~8분 거리에 있었어요.

학생들은 동포가 많았고 다들 나이 먹은 노인들이었죠. 젊은 사람은 없었어요. 그 외에는 한국에서 시집온 사람이나 베트남에서 온 사람 정도, 일본인은 손에 꼽을 정도로 적었어요. 수업료가 무료인데 장학금도 주었어요. 수업은 월요일부터 금요일까지 매일 했어요. 오후 5시 20분에 시작해서 한 시간 수업을 마치고 도시락을 먹어요. 그리고 다시 세 시간 수업을 했어요. 한 시간 수업은 45분이고 교과서는 무료로 받았으며 학급은 등급별로 나누어져 모두 7학급 있었어요. 아홉 과목이 있었으며 선생님은 5~6명으로 개인 수업처럼 가르쳐 주었어요.

처음 본 국어시험은 너무 많이 틀려서 빨간 꽃이 가득했어요. 선생님이 틀린 글자를 빨간 펜으로 일일이 고쳐주셔서 빨간 꽃이 핀 거죠. 지금도 기념으로 가지고 있어요. 학교생활은 즐거웠어요. 몰랐던 것을 알았을 때의 기쁨은 말로 다 표현할 수가 없어요. 다시 태어난 것 같은 기분이 들었죠. 선생님에게 돈이나 물건이 아닌 엄청난 보물을 받았다고 생각해요. 좋아했던 과목은 수학이었어요. 모르면 알 때까지 선생님에게 끈질기게 물어봤죠. 수학은 문제가 풀리는 순간이 기뻤어요. 물론 금방 잊어버리죠. 잊어버려도 다시 그 문제가 나왔을 때 선생님이 조금만 가르쳐주면 바로 풀 수 있었어요. 그 순간의 기쁨은 정말 굉장했어요. 마루야마중학교는 3년간 다녔어요. 졸업식에서는 졸업증서를 받고 내가 학생대표로 답사를 읽었어요.

중학교를 졸업한 후에는 미나토가와고교에 들어갔어요. 한국 사람, 베트남 사람, 여러 나라 사람이 있었어요. 5시 20분에 급식이 있었고 5시 50분부터 네 시간 수업을 했죠. 영어 수업도 있고 일본사 수업도 있으며 세계사, 지리, 수학도 있었어요. 음악 수업은 없었지만 다른 과목은 일반 고등학교하고 완전히 똑같았어요. 선생님은 모두 20명 있었고 과목별로 다 달랐어요. 체육 수업에서는 그라운드 골프, 탁구,

배드민턴을 했어요. 젊은 사람은 배구, 남자는 야구, 요가도 해 보고 다양하게 배웠어요.

고등학교는 올해(2007년) 3월 4일에 졸업식을 해요. 처음에는 50명 가까운 학생들이 있었는데 올해 졸업하는 학생은 24~25명 될지 모르겠네요. 3년 만에 졸업하는 젊은 사람이 12명이고 나이 많은 우리는 천천히 해서 4년 만에 졸업해요.

▶ 학교에서 얻은 마음의 여유

나는 일본어를 읽을 수는 있었는데 쓰는 게 문제였어요. 나는 글을 잘 모르고 글자를 못 쓴다는 선입견이 있어서 스스로 위축되는 바람에 더욱 쓸 수 없었던 것 같아요. 남편이 살아 있었을 때는 세금 신고나 서류작성 같은 건 다 남편이 해주었어요. 남편이 죽고 나서 가장 먼저 "이제 누가 적어주지"라는 걱정을 할 정도로 비굴했어요. 하지만 중학교에 다니고 난 뒤부터는 위축된 마음이 싹 사라졌죠. 사람들을 만나서 공부하거나 대화를 나누어도 이제는 상대방의 입장을 헤아리는 마음의 여유까지 생겼어요.

한국어는 쓰는 것은 안 되지만 일반적인 대화는 가능해요. 옛날에는 잘했죠. 아홉 살까지는 한국에서 살았고 일본에 와서도 어머니가 일본 말을 못 하니까 한국말로 대화했어요. 그런데 시어머니가 한국어를 전혀 사용하지 않아서 자연스럽게 잊어 먹었어요. 지금은 한류열풍으로 한국 드라마를 계속 봤더니 조금씩 기억이 돌아와요. 한글은 띄엄띄엄 읽을 수 있어요. 국어나 수학 같이 정성 들여 공부하면 머릿속에 들어오겠지만 "이제 와서 무슨 한글 공부야"라는 생각이 들어서 공부할 마음이 생기질 않네요.

고등학교에 들어가서 나서 1, 2학년 때는 정말 열심히 공부했어요.

하지만 3학년 때는 좀 느슨해졌고 4학년이 되고 보니 시간 가는 게 참 빠르다는 생각이 들어요. 이제 졸업하면 어딜 갈까요. 뭔가 하고 싶은 마음은 있는데 다리가 좋지 않아요.

지금은 아무것도 안 하고 있어요. 학교 다닐 때는 긴장감이 있었지만 지금은 그냥 먹고 자고 틈틈이 병원 다니는 게 전부네요. 조금만 다리 상태가 좋아진다면 다시 뭔가 해 보고 싶기는 해요. 역시 학교 다닐 때가 최고였어요.

42

의사가 되려고 했는데, 민족학교 교사로
고태성 高泰成(남)

취재일: 2003년 11월 23일, 2004년 9월 26일
출신지: 오사카
현주소: 도쿄도 다이토구
생년월일: 1930년 9월 3일(음력)
약력: 태어난 곳은 서울. 태어나서 얼마 안 돼 어머니 품에 안겨 오사카로 온다. 아버지는 조선인 노동자를 상대로 하숙집을 경영. 중학교 3학년 때 조국 해방을 맞아 가족이 모두 부산으로 귀환, 부산 동래고등학교로 편입학한다. 의사가 되려고 재차 도일했지만 조련의 민족학교 교원이 되면서 면학은 단념한다. 조련이 해산되고 학교 폐쇄 후에는 도쿄로 가서 결혼하고 사업을 한다.

취재: 고수미 / 원고집필: 고수미 / 번역: 고경순

▶ 쓰루하시에서 조선인을 상대로 하숙집 경영

고향은 한국·제주도 우도로 되어 있지만 이것은 아버지(고병표)의 출신지며 실제로 나는 서울에서 태어난 것 같아요. 1930년 9월 3일생인데 옛날이었으니까 음력이었지. 어머니 이름은 김달진이라고 하며 제주도 종달리 사람이야. 우도는 종달리를 바로 마주하는 곳에 있는 작은 섬이에요.

그 무렵 아버지는 이미 오사카 쓰루하시에 와서 생활 기반을 마련하고 있었어. 1929, 30년은 세계적인 불황의 해였어. 조선인은 어쩌다

일이 있다 해도 도로 공사 인부라든가 광차로 수하물을 실어 나르거나 각 가정의 재래식 화장실을 퍼내는 일, 혹은 선로공사 인부라든가 탄광 인부 등이었어요. 즉, 일용직 인부 중에서도 가장 밑바닥 일을 했던 거지. 우리 아버지는 그 사람들에게 일을 알선하거나 감독 역할을 했던 것으로 생각돼요.

어머니는 아버지 뒤를 따라 젖먹이인 나를 안고 일본으로 왔어요. 그리고 아버지를 도와서 하숙집의 식사 준비를 했지. 그 후에 근처의 큰 집을 빌려서 살게 되었어. 원래 우리는 하숙집에서 거주하고 있었는데 돈을 좀 모아서 큰 집을 한 채 빌렸던 거야. 그런데 불행하게도 화재가 나서 집이 완전히 타버렸어. 근처에서 난 불이 옮겨 붙은 것 같아요. 원래 몸이 약한데다 결핵을 앓고 있던 아버지는 이 일로 충격을 받아서인지 얼마 후 근처 병원에서 돌아가셨어요. 그때 아버지는 서른일곱 살. 내가 소학교 1학년 후반 무렵이었어. 지금의 미유키모리소학교, 당시는 쓰루하시제4심상소학교라고 했는데 그곳에 다녔어요.

내 밑으로는 네 살 난 남동생(태관)과 막 태어난 여동생(영혜)이 있었어. 그렇다 하더라도 왜 어머니는 재혼했던 것일까? 지금이라면 그다지 묻고 싶지는 않지만 그 당시 조선에서는 애 딸린 여성이 재혼한다, 그것도 그 상대가 초혼의 남성이라는 것은 생각할 수도 없는 일이었지요.

▶ 어머니의 재혼

두 번째 아버지(홍무선)라는 사람은 원래 서울 출신이었어. 이 사람은 섬세하고 머리도 좋았어요. 오사카에서는 선반기술자로 이름이 나 있던 사람이었는데 머지않아 오이케바시(이쿠노구)라는 곳에서 철공소를 경영했어요. 다케다제철인지 다케다철공소였는지, 그런 이름이었던 것 같아. 다케다라는 것은 이 계부의 통명인데 언제부턴가 나도 학교에서 '다케다 도시오武田敏夫'라는 일본명을 사용하게 됐어요.

가내공업이라고는 하지만 꽤 규모가 큰 철공소였던 것 같아. 항공기 관계의 부품 등을 많이 생산했어. 뭐, 당시는 일을 얻으려면 군부와 결탁하지 않으면 안 됐던 부분도 있었겠지만 아버지는 화술도 뛰어난 외교적인 사람이었지. 어머니보다 네 살 아래였으니까 1910년에 태어났는데 일본 공업학교를 나왔어. 당시 선반에 대한 자격을 가진 사람은 그다지 없었고 더군다나 군의 일을 한다는 것은 조선인으로서는 드문 일이었어. 우리 직공들은 거의 일본인이었고 아버지가 공장장이었어요. 그 직공 중에는 퇴역한 헌병들도 꽤 있었어. 대동아전쟁이 터지자 일은 더욱더 바빠졌어. 그런 와중에 나는 소학교를 졸업했어요. 아버지는 나보고 공업학교에 가라고 했어요. 민족적인 차별이 있었고 기술을 익히지 않으면 살아남지 못한다고 해서 공업학교에 가는 사람이 많았던 것도 사실이었어. 하지만 나는 공업이 싫었어, 기름범벅이 돼서 하는 일이. 공업학교라고 해도 지금 같은 최첨단 기술을 배우고 연구하는 그런 곳이 아니라 전기과와 기계과 두 개밖에 없었어.

그래도 아버지는 공업학교에 가라고 했어. 그래서 덴마에 있는 오사카공업학교였나? 전기과에 들어갔어. 그런데 들어가서도 정말 싫었던 거야. 그래도 성적은 뛰어나게 좋았어. 특히 이과 과목은 반에서 두세 번째였지. 당시 한 반에 아마도 50명 정도였지? 많았어요.

2학년에 진급할 때, 몰래 보통과로 편입시험을 봤더니 그것이 통과됐어. 오사카중학교, 지금의 일본대학 부속이었다고 생각되는데. 그래서 어머니에게 말했더니 아버지가 분명히 화를 낼 테니까 말하는 편이 좋다고 했지만 나는 말하지 않고 그대로 오사카중학교에 다녀버렸어. 그러던 중에 "사실은……"이라고 말을 했는데 호되게 꾸지람을 들었지.

▶ 연일 이어지는 공습과 가족의 귀국

　전쟁이 끝나기 전 해인 1944년, 아버지는 철공소를 다른 사람에게 팔아넘겼어요. 이미 그 무렵에는 일이 없었던 거야. 왜냐하면 뭔가를 만들려고 해도 자원, 즉 철이 없었어. 그뿐만이 아니었어. 공습으로 팡팡 폭탄이 투하되기도 해서 조선으로 가는 편이 좋겠다고 생각해서 가족 중에 어머니와 동생들이 먼저 돌아갔어요. 부산 초량이라는 곳에 집은 사 두었으니까. 아버지와 나는 남은 업무정리와 학교 때문에 남아 있었어요.

　그런데 B29가 매일 폭격해 왔어. 1945년 3월이었나, 오사카성 주변, 모리노미야에 모리노미야공창(정식명칭은 오사카포병공창)이라는 큰 군수공장이 있었어. 모리노미야에서 우리가 살고 있던 오이케바시까지는 거리상으로는 꽤 멀었어요. 그런데 모리노미야에서 투하된 포탄으로 우리가 사는 곳까지 땅이 흔들리는 거야, 쾅하고. 밤에는 밤대로 소이탄이 떨어지는 소리는 경험한 사람이 아니면 몰라. 공포스러운 그 소리.

　나는 학생동원에서 나라현의 군수공장이 있는 비행장 쪽으로 배치를 받을 상황이었어요. 3학년 때, 마을회장이 아버지에게 "댁의 아들, 군의 징집영장이 나올 수도 있는데 어떻게 하겠습니까?"라는 거예요. 소집될 경우는 신체검사를 하고 무조건 군대 배치가 결정됐어요. 그래도 지원병의 경우는 선택할 수 있었어. 나는 비행기가 좋았어요. 해군 비행예과연습생 제복은 단추가 일곱 개였어. 그것을 동경하고 있었던 거지. 그 얘기를 아버지에게 했더니 "비행기가 가장 위험해. 배가 좋아"라며 심하게 화를 냈어요. 어찌어찌해서 나도 2주 후에 항공대 지원수속을 하게 됐는데 그때쯤 패전이 됐던 거야.

　종전되던 날, 맹장염에 걸려버렸어. 내 기억으로는 14일 날에 오사카 경찰병원에 들어가서 15일에 수술했던 것 같아. 분명히 나는 병원에 있었는데 '옥음 방송'을 들은 기억이 없어.

▶ **부산에서 고등학교에 편입**

해방 후, 우리 조선인은 조국으로 돌아갈 수 있게 되었지만 돌아갈 배가 별로 없었어요. 그래서 작은 어선에 가재도구 한 벌을 싣고 돌아왔던 거예요. 조선인들 대부분은 그런 일을 장사로 하는 배를 빌려서 돌아갔어요. 우리는 그런 편에 붙어 돌아왔던 거야. 이 무렵 남동생 재한이와 여동생 영복이가 태어나서 다섯 남매가 됐어요.

나는 동래고등학교에 편입해서 주야로 조선어 공부를 했어요. 아버지가 3학년에 들어갈 수속을 해줬던 거예요. 편입한 후에 아버지가 대구에 있는 의학전문학교 대구의전에 알고 있는 사람이 있으니까 의사가 되라고 했어. 의사 중에서도 뇌 외과 의사를 목표로 하라고 했어요.

일본에 살 때, 철공소 직공이 다쳐서 아헤바외과병원에 데려간 일이 있었어요. 귀교 길에 병문안을 갔는데 우연히 외과수술 현장을 보게 됐어요. 보기에도 끔찍한 상처를 재빨리 봉합하는 의사의 모습이 감동적이었어요. 내가 의사를 목표로 하게 된 것은 그런 기억이 있어서가 아닐까라고 생각해요.

하지만 학교에서는 내가 일본에서 왔기 때문에 바로 받아들일 수는 없다고 말했어요. 어느 정도 기초가 필요하다는 거였지. 이때 아버지의 지인이 아버지에게 의서를 일본에서 보내주면 학교에 가서 말을 잘 해주겠다고 했어. 아마도 의학전문서가 극단적으로 부족해서 그랬을 거야. 아버지는 필요한 의서 리스트를 받고 짐가방 2개에 나눠서 일본에서 보내줬어요. 그리고 바로 대구의전에 건넸어요.

약 6개월 후에 입학할 수 있는 수속도 돼 있었어요. 일본교육밖에 받지 않아서 조선어는 이때 꽤 고생하면서 배웠어. 그런데 이 당시는 가정적으로도 경제적인 부담이 큰 시기였던 것 같아요. 종전 후에 보따리장사가 유행하고 있었는데 부산에서 일본으로 갈 때는 약품을 가지고 갔어요. 당시 스토렙토마이신이라는 것은 일본에서 좀처럼 구할 수 없었던 건데 미군 물자를 빼돌린 것이지. 이처럼 일본에 갈 때는 특히 약품 관계였고 일본에서 올 때는 의류 관계. 그런 일을 어머니가 했던 것 같아요. 양쪽 모두 큰 장사는 아니니까 생활에 보탬이 될 정도 였겠지. 그래서 내가 학교에 가는 학비까지는 도저히 부담을 줄 수 없었어.

아버지는 브로커였어. 일본에서 온 물품을 중개하고 사서 한국에서 파는 일을 했던 것 같아요. 한때는 좋았지만 역시 밀무역이라는 것은 반드시 한 번은 걸리는 거지. 그러면 타격을 받는 것은 당연하고 가정적으로도 트러블이 많았어요.

▶ 학생복 입고 밀항선을 타다

어머니의 친척이 시마네현 마쓰에시에 있었는데 귀국하기 전에 그 사람에게 꽤 큰돈을 빌려줬어요. 그것을 받지 못한 채 조선으로 돌아왔는데 어머니는 늘 연락은 했던 것 같아요. 그 친척이 "공부시킬 거면 일본으로 보내라."고 해줬어요. 학자금은 일절 자기가 부담하겠다는 거예요. 말은 그랬지만 전쟁 후에 일본에 가는 것은 불가능했어요. 당시는 일본과 국교도 단절돼 있었지. 그래서 아버지가 연결해줘서 부산 영도에서 통통배에 탈 수 있었는데 나 외에도 네댓 명의 밀입국자가 더 있었어요. 당시 한국과 일본은 같은 학생복이었어요. 나는 동래고등학교 3학년에 재학하고 있었는데 그 교복을 입고 모자를 쓰고 갔어요. 그래서 일본에 도착하니까 일본인으로 보였어. 밤 열한 시 반경에 출항한 것 같은데 이른 아침 이키시마에 도착했어요. 가만히 봤더니 조선인 해녀들이 잔뜩 전복을 따고 있었어.

거기서 후쿠오카로 들어갔지. 밤이었지만 시골이어서 밖에 나가면 눈에 띄니까 배에서 대기했다가 아침 일찍 전차로 시모노세키로 들어갔어요. 그때는 암거래 열차가 많았어. 암거래 물자를 운반하는 열차였는데 군인도 있고 물건 사러 가는 사람도 있었어. 그곳에 잠입해서 전차에 탔던 거지. 드디어 시모노세키에 도착했어요.

▶ 민족학교 교원으로 출발

마쓰에에 왔는데 거기도 정식 직장은 없고 하루 벌어 생활하는 상태였어요. 그 친척 부부는 전쟁 전부터 조선의 민족주의자라고나 할까, 사회주의자였어. 일본에 오기 전에 제주도에서 그런 활동을 하다 도망쳐 온 사람들이었으니까. 일본에 와서 알게 됐지만 조련(재일조선인연맹)이라는 것이 조직돼서 부부가 함께 그곳에서 간부 일을 하고 있었어요. 부인 이름은 김오경이고 어머니의 조카였어. 나와의 관계는 사촌 누나 되는 사람. 남편은 김건이라고 불렸는데 본명은 김중원이라고 해서 제주도 조천면 출신이었어. 마쓰에에서는 꽤 이름이 알려져 있었어. 다만 간부라고 해도 정해진 급료는 없어서 오히려 가져가는 돈이 많았던 것 같아요. 먹을 쌀도 모자라는 모양새였으니까. 거기에 내가 식객으로 왔던 거야. 그런 상태여서 대학에 가는 것도 힘든 상황이었지.

몇 달 동안 그곳에 있었는데 이 사촌누나 부부가 시마네현 하부 조직가로 활동한다는 인연으로 조선인학교 설립문제와 민족교육에 나도 관심을 갖게 되었어요. 해방 직후에 조선인들은 아이들에게 모국어를 가르치기 위한 학교를 일본 전국 각지에 많이 만들었지요. 아무튼 동포가 많이 사는 한신지구, 오사카와 효고에는 수많은 동포 아이들이 민족학교에서 배울 수 있게 되었어요. 그런데 GHQ와 일본 정부의 방침에 따라 그 학교들은 탄압받고 폐쇄되고 말았어.

내가 마쓰에에 올 무렵에 동포 아이들은 일본 학교에서 공부를 하고 있었어요. 마쓰에에 있다 보니 그 와중에도 가끔 정보가 들어왔는데 학교 과외수업 교원을 해보라는 제안이 있었어요. 마쓰에시립제3중학교와 교섭해서 거기에 장소를 빌리고 동포 자제를 모을 테니 선생님이 되어 달라는 것이었어요. 나도 빈둥거리고 있던 참이어서 그 일을 해서 학비를 모아 대학에 들어가겠다는 것이 교원의 출발점이었어요.

일본 학교 측에 일본인 자녀들의 공부가 끝난 후에 하겠다는 절충안을 제안했지만 일본 학교도 갑자기 그런 말을 들으면 곤란한 일이었겠지요. "자신들만으로는 그리 간단히 허락할 수 없으니 먼저 문부성, 다음에는 미군사령부의 허가를 받지 않으면 안 된다."고 했어요. 그리고는 내 이력서와 교원면허증을 제출하라는 거야. 나 외에 또 한 사람이 있었는데 좀처럼 허가가 나오지 않았어. 그런데 당시에 조련은 해방된 일등국이라고 으스대고 있었는데 시마네현청에 가서 굉장한 압력을 가했던 것 같아요. 드디어 임시허가가 나와서 시작하려고 할 때 이번에는 군 쪽에서 안 된다고 했어. 히로시마에 주둔했던 미군사령부에서 "두 사람은 빨갱이니까 허가할 수 없다. 다른 사람을 임명하라."는 거야. 나는 빨강도 하양도 아니었지만. 우리 사촌누나 부부가 그런 상태였고 나도 밀항으로 왔다는 심적 부담감도 있었어.

그래서 고민 끝에 마쓰에 지부의 방을 하나 빌려서 공부시키기로 마음먹었어. 내 이름은 현청에 올라가 있으니까 허가가 내려지면 바로 학교로 갈 작정이었던 거지.

하지만 그때부터 고생이었어. 정작 가르치려고 하니 교과서가 없었어. 도쿄, 오사카 등의 대도시에서는 조련의 후원으로 교과서는 있었을지 모르지만 시마네현 내에는 아무것도 없었어. 나는 텍스트를 어딘가에서 가지고 와서 젊은 조선인 청년 두세 명의 손을 빌려서 등사판으로 인쇄해서 책을 만들었어요. 내가 한 일이지만 대견하다고 생각했고 학부모들에게도 호평을 받았어요.

▶ 투쟁, 그리고 학교 폐쇄

조련이 해산된 것은 1949년 9월이었는데 그 전부터 언제 해산될지 모른다는 말이 나왔어요. 조련이 해산되고 난 후부터는 표면적인 활동은 할 수 없게 됐지만 한편으로는 조직을 강화하면서 단호히 투쟁해 나가고자 했어요. 그 때문에 나는 갑자기 당시 시마네현 본부의 지령을 받아 간부후보생 교육을 받으러 가게 됐어요. 오사카 후세시(현재 동 오사카시)에 있는 '8·15정치학원'이었어요. 관서에는 그런 학원이 있었고 도쿄방면에는 '3·1정치학원'이 있었지. 그것은 장래 우리 조직을 짊어지고 갈 간부양성소였어요. 나는 시마네현 하부에 있는 청년 네다섯 명과 함께 파견돼서 약 6개월 정도 교육을 받았어요.

여기서 마르크스·레닌주의라는 것을 철저하게 배웠어요. 정치학원을 무사히 수료한 후에 시마네현에는 돌아가지 않았어. 나는 원래 마쓰에학교에서 교원을 했기 때문에 학교 쪽이 좋을 것 같아서 오사카시 후쿠시마구에 있는 조련사립후쿠시마소학교로 가게 됐어요. 여기는 우리 자본력으로 지은 민족학교였어요. 그래서 제삼자가 이러쿵저러쿵할 일이 아니었지. 그런데도 일본 정부는 인가해주지 않았던 거야. 그런 교육을 일본에서 해서는 안 된다고, 여러 난제를 붙여서 탄압했던 거지.

나는 학교 공부가 끝나면 매일, 그 지역의 조직사무소에 갔어요. 일본인은 여러 난문제를 가지고 왔어. 오사카부교육위원회의 이름으로 "그런 학교는 인정 못 한다."라고 했어요. 결국, 오사카부교육위원회는 "일본인 교사를 파견하겠다."라는 강한 입장을 표명했어. 전쟁 전에 식민지정책으로 조선에 많은 일본인 교사가 들어갔었기 때문에 조선어를 배워 알고 있는 교원이 있는 것은 분명했지요. 하지만 우리는 단호하게 반대했던 거죠. 조선인은 조선인 교원이 가르쳐야 한다는 이유였지. 그리고 투쟁 결과 그것은 인정받았어요.

그러자 이번에는 교원 자격 운운하는 문제를 들고 나왔어. 결국 학교는 세웠지만 교원 자격이 없으니까 가르쳐서는 안 된다는 논리로 저지한 거지. 그래서 갖가지 투쟁을 한 결과, 모든 학교에 배치된 교원의 자격심사라고나 할까, 교원시험을 전 교원이 치르도록 하는 지령이 내려왔어요. 오사카부청 안에 있었던 거로 기억하는데 나도 오사카부 교육위원회의 한 방에서 시험을 치르고 임관되었던 거예요. 그리고 다시 교단으로 돌아오게 됐어. 하지만 문제는 이것만이 아니었어. 어디까지나 맥아더의 지령에 의거해서 인정하지 않는다면서 한참 정치적인 문제와 얽혔을 때 조선전쟁이 발발해 버렸어요.

하지만 우리도 계속해서 추진해 나갔어. 학부모들이 없는 돈을 모아서 만든 학교였어요. 규모로 보면 꽤 큰 학교였는데 그 당시는 초등과밖에 없었어요. 민족학교는 나이와는 관계없이 우리 국어를 1학년부터 가르친다는 것이 우리 방침이고 원칙이었어요. 산수라든가 이과 같은 다른 과목은 일본 학교에서 배워서 오기 때문에 어디까지나 국어를 위주로 가르쳤던 거지요. 그런 것은 차츰 조정돼서 3학년 정도의 학력이 있는 아이는 3학년생으로, 단 국어만은 1학년과 동등하게 가르쳤어요. 이때는 훌륭한 교과서를 갖추고 있었어요.

물론 무급이었지요. 나와 두 분의 노老선생이 학교의 사환실을 빌려서 거기에서 기거하면서 자취생활을 했어요. 그는 전라남도 광주 사범학교를 나온 선생님이었는데 경험이 풍부한 베테랑 교원이었고 정말 좋은 선생님이었어요.

　얼마 후 우리가 만든 학교도 폐쇄되고 말았어요. 하지만 침묵했던 것은 아니었어. 학교로는 쓸 수 없었지만 소유권은 우리가 갖고 있었으니까. 학교를 세운 것도 우리 토지였고. 정식 수업을 할 수는 없었지만 아이들을 일본 학교에 보내면서도 방과 후 비밀리에 모이게 해서 가르쳤지요. 다만 그러던 중에 학생 수는 점점 줄어들었어요. 일본 학교에 갔다 돌아와서 또 우리 학교에 와서 학습한다는 것은 역시 육체적으로 힘들었던 거지. 어쩔 수 없이 청년학급을 만들었어요. 희망자만이라도 청년과 아이들을 거기에 모아서 야간에 가르쳤던 거야.

　지금으로 치면 하이킹인가? 청년들을 모아서 데리고 갔던 기억이 있어. 그게 어디였더라, 각자 도시락을 가지고 갔었는데 젊은 청년들이 선생님 것이라며 맛있는 것을 많이 만들어 왔어. 그런 것도 즐거웠어요. 돈도 없고 먹을 것도 없었지만 이때가 인생에서 가장 좋았다고 생각해요.

▶ 조선전쟁이 발발하고, 도쿄로

　조선전쟁도 시작됐고 정세가 험악했어요. 교원이 교장을 포함해서 네 명이었는데 한 명 떠나고, 두 명이 떠났어요. 우리 교장은 그 지구 조련 위원장 겸 학교장을 하고 있었는데 결국 비합법단체라고 탄압을 받고 있었기 때문에 공공연한 정치 활동은 전혀 할 수 없었어요.

　결국 학교가 완전히 폐쇄되고 정상적인 공부도 할 수 없게 돼서 저절로 실업 상태가 된 거죠. 조직도 해산돼서 지하로 숨어 들어가게 됐어. 어쩔 수 없이 나는 도쿄로 가게 됐어요. 아사쿠사에는 어머니의 친척이 있었는데 그곳에 가면 어떻게든 될 거라는 생각으로 갔어. 영어를 조금 했는데 먹고 살려고 이것을 살려서 용돈 벌이를 하게 됐어요.

부산에 있을 때 영어학원에 다닌 적이 있었어요. 전쟁 후에 바로 생긴 미국 문화센터 같은 곳이었는데 그곳의 홍보과-지금 생각해보면 스파이 소굴이었어요-에서 영어를 배웠어요. 상급학교에 진학하려면 필요했고 물론 의학은 독일어였지만 영어도 절대 필수일 거로 생각했던 거죠. 그런 경험을 살려서 밤일하는 여자들을 고용하고 있는 사람과 상대방 미군과의 교섭을 통역하는 일로 용돈 벌이를 했어요. 그 멤버 중에 교원을 할 때, 오사카에서 알게 된 친구가 있었어. 문이라는 친구인데 교원 동료 몇 명과 같이 우리 친척 집에서 살게 됐어요. 교원은 교육자동맹(재일본조선인교육자동맹)이라는 조직이 있어서 자연스레 연결돼서, 뭔가 회합이 있으면 자주 모였지요. 그 친구는 거기서 알게 된 인물이었어요. 그들과 함께 기거하면서 그런 생활을 하고 있었던 거죠.

그런데 우리 일행 중 하나가 미군을 살상하는 사건이 일어났어요. 우발적이었는데 미군 한 명을 그가 소유하고 있던 총검을 빼앗아 찔러 죽여 버렸던 거예요. 당시 그들은 총검을 손에 들고 다녔지.

일을 하러 갔다가 돌아왔는데 그런 사건이 있었다는 거예요. 주변을 살펴봤더니 헌병과 경찰관이 잔뜩 깔려 있었고 심각한 상태였어요. 우리가 살고 있던 집 주인이 오늘내일 중에 검색이 있을 것 같으니까 피하는 것이 좋겠다고 했어요. 그 사람은 가까운 곳에 여관을 경영하고 있었는데 집에 있으면 관계없는 사람도 검색을 당하니까 여관에 가서 묵는 편이 좋겠다는 거야. 우리는 그렇게 요란스럽게 될 줄은 몰라서 여관에 묵고 있었는데 새벽 4시경에 경찰관이 쿵쾅거리며 들어와서 아무 말도 하지 않고 연행해갔어요.

아사쿠사경찰서로 연행돼서 취조를 받았어. 미군이 연관된 사건이었으니까 연행한 것은 경찰이었지만 조사는 미군이 했어요. 어디론가 불려갔는데 도쿄의 히비야 제1상호빌딩(현재, 제1생명빌딩)에 있는 GHQ 였어. 내가 연행되어 간 곳은 그 빌딩에 인접한 곳이었던 같은데 아마도 CCD(민간검열지대)라고 생각돼요. 통칭 '몽키 하우스'라고 해서 들어가면 감옥이 있었어. 그리고 위로 몇 층인지는 모르겠지만 검사실 있는 곳으로 불려갔어요. 물론 통역을 붙였지. 그 검사들이라는 것들이 우리들처럼 전혀 관계없는 자까지 범인 취급을 했던 거야.

경시청과는 가까운 거리에 있어서 경시청에서 그쪽으로 보내지고 그쪽에서 또 경시청으로 보내졌어. 경시청의 공안계였는데 지문을 채취당하고 사진 찍히고 그들은 나를 공범자로 간주하고 있었어. 미군을 향해서 돌을 던졌다는 거야. "아니, 나는 하지 않았다." 때마침 어딘가 갔다 돌아올 때 이런 사건이 일어났다고 말했지만 결국 구류됐어. 고스게에 있는 도쿄구치소에 갇히고 말았어요. 재판도 없이 미결수로. 아사쿠사경찰에서 그쪽으로 보내버렸던 거지. 그 사건으로 몇백 명은 체포됐던 것 같아요. 물론 일본인도 있었지만 특히 나와 친구들이 왜 6개월이나 구류되었는지 지금 생각해보면 소지품이 전부 마르크스에 관한 정치적인 책이었고 학교 교원이었으며 조련 일을 하고 있다는 이유로 조작해서 구류했던 거였어.

겨우 나왔지만 그사이에 몸은 망가져 버렸어. 결핵에 걸려버렸던 거야. 나는 그 시점에서 이런 일에서 발을 빼는 편이 좋다고 생각하게 됐어. 어머니도 아들이 슬슬 결혼하기를 바랐을 거야. 마침, 우리가 이전에 일할 때 알고 지낸 지인이 근처에 살고 있었어요. '이토伊藤' 씨, 본명은 윤尹 씨라고 했는데 어머니와 같은 마을 출신이었어. 얼마 없어 이 사람의 여동생인 윤유만이라는 사람과 교제하게 되었고 결혼까지 하게 됐어. 1952년 10월이었어요. 1남 2녀를 낳고 그 후 쭉 지금까지 도쿄에서 생활하고 있어요.

의사도 못 됐고 교원도 못 됐어. 가족을 부양하기 위해 장사를 했던 거지. 1958년부터 1971년까지 13년간, 주오구 니혼바시에 살 때는 찻집을 경영했어. 그다음에는 도라노몬에서 마작장을 경영했는데 1990년 즈음해서 가게를 접었어요.

43

내 마음의 훈장
김일화 金日花(여)

취재일: 2005년 8월 16일, 2006년 2월 11일
출생지: 오사카시 조토구
현주소: 동오사카시
생년월일: 1930년 9월 10일
약력: 식민지시대에 일본에서 태어나 고등여학교 재학 중 종전을 맞음. 종전 후에는 국어강습소, 조선사범학교, 조선학교 교원으로 근무. 한신교육투쟁 후 긴키대학에 입학했으나 조선전쟁 때 반전투쟁을 했다는 이유로 군사재판을 받음. '중노동 2년'을 선고받아 와카야마和歌山 여자형무소에 수감. 석방 후, 동오사카조선중학교에서 근무. 반세기에 걸쳐서 민족교육에 전력을 다함.

취재: 고찬유 / 원고집필: 고찬유 / 번역: 고민정

▶ 전쟁 중 스파르타교육

나는 1930년 9월 10일 지금의 오사카시 조토구 시기노에서 태어난 재일 2세로 본적은 경상북도 영주군이에요. 이미 일본에 일하러 갔던 아버지는 어머니와 결혼하기 위해 잠시 돌아왔고, 고향에서 결혼식을 올린 후 함께 일본에 건너갔다고 해요. 그 후 외할머니도 일본에 왔어요.

아버지는 내가 아직 어머니 배 속에 있을 때 병으로 돌아가셨어요. 어머니는 겨우 열여덟 살에 집안 생활을 책임져야 했죠. 열쇠공장에서 일하다가 아는 사람이 있는 효고현 아시야시로 이사했어요. 나는 후카

에혼조심상고등소학교에 들어갔는데 4학년 때 다시 이사했죠. 모두 12번이나 이사를 다녔다고 해요.

4학년 때 후쿠이현으로 이사해서 마루오카심상고등소학교에 들어갔는데 학교에는 군복을 입은 선생이 있었고 스파르타 교육을 했어요. 역사 시간에 진구코고神功皇后의 '삼한정벌', 가토기요마사의 호퇴치(임진왜란 때 조선 호랑이를 잡은 일화)이야기가 나오면 얼굴을 들 수가 없었어요. 그 후 마루오카고등여학교에 진학했는데 전쟁 때문에 공부는 전혀 안 했어요. 장도나 죽창연습, 각반감기에 붕대감기, 유족 집에 가서 벼나 보리밟기 등 별의별 일을 다 했죠. 마지막에는 학도 동원이었어요. 공장에서 육 척 선반을 꺼내 놓고 처음 보는 기계로 나사를 만들었어요.

▶ 국어강습소와 사범학교

1945년 전쟁이 끝나자 주변 이웃 사람들은 모두 고향으로 돌아간다고 했어요. 그런데 우리 가족은 누군가가 같이 데려가 주지 않으면 돌아갈 수 없는 상황이었어요. 할머니의 먼 친척이 동오사카의 후세라는 곳에 살고 있다고 해서 우리 가족도 오사카로 왔어요.

나는 후세에 와서 "이런 곳도 있구나"라는 생각이 들 정도로 동포들은 해방의 기쁨에 넘쳐 있었어요. 어디서 났는지 장구, 꽹과리, 피리, 깃발을 들고 있었으며, 하얀 모자를 쓰고 얼굴에는 수염을 붙여 옛날 양반 차림을 한 사람도 있었고 다들 치마저고리와 바지저고리 차림으로 밖에 나와 있었어요. 일본 전국 어느 곳이나 이런 분위기였겠죠. 조련(재일본조선인연맹)이 아직 생기기 전이었어요. 우리 가족은 먼저 짐을 고국으로 보내고 오사카항으로 갔어요. 하지만 열흘이 지나도 배가 오지 않아 결국 돌아가는 걸 포기했어요.

1945년 10월에 재일본조선인협회 분회장이었던 할아버지가 찾아와서 일을 소개해 줬어요. 그래서 나도 그곳에서 사무원으로 일하게 됐죠. 10월부터 12월까지 국어강습소에도 다녔어요. 제대로 된 사찰에 강습소가 생기자 많은 동포가 다니기 시작했죠. 당시 나는 할머니 말을 들으면 이해는 됐지만 글은 몰랐어요. 강습소는 무료였으며 학생은 100명 정도 있었어요. 이곳 후세만 해도 이와 같은 강습소가 여덟 군데나 있었죠. 오전에는 아이들, 저녁에는 어른들이 수업받았고 여자는 나 혼자였어요. 아침 9시부터 오후까지 일반 학교와 같은 형식이었어요. 노래, 정치, 마르크스 레닌주의, 역사 등 다양하게 공부했죠. 한글은 3개월 만에 깨우쳤어요.

공부했더니 주변 어른들 모습이 다시 보이기 시작했고, 그러면서 나의 뿌리를 조금씩 인식하게 되었어요. 1946년부터 1947년까지 사범학교에 다니면서 그런 인식이 더 강해졌죠. 그 학교는 조련에서 만든 오사카조선사범학교로 교사양성을 목표로 하고 있었어요. 처음에 나는 쓰루모모소학교에서 보조 교원으로 다른 선생님을 도와주는 일을 했어요. 그런데 어느 날 학교 선생님이 "사범학교를 졸업하면 정교사로 쓰겠다"라고 말하며 사범학교를 추천해 주셨어요. 그래서 오전에는 보조 교원 일을 하면서 사범학교에 다니게 되었죠. 사범학교가 있던 곳은 덴만의 간보쿠소학교였어요. 각지에서 150명 정도 모였죠.

▶ 조선학교 교사로서 첫걸음

1947년 사범학교를 졸업하고 정식 교원이 된 곳은 이쿠노제10조선소학교였어요. 2학년 담임으로 배정받은 날 분필 쥔 손이 너무 떨렸죠. 학교 건물은 예전에 공장이었던 곳을 사용했어요. 한 반에 40명 정도 학생들이 있었는데 나보다 나이가 많은 학생도 있었죠. 아이들의 생기

발랄한 모습에 감동했어요. 아이들은 항상 초롱초롱한 눈빛으로 나를 바라보는데 일본 학교에서는 상상조차 할 수 없었던 모습이었죠. 교과서는 빠짐없이 조련에서 나왔어요.

후세布施에서는 매년 정월에 사물놀이를 하면서 각 동포 집을 돌았고 모금 활동도 했어요. 동포들은 무슨 일이 생기면 무조건 학교로 달려왔죠. 학교를 새로 지을 때, 직접 일하러 올 수 없었던 사람들은 일용잡부를 해서 받은 돈 240엔을 가지고 학교로 왔어요.

종전 후, 오사카에는 국어강습소가 100군데 이상 있었다고 기억해요. 후세의 경우 맨 처음 강습소가 생긴 곳이 기타하구사였어요. 지금은 동오사카조선소학교가 있는 곳이죠. 점점 조선학교가 세워지고 첫 월급으로 4천 엔을 받았어요. 태어나서 처음 받은 월급이라 기분이 날아갈 것 같았죠. 그 당시 쓰루하시소학교, 쓰루모모소학교, 가쓰야마 제9소학교가 있었는데 세 학교를 합병해서 쓰루하시조선소학교가 됐어요. 그때 나는 여선생이 없다고 해서 히가시요도가와소학교로 가게 됐고, 그다음에는 조토소학교로 갔어요. 그곳 학생 수는 150명 정도였어요.

▶ 4·24한신교육투쟁

1948년 1월에 GHQ(연합국군총사령부)가 일본 당국에 조선학교를 폐쇄하라는 지시를 내렸어요. 그 지시 후 학교 분위기가 확 바뀌었죠. '4·24한신교육투쟁' 때는 정말 많은 사람이 구속되었어요.

그때 조련에서 오늘은 여기, 내일은 어디라고 하면 동포들은 하던 일도 때려치우고 일제히 모였어요. 매일 오사카부청으로 항의하러 갔죠. 교사들은 수업이 있어서 자주 갈 수 없었지만, 오늘은 저학년 학생들을 데리고 가고, 다음 날은 고학년을 데리고 가고, 이런 식으로 참가했어요. 조토소학교에서 오사카부청까지는 멀지 않아서 걸어갈 수 있었죠.

4월 26일 오사카부청 앞 오테마에공원에서 집회가 열렸는데 만 오천 명이 모였어요. 정말 셀 수 없을 정도로 많은 동포가 모였고 대표가 부청 안으로 들어가 교섭을 했어요. 교섭 경과는 수시로 동포들에게 전해졌고, 일단은 해산해야 하는 상황이 되었어요. 그러나 누구 한 사람 그 자리를 떠나지 않았죠. 그때 갑자기 주위를 둘러싸고 있던 소방차가 방수를 시작했어요. 물줄기가 너무 세서 맞으면 몸이 날아갈 것 같았어요. 소방차가 물을 쏘자 경찰대가 방망이를 휘두르며 집회 안으로 쳐들어왔어요. 그러자 학생 아이들이 울기 시작했고 교원들은 바로 아이들을 데리고 나왔어요.

나중에 들으니 김태일 동무가 경찰의 총탄에 맞아 사망했다고 해요. 김태일 동무의 집은 나와 같은 후세여서 그의 어머니와 할머니 모두 알고 지내는 사이였어요. 장례식은 전 동포가 헌신적으로 준비했고 관을 메고 행진하며 아주 성대하게 치렀어요.

학교가 폐쇄될 때는 어머니들의 활약이 대단했죠. 조토소학교에 GHQ 소속 군용지프가 오니까 바로 교문 앞에 소시지처럼 줄지어 누워 버렸어요. 큰 철문을 열고 지프차가 안으로 들어가려고 하면 "한 발자국도 들어갈 수 없다"라며 줄지어 막아섰고 "들어가려면 날 죽이고 들어가"라고 고함치니 결국 포기하고 돌아갔어요.

그러나 조토소학교는 결국 1949년 10월 19일에 '학교 폐쇄령'으로 문을 닫게 되었어요. 오사카에 남겨진 것은 센보쿠조선소학교와 미나토조선소학교뿐이었고 나머지는 전부 폐쇄되었어요. 많은 학생이 일본 학교로 전학을 갔지만 가지 않은 아이들도 있었죠. 나는 학교가 폐쇄된 후에도 다음 해 4월까지 학교에 남아서 일본 학교로 가지 않은 학생들을 계속 가르쳤어요.

학교가 문을 닫은 후에도 항의 행동을 계속했어요. 행정기관에서는 학교에 일본인 교사를 배치하고 수업도 일본어로 한다고 하는데 그렇게 되면 민족교육의 의미가 없어지죠. 그래서 그런 건 수용할 수 없다고 교섭을 계속했고 그 결과 드디어 오사카부와 협정을 맺을 수 있었어요.

나는 1950년 조토소학교를 그만두고 후세조선인소비조합에서 사무원으로 일했어요. 동포가 소유한 사탕 만드는 공장이 스무 군데 정도 있었는데 그 동포들이 힘을 합쳐 만든 게 사탕조합이었어요. 그러는 와중에 다시 공부하고 싶은 마음이 들어서 긴키대학 경영학부에 들어갔죠. 하지만 거기도 졸업은 못 했네요.

▶ 반전 투쟁으로 '중노동 2년'을 선고받다

1950년에 조선전쟁이 일어났어요. 청년들은 분기했고 다시 활동하기 시작했죠. 민전(재일조선통일민주전선)이 생겼을 때, 전에 조련에 있던 사람들은 전부 민전으로 들어갔어요. 반전운동이 전개되면서 집회도 많아졌어요. 다들 한밤중에 전쟁 반대 전단을 붙이고 다녔죠.

1951년 8월이 끝나갈 무렵에 나는 후세 경찰서 외사과 형사에게 붙잡혔어요. 전쟁 반대 서류나 전단 등을 가지고 있어서 미행당한 거죠. 며칠 동안 경찰서에 있다가 미군 군사재판에 보내졌어요. 선서하라고 해서 '예' 했더니 일방적으로 중노동 2년을 선고하고 그게 끝. 모두들 황당해했어요.

와카야마 여자형무소에 수감됐어요. 사상범으로 분류되어 독방에 들어갔고 운동할 때도 간수가 따라붙었으며 일체 다른 사람과 이야기할 수 없었죠. 중노동이라고 했는데 실제로는 아무것도 하지 않았어요. 뜨개질하거나 책을 읽으면서 시간을 보냈죠. 그때 투르게네프 소설과 펄 벅의 『대지』 등을 읽었어요.

1952년 4월 샌프란시스코 강화조약이 발효되면서 나도 석방되었어요. 밖에 나왔더니 와카야마와 오사카의 많은 동포가 마중 나와 있었어요. 사카이에 있는 교도소에도 오사카 동포가 50여 명 갇혀 있었는데 강화조약 발효로 모두 풀려 나왔죠. 이쿠노구 미유키모리 소학교 운동장에서 환영회가 있었는데 그때 따뜻한 동포애를 온몸으로 느낄 수 있었어요.

남편은 중노동 5년 형을 받았지만 그 시기에 같이 석방되어 곧 나와 결혼했어요. 남편은 그 후 각 지역의 조총련 위원장으로 정년까지 활동을 계속했고 지금(2006년)은 오사카조선고급학교교육회 고문으로 민족교육 사업을 지키기 위해 노력하고 있어요.

▶ 장학금과 귀국사업

나는 9월부터 다시 개교한 이쿠노제1조선소학교 교원으로 근무하게 되었어요. 학생 수가 몇십 명밖에 없었어요. 원래는 1,000명 가까운 학생이 있었는데.

그 후 이쿠노제2조선소학교로 옮겨갔고 1966년에 오사카조선고급학교로 갔어요. 처음에는 일본어, 나중에는 모국어를 가르쳤죠. 그 당시 조선고급학교는 야오시 후쿠만지초의 미노고에 있었는데 기숙사와 식당도 있었어요. 학생 수가 점점 늘어나면서 조립식 건물을 세우고 지금의 히시에로 옮겨왔죠. 학생이 많을 때는 천 몇백 명 정도였고 정말 성적도 우수하고 똑똑한 학생들이 많았어요. 학생들은 졸업 후 교사가 되거나 조총련 중앙본부로 갔으며 각 기업에 취업하기도 했죠.

1957년 조국에서 처음으로 '교육 원조비와 장학금'을 조총련에 보내왔어요. 그 소식을 듣고 조국의 배려에 감격해 하며 학교뿐만 아니라 다른 곳에서도 대환영 집회가 열렸어요. 그로부터 매년 장학금을 보내왔으며, 많은 학생이 장학금을 받고 더욱 공부에 매진하게 되었죠.

1959년에 북조선으로 가는 귀국선이 등장했을 때도 대단했어요. 동포들은 귀국사업 실현을 위해 전국적인 운동을 펼쳤어요. 재일 1세들이 많았기 때문에 먼저 자식들을 귀국시키고 언젠가는 자신도 돌아갈 생각에 마음이 벅차 있었죠. 결국 나중에는 이산가족처럼 되었지만 그때는 누구도 그런 생각을 하지 못했어요. 가르친 아이들 중에서도 귀국한 아이가 꽤 있었어요. 지금에 와서는 인질로 잡혀있다고 말을 하는 사람도 있지만 어쨌든 자신이 납득해서 자식들을 귀국시켰기 때문에 모든 건 본인 책임이라고 생각해요. 무료로 대학 졸업까지 시켜줘서 고맙다고 말하는 사람도 있으며, 비록 지금은 북조선이 식량부족으로 힘들지만 어떤 사회구조라도 상관없이 우리나라를 지키겠다는 사람도 있어요. 매년 조국으로 원조물자를 보내는 사람, 농작물 개량사업 등 여러 분야에서 협력해 주는 사람도 있어요.

▶ 교사는 내 평생의 직업

조선고급학교에는 3년간 있었고 출산휴가를 보내고 돌아와서는 동오사카조선중급학교에서 근무하게 되었어요. 교사는 내 평생의 직업이라고 생각했죠. 1970년부터 근무하기 시작해서 27년간 그곳에서 아이들을 가르쳤어요. 처음에는 조선지리, 나중에는 줄곧 일본어를 가르쳤어요. 일단 마음먹으면 끝까지 하는 성격이라 먹을 게 없어서 고생도 하고 월급도 제때 받지 못하고 그랬지만 잘 견디면서 여기까지 오게 되었어요. 또 하나 남편의 협조도 큰 도움이 되었죠. 남편은 본인이 활동하면서도 '자기 일은 자기 스스로 결정한다'라는 생각을 가지고 있어서 내 판단을 존중해 주었어요.

자식은 네 명을 두었는데 모두 민족교육을 받게 했고 둘은 지금 민족교육 기관에서 일하고 있어요. 자식들을 키우면서도 40년간 교사 일을 할 수 있었던 것은 할머니와 어머니 그리고 다른 선생님들의 따뜻한 도움이 있었기 때문이에요. 조직이 나를 키워주었고 조국을 알게 되었고 자랑스러움을 심어줬어요. 또 가족이 도와주었고 자식들도 나름대로 도움을 주었어요. 이 모든 것이 내 '마음의 훈장'이라고 말할 수 있어요. 1990년대부터 교과서가 많이 바뀌었어요. 가령 '혁명역사'가 '사회' 교과서로 바뀌듯이. 그 외에 한시漢詩 수업도 생겼어요. 그러면서 학교 분위기도 달라졌는데 좀 부드럽게 변했죠. 그 대신 선생님들이 많이 고생했어요. 수업 연구회가 계속 열렸으며 매일 매일이 바쁜 하루였어요.

▶ 치마저고리 폭행사건

학교 교복으로 치마저고리를 입어요. 그런데 일본인에 의한 치마저고리 폭행사건(1994년 4월부터 7월에 걸쳐서 조선학교 여학생을 주 대상으로 폭행과 폭언이 전국적으로 발생했던 사건)이 있었어요. 동중東中 학생들은 참착하고 순수했어요. 교류를 맺고 있는 일본 학교 선생님들이 학교를 방문하면 우리 학생들을 보고 불쌍하게 여겼어요. 여선생님들은 이 사건으로 많이 고민했고 교류회에서는 우리 학생들을 천사라고 했어요. 여선생님들의 고민을 듣고 있으면 마음이 너무 아팠죠.

1994년 치마저고리 폭행 사건이 있었을 때는 교복을 어떻게 할지 많은 논의가 있었어요. 선생들끼리 의논하고 학부모 의견도 듣고 교실에서도 서로 얘기했었어요. 학부모 중에서는 치마저고리를 입히지 말자는 의견도 있었지만 최종적으로 아이들이 입는다고 했어요. 무엇보다도 치마저고리는 민족을 상징하는 옷이었으며 치마저고리 자체가 아름다운 옷차림이니까요. 사건을 방지하기 위해 귀가 때는 체육복이나 사복을 입게 했고 방과 활동이 끝나면 집단 하교를 하도록 조치했어요.

일본인은 경조부박輕佻浮薄(말과 행동이 경솔하고 천박하다)한 면이 있어요. 다 큰 어른이 왜 아이들을 괴롭히는 걸까요. 그것은 차별 이전의 문제라고 생각해요. 아이들은 아무런 잘못도 하지 않았어요. 그런 일을 당해도 그냥 꾹 참고 말았지 같이 욕하거나 대들지도 않았어요. 그러니까 교류회에서 천사라고 하죠. 침을 뱉어도 어떤 소리를 해도 일체 상대하지 말고 귀가하라는 것이 학교의 철칙이었어요.

이런 상황 속에서도 학부모와 뜻있는 일본인들이 연대해 1994년 4월에는 전철 통학정기권 차별을 없앴고, 7월부터는 운동부가 전국대회에도 나갈 수 있게 되었어요. 학생들은 뛸 듯이 기뻐했죠. 내가 근무하는 동중은 축구 실력이 뛰어났어요. 유도 실력도 좋았죠. 조고朝高는 복싱을 잘했어요. 문제가 하나하나 해결되어 가면서 민족교육의 꽃이 피는 것 같았어요.

조국(북조선) 방문은 딱 한 번 있었어요. 조고는 수학여행으로 조국에 가지만 동중은 수학여행이 없어요. 1991년에 30년 이상 근속한 교직원을 상대로 부부동반의 조국방문 혜택이 있었어요. 전국에서 십여 쌍이 참가했는데 오사카에서는 우리 부부밖에 없었어요. 결혼해서 처음으로 간 부부 여행이었죠. 조국에서 3주 정도 머물며 백두산과 묘향산, 금강산, 그리고 기계공장, 양어장 등 여기저기를 돌아봤어요. 조국의 공기를 만끽하며 저희 부부 일생의 추억이 되었죠.

▶ 민족교육이 지켜지길 바라며

동중을 퇴직하고 8년이 지났어요. 일본어 수업을 계속해 달라는 요청이 있었지만, 더 이상 가르칠 여력이 없어서 퇴직을 결심했어요. 그만두고는 줄곧 집에서 지내고 있는데 1년에 한 번 3학년 수업에 들어가요. 학교에만 가면 너무나 즐거워요.

조선학교는 학교 수와 학생 수가 계속 줄어들어서 힘든 상태에 놓여 있지만 학교를 지키기 위해서는 열렬한 애국정신이 담긴 민족애가 필요하다고 생각해요. 동포들이 열과 성의를 다해 민족교육을 지켜주었으면 좋겠어요. 그리고 아이들이 사회에 적응할 수 있는 인성과 기술을 갖추는 게 중요해요. 그런 인재를 육성하는 교사의 책임은 막중하죠. 물론 부모의 책임 또한 간과할 수 없어요. 일본 정부도 사고방식을 바꿨으면 좋겠어요. 현실적으로 아이들이 성장하면 일본에서 살게 되는데 민족교육에 대한 법적 차별과 제약을 철폐하고 제도적 보장이 지켜지길 간절히 바라고 있어요.

예전에는 조선학교를 나오면 조총련 본부나 지부 혹은 조은신용조합에 들어가거나 조선대학교에 진학하는 것이 일반적이었죠. 아무리 뛰어난 재능을 가지고 있어도 차별 때문에 취직할 수 없었던 시절이 길었어요. 하지만 지금은 여러 분야에서 활동하는 사람이 많이 나오고 있죠. 부모의 뒷모습을 보고 성장해 온 청년들이 창의적인 연구를 하면서 모든 분야에서 사회에 공헌하고 있어요. 그런 모습을 지켜보면서 70년간 살아 온 인생의 가치와 기쁨을 음미하고 있어요.

44

참정권의 근본은 기본인권
이진철 李鎭哲(남)

취재일: 2005년 3월 10일
출생지: 야마구치현 쓰노군 가노초(현 슈난시)
현주소: 후쿠이현
생년월일: 1930년 11월 14일
약력: 해방 후, 조련(재일본조선인연맹), 일본청년공산동맹, 민전(재일조선통일민주노선), 조총련(재일본조선인총연합회), 민단(재일본대한민국민단)에 가맹. 파친코 가게를 운영하면서, 후쿠이상은福井商銀 이사장 및 상임이사 역임. 1991년 참정권 소송을 일으켜 '외국인 선거권은 헌법에서 허용한다'라는 판결을 얻어냄. 그 후 지방공무원 채용운동, 후지코시不二越 소송, 대동아성전대비大東亞聖戰 철거운동에 힘씀.

취재: 고찬유 / 원고집필: 고찬유 / 번역: 고민정

▶ 복잡한 심경으로 들은 옥음(玉音)방송

나는 1930년 야마구치현 가노초에서 태어났어요. 본적은 경상남도 울산군이었는데 지금은 부산시로 바꿨어요. 아버지는 1926년에 일본으로 건너와서 여러 가지 직업을 전전하며 야마구치, 기후, 나가노, 이시카와 등 여러 지역을 돌아다녔어요.

나는 이시카와현 우카이심상고등소학교에 들어갔어요. 입학식 날 처음으로 조선인이 입학해서 기분 나쁘다며 5~6명의 동급생이 나를 때리고 발로 차며 폭행하더니 그게 일주일이나 계속되었어요. 노도라는 곳에서 십일 년을 살았는데 동생이 다섯 명이나 태어나면서 생활은 점점 어려워졌고, 결국에는 후쿠이현 모리타초(현 후쿠이시)로 이사했죠.

1945년 7월에 큰 공습이 있었는데 그 폭격으로 후쿠이시는 거의 다 파괴되었어요. 8월 15일은 학도동원으로 군수공장에서 일하고 있었죠. 옥음 방송(천황이 항복을 선언한 라디오 방송)을 들었을 때는 한편으로는 기뻤지만 다른 한편으로는 걱정이 많았어요. 앞으로 일본에서 살아갈 일이 걱정됐죠. 모리타초에는 직물점이 많아서 50세대가 넘는 동포가 살고 있었는데 해방되고 나서 반 이상이 고향으로 돌아갔어요. 우리 가족도 귀국했어요.

▶ 마르크스 사상에 젖었던 시기

다음 해에 혼자서 일본에 왔고 고모 집에서 몇 년간 살았어요. 먹고살기 위해서 오사카까지 쌀을 가지고 가서 팔았어요. 그 후로는 궐련초를 만들어 술집 같은 곳에 도매로 넘기거나 수레를 끌고 고물을 모으기도 했어요. 여러 가지 일을 했지만 비참한 마음에 견디기 힘든 때도 있었죠.

1945년에 조련(재일본조선인연맹)이 결성되었는데 조선 사람은 모두 다 가입했어요. 나도 조련에 들어갔는데 그게 계기가 되어 마르크스 사상에 빠졌고, 결국 일본청년공산연맹의 일원이 되었죠.

1948년에 후쿠이 대지진이 발생하여 우리 집 주변의 가옥들은 거의 다 부서졌고 수천 명이 죽었어요. 지진 때문에 먹고살 길이 없어 오사카로 가서 쌀 운반하는 일을 했어요. 한번은 경찰한테 붙잡혀서 미결수들이 있는 감방에 들어갔는데 징역 6개월에 집행유예 3년을 선고받았어요. 하지만 전과자가 되었다는 부담감은 없었죠.

그 후 미쿠니로 다시 돌아왔고 1949년에 울산에 있는 아버지가 돌아가셨어요. 편지가 왔지만 형편이 안돼서 돌아갈 수 없었죠. 절망감에 잠시 동안 도박에 손대기도 했어요.

▶ **조련의 반전투쟁**

조국에서는 1950년에 조선전쟁이 일어났어요. 1949년에 조련이 해산되고 1951년에 민전이 결성됐지만 나는 민전에 대한 신뢰감이 없어서 적극적으로 참가하지 않았어요. 하지만 1951년 후쿠이시에서 민전 주최의 반전 집회가 있었을 때는 참가했어요. 동포들만 3~400명이 모였다고 기억해요. 집회에서는 이미 "너는 어디 파출소에 가서 화염병으로 불태워 버려"라는 역할 분담이 정해져 있었어요. 집회 장소에 기동대가 밀고 들어와 충돌이 일어났고 나도 붙잡혀서 열흘간 구금된 후 석방되었죠.

조선전쟁에서 남동생 진화가 전사했다는 부고가 날라왔어요. 사이가 좋았던 동생이라 눈물이 멈추지 않았어요. 최대 격전지였던 38선 부근에서 아군인 미군의 총에 맞아 죽었어요. 총알받이로 한국 병사를 앞에 세우고 그 뒤에서 엄호사격 한다며 난사한 거죠. 아군이 죽든 적군이 죽든 상관없이 그저 자기들 목숨만 건지면 된다고 생각했겠죠.

▶ **파친코 가게의 동업자로**

1954년 1월에 지금 아내인 이경애와 결혼하고 줄곧 후쿠이 마루오카초에 살고 있어요. 장남이 태어났는데 안정적인 수입이 없어 홋카이도에 있는 지인을 찾아갔죠. 전철을 탔는데 눈 덮인 산이 계속 이어졌고 도카치시미즈역에 내릴 때는 몸도 마음도 무거웠어요. 그곳에서 3개월간 파친코 가게 점원으로 일했어요.

마루오카로 돌아와서는 쌀 운반, 잡곡매매 일을 했는데 당시에는 큰 금액인 12~3만 엔을 벌 수 있었어요. 1956년에 지인 3명이 찾아와서 "마루오카에서 파친코 가게를 하고 싶은데 좋은 자리가 있으면 소개해 줘"라고 부탁했어요. 마루오카 신마치에서 빈 점포를 발견하고 목공과 공사관계자까지 소개해 주었죠. 그런데 나중에 돈이 없다고 하는 거예요. 어쩔 수 없이 내가 대신 공사대금을 지불하고 내키지는 않았지만 그 일에 관여하면서 공동운영자가 됐어요. 그때 번 돈 12~3만 엔으로 파친코 운영자가 된 거죠. 3, 4년 지나면서 조그만 집도 장만하게 됐고 둘째, 셋째도 태어나면서 작은 행복을 느끼게 되었어요.

▶ 조총련과 결별하고 민단으로

1955년에 민전을 해산하고 조총련이 결성되기 전까지는 주로 조총련 사람들과 교류했어요. 그런데 1959년부터 시작된 귀국사업 문제로 크게 다툰 적이 있어요. 조총련에서는 그때 "조국(북조선)은 지상낙원이다"라고 선전하고 있었죠. 어느 날 본부의 간부가 마루오카 지부로 왔을 때 나하고 큰 언쟁이 벌어졌어요. 나는 "자기 나라에 돌아가는 건 좋은 일이다. 그러나 지상낙원에 가는 게 아니라 그 지상낙원을 같이 만들어 보자고 왜 말하지 않느냐"라고 주장했죠. 이 일로 큰 싸움이 벌어졌고 결국에는 조총련과 갈라서게 됐어요.

조총련과 결별하고 바로 민단에 들어갔어요. 무엇보다도 가족을 한 번 만나고 싶었거든요. 1960년에 처음으로 한국을 방문했죠. 아직 한일 간에 국교가 없던 시절이라 주일대표부 오사카 지부에 가서 일회용 여행증명서를 발급받았어요.

오사카의 덴포잔 부두에서 화객선을 타고 3일째 현해탄을 지나자 부산이 보이기 시작했어요. 거리 뒤편의 산은 검붉은 색으로 물들어 있었고 정상 가까운 곳까지 판잣집이 가득 늘어서 있었어요. 마중 나온 동생들과 택시를 타고 산 중턱까지 간 다음 다시 걸어서 올라갔어요. 15년 만에 돌아오는 아들을 기다리고 있던 어머니는 나를 보더니 바로 달려 나와 부둥켜안고 울기만 했죠. 한국에는 2개월 반 정도 있었는데 그때 마침 4·19 학생혁명이 일어났어요. 기동대가 학생들을 공격하고 최루탄이 날아오고 정신이 없었죠. 이승만 정권이 붕괴된 건 내가 다시 일본으로 돌아온 직후였어요.

▶ 후쿠이상은(福井商銀) 이사장으로 취임

다음 해인 1961년에 미쿠니에 파친코 2호점을 열었어요. 당시 네 명이 동업하고 있었는데 갈등이 생기면서 마루오카점과 미쿠니점을 완전히 분리했고, 두 명이 한 가게를 맡아서 하기로 했어요.

그러는 동안 나는 한국식 '누빔 이불'을 만들어서 오사카 쓰루하시와 미유키 거리에 도매상을 차렸어요. 5~6년 정도는 크게 성공을 했는데 한국에서 더 좋은 물건이 들어오면서 사업을 접었죠.

그러면서 친구와 같이 이시카와현의 쓰바타초에 파친코 가게를 개업했고, 1969년에는 후지프린트 주식회사를 설립했어요. 이불의 원료가 되는 직물 염색 프린트 가공에서 아이디어를 얻었죠. 오사카에 있는 무역회사가 중동과 극동지방으로 그 지역 전통의상의 옷감을 수출하는데 그 옷감에 문양을 프린트하는 사업이었어요.

하지만 나중에는 이 사업이 크게 부담이 됐어요. 중동지역 국가들의 생활수준이 높아지면서 전통의상을 점점 입지 않았고, 거기다 염색공장의 공해 문제가 크게 확대되었어요. 공장에서 나오는 폐수의 악취가 가장 큰 문제였는데 배수관을 먼 곳으로 옮겨 묻어 피해가 없도록 조치했지만 주변 사람들의 불평은 끊이질 않았어요. 조선인이 돈 번다고 시기하는 사람들도 있었겠죠. 회사는 13년간 운영했지만 1980년에 류

마티스 관절염에 난청까지 심해져 힘들어하고 있었는데 마침 회사를 인수하겠다는 사람이 있어서 그냥 넘겨버렸어요.

1984년에 후쿠이상은신용조합에서 이사장을 맡아달라는 의뢰가 있었어요. 경영 상태는 대충 감이 왔는데 새롭게 일으켜 세우는 것도 보람 있는 일이라고 생각했죠. 정말로 열심히 했어요. 이사장 업무는 오전 2~3시간이면 끝낼 수 있었고 그 외 남는 시간은 외근을 돌았죠. 결국 8년 동안 이사장직을 맡았고 예금 110억 대출 80억으로 취임할 때에 비해 약 3배 성장한 결과를 얻었어요. 이사장을 그만두고 7~8년 쉬는 동안 후쿠이상은에 상임감사라는 직책이 생겼고 나에게 순번이 돌아왔어요.

▶ 참정권소송

참정권 문제에 대해서는 이전부터 막연하게 생각하고 있었어요. 우리들은 일본 국민이 아닌 것은 확실하죠. 하지만 지방자치제에 사는 주민과 국민은 구별할 필요가 있어요. 국정선거권까지는 요구하지 못해도 지방자치제 주민의 권리는 당연히 누려야 한다고 생각해요. 누구라도 어디에 살든지 자연권으로서의 행복추구권이 있어요. 참정권도 근본은 기본적 인권의 문제죠.

1974년에 마루오카초에서 구의원 선거가 있었을 때 당시 자치회 회장이 "당신은 지원집회에 나오지 않아도 됩니다"라는 말을 한 적이 있어요. 그 후에 선거 후보자가 "왜 선거운동에 참가하지 않느냐"라고 했는데 그 말을 듣고 화가 치밀었어요. 자치회장이 투표권이 없다고 나를 무시한 거죠. 1989년에 영국인 알란 힉스 씨가 일본 정부를 상대로 국정참정권 문제를 제소했는데 그 재판도 자극이 됐어요.

1990년 무렵에 친하게 지내는 친구들 몇 명이 모여 가끔 차나 술을 마셨는데 그 자리에서 "한번 제소해 보자"라고 말을 꺼냈더니 친구들도 "그래 해 보자"라며 의기투합했어요. 그래서 제소를 생각하고 있었는데 1990년 9월 김정규 씨가 오사카 지방법원에 먼저 제소를 했어요. 한발 늦어서 솔직히 조금 아쉬웠어요. 김정규 씨가 "후쿠이에서도 제소해 줘서 정말 큰 힘이 되었다"라고 격려해 주었죠. 김정규 씨가 오사카에서 활동하는 있는 니와 마사오 변호사를 소개해줘서 총 4명의 변호인단을 구성하게 되었어요. 1991년 한일 외무부장관회의에서 주고받았던 각서, 이른바 1991년 문제(지문날인 폐지, 지방공무원 채용기회 확대)의 내용에 실망했던 것도 제소하게 된 큰 계기가 되었어요.

▶ 획기적인 후쿠이 지방법원의 판결

1991년 5월 2일, 후쿠이 지방법원에 제소하고 기자회견을 열었는데 깜짝 놀랄 만큼 반응이 호의적이었어요. 지역 매스컴도 모두가 긍정적으로 다루어 주었죠. 사실 속으로는 일본에서 승소할 리가 없다고 생각하고 있었거든요. 문제를 제기하는 것만으로도 충분한 성과를 얻을 수 있다고 봤죠. 기소하기 전에 책자 1,000부 정도를 만들어서 민단이나 일본인들에게 나누어 주었는데 그중 한 권이 시마다병원 부원장인 시마다 지에코 씨 손에 들어갔어요. 그 책자를 읽고 그분이 '재일외국인 참정권을 생각하는 모임'의 회장이 되어서 주도적으로 일을 진행해 나갔어요. 그분이 대표자가 되어서 기자회견을 끝냈고, 그 후에 변호사 보고회가 있었는데 그 자리에서 바로 50명 정도의 일본인이 모임에 가입했어요. 그 사실에 깜짝 놀라면서도 상당히 기뻤죠.

피선거권도 기소 내용에 포함되어 있었어요. 투표권이라고 한정 짓지 않았기 때문에 우리들은 '선거권'이라는 표현을 쓰지 않고 '참정권 소송'이라고 했죠. 여러 곳에서 강연 의뢰가 들어왔고 많은 변호사와 학자, 재야운동가를 알게 되었는데 이 모든 게 내 인생에 큰 영향을 주었어요.

1994년 10월에 후쿠이 지방법원에서 판결이 나왔어요. "시읍면 수준에서, 정식으로 거주하는 외국인의 선거권을 인정하는 것은 헌법에 위반되지 않기 때문에 이를 허용한다"라는 획기적인 견해를 밝혔어요. 1995년 2월에 최고재판소(대법원 상당)가 내린 김정규 씨의 재판 판결과 같은 판결이 후쿠이에서 먼저 나온 거죠.

후쿠이의 판결은 좋은 의미에서 의외의 결과였지만 우리는 나고야 고등재판 가나자와 지부에 항소했어요. 도도부현都道府縣(일본의 행정구역)을 제외하고 시읍면에 제한한다는 문제가 하나 있었고 그리고 입법부가 책무를 어긴 점에 대해서는 언급하지 않았어요. 입법부가 틀렸다는 판결이 나왔으면 항소하지 않았죠. 나고야 고등재판 가나자와 지부의 판결은 항소기각이었어요. 지방법원과 같은 결과였죠. 결국 최고재판소도 2000년에 기각을 했어요. 이런 결과가 나올 거라고 짐작은 하고 있었어요.

그 후 '생각하는 모임'의 회원들과 협조하면서 지방공무원 채용운동에 몰두했어요. 지금은 고문이라는 직함을 갖고 있지만 아직도 함께 행동하고 있어요. 우선 후쿠이현 내의 일곱 개 시를 상대로 지방공무원 채용을 저해하는 '국적조항' 철폐운동을 시작했어요. 나름의 성과도 있었죠. 현 내의 일곱 개 시 중에서 다섯 개 시와 한 개의 동에서 국정조항을 철폐시켰어요.

시에 따라서는 공권력 행사나 공적 의사를 결정하는 직무 및 관리직에는 종사할 수 없다는 제약을 둔 곳과 그렇지 않은 곳이 있어요. 사바에시 같은 경우는 그러한 직무 또는 부서라도 부장직도 관리직도 가능하다며 모든 제약사항을 전면 철폐시켰어요.

후쿠이현을 돌아다녀 보면 자치단체장은 제반 사항에 대해서 충분히 이해하고 있어요. 그런데 지방의회에 가면 좀처럼 전면철폐를 인정해 주지 않아요. 지방에는 보수적인 의원들이 많거든요. 그러나 내가 살고 있는 마루오카에서는 의회도 전면철폐에 동의했어요.

▶ 후지코시를 상대로 소송, 대동아성전대비 철거운동

후지코시不二越 회사에 소송을 건 것은 1992년부터였어요. 나는 1995년부터 공동대표 자격으로 참가했죠. 당시 우리 측 원고는 3명이었고, 다른 곳에서 배상 청구한 사람이 4명 있었어요.

후지코시라는 회사는 전쟁 중에 조선에서 열서너 살 된 여자아이 등 총 1,600명을 감언이설로 속이고 일본으로 데려왔어요. 그리고 강제로 일을 시켰는데 패전이 되자 임금을 한 푼도 지불하지 않았죠. 지금 후지코시는 베어링, 절삭공구, 유압기기, 로봇 등을 제조하는 큰 회사이며 거래소에 상장까지 했어요. 후지코시가 임금을 일절 지불하지 않았다는 것을 명확하게 입증할 수 있어요. 도미야마에 있는 직업안정소, 후생연금사회보험 사무소에 가면 후생연금을 기재한 기록이 전부 남아 있거든요. 결국 최고재판소에서 후지코시가 원고들에게 3,500만 엔의 화해금을 지불하라는 판결을 내렸어요. 그것으로 일단락되었지만 사죄는 한마디도 하지 않더군요.

지원연락회의 회원 10명이 주주가 되어서 올해(2005년) 2월에도 후지코시 주주총회에 다녀왔어요. 회원이 질문해도 사장은 형식적인 답변만 반복했어요. 300명 정도 모인 주주들도 일절 반응하지 않았어요.

2003년에 새로운 원고 22명이 제2차 소송을 걸어서 현재 재판이 진행 중에 있어요. 변호사들은 정말 똑똑하고 훌륭해요. 실비 정도만 받고 거의 무료변호를 해주었으며 추가로 16명의 변호사가 합류했어요. 지원한 변호사분들께는 정말 머리 숙여 감사드려요.

4~5년 전부터는 가나자와의 겐로쿠 공원에 세워진 '대동아성전대비'라는 비석의 철거운동을 하고 있어요. 제2차 세계대전이 벌어졌을 때, '지나(중국)파견 군총참모장' 이타가키 세이시로라는 사람이 있었는데 그 아들인 이타가키 다다시가 국회의원이 되었어요. 그리고 오쿠노 세스케라고 지난번에 망언을 한 전 법무대신이 있죠. 이런 일당들이 쓴 문구가 비석 정면에 새겨져 있어요. 침략이 아니라 성전이었다라고.

비석에는 일본인 이름과 함께 조선인 특공대의 생존자라며 조선인 몇 명의 이름도 새겨져 있었어요. 육사 57기 졸업이라는 조선인 이름도 있어요. 이름을 왜 새겼냐고 물었더니 비석 제작비용을 낸 사람들이라 새겨 넣었다고 하길래 지원단체가 본국에 가서 조사해 봤죠. 당사자들이 "그런 얘기는 들은 적도 없다"라고 하더군요.

이시카와현과 도미야마현, 후쿠이현에서는 철거 시민운동이 일어나 집회와 데모를 했어요. 비석을 허가한 현에 찾아가서 "왜 허가해 주었냐"라고 묻자 "비석을 세운다고 해서 허가했을 뿐 그런 것을 세우는지는 몰랐다"라고 변명하더군요. 일단 한번 허가해 버리면 취소하기가 쉽지 않아요.

나는 지금 직접 손대고 있는 사업은 없어요. 25년 전에 장남한테 작은 파친코 가게를 맡겼고 차남은 도쿄에서 세무사를 하고 있으며 셋째는 변호사로 재일 문제와 본국 사람들의 전후 보상재판을 다루고 있어요. 자식들과 손주들이 다 잘 커 줘서 개인적으로는 작은 행복을 누리고 있죠. 남은 인생도 뜻있게 보낼 수 있으면 좋겠어요.

45

나와 역사학과의 만남

강덕상 姜德相(남)

취재: 2004년 4월 19일, 2006년 4월 1일
출생지: 경상남도 함양군
현주소: 도쿄
생년월일: 1932년 2월 15일
약력: 두 살 때, 어머니가 나를 데리고 먼저 건너간 아버지를 찾아서 일본으로 건너감. 열세 살 때 조국 해방을 맞이함. 1950년에 와세다대학 문학부 입학. 중국 근대사를 전공했지만, 두 명의 일본 학자와 만나 조선사에 눈을 뜸. 이후 관동대지진 연구를 시작으로 자신의 재일 체험을 통해 연구를 심화시켜 나감. 히토쓰바시대학 교수를 역임하고 사가현립대학의 명예교수. 현재 아리랑문화센터 관장. 재일한인역사자료관 관장. 저서 『현대사자료 조선25-30』(미스즈쇼보みすず書房), 『관동대지진』(주오신쇼中央新書), 『조선 독립운동의 군상』(아오키쇼텐 青木書店), 『조선인 학도출진』(이와나미쇼텐岩波書店) 외.

취재: 오구마 에이지, 오야마 모리타다, 오치아이 가쓰토, 고수미
원고집필: 오야마 모리타다, 고수미 / 번역: 고민정

▶ 황국소년이 되려 했던 조선 소년

고향은 경상남도 함양군. 아버지는 열여섯 살에 결혼했는데 겨우 소학교 6학년이었죠. 어머니가 한 살 위였어요. 아버지는 상급 학교에 가고 싶었는데 그 주변에는 학교가 없었어요. 그래서, 그래 어차피 도시로 나갈 거라면 일본으로 가버리자, 이렇게 결단하고 어머니와 뱃속

의 나를 놔둔 채 일본으로 떠났어요. 그때가 1931년 6월인가 7월이었을 거예요.

처음엔 교토로 왔다고 해요. 무코마치라는 곳의 청과물 가게에서 먹고 자며 약간의 돈을 모았고, 그 돈으로 도쿄에 가서 간다에 있는 세이조쿠 중학의 영어학교에 들어갔어요. 거기를 일 년 정도 다녔는데 고학 생활이 힘들어서 학교를 그만두고 시부야 강변을 따라 생겨난 후루카와마치 속칭 '넝마주이 부락'으로 들어갔어요.

그곳에서 한동안 넝마주이를 했는데 그러는 사이에 폐품 분리하는 일을 하게 됐어요. 시부야구에 있는 나가야長屋를 빌려서 넝마주이를 두세 명 두고, 그들이 주워온 폐품을 정리해서 도매업자한테 팔았어요. 그러던 중에 드디어 세대주 서류를 만들게 되었고 어머니와 저를 일본으로 불러들였죠. 그때가 1934년 12월이었어요.

나는 일본에 와서 쇼운지祥雲寺라는 절의 유치원에 다녔는데 조선 아이는 나 혼자밖에 없었어요. 마침 그 무렵에 중국과 일본이 전쟁을 시작해서 군대놀이가 유행했어요. 일본군과 지나군(중국군)으로 나눠서 놀이하는데 지나군은 항상 나 혼자였죠. 쇼운지에는 약간 높은 언덕이 있었는데 그 언덕 위에서 시나군을 맡은 내가 지키고 있어요. 그러면 나카지마라는 애가 총대장인데 "돌격!" 하고 외치며 올라와요. 그리고 내 위에 올라타서 "항복해"라고 하죠. 어린아이들한테도 조선인은 차별의 대상이었어요.

소학교 2학년 때, 아버지는 고물상 규모를 키우기 위해 시부야 신바시 주변의 큰 집으로 이사했어요. 폐품 분류공간이 넓어진 만큼 폐품을 모아오는 넝마주이도 늘어났고 주변 사람한테는 조선인 소굴로 인식되었죠. 넝마주이의 수입은 아주 적어서 하루하루 겨우 연명하는 정도였어요. 돈이 생기면 밤에 막걸리 마시고, 화투 치고, 싸움이 끊이질 않았어요. 폐품이 없으면 맨홀 뚜껑을 훔쳐 오는 사람도 있었어요. 그 때문에 경찰서를 밥 먹듯이 오갔고 근처 주민들은 '저놈의 조센진 집구석'이라는 시선으로 바라봤죠.

소학교 3학년 2학기가 시작됐을 때, 담임인 미쓰나리 선생이 나를 교단에 세우더니 "강 군은 오늘부터 신노라는 이름으로 바뀌었어요"라고 말하는 거예요. 나중에 그것이 창씨개명이었다는 걸 알았죠.

고학년이 되면서 일본 사회에 대한 시야가 넓어졌고 일본인 가정과 우리 집의 이질감이 내면의 갈등 요소가 되었어요. 왜 나는 조선인으로 태어났을까라는 의문을 가지며 스스로를 책망했죠. 친구 집에는 자주 놀러 갔어요. 노라쿠로, 모험단 기치, 다치가와 문고 등 만화책이나 문고책이 그 당시 소년들 세상에서 공통된 관심사였고, 그런 책은 고물상을 하는 우리 집에는 엄청 많았지만 나는 한 번도 친구들을 부른 적이 없어요. 학교에서 학부형회 통지를 받아도 모두 구겨서 버렸어요. 일본어를 못 해 누가 봐도 조선 사람으로 보이는 어머니가 절대로 학교에 오지 않길 바랬죠.

몇 가지 잊지 못할 일이 있어요. 할머니는 현해탄을 자주 건너다니셨는데 어느 날 큰 짐을 짊어진 저고리 차림의 할머니가 요요기역 개찰구에서 나를 보더니 "덕상아"라고 크게 불렀어요. 그 소리를 들은 나는 재빨리 사람들 속으로 숨어버렸죠.

또 하나는 본명을 당당히 말했던 여자애를 잊을 수가 없어요. 김옥자라는 이름이었어요. 그 시절 일본 애들이 조선 애들을 많이 조롱했어요. 네댓 명의 일본 애들이 그 여자아이를 한꺼번에 둘러싸더니, '둘러싸! 둘러싸! 돼지불알, 돼지불알, 조센 산속에서 살짝 들리는 돼지소리' 또는 '같은 밥 먹고 이게 뭐냐'라며 빈정거렸죠. 그 아이는 옴짝달싹도 못 하고 있었는데 그걸 본 나는 말리지도 못했어요. 나를 괴롭힌

적은 별로 없었는데 가끔 싸움이 나더라도 "조센진 주제에"라는 한 마디가 나오면 승부가 바로 끝나요. 내가 이기거나 정당해도 아무 소용이 없죠. 고통스러운 기억 중의 하나예요. 그때가 1943년, 44년 무렵이었어요.

▶ 군사양성학교에 입학

내가 열성적인 황국소년이었던 이유는 어떻게 해서든 빈곤과 차별에서 벗어나고 싶었기 때문이에요. 실제로 나중에 내가 들어간 중학교는 직업군인양성소 같은 곳이었어요.

옛날에 육군 사관학교와 (해군의)병학교가 있었는데 그런 곳을 목표로 하는 학생들이 들어가는 학교가 도쿄도립타마중학이었어요. 소위 말하는 군의 간부양성학교에 들어가기 위한 예비교 같은 곳으로 전원 기숙사 생활이었죠. 그런데 입학할 때 큰 문제가 있었어요. 그 시절엔 신분이나 국적은 관계없다고 하면서도 엄연한 차별이 있었어요. 담임 선생님은 평소에 "너는 머리가 좋으니 공부로 승부해라"라고 말해주는 분이셨는데 "너는 어떻게 해서든 중학교에 들어가야지"라고 하며 본적에 적혀 있는 내 주소를 도쿄의 주소로 바꿔주셨어요. 창씨개명이라서 이름도 '강'이 아니라 일본 이름으로 적혀있으니 조선 사람이라는 걸 몰라요. 그래서 합격했어요.

합격한 건 좋았는데 호적등본을 가져오라네요. 호적을 일본으로 옮길 수는 없으니까 결국 조선 호적이 들통 났죠. 도쿄도의 시학(교육위원회)에서 큰 문제가 되었고 아버지와 교장, 담임이 불려가서 문책당했어요. 아버지에게 들은 얘기로는 '원래대로 하면 문서위조죄라는 것으로 퇴학을 시켜야 하는데 입학한 사람을 퇴학시키는 것은 교육상 좋지 않다, 이번은 시말서로 끝내겠다'라고 해서 시말서를 쓰고 해결했다고 해요.

▶ 방관자였던 '8·15'

1945년 4월, 열세 살 때 미야기현으로 피난 가서 사누마중학교에 들어갔어요. 사누마중학교에 다닐 때는 매일 근로봉사만 했어요. 농가 일을 도와줬으며 개간까지 했죠. 삽과 괭이를 가지고 조금 높은 언덕의 땅을 일구어서 밭으로 만드는 일이었어요. 여름방학 같은 건 없었죠. 그 무렵에는 미군 함재기가 거기까지 날아와서 기관총 발사를 해왔어요. 목숨을 지키기 위해 항아리 모양의 방공호도 만들었죠.

8월 15일은 지금은 백조가 날아오르는 호수로 유명한 이즈누마, 나가누마 근처에서 개간 작업을 하고 있었어요. 아침 조례시간에 인솔교사가 "오늘 정오에 중요한 방송이 있다. 모두 지역 농가까지 내려와라"라고 했기에 12시 조금 되기 전에 산에서 내려갔더니 방송에서 천황이 무조건 항복한다고 해요. 라디오를 향해 정중하게 경례하고 그 옥음 방송을 들었는데 잡음이 심해서 방송 내용을 전혀 못 알아들었어요. 인솔 교사가 "전쟁은 끝났다. 너희들은 바로 집에 돌아가라"라고 말했어요.

무슨 일이 일어났는지도 모른 채 20킬로 떨어진 하숙집까지 자전거로 돌아갔는데 거기는 완전히 다른 세상으로 변해 있었어요. 다들 비탄에 빠진 모습으로 하늘 쳐다보고 땅을 치며 울부짖고 있는 거예요. 거기서 나는 처음으로 일본이 전쟁에 졌다는 것을 알았죠. 하지만 나는 그 비탄에 젖어있는 무리 속으로 쉽게 들어갈 수가 없었어요. 그저 사람들이 울부짖는 모습을 멍하니 바라보고 있는 방관자였죠.

16일부터 학교는 휴교가 되었고 여름방학에 들어갔어요. 집에 돌아가려고 기차표를 사러 갔는데 좀처럼 표를 구할 수가 없었어요. 하룻밤 줄 서서 겨우 샀죠. 집이 있는 리쿠젠다카에는 17일 밤 8시경에 도착했는데 거리는 어두컴컴했어요. 본명은 윤이지만 일본 이름으로 기야마라는 사람의 집이 역 앞에서 큰 도로로 5분 정도 걸어가면 있어요. 거기에 갔는데 그곳만은 다카타 지역 지도에서 따로 떨어뜨려 놓은 것 같았어요. 밝은 불빛 속에서 술 마시고 노래 부르며 모두들 야단법석이었죠. 이런 작은 동네에 조선 사람이 이렇게 많이 있었다는 생각이 들 정도로 엄청나게 모여 있었고 아버지도 거기에 계셨어요.

나도 그곳에서 태어나서 처음으로 태극기를 봤어요. '봤다'가 아니라 태극기가 '만들어지는 것을 봤다'고 해야 할까요. 사람들이 일장기를 가져오더니 빨간 원의 반쪽을 파랗게 물들여 소용돌이 모양으로 나누고 네 귀퉁이에 괘를 그려 넣어 태극기를 완성해 가는 거예요. 이것이 자기 나라의 국기라는 것도 몰랐던 나는, 사람들이 그 국기를 흔들며 '대한만세! 독립만세!'라고 외치는 모습을 우두커니 지켜보고 있는 게 다였어요. 역시 나는 그 기쁨의 원 안에 들어가지 못했어요. 8월 15일 패전에 슬퍼하는 군중 속에도 해방의 기쁨을 만끽하는 원 안에도 동참하지 못한 거죠. 그 양쪽 모두에게 위화감을 느끼고 있었던 거예요.

▶ '너는 좋은 시절에 태어났다'

해방 후 어느 날, 아버지가 "너는 좋은 시절에 태어났다"라고 하셨어요. 그 말의 뜻은 조국을 건설하는 간부가 될 수 있는 시대에 태어났으니 열심히 공부해라, 그런 의미였다고 생각해요. 미야기현에 있던 아버지의 친구들은 일본에서 온갖 괴로움과 쓰라림을 맛보았고 관동대지진의 전철을 다시 밟을지 모른다는 소문에 도망치듯이 본국으로 돌아갔어요. 하지만 우리 집은 귀국을 선택하지 않았어요. 아버지에게는 본국으로 돌아갈 수 없는 이유가 있었나 봐요. 그래서 아버지, 어머니도 전쟁이 끝나자 형제들과 완전히 헤어지게 됐고 결국 우리 가족만 일본에 남았어요.

아버지는 미야기현에서 해산물을 들여와 도쿄에서 판매하는 장사를 시작했어요. 식량이 부족했을 때라 배를 이용해 도쿄의 쓰키지 시장(일본 최대 수산시장)에 납품할 정도로 성공했지만, 호사다마라고 해야 할까요. 1946년 해방 일주년을 축하하는 자리에서 메틸알코올을 넣은 위스키를 마시고 거의 실명 상태가 되었어요. 그 후로는 아버지의 눈 치료가 우리 집의 가장 중요한 과제가 되었고 우리 가족은 도쿄로 돌아갔어요. 나는 중학교 3학년 2학기부터 피난 가기 전의 학교를 다시 다녔어요. 전후, 도립일오중과 다마중이 합병돼서 새로운 학교가 생겨났는데 도립아오야마중학이라는 학교였어요.

어머니는 처음엔 노점상을 했어요. 시부야와 신주쿠에서 가판을 차려 놓고 점령군이 방출한 비누를 팔거나 고베의 나가타에서 들여온 고무신, 장화 등을 팔았어요. 하지만 그것만으로는 생활이 안 되니까 결국 내가 쌀 도매상을 했어요. 공부는 별로 하지 않았어요. 아니 할 수가 없었죠. 그때가 1947년, 48년 무렵이었어요.

어머니가 막걸리를 깡통에 넣고 팔러 다니곤 했는데 점점 할 수 없게 됐어요. 조선전쟁이 시작되기 조금 전에는 일용 잡부를 했어요. 그 무렵이 재일조선인들한테는 가장 어려울 때였어요. 우산도 없어서 비가 오는 날이면 여동생이 학교에 못 갈 정도로 힘든 시기였죠.

▶ 소학교 시절 가장 싫어했던 역사 수업

그 후 아요야마중학은 신사이아오야마고등학교로 바뀌었고, 나는 중학교 4학년 때 아오야마고등학교 2학년으로 편입했어요.

지금은 역사학 연구를 전공으로 하고 있지만, 특별히 역사를 좋아했던 것은 아니었어요. 오히려 소학교 시절에는 역사 시간이 가장 싫었어요. 교과서에는 가토 기요마사나 진구코고神功皇后의 '조선 정벌' 얘기가 나오는데 그런 얘기가 나올 때마다 항상 몸을 움츠리고 그 시간이 빨리 지나가기만을 기다렸죠.

그런 내가 역사에 관심을 가지게 된 것은 히토미 하루오라는 고등학교 역사 선생님을 만나고 나서부터였어요. 역사 선생님은 도쿄대에서 동양사를 전공했다고 해요. 선생님은 아편전쟁부터 시작된 중국의 근대사에 관해서 설명해 주었어요. 중국 혁명으로 이어지는 역사를 매우 생생하게 이야기했으며 식민지로부터 민족 주권을 되찾아 오는 중국 역사를 주욱 열거했어요. 그것을 들으며, 조선도 식민지였지 조선의 독립 민족해방 이런 일도 있었지, 이런 생각을 하면서 중국 역사에 조선의 상황을 대입시켜 봤어요.

▶ 레드 퍼지(적색분자 추방)로 대학에서 퇴학 처분

대학 진학을 결정해야 할 때, 결국 나는 문과를 택했어요. 왠지 글 쓰는 게 좋았거든요. 사학과에 들어가서 실제로 중국사를 공부하기 시작했어요.

그 무렵에 조선전쟁이 일어났어요. 그래서 나에게 또 하나의 큰 전환기가 찾아와요. 당시 나는 조선에 대해 잘 알지 못했어요. 잘 모른다고 해도 조선이 미국과 싸우고 있고 미국은 '조선에 원자폭탄을'이라는 말을 했다는 것 정도는 알았어요. 스톡홀름 어필(1950년, 스톡홀름에서 열린 평화 옹호 세계대회에서 결의된 호소, 원폭 사용 금지를 요구)에서, 조선이 세계평화의 거점이다 원점이다 조선전쟁을 멈춰라라고 호소하는 등 조선이 화제의 중심에 놓여 있었죠. 또 하나 재미있는 것은 조선전쟁이 시작되고 신문에서 미군을 남쪽으로 몰아붙이는 지도가 나왔어요. 그것을 보면서 아주 기뻤죠. 세계 최강 미국을 해치운다고 생각하며 일종의 자부심이 생겨났어요. 조선전쟁은 내 마음속에 민족의 힘은 대단하다는 의식을 심어줬어요.

대학 1학년 때 레드 퍼지가 있어서 체포됐어요. 유치장에서 나오니까 퇴학 처분이 기다리고 있더군요. 그래서 반년간 여기저기 떠돌아다녔죠. 그런데 학교 측에서 복학하고 싶으면 허가한다는 연락이 왔어요. 요약하면, 너는 송사리밖에 안 되는데 괜한 사건에 말려들었다 처분이 너무 심했다는 거예요. "뭐 이런 학교가 다 있어"라는 생각도 들었지만 결국 갈 곳이 없어서 복학했어요. 복학하고 차분히 생각을 정리했는데 역시 공부하지 않으면 안 되겠다는 생각이 들었어요. 그 후로는 자치회 같은 모임에 다가가지 않았죠.

그리고 연구회를 만들었어요. 중국연구회, 역사연구회를 만들어서 동료들을 모으고, 계속 학습회를 했어요. 우리들끼리 학습회를 하고 우리가 초청한 강사에게 학습지도를 받으며 나는 그렇게 대학 생활을 보냈어요.

▶ 왜 중국사인가

나는 당시 인기가 있었던 서양사나 일본사가 아니라 동양사, 그중에서도 전공자가 가장 적었던 중국 근대사를 선택했어요. 중국어를 공부하여 수입된 중국의 역사서와 전문서를 탐구하고 대학의 중국연구회에서 활발한 활동을 하면서 조금은 중국 연구자의 햇병아리가 된 것 같은 기분이 들었어요. 졸업논문은 5·4운동 때의 '중국의 배공운동 신청년을 중심으로'라는 제목이었어요.

그대로 계속했다면 아마 나도 중국 연구자 집단의 말석에는 앉을 수 있었을 거예요. 하지만 나에게는 야마베 겐타로 선생과의 만남이 기다리고 있었어요. 야마베 선생이 입을 열자마자 뱉어낸 말을 지금도 똑바로 기억하고 있어요. "왜 중국사야, 자네는 조선 사람인데 어째서 조선사를 공부하지 않나?" 정말 큰 충격을 받았어요.

야마베 선생은 그 무렵, 일본공산당의 통제위원회의 회원으로 공산당이 운영하는 요요기 병원의 기숙사에서 살고 있었어요. 요요기 병원에는 세 명의 조선인 간호사가 있었는데, 어느 날 그 사람들이 요요기의 내 집에 놀러 와서 기숙사에 조선을 연구하고 있는 사람이 살고 있다고 알려줬어요. 그때는 그 선생이 감옥생활을 16년이나 하고 김천해라는 조선 해방운동의 투사와 친구라는 사실을 전혀 몰랐죠. 그는 당시 일본 역사학계에서 조선사의 권위자로 으뜸의 자리에 있었어요. 야마베 선생이 "일본의 근대사는 조선의 식민지 지배를 빼고는 논할 수 없다. 조선은 일본의 굴곡을 비추는 거울이다"라고 했는데 이 말도 내 가슴속 깊이 새겨져 있어요. 그런 야마베 선생의 뜻에 공감한 나는 용기를 가지고 조선사를 공부하는 방향으로 가야겠다고 마음먹었어요.

또 다른 만남은 이데 다카시 선생이죠. 선생의 딸이 당시 와세다대학에 있었는데 그 딸과의 인연으로 만나 볼 수 있었어요. 선생은 "자네에게 줄 책이 있어"라고 하며 『어느 철학 청년의 수기』라는 책을 꺼냈어요. 그 책은 선생의 일기를 정리한 것이었는데 그 안에는 러일전쟁 후에 제6고등학교에 재학 중인 선생이 안중근 의사가 이토 히로부미를 죽였을 때 쓴 글이 있었어요. 학교 안이 안중근에 대한 분노로 '조선 배제'를 외치고 있을 때 선생은 "조선의 입장에서 생각해보면 어떨까? 이토록 대변되는 일본의 조선에 대한 자세, 이게 바로 그가 죽음을 당해야 했던 하나의 이유야"라고 비판했어요.

나는 반세기도 전에 이런 민족화해, 민족공존이라는 것을 생각하고 있는 사람이 있었다는 것에 큰 감동을 받았어요. 그런 감동이 있고 나서 나는 선생의 조선사 가르침에 대해 공부하기로 마음먹었죠.

졸업논문을 쓰고 야마베 겐타로 선생과 만나서 조선사를 연구하기로 결정하고 난 후에 나는 본명을 공개했고 앞으로는 본명을 사용한다고 선언했어요. 다카다노바바의 찻집에서 친구 20명을 앞에 두고 마치 중대 발표가 있는 것처럼 "나의 본명은 '강'이고 조선인이다"라고 선언했어요. "사실 내 이름은 '신노'가 아니고 '강'이야"라고. 그때 내 이름의 발음을 '강'이라고 하지 않고 한자의 음독 발음을 따서 '교'라고 말했어요. 그리고 이제까지는 중국사연구회에서 중국사를 연구해 왔지만 앞으로는 조선사 연구를 하려고 마음먹었다고 제언했어요.

미야타 세쓰코라는 친구는 내 말에 깜짝 놀란 것 같았고 나를 떠나버린 친구들도 있었고 속았다고 생각하는 친구도 있었겠죠. 하지만 나 자신은 그 선언으로 인해 내가 쓰고 있던 가면을 이제야 벗어 던졌다는 시원한 마음이 들었어요. 진정한 친구도 생기고 마음이 아주 편해졌어요.

재미있는 것은 조선사를 연구하고 있으면 조선 사람이라고 부끄러워할 필요가 전혀 없었어요. 오히려 자랑스러웠죠. 그 후로 드디어 나의 조선사 연구가 시작되었어요. 말도 제대로 모르는데 갑자기 조선사로 바꾸어 버린 탓에 정말 고생을 많이 했어요.

대학원 입학 후, 내 멋대로 야마베 선생을 스승으로 모시고 도서관 여행을 시작했죠. 호위병처럼 선생님한테 딱 붙어서 우에노 도서관(국립국회도서관 지부)의 서고에 들어갔는데 막대한 장서가 소장되어 있었으며, 메이지시대의 조선 관련 사료史料 등 정말 흥미로운 사료가 산처럼 쌓여있었어요. 사료의 무게감을 새삼 느낄 수 있었죠. 야마베 선생의 지론은 '사료는 발로 찾아야 한다'였어요. '그 사료는 어디 어디에 가면 있을지도 몰라'라고 말해 주긴 했지만 결코 본인이 찾아낸 사료를 빌려주는 일은 없었어요. 그리고 또 하나의 가르침이 있었는데 '논문은 사료로 논해야 한다'라고 하셨어요.

▶ 우방협회 안에서 조선사를 논하다

1958년에 '재단법인 우방협회'와 만남을 가졌어요. 우방협회라는 것은 일본으로 쫓겨난 구 조선총독부 관료들의 친목 모임으로 식민지배 체험을 가진 총독부 출신들이 항상 모여있었어요.

친구인 미야타 세쓰코가 3·1 독립운동을 주제로 졸업논문을 쓰고 있었는데 그게 계기가 되어 우방협회와 만날 수 있었죠. 그녀의 지도교수인 시미즈 타이지 선생이 "나는 그런 주제를 지도하기 힘들지만 듣기로는 우방협회라는 곳에 구 총독부의 고관들이 있고 그곳에는 자료도 있을 거다"라며 그녀에게 소개장을 써줬어요.

그녀와 함께 그곳에 가서 만난 사람이 호즈미 신타로 씨였는데 그 사람은 근대 일본 경제계의 중진이며 제1은행의 은행장이었던 요네자와 에이치의 손자였어요. 조선총독부에서는 식산국장(농업관련 부서)을 했다고 하네요. 호즈미 씨는 나와 미야타 씨 그리고 동행한 친구 권영욱에게 "조선 통치의 공과사는 후세에 맡겨야 한다. 그러기 위해서는 자료정리를 해야 한다. 지금 여기에 있는 사람들은 역사 자료의 보고다. 그것을 활자화해서 남겨야 한다. 하지만 우리들은 이미 나이를 먹어서 방법이 없다. 그래서 자네들 같은 젊은 학생과 공동연구를 하고 싶은데 어떤가"라는 제안을 했어요.

신주쿠에 있는 한국식당 명월관에 모두 모여서 '조선 근대사료 연구회'를 발족시켰죠. 그때가 1958년이었으며 나와 시미즈 다이지, 미야타 세쓰코, 권영욱, 그리고 호즈미 신타로를 비롯한 우방협회 사람들이 참석했어요. 그때 도쿄대학 학생 중에 조선사를 공부하고 싶어 하는 학생이 있다고 해서 연락을 했는데 그 사람이 바로 가지무라 히데키

梶村秀樹(일본을 대표하는 역사학자, 조선근현대사 전공)였어요.

연구회는 협회가 있는 마루노우치의 제12호관에서 1969년까지 약 10년간, 매주 1회 합계 500회 정도 연구회를 가졌어요. 우방협회 사람들과 우리들은 의견 대립한 적도 많았지만 신기하게도 상호 공존이 가능했어요. 당시 일본에 있는 대학 어디에도 조선사를 연구하는 모임이 없어서 연구회는 학교와는 관계없이 조선사를 배우는 학생들의 공동 연구회가 되었어요. 연구회가 거듭될수록 소문을 듣고 다른 학교의 연구자나 한국 유학생이 찾아올 정도로 꽤 주목받았죠.

연구회가 생기고 일 년 정도 지나서 조선의 신사를 전공하고 있던 무라야마 마사오, 도립대학 교수인 하타다 다카시, 호세대학 교수인 다나카 나오키치, 메이지대학 교수인 아오야마 고료, 이런 사람들과 주축을 이루어서 '조선연구회'를 발족시켰어요. 1959년 1월에 처음으로 연구집회가 열렸는데 참고로 그때 제1회 연구발표자는 나였죠.

나는 그런 연구회에 참가하는 동시에 조금은 이론 공부도 필요하다는 생각이 들어 야마베 씨를 선생님으로 하고 김종국, 가지무라, 다케다, 미야타들과 같이 '자본론 연구회'를 만들었어요. 당시는 경제사를 모르면 역사가 아니라는 풍조가 만연해서 우리들도 늦었지만 이론 공부를 시작한 거죠. 연구회 자체는 어딘지 모르게 친목회나 식사모임 같은 형식으로 끝나고 말았지만, 기존의 조선사 연구회의 문제점에 대해서 얘기를 나눌 수 있었어요. 지금까지 조선사 연구는 중국사를 다룰 때 같이 곁들이는 정도로 고대 조선사가 대부분이고 근대사라고 하는 것은 거의 없었어요. 게다가 '조선은 근대화로 발전할 능력이 없었다. 그래서 일본이 근대화시켜 준 거다'라는 말까지 듣는 상황이었어요.

그리고 우리들의 스승인 야마베 선생의 조선사에 대한 비판도 나왔어요. 야마베 선생의 조선사에는 조선 사람의 모습이 그려져 있지 않다는 비판이었어요. 야마베 선생은 일본 자본주의 연구자였고 그의 시점은 기본적으로 일본 자본주의 발달에 있어서 조선의 식민지 지배가 얼마나 중요했는지, 즉 야마베 선생의 조선사는 어떤 의미로 보면 일본의 조선 침략사이고 거기에는 조선 사람의 모습은 그려져 있지 않다는 게 총론이었어요. 조선 사람이 없는 조선사는 조선사가 아니라는 것이 나와 가지무라 씨의 일치된 의견이었죠.

같이 야마베 선생을 따라다니며 사료를 보았기 때문에 가지무라 씨와 나는 같은 사료에 관심을 가지기도 했어요. 그 사료를 두고 둘이서 싸울 수는 없으니까 각자 분야를 정해 공동연구를 하기로 했죠. 가지무라 씨가 '면작 생산' 부분을 담당해서 '면작 면업의 전개'를 주제로 대단히 훌륭한 책을 출판했어요. 이 책 출판이 공동작업 출판이라는 하나의 체계를 세웠다고도 할 수 있죠. 나는 '유통' 분야를 맡았는데 그 덕분에 화폐에 대해서도 연구했어요. 화폐에 관한 논문도 5, 6편 썼어요.

▶ 재일조선인 연구자와의 만남

그런데 유통, 화폐는 침략을 폭로하기에는 아주 좋지만 조선은 당시의 세계 화폐 체계에 비해 많이 뒤처져 있었어요. 그래서 관련 분야인 상인론이나 도시론을 같이 다루지 않으면 논리가 성립되지 않았어요. 그러나 상인론, 도시론의 연구는 도중에 포기하고 말았죠. 어떻게 전개해야 할지 도저히 방법이 떠오르지 않았어요. 그때 박경식 선생 등 재일조선인 연구자들과 만나게 돼요. 시기적으로 보면 한일회담이 타결될지 어떨지 의견이 분분하던 때였어요. 박경식 선생은 원래 조총련계의 교육자였는데 일이 바빠서 도저히 연구할 시간이 없었나 봐요. 그래서 1960년대 말, 조총련 내부에서 개인숭배가 강화되면서 사상 통제가 심해져 조직을 나왔고 다시 연구자의 길로 들어섰다고 해요. 선생은 조선사 연구에 관해서 대선배였어요.

당시 일본 정부는 샌프란시스코 강화조약 이후, 일련의 조선인 배외정책, 출입국관리령, 외국인등록법, 외국인학교법안, 파병법적용 등을 강화해 나갔어요. 그런 상황 속에서 박경식 선생은 조선인 강제징용에 관한 연구의 필요성을 항상 호소하고 있었죠. 당시 일본은 고마쓰가와小松川사건, 김희로金嬉老사건, 히타치日立취직재판 등 조선인을 둘러싼 여러 사건들이 발생하고 있었는데 그런 일본 사회를 비판하는 의견과 밀접하게 관련된 연구였어요.

조선인에 대한 차별 배외정책이 법률로 제정되는 것은 재일조선인의 역사성에 대한 일본인들의 무지가 원인이었다고 박경식 선생이 주장하였는데 이는 역사학을 통해 조선 사람으로서 자부심을 가지고 민족성을 회복하려는 나의 생각과 일치했어요. 화폐, 유통 분야에서 막혀있던 나의 역사연구는 자연스럽게 재일조선인의 역사성을 묻는 연구로 옮겨 갔죠.

박경식 선생으로부터 너도 같이 하자라는 권유를 받았지만 선생이 애써서 전국적으로 전개하고 있는 일인데 내가 참가한다 한들 재탕의 의미밖에 없다고 생각했어요. 하지만 점점 재일 역사라는 것이 중요하다는 것을 깨닫게 됐죠. 그런 와중에 전후 미국이 몰수한 자료가 돌아온 거예요. 아직 자료가 공개되기 전이었어요. 국회도서관이 아카사카에 있을 때, 도서관을 이용하다가 친해진 사서가 "지금 미국에서 이런 자료가 반환되어 왔는데 한번 볼래"라고 해서 봤더니 육해군의 관동대지진 관련 자료가 쏟아져 나왔어요. 대단히 중요한 정보들이 적혀 있었죠. 아버지한테 조선 사람들이 지진으로 아주 큰 고통을 받았다는 말을 자주 들었거든요. 이것은 재일조선인의 역사에서 떼어낼 수 없는 사건이며, 또한 일본에서 조선인 문제를 어떤 식으로 대응했는지 알려주는 원점이기도 했어요. 그래서 이것을 정확히 검증해야겠다고 생각했으며, 무엇보다도 자료집으로 내야겠다고 다짐했어요.

▶ 관동대지진, 조선인 학살의 밑바탕에 깔린 것

금병동이라는 연구자와 마음이 맞아서 관동대지진 자료를 모아 1963년에『현대사자료(6) 관동대지진과 조선인』이라는 자료집을 미스즈쇼보 출판사에서 냈어요. 그러자 매스컴에서 난리가 났죠. 일본의 양심적인 사람들에게는 큰 충격이었을 거예요. 일본사 문제와도 관계 있으니까요.

자료집 간행과 병행해서 몇 개의 논문도 발표했어요. 학회와 일반잡지에 논문을 내고 있는 와중에 주오고론 출판사에서 "신쇼판新書判 형태로 내보지 않겠어요"라고 의뢰를 해왔어요. 그래서 쓴 것이『관동대지진』이었고 내용이 간결하게 정리됐다며 3대 신문사의 서평란과 서평 관련 신문에서 모두 기사화해 주었어요. 그랬더니 이제까지 입을 열지 않고 있던 일본인의 증언이 많이 나오더군요.

나는 연구가 깊어지면서, 왜 이렇게 많은 조선 사람이 조선인이라는 이유 하나만으로 죽음을 당해야 했는가? 또는 권력이 왜 조선 사람을 이렇게까지 경계하는가? 이것은 단지 재일만의 문제는 아니다, 이와 같은 생각이 들었어요. 그것은 조선 사람의 독립운동, 해방운동과 밀접한 관계가 있는 사건, 즉 일본의 식민지주의에 문제에 있다고 결론지었어요.

왜 그런가 하면, 최근에 나는 식민지시대의 조선헌병대가 만든 자료에서 중에 [다이쇼 3년에서 다이쇼 9년 전역(전쟁구역)] 이런 문장을 봤어요. 이 문장이 무엇을 의미하는지 몰라서 조사해 보았더니 그 문장 뒤에는 괄호 안에 제1차 조선소란사건, 제2차 조선소란사건, 마시마사건(만주에서의 조선독립운동) 그리고 시베리아전쟁, 이렇게 적혀있어요. 이 네 가지 사건이 그 문장과 관련되어 있다는 걸 알았죠. 다시 말하면 당시 헌병대가 사용한 '전역'이라는 말에서 알 수 있듯이 조선사람을 식민지에서의 전쟁 상대, 소란을 일으키는 무리, 즉 치안 대상으로 보고 있었던 거죠. 그런 점에서 보면 지진의 혼란스러운 상황 속에서 권력자는 '조선인이 뭔가 저지르지 않을까'라는 불안감이 있었을 테고 그런 불안감이 조선 사람에 대한 선제공격과 학살의 형태로 나타났을 것이며 바로 그것이 관동대지진 사건의 본질이라는 생각이 들었어요.

조선을 식민지화했다고 하는데 여기서 식민지화라는 것은 전쟁 상태를 의미하는 거였어요. 민족과 민족이 어떤 면에서는 서로 죽이는 것을 내포하고 있는 거죠. 그런 논리로 보지 않으면 지진이 일어났을 때 계엄령하에서 벌어진 군 주도의 학살을 설명할 수 없어요. 관련해서 더 살펴 내려가면 3·1운동이 있죠. 민족과 민족의 전쟁, 대결 이러한 일들이 있었다는 것을 잘 인식하지 않으면 우리는 올바른 역사를 논할 수 없어요. 이런 말을 하는 사람은 별로 없을 거라고 생각하지만 3·1운동 이후의 조일관계는 독립전쟁, 반식민지 방위전쟁이라고 말할 수 있으며 그런 면에서 일본은 식민지지배라는 가면을 쓰고 평화를 가장했던 거죠. 나는 그런 인식을 가졌어요.

▶ 잊을 수 없는 조선에서의 기억

돌이켜 보면 나의 역사 연구는 재일조선인의 체험과 깊이 연관되어 있어요. 1942년, 내가 열 살 때 할아버지가 위독하다는 전보를 받고 아버지를 따라 현해탄을 건넌 적이 있어요. 조선은 식민지 시절이었죠. 그때 보았던 인상 깊은 사건이 세 가지 있어요.

하나는 할아버지 집에서의 체험인데요. 초겨울 어느 날 할아버지 집에 군청 직원과 경찰들이 들이닥쳐요. 지팡이 같은 거로 마당을 파헤치며 온 집 안을 꼼꼼히 수색하는데 쌀을 숨겨 놓았다고 의심한 거죠. 그때의 경험은 나중에 일본의 식량 강제공출 연구로 이어졌어요.

두 번째는 한 달간 머물고 일본에 돌아갈 때 벌어진 일이었어요. 경화동이라는 역이 있었는데 이 역은 경상남도 진해의 군사기지와 가까운 곳으로 일본 헌병이 눈을 부라리며 경계하고 있었죠. 아버지가 용무를 본다며 나를 역 앞에 세워두고 잠깐 자리를 비웠는데 그 짧은 시간에 나는 헌병한테 붙잡혔어요. 내가 일본으로 가는 도중이라고 말했더니 도항증명서를 내놓으라고 했어요. 그런데 나는 그냥 아버지를 따라 온 것이라 일본 경찰이 내 증명서를 발급해 주지도 않았고 설령 있다고 해도 초등학생인 내가 그런 중요한 것을 가지고 있을 리가 없죠. 결국 나는 헌병대에 연행돼서 유치장에 들어가는 신세가 됐어요.

아마도 도쿄에 있는 경찰한테 조회했을 거라고 생각하는데 열 시간 정도 유치장에 있으니까 나가라고 하더군요. 다행인 것은 그때 내 가방에 교과서가 들어 있었는데 당시 조선에서 사용하는 교과서와 일본 교과서가 달라서 밀수자가 아니라는 증명이 된 거죠. 하지만 무서운 헌병대에 열 시간이나 잡혀있었던 것은 정말 힘든 경험이었어요. 이것은 나중에 관동대지진의 문제에서 다루었죠. 조선인을 적으로 여기고 치안 제일주의를 최우선으로 여겼다는 나의 관료관이 여기서 시작된 거예요.

그리고 세 번째는 부산의 부두에서 일본 가는 배를 탈 때의 일인데요. 당시는 배를 탈 때 일본인들이 타는 입구와 조선 사람의 입구가 나누어져 있었어요. 그런데 그것과는 다른 열에 한 집단이 서 있었는데 그들은 대부분 흰 옷에 조끼를 걸친 민족 복장을 하고 있었고 내

또래의 소년들도 섞여 있었어요. 아버지에게 물었더니 그들은 일본의 탄광이나 광산에 일하러 가는 사람들이라고 알려줬어요. 이것은 말할 것도 없이 강제징용에 대한 연구로 이어졌죠.

나의 아버지는 1942년에 요요기에서 운송업을 하고 있었는데 거기에는 항상 고향의 젊은이가 열 명 정도 거주하고 있었어요. 그런데 어느 날 그들이 경찰에 구속돼요. 하라주쿠역에는 천황이 타는 열차가 정차하는 궁전홈이라는 역사가 있는데 천황이 탄 열차가 그곳을 통과할 때 조선인들이 뭔가 저지를지 모른다고 예방 검문을 했던 거예요. 그게 바로 조선인을 적대시한 치안제일주의라고 볼 수 있죠. 나는 그들이 하룻밤 유치장에 있는 걸 봤는데 그런 경험이 나의 관동대지진 연구로 이어졌어요. '무슨 짓을 저지를지 모르는 조선인은 예방 검문을 할 수밖에 없어'라고 하는 일본 경찰의 인식이 대지진이 났을 때 유언비어나 군대의 출동, 그리고 학살로 이어졌다고 생각해요. 이런 예방 검문의 사실들은 문자 사료에는 나오지 않아요. 이런 체험을 해 보지 못한 일본인 연구자들은 좀처럼 볼 수 없는 부분이라고 생각해요.

46

영혼의 숨결, 음악을 만나다
한재숙 韓在淑 (남)

취재일: 2007년 5월 11일, 17일, 22일, 29일
출생지: 제주도 북제주군
현주소: 나라현
생년월일: 1932년 12월 10일
약력: 제주도에서 태어나 자라다가 1948년에 도일. 오사카음악학교(현재, 오사카음대) 성악과를 거쳐 오사카방송교향악단『춘희』에서 제르몽 역으로 출연, 루트s 오사카 공연 오페라『슈젠지이야기(修禪寺物語)』 등에 출연.『압록강』,『밀림을 이야기하자』 등에서 초연, 3대 고전극『심청전』등을 편곡·공연. '아리랑의 밤'에서 도쿄필하모니, 간사이關西필하모니를 지휘. 재일민족음악연구회 주재. 장녀는 재독 피아니스트 한가야 씨(칼스루에국립음악대학 교수).

취재: 가와세 슌지 / 원고집필: 가와세 슌지 / 번역: 고경순

▶ 해안가 마을에서 자라다

내가 태어난 곳은 제주도 북제주군 조천면 북촌리 해동입니다. 지명을 보면 알겠지만 어촌입니다. 우리 어머니와 외할머니는 해녀였는데 남성은 어업은 하지 않았어요. 증조할아버지, 할아버지는 짚신을 만들거나 전답을 경작해서 생계를 꾸렸습니다.

제주도는 화산섬입니다. 쌀 재배는 어려워서 고구마나 조 같은 잡곡 농사밖에 되지 않았습니다. 전답을 30센티 정도 파면 돌이 나와요. 그

런 환경에서 살아가는 것은 힘든 일이었습니다.

음악적인 교육을 부모에게 받은 적은 없습니다. 일상에서 민요를 많이 부르는, 음악적으로 풍부한 환경의 영향을 받은 것은 아니냐는 말들을 합니다만 그때는 일본 식민지시대입니다. 민족을 대표하는 민요를 부르는 일은 없었습니다. 일반적으로 사람들이 모여서 조선 노래를 부를 수 없던 시대였으니까요.

다만, 사자의 영혼을 위로하거나 재난을 없애고 복을 불러들이기 위해 무당이 기도하는 굿이라는 의례는 했습니다. 그 리듬이라고 할까, 분위기는 잘 기억하고 있습니다. 바다에서 죽은 어린아이의 영혼을 불러서 그 영혼이 무당에게 씌어 부모와 형제에게 참회하듯이 말을 걸었던 것으로 기억하고 있습니다.

아버지는 내가 열다섯 살 때, 오사카에 사는 아버지 쪽 숙부를 의지해서 일하러 가버렸습니다. 오사카에서는 인쇄공을 했던 것 같습니다. 섬에 남겨진 것은 형과 나, 나보다 한 살 많은 숙부, 형과 동갑인 숙부, 이 넷을 같은 형제처럼 조부모님이 키워주셨습니다. 내가 두 살, 형이 다섯 살 정도였던 걸로 기억합니다.

나의 소년 시절을 양친 밑에서 따뜻하게 보냈다면 음악가의 길을 선택하지는 않았을지도 모르겠습니다. 아버지는 일본으로 떠나버렸고 해녀 일을 하던 어머니는 전라남도 진도와 일본 쓰시마로 가버렸습니다. 그러니까 나는 양친 슬하에서 자란 기억이 없는 것입니다. 그래서 음악에 마음이 끌려 위안을 받았던 것 같습니다.

아버지는 자기 아버지에게 그다지 효도하지 않았습니다. 본인도 마음이 편치만은 않았다고 생각합니다. 해방 후에도 아버지는 제주도로 돌아올 수 없었지요. 조은(조은신용조합)에서 말단직으로 운영에 관여하고 있었기 때문입니다. 아버지의 남동생, 즉 나의 숙부가 할아버지를 돌보고 있었습니다. 그래서 숙부는 "네 아버지는 장남이면서 부모를 돌보지 않아. 불효자야."라고 했습니다. 하지만 아버지는 일본에서 일해서 돈을 보내고 있었기 때문에 그것으로 최선을 다했던 것이지요. 아버지는 그 후에 인쇄소를 했고 일흔 살을 앞두고 오사카에서 돌아가셨습니다.

▶ 국민학교 시절의 황민화교육

고향 북촌리 해동에는 국민학교(초등학교)가 없어서 근처에 있는 함덕국민학교에 다녔습니다. 교장은 조선인이었는데 일본명은 오야마라는 사람이었습니다. 지금도 뚜렷이 기억하고 있는 것은 교정 한 구석에 봉안전(제2차 세계대전 전과 전쟁 중에, 천황·황후의 사진과 교육칙어 등을 봉안했던 학교 내 시설)이 있었는데 매일 아침 오야마 교장이 "동쪽으로 향해, 동."이라는 호령에 따라 도쿄를 향해서 절을 했던 일입니다. 또 일본 육군이 군복을 입고 학교에 와서 조선인 교사들을 감시도 했습니다.

할아버지는 교육열이 대단한 사람이었어요. 산길을 넘어서 함덕국민학교까지 가서 "어떻게든 우리 재숙이 학교에 넣어주십시오."라고 애원하면서 채소와 해산물을 듬뿍 오야마 교장에게 건넸습니다. 오야마 교장은 전라남도에서는 모범적인 일본식 교육을 하는 사람이라는 평을 들었는데 전라도 교장회의 어느 일본인 교장이 "오야마 교장을 본받으라."라며 엄포를 놓았다고 합니다.

수업에서 생각나는 것은 역사수업이 시작되면 역대 천황의 이름을 전부 암송시켰던 일입니다. 국민학교 때는 조선어를 쓰면 선생님에게 꾸지람을 듣거나 일어서는 벌을 받았어요. 그래서 학교 문을 나오면 정말로 안도의 숨을 내쉬었지요.

태평양전쟁이 시작됐을 때는 일본, 조선, 대만을 빨갛게 칠한 큰

지도를 교실에 붙여놓았습니다. 이어서 선생님은 "빨간 부분이 대일본제국이다. 파랗게 칠한 부분이 미국. 이 미국과 전쟁을 하게 되었다."는 설명을 덧붙였습니다. 1945년 중반에는 일본군이 제주도에 대거 들어와서 교사를 숙사 대신 사용했어요. 6, 7만 명의 군인들이 있다고 했어요. 일본이 패전하면서 이 무기가 방치됐는데 1948년 4·3사건에 사용돼서 피해가 커졌다는 이야기도 있습니다.

▶ 제주읍으로 옮기다

1945년 8월 15일 해방되던 날, 선생님이 국민학교에 모이라고 했습니다. 학교와 마을에는 큰 북을 두드리는 사람이 있었고 본 적도 없는 깃발이 펄럭이고 있었습니다. 그것이 태극기였습니다.

해방되고 얼마 없어 제주읍 건입리로 이사를 했어요. 조부모님은 시골 생활은 고생스러우니까 도회지로 이사하고 싶었던 것 같습니다. 또 아이들 교육도 있고 장래를 생각했던 거였겠지요. 5학년 때 이사를 하여 제주북국민학교로 전학했습니다.

제주북국민학교 강당에서 본 것이 피아노였습니다. 피아노를 본 것은 태어나서 처음이었지요. 수업에서는 오르간 반주로 했으니까 피아노를 사용한 적은 없었지만 피아노를 처음 봤던 감격은 잊을 수 없습니다.

▶ 가야금과의 만남

잊을 수 없는 음악과의 만남은 전학하고 머지않아 일어났습니다. 시내에 동문교라는 다리가 있고 그 아래는 하천부지를 이용한 공터가 있었는데 그곳에서 육지에서 온 서커스단 공연이 있었습니다.

그리고 이십오륙 세 정도의 청년이 바지저고리에 두루마기를 입고 거문고 같은 현악기를 타고 있었던 겁니다. 그것이 가야금이었습니다.

공연회장 주변에는 철조망이 쳐져 있었는데 뚫고 들어갔습니다. 바지가 철조망에 걸려 갈기갈기 찢어져 버려서 집에 돌아오자 조부모님에게 호되게 꾸중을 들었지요. 하지만 질리지도 않아서 공연 중에는 몇 번이나 보러 갔습니다.

처음으로 들었던 가야금 소리는 마음에 스며들어 왠지 울고 있는 것 같은 느낌을 주면서 어린 내 가슴에 울려 퍼졌습니다. 부모의 정을 직접 받지 못했던 어린 시절의 경험이 있어서 구슬픈 리듬에 마음이 동요됐던 것일지도 모르겠습니다. 내가 스물아홉 살 때 장녀가 태어났을 때 그 아이 이름을 '가야'로 했을 정도였으니까요.

▶ 4·3사건에 연루되는 비극

제주읍 건입리에 있는 우리 집은 초가집이었는데 방이 많아서 빈방을 다른 사람에게 빌려줬습니다. 제주 섬에서 가장 우수한 학생이 다니는 제주농업학교 선생님과 학생 둘이 방을 빌려 살았습니다. 두 학생은 선생님의 제자였는데 김일근이라는 사람과 김일근 씨의 조카였습니다. 나이는 스무 살 넘었던 것 같습니다. 정말 좋은 사람이었습니다. 우리 할머니도 마음을 썼던 사람이고, 좋아했어요.

김일근 씨는 어느 날 배낭을 짊어지고 "재숙아, 산에 나는 볼레(보리수 열매) 따고 올게."라는 말을 하고 나간 채 돌아오지 않았습니다. 4·3사건이 일어나기 직전이었어요. 그 학생은 공산주의를 신봉했던 건 아니었는데 경찰과 서북청년단은 글을 읽고 쓸 줄 아는 사람을 '빨갱이'라고 감시하고 있었던 겁니다.

그 조금 전인 1947년 3월 1일에 내가 다니던 제주북국민학교 바로 옆에 있는 관덕정 앞 광장에서 삼일절 기념 제주대회가 열렸습니다. 3만 명 정도 참가했다고 들었습니다. 집회가 끝나고 데모로 이어져서 같은 학교 아이가 무장경찰에 피격당해 죽었던 거예요. 이 사건이 다음 해 4·3사건의 도화선이 되었다고 합니다. 이어서 총파업이 일어났는데 경찰은 그 주모자를 혈안이 되어 찾았고 우리 집에 방을 빌리고 있던 제주농업학교 선생은 서북청년단에 계속 감시당하고 있었습니다.

학생이 사라지고 얼마 없어 오전 3시경에 서북청년단이 선생님 방을 덮쳤어요. 창으로 이불 위를 찔러서 큰 상처를 입히고는 어디론가 연행해 가버렸습니다. 게다가 집주인인 할아버지도 경찰에 연행되어 밤이 밝아서야 발을 끌며 힘없이 돌아왔습니다. 취조 조사로 폭행을 당했던 것입니다. 할아버지는 그때까지는 집의 문을 잠그지 않았어요. 제주도는 거지가 없고 도둑이 없고 그래서 집에는 대문이 없는 삼무三無의 섬이었기 때문입니다. 하지만 그 사건 이후에는 항상 문을 잠그고 늘 뭔가에 겁먹은 모습이었습니다.

그리고 며칠인가 지난 어느 날 저녁 무렵에 할아버지가 불러서 방으로 들어갔습니다. 할머니도 앉아 있었습니다. 왠지 두 사람 얼굴에 눈물이 번져있는 듯이 보였습니다. 할아버지는 잠시 후에 "배가 조천에서 나가니까, 너는 아버지 있는 곳에 가거라."라는 거예요. 아버지 얼굴도 모르고 가고 싶지 않다고 엉엉 울었습니다. 할머니도 "아이고, 아이고 이놈의 새끼."라며 몸부림치며 울었습니다.

▶ 4·3사건이 일어나던 날, 어수선했던 제주읍의 기억

4·3사건은 뚜렷이 기억하고 있습니다. 나는 제주농업학교에서 하는 문화제에 가려고 번화가에 있는 동문시장 쪽으로 향하고 있었습니다. 제생병원 앞에는 피범벅이 된 이불을 실은 트럭이 있었습니다. 제주읍에서 30분 정도 떨어진 해변마을 화북리에서 가지고 왔다면서 "갑자기 습격당했다."고들 했습니다. 병원 주변은 많은 사람이 모여 있었

어요. 4·3사건은 그때까지 경찰 등이 저지른 탄압에 항거하는 사람들이 4월 3일 미명에 일제히 경찰서를 습격했다고 일컬어지고 있습니다.

그날은 사이렌이 울려 퍼지고 시내는 어수선했습니다. 제주읍 중심부 주변에는 경찰관이 분주히 왔다 갔다 하고 있었습니다. 무서워서 나는 집으로 돌아갔어요.

그날 밤은 사탕장사로 한 재산을 모은 사람의 집주변에 사람들이 모여서 "제주읍을 제외하고는 많은 사람이 죽었다."라든가 저마다 말들을 하고 있었습니다. 한라산 중턱에서는 봉화가 연이어 올랐습니다. 봉화가 습격 신호였는지 어떤지는 모르겠어요. 아무튼 그 후로 매일 경찰관이 제주읍에서 지방으로 대거로 보내지고 항구에는 진압경비대원을 가득 태운 경비선이 연일 입항하고 있었습니다.

▶ 어머니, 외할머니가 학살당한 북촌리의 비극

그 후로도 제주도는 비극의 연속이었습니다. 내가 태어나고 자란 북촌리에 참극이 일어난 것은 1949년 1월 19일입니다. 함덕에 간 군인 두 사람이 무장대의 기습을 받고 살해당한 후에 군대는 북촌리를 포위했습니다. 그리고는 경찰관 가족을 제외하고는 사건과 아무런 관계 없는 마을 사람들을 북촌국민학교 운동장에 모아서 차례로 학살했습니다.

어릴 적 내 친구들도 거의 살해당했습니다. 희생자는 500명 이상이라고 합니다. 우리 사촌은 어머니 밑에 깔려 기적적으로 살아남았습니다. 그리고 군인들은 초가집을 차례로 몽땅 태워버렸습니다. 이때 고향에 있던 어머니도 그리고 외할머니도 학살당했던 겁니다. 나와 형은 그 무렵에는 오사카 아버지 밑에 있어서 살아남았던 거지요.

유족들은 묘를 만들었지만 가족의 시신이 어디에 있는지 모르는 경우가 있었어요. 그럴 때는 무당에게 부탁하게 되지요. 굿을 해서 신에게 빌어서 "이 돌이 당신 아들이에요."라고 하면 그것을 묻어서 묘를 만들었던 겁니다. 우리 어머니와 외할머니는 친척이 시신을 발견해서 장사지낼 수 있었어요. 매년 음력 12월 18일이 기일입니다. 오사카 이쿠노에서만 북촌리 사람의 제사를 하는 집이 40여 곳 있다고 들었습니다. 나도 오사카에서 제사를 이중으로 하고 있습니다.

▶ 이제 사건으로부터 60년, 여전히 불안감은 사라지지 않았다

내가 오사카시립 니시이마자토중학교에서 교원을 할 때였는데 제주도에 사는 이모에게서 전화가 왔어요. "어젯밤 언니를 꿈에서 봤다. 내가 '꽃구경 가자'고 했더니 언니는 거절했는데 뭔가 알리려고 하는 것 같아서 묘지에 갔다. 그런데 묘는 사람 발에 밟혀 형체를 알 수 없었다."라는 겁니다. 그래서 묘지를 옮기게 되었어요.

이전할 당시, 나는 한국적이 아니어서 제주도까지 갈 수 없었지만 점을 봐서 묘지를 파내는 시간이 정해지고 아침 4시에 친척이 모였습니다. 오사카에서 제주도 고향에 간 형에 따르면 어머니 시신의 두개골 미간 사이에 탄환이 통과한 구멍이 뚫려있었다고 합니다. 나는 제주도를 방문하면 죽은 사람들이 비명을 지르는 것 같은 느낌이 듭니다. 그래서 살아있는 자신이 부끄럽다고나 할까, 죄의식이 좀처럼 사라지지 않습니다. 정말로 복잡한 감정에 사로잡힙니다.

2004년에는 노무현 대통령이 정부를 대표해서 사죄하고 죽은 사람들의 명예회복에 대한 절차를 진행했지만 마을 사람들의 불안한 마음은 아직 풀리지 않았다고 합니다. 지금도 남북으로 분단되어 있고 또 다시 비극이 일어날지도 모른다는 불안감은 사라지지 않는 것이지요. 그래서 희생자들의 명예회복특별법이 있어도 신고하지 않는 유족이

의외로 있는 것입니다.

▶ **오사카시립 니시이마자토중학교에서 음악교사로 근무하며**

나는 1948년 10월에 제주도를 떠나서 아버지가 있는 오사카로 건너왔습니다. 아버지 밑에서 중학교는 건국중학교(백두학원건국중학교)에 다녔습니다. 그곳에서 음악과 만났습니다.

가장 기억에 남는 것은 라디오에서 흐르던 오페라입니다. 중학교 3학년 때 친구 집에서 들었는데 "어떻게 인간의 목소리로 이런 표현이 가능한가?" 하고 귀 기울여 들었습니다. 나중에 알고 보니, 소프라노 스나하라 미치코 씨가 부른 구노의 오페라『파우스트』중의 〈보석의 아리아〉라는 곡이었습니다.

음악의 영향이 커서 진로는 음악 외에는 생각할 수 없을 정도였습니다. 오사카음악학교(현재, 오사카음악대학)에 진학해서 음악이 평생의 일이 되었습니다.

4·24한신교육투쟁으로 조선인학교가 폐쇄된 후에 오사카에서는 "아이들을 받아 줄 학교가 필요하다."는 부모와 선생들의 열의가 결실을 보아 공립조선인학교가 생겼습니다. 오사카시립 니시이마자토중학교입니다. 1950년부터 1961년까지 오사카부府 내에서 조선인 학생만 배우는 학교로서는 유일한 곳입니다. 의무적으로 일본 교과서를 사용해야 했지만, 조선어를 배울 수 있어서 입학희망자가 많았습니다. 그런데 학생이 늘어나도 교원은 모자라서 나를 초빙했던 거예요. 1953년 4월부터 강사를 했고 그다음에는 담임을 맡으며 음악을 가르치게 되었지요. 담임은 일본인 선생과 둘이 했습니다. 선생은 80명 정도였는데 조선인 선생은 30명쯤 있었던 것 같습니다. 각 학년에는 10개 반 정도 있었어요. 효고, 아마가사키와 산다에서도 학생들이 다녀서 교실이 넘

쳐날 정도였습니다.

　머지않아 북으로 돌아가는 귀국운동이 1959년부터 일어났습니다. 잠시 다녀오겠다는 가벼운 마음들이었습니다. 설마 지금 같은 상황이 될 거라고는 생각지 못했던 거지요. 북으로 간 학생들의 그 후 소식은 거의 모릅니다.

　창립10주년기념 문화제는 추억으로 남아 있습니다. 가극『심청전』을 오사카시 덴노지구 시텐노지회관에서 발표했습니다. 『심청전』은 그 2년 전에 오사카시 오테마에회관에서 초연을 했던 것인데 평이 좋아서 두 번째 공연을 하게 된 겁니다. 일본인 선생들은 출연도 했고 무대장치라든가 조명도 같이 했어요. 초연 때는 영어를 가르쳤던 나카시마 선생이『심청전』에서 왕 역할을 조선어로 외워서 연기했습니다. 조선어 공부를 하는 일본인 선생이 있었던 거지요. 조선의 아이를 맡고 있다기보다 지키기 위해 최선을 다했습니다.

　조선에 대한 멸시에 나는 민감한 편이었는데 싫은 기억은 전혀 없어요. 조선학교가 폐쇄된 후였으니까, 니시이마자토중학교를 지킨다는 마음으로 열심이었지요.

▶ 교토, 오사카의 조선고급학교에서 취주악 지도

　창립10주년기념 문화제 콘서트를 마친 후에 교토조선고급학교(이하, 교토조고) 교장이 "교토조고 취주악을 지도하고 음악을 가르쳐달라."고 요청해 왔습니다. 이 부탁을 받고 나는 니시이마자토중학교를 퇴직하고 일주일에 한 번 교토조고까지 다니게 되었습니다.

　교토조고에 가서 2년 정도 지났을 때, 조고 브라스밴드부가 도쿄에서 열리는 전국대회에 참석하게 되었습니다. 나는 강사여서 도쿄까지 갈 필요는 없었지만 학생들이 "선생님이 가지 않으면 연주를 잘할 수 없다."고 해서 동행하기로 했지요. 대회에서 자유곡 〈경축〉을 연주하자 조선총련의 한덕수 의장이 기립해서 앙코르를 외쳤어요. 심사위원도 같은 마음이었던지, 본선에서 우승했던 겁니다.

이어서 조선대학교 강당에서 본선 우승자 발표를 했습니다. 본선과 같은 곡이 아니라 〈조선무곡〉을 연주했어요. 그때 지휘를 했던 학생이 김경화이고 지금 금강산 가극단 지휘를 하고 있습니다.

당시 오사카조선고급학교 교육회장(PTA회장)으로 있던 한학수라는 선생님이 계셨습니다. 건국학교 스승인데, 이 선생님에게 부탁받아서 오사카조선고급학교에서 사범과의 음악과 취주악을 가르치게 되었습니다. 교원생활은 1970년대 중반까지 계속했어요. 기억에 남는 공연은 1968년에 오사카시 미나토구 미혼이치회장에서 했던 '조선민주주의인민공화국 창건20주년 기념'과 '대음악 무도서사시' 공연입니다. 교토, 오사카조선고급학교 합창부와 취주악부의 지도책임자로서 오사카와 교토 사이를 뛰어다녔었지요.

▶ **나의 음악활동 – 60년대 초부터**

내 음악 활동에 대해서인데 1960년대부터 이런저런 콘서트를 개최해 왔습니다. 재정적으로는 힘들었지만 추억은 끝이 없습니다.

1962년 12월 4일에는 '조선가곡의 밤'을 마이니치국제살롱에서 열었습니다. 베이스 정추일 씨가 "민족적인 음악을 하자."고 열심이었지요. 최두 씨는 뛰어난 테너가수였어요. 창작 조선 음악을 일본 쪽에도 소개하고 싶어서 내가 합창지휘를 맡았습니다.

회장은 관객으로 가득 찼습니다. 일본인들도 왔는데 처음으로 조선 곡을 듣는 사람이 태반이었겠지요. 〈대동강 배 띄우는 노래〉, 〈조선무곡〉, 〈농부가〉, 〈밀림의 용사〉 등을 발표했는데 일본에서는 대부분 초연이었습니다.

그 콘서트 3년 후에 북조선의 유명한 작곡가 김옥성 선생님이 돌아가셨습니다. 교토조고에서 조선어 신문의 일본어판을 보고 김 선생님의 서거를 알았는데 큰 충격을 받았습니다. 1916년에 황해남도의 가난한 집에서 태어나 칠팔 세경에는 하모니카로 가극『카르멘』전주곡을 능숙하게 연주했고 해방 후에는 쉬지 않고 작품을 발표했던 사람입니다. 그는 북에서 인민예술가라는 칭호를 받는 사람이었는데 인위적이라든가 기교를 부리는 곡이 없었으며 자연 그 자체였던 것입니다. 나는 어촌에서 태어나고 자라서 그런지 파도소리, 바람소리 등 여러 리듬이 그리웠어요. 김옥성의 작품은 그런 자연스러운 리듬을 잘 표현한 곡들이었고 영혼을 부르는 것 같은 느낌이 있었습니다.

또 김 선생님은 민족의 위엄을 나타내는 작품도 창작해 왔습니다. 가장 대표적인 작품이『압록강』이라는 칸타타입니다. 매우 대륙적이고 스케일이 큰 작품입니다. 이『압록강』은 1967년 5월 30일에 재일본조선문학예술가동맹 오사카 지부가 주최한 '조선음악의 밤'이라는 콘서트에서 소개했는데 이것이 일본에서 올린 첫 공연이었지요. 많은 사람에게 이 훌륭함을 알리고 싶었습니다.

▶ '우리 민요 아리랑의 밤'을 1981년부터 다섯 번 개최하다

'우리 민요 아리랑의 밤'(3회째 이후는 '아리랑의 밤')을 시작한 것은 1981년 2월 7일입니다. 남북이 분단되어 이데올로기 대립이 격심했지요. 하지만 조선 민요에 대립은 없었습니다. 함께 부르는 장이 있었으면 좋겠다고 생각해서 시인 김시종 씨가 해설·역시를 했고 사무국의 양영후 씨 등의 협력을 받아서 '아리랑의 밤' 모임이 이루어졌습니다. 내가 대표로 있는 '오사카민족음악연구회'가 주최했는데 오사카 모리노미야

필로티홀이 가득 차는 대성황을 이뤘습니다. 경기도민요 〈아리랑〉을 합창으로 시작해서 강원도민요 〈한오백년〉, 황해도민요 〈어부가〉 등을 피로했습니다.

다음 해 1982년 여름, 두 번째 '아리랑의 밤'을 개최했습니다. 1981년의 '밤'의 호평으로 요청이 쇄도했어요. 이번에는 오사카와 도쿄에서 열었는데 모두 초만원을 이루고 열기가 흘러넘쳤습니다. 합창에 나왔던 일본인들은 존경스러울 만큼 열심히 연습했습니다. 오케스트라 도쿄필하모니 교향악단도 특수한 리듬(장단)이었는데도 최선을 다해주었습니다. 극단민예의 요네쿠라 마사카네 씨가 자택으로 우리 스텝들을 초대해서 음식을 대접했던 일이 생각납니다.

이로써 '밤' 개최 요청이 끊일 날은 없었습니다. 당시, 나는 이렇게 적어두었습니다. "같은 민족이면서 40년 가깝게 분단된 채 지나가고 정치적으로는 당연한 듯 서로 등을 돌리고 있는 현 상황에서 하나의 마음이 될 수 있다는 느낌을 떨쳐버릴 수가 없다."

재연을 원하는 목소리에 응해 1985년 10월에는 세 번째로 '홍난파 가곡의 밤'을 개최했습니다. 홍난파는 1897년에 경기도 남양에서 태어나 1918년에 바이올린을 연구하기 위해 우에노음악학교(현재, 도쿄예술대학)에서 수학했습니다. 그런데 1919년 3·1 독립운동을 알게 된 후에 일본에서 배우는 일을 부끄럽게 여겨 귀국했고 1941년에 돌아가셨습니다. 재일의 젊은 세대와 일본인에게 그의 음악을 들려주고 싶은 바람이 있었어요.

네 번째 '아리랑의 밤'은 1990년 5월 18일에 '김소월 시와 음악의 밤'이라는 주제로 오사카에서 개최했습니다. 김소월의 시를 김시종 씨가 멋지게 번역해 주었습니다. 〈제비〉라는 시는 제비가 몇 번인가 선회하며 날아가는 모습을 빌어 이별을 노래한 작품입니다. 〈접동새〉도

계모에게 구박받아서 죽은 아이가 접동새가 되어 운다는 곡입니다. 김소월은 1902년생으로 1934년 12월 24일에 독을 마시고 자살했는데 일제강점기에는 새나 동식물에 투영한 시로 민족적 감정을 나타낼 수밖에 없었지요. 일제강점기에서 태어나고 죽은 시인 김소월의 외침을 알리고 싶었어요.

▶ 김지하의 시를 가곡과 합창으로 발표

실내악 콘서트를 열었습니다. 1993년 10월 27일에 다섯 번째 '아리랑의 밤'은 오사카에서 개최했는데 '남·북의 작곡가와 작가가 만든 가곡과 실내악의 밤'이 그것입니다. 발표한 북의 작곡가의 작품은 필시 일제강점기에 만들어진 것으로 생각하는데 해방 후에는 발표할 기회가 전혀 없었지요. 나는 이 사실이 오랫동안 마음이 쓰였습니다.

1978년 5월에는 오사카에서 김지하의 시와 황토 혼성합창단이 함께 한 '가곡과 합창의 밤'을 개최했습니다. 황토 혼성합창단은 음악의 질적인 향상을 목표로 결성된 조선동포 합창단입니다. 그리고 당시에 한국 국가보안법위반으로 무기징역형을 받고 옥중에 있던 김지하의 작품에 공감하게 됐지만 콘서트가 실현되기까지는 갖가지 협박이 있었습니다. 그런 중압을 물리치지 않으면 김지하의 시를 가곡이나 합창으로 만들어서 발표하는 일은 힘들었던 시대였습니다.

남북수뇌회담 후인 2000년 11월에는 전라남도 진도에서 '2000 아리랑축제'를 했습니다. 한국 사람이 부르는 아리랑과 재일이 부르는 아리랑은 같은 곡인데도 다른 바람을 담고 있는 듯이 느껴졌습니다.

2002년 11월에 오사카에서 열린 '제주도 민요 제전'에는 깊은 추억이 있습니다. 동포들이 접할 기회가 거의 없었던 제주도민요를 발표할 수 있었습니다. 몇 번이나 제주도에 가서 배운 무당의 노래를 기조로 한 〈해녀의 노래〉〈애기구덕 흔드는 소리〉 등을 피로했습니다.

▶ 4·3사건을 바라보며 작품을

나는 지금까지 4·3사건을 생각하지 않으려고 노력했습니다. 생각하고 싶지 않은 일이었으니까요. 하지만 나도 나이가 들면서 뭔가 해야 하겠다는 생각을 하게 됐습니다. 가끔 읽는 잡지에서 4·3사건의 비극에 관해 쓴 어느 할머니의 시를 발견하고는 이 시를 가곡으로 완성하고 싶어졌습니다.

한편으로는 오랜 세월 마음에 품고 있던 일인데 일본 불교에도 큰 영향을 준 것으로 알려진 신라시대의 원효대사를 그린 오페라를 상연하는 일입니다. 작곡한 사람은 세상을 떠났지만 오페라『원효대사』를 무대에 올리고 싶어요. 그리고 제주도 4·3사건을 노래한 시를 가곡으로 만들고 싶습니다. 세월이 흘러 70대 후반에 달한 지금, 그것이 나의 의무라고 생각합니다. 자식들은 가정을 가졌습니다. 지금 나는 주부화가인 아내 현청자와 함께 예술의 세계를 심화시켜갈 수 있기를 바랍니다.

47

재일여성의 김치 이야기
이연순 李連順(여)

취재일: 2005년 8월 29일
출생지: 경상남도 남해군
현주소: 교토시
생년월일: 1934년 9월 5일
약력: 1936년 두 살의 나이로 경상남도에서 일본으로 건너감. 1960년 가족들의 생계를 꾸리기 위해 교토에서 처음으로 김치 장사를 시작, 자전거로 배달하며 판매. 1981년 회사명을 '기무치의 호시야마'로 고치고 가족과 함께 김치의 제조, 판매를 본격화함. 1988년 부티크 풍의 사이인西院 점을 오픈, 그 후 각지에 다섯 점포로 확장. 현재 교토 지역 최대의 시장 점유율. 2003년 『기무치 이야기』(미쓰무라스이코쇼인光村推古書院)를 출판.

취재: 고찬유 / 원고집필: 고찬유 / 번역: 고민정

▶ 무럭무럭 자라온 어린 시절

나는 1934년 9월 5일에 경상남도 남해군에서 태어났어요. 할아버지 할머니 아버지 어머니 그리고 언니까지 6명이 한 가족이었어요. 아버지는 원래 마산에서 초등학교 선생님이었는데 자기 일을 해보고 싶다며 혼자서 일본으로 건너갔어요. 그래서 집에는 어쩌다 한 번씩 들렀죠. 처음에는 오사카의 섬유도매상에서 일했다고 들었어요. 그 후 교토의 마루베니라는 회사에서 일하게 되면서 생활이 어느 정도 안정됐고 가족을 일본으로 불러들였죠. 그때가 일본에서 일한 지 7년 정도 되던 해였으며, 어머니와 언니랑 같이 교토로 건너갔을 때 나는 두 살 이었어요.

아버지가 좋은 직업을 가지게 된 덕분에 우리는 풍족한 생활을 보낼 수 있었어요. 아버지는 멋쟁이여서 가족들의 옷이나 기모노 등을 맞춰 입게 했어요. 그러나 어머니는 사진을 찍을 때 꼭 저고리를 입었죠.

학교는 집에서 가까운 준푸진조소학교에 다녔는데 학교생활은 바로 끝나버렸어요. 전쟁이 격렬해져서 2학년이 되었을 때 단바의 도노다(현 난탄시)와 와치(현 교탄바)로 피난 갔어요. 그곳에서 5학년 여름방학 때 해방을 맞이했죠. 그때를 확실히 기억하고 있어요. 집에 돌아가니까 아버지가 앞에 앉혀놓고 얼굴에 한가득 미소를 지으며 "일본이 전쟁에 졌단다"라고 말씀하셨어요. 어린 마음에 졌는데 아버지는 왜 웃지라고 생각했죠. 어른이 되어서야 아버지 웃음의 진실을 알게 됐어요.

전쟁이 끝나고 교토로 돌아와서 아버지는 나를 민족학교에 보냈어요. 염색공장 같은 곳에 책상하고 의자만 놓여 있었고 학생도 20~30명 정도였어요. 일 년 반 정도 다니다가 재일조선인이 뜨거운 열정으로 설립한 중학교에 진학하였고 졸업 후에는 평소에 가고 싶었던 양재학교에 가게 되었어요.

열아홉 살에 맞선을 보고 결혼했고 도쿄의 아사가야에서 살게 되었어요. 남편인 배강환은 도쿄 한국학원에서 영어선생을 하였죠. 그런데 남편이 어디 구속되는 게 싫다면서 학교선생을 그만둬 버렸어요.

▶ 게이조즈케京城漬 장사 시작

도쿄에 온 지 5년 정도 되었을 때였어요. 아버지로부터 '교토에 오지 않을래'라는 편지가 왔어요. 아버지가 도쿄에 오셨을 때 우리들의 빈곤한 생활을 보고 깜짝 놀라셨다고 해요. 남편은 상당히 망설였지만 결국에는 교토에 가기로 결정했어요.

교토에서는 아버지의 도움으로 별 어려움 없는 생활을 했지만 언제까지 아버지의 도움을 받을 수는 없었어요. 남편도 같은 생각이었는데 태연자약이라고 해야 할까 먼저 움직이려고 하지 않았어요. 나라도 무엇이든 해야겠다고 마음먹고 일을 시작했죠. 실은 도쿄에서 교토로 오는 전철 안에서 "만약 교토에서 장사를 하게 된다면 김치밖에 없는데"라고 막연하게 생각하긴 했어요. 도쿄에서 내가 만든 김치를 두세 번 팔아본 적이 있는데 오직 그 이유만으로 그런 생각을 했어요.

김치 장사를 시작한 건 1960년 27살 때였어요. 그 시대의 김치는 재일조선인에 대한 차별과 편견의 상징 같은 음식이었기 때문에 내가 봐도 무모한 도전이라고 생각했죠. 그러나 한편으로는 "사람 입에는 국경이 없어"라는 생각이 들어서 단념하지 않고 일을 저질러버렸어요. 군자금 500엔을 가지고서요.

우리 집은 골목 안쪽에 있는 나가야長屋 중의 하나였는데 입구에 3조(약 1평) 안쪽에 4조 반(약 2평)의 방이 있는 단층집이어서 김치는 집 뒤쪽의 토방에서 만들었어요. 500엔으로 배추를 사서 소금으로 절여 놓고 새우젓갈, 마늘, 고춧가루와 조미료로 양념을 만든 다음에 큰 대야에 다 집어넣고 버무려서 김치를 완성, 그리고 나서 비닐봉지에 김치를 넣고 고무줄로 묶는 게 다였어요. 이름은 '게이조즈케'라고 지었어요. '조선즈케'라는 상호로는 잘 안 팔릴 것 같아서 도쿄에서 왔기 때문에 상호는 '도쿄야東京屋'로 정했죠.

기도하는 마음으로 출발했어요. 자전거 뒤에 30개 정도 실어놓고 전에부터 알고 지내던 만물상을 첫 방문지로 하였죠. 용기를 가지고 부탁했어요. "위탁판매도 괜찮으니 한번 팔아보시겠어요", "마늘 들어가 있겠지", "조금 들어가 있습니다", "그런 냄새 나는 음식은 팔 수가 없어. 그냥 가져가" 역시나 쌀쌀맞게 거절하더군요.

"역시 안 되는 걸까"라고 낙담하며 일단 집에 돌아갔지만 생각을 고쳐먹고 다시 재출발하였죠. 서쪽 방향에 곱창집 등 조선 사람이 운영하는 음식점이 모여있는 장소가 있었어요. 거기에서 가까운 곳에도 만물상이 있다는 생각이 떠올랐거든요. "이걸 여기에 놔둬도 될까요"라고 부탁해 봤더니 아 글쎄 "응 괜찮아 전부 놔두고 가"라고 하는데 마음속으로 소리 지르고 말았어요. 너무 기뻤죠.

자 다음은, 과연 팔렸을까 어떻게 되었을까, 신경을 곤두세우고 4일 후에 다시 가봤죠. 가게주인이 대뜸 "오늘도 가져왔지 몇 개나 가져왔어"라고 물어보는 거예요. 오늘은 아무것도 안 가지고 왔는데요 라고 말했더니 "전부 팔렸으니까 다음엔 50개 정도 가져다줘". 그때 50개의 주문은 나한테 백만 명의 아군이 생긴 것과 같은 느낌이었어요. 이렇게 해서 교토에서 처음으로 김치가 일본 음식과 같이 팔리게 되었죠.

이미 "배추 500엔어치 주세요" 같은 작은 주문은 하지 않아요. 중앙시장에서 자전거 핸들이 흔들릴 정도로 배추를 가득 사서 김치를 담았어요. 남편한테는 "당신은 당신 재능을 살릴 수 있는 직업을 가지세요. 도와주지 않아도 괜찮아요"라고 말을 하긴 했지만 남편이 오토바이로 김치 배달을 해 주었어요.

▶ 김치 장사를 그만두기로 결심

장사를 시작하고 2년 반 정도 되었을 무렵 큰 회사에서 의뢰가 있었어요. 회사 전무, 상무가 우리 집에 찾아와서 "저희 회사에도 김치를 납품해 주세요"라고 하는데 정말로 귀를 의심했어요. 김치 만드는 곳으로 안내해서 "이런 곳에서 만들고 있는데 괜찮을까요"라고 했더니 "사업을 하는 사람들은 처음엔 모두 이런 식으로 시작하지요"라고 하는데 지금도 그 말을 잊어버릴 수가 없어요.

작은집 한 귀퉁이에서 김치 만드는 게 어려울 정도로 주문이 많아서 지금 본사가 있는 곳 주변으로 이사를 했어요. 집의 3분의 1을 김치 만드는 작업장으로 했고 나머지가 생활공간이었어요. 차도 한 대 샀고요. 여기까지는 순조롭게 왔지요. 그런데 "거기는 큰 회사밖에 거래 안 해"라는 소문이 퍼지면서 주문이 점점 줄어드는 거예요. 김치 장사가 안 되기 시작했어요. 소문이 참 무섭더군요.

어느 날 갑자기 남편이 "이런 식으로는 안 되겠어"라고 말하는데 나는 "설마"라고 생각했죠. 그 당시 돈은 남편이 관리하고 있었어요. 그러나 소중한 남편이기도 하고, 특히 나는 엄격한 유교식 가정에서 자랐기 때문에 남편한테 따지는 건 상상할 수도 없었어요.

그때 대학생이었던 둘째 아들이 도와주었어요. 첫째 아들은 대학을 마치고 도쿄의 이토요카도에 취업했었죠. 취업시험 볼 때 남편이 "일본 이름이 아니라서 채용할 수 없다고 하면 그냥 돌아와라"라고 말했어요. 나는 아들들과 상의를 해서 장사는 계속하기로 마음먹었어요. 그러나 "김치 장사는 이제 그만둬야겠다"라고 말했죠. 이렇게 힘들게 한다면 김치 장사를 그만두고 파트타임으로 일을 하거나 보험회사 영업사원 하는 게 훨씬 낫겠다, 그때 당시의 기분은 그랬어요.

▶ 김치 장사를 그만둘 수가 없어

패배자가 되어서 그만두는 게 너무 억울하다고 고민하고 있었는데 문득 한 생각이 떠올랐어요. '그래 누구한테도 지지 않는 맛있는 김치를 만들고 나서 그만두는 게 좋겠어'라는 생각이었죠. 매일 밤 가족이 잠들고 난 후 부스럭거리며 김치를 만들어 보았어요. 여러 종류의 향신료를 사용해서 몇 번이고 시행착오 하는 도중에 '앗 그래 이거야'라고 말할 수 있는 조합이 만들어졌어요.

교토에는 내가 하는 걸 보고 같은 김치 장사를 시작한 재일조선인이 있었어요. 그분은 크게 성공을 해서 넓은 토지에 큰 공장을 가지고 있었죠. 크기에서는 지지만 맛으로는 질 수 없다고 생각하고 있었는데 새로운 김치를 완성하고 나서는 그 가게의 김치를 사서 가족에게 내 김치맛과 비교하게 했어요. 맛을 물어보니 가족 전원이 내 것이 맛있다고 대답하는 거예요. 아주 기뻤어요. 이제 그만두어도 후회는 없다고 생각했죠.

그런데 '이젠 정말 그만둬야지'라고 새롭게 결심을 했는데 갑자기 몸에 충격이 왔다고 해야 할까 몸이 반으로 갈라지는 아픔을 느꼈어요. 그때 나라는 사람은 절대로 김치 장사를 그만둘 수 없다는 것을 깨달았죠. 둘째 아들한테 "김치 장사를 처음부터 다시 시작하려고 마음먹었다"라고 했더니 "둘이서 같이해요. 어머니"라고 말해주네요.

이번에는 소매업을 하기로 했어요. 소매업을 하면 자신이 정성스럽게 만든 김치를 직접 판매해서 고객 반응도 즉각 알 수 있으며 돈도 그 자리에서 바로 받을 수 있지요. 작은 가게를 빌렸어요.

▶ 1호점 오픈

1981년에 다시 시작했죠. 빌린 가게에 '코리안푸드 산에이三榮'라는 이름을 붙이고 1호점을 오픈했어요. 가게에서는 김치를 팔기만 하고 만들기는 집에서 했어요. 일본에서 김치 이름을 처음에는 '조선즈케朝鮮漬'라고 불렀었는데 이쯤에서는 '기무치'로 바뀌었어요. 그래도 아직까지 김치를 먹는 일본 사람은 적었어요. 손님은 많이 왔지만 8할 정도는 재일동포였어요. 덕분에라고 말하기는 뭐하지만 재일동포의 다양한 인생살이를 엿볼 수 있었죠.

손님 중에는 운전기사가 딸린 자가용을 몰고 오는 손님이 있는 반면, 일용직 일을 마치고 집에 돌아가는 길에 김치 사러 들르는 아줌마도 있었어요. 우리 가게를 일종의 안식처로 여기는 것 같았어요. 김치가 구심력 역할을 한 거겠죠.

단골손님들이 '이런 것도 팔아 봐'라고 여러 가지 추천해 줬어요. 돼지고기를 팔기 시작했을 때에도 단골손님한테 도움을 받았어요. 아는 사람한테 소개받은 곳에서 돼지고기를 들여왔는데 손님들 불만이 끊이질 않았어요. 그래서 어떻게 할까 고민 중이었는데 어느 날 가게에 찾아온 남자 동포가 "이 돼지고기 어디서 사는 거야"라고 물어보길래 사정을 설명했죠. 그랬더니 남자 동포가 "고기는 직접 삶지 않으면 안 돼. 내가 2년 전까지는 돼지고기를 팔던 사람이었어. 고기 삶는 장비도 설치해주고 방법도 알려줄게"라며 모든 걸 가르쳐줬어요. 너무 고마웠죠. 이렇게 손님들한테 도움을 받아 가며 하나씩 상품을 늘려서 김치 말고도 다양한 식품을 팔게 되었어요.

일본 손님 중에서도 기억에 남는 사람이 있어요. 전쟁 중에 폐병 비슷한 것에 걸려서 마을의 공동우물을 사용 못 하게 되었다네요. 물을 쓸 수 없어서 아주 곤란한 상황이라 조선 마을을 찾아가 사정을 이야기했더니 "같이 사용해도 괜찮아요"라고 흔쾌히 허락해서 아주 큰 도움을 받았다고 해요. 그곳에서 맛본 김치와 친절을 베푼 조선 사람을 좋아하게 되었다는데 그런 동포와 일본인이 있다는 게 감동이었어요. 동시에 나한테 이런 훌륭한 직업을 가지게 해줘서 아주 감사했어요. 그 시절에 들었던 이야기들은 지금까지도 내 마음속 깊이 간직하고 있어요.

▶ 세 명의 아들들과 같이

다시 장사를 시작했을 때부터 둘째 아들이 일을 많이 도와줬어요. 고마운 마음이었지만 한편으로는 자식 인생을 내 일에 끌어들였다는 미안한 마음도 있었죠. 그러나 아들은 처음부터 마음을 굳게 먹은 것 같았어요. 다시 시작하고 일 년 정도 되었을 때 아들이 길거리 판매를 해 보겠다고 했어요. 매주 수요일이 되면 트럭에 김치를 싣고 카세트테이프를 가지고 나갔어요. 방문지에 도착하여 한국 동요를 틀면 그게 신호가 되어서 손님들이 모여들었죠. 입소문이 나면서 판매도 순조롭게 진행되었어요. 그 일을 7년 정도 했는데 정말 고생 많았죠.

그리고 첫째와 셋째도 같이 일을 하게 되었어요. 남편과 둘째가 첫째한테 "회사에서 출세하는 건 힘들겠지. 이 사업을 더 크게 확장하고 싶은 마음은 없는 거야?"라고 말을 해 보았는데 진짜로 회사를 그만두고 집으로 돌아왔어요. 다시 시작하고 일 년이 지났을 때였어요. 물론 마음은 기뻤지만 아들 두 명의 인생을 책임지게 되어버려서 사실 조금은 무거운 마음도 있었어요. 그럴 때마다 열심히 하지 않으면 안 되겠구나라고 각오를 새롭게 다졌죠. 그다음 해에 셋째도 '우리 집에 취직'이라는 명분으로 참가하는 바람에 더욱 책임이 무거워졌어요.

▶ 재일의 〈한〉

소매 장사를 시작한 뒤로 남편은 거의 장사에 관여하지 않았어요. 매일 책상에 앉아 책을 보거나 뭔가를 쓰곤 했죠. 1982년에는 대한민국 초대 문화부장관이었던 이어령 선생의 저서 『한국인의 마음 [증보 한의 문화론]』을 번역해서 출판했어요. 사전을 펼쳐놓고 조금씩 번역해서 출판까지 하게 되었죠. 남편은 원래 영어 선생으로 한글을 읽을 수는 있지만 한국어를 공부한 적이 없어요. 내가 "공부해보면 어때요"

라고 권유해 봤더니 당장 연세대학교 어학당 상급코스에 입학하여 한국어를 공부했어요.

남편이 번역한 책을 몇 번이고 읽는 와중에 문득 떠오른 생각이 있어요. 둘째 남동생이 어렸을 때부터 잘 울었거든요. 아버지가 "왜 울음을 그치지 않는 거야"라고 어머니에게 물어보면 어머니는 "한이 풀리지 않아서요"라고 대답했어요. 그렇게 작은 아이한테도 한이 있구나라는 생각을 했어요. 한국인한테는 한이라는 말이 그 정도로 생활에 깊숙이 녹아있다고 할 수 있겠죠.

나의 아버지는 돈을 벌어 보려고 건너온 일본에서 계속 살게 되면서 고향에 있는 부모님과 같이 살기는커녕 돌아가시는 모습도 보질 못했고, 언젠가는 고향에 꼭 돌아가야겠다는 희망도 무색하게 그냥 천국으로 가 버리셨어요. 아버지뿐만이 아니라 재일동포 누구에게나 있는 한에 대해서 다시 생각하게 만든 남편은 7년 전에 병으로 세상을 떠났어요.

▶ 부티크 풍의 2호점

2호점 오픈을 생각한 건 1988년 서울 올림픽 전년도였어요. 전에부터 김치를 시집보내는 것처럼 예쁘게 꾸며서 팔아보고 싶은 꿈이 있었어요. 먼저 가게를 찾으러 다녔죠. 이 정도면 괜찮아라고 생각한 가게가 몇 군데가 있었는데 대부분은 실제로 가게를 보기도 전에 거절당했어요. "냄새가 주변 사람들에게 민폐를 끼치기 때문에 곤란해"라는 이유였죠. 아무리 해도 그렇게 되어 버리더군요.

가게를 발견한 건 우연이었어요. 자주 가는 찻집의 주인에게 "좋은 가게 나온 거 없나요"라고 그냥 물어보았는데 "저쪽에 임대 문의라고 적혀있던데요"라고 알려주는 거예요. 바로 가 보았더니 신축맨션 1층으로 장소, 넓이 등이 아주 마음에 들었어요. 부동산에 연락해서 건물

주인을 만났어요. 설계사가 만든 설계도를 가지고 가서 열심히 설명했죠. "입주민한테는 절대로 민폐를 끼치지 않겠어요. 부티크 풍의 코리아식품점을 하겠습니다"라고 필사적으로 설명했어요. 답변을 두근거리며 기다렸는데 낭보가 전해왔어요. 가게주인은 "매달리듯이 필사적으로 호소하는 사람에게 '노'라고는 말 못 해"라고 했다네요.

2호점은 바닥에 대리석을 깔고 벽에 조명을 비추는 등 일반 가게하고는 또 다른 분위기의 가게를 만들었어요. 그때부터 일본인 손님이 많이 늘어났죠. 서울 올림픽 효과도 톡톡히 보았어요. 가까운 곳에 우즈마사의 도에이 교토촬영소가 있어서 유명 감독이나 배우가 김치를 가득 사가기도 했어요.

그 후에 본점도 2호점에 지지 않을 정도로 깨끗하게 단장했어요. 지금은 가게가 다섯 군데 있으며, 3년 전에는 본사 근처에 공장을 짓고 그곳에서 김치를 만들고 있어요.

▶ 『기무치 이야기』를 출판

2003년에 첫째에게 사장 자리를 물려주고 나는 회장이 되면서 뒤로 물러났어요. 그래도 매일 회사에 나가고는 있어요. 역시 나는 궁상떠는 성격인가 봐요. 회사는 첫째가 사장, 둘째가 전무, 셋째가 상무, 서로 상의하면서 경영하고 있어요. 새로운 일에도 도전해서 몸에 좋은 성분을 배합해서 만든 상품을 특허 신청하거나 김치에 포함된 효모나 유산균에 대해서 연구활동을 하는 등 자식들이 잘 운영하고 있어요.

2년 전(2003년)에 『기무치 이야기』(미쓰무라스이코쇼인光村推古書院)라는 책을 출판했어요. 김치와 함께 걸어온 인생을 뒤돌아보고, 그 시절에 만났던 사람들의 이야기를 써보고 싶었어요. 예전에는 조선인의 편견과 차별의 대명사가 김치였어요. 그런 상황에서 재일 1세, 2세의 어머니들은 땀과 눈물을 흘리고 자존심을 팔아가면서 김치와 야키니쿠(일본식 불고기)를 팔아 가족들의 생활을 떠받쳐왔어요.

지금 일본에서는 한류 붐이 계속되고 있지만 여러 분야에서 한국과 일본의 교류가 진행되어 서로 더욱 이해할 수 있으면 좋겠어요. 물론 재일한국인도 포함해서요. 『기무치 이야기』가 그런 계기가 될지 안 될지 모르겠지만 일본 아이들에게 재일한국인의 모습을 알려주고 싶어서 교토 시내의 모든 소학교, 중학교에 책을 기증하였어요. 책 출판을 계기로 강연을 부탁받아서 여러 곳을 방문하고 있어요. 이 나이가 되어서 생각지도 못한 제2의 인생이 시작되어서 조금은 어리둥절하면서도 기쁜 마음으로 즐기고 있어요.

48

아동문학과 함께한 50년
한구용 韓丘庸 (남)

취재일: 2005년 10월 14일
출생지: 교토부
현주소: 교토시
생년월일: 1934년 9월 22일

약력: 덴리天理대학 졸업 후, 교토조고, 병원, 대학 등에서 근무하며 아동문학 작품, 평론을 다수 발표. 후진 양성을 위해 '싸리꽃아동문학회', '북십자성문학회', '호크세쓰北攝아동문학회' 등을 주재. 조선작가동맹 정회원. 재일본조선문학예술가동맹 교토 지부 부위원장. 일본아동문학자협회, 일본아동문학학회 소속. 저서『서울의 봄에 안녕을』(고단샤講談社),『조선이 있는 아동문학풍경』(아마노하시다테출판),『조선계절여행』(도호출판東方出版)

취재: 고찬유 / 원고집필: 고찬유 / 번역: 고민정

▶ 이름이 일곱 개

나는 1934년에 교토 오토쿠니군에서 태어났어요. 아버지는 경상남도 의령군에서 농사일을 하고 있었는데 1930년 초에 일본으로 건너왔죠. 그 후 잠깐 고향에 돌아가서 어머니와 결혼하고 1933년에 다시 일본에 왔어요. 그때 나는 어머니 배 속에 있었죠. 아버지는 교토의 마루코간장 주식회사에서 배달부로 일하고 있었는데 좀처럼 일에 적응하지 못했어요. 조선인에 대한 대우가 나쁘다고 화를 내며 싸우고 도망치고, 역시 다른 곳에 가서도 마찬가지로 싸우고 도망갔어요. 잡히면 큰일이라 그때마다 이름을 바꿨어요. 그래서 나는 성이 일곱 개나 있었어요. 그러다 보니 어느 성이 진짜 내 것인지 몰라서 슬퍼할 때도 있었죠.

1941년에 고양국민학교에 입학했는데 주변 사람들로부터 '너는 조센진 소국민이다'라고 바보 취급을 당했어요. 별명은 '조선돼지'였고 항상 싸움만 했죠. 일본 선생한테도 많이 당했어요. 역사 시간에 '쇼토쿠타이시(태자)'를 '쇼토쿠타코(문어)'라고 읽는 바람에 두들겨 맞고 하루 종일 복도에 서 있었죠.

▶ 산에 가서 숯 굽기

해방을 맞은 것은 오학년 때였어요. 그로부터 2년 후인 1947년에 교토부 미나미쿠와타군(현 가메오카시 하타노마치)의 하타노 중학교에 들어갔어요. 아버지가 산에서 일하는 일꾼들 합숙소를 차리려고 이곳으로 이사했어요. 벌목장이었죠. 아버지는 일하는 사람을 열다섯 명 정도 두고 있었는데 반 이상은 조선 사람이었어요. 나도 숯을 굽거나 나무를 밑으로 내려보내는 일을 도왔는데 무섭고 힘든 중노동이었죠.

1950년에 오사카 후리쓰府立엔게이園芸고등학교 노세분교(후에 오사카부 노세고등학교) 농업과에 들어갔어요. 졸업 후 돈이 없어서 바로 진학 못 하고 일 년간 쉬었다가 1954년에 덴리대학 외국어학과에 들어갔어요. 본격적으로 국문학 공부를 하고 싶었거든요.

덴리대학을 졸업할 때 조선어과 교수가 이토추, 아사히가세히 등에 취업 소개를 해 줬는데 조선인이라는 이유로 전부 안 됐어요. 할 수 없이 가메오카의 집으로 돌아가 오사카의 겐피산에서 숯 굽는 일을 했죠. 그 무렵 조총련에서 교토조선고교의 선생님을 모집한다는 소식을 듣고 이력서를 냈더니 도쿄 근처에 있던 중앙학원 교원양성소에 가라고 해서 그곳에서 강습을 받았어요.

▶ 교토조고에서 교사, 그 후 병원근무, 대학강의

1959년 4월부터 교토조선중고급학교의 외국어과 담당 교사가 되어 러시아어, 문학, 국어 등을 가르쳤어요. 정말 엄청나게 기뻤어요. 급료가 적은 것은 문제되지 않았죠. 일단 취업했으니까요. 1957년까지 교토조선중학교가 교토시 주쿄구에 있었는데 1958년에 지금은 은각사 절이 있는 곳으로 이전했어요. 마침 귀국사업이 막 시작된 시기라 학생이 많을 때는 1,200명 정도 됐어요. 자유롭게 러시아민요나 러시아문학을 가르쳤던 좋은 시절이었죠.

1962년에 '오늘의 소비에트연방'이라는 잡지의 편집장과 소비에트 대사관 직원 등 다섯 명이 학교에 찾아와서 "민족교육에 대한 얘기를 듣고 싶다"라며 인터뷰 요청을 했어요. 러시아문학을 공부하고 있다고 했더니 "그렇다면 막심 고리키(러시아 작가) 민족대학을 추천한다"라는 말이 나와서 이력서를 준비했죠. 그런데 조선 국적이라 일본의 재입국허가증을 취득할 수 없다고 해서 결국 소비에트행은 무산되었어요.

조고에서는 교무부 부부장과 교육회 총무부장을 겸임했지만 탈장에 걸려서 일 년간 입원하는 바람에 1974년에 학교를 퇴직했어요. 또 하루는 여성의 누드사진이 자주 실리는 '주간지 포스트'에 김병식(당시 조총련부의장)의 기사가 2페이지 정도 실린 적이 있었어요. 그때 조총련 간부가 "아는 대학선생들이 이 기사를 볼 수 있게 공작해"라고 해서 "그게 가능한가요"라고 답했더니 크게 화를 내더군요. 마침 탈장 때문에 고생하고 있었는데 이걸 계기로 조총련 일을 그만뒀죠.

일 년간 국립병원에 입원한 후, 1974년에 니시교병원에 취직했어요. 일 년 후에 사무소장이 그만뒀고 대신 내가 사무장직을 맡았어요. 그때부터 13년간 그 병원에 재직했죠. 그 후로는 1988년에 오사카의 교와병원으로 옮겨와 3년간 사무국 차장직을 맡았어요. 교와병원은 조총련 오사카 본부에 소속된 병원으로 당시는 의사도 간호사도 환자도 모두 동포였어요.

교와병원에서 근무할 때, 오사카외대의 조선어과 교수였던 쓰카모토 이사오 선생의 추천으로 외대에서 비상근강사가 되었어요. 그 후 학교 강의만 전념하기로 마음먹었고 오사카외대에서 현대 조선문학, 조선어학, 동아시아 사회문화, 인권론, 민속학 강의를 담당했어요.

1995년부터 마쓰야마대학에서도 강의를 맡게 되어 매주 월, 화요일은 외대에서 수업하고 비행기로 마쓰야마로 이동한 후 3일간 그곳에서 수업했어요. 집에는 토요일에 돌아왔죠. 대학은 2002년에 퇴직했어요. 1994년부터 하고 있던 복지 관계의 전문학교 강사는 지금도 계속하고 있어요. 인권계몽이나 사회복지, 아동복지 수업을 하고 있죠.

▶ 문학에 눈을 뜨다

문학에 관심을 가지기 시작한 것은 중학교에 들어간 후였어요. 영어와 국어 선생님의 권유로 헤세와 슈토름, 나가이 가후 등 여러 문학서를 읽었어요. 고2 때, 학교 창립기념 현상모집에 응모해 단편이 학교신문에 실리기도 했죠. 그때 작가가 된 듯한 기분이 들어서 본격적으로 문학을 공부하려고 『죄와 벌』, 『레・미제라블』 등을 섭렵했어요. 고교생활 3년간은 마침 조선전쟁과 같은 시기였어요. 고교가 있는 지역에 일본공산당 당원이 있었는데 반전전단을 붙여달라고 부탁해서 전단 붙이는 일도 자주 했죠.

아동문학을 시작한 계기가 있는데 그중 하나가 대학 시절에 있었어요. 정인섭 선생에게 조선문학을 배웠는데 선생님은 한국 아동문학의 대가로 동화책을 소개해주거나 일본어로 번역된 책을 보여주곤 했어요. 김소운이 번역한 〈조선시집〉이나 김달수의 『현해탄』을 읽고 감명 받았던 것도 그 무렵이었죠. 그 외에도 김사량의 『빛 속으로』, 허남기 선생의 시, 김석범의 『까마귀의 죽음』 등도 깊은 감명을 주었어요. 나는 그 시절에 '문예수도'라는 잡지에 에세이를 쓰거나 월간 '문장클럽'에 단문의 글을 쓰기도 했어요. 그때가 스무 살 전후의 나이였죠.

▶ 아동문학의 길

아동문학을 본격적으로 시작한 것은 대학을 나온 후였어요. 민족의 상을 입은 동물이 나오는 동화책이나 그림책이 있으면 동포 아이들이 좋아하겠다고 생각했죠. 그래서 그런 책을 찾아보았는데 전혀 없더군요. 그렇다면 내가 만들어야겠다고 생각했어요. 1958년 공화국창건 10주년기념 문예작품 현상모집에서 150장 분량의 작품이 입선되었어요. 그게 내 구상에 박차를 가해줬죠. 『바다의 동화』라는 작품이었는데 산인조선초급학교의 전신인 '무쓰미 오후 야간학교'가 모델이 됐어요. 그때 나는 대학 졸업 후 취직을 못 하고 대학 연구실에서 조수 일을 하고 있었어요. 하지만 그걸로는 생활이 안 돼서 숯 굽기나 목재 내리는 일, 벌목작업 등을 하고 있었는데 그때 입선이 된 거예요.

입선된 후에 김달수 씨, 허남기 선생, 김민 씨가 찾아와서 교토역에서 만났어요. 그 만남이 나에게는 아주 큰 계기가 됐어요. 그때 나눈 이야기는 "재일조선청년을 주체로 한 잡지를 만들고 싶은데 그곳에 『바다의 동화』를 연재하고 싶다"라는 것과 "같이 문학 활동을 하지 않겠냐"라는 제안이었어요. 너무나 기뻤죠. 신일본문학회 소속으로 일본 문학계에서도 유명한 사람들이었거든요. 허남기 선생은 일본 문단에서도 큰 역할을 하고 있었던 시인으로 내 손이 닿을 수 없는 높은 봉우리 같은 분이셨어요. 그때 선생님으로부터 격려받고 느꼈던 감동은 지금까지도 생생한 기억으로 남아 있어요.

재일청년을 대상으로 한 잡지 '신세대'는 2년 정도 늦게 출간됐어요. 나는 교토조선고교에서 근무할 때부터 '신세대'에 작품을 썼죠. 『바다의 동화』는 1973년에 마키서점에서 출판했어요. 야스모토 스에코의 『니안짱』을 제외하고는 본격적인 재일 아동문학의 첫 단행본이 됐어요.

▶ <서울의 봄에 안녕을>

교토조고에서도 문학 활동을 하고 있었어요. 1959년 문예동(재일본조선문학예술가동맹) 교토 지부가 결성되기 조금 전에 동료와 함께 학내에 '고향'이라는 동인지를 만들어서 활동했죠.

교토에는 교토민주주의문학회의 '살아가는 힘'과 '현실과 문학', '교토시인회의' 등이 있었고 그런 모임에 우리들도 소속되어 있었어요. 또 유명한 아동문학자가 열 명이나 있었는데도 일본아동문학협회 교토 지부는 유명무실한 상태라 유력자 세 명이 뜻을 모아 1967년에 '교토 아동문학회'를 만들었어요. 그곳에서 발행하는 기관지 '얀짱'은 관서지역에서 가장 오래 출간되고 있는 아동문학 잡지예요.

1976년에 『서울의 봄에 안녕을』(고단샤)이라는 아동문학지를 출판했어요. '얀짱'에 두세 번 연재했는데 기관지가 휴간되는 바람에 중단했죠. 그런데 다행히 고단샤 출판사에서 눈여겨 봐주고 있었어요. 이것은 1960년 4·19학생혁명을 배경으로 했어요. 그때까지 고단샤 출판사에서는 재일 아동문학을 출판한 적이 없어서 책이 나오기까지 꽤나 옥신각신했어요. 처음에는 여러 권으로 나누어서 낼 생각에 "원고용지 오백 장 정도 됩니다"라고 했더니 "한 권 분량으로 줄여 주세요"라고 하길래 줄이고 줄여서 삼백 장 정도로 다시 썼어요. 그러자 이번에는 '조선'이라는 단어를 사용하는 것은 안 된다고 하고, 또 화가 김용환 씨가 그린 표지그림에 태극기가 있었는데 "태극기는 안 됩니다"라고 했더니 "그럼 이 이야기는 없던 걸로 합시다"라는 말까지 들었어요. 당시 조총련에 소속되어 있던 나에게 태극기 그림은 큰 사건이었죠. 책은 일본아동문학협회상의 최종단계까지 올라갔지만 최종적으로는 '정치색이 너무 강하다'는 이유로 수상하지 못했어요. 그 후에 조선청년사에서 재판 인쇄돼 민족학교에서도 부교재로 자주 사용되었죠.

▶ 재일 유일의 아동문학지 '싸리꽃'

1959년에 교토에서 문예동이 결성되었고, 그때부터 지금까지 회원으로 있어요. 지금 직함은 부위원장이지만 한때는 위원장도 했죠. 당시는 동포 중에 아동문학을 하는 사람이 적어서 문예동 중앙에서도 그다지 관심을 보이지 않았어요. 그래서 1986년에 '싸리꽃아동문학회'를 창설했어요. 열다섯 명 정도의 작은 단체였죠. 기관지 '싸리꽃'은 재일동포사회에서 유일한 아동문학 잡지라고 자부하고 있어요. 대부분 창작물이었고 번역물은 공화국의 작품부터 한국, 중국 조선족 작품까지 다양한 종류가 있었어요.

처음에는 꽤 많이 팔렸어요. 동포사회에서 3분의 1, 일본 사회에서 3분의 2 정도 소화했죠. 작품의 질이 상당히 높다고 평가되어서 너무 기쁜 나머지 삼천 부까지 늘렸는데 그것이 실패의 화근이었어요. 몇십만 엔이나 적자가 나면서 아쉽지만 6호까지만 발간하고 그만뒀어요.

'싸리꽃'의 작품은 일본어로 썼어요. 그런데 당시 일본어로 쓴 것에 대해 조선총련계 안에서도 문예동 안에서도 좋지 않은 시선으로 봤어요. 그 무렵 조선총련은 조직과 떨어져 일본의 문단에서 활동하는 작가들을 비판적으로 대했거든요. 나는 문예동 중앙에서 발간하고 있는 '문학예술'이나 문예동 교토 지부의 기관지에는 항상 우리말로 글을 썼어요. 하지만 조선어로 쓰면 글을 아는 사람만 읽게 되고 나의 문학활동의 범위가 좁아지는 문제를 안고 있었죠.

▶ 번역을 목표로 하는 사람들

1993년에는 효고현에서 가와니시 아동문학회를 창설했어요. 가와니시시의 평생교육 프로그램에서 아동문학 강좌를 15회 했더니 나중에는 참가자들이 자유강좌로 바꾸고 스스로 창작활동을 시작했어요. 그 후에 이름도 '호크세쓰北攝아동문학회'로 바꾸고 지금도 가와니시시의 중앙도서관에서 활동하고 있죠.

가와니시에서 아동문학을 하고 있던 사람들이 "번역을 하고 싶다"라는 의사를 전해 와서 1997년에 '북십자성 문학회'를 발족시켰어요. 회원은 30명 정도였는데 재일동포와 일본인이 거의 반반이었죠. 번역문예지 '북십자성 문학'을 15회까지 출간했어요. 그 안에서 작품을 선정하여 단행본도 2권 출판했어요. 남북조선의 민화『닭을 봉황이라고 속여서 팔아먹은 김선달』(소진샤素人社)과 공화국의 아동문학 작품인『꽃시계·평양역』이 그때 출판한 작품이죠.

작년(2004년)에 '서라벌 번역센터'를 설립했어요. 현재 여덟 명이 활동하고 있는데 모두 조선대학 문학부를 졸업했어요. 전에 교사했던 사람, 비전임여성동맹(재일본조선민주주의여성동맹) 활동가, 연극하는 사람, 그리고 문예동의 회원들이죠. 또 2005년에는 나라奈良에서 '나라번역연구회『하늬바람』'을 네 명이서 시작했어요. 한국, 공화국, 재일, 중국 조선의 문학작품 중에서 단편, 평론, 에세이, 시, 동화, 민요 등의 번역에 도전하고 있어요.

평론에 가까운 해설도 여러 가지 썼어요. 첫 번째는 한국·북조선의 아동문학 소개, 두 번째는 일본 아동문학 안에 그려진 조선인의 모습, 세 번째는 재일조선인의 눈에 비추어진 아동문학의 상. 그 일부를 발췌해서 『조선이 있는 아동문학 풍경』(아마노하시다테출판)과 『조선을 이해하는 아동문학 100 플러스 1의 책』(에스에르출판회)을 출간했어요.

▶ 재일의 문학활동

재일조선인으로 문학 활동을 하는 데는 두 가지의 문제점이 있어요. 하나는 경제적인 어려움, 다른 하나는 동포사회 속에서 내면세계의 고갈. 활자를 매개로 하는 문학은 단조로운 면이 있어요. 동포를 계몽해서 분발시키기 위해서는 시청각에 호소하는 춤이나 음악 또는 무대 예능이 적절하죠.

재일동포의 작품이 한국에서도 많이 소개되면 좋겠어요. 아시아 아동문학대회는 1986년에 후쿠오카에서 처음 개최된 이후 2년에 한 번씩 열리고 있는데 내년(2006년) 8회 대회는 서울에서 열려요. 나도 참가해 달라고 한국 아동문학가협회로부터 몇 번이나 요청을 받았지만 여러 가지 사정으로 인해 아직까지 결정 못 하고 있어요. 올해 7월에 평양에서 '6·15민족문학인협회'가 결성되었는데 한국의 문학가도 많이 참가했어요. 내년에는 한국에 가보고 싶네요. 어렸을 때 한 번 갔었는데 그 뒤로는 아직 못 가봤어요. 벌써 일흔한 살이나 되었으니 한 번쯤은 고향 방문을 해보고 싶어요.

전쟁 후 재일조선인의 문학운동을 보면, 1945년 10월에 조련(재일조선인연맹)이 결성되고, 그 후 1947년 2월에 문단연(재일본조선인문화단체연락회)이 발족됐어요. 1955년에 조선총련이 결성되면서 문화운동도 활기를 띠었죠.

1959년 6월에 문예동 중앙이 결성되었고, 같은 해에 문예동 교토 지부도 만들어졌어요. 그때 교토 지부에서는 '문예창조'라는 잡지를 만들었죠. 교토조고(조선학교)의 '고향'이라는 동인지와 함께 또 하나의 큰 역할을 하고 있었던 것은 '등대'라는 문예지였어요. 아이들 작품을 내기도 하고 학교 교원의 에세이를 싣기도 하면서 1961년부터 20년간 22호까지 발행했어요. 아이들 작품을 정리해서 1966년에 『먼 나라가 아니길』(조분사)을 출판했죠.

문예동 중앙에는 '문학예술'이라는 조총련 유일의 문예지가 있었어요. 대외용으로 일본어판 '문학예술'도 출판했는데 나는 양쪽에 시와 에세이를 썼죠. 문예동이 생겼을 때는 김달수 씨, 김석범 씨도 들어와 있었어요. 훌륭한 작가가 많이 있어서 1960년대까지는 내가 쓰고 싶은 형태의 글을 자유롭게 쓸 수 있었어요.

▶ 민족 고유의 향기가 나는 재일 문학을

앞으로는 재일조선인만이 쓸 수 있는 작품을 쓰는 것이 중요하다고 생각해요. 북조선의 일본 지부 입장에서 작품을 써서는 안 된다고 봐요. 또한 '조총련 문학'만이 '재일의 문학'이라는 협소한 생각에서 하루빨리 벗어나야 해요. 민족교육 현장에서 "학생들이 조선말을 잘 못 해"라고 하죠. 비록 어리숙한 조선말이지만 재일의 언어도 민족언어의 한 부류로 소중히 여겨야 해요. 서툰 모국어라고 비난하지 말고 이 또한 우리말이라고 확실히 정의했으면 좋겠어요.

지금의 민족교육은 재일동포의 최소한의 방파제, 생명선이라고 여기며 악착같이 지키고 있어요. 아쉬운 것은 민족학교에 다니고 있는 아이들도 익숙지 않은 모국어보다 일본어로 적혀져 있는 것에 눈이 간다는 거죠. 그러나 그것을 무시할 수는 없어요. 그렇다면 더욱 강렬

한 것이 필요하겠죠. 예전에 '마늘이나 고춧가루의 향기가 나는 문학이 필요하다'라는 말을 자주 들었어요. 비록 일본어로 적었어도 재일에게는 재일만의 향기와 색깔이 있어요. 이 점을 잘 살려 나가는 게 중요해요. 물론 나 자신은 조선어로 쓰는 걸 좋아하죠.

아동문학을 50년 가까이 해 왔는데 드디어 아동문학을 시도하는 사람이 조금씩 늘어나고 있어서 아주 기쁘게 생각하고 있어요. 물론 지금도 아동문학은 문학 중에서 비주류에 속하죠. 향후 새로운 재일의 문학이 한국이나 공화국에서 더 많이 발표되면 좋겠어요. 어찌 되었든 남북이 통일한 후에 재일조선인의 아동문학이 다시 한번 평가받게 되는 것은 앞으로 40년, 50년 후의 일이 아닐까 싶어요.

49

한글소프트 개발의 선각자
고기수 高基秀(남)

취재일: 2005년 8월 10일, 8월 30일
출생지: 제주도
현주소: 오사카시
생년월일: 1934년 10월 28일
약력: 식민지시대에 제주에서 출생, 1951년에 도일. 1965년, 전기공사회사를 창업. 1979년에 고덴샤高電社를 분리 독립시키고 소프트웨어분야에 진출. 일·한 첫 한글 워드프로세서를 개발한 후에 다언어 워드프로세서, 기계번역, 휴대단말용 번역 사이트 등을 차례로 개발. 우수 정보처리 시스템상, KBS해외동포상 등 수상. 제주대학교 명예공학박사. ㈜고덴샤 회장. 2006년 5월 서거.

취재: 고찬유 / 원고집필: 고찬유 / 번역: 고경순

▶ 역사의 흐름에 희롱당한 세대

나는 1934년에 지금의 제주도 북제주군 구좌읍 세화리라는 가난한 농촌에서 태어났습니다. 3남 1녀 중 장남입니다. 소학교 때는 아버지가 일본에 있어서 어머니와 형제들만 같이 살고 있었습니다. 아버지는 1944년에 돌아왔지만 사람이 가장 불행한 것은 가족이 헤어져서 사는 거라고 생각됩니다.

1945년, 내가 소학교 5학년 때에 일제(일본제국주의)로부터 해방됐는데 어머니는 이 불안정한 사회상황 속에서 나를 광주공업중학교에 진학시켰습니다. 당시, 제주도는 좌우 대립이 격화되고 있어서 그나마 안전하다고 생각해서 밖으로 내보내줬던 것이지요. 제주도에서는 1948년에 4·3사건이 발생했습니다. 친척 형 둘과 사촌 형과 그의 누나도 학살당했습니다. 마을 사람들을 운동장에 집합시켜서 모두 죽이려 했던 비참한 일이 주변에서 많이 일어났습니다.

광주에서도 여수·순천사건과 같은 극심한 좌우대립이 있었습니다. 그리고 광주고등학교에 진학하자마자 1950년 6월에 조선동란이 일어났던 겁니다. 살기 위해 군대 조수자격으로 육군 수송부대에 들어갔는데 위험한 일이 많이 있었습니다. 그 시대, 큰 역사의 흐름에 희롱당한 것이 우리들 세대이지요.

▶ **일본으로 밀항**

한국 내에서 면학하는 것은 어려워서 일본에 가기로 마음먹었습니다. 1951년 11월에 오징어잡이 배를 타고 쓰시마로 향했습니다. 배 밑창에 스무 명이나 채워 넣고 뚜껑을 덮었으니까 숨 쉬는 것도 힘들었어요. 뱃멀미가 심해서 위를 쥐어짜는 듯이 아팠는데 말로 표현할 수가 없었습니다. 그뿐만 아니라 현해탄이 거칠어서 엔진이 멈춰버렸던 것입니다. 배가 떠밀려갈 때는 모두가 이제 끝이라고 생각해서 잡히는 것이 무섭다는 것은 나중 문제였지요. 아무튼 살아야 하니까 구조를 요청하는 불빛을 보냈지만 효과는 없었습니다.

날이 밝아서 엔진은 고쳤지만, 낮 동안은 쓰시마에 들어갈 수 없었습니다. 다음 날 아침까지 기다렸다가 이즈하라에서 연락선을 타고 하카타항까지 갔습니다. 항구에는 경관과 사복경찰들이 감시하고 있었지만 나는 뱃머리에서 뛰어내려 무사히 도망칠 수 있었어요.

오사카로 와서 건국고교에 들어간 다음에 와세다대학 문학부 독문과에 진학했습니다. 동포 학생들은 모두 "고국으로 돌아간다. 재일 생활은 어디까지나 일시적인 수단이다."라는 생각을 했어요. 이것이 재일들의 전반적인 생각이었고 영주한다는 것은 거의 생각하지 않았습니다. 나는 졸업 후에 교수가 보증을 서줘서 입국관리국에서 정식 패스포트를 발급받았습니다.

1960년대에 일단, 고향에 돌아갔는데 경제상황은 아주 밑바닥을 쳤던 시기였습니다. 봄이 되자 먹을 것이 없어 나무뿌리를 먹기도 하고 부산시청 주변은 거지들 천지로 아이들이 꽃을 팔기도 하고 담배를 팔기도 했습니다. 여러모로 모색을 했지만 미래가 보이지 않았습니다. 그래서 한국에 내가 있을 곳은 없다고 판단하고 4개월 정도 지나서 일본으로 되돌아왔습니다. 일본에 영주하겠다는 각오였으니까 정신이 번쩍 들고 일에도 열의가 들어갔습니다.

하지만 대기업이라든가 관공서에 취직하는 것은 기대할 수 없었습니다. 결국은 자립, 자영업이 유일한 희망이었지요. 아르바이트로 전기공사를 했었는데 꽤 돈을 벌었던 경험이 있어서 전기공사를 시작하게 됐습니다. 전기공사는 자본금이 그다지 들어가지 않았어요. 그래서 전기공사회사에 2년 정도 근무한 다음에 독립을 했지요.

▶ 전기공사회사 설립

1965년에 이와키전기공사회사를 설립하고 강양자와 결혼했습니다. 그녀는 덴노지경리전문학교 강사를 하고 있었어요. 아내에게 미안한 것은 세무사가 되려고 열심히 공부했는데 포기하게 했던 일입니다. 이 일은 평생의 은혜이기도 하며 그녀에게 빚이기도 합니다.

회사는 히가시스미요시구 구마타초에 다섯 채짜리 연립가구 중에서 한 채를 빌려서 시작했습니다. 열 평짜리 2층 건물이었는데 1층이 사무소, 2층에 방이 2개였어요. 1층이 부엌 겸 거실이고 직원은 2층에서 생활했습니다. 운 좋게 일본 산업은 고도경제 성장이 시작되는 시기여서 일을 순조롭게 받을 수 있었습니다.

1969년에 지금 살고 있는 100평 규모의 부지로 옮겨서 어느 정도 모양새를 갖출 수 있게 되었습니다. 사원은 20명 정도. 주변에 하청회사들이 있어서 4, 50명으로 운영했습니다.

▶ 고덴샤 창립

1979년에 이와키전기공사주식회사 기술부문 2과를 분리 독립시켜서 고덴샤를 창립했습니다. 그때는 고도성장이 일단락돼서 산업계는 정체기가 왔던 시기였습니다. 전기제품도 3종의 보물이 다 나와 버려서 새로운 비즈니스 전개가 필요하게 됐습니다.

1975년, 미국에서 마이크로컴퓨터(마이컴)를 제품화해서 세상에 내놓았습니다. 종전의 컴퓨터는 세 요소, 즉 계산, 기억, 판단이 따로따로 되어있었는데 마이컴은 하나의 칩에 세 요소를 집어넣은 획기적인 제품이었습니다. 우리는 마이컴이나 신제품 정보는 빨리 캐치할 수 있었기 때문에 마이컴의 세계로 들어가서 소프트웨어 분야의 연구를 시작했습니다. 작은 기업의 오너는 그에 상응하는 지식이 있어야 하므로 마흔다섯 살부터 2년 정도 컴퓨터학교를 다녔습니다. 지금은 전무가 됐지만 그 컴퓨터학교 선생님을 삼고의 예를 다해 모셔 와서 공동으로 사업을 전개했습니다.

▶ 첫 한글워드프로세서

1979년에 NEC(일본전기)에서 PC8001이라는 마이컴이 나와서 대표적인 상품이 되었는데 이 제품에는 한자가 없습니다. 물론 한글도 없습니다. 나는 한자 없는 일본어 워드프로세서도 만들었지만 가장 하고 싶었던 것은 한글을 화면에 표시하고 싶었습니다. 사명감 같은 것을 느꼈지요. 컴퓨터에 문자를 표시하려면 폰트라는 문자를 만들지 않으면 안 됐습니다. 그래서 1981년에 균형 잡힌 문자를 3,000자 만들었습니다.

폰트 만들기는 정말 힘든 작업이었어요. 1바이트 1문자. 8비트 시대였으니까, 0이 종, 횡 여덟 개 있어서 그 안의 0을 지워가는 것입니다. 그 후에 16도트가 돼서 제법 문자의 형태도 만들기 쉬워졌습니다. 지금은 32도트로 서체도 많아졌지요. 그렇게 해서 12월에 '마이레터 한글'을 발표했습니다. 이것이 일본과 한국에서의 최초의 한글 워드프로세서였습니다. 『통일일보』 등에서는 "세계최다"라는 기사를 냈어요. 큰 반향을 불러일으켰는데 한국에도 전해져서 가장 관심을 가진 것은 삼성전자였습니다. 그래서 그 후에 삼성전자나 현대 등과 비즈니스를 전개를 할 수 있었던 거지요.

그 후 1982년에 한자 ROM이라는 것이 NEC에서 나오고 그 후에 한자가 섞인 워드프로세서가 수십 종류나 나왔습니다. 우리 회사는 한국어와 중국어라는 특이성을 내걸어 기술개발에 무게를 뒀고 그 성과가 지금까지 계속되고 있는 거지요.

폰트는 4,300개 정도 만들었습니다. 일본의 한자 ROM에 없는 한국 특유의 한자가 꽤 있습니다. 인명이라든가 지명 등에 자주 사용되는 그런 한자도 3,000개 정도 만들었는데 호평을 받아 큰 보람을 느끼고 있습니다. 돈의 문제가 아니라 과장해서 말하면 고국을 위해 일했다는 만족감이 있는 거지요.

이 일로 문자를 만들면서 같이 사전을 만들었어요. 특히 한자변환. 한글에서 '문장'이라고 치면 '文章'이라고 나오는 그런 사전을 병행해서 만들어 왔습니다. 5만 단어 정도부터 시작해서 지금은 번역에는 한일·일한 양방향으로 60만 단어 정도가 됩니다. 중국어도 같습니다.

1983년에 삼성전자 전무가 와서 개발 상황을 듣고 갔습니다. 한국에서는 컴퓨터 전개를 기획할 시기였습니다. 삼성은 컴퓨터를 출시했지만 전혀 팔리지 않아서 어린이 게임용밖에 되지 않았습니다. 하드메이커였으니까 소프트에 대한 지식도, 중요성에 대한 인식도 거의 없었습니다.

삼성에서 나를 초대해서 팔리지 않는 이유를 물었어요. 본관 25층에 이병철 씨를 비롯한 그룹 사장이 다 모여 있었지요. 나는 "레코드판은 단순한 플라스틱판입니다. 거기에 노래를 녹음하지 않으면 돌려도 음이 재생되지 않습니다. 노래가 소프트웨어입니다."라고 비유해서 말했습니다. 모두 알 듯 모를 듯한 얼굴을 하고 있었지요. 그 후에 개발담당자 네 명이 우리 회사로 왔습니다. 6개월 정도 후에 삼성용 워드프로세서를 만들어 건네줬습니다. 당시에 35만 달러. 이것이 한국 최초의 한국어 워드프로세서인 '마이워드'입니다. 이런 경위로 '워드프로세서 고덴샤'라는 이름이 알려졌습니다.

▶ 세계의 언어 워드프로세서와 기계번역기

1983년에 도쿄 지요다구에 도쿄지점을 개설했고 1984년에 본사를 아베노구로 이전했습니다. 사원은 50명 정도였습니다. 그리고 1985년에 일본 퍼스널컴퓨터 소프트웨어 협회의 상임이사 및 관서지부회 회장에 취임했습니다. 컴퓨터업계에서는 국적은 문제가 되지 않았던 거지요. 좋은 기술을 가지고 있으면 여기저기서 대인기입니다. 내가 컴퓨터업계에서 인정받게 된 것은 새로운 분야를 개척했기 때문입니다. 미국에서 당시, 워드프로세서 시장을 독점하고 있던 것은 마이크로소프트라는 회사인데 그 최초의 특약점은 우리 회사입니다. 그 후에 여러 나라의 언어 즉, 일본어, 한국어, 중국어, 러시아어, 유럽 계열의 거의 모든 언어를 망라해서 하나의 프로그램에서 취급할 수 있는 워드프로세서를 개발했습니다. 1985년 4월에 영어, 독일어, 프랑스어 '워드프로세서 테크노 메이트'를 개발해서 1988년에 15개 국어가 됐고, 그 후에는 22개 국어 정도 만들어냈습니다.

다음으로 손을 댄 것은 번역이었습니다. 1985년도부터입니다. 영어와 중국어와 한국어 등 다양합니다. 어휘나 숙어, 관용구 등 다양한 번역을 시작했습니다. 물론 기계 번역하는 데에 구문 해석 등도 병행하면서 진행했는데 사전 만들기는 기계번역기가 큰 역할을 했습니다.

1981년인가, NEC 고바야시 히로지 사장이 'C&C'이론―미래의 세계는 컴퓨터와 통신이 융합함으로써 산업혁명이 일어난다는 생각을 발표했을 때부터 컴퓨터와 통신의 도킹이 시작되었고 1985년경부터 퍼스널컴퓨터 통신이 나왔습니다.

한국에서는 데이콤이라는 통신이 컴퓨터와 통신을 도킹시켜 업무를 시작했습니다. 상호 데이터를 주고받는 것이지요. 컴퓨터에서 만들어진 데이터를 통신선으로 상대측에게 건네는 것이 C&C의 최초의 업무였습니다. 그런데 미국과 일본은 영어로 하니까 문제가 없었지만 NEC계의 빅로브와 한국의 데이콤이 업무제휴를 하면 문자가 깨져버렸던 것입니다. 그래서 양쪽에서 사용할 수 있는 통신프로그램을 만들어 달라는 의뢰가 우리 회사로 왔던 겁니다. '웰컴 JK'를 만들었습니다.

우리 회사는 사전 만들기 작업을 하고 있었기 때문에 문자가 깨지는 것은 보완할 수 있었습니다. 그런데 그 후에 "데이터가 왔는데 의미를 모르겠다. 일본에서는 한국어를 거의 읽을 수 없으니 알 수 있도록 해 달라."는 요청이 들어왔습니다. 이 기계번역 프로그램 개발을 정보처리진흥사업협회(도쿄에 있는 통산성의 외곽단체인 소프트웨어 개발 지원기관)에서 지원하겠다고 나섰던 것입니다. 일중·중일에 1억6천만 엔, 일한·한일에 1억 5천만 엔. 이 소프트웨어는 지금까지도 우리 회사의 메인 상품이 되었습니다. 한국어와 영어도 있지만 중국어 수요는 지금도 대단합니다.

▶ KBS해외동포상 등 수상

1998년에는 NHK와 공동으로 텔레비전 문자방송용 일한번역 시스템 'j·서울/JK'를 완성했습니다. NHK에서 문자방송을 하게 됐는데 위성방송으로 한국·중국·러시아에서 볼 수 있게 된 거지요. 그런데 "문자방송을 상대국의 언어로 볼 수 있도록 해 달라."는 의뢰가 들어왔습니다. 화면에서 문자의 뜻을 파악하고 번역해서 한국 텔레비전에서는 한국어로 내보내겠다는 겁니다. 이것을 NHK 기술연구소와 공동으로 개발해서 1998년 10월에 우수정보처리시스템상을 받았습니다. 이 일이 한국에도 알려져서 KBS해외동포상(산업부문)을 수상했습니다.

그리고 제주대학에 서버를 놓고 학생들이 해외 웹사이트를 볼 수 있도록 도운 일로 1999년에 명예공학박사 학위를 받았습니다. 또 2000년에는 '일한번역프로그램'으로 정보처리진흥사업협회에서 보급우수기업으로 선정되었습니다.

2001년 7월에는 퍼스널컴퓨터 화면 문자를 번역해서 말해주는 11개 국어음성합성 소프트 '월드보이스'를 발표했습니다. 컴퓨터의 화면을 지정하면 세계 각국의 언어로 문장을 소리 내어 읽어 주는 것입니다.

2001년 12월에는 휴대단말용 번역사이트 'J-SERVER포켓'을 냈습니다. 휴대전화에 일본어를 입력하면 영어와 한국어, 중국어로 번역할 뿐 아니라 번역문을 음성으로 말해줍니다. 물론 역으로 영어나 한국어, 중국어에서 일본어로 번역됩니다. 휴대 통역기가 되는 것이지요. 휴대전화가 막 보급될 무렵, 보다폰(Vodafone)에서 처음에는 "휴대전화 콘텐츠를 만들어 달라."는 요청이 있었습니다. 그래서 기계번역만으로는 임팩트가 약해서 음성도 병용하게 됐던 것입니다.

지금 개발하고 있는 것은 휴대전화로 일본어나 한국어를 말하면 한국어나 일본어로 번역해서 들려주는 것입니다. 이쪽이 휴대전화로 일본어를 말하면 상대에게 한국어로 전달합니다. 상대가 휴대전화로 한국어를 말하면 일본어로 들리게 해줍니다. 즉 쌍방이 휴대전화로 서로 말한다는 것이지요.

나는 2004년에 회사 회장이 되었고 창업자의 한 사람인 아내가 사장으로 취임했습니다.

▶ 금강학원 이사장에 취임

2001년에 민족학교 금강학원 이사장에 취임했습니다. 그때, 20년 이상 근무했는데도 한국어를 전혀 모르는 선생님이 네 명 있었습니다. 한국에서 온 주재원 자녀의 경우에는 일본어를 전혀 모르는 상태에서 시작하는데 어떻게 지도할 수 있습니까? 재정적으로 위기 상태이기도 해서 한국어를 익히지 않을 거라면 사직하도록 권고했습니다. 한국인 선생님 셋은 받아들였는데 일본인 선생이 소송을 제기했습니다.

판결은 학원 측의 패소였는데 동포사회에서 금강학원의 주장은 옳다는 목소리가 높아졌습니다. 건학 정신, 학교 이념을 절대적으로 사수하지 않으면 안 된다며 복귀해 달라고 해서 올해(2005년)부터 다시 이사장직을 맡고 있습니다.

금강학원은 이전 문제도 있습니다. 학교가 도로계획에 들어가 있어서 시와 논의했는데 난코구로 이전하도록 결정이 났습니다. 올해 안으로 건축에 들어가서 내년 말까지는 준공할 예정입니다. 지금 이곳의 건물은 건축된 지 50년. 운동장도 1,200평인데 그쪽은 2,700평 정도이고 철근콘크리트 4층 건물인데 체육관도 갖추게 돼서 서일본 동포사회의 최대 프로젝트라고 말하고 있습니다. 오사카시나 민단, 한국청년상공회 등도 협력하고 있습니다.

앞으로 재일동포사회에서 가장 중요한 과제는 교육이라고 생각합니다. 재일조선인의 혼과 문화를 유지하고 발전시킴과 동시에 일한의 가교가 되는 인재를 육성하지 않으면 안 됩니다. 지금, 모든 분야에서 젊은 인재가 나오는 것은 매우 기쁜 일이라고 생각합니다.

50

저고리와 함께한 인생
석이향 石梨香(여)

취재일: 2006년 3월 26일, 4월 4일, 4월 5일, 8월 30일
출생지: 도쿄
현주소: 도쿄도
생년월일: 1934년 11월 22일
약력: 아버지는 목사였으며 교회가 있었던 기치조지에서 유년 시절을 보냄. 본래 가지고 있던 정의감과 혁신적 사고방식을 가졌던 아버지의 영향을 받아 당시의 사회모순에 분노를 느꼈고 자연스럽게 공산주의 사상에 빠짐. 공산당원이 된 후에 만났던 조선 남자와 결혼. 조선 사람이 되어야겠다고 결심하고 국적을 일본에서 조선으로 변경. 저고리를 바느질하면서 생계를 유지했고 다섯 자식도 모두 조선 사람으로 키움.

취재: 최건삼 / 원고집필: 최건삼 / 번역: 고민정

▶ 유년 시절은 전쟁일색

나의 아버지는 목사로 이름은 이시지마 사부로예요. 아버지는 홋카이도의 오타루시에서 기독교 신자였던 할아버지의 셋째 아들로 태어났어요. 열다섯 살에 오타루 교회에서 세례를 받았고 스무 살이 되기 전부터 기독교 전도자로 살아가야겠다고 마음먹었다고 해요. 아버지는 메이지학원 신학부를 졸업하고 같은 기독교 신자인 마에가와 고우와 결혼했어요. 그 후, 만주(현·중국 동북부)의 무순(푸쑨)에 목사로 부임

했죠.

나는 아버지가 일본에 귀국해서 도쿄에 기치조지 교회를 세우고 난 후, 여섯 형제 중 셋째이며 첫째 딸로 1943년(쇼와 9년)에 태어났어요. 우리 가족은 내가 소학교에 입학하기 전에 기치조지교회를 떠나 미타카로 이사 갔어요. 아버지는 그곳에서 나중에 미타카교회의 기반이 되는 전도소를 개설하고 예배·기도·신학연구회·그리스어연구회 등을 했다고 해요.

아버지에게는 『신약성서개관』, 『신앙생활입문』, 『신약성서입문』 등 몇 권의 저서가 있고 가끔 NHK 방송에도 출연했어요. 기독교 관계자들 사이에서는 목사·성서연구가로 조금은 알려졌다고 들었어요. 아버지는 십 대였을 때 동급생인 이토 세이와 함께 시 잡지 '후미에'를 만드는 등 문학에도 흥미가 있었어요. 일생동안 작가 시이나 린조와 교류를 계속했죠. 집에는 좌익사상을 가진 사람들이 자주 드나들었고, 아버지도 1960년 안보반대 데모에 참가했어요. 그때부터 음주와 연극을 아주 좋아하셨죠. 어머니는 전형적인 구시대 여성으로 얌전하고 차분한 분이셨어요.

그 당시의 사회 배경을 고려하면 우리 집은 자유스러운 가풍을 가지고 있었어요. 나는 건방지다고 해야 할까 어릴 적부터 똑바른 소리만 골라서 하는 아이였다고 해요. 어릴 때부터 예배나 기도를 했지만 아버지는 기독교신자가 되라고 강요하지는 않았어요. 나는 도저히 신을 믿을 수 없었어요.

전쟁은 아주 또렷이 기억하고 있어요. 종전되었을 때 나는 정확히 열 살이었죠. 우리 집은 기독교 집안이었기 때문에 항상 일본군에게 의심 받고 있었어요. 헌병이 자주 집에 와서 "예수 그리스도와 천황 누가 신이냐"라고 물어보곤 했죠. 그때마다 아버지는 현관에 정좌하고 아무 말도 하지 않았어요.

종전하던 해에는 학교에서 하교할 때 자주 공습을 당했어요. 전투기 사격을 당한 적도 있어요. 전투기가 전봇대에 거의 스칠 듯이 내려와서 미국 군인의 얼굴도 또렷이 보였죠.

어느 날 이노카시라공원에 시한폭탄이 떨어져 등교 중인 내 앞에서 폭발했어요. 나는 부들부들 떨면서도 "누나 아파"라며 울고 있는 동생 손을 붙잡고 필사적으로 도망갔어요. 3월 10일 도쿄대공습 때의 폭격소리와 사람들의 고함소리를 지금도 생생히 기억하고 있어요.

8월 15일 집에서 라디오로 천황이 말하는 방송을 들었어요. 그런데 뭐라고 하는지 도통 이해가 안 됐어요. 다만 그날 저녁부터 전구에 검은 천을 안 감아도 된다고 해서 아주 기뻐했죠. 8월 15일을 기점으로 세상도 우리 집도 180도 바뀐 느낌이었어요. 전쟁 중에는 헌병한테 의심당하고 있었지만, 전쟁이 끝나고 나서는 주둔하고 있던 미군(GHQ=연합국군총사령부)으로부터 교회에 물자를 원조해 주겠다는 제의가 몇 번이나 들어왔어요. 그러나 아버지는 일절 받아들이지 않았죠.

▶ 가계에 도움이 되기 위해 뜨개질을

아버지는 어느 누구한테도 도움을 받지 않고 오직 자신의 힘만으로 교회를 운영했고, 그런 탓에 다섯 명의 아이들이 있는 우리 집은 항상 빠듯한 생활을 하고 있었어요. 나는 어릴 때부터 뜨개질을 좋아했기 때문에 학교 수업 중에도 숨어서 뜨개질했고 거기서 얻은 수입으로 집에 도움을 줬어요. 그때는 정말 아무것도 없는 시절이어서 내가 뜨개질한 스웨터나 넥타이가 불티나게 팔렸어요. 당시 일반 회사원 월급의 몇 배나 되는 수입을 올렸다고 생각해요. 고교 시절의 수업료는 전부 내 뜨개질로 벌었죠.

우리 집은 비록 가난하긴 했지만 아버지는 자주 연극을 보러 가셨어요. 특히 당시의 젠신자(1931년에 설립된 일본의 가부키극단) 공연은 헤아릴 수 없을 만큼 많이 보러 가셨죠. 그런 아버지를 찾아오는 사람도 많았으며 공산당 관계자와도 친밀하게 교류하셨어요. 중학교 1~2학년 때에 폐침윤에 걸렸는데 반년 정도 지나서 나았고 순조롭게 고등학교에 들어갔어요. 학교에서 농구, 소프트볼 활동을 즐기는 활발한 여학생이었죠. 중학교 때부터 만났던 다섯 살 연상의 남자친구가 있었는데 그 친구가 공산당원이어서 여러 가지 사상적 영향을 받았어요.

▶ 이세탄에 입사하고 노동조합에

고등학교를 무사히 졸업하고 이세탄(伊勢丹) 백화점에 입사했어요. 취업 경쟁률이 20대 1이나 되었죠. 신주쿠의 이세탄 매장에서 13년간 근무했어요. 입사 후 바로 노동조합에 가입하여 부인부장이 되었고, 그 후에 기관지 제작부장이 되면서 노동조합 기관지 "아유미"의 편집장을 몇 년간 했어요.

내가 공산주의에 심취한 이유는 아버지 친구 중에 공산당원이 많이 있어서 공산주의를 쉽게 접했고, 고교 시절에 만났던 남자친구가 공산당원인 까닭도 있지만 그보다는 사회의 모순에 커다란 분노를 느끼고 있었기 때문이에요. 사회는 혼란스럽고 실업자는 늘어나기만 하며 중소기업은 도산, 생활고에 동반 자살하는 가족이 끊이지 않던 시절이었어요. 그때에 시타마치 사건, 미카타 사건, 도시바 사건 등 노동조합을 말살하려는 사건이 있었어요. GHQ(연합국군총사령부)의 2·1총파업 중지 명령이 있었을 때, 이이 야시로 전관공청공투위원회 의장의 원망이 가득한 눈물의 성명을 지금도 기억하고 있어요.

▶ 만남과 결심

이세탄에 입사하고 몇 년 지났을 때, 원자폭탄반대 평화운동을 하고 있는 남자를 알게 되었어요. 여러 번 만나면서 그 사람을 좋아하게 되었죠.

그런데 어느 날 그 남자가 "나는 조선 사람이야. 그래서 결혼할 수 없어"라고 말하는 거예요. 그때 나는 '조선 사람은 왜 결혼할 수 없다는 거야'라는 생각이 들어서 "왜 안 되는데"라고 물어봤어요. "고생시키기 때문에"라고 하는데 나는 도무지 납득할 수가 없었죠.

양가 부모는 우리들의 결혼을 반대했지만 나는 시기가 오기만을 기다렸어요. 아버지는 조선 사람이나 외국인에 대한 차별이 없는 사람이었다고 지금도 믿고 있어요. 다만 딸이 국제결혼 해서 고생하는 모습을 보고 싶지 않았을 거예요.

나의 경우는 항상 열정적으로 민족문제를 토로하는 그 남자가 더욱 좋아졌고, 그래서 당시 시부야에 있는 조선회관에 가서 조선어를 배웠어요. 학생 중에 일본인은 나밖에 없었죠. 조선의 노래와 역사도 공부했어요. 나는 반드시 결혼해야겠다고 굳게 마음먹고 있었기 때문에 조금씩 준비를 진행하고 있었어요.

다들 웃을지도 모르겠지만 결혼 전에 둘이 살 집까지 장만했어요. 당시 이세탄의 급여는 상당히 높았어요. 보너스도 1년 월급 정도 나왔죠. 그동안 저축한 돈과 친구에게 빌린 돈으로 나카노사카우에라는 곳에 집을 샀어요. 조선 사람은 집을 빌리기도 쉽지 않은 시절이라 내가 무리해서 집을 샀지요.

그러나 사실 마음속으로는 갈등도 많았어요. 지금보다 훨씬 더 조선 사람에 대한 차별이 심했던 시대라 이 결혼 때문에 발생되는 문제점들에 대해서 심각하게 고민했어요. 민족이란 무엇인가? 태어날 아이들은 어떻게 키울 것인가? 등에 대해서 둘이 오랜 시간 의논했어요.

가장 큰 문제는 역시 애들을 어떻게 키울 것인가였어요. 일본인으로 해야 할까, 조선인으로 해야 할까? 교육은? 이름은? 학교는? 이런 문제에 대해서는 부모가 확실히 태도를 정해야 한다고 생각했어요. 아이들한테 이런 문제로 고민하게 하는 건 너무 가혹하니까요. 우리 둘이서 내린 결론은 '조선 사람으로 키우자'였어요. 그때 나는 결심했죠. 내가 조선 사람이 되어서 결혼해야겠다고. 그때부터 나는 조선 사람이 되기 위해 노력했어요.

두 사람의 굳은 의지에 양가 부모도 결국엔 허락할 수밖에 없었어요. 아버지는 삼 일 동안 밤낮으로 설득에 매달렸지만 드디어 조건을 하나 걸고 결혼을 허락하셨죠. 그 조건은 '내가 살아있는 동안은 서운하니까 국적을 바꾸지 말아라'였어요. 나의 '조선 사람이 되자'라는 결심은 조금도 바뀌지 않았지만 국적에 관해서는 아버지와의 약속을 지켰어요.

1959년에 나는 결혼했어요. 남편을 처음 만나고 5년이 흐르고 난 뒤였죠. 내가 25살, 남편이 26살이었어요. 그때 남편은 조총련의 조직원으로 신주쿠지부의 조청(재일본조선청년동맹) 위원장이라는 전임의 일을 하고 있었어요. 남편의 월급은 거의 없는 것과 같아서 거꾸로 돈을 가지고 나가는 경우가 더 많았어요. 생계는 내 어깨에 걸려있었죠. 결혼하고 바로 아기가 생겼으며 생활비를 벌기 위해 네 번째 아기가 배 속에 있을 때까지 집안일과 육아를 병행하면서 이세탄에 다녔어요.

장남, 장녀, 차남, 삼남, 차녀까지 다섯 명의 자식을 두었고 다섯 모두 민족학교에 보냈어요. 나는 조총련의 여성동맹(재일본조선민주여성동맹)에도 들어갔어요. 일본인이라고 괴롭히기도 하고 뒤에서 험담도 했지만 정작 나는 아무렇지도 않았어요. 조선청년동맹 신주쿠 지부 위원장의 아내가 일본인이었기 때문에 시어머니도 여러 가지로 신경 써주는 것 같았어요. 그러나 나는 빨리 조선 사람이 되기 위해 필사적이었죠.

▶ **고통스러운 이별**

하루라도 빨리 조선 사람이 되기 위해 나는 친구를 포함한 일본인과는 의식적으로 만나지 않았어요. 조선 사람이 되기 위해서는 조선 사람들 속에 완벽하게 파고 들어가야 한다고 생각했죠. 그때부터 어딜 나가도 나는 꼭 저고리를 입고 나갔어요.

꽤 오래전의 일이긴 해도 신주쿠에서 스쳐 지나갈 때 저고리에 침을 뱉는 사람이 있었어요. 정말로 화가 나고 분하고 억울하고 슬프기까지 했어요. 이렇게 아름다운 옷에 침을 뱉다니. 저고리를 입고 걸어 다니면 일본인의 차별의식이 한눈에 보여요.

조선어는 결혼하기 전부터 배우긴 했어도 그때까지는 불편함을 느끼고 있었어요. 집에 있는 의자 책상 등 가재도구, 식용유 소금 등 조미료에 조선어 이름을 하나씩 붙여놓고 외웠어요. 하나씩 익혀가면서 완전히 외우면 떼어내 버렸죠. 아이가 아파서 학교를 쉬어야 할 때는 조선말로 일일이 설명하기가 힘들어서 아이에게 전화로 설명할 내용을 종이에 적게 한 후, 그것을 읽으면서 선생님에게 설명했어요.

조선의 관습은 결혼식이나 장례식이 있을 때마다 도와주러 가서 익혔어요. 물론 조선의 관혼상제 책도 읽었죠. 지금의 젊은이들보다 내가 더 잘 알고 있을지 모르겠네요. 조선 요리도 그러면서 배웠어요.

육아, 일, 여성동맹 활동 등 매일매일 정말 바쁘게 보냈어요. 그런데 이상하게도 고생이라는 생각은 전혀 들지 않았어요. "일하면서 네 명, 다섯 명 애들 키우는 게 힘들지 않나요"라고 자주 물어보는데 나는 아이들에게 집안일을 시켰고 아래 동생들을 돌보게 했기 때문에 그렇게 힘들지는 않았어요. 다만 아이들 장난질에는 두 손 두 발 다 들었죠.

남편은 집안일이나 육아 일에 전혀 도움을 주지 않았어요. 아이들 씻겨준 적도 없는 것 같아요. 일 때문에 집에 있는 시간도 별로 없었죠. 조총련 활동 때문에 여러 가지 고민이 있었던 것 같아요. 1970년대 전반부터 점점 술에 빠지기 시작하는데 그때는 나도 정말 고민했어요.

결국에는 헤어졌어요. 그때가 1985년이었죠. 별로 이야기하고 싶지는 않지만, 그때가 막내를 출산할 때였어요. 진통이 있어서 병원에 가야 하는데 남편이 오지 않아요. 할 수 없이 혼자서 택시 타고 병원에 갔죠. 출산하고 퇴원하려고 할 때 겨우 연락이 되어서 병원에 마중 나오기로 약속했어요. 그런데 남편은 오지 않더군요. 어쩔 수 없이 갓난아기를 안고 무거운 짐을 들고 집에 갔더니 남편이 집에 있었어요. 그때였죠. 내가 각오한 게.

헤어질 때 "저년이 조선 남편을 쫓아낸 기가 센 일본 여자다"라고 뒤에서 수군거렸어요. 여러 가지로 고통스러웠죠.

▶ '모란' 탄생

지금은 저고리 가게 '모란'에서 저고리 바느질 일을 하고 있지만, 사실 그 일은 엉뚱한 곳에서부터 시작되었어요. 우리 집은 남편이 조총련에서 일을 했지만 수입이 거의 없었고 내가 이세탄에서 받은 급료로 겨우 생활하고 있었어요. 하지만 아이들이 다섯 명이나 있어서 금전적으로 전혀 여유가 없었죠.

그런 이세탄도 넷째가 태어나면서 그만두었고 남편은 돈이 있거나 없거나 계속 조총련에 기부만 하였어요. 나카노사카우에의 집도 팔아버리고 이리저리 거처를 옮겨 다녔어요. 이사할 때마다 집은 점점 작아지고, 나중에는 거지 오두막이라고 근처에서 소문난 집에서 살았어요. 당연히 딸에게 입힐 저고리의 바느질값도 없었죠. 돈도 없는데 차라리 내가 바느질을 하자라고 생각한 게 저고리를 만들게 된 시초였어요.

딸이 한 살일 때도 소학교에 입학할 때도 내가 바느질해서 입혔어요. 그것을 본 근처의 조선인 이웃이 "꼭 바느질 좀 부탁해요"라며 옷감을 가지고 왔어요. 그때는 아직 자신이 없어서 돈을 받지 않고 몇 벌인가 해 주었어요. 물론 무척 고마워했죠. 다음에는 그 이웃이 아는 사람을 데리고 오고, 끊임없이 사람들이 찾아오더군요.

그런 와중에 어디서 들었는지 민족학교 학생이 "저고리 교복을 만들어주세요"라며 집에 찾아왔어요. 그때부터 학생들이 계속 찾아왔죠. 그러나 낮에는 직장에 가야 하니까 바느질은 오로지 저녁에만 할 수 있었어요. 수면 부족에 시달리지, 학생은 계속 옷감을 가져오지, 도저히 견딜 재간이 없어서 차라리 '옷감도 내가 사서 바느질하자'라고 생각했어요. 오사카에 있는 옷감가게를 찾아내어 거래를 시작했죠.

어느 날 저고리 길이를 조금 짧게 해서 만들어 보았는데 그게 학생들 사이에서 크게 화제가 되어 더 많은 학생이 찾아왔어요. 학생 부모가 직접 찾아와 저고리 길이를 문제 삼아 불만을 얘기했지만, 결국에는 자식을 이길 수가 없었어요.

민족학교에 행사가 있었는데 한 학생이 그때 입을 저고리를 부탁하러 왔어요. 그걸 본 다른 학생들도 찾아오고 한 명씩 상대하기 벅차서 학교 측에 한 번에 주문해달라고 요구했죠. 그때부터 학교 단위로 주문을 받을 수 있었어요.

그리고 조선가무단이나 가극단(금강산가극단)의 무대의상도 만들게 되었어요. 일본 방송국으로부터 "드라마에 출연하는 여배우의 저고리를 만들어 주세요"라는 의뢰도 있었죠.

일이 번창하는 건 좋은 일이지만 도무지 잠잘 시간이 없었어요. 거의 매일 3~4시간밖에 못 잤어요. 특히 계절이 바뀌면서 학교의 저고리를 갈아입을 때가 되면 정말 바빴어요. 그럴 때에는 잠잘 시간이 아예 없었죠.

바느질 일은 학생 한 명 한 명의 치수를 재서 저고리를 만들어야 해요. 학생들의 체형이 전부 다르기 때문에 당연한 일이죠. 민족학교는 일본 학교와 달라서 지방에서는 입학생이 한 명 또는 두 명인 경우가 드물지 않아요. 매년 학교와 학생 수가 줄어들고 있어요. 정말로 슬픈 일이죠. 그래서 학생이 단 한 명만 있어도 어지간한 일이 없는 한 저고리 치수를 재러 갔어요. 학생 두 명의 치수를 재기 위해 폭설이 내리는 날 가와사키까지 간 적도 있어요. 열 명의 학생들이 있어서 홋카이도에도 갔죠.

이 일을 시작한 지 벌써 30년이 되었네요. 그동안 이혼 등 여러 가지 일이 있었지만 이 직업으로 다섯 명의 자식들을 잘 키워서 학교도 졸업시키고 지금 살고 있는 이 집도 장만했어요. 그야말로 먹고 자는 시간을 줄여가면서 여기까지 왔죠.

저고리를 통해서 많은 사람을 만날 수 있었어요. 여러 가지를 배우고, 그리고 나서 헤어지고, 그러면서 여기까지 살아왔다고 해야 할까요. 그래서 이 직업에는 많은 추억이 가득 담겨있어요. 싫은 일도 좋은 일도 있었지만 무엇보다 저고리를 입어보고 기뻐할 때, 그리고 감사하다는 말을 들었을 때가 가장 즐겁고 행복했어요.

▶ 국적 변경은 나의 매듭

1975년 8월 10일에 아버지가 돌아가셨어요. 내가 조선 사람이 되겠다고 결심하고 결혼한 지 16년이 지났을 때였어요. 나는 그때 벌써 마흔 살이 되었죠. 그해에 나는 국적을 변경하려고 법무국에 갔어요. 내가 "일본 국적을 이탈하고 싶다"라고 말하니까 법무국 직원이 "결혼에 의한 국적 변경은 혼인 후 반년 이내에 해야 하며 그 기간을 넘긴 경우에는 일본 국적 이탈에 대한 의사가 없다고 인정되어 국적이탈을 허용할 수가 없습니다"라고 하더군요.

조선 국적을 취득하는 건 조선 사람이 되겠다는 내 결심이 진짜인지 거짓인지 알 수 있는 시금석이었어요. 그렇게 간단히 단념할 수는 없어서 "알겠습니다. 그럼 그 사람하고 이혼하고 같은 사람과 결혼한 후에 다시 오겠습니다"라고 했죠. 그랬더니 그 직원이 빨개진 얼굴로 화를 내며 안쪽으로 들어가 버리더군요.

잠깐 동안 나오지 않았으나 내가 돌아가지 않고 끝까지 기다리고 있으니까 이번에는 파래진 얼굴로 나오더니 "알겠습니다. 이탈을 인정하겠습니다"라고 말하더군요. 일본 국적만 이탈하면 나머지는 간단해요. 조총련에 가서 조선 국적을 취득했어요. 물론 외국인등록증명서도 소지하게 되었죠.

내가 국적을 바꾸니까 남편이 안심했나 봐요. 그때부터 남편 주량이 점점 늘어나기만 하고 세상사 마음대로 안 되더군요. 저고리 가게 '모란'이 궤도에 오르고부터는 생활도 한숨 돌리게 되었는데 그 후의 이야기는 앞에서 말한 대로였어요.

첫째 아들과 둘째 아들 그리고 두 명의 딸들은 각각 독립하였고 지금은 셋째 아들하고 이 집에서 살고 있어요. 아이들을 민족학교에 보내서 조선 사람이라고 가르치며 키웠는데 막내딸이 일본인과 결혼하더니 국적도 일본으로 바꿔버렸어요.

나는 딸 결혼식에 저고리를 입고 갔어요. 처음에는 반대하였지만 "저고리를 못 입게 하면 결혼식에 가지 않겠다"라고 했더니 나중에는 이해해 주더군요. 그 막내딸이 친정 나들이로 집에 올 때는 기모노 차림으로 와요. 나는 저고리를 좋아하지만 막내딸은 기모노가 좋다고 하네요.

▶ 이미 조선 사람

사실을 이야기하면 4년 전에 국적을 한국으로 바꿨어요. 한국 국적으로 하기 위해서는 대한민국에 호적을 만들지 않으면 안 된다네요. 국적 변경하는 데 반년 정도 걸렸어요. 사실 개인적으로는 국적을 바꾸지 않아도 괜찮았어요. 그러나 저고리 만드는 일을 하기 위해서는 꼭 한국에 가야 했는데 조선 국적으로는 갈 수가 없어요. 나는 저고리 만드는 일을 그만둘 수가 없어서 국적을 바꾸게 되었죠.

생각해보면 결혼하기 전까지 25년간은 일본사람으로, 그 후 47년을 조선 사람으로 살아왔어요. 조선 사람으로 살아온 시간이 훨씬 기네요.

이전에 고리야마에 있는 조선민족학교(후쿠시마조선초중급학교)의 교복저고리를 만들기 위해 학생들의 치수를 재러 그곳에 간 적이 있어요. 교무주임과의 전화통화, 팩스 그리고 내가 방문해서 나눈 대화도 전부 조선말로 했죠. 도쿄에 돌아오는 차 안에서 교무주임한테 "사실 저는 일본 사람입니다"라고 이야기했더니 그 교무주임이 "거짓말이죠, 정말입니까"라며 깜짝 놀라더군요.

이제는 일본 사람들과 있을 때보다 조선 사람들과 함께할 때가 훨씬 안심돼요. 이미 몸도 마음도 조선 사람인가 봐요.

51

재일을 위하는 일에는 변함이 없다
이달원 李達元(남)

취재일: 2004년 5월 24일, 2006년 6월 1일
출생지: 도쿄
현주소: 지바현 가시와시
생년월일: 1936년 3월 6일
약력: 본적 경상남도 고령군 별산면. 도쿄에서 태어났지만 전쟁 중에 각지를 전전하며 피난 생활을 함. 1945년 8월 해방 후 나가노현에 거주. 1952년 일본공산당에 입당, 1953년 탈당. 1958년부터 조총련 나가노현 본부에서 활동을 시작. 그 후 도쿄로 이동하여 이타바시, 시나가와구 등에서 지부위원장을 역임. 1987년, 금강보험도쿄 지사 부사장. 1990년 조총련 조직을 떠남. 현재, 재일동포친족회 부회장 겸 사무국장. NPO법인 K·J교류협회 부이사장.

취재: 오구마 에이지, 노다 사치에, 오치아이 가쓰토, 고수미
원고집필: 노다 사치에, 고수미 / 번역: 고민정

▶ 나가사키로 피난

나는 1936년에 도쿄의 시부야구에서 태어났어요. 아버지(이경환李景煥)는 경상북도 고령군 별산면 출신이었죠. 가난한 농가의 둘째 아들이었으며, 스무 살 때 결혼하고 혼자서 일본에 건너왔다고 해요. 10년 후 어머니(정분이鄭粉伊)가 일본으로 건너왔고 4남 5녀 모두 아홉 명의 자식을 낳았어요. 나는 셋째 아들이죠.

1944년 2월, 도쿄에 대공습이 있을 거라는 소문이 파다하게 퍼졌어요. 당시 나는 여덟 살이었는데 발만 걸쳐두고 잘 가지 않았던 소학교에 갔더니 바로 그날 집단피난이 정해졌어요. 나는 나가노현의 지노로, 누나는 가미스와로 각각 가게 되었죠. 부모님도 나가노현의 히라오카로 옮겨왔고 아버지는 히라오카에서 소를 잡아 도쿄에 가지고 가서 팔았어요.

히라오카의 인구는 2,700명이라고 하는데 전쟁포로와 강제징용으로 끌려 온 조선 사람이 7,000명이나 있었어요. 사촌들도 징용당해 그곳에 와 있었어요. 조선 사람들은 산기슭에 세워진 판잣집에 살면서 주로 댐이나 터널, 선로건설 현장에서 중노동에 시달렸죠.

▶ 아버지, 형, 누나가 공산당원

1945년 8월 15일, 내가 아홉 살 때 일본의 패전으로 조선은 해방되었어요. 연합군의 비행기가 낮게 날아와서 물자를 떨어트리던 광경이 아직도 눈에 선하네요. 그것은 포로들을 위한 구호물자였는데 물자가 떨어지면 서로 먼저 주우려고 앞 다투어 달려갔고 환호의 함성을 질렀죠. 그런 광경을 보고 아 드디어 해방되었구나라는 생각이 들더군요.

해방 후, 우리 가족은 다쓰노로 이사했어요. 도쿄에서 버스 차장을 하고 있던 누나는 열일곱 살에 결혼해서 남편과 함께 고국으로 돌아갔어요. 해방 후에 누나를 제외한 가족이 고국으로 돌아가지 않았던 이유가 있었는데, 우선 우리 가족이 살고 있던 나가노는 고국에 돌아가기 힘든 지역이었어요. 또 하나는 아버지가 해방 직후 혼란스럽고 가난한 고국보다는 어쨌든 일본이 먹고 살 기회가 있다고 본 거죠.

다쓰노는 도요하시행 이이다선 전철과 도쿄행 주오선 전철이 지나가는 교통의 요충지였으며 나가노현은 전쟁 전부터 공산당의 활동이 활발했던 지역이었어요. 그래서 도쿄와 연결고리가 있는 아버지를 중심으로 민족의식이 뚜렷한 동포가 모여들기 시작했죠. 그런 동포들이 어느 날 술을 마시며 민족의 독립에 대해 이런저런 대화를 나누고 있었는데 아예 조직을 결성하자는 이야기가 나왔고, 결국에는 우리 집을 거점으로 조연(재일본조선인연맹) 나가노현 본부를 만들었어요. 나중에 조연 본부에서는 아이들을 상대로 조선어를 가르치는 야간 교실도 열었죠.

당시 동포 중에 사회활동을 하는 사람은 거의 공산당원이었는데 우리 가족 중에는 아버지, 형, 누나가 당원이었어요. 공산당이 전쟁 전부터 식민지지배에 반대하는 유일한 정당이었고, 그런 공산당의 이상에 공감한 부분도 있었죠. 그런데 그것과는 다른 생활상의 이유도 있었어요. 가령 밀주를 만들면 어디로 가져가서 팔아야 하는지 그 정보와 인맥을 공산당에서 얻을 수 있었죠.

조금 떨어져 있는 이나키타 지역에도 비행장 건설을 위해 조선 사람이 많이 와 있었는데 그 사람들이 가끔 우리 아버지에게 상담하러 왔어요. 그렇게 상담하러 온 조선 사람들을 공산당에서 많이 도와줬어요. 전쟁이 끝난 후 다쓰노 사건으로 형이 체포되었을 때도 공산당이 앞장서서 피고인 가족들과 함께 공판투쟁을 벌였죠. 일반 당원들은 마르크스 사상보다는 먼저 인맥을 보고 입당했고, 그다음으로 우리 민족을 위해 활동해 주고 있는 곳은 공산당밖에 없어서 모두들 입당했어요.

▶ 풀빵을 팔아서 가족의 생계를 꾸려가다

조련 나가노현 본부에서 조선어학교를 운영하고 있었는데 그와 같은 학교가 전국 각지에 생겨나면서 민족학교 교육이 시작되었어요. 당시 일본에서 태어난 아이들은 조선어로 간단한 일상 대화만 가능했고 읽고 쓰기는 많이 부족했어요. 부모들은 조선 민족의 언어와 교육을 빼앗겨서 분통해 했는데 마침 민족교육이 시작되어서 큰 기대를 가졌어요. 또한 해방 후 일본에 있는 조선 사람들은 언젠가는 꼭 조국에 돌아갈 계획이어서 아이들에게 조선말을 가르칠 필요가 있었죠.

아버지는 유교적인 생각이 강해서 장남만큼은 꼭 공부해야 한다고 생각했어요. 그래서 형은 전쟁 전부터 도쿄의 대동아학원에 다니고 있었어요. 하지만 나에게는 '일본 학교에는 절대로 보낼 수 없다'라고 하시며 학교에 못 가게 하셨죠. 해방 후에 민족학교가 생기기 전까지는 학교 근처도 못 가봤어요. 유일하게 받은 교육은 우리 집 앞에 있던 데라고야(국어강습소, 옛날 서당과 비슷)에 다닌 게 다였죠. 최소한 한자는 쓸 수 있어야 한다고 생각해 어머니가 고향에서 가지고 온 '천자문'을 혼자서 연습했어요. 그랬더니 반년 후에는 천자문을 보지 않고도 쓸 수 있게 됐죠. 하지만 조선말은 일본에서 생활하는 데 필요하지 않았기 때문에 배우고 싶다는 생각이 없었어요.

학교에 다니는 대신에 어머니와 당시 열한 살이었던 누나 그리고 내가 다쓰노역 앞에서 풀빵을 팔아 가족의 생계를 책임졌어요. 아버지는 조련과 공산당 활동으로 도쿄와 다쓰노를 오가느라 집안 살림에는 무관심하셨죠. 먹을 것이 없던 시절이라 내가 만든 세 개에 10엔 하는 풀빵은 날개 돋친 듯이 팔려서 하루에 800~1,000엔 정도의 수입을 올렸어요. 지금 물가로 환산하면 2~3만 엔은 될 거예요. 하지만 가끔은 학교 가고 싶은 마음에 서글퍼지기도 했죠.

▶ 주조의 조선학교에

그런 생활이 4년간 계속되던 어느 날 일을 마치고 집에 돌아왔더니 풀빵 만드는 도구를 정리하고 있던 아버지가 나를 데리고 도쿄로 가야겠다고 하셨어요. 그날 우리 집에 들렀던 학생이 도쿄에 있는 조선인학교가 신학기 입학 신청을 받고 있는데 자기도 접수하러 간다고 아버지한테 얘기했나 봐요. 그걸 듣고 아버지가 결단을 내리신 거죠.

밤 11시가 넘었는데 서둘러서 짐을 꾸리고 다음 날 입학식에 늦지 않기 위해 아버지와 야간열차를 타고 도쿄로 갔어요. 학교에 간다는 기쁨에 가슴이 벅차올랐지만 소학교도 안 다닌 내가 갑자기 중학교를 가도 괜찮을까라는 불안감도 있었어요.

입학 후 얼마 지나지 않아 나는 『삼색기三色旗』라는 교내 기관지에서 일하게 됐어요. 기관지는 주 1회 1,500부를 발행했고 나는 등사판 쓰기와 인쇄를 담당했어요. B4용지 앞뒷면을 꽉 채운 기관지를 매주 월요일에 발행해야 했기 때문에 토, 일요일도 없이 바쁘게 움직였어요.

'삼색기'는 학교의 행사와 성적, 사회적 사건들을 게재했는데 조선전쟁이 일어난 뒤에는 신문 기사를 발췌해서 싣기도 했어요. 나는 그때 일본어가 완벽하지 않았지만 인민군(북조선)이 남으로 진격했다는 기사를 보면서 많이 기뻐했죠.

우리들은 미국이 38선을 침공해서 조선전쟁이 일어났다고 믿고 있었어요. 그래서 인민군이 반격해서 이틀 만에 서울을 점령했다는 소식에 아주 흥분했죠. 전쟁 자체는 싫었지만 이것은 정의의 전쟁이라고 생각했어요. 조선인학교의 교육방침 자체가 그랬거든요.

▶ 학비를 낼 수 없어서 중퇴

조선인학교에서 알찬 생활을 보내고는 있었지만 생활비가 제때 도착하지 않아서 항상 배고픔에 시달렸어요. 기숙사에서 세 끼 식사가 나오긴 하는데 내가 원래 많이 먹는 편이라 양이 차지 않았죠. 친구들한테 먹을 것을 구걸해가며 겨우 견뎌냈어요.

당시의 가을 소풍 사진을 보면 나만 반소매 셔츠를 입고 있어요. 교복 살 돈이 없었던 거죠. 아버지가 가끔 연락하긴 했는데 "지금 이런 사업을 하고 있다. 조금 있으면 돈이 들어오니 기다려라"라고 언제나 같은 말만 하셨어요.

교내 기관지의 친구들도 거의 나와 비슷한 처지였어요. 학교에 늦게까지 남아서 출판 작업을 했기 때문에 근처에 있는 미군 시설에 밤늦게 들어가 동선 등을 훔쳐 오기도 했어요. 동선은 비닐로 된 피복을 면도 칼로 벗겨서 동을 꺼내 둥글게 말아서 구웠어요. 한 보름 정도 지나서 열이 식으면 내다 팔았죠. 당시 돈으로 한 관에 1,800엔 정도 했어요. 조선전쟁으로 비철금속의 수요는 높았고 한 톤에 오십만 엔은 했을 거예요.

당시에 부모님도 이런저런 고생을 많이 했다고 해요. 어머니는 밀주를 만들어 팔아 겨우 생활을 지탱하고 있었고 가미이나군 지구위원회의 민전(재일조선인통일민주전선) 지부 부위원장을 하고 있던 아버지는 여전히 도쿄와 나가노를 오가며 생활하고 있었어요. 아버지는 단추 만드는 공장, 공기총 총알 제작 등 여러 가지 장사에 손을 댔지만 어느 것도 잘 되지는 않았어요.

그런 아버지가 1951년 3월 '3·7교육사건'으로 경찰에 잡혀갔어요. 그날 내가 다니던 조선학교에서 PTA집회라는 명목으로 조국방위·사상동원 집회가 열렸어요. 그런데 그게 무허가 집회라며 경찰이 쳐들어와 난리가 났으며 결국 15명이 체포되었어요. 그때 학생들은 경찰한테 반항하며 역으로 수갑이나 총을 뺏었고 나도 경찰과 격렬하게 싸워서 전치 3개월의 상처를 입었어요. 아버지는 교문 앞에서 연설을 하다가 바로 체포되었는데 그 후 5년에 걸쳐서 재판을 받게 돼요.

형도 같은 시기에 조방대(조국방위대) 활동으로 구치소에 들어갔고 어머니까지 밀주가 적발되어 잡혀가고 말았어요. 이런 상황 속에서는 도저히 학비를 낼 수 없었고 결국에는 3학년 2학기에 학교를 중퇴했어요.

▶ 일본공산당의 거주세포 활동

열여섯 살에 조선인학교를 중퇴한 나는 막일을 하면서 다쓰노마치 거주세포로서 공산당 활동을 시작했어요. 공산당에서 처음 맡은 일은 다쓰노마치 지역신문의 등사판 쓰기와 인쇄 작업이었으며 가끔 신문 배포도 했어요.

얼마 안 가서 다쓰노辰野사건(1952년에 다쓰노마치 인근 경찰서에 폭팔물이 설치되는 사건이 연속적으로 발생)이 일어났고, 그 사건과 무관했던 나도 경찰한테 조사를 받았어요. 당의 변호사가 알려 준 대로 묵비권을 행사했죠. 그날이 마침내 외국인등록증을 교체하는 날이라 조사를 받고 나서 관공서에 갔어요. 그런데 점심시간이라 담당 직원은 자리에 없었고, "등록증을 놔두고 나중에 찾으러 와도 됩니다"라고 하길래 그냥 맡겨두고 나왔죠. 그리고 약속이 있었던 공산당원한테 갔는데 나에게 체포영장이 나왔다고 하더군요. 결국 등록증을 찾으러 가지 못하고 그대로 지하로 숨어들었죠. 다음날 당의 조직원이 운전하는 운송 트럭을 타고 나가노 시내에서 한동안 숨어있다가 아이치현에 있는 공산당·중일본민대(민족대책부)의 지하조직에 들어갔어요.

그곳에서의 일도 역시 기관지『새조선』의 등사판 쓰기와 인쇄, 배달이었어요. 『새조선』은 일본 주부와 호쿠리쿠 네 개 현의 지하조직에 배포되는 신문으로 완성되면 며칠씩 열차를 타고 배달하러 다녔죠. 당시 월급 같은 건 없었고 교통비만 지급받았어요. 잠은 당원 집에서 해결했죠.

그 후, 난신지구(스와·가미이나군 지역)의 총무부장으로 임명되었어요. 시의원 집을 사무실로 사용했는데 레드 퍼지(적색분자 추방)로 당원 수십 명이 모두 붙잡히는 바람에 회의나 지구위원회를 열 수가 없었어요. 조직의 기능이 완전히 마비되어 조직의 역할을 수행할 수 없는 상태가 되었죠. '적기종합분국'의 인원들도 모두 체포되어서 총무부장이라고는 하지만 실제로 하는 일은 기관지 『적기』 360~380부, 『전위』 170부를 배달하고 수금하는 일이 전부였어요. 당시 공산당원과 조력자에 재일조선인이 많아서 배달하는 곳의 30퍼센트는 재일동포였어요.

▶ 공산당을 탈당하고 조선총련으로

1953년 7월 28일, 공산당을 탈당했어요. '재일조선인의 활동은 조선노동당의 지도 아래'라는 방침이 전 세계 공산당의 공통된 의견이었어요. 공산당 중앙의 지시로 조선인 당원은 일제히 탈당 신청서를 냈죠. 공산당을 떠나는 것에 대한 아쉬움도 조금은 있었어요. 탈당 후, 1955년에 조총련이 결성될 때까지 장사하거나 동포 생활을 도우며 살았어요.

1955년 2월에 어머니가 자궁암으로 돌아가셨어요. 어머니 나이 쉰여덟 살이셨죠. 어머니가 돌아가시자 생활기반이 완전히 무너졌어요. 여동생들을 학교에 보내기 위해 아버지와 형제들은 히라오카로 돌아왔죠. 당시는 철이 비싸게 팔려서 히라오카 댐 공사가 끝난 자리에 묻혀 있는 철 조각을 파내서 내다 팔았어요. 아버지와 형 그리고 나까지 셋이서 발전소의 보호구역에 있는 동선을 모으러 다니기도 했죠. 이미 영화로 만들어진 양석일의 소설 『밤을 걸고』에 나오는 모습 그대로였어요. 1955년에서 1957년까지 3년 동안 어느 정도 돈을 벌 수 있었고 자그마한 집도 장만했어요.

1955년 5월에 조선총련이 결성되자 나가노현 가미이나군 다쓰노 분회에 총무부장으로 들어가게 되었고 전업 활동가로서 조총련 현본부에서 활동하기 시작했어요. 처음에는 조선신보 나가노 지국장이었고, 그 후에 조청(재일본조선청년동맹) 나가노현 본부 위원장이 됐어요. 형은 나가노현의 민애청(일본조선민주주의 애국천년동맹) 비상임위원장을 맡았죠.

▶ 귀국사업에 상임활동가로서 관여하다

귀국사업이 시작된 1958년은 경기가 나쁜 시기였어요. 재일조선인은 일본 사회에서 차별을 당해 모두들 힘든 생활을 보내고 있었어요. 우리들도 고철 가격이 폭락해 곤란한 상태에 빠져 있었죠. 그럴 때 등장한 귀국사업은 이 난관을 헤쳐나갈 희망의 빛줄기로 보였어요.

1958년부터 1959년에 걸친 귀국운동은 일본 사회에서 조총련이 재일을 조직화하고 정착하는 결정적 계기가 됐어요. 차별과 빈곤에 신음하던 재일에게 행복한 자유의 낙원에서 의식주가 보장된다고 선전하며 운동을 전개했죠. 또한 그 당시의 분위기는 사회주의 구조아래 한반도가 통일된다는 인식이 팽배했어요. 그래서 재일동포도 자신들의 미래는 그곳에 있다고 생각했죠.

나는 조총련 나가노현 본부의 활동가로 많은 사람의 귀국을 도왔어요. 생활보호를 받고 있거나 부모가 없는 사람을 조사했고 산골 마을 속까지 한 집 한 집 다니며 귀국사업의 개요를 설명했어요. '구제받기 위해서는 북으로 갈 수밖에 없다'라고 설득했죠. 우선 학생인 아들을 설득했고, 그리고 나서 "아들도 가는데 가족 전부 갑시다"라고 가족 모두 가는 쪽으로 의견을 모았어요. 오마치의 다이신다 부락에서는 180명 전원이 가족들 전부 귀국한다고 신청했어요.

내가 지역에서 했던 활동이 조청의 중앙대회에서 성공사례로 소개되었고 일본 전국으로 퍼져나갔어요. 귀국사업은 재일의 역사 속에서 필연적으로 일어날 수밖에 없었고, 꼭 내가 아니었어도 누군가는 귀국사업 성공을 위해 헌신적인 노력을 다했을 거예요. 단지 그때 북조선에 귀국해서 지금까지 고생하고 있는 사람들을 생각하면 마음이 복잡하네요.

▶ 귀국사업을 둘러싼 의혹

북은 조선전쟁에 의해 모든 것이 파괴되고 그걸 복구할 노동력이 없는 상태였죠. 그래서 귀국사업으로 일본에서 노동력과 기술자를 불러 모았고, 그게 바로 귀국사업의 숨겨진 의도라고 생각해요. 당시 귀국한 사람들을 보면 객관적으로 우수한 사람들이 많았거든요. 또한 재일을 귀국시키더라도 아직 남아있는 사람들을 통해 일본 측 정보도 얻을 수 있다고 생각했겠죠.

일본 정부도 재일조선인에게 생활보호를 해주는 것보다, 10만 명이 돌아가면 그만큼 일본경제에 도움이 되고 사상적으로 시끄러운 조선인이 없어지면 사회 안정에도 도움이 된다고 계산했을 거예요. 결과적으로 귀국사업에는 양쪽 국가의 숨겨진 의도가 포함되어 있었던 거죠. 게다가 인도적인 운동이라면서 일본 적십자도 귀국사업을 전면적으로 지원했어요.

나는 오랫동안 사회활동을 해온 경험상 행정 관계자와의 사이가 중요하다는 걸 깨닫고 있었어요. 그래서 틈틈이 연락하며 좋은 관계를 유지했죠. 후지산에서 귀국사업 실현대회가 있었을 때, 나가노현에서 청년들이 버스 2대를 대절해서 갔는데 그때도 관계 부처에서 보조금을 지원해 줬어요. 귀국사업 분위기를 띄우기 위해 나가노에서 스포츠대회를 열었을 때도 나가노현 지사가 직접 참석해 우승컵을 내주기도 했어요.

민단과의 대립은 그리 문제 되지 않았어요. 당시의 민단은 조총련의 귀국운동에 반대할 만한 힘이 없었거든요.

▶ 아버지와 두 명의 여동생이 북으로

우리 가족 모두도 귀국 신청을 했어요. 귀국선은 일주일에 한 번 있었고, 신청한 사람에게는 귀국하기 6개월 전에 통지가 왔어요. 그런데 형과 나한테는 귀국하지 말고 일본에서 조총련 활동을 계속하라는 지시가 내려왔어요. 나가노 지역에서 귀국운동을 담당하는 사람이 두세 명밖에 없었고 귀국사업과 조총련 건설은 일체였으며 나는 귀국사업 추진능력으로 전국에서 상위권이었어요. 그런 이유로 나는 일본에 남게 되었죠.

1960년 1월 16일, 제4차 귀국선으로 아버지가 고등학교를 막 졸업한 여동생과 재학 중인 여동생, 둘을 데리고 귀국했어요. 63세였던 아버지는 귀국 전에 "전후에 이렇게 발전한 일본도 이런 상태인데 북에 뭐가 남아있겠냐. 나는 편하게 살려고 가는 게 아니다. 귀국하면 공원에 나무를 심고 풀을 뜯고 그냥 조국의 한 줌 흙이 되면 좋겠다. 언젠가는 통일이 되겠지. 그리되면 남에 있는 큰딸도 만날 수 있을 거다. 예순도 넘었는데 여생은 조국과 함께하고 싶다"라고 심경을 토로했어요.

실제로 아버지는 북에 가서 평양에 있는 모란봉 공원의 관리자가 되었고, 85세까지 정정하게 일하셨어요. 아버지가 북조선에 갔을 때 조선전쟁의 후유증으로 공원도 황폐해져 있었다고 해요. 나는 아버지가 96세에 돌아가시기 전까지 여섯 번 정도 만나러 갔고 모란봉 공원 안에서 함께 밥도 먹으면서 즐거운 시간을 가졌어요. 아버지는 "여기 있는 나무는 거의 내가 심은 거다. 후배들이 나보다 먼저 죽어버리고, 이제 주변에는 손자뻘 되는 사람밖에 없어서 가끔은 외롭구나"라고 이야기하셨죠. 아버지는 공원을 사랑했고 아름답게 꾸미기 위해 전력을 다하셨어요. 1988년 5월에 만난 것이 마지막이네요.

▶ 각 지역에서 마련해 주었던 전업 활동가의 월급

조총련의 활동가들은 고정월급이 없었고 각 지역이 알아서 마련했어요. 내가 위원장으로 있었던 이타바시 지부에는 청년동맹, 여성동맹, 상공회, 그리고 학교도 있었죠. 학교 교원이나 청년동맹의 상임이 열 명 있으면, 그 열 명의 급료를 위원장이 책임져야 했어요. 돈이 없으면 2~3개월 늦게 받는 경우도 많이 있죠. 지역 동포의 지지와 이해를 얻지 못하면 자금 확보가 어려워요.

급여는 처음엔 6,000~8,000엔, 가끔 12,000엔 나올 때도 있었는데 일반적인 수준에서 보면 최저 생활이 가능한 정도였죠. 나의 아내도 결혼하자마자 바로 일을 시작했어요. 보통 활동가의 아내들은 파친코의 경품을 판매하거나 양장 일을 하면서 살림에 도움을 줬어요.

해방 후 조총련이나 민단이 생기기 전부터 민족교육을 반드시 일으켜야 한다고 다들 생각하고 있었어요. 종전 후 일본 전국에 1,500개 정도 데라고야가 생겨났죠. 그 후 학교로 발전한 것은 150~200개 정도였어요. 대부분 조총련 계열이었고 남쪽 계열은 전국에서 네 개뿐이었어요.

비록 정치적 의도가 있었지만 북은 조총련계의 민족학교에 교육원조금을 보내왔어요. 하지만 최근 10~20년 동안은 실제로 보낸 돈이 거의 없어요. 일본의 재일상공인 단체나 조총련이 북에 지원금을 보냈는데 그 돈의 일부가 교육원조금이라는 명목으로 되돌아온 거죠.

▶ 전국에서 처음으로 오타구에서 교육 보조금을 받아내다

1970년에 인사이동으로 도쿄의 조총련 아라카와 지부 부위원장이 됐어요. 마침 그때 평양에서 만수대예술단이 혁명가극 공연을 위해 일본에 왔는데 공연 티켓을 팔기 위해 고생했던 기억이 아직도 생생하네요. 당시 우리들은 매일 밤늦은 시간까지 사무실에서 일을 해야 했고 찬조금을 모으기 위해 여기저기 뛰어다녔죠. 휴일도 없이 일만 했어요.

또한 그 당시 재일조선인은 국민건강보험에 가입할 수 없어서 병원에 가면 고액의 진료비를 내야 했어요. 국민건강보험에 가입하기 위해서는 구의회의 결의가 필요했고 수시로 의원들에게 호소한 결과 드디어 구의회에서 통과되었어요.

1978년, 이번에는 오타구 지부 부위원장으로 이동했어요. 당시 오타구지부는 경제적으로 큰 어려움에 빠져 있었어요. 오타구에는 도쿄조선제6초중급학교가 있었는데 학교 토지세를 6년간이나 미납한 상태였고 교원들 월급도 몇 달이나 밀려 있었어요. 동포 상공인들의 원조에도 한계가 있었죠.

그래서 어떤 보조금이라도 받아내야겠다고 생각했어요. 일본의 교육당국이 재일의 민족교육에는 냉담하지만 지역 예산에서 뭔가 받아낼 게 없을까라고 생각했죠. 그러기 위해서는 먼저 구청장에게 문제점을 이해시킬 필요가 있었어요. 나는 구청장을 직접 만나 담판을 지었어요. 일본인과 똑같이 세금을 내고 있는데 여러 가지 제약과 차별 때문에 구민으로서 권리를 제대로 행사할 수 없다고 주장했고 어려운 생활 속에서도 본인들 손으로 학교를 만들고 그걸 지켜내고 있는 재일조선인의 상황을 설명했죠.

당시 오타구의 구청장은 자민당 소속이었지만 말이 통하는 사람이었어요. "지역에서 이 문제에 찬성하는 일본인 주민의 서명을 받아오

세요"라고 하더군요. 구의원을 선출하는 지역주민의 지지를 얻으면 의원도 움직이기 쉽다는 판단이었죠. 나는 즉시 학교의 학부모들을 비롯해 지역의 모든 동포에게 상황을 설명하고 서명운동을 전개했어요. 결국 35,000명의 서명 날인을 받을 수 있었고 구의회에서도 어렵지 않게 통과되었죠. 그래서 1981년 9월, 전국에서 처음으로 오타구에서 학생 한 명당 월 3,000엔의 조선학교 보조금이 나왔어요. 보조금 지급이 결정되었을 때 지역 동포들과 함께 감동의 기쁨을 나누었으며 나도 모르게 눈물이 나왔어요. 오타구의 보조금이 계기가 되어 그 후에는 도쿄의 거의 모든 지역에서 보조금을 받게 되었고 머지않아 전국 지방자치제로 퍼져나갔어요. 그 운동은 나에게 있어 평생 잊지 못할 추억이 됐죠.

▶ 올림픽 남북공동개최 실현을 위해

1985년 11월, 이번에는 이타바시구의 지부 위원장으로 이동했어요. 그해 연말에 갑자기 조총련 중앙의 이진구 부의장이 지부에 찾아왔어요. 그는 "자네는 내년부터 어떤 목적을 가지고 활동하려고 마음먹고 있는가"라고 물었고 나는 "조국통일을 전면에 내세울 시기가 온 것 같습니다. 1988년 서울올림픽의 남북공동개최가 실현된다면 통일 환경이 조성되리라고 봅니다"라고 대답했죠.

당시 조선노동당이나 조총련 중앙도 '남북공동개최 실현'을 슬로건으로 내세우고 있었어요. 그러나 그때 이진규 부의장은 "공동개최 문제에 대해서는 도쿄 본부의 지시를 받아서 움직이세요"라고 강한 톤으로 이야기했어요. 그 말이 내 귀에는 이제까지 나의 운동방식에 대한 경고처럼 들렸죠.

이진규 부의장의 의견을 듣고 나서 바로 공동개최운동 계획서를 도쿄 본부에 제출했어요. 그러나 그 후에 도쿄 본부로부터 아무런 지시도 없었고 계획서는 조총련 중앙으로 올라가 "검토해봅시다"라는 답변만 돌아왔어요. 나는 이타바시의 구의회로부터 '남북공동개최를 지지한다'라는 결의문을 받아내는 걸 목표로 삼고 있었어요. 전례가 없는 결의였지만 이제까지 일본 의회에서 결의를 통과시켜본 경험이 몇 번 있어서 어느 정도 자신은 있었죠.

하지만 여전히 지시는 내려오지 않았어요. 그때는 몰랐는데 사실은 '남북공동개최'에 대해 조총련 중앙에서도 찬반이 엇갈렸다고 해요. 겉으로는 찬성한다고 하면서 속으로는 반대한 거죠. 전국에 있는 조직에 공동개최운동을 멈추라는 지시도 내렸다네요. 그런 사정을 몰랐던 나는 열심히 활동해서 이타바시 구의회의 자민당과 공명당의 양해를 얻어냈고 사민당의 협력 약속도 받아 냈어요. 하지만 공산당은 마지막까지 "고차원의 정치 문제를 한낱 구에서 결정할 수 없다"라며 난색을 표하더군요. 최종적으로 공산당을 제외한 '전원 일치'로 이타바시구의회의 결의가 통과되었어요.

그 후 1986년 11월에 나는 시나가와 지부 위원장으로 갑자기 자리를 옮기게 되었어요. 이타바시구의 결의 때문이라고 말하지는 않았지만 이해하기 힘든 이동이었죠. 누가 뭐라고 해도 내가 할 일은 지역 지부와 동포 생활의 개선이었기 때문에 바로 학교 보조금 증액과 학교개축 지원금 운동을 전개했어요. 그리고 시나가와에서도 남북공동개최 결의 운동을 계속했죠.

시나가와로 옮겨온 지 일 년 후, 이번에는 도쿄체육협회의 부회장으로 이동시키더니 바로 3일 후에 금강보험 도쿄 지사장으로 발령냈어요. 이러한 조치에 나는 조총련 중앙이 남북공동개최를 반대하고 있고, 그와 관련된 운동을 중지시키려 한다고 생각했죠.

▶ 한 사람의 사회활동가로서

금강보험에서는 2년간 일을 했어요. 나는 내게 맡겨진 업무가 있다면 어디를 가든 어느 자리에 있든 최선을 다했어요. 그리고 1988년 서울 올림픽이 열렸을 때, 조선노동당에 탄원서를 제출했어요. 그러나 그 후 조총련에서 제명당했어요. 탄원서 때문에 조직의 눈 밖에 난 거죠. 반론할 기회도 주지 않더군요. 제명 선고를 받았을 때의 절망감은 말로 다 표현할 수가 없었어요. 지금까지 55년간 나는 무엇이었나라고 스스로 자문하며 괴로운 나날을 보내야 했어요. 하지만 지금까지 조총련이라는 조직 내에서 동포를 위해 헌신한 나의 삶은 결코 헛된 시간이 아니었다고 생각해요.

전 세계의 냉전구조 변화는 재일조선인의 운동에도 많은 영향을 끼쳤어요. 북의 경제가 뒤쳐져 있는 것은 일목요연하죠. 그래서 조총련을 떠난 사람들도 많아요. 하지만 나는 조총련에서 제명된 후에도 재일동포 친목회에서 활동하고 있어요. 나의 일은 아무것도 변한 게 없어요. 단지 활동의 장이 바뀌었을 뿐, 재일을 위해 전력을 다하는 일은 무엇 하나 바뀌지 않았어요.

52

'환상의 필름'을 소생시킨 기록자
고인봉 高仁鳳(남)

취재일: 2007년 2월 13일, 3월 1일
본적: 서울시 영등포구
현주소: 오사카시
생년월일: 1941년 5월 1일
약력: 오사카에서 출생, 1947년에 전라북도 이리시로 이주. 1957년에 일본으로 건너와서 백두학원건국중학교, 고등학교 졸업. 플라스틱관련업계지紙 일을 하면서 오사카경제대학 경영학부 야간을 다님. 1968년, 인쇄회사 교분샤僑文社를 계승. 1989년, 케이비에스주식회사로 개편하고 대표이사가 되며, 현재 대표이사 회장. 백두학원건국학교 이사, 교우회 부회장. 2005년, 전쟁 직후의 건국학교 초창기 모습을 촬영한 '환상의 필름' 영상을 바탕으로 건국창립 60년기념사업의 다큐멘터리 영화를 제작.

취재: 강지선 / 원고집필: 강지선 / 번역: 고경순

▶ 어릴 적에 일시 귀국

나는 1941년 5월 1일에 오사카에서 태어났습니다. 1947년에 어머니는 아홉 살 위인 인수 형과 나를 데리고 전라북도 이리시(현재, 익산시)로 건너갔습니다. 아버지는 제주도에서 태어나 스무 살 무렵 일본에 왔고 일본에서 결혼해서 살았습니다. 아버지는 장사를 해서 돈을 조금 가지고 있었는데 그때는 돈을 가지고 돌아갈 수 없어서 그대로 일본에 남게 됐던 것입니다. 종전 직후는 모두가 고국으로 돌아가려고 서둘렀던 시기였습니다. 우리 집도 예외는 아니었지요. 아이들은 학교에 가야 했기 때문에 어머니와 우리는 먼저 보내고 아버지는 나중에 정리되면 돌아가려고 했던 것입니다. 그런데 1950년에 조선전쟁이 일어났던 겁니다. 이때 나는 이리중앙소학교 1학년, 형은 중학교 3학년이었습니다. 그리고 형은 고등학교 1학년 때 군대에 끌려가서 어머니와 나, 둘만 남게 되었지요. 어머니는 갖은 고생을 했을 거라고 생각됩니다. 결국, 병으로 1952년에 돌아가셨습니다.

1953년 2월 10일, 아버지가 7년 만에 형에게 "앞으로 조금만 더 안정되면 일본으로 오라."는 편지를 보내왔습니다. 나는 소학교 3학년 때부터 서울 중구에 있는 이발소에서 숙식하면서 일하고 있었습니다. 그 편지를 받은 형이 내게 "너는 학교에 가야 한다. 아버지 있는 곳으로 돌아가라."라며 아버지에게 연락을 해 주었습니다. 그래서 일본으로 돌아왔던 겁니다. 1957년 5월 1일, 서울을 출발해서 오사카에는 7월 3일에 도착했습니다. 혼자서 밀항했어요. 그래도 재미있었어요.

▶ 백두학원 건국학교 생활

아버지는 오사카에서 빵을 배달하고 있었는데 '다카야마高山'라는 통명을 쓰고 있었습니다. 물론 조선인은 모두 통명을 사용하던 시대였지요. 하지만 나는 다카야마를 사용하지 않고 본명인 고高를 사용했습니다. 그것이 일반적이라고 생각했으니까요. 내가 일본에 올 때까지 아버지는 민단도 몰랐고 전혀 교제가 없었습니다. 내가 와서 민단을 알려드리고 여권을 만들어 한국에도 가고, 다음엔 고향 제주도에도 갈 수 있었던 겁니다. 그리웠으니까, 그리고 죽으면 당신을 그곳에 묻어 달라고 했어요. 지금 제주도에 아버지와 어머니 묘가 있습니다.

일본에 와서 건국중학교 2학년에 들어갔는데 그때까지는 6년 동안이나 학교에 다니지 않았습니다. 그래서 소학교 3학년부터 중학교 2학년 사이의 공백이 있었지요. 그때 나는 학교에 가겠다는 일념으로 아버지에게 말하고 조선학교를 찾아갔는데 조총련 중학교였어요. 그런데 김일성 원수 사진이 걸려 있어서 기분이 이상했습니다. 그래서 아버지가 한국계 학교를 수소문해서 찾은 곳이 건국학교였어요.

건국에 가면 김일성 사진도 없고 인민공화국 국기도 없을 테니까 여기는 한국 국기가 있을 거로 생각했지요. 그런데 아이들은 전혀 몰랐습니다. 옆에 앉은 아이에게 "얘, 여기 국기는 대체 어떤 국기야?"라고 물었더니 "어? 태극기 아닐까?"라는 거예요. 내가 태극기에 대한 고집이랄까? 어떤 의미에서는 의식이 강했다고 말할 수 있지요. 일본에서 어떻게든 태극기가 있는 학교에 들어가고 싶어서 건국학교에 들어갔는데 태극기가 있는 학교가 아니었습니다. 국기가 없는 학교였습니다.

종전되고 얼마 후 남북의 두 나라로 분단되고 나서는 건국에서는 일절 국기를 게양하지 않았던 것입니다. 분단된 조국을 인정하지 않는다는 것이지요. 한국만, 혹은 북조선만이 아니라는 것, 어느 한쪽으로 단정하지 않는 교육방침이었던 것입니다. 1972년경에 이 이념이 바뀌고 그 후에는 한국계 학교가 되었지만. 건국의 교육방식은 강요하지 않는다는 것! 요컨대 자유. 교육은 자주적인 것이다. 그러니까 스스로 선택한다. 공산주의 사상을 가지고 있어도 상관없다. 그것이 건국의 훌륭한 점이었습니다.

건국고등학교를 다닐 때는 신문부에 들어갔는데 정말 재미있었습니다. 사립 고등학교 신문연맹 콩쿠르에서 입선한 일도 있습니다. 그 일이 정말 즐거웠습니다. 지금도 늘 비디오카메라를 들고 다니면서 뭔가 뉴스감이 있으면 찍고 있어요.

▶ 취직, 대학진학, 그리고 결혼

고등학교를 졸업한 후에는 우리가 만든 『건국신문』으로 취직활동을 해서 샐러리맨이 되었습니다. 플라스틱업계지紙를 만드는 일이었습니다. 열 곳 이상 돌아다녔지만 이력서에 본명이라서 다른 곳은 전부 안 됐어요. 그런데 나를 받아준 신문사의 사장님은 훌륭한 사람이었습니다. 내가 "아버지가 쓰는 일본명이 있으니까 통명으로 할까요?"라고 물었더니 사장은 "뭐라고? 너, 본명이 있는데 그걸 쓰면 되지. 왜 통명을 쓴다는 거야? 본명 써도 돼."라는 겁니다.

그 신문사에 들어가고 일 년 후에 대학에 들어갔습니다. 낮에는 신문사에서 일하면서 야간대학에 다녔습니다. 야간대학에 가려면 4시 반에는 일을 마쳐야 했는데 신문사라는 것은 밤늦게까지 작업을 해야 했어요. 그런데 사장은 "네가 일본인이었다면 허락하지 않았겠지만 너는 지금부터 재일동포를 짊어지고 가야 할 사람이니까 허락한다."라고 했습니다. 그렇게 해서 오사카경제대학을 다닐 수 있었습니다.

대학에 다니면서 지금의 아내와 교회에서 만나서 교제했습니다. 그때는 오사카교회에 다녔습니다. 교회 조직 중에 관서연합회라는 청년회가 있었는데 다른 교회에서도 오사카교회에 와서 성가 연습을 하고 있었습니다. 종종 그녀가 왔는데 귀여웠습니다. 그래서 사귀게 됐고 1967년에 결혼했지요.

결혼한 해에 나는 교분샤에 들어갔습니다. 물론 다녔던 곳도 매우 좋았지만 장래에 출판사를 하고 싶었기 때문입니다. 교분샤는 인쇄회사였는데 그때는 전前 사장이 하고 있었습니다. 재일대한기독교회가 『복음신문』을 내려고 만든 회사였습니다. 회사라고는 하지만 니시나리구에 있는 교회의 뒤뜰에 있는 아홉 평짜리 공장이었습니다. 그 당시, 사장은 민단의 문교부장도 맡고 있어서 인쇄 일에는 집중할 수 없었던 거예요. 어느 날 내게 이 회사를 인수하라는 제안을 해 와서 아내와 의논하고 인수하게 됐던 것입니다.

나도 인쇄 전문가가 아니었고 아내도 전문가가 아니어서 직원 한 사람을 고용해서 시작했습니다. 한국어 활판인쇄 설비와 기계 한 대가 전부였습니다. 그런데 1969년에 니시나리교회가 교회를 재건축하게 돼서 나와야만 했지요. 원래 건물·토지 권리는 없었기 때문에 아무런 보상도 받을 수 없었습니다. 하는 수 없이 이쿠노구 모모다니에 있는 아버지 집으로 옮기고 그곳에 공장을 만들었어요. 아내는 활자를 골라내고 나는 기계를 돌리고 그렇게 교분샤를 시작했습니다.

▶ **교분샤에서 케이비에스주식회사로**

교분샤를 가동하고 먼저, 한글을 시작했습니다. 어쨌든 한글로 무엇이든 해야 한다고 생각했습니다. 인쇄에 컴퓨터를 이용하려는 생각이었는데 마침 도시바에서 일본어 워드프로세서를 만들었던 겁니다. 그것이 당시에 700만 엔이나 했습니다. 비쌌지만 그만큼 훌륭한 인쇄 입력을 사용할 수 있다고 판단했어요. 그리고 나는 활자를 뽑아내는 것이 힘들었는데 쉽게 글을 고르는 방법, 가능하면 키를 이용해서 문자를 찾을 방법을 생각하고 있었습니다. 그러던 중에 워드프로세서가 생겼다고 들었는데 워드프로세서를 사용해서 문자 입력을 한다는 사실이 놀라웠습니다. 그리고 일본어가 가능하다면 필시 한국어도 가능하리라 생각해서 전산사식이라는 선문하는 문자를 조합시키는 기계를 생각해 냈던 것입니다. 발명이라기보다는 아이디어였지요.

1981년에 가도카와쇼텐角川書店에서 『조선어대사전朝鮮語大辭典』의 출판의뢰가 왔는데 활자를 하나하나 손으로 골라 뽑아서 하는 것은 불가능하다고 생각했습니다. 그래서 컴퓨터를 이용해야겠다고 마음먹고 사식기 메이커인 모리사와에 갔더니 흔쾌히 승낙해 줬습니다.

마침 그 무렵, 퍼스널컴퓨터 워드프로세서인 코어한글이라는 것이 생겼는데 그것을 입력기에 사용해서 전산사식용 변환소프트를 만들었습니다. 당시 점점 일본도 국제화해 갔는데도 1970년 박람회 팸플릿은 영어와 일본어밖에 없었습니다. 다언어가 아니었어요. 그런데 우리 회사가 1982년, 한국보다도 빨리 한글 전산사식 입력기를 완성해서 실용화에 성공했던 것입니다.

일본은 점점 국제화해 갔고 꽃박람회(국제 꽃과 녹색 박람회. 1990년)에서도 다양한 언어를 사용하게 됐어요. 이와 같은 고객의 요구가 있어서 한국어 다음에는 중국어 변환 소프트도 만들게 되었습니다.

1989년에 회사명을 케이비에스주식회사로 바꿨습니다. 이 이름은 교분샤의 앞 문자를 따서 만들었습니다. 1994년에는 우리가 하는 다언어조판 시스템이 『일본경제신문』, 『아사히신문』 기사에 실렸습니다.

▶ '환상의 필름'과의 만남

건국의 친구들과 동급생은 깊은 연결고리로 쭉 이어지고 있습니다. 나는 자식 셋을 전부 건국에 보냈습니다. 또 인쇄소를 하면서는 건국학교의 인쇄를 도맡아 했습니다. 증명서라든가 졸업증서 등의 인쇄물과 문집, 기념지 등도 모두 맡아서 했습니다. 아내도 읽으니까 저절로 내용을 알게 되는 거죠. 그래도 역시 자식들이 다니게 되면서 더 돈독한 관계를 맺게 됐습니다. 아이들이 소학교에 들어간 후에 소학교 PTA(사친회) 회장도 했습니다. 지금은 학교 이사와 교우회 임원을 하고 있습니다. '환상의 필름'과의 만남은 정말 우연이었습니다. 2005년에 나는 다음 해에 건국 창립 60주년을 위한 기념지위원회를 만들어서 위원장이 됐습니다. 위원장이 되고 나서 원고와 자료 수집 차, 어느 날 교우회 사무실에 갔는데 책상 위에서 필름이 든 상자를 발견했던 겁니다. 그 속에 있는 필름 통에는 '1946년 건국학생의 하루', '1947년 2주년 8·15 기념지 식전'이라는 메모가 붙어있었어요. 자칫 묻혀버릴 수 있었던 이 기록들을 발견한 순간, 놀라움을 금치 못했습니다. 그리고 이것들을 기념지의 참고자료로 쓰려고 조사를 하게 됐던 것입니다.

원래, 건국창립 60주년 기념지는 교우회 기관지인 『백우白友』와 같은 간단한 것을 만들려고 했는데 환상의 필름을 보고 생각이 일변했습니다. 역시 60주년은 전환기이기도 해서 건국의 발자취를 정확히 기록해야 한다고 생각하게 됐던 거지요. 내가 가지고 돌아온 상자 안에는 옛날 사진과 함께 16밀리 필름 일곱 본과 8밀리 필름 여덟 본이 들어있었습니다. 16밀리는 한 시간, 8밀리도 모두 합쳐서 세 시간 정도 분량에 달했습니다. 9월 29일에는 필름을 디지털 변환업자에게 부탁해서 봤는데 그 내용은 실로 놀라웠습니다.

필름에는 전쟁 직후의 백두학원 초대이사장이었던 조규훈 씨가 운영하고 있던 하리마播磨고무합자회사와 방적공장 등의 모습이 들어있었습니다. 이곳에서 일하고 있던 사람들은 모두 동포들이었다고 합니다. 징용으로 일본에 끌려와서 해방 후에 갈 곳을 잃은 조선인 약 2천 명을 조 이사장이 받아들였다고 들었습니다. 건국학교 초창기를 기록한 것도 있었습니다.

원판 내용은 이렇습니다. 16밀리 필름 내용부터 보겠습니다.

첫 필름에는 '건국학생의 하루'. 여기에는 덴노지에서 한와阪和선을 타고 스기모토초역에서 내리는 학생들의 모습부터 수업풍경, 운동장을 정비하는 모습이 찍혀있었고 마지막에는 스기모토초역에서 돌아가는 내용이었습니다.

두 번째는 '해방 2주년 기념행사 제1회 조선육상경기(건중)'라고 쓰여 있고, 1947년 8월 15일 제2회 해방 기념식전을 오사카 나카노시마 중앙공회당에서 개최하는 모습과 조련(재일본조선인연맹) 주최로 건국중학교를 비롯해서 조선중학교 등이 나카모즈운동장에서 체육제를 개최하는 모습이었습니다.

세 번째는 '조선건국중학교 제3회 추계체육대회, 제2회 문예제 1948년 11월 1일'.

네 번째는 하리마공장에서 일하는 풍경, 고무공장에서 일하는 모습입니다. 고무뿐만 아니라 백두레코드, 방적과 약품사무소 풍경과 백두학원을 창립했던 백두동지회가 회의하는 모습 등이 찍혀 있었습니다.

다음의 다섯 번째부터 일곱 번째까지 필름에는 '제2회 초대육상경기대회 1947년 10월 28일'이 있었는데 여기에는 이치오카운동장에서 경기대회하는 모습과 내가 중고등학교를 졸업할 때까지 배웠던 목조교사와 배, 하리마공업소 운동장에서 축구 시합하는 모습이 들어있었습니다. 거기에는 이경태 초대 교장과 박찬시 선생이 찍혀있었습니다. 백두동지회의 청년이었는지 조국 해방을 기뻐해서 감추어두었던 태극기를 흔들며 만세를 외치는 장면과 일장기를 내리고 태극기를 게양하는 장면도 있었습니다. 1956년 체육제 모습과 마지막은 1957년 4월 2일 박철 선생님의 장례식 모습이었습니다.

8밀리 필름 내용은 16밀리 필름의 뒤의 시기로 40주년 기념식전과 미도스지 퍼레이드 모습이 들어 있었습니다. 이때는 1988년 서울 올림픽 PR을 위해 건국학생이 다수 나왔습니다. 임간학교 풀장에서 수영하는 장면, 건국제 영상, 제18회 문예제, 눈 쌓인 금강산 등산모습, 고교 입시 모습, 13기 졸업식 풍경, 1978년 12월 27일 목조교사를 중심으로 촬영한 영상과 제17회 교내음악회, 1963년 18회 체육제와 문예제 모습 등도 기록되어 있었습니다.

이상이 '환상의 필름'의 내용입니다. 나는 이 기록영상들을 건국학생뿐만 아니라 재일동포, 일본 사람들, 또 본국 사람들에게도 보여주고 싶었습니다. 그래서 이사회에 말해서 다큐멘터리 영화를 제작하게 되었던 것입니다.

▶ 다큐멘터리 영화의 탄생

먼저 작업한 것은, 영상 상태는 깨끗했지만 소리가 전혀 들리지 않아서 내용파악을 위한 청취조사를 했습니다. 몇 분 몇 초까지 쪼개서 세세하게 장면을 분석하는 작업을 처음에는 교우회 회원 한 명과 같이 했습니다. 그런데 모두에게 보이기 위해서는 편집이 필요하다고 생각해서 일본인 한 명을 보강해서 작업을 하게 됐습니다. 등장인물의 이름과 학생 이름은 선배들에게 영상을 보였더니 "나야."라고 해서 그때마다 기록을 했어요. 이번 교우회 회장이 많은 협력을 해줬지요. 인터뷰하려면 여기저기 돌아다녀야 했어요. 도쿄, 도호쿠, 이와테로 선배를 찾아가거나 홋카이도에도 갔다 왔습니다. 그 경비를 전부 선배들이 도와줬습니다.

필름 편집을 끝내면 지금의 학교 수업풍경과 학교모습을 촬영하고 그것들을 편집해서 만들기로 했습니다. '과거·현재·미래'를 테마로 해서, 그 테마에 따라 만들어 갔습니다.

30분짜리 영화를 만들게 된 것은 60주년 기념식 프로그램에서 시간이 30분밖에 없다고 해서 30분이 됐던 것입니다. 30분이라는 한정된 시간 안에 표현하는 일은 어려운 일이었습니다.

완성된 영화도 나로서는 꽤 잘됐다고 생각하지만 지금 보면 이것도 넣었으면 좋았을 텐데, 저것도 집어넣었어야 했는데 등 여러 가지로 아쉬운 생각이 듭니다. 9월에 발견해서 다음 해 5월 30일에 상영하기까지 9개월 동안 나는 아침부터 밤까지 영화에 대해서만 생각하며 보냈습니다. 기념식전에서 상영되자 모두가 감동했고 많은 사람이 "너무 좋았다."라고 말해줬습니다.

이 환상의 필름은 일본과 한국의 많은 미디어에서도 다뤘습니다. 아마도 그 이유는 종전 후에 재일동포들이 민족교육을 위해 발 빠르게 개교한 건국의 모습을 전하는 이 기록필름이 건국뿐만 아니라 재일사회, 넓게는 일본 사회와 한국 사회에 있어서도 귀중한 역사적 재산이기 때문이라고 생각됩니다. 그리고 이 '환상의 필름'을 가능하면 많은 사람에게 소개하고 싶어서 다이제스트판이지만 네트워크에서 볼 수 있도록 게재했습니다. (http://www.inbong.com/2007/kenkoku)

▶ 앞으로의 꿈

앞으로 가능하면 민족교육에 대한 롱 버전을 만들고 싶습니다. 이번에는 건국60주년기념사업으로 제작해서 DVD는 기념지에 삽입해서 배포했습니다. 때때로 상영회를 하면 전혀 몰랐다는 사람들이 많습니다. 앞으로 가능하면 일본인에게도 한국인에게도 보여주고 싶습니다. 그러려면 분량도 90분으로 하고 좀 더 일반화해서 DVD로 만들어 판매할 수 있으면 좋을 것 같습니다.

재일, 그중에서도 우선 건국이죠. 다음은 한국계 학교인데 교토와 도쿄에도 있습니다. 조총련학교도 취재하고 싶습니다. 그리고 일본 학교. 그다음은 중국 연변조선족자치주에 있는 민족학교와 러시아에 있는 고려인학교도 취재하고 싶습니다. 그런 학교는 역시 기록을 남겨놓지 않으면 안 된다고 생각합니다.

그래서 지금은 영상표현을 어떻게 하면 좋을까 등을 생각하면서 공부하고 있습니다. 영화감독을 만나기도 하고 촬영 현장에도 가고. 그리고 또 다른 꿈은, 걸을 수 있을 때 더 많은 것들을 보고 싶습니다. 그리고 더 촬영하고 싶고 무엇이든 찍고 싶습니다.

재일 한국·조선인의 발자취

고찬유

　이 책은 식민지시대부터 남북분단 시대에 이르는 민족 수난의 시대에 이국땅에서 꿋꿋하게 살아 온 재일 한국·조선인 1세의 체험을 기록한 것이다. 그들의 발자취를 깊이 이해하기 위해서 재일 역사의 줄기가 되는 주요한 사건들을 열거하고자 한다.
　1910년, 조선은 한일병합조약을 체결하여 일본의 식민지가 되었고, 수많은 조선인이 생계를 위해 또는 강제징용으로 일본에 건너왔다. 1945년 제2차 세계대전이 끝났을 때 일본에는 2백 수십만 명의 조선 사람이 남아있었다. 조국 해방을 맞이한 조선 사람들은 1945년 10월에 재일본조선인연맹(조련)을 결성했다. 조련은 신속하게 귀국 활동을 전개했으며 그와 동시에 일본 전국에 걸쳐 국어강습소를 설치하여 민족교육을 시행했다.
　한편, 조련의 좌익적 성향에 반대하는 사람들은 1945년 11월에 조선건국촉진청년동맹(건청), 1946년 1월에 신조선건설동맹(건동)을 발족시켰으며, 1946년 10월에는 두 단체를 주축으로 하는 재일본조선거류민단(민단, 1948년에 '재일본대한민국거류민단', 1994년에 '재일본대한민국민단'으로 개칭)을 결성했다.
　GHQ(연합국총사령부)는 처음에는 조선인을 '해방민족'으로 간주했지만, 전 세계적으로 동서양 냉전 상황이 진행되면서 규제강화로 정책을 전환했다. 또한, 1946년 12월에는 일본에 있는 조선인의 귀환계획을 종료했다. 그로 인하여 일본에 남은 약 10만 명의 조선 사람은 '재일'이라는 신분으로 삶을 살아가게 되었다. 1947년 5월에는 외국인등록령이 공포되어 조선인에 대한 관리체제와 탄압정책이 한층 강화되었다.

1948년 1월, GHQ의 지시에 의해 일본문부성 학교교육국장 통달 '조선인 설립학교의 취소에 관하여'라는 명령이 내려왔다. 당시 전국에는 5백 수십 개의 조선인학교가 운영되고 있었는데 일방적인 폐교를 명하는 통달에 항의하는 운동이 전국 각지에서 들불처럼 일어났다.

같은 해 4월 24일, 효고현에서 조선인 측과 효고현 지사의 교섭이 이루어져서 학교 폐쇄령이 철회되었다. 그런데 그날 밤, GHQ는 비상사태를 선언하고 철회를 무효화했을 뿐만 아니라 2천 명에 가까운 조선인을 검거했다.

26일, 이에 항의하는 집회가 오사카부청 앞에서 열렸고, 그 현장을 경관대와 소방대가 공격해 십육 세 소년의 목숨을 앗아갔다. 그 당시의 결사적인 일련의 투쟁은 '4·24한신교육투쟁'이라고 불리며 지금까지도 세간에 전해지고 있다.

조선반도에서는 해방 후 미국과 소련에 의한 분할 통치가 이루어지고 있었는데 1948년 미국의 주도 아래 유엔이 남반부에서만 단독선거를 실시한다는 결의를 채택했다. 이에 반대하는 운동이 전 국토에 걸쳐 거국적으로 일어났다. 제주도에서는 반대 운동에 처참한 탄압이 행해졌고, 그로 인해 수많은 제주도민이 학살당했다(4·3사건). 그러나 결국 단독선거는 강행되었으며, 그 결과 8월에 대한민국 정부가 수립되었다. 이에 대항하여 북반부에서는 9월에 조선민주주의인민공화국이 수립되었고 결국 남북 분단이 결정되었다.

1949년 9월, 일본 정부는 조련을 해산시켰으며 10월에 다시 학교 폐쇄령을 내렸다. 그 때문에 민단 계열의 이치가쿠엔一學園을 제외한 모든 민족학교가 폐쇄되었고 아이들은 어쩔 수 없이 일본 학교로 전학을 가야 했다.

1950년 6월, 조선전쟁(한국전쟁)이 발발했고(1953년 7월 27일 휴전), 1951년 1월에는 재일조선통일민주전선(민전)이 결성되어 반전운동을 확산해 나갔다. 하지만 민전은 일본공산당의 지도 아래 과격한 일본혁명투쟁을 전개하면서 동포들의 지지를 잃게 됐다.

1951년 9월, 일본은 샌프란시스코 평화조약을 조인했다. 다음해 미군정에서 벗어나 주권을 회복함과 동시에 재일조선인의 법적 지위를 '일본 국적을 이탈한 자'로 간주하여 외국인등록법을 공포하고 관리체제를 강화했다. 또한 일본 국민이 아니라는 이유로 차별정책을 시행하기 시작했다.

1955년 5월, 민전이 해산되고 재일본조선인총연합회(조선총련)가 결성됐다. 조선총련은 북조선 지지 입장을 선명히 내세웠으며 조국통일과 민족교육사업 등을 추진해 갔다.

1959년, 조일 양측 적십자 대표의 조인에 의거하여 북조선 귀국사업이 개시되었고, 그해 12월에 첫 귀국선이 출항했다. 이후, 귀국사업은 1984년까지 지속되었으며 총 귀국자 수는 93,340명에 달했다.

1965년 6월, 한일 정부는 '한일기본조약 및 제협정(한일조약)'을 체결했다. 이에 한국은 조선반도에서 유일한 합법 정부가 되었고 '한국' 국적자의 법적 지위는 일정의 우대조치를 받는 반면, '조선' 국적은 단순한 '부호'에 지나지 않았다.

1970년, 재일 2세 박종석 씨가 히타치日立 제작소의 채용시험에 합격했음에도 불구하고 취직을 거부당했는데 많은 동포와 뜻있는 일본인의 지원을 받아서 재판 투쟁을 벌였고 1974년에 승리했다.

1980년, 재일 1세 한종석 씨가 외국인등록증을 갱신할 때 지문날인을 거부했다. 한 씨의 투쟁이 매스컴에 크게 보도되어 지문날인 거부자가 속출했다. 부당한 제도에 반대하는 여론이 전국적으로 확대되어서 법무성은 차츰 개선조치를 취했고, 드디어 1999년에 모든 외국인에 대한 지문날인의 의무를 철폐했다.

1981년, 일본은 난민조약에 가맹하면서 '출입국관리법'을 내외인 평등의 원칙에 기인한 '출입국관리 및 난민인정법'으로 개정했다(1982년 발효). 이로 인해 난민뿐만 아니라 모든 재일외국인에 대한 차별제도가 대폭 개선되었다.

그렇지만 국적에 의한 차별이 완전히 해소된 것은 아니었다. 지방참정권, 공무원채용, 민족교육권 등 조속히 해결해야 할 문제가 아직까지도 산적해 있다.

또한, 최근 아시아나 중남미 국가로부터 일본에 이주해 오는 사람들이 급증하고 있다. 재일 한국·조선인뿐만 아니라 모든 재일 외국인의 권리를 보장하는 제도가 절실히 제기되고 있다.

용어해설

고찬유

이치조코一條校 학교교육법은 제1조에서 학교는 '유치원, 소학교, 중학교, 고등학교, 중등교육학교, 특별지원학교, 대학 및 고등전문학교로 한다'로 하고 제13조(구 제83조)에서 '제1조에 규정된 이외의 것에서 학교교육과 유사한 교육을 행하는 것'(전수학교를 제외한다)을 각종학교로 한다는 규정. 많은 외국인학교는 각종학교이기 때문에 이치조코에 비해서 차별적 처우를 받고 있다.

우키시마마루浮島丸 1945년 8월 24일, 아오모리현 오미나토 해군시설부에서 강제노동을 강요당했던 조선인 징용노동자와 그 가족 3,735명 등을 태우고 부산으로 가던 우키시마마루는 교토 마이즈루항에 입항했는데 오전 5시 20분경, 갑자기 폭발해서 침몰. 한국인 524명, 승무원 25명이 사망하고 행방불명자는 1,000명 이상이라고 일컬어진다.

외국인학교법안 일본 정부·자민당은 1966년에 외국인학교제도창설 구상을 국회에서 표명했는데 실질적으로는 조선인학교에 대한 규제강화를 도모하기 위한 것이어서 각계에서 강한 반대운동이 일어났다. 정부는 1968년, 국회에 '외국인학교법안'을 상정. 폐안된 후에도 부분적으로 수정을 가해서 입법화를 도모했지만 1972년에 최종적으로 폐안되었다.

귀국사업　1959년에 일본적십자사와 조선적십자회 사이에 체결된 재일조선인귀환협정에 기인해서 1984년까지 총 93,340명이 귀국.

김태일金太一　1948년 4월 한신교육투쟁 때, 오사카에서는 26일에 오사카부府청 앞 공원에서 조선인학교 폐쇄에 반대하는 수만 명 규모의 조선인집회가 열렸는데 경관대와 소방대가 공격을 가해, 16세의 김태일 소년이 총탄에 맞아 사망했다.

김병식金炳植**사건**　김병식은 총련 제1부의장으로 조직의 사상성을 강화한다는 명목하에 강경노선을 추진했지만 1972년 실각했다.

김희로金嬉老**사건**　1968년 2월 20일, 재일조선인 2세 김희로는 시즈오카 기요미즈시에서 폭력단원 두 명을 라이플총으로 사살한 후에 스마타교의 여관에서 숙박객 13명을 인질로 잡고 5일간 농성했다. 그 사이에 김희로는 매스컴을 통해서 민족차별을 호소했다. 1975년, 대법원에서 무기징역 판결. 1999년, 한국 도항을 조건으로 가출소. 2000년, 부산에서 불륜상대 남편과 난투 끝에 살인미수용의 등으로 체포. 2003년에 출소.

91년문제　1965년, 한일기본조약과 함께 '한일법적지위협정'이 체결됐을 때 한국 국적 보유자에게는 '협정영주권'이 주어졌지만 조선 국적 보유자의 법적 지위는 모호해졌다. 또 3세 이후의 법적처우는 25년 후인 1991년까지 재협의를 한다고 되어 있다. 1991년 1월 한일외교장관회담에서 각서 합의에 기인하여 11월에 입관특례법이 실시되어 재일 한국·조선인의 재류자격은 '특별영주자'로 단일화되는데 참정권과 민족교육권 등의 권리에 대해서는 해결되지 않았다.

협화회協和會　식민지시대 내무성, 경찰을 중심으로 한 재일조선인에 대한 통제기관. 동화정책을 추진시켜 노동력, 군인·군속(포로감시원) 동원에 협력하게 하고 민족적 활동을 탄압했다.

곽귀훈郭貴勳　1924년, 전라북도 출생. 1944년에 일본군에 소집되어 1945년에 히로시마에서 피폭. 1967년, 한국원폭피해자협회 창립에 참여해서 부회장, 회장 역임. 1998년에 일본에서 피폭 후 장애 치료를 받을 때, 오사카부에서 '피폭자건강수첩'을 교부받고 '건강관리수당' 지급을 인정받았지만 귀국하자 오사카부가 수첩의 효력을 상실시키는데 같은 해 10월에 일본과 오사카부를 상대로 오사카 지방법원에 제소. 2002년에 오사카고등법원 판결에서 전면 승소해서 정부는 상고를 단념했다.

건국학교建國學校　백두학원 건국 소·중·고등학교. 민단계열의 민족학교. 1946년, 건국공업학교와 건국고등여학교가 창립된 후, 1947년에 건국중학교로 개칭. 1948년에 건국고등학교, 1949년에 건국소학교 설립. 1951년에 학교법인 인가.

국어강습소　제2차 세계대전 종전 직후, 조선인 아이들에게 모국어를 가르치기 위해 전국에 만든 학습의 장.

국기國旗**사건**　1948년 9월에 조선민주주의인민공화국이 창건됐다. 조련은 국가창건 축하회를 전국 각지에서 개최. 센다이에서는 10월 11일과 12일에 개최됐는데 GHQ가 국기 게양을 금지했다. 하지만 대회 사이에 일시적으로 국기를 게양한 일로 미군·경찰대와 충돌한 사건이 발생. 미군이 발포해서 부상자와 체포자를 냈다.

고마쓰가와小松川**사건**　1958년 8월 21일, 고마쓰가와고등학교 정시제定時制 여학생이 이 학교 옥상에서 교살사체로 발견됐다. 열흘 후 이 학교에 다니는 재일조선인 소년 이진우가 체포된다. 이진우는 조선인 집단 부락에서 태어나서 중학교를 졸업하고 히타치日立제작소 등에 입사시험을 치렀지만 불합격. 시내 공장을 전전하면서 정시제 고등학교에 다녔다. 범행 당시 18세였는데, 1959년에 도쿄 지방법원에서 사형 판결. 오카 쇼헤이를 비롯하여 감형조명탄원 운동이 일어났지만 1961년에 대법원에서 상고 기각. 1962년 11월 26일, 사형집행. 이때 나이 22세.

금강金剛**학원**　민단계열의 민족학교. 1946년, 니시西나리 우리학교 개교. 1949년 조선학교 폐쇄령에 의해 수업이 중지 된 후, 1950년에 문부성에서 재단법인 금강학원과 금강소학교 설립 인가. 1954년, 금강 중학교 개교. 1960년, 금강고등학교 개교. 1968년, 오사카 한국 중·고등학교로 교명 변경. 1985년, 금강학원 중학교·금강학원 고등학교로 교명을 개칭하고 사립학교(이치조코一條校) 자격을 취득.

재일조선통일민주전선　약칭 '민전'. 1950년 6월에 조선전쟁이 발발한 후, 1951년에 조선인에 의해 조직된 단체. 반전 투쟁 등을 했는데 일본 공산당의 지도 아래 과격한 일본혁명 투쟁을 전개하게 되면서 노선논쟁이 일어나, 1955년 5월에 해산.

재일동포친목회　약칭 '동친회'. 1995년 4월 발족. "사상이나 신조에 구애받지 않고 재일동포의 다방면에 걸친 친목과 교류를 도모하여 보다 나은 생활 향상을 지향하는 비영리중립친목단체"(『동친회보』 2003년

1월 1일자)

재일본대한민국민단　약칭 '민단'. 조련의 좌익적 경향에 반대하는 조선인이 결성한 '조선건국촉진청년동맹'(건청)과 '신조선건설동맹'(건동)을 주축으로 1946년 10월에 '재일본조선거류민단'으로 창단. 1948년에 '재일본대한민국거류민단', 1994년에 '재일본대한민국민단'으로 개칭.

재일본조선학생동맹　약칭 '조학동'. 1945년 9월 결성. 1955년 6월, 조국을 가진 유학생이라는 입장을 명확히 하고 '재일본조선유학생동맹'(약칭 유학동)으로 개칭.

재일본조선인총연합회　약칭 '조선총련'. 제2차 세계대전이 끝난 후에 결성된 조련, 민전에 이어서 1955년 5월에 새로이 결성된 조선인 단체. 북조선 해외공민으로서의 입장을 견지하고 조국통일·민족적 권리옹호·민족교육촉진 등의 운동을 추진.

재일본조선인연맹　약칭 '조련'. 1945년 10월에 조선인이 결성한 단체. 조국으로의 귀환과 민족교육을 위한 활동 등을 추진했는데 1949년 9월 GHQ의 지령에 의해 일본 정부가 단체등규정령을 적용해서 해산시켰다.

재일본조선청년동맹　약칭 '조청'. 조선총련의 산하 단체. 1955년 결성. 1974년, 세계민주청년연맹에 가입.

재일본조선민주여성동맹　약칭 '여맹'. 1955년에 결성된 조선총련의 여성조직.

JR통학정기권차별　JR은 구舊 국철 시대 이후, 외국인 학교 아동학생의 통학정기권에 대해 학생할인을 인정하지 않았다. 조선학교를 중심으로 항의 여론이 높아지자 1994년 4월부터 외국인 학교에도 일본인학교와 동일한 할인운임을 적용하기로 했다.

인민위원회　1945년 해방 직후, 신 국가 수립을 위해 결성된 조선건국준비위원회(건준)는 미군정 전인 9월 6일에 조선인민공화국 수립을 선언하고 인민위원회로 개칭했는데 미군은 인정하지 않고 탄압을 가했다.

스이타吹田사건　1952년 6월 24~25일, 오사카부 스이타시·도요나카시에서 조선전쟁에 반대하는 노동자·학생·재일조선인이 대규모로 반전 시위를 벌여 경관대와 충돌한 사건.

청구靑丘문화상　문예·학술 면에서 창작연구 활동 및 문화 활동의 업적이 뛰어나서 재일동포사회의 문화수준 향상에 공헌한 개인이나 단체를 대상으로 수여. 1974년에 청구문화상과 청구문화장려상이 만들어졌다.

창씨개명　1939년 11월, 일본은 황민화 정책의 일환으로 조선인의 성을 일본식 이름으로 바꾸기 위한 창씨개명에 관한 법률 '개정조선민사령'을 공포했다. 저항하는 자는 강한 압력이 가해진 결과, 1940년 8월 기한까지 약 322만 호(약 80%)가 신고했다.

조방대祖防隊, 민대民對　1949년 9월, 조련 해산 후에 일본공산당내에 있던 '조선인부'가 박은철의 지도하에 '민족대책부'(민대)로 재편되었다. 민대는 조선전쟁 때, 조국방위대(조방대) 등의 당 지하조직을 각지에 설치하고 공산당의 무장 투쟁을 주도했다.

소라치空知**민중사강좌** 1976년, 홋카이도 소라치 지방의 민중사 발굴 운동 시민단체로 발족. 호로카나이초 슈마리나이 우류전력댐 건설공사(1938~43년)에 의한 다코베야 노동자, 조선인 강제연행 희생자 유골 발굴이 진행되어 22구를 발굴. 한국 유족에게 전달하는 등의 활동을 계속하고 있다.

손진두孫振斗 1927년, 오사카 출생. 1945년, 히로시마에서 피폭. 1951년, 외국인등록령 위반으로 한국에 강제송환 된 후에 밀입국과 강제송환을 반복하고 1970년에 체포. 1971년, 후쿠오카현에 피폭자건강수첩 교부를 신청했지만 '외국인피폭자에게는 교부할 수 없다'고 각하당해 1972년, 후쿠오카현과 후생성을 상대로 제소. 1978년, 대법원에서 전면 승소 판결을 받았다.

다쓰노辰野**사건** 1952년 4월 30일 새벽, 나가노현 이나 지방 다쓰노마치 및 인근 마을에서 경찰서에 폭발물이 설치된 사건이 계속적으로 발생. 나가노현 경찰은 13명을 체포, 기소했는데 후에 경찰의 날조로 판명됐다. 1972년 12월, 도쿄 고등법원에서 전원 역전 무죄가 확정됐다.

치마·저고리 폭행사건 1993년 '북조선핵의혹' 문제가 부상하면서 1994년 4월부터 7월에 걸쳐서 조선학교 여학생을 주된 대상으로 하는 폭행·폭언사건이 전국적으로 160건 이상 발생했다.

조은朝銀 조총련계 민족금융기관. 조은신용조합. 중앙조직은 재일본조선신용조합협회(조신협). 1952년에 도쿄에서 동화신용조합이 설립된 이후에 전국에 생겼고 약칭을 '조은'이라는 곳과 '조신朝信'이라고 하는 곳이 있었다. 1997년에 조은오사카신용조합이 파산한 후에 각지의 조은이 재편성됐다.

조선신학교　식민지시대, 신사참배에 반대한 평양신학교가 폐교당한 다음해인 1940년, 조선인 자주적인 신학교를 목표로 서울 승동교회 지하에서 개교. 현재, 한국신학대학교의 전신.

조선인강제연행·강제노동　1937년 중일전면전쟁에 돌입한 이후, 일본은 국내와 해외점령지의 노동력과 군요원의 부족을 보충하기 위해 다수의 조선인을 강제적으로 연행·징용했다. 1938년에는 국가총동원법, 1939년에는 국민징용령이 공포되어 조선인에게도 적용시켰다.

조선대학교　1956년에 도쿄 기타구에 2년제 대학으로 창립. 1958년에 4년제로 개편. 1959년에 고다이라시로 이전. 1968년에 각종학교로 인가.

독립만세운동　1919년 3월 1일에 일어나서 전국적으로 확대한 항일 독립운동. '3·1독립운동'.

토지조사사업　조선총독부가 1910년부터 1918년까지 실시한 조선인 토지 소유권, 가격, 지형 등의 조사·측량사업. 많은 농민이 선조대대로 물려받은 토지를 뺏겨 빈곤화되어 일본과 중국으로 이주하는 자가 급증했다.

일제강점하강제동원피해진상규명위원회　노무현 정권에 의한 한국의 과거사 규명의 일환으로 태평양전쟁 중, 강제연행·강제노동에 의한 희생자의 진상규명을 위해 법률 '일제강점하강제동원피해진상규명 등에 관한 특별법'(2004년 2월 13일 한국국회에서 성립)에 의거하여 설치된 위원회. 2004년 12월, 가고시마현 이부스키시에서 개최한 한일수뇌회담 석상에서 노무현 대통령이 고이즈미 준이치로 총리에게 전쟁 중에 사망한 강제동원희생자의 유골반환에 대해 협력 요청을 했고 고이즈미 총리는 협력을 약속. 이후 이 위원회는 유골문제에 대한 한국 정부 쪽의 창구로서 일본 정부와 유골조사, 진상규명, 유골반환에 대한 논의를 계속하고 있다.

박노학朴魯學 1914년, 충청북도 출생. 1943년에 사할린인조석유회사의 노동자 모집에 지원해서 사할린으로 건너간다. 1945년 6월에 현지 징용되어 귀국하지 못하고 일본인 여성과 결혼. 1958년에 부인과 함께 일본으로 귀환된 후에 이희팔 등과 같이 잔류조선인귀환을 위해 봉사했다. 1988년 서거.

박열朴烈 1902년 출생. 1919년 3·1독립운동 후에 도일. 비밀결사 '불령사'를 조직. 1923년, 관동대지진의 혼란기에 황태자 암살을 기도(대역사건)했다는 이유로 사형판결을 받은 후, 무기징역으로 감형. 1945년 10월 출옥. 1946년 1월, 신조선건설동맹을 조직. 10월에 재일본조선거류민단으로 개칭하고 초대 단장 역임. 1950년, 한국으로 귀국해서 이승만 정권의 국무위원. 같은 해, 조선전쟁 때에 북한으로 연행당한 후에 남북평화통일위원회 위원장으로 활동.

한신阪神**교육투쟁** 1948년 당시, 전국에서 500여 조선인학교가 운영되고 있었는데 문부성은 GHQ의 지시에 의거 학교교육국장 통달을 보내고, 대량의 무장경관대를 동원해서 폐쇄를 강행했다. 고베에서 4월 24일, 오사카에서 26일에 일어난 항의운동에 대해 GHQ와 경찰은 과잉

진압을 가했다. 또 일본정부는 1949년 9월, 조련에 대해 '단체등규정령'을 적용해서 해산을 명하고 이어서 10월에 내각회의에서 '조선인학교의 처치방침'을 결정. 오사카 이치가쿠엔一學園 3개 학교만을 사립학교로 인가하고 그 외 모든 조련계, 민단계 학교를 폐쇄했다.

히타치日立취직재판 1970년, 재일 2세 박종석은 일본명으로 히타치제작소 입사시험을 보고 합격통지를 받았지만 조선인이라고 밝혀지면서 합격이 취소되었다. '박 군을 지원하는 회'를 만들어서 재판투쟁을 진행한 결과, 1974년에 요코하마 지방법원에서 승소.

히로시마현 조선인피폭자협의회 1975년, 재일조선인피폭자의 첫 피폭자단체로서 결성. 1979년, 나가사키현 조선인피폭자협의회 결성. 1980년, 전국조직인 재일본조선인피폭자연락협의회 결성.

복음신문 '재일대한기독교회'(KCCJ)는 전국 5개 지방회를 기반으로 약 100곳의 교회·전도소를 총괄하는 프로테스탄트 교회에 의해 결성된 단체. 1968년, KCCJ의 홍보활동을 위해 오사카 니시나리교회 안에 고분샤僑文社(케이비에스주식회사의 전신)를 설립하고 한글 타블로이드판 기관지 『복음신문』을 발행했다.

후지코시不二越소송 아시아태평양전쟁 중에 기계 메이커 '후지코시'에서 강제동원 된 한국인 여자정신대원 세 명이 1992년 9월에 미지급 임금과 손해배상 지불을 요구하는 소송을 제기했다. 2000년 7월, 대법원은 후지코시가 원고 세 명을 포함하여 미국에서 소송준비를 하고 있는 태평양전쟁 한국인 희생자 유족회와 그 대표들을 합친 88명과 한 단체에 총액 3천 수백만 엔의 해결금을 지불하게 하여 화해는 성립했지만 후지코시는 "사죄의 의미는 아니다."라고 강조했다.

성묘단 1975년, 민단은 '조선' 국적을 '한국' 국적으로 변경하지 않아도 성묘단 등에서 고향을 방문할 수 있도록 '총련계 동포의 모국방문단 사업'을 개시했다.

남조선노동당 약칭 '남로당'. 1946년 11월에 조선공산당·조선신민당·조선인민당이 합병해서 결당. 1950년 4월에 북조선노동당과 합병해서 조선노동당이 성립.

나오며

이 책은 재일코리안 1세의 생애사 증언을 수록한 것이다. 이미 돌아가신 분들의 증언도 포함되어 있다. 이처럼 시간적 관점과 구술 증언자의 규모면으로 보면, 본 조사가 마지막 기회였다고 생각한다.

우선 이 책이 성립하게 된 경위에 대해 말하고자 한다. 이 책의 기획입안은 2003년으로 거슬러 올라간다.

이해 3월, 강상중 씨의 신간 『일조관계의 극복日朝關係の克服』(신요샤)이 출판될 즈음, 슈에이샤 발행 잡지 『청춘과 독서靑春と讀書』에 강상중 씨와 내가 대담을 했다(오구마 에이지 대담집 『대화의 회로對話の回路』). 이해 9월, 이 신간의 담당편집자였던 오치아이 가쓰토 씨(이하, 담당자)와 협의를 하던 중, 강상중 씨가 집필 중인 『재일在日』(고단샤, 후에 슈에이샤 문고)에 대한 이야기가 나왔다.

이 책은 강상중 씨의 고향과 재일 1세인 그의 부모님에 대해 쓴 것인데 이에 더해서 강상중 씨를 편저자로 재일 1세 구술증언을 엮어 책으로 출판하자는 안이 나왔다. 재일 1세의 구술증언은 『백만인의 신세타령百萬人の身世打鈴』(도호출판)이라는 역작이 있지만 보다 더 재일 1세의 생활에 밀착된 구술채록을 하려는 생각이었다.

담당자는 강상중 씨와 내게 편저자를 맡아달라고 했지만 나는 사양하고 싶었다.

이것은 어디까지나 '재일'이 해야 할 일이며, 일계일본인(日系日本人)인 내가 참견할 일이 아니라고 생각했기 때문이다. 『일본인의 경계日本

人の境界』(신요샤)를 썼을 때도 전후의 재일에 대해 어느 정도 자료를 모으기는 했지만, 재일이 써야 한다고 생각해서 포기한 적이 있었다. 하지만 담당자의 열의에 설득당한 꼴이 되었다.

이 과정에서 걱정됐던 것은 다수의 구술채록은 대작이 되기 쉬워서 상업적인 출판에는 맞지 않는다는 것이었다. 실제로『백만 인의 신세타령』은 A5판 654쪽, 가격도 6,090엔이었다. 좋고 나쁜 것은 별개의 문제로 상업상의 성공을 중시하는 출판업계 입장에서 본다면 이런 기획을 실현하기 위해서는 많은 어려움이 예상되었고 그 나름의 대책이 필요했다.

일례로 구술증언 대상자와 인터뷰어(취재자)에 대한 사례 문제다. 이것을 신쇼新書(일본에서 발간되는 소형 포켓판 책자 또는 총서) 편집비로 환산하면 도저히 채산이 맞지 않는다. 그래서 담당자는 이 기획을 슈에이샤 HP 신쇼 PR페이지의 연재 기획으로 잡아서 그 예산으로 사례비를 지불하는 방법을 택했다. 이런 노력 덕분에 다행히 10월에 신쇼 편집부회의에서『재일 1세의 기억』기획은 승인됐다. 그리고 이 HP에 게재하는 것은 글자 수가 무제한이어서 신쇼판으로 편찬할 때 분량적인 문제로 삭감되는 일 없이 모두 수록할 수 있었다.

기획이 편집회의를 통과한 후, 담당자와 강상중 씨와 나는 2003년 10월에 기획 원안을 협의했다. 취재대상은 정치적인 입장에서 어느 한편에 편향되지 않은 사람으로 할 것, 인터뷰어는 가능하면 재일의 젊은 학생 등을 기용해서 차세대 재일연구자 육성도 겸할 것. 당초에는 재일의 저명인을 초청해서 연구회를 여는 형태에서 시작하기로 합의했다. 재일연구자 육성을 겸하고 싶다는 것은 일계일본인인 내가 편저자가 된 이상, 재일사회에 어떤 형태로든 공헌해야 한다는 의식에서 생각한 것이었다.

2004년 3월, 강상중 씨의 중계로 강덕상 씨를 슈에이샤 사루가쿠초 빌딩으로 초대해서 나와 강상중 씨가 불러 모은 재일과 일계일본인 젊은 학생들을 대상으로 첫 연구회를 열었다. 그 후에 5월부터 7월까지 재일동포친목회 사무소에서 이달완 씨, 정소용 씨, 박진산 씨의 증언이 행해졌다.

하지만 이쯤에서 당초의 안은 좌절됐다. 우선 담당자가 신간편집에 관한 통상업무를 하면서 구술증언 사무국을 겸하는 것은 어려웠다. 그리고 인터뷰어를 학생에게 맡기는 일이 순조롭지 않아서 거의 내가 인터뷰어 역할을 하게 됐다. 또 학생에게 제의해도 멤버가 정착을 못해서 차세대 육성 계획은 포기할 수밖에 없었다.

노선 전환은 2004년 후반부터 2005년에 걸쳐서 이루어졌다. 2004년 7월, 강덕상 씨의 소개로 담당자가 히구치 유이치 씨와 고수미 씨를 만났고 후에 고수미 씨는 이 프로젝트의 관동 방면 사무국장이 되었다.

9월에는 관서 방면 사무국장이 된 고찬유 씨와 만났다. 12월에 슈에이샤에서 회의를 한 후, 2005년 2월에는 담당자와 내가 오사카로 가서 고찬유 씨를 비롯한 관서방면 베테랑 인터뷰어·라이터(집필자)들과 회합을 가졌다. 2006년 2월에는 학생을 주체로 하는 태세는 포기하고, 고수미·고찬유 씨의 인맥으로 베테랑 세력의 태세로 전환했다.

이 이후부터는 한순간 좌절됐던 기획이 원활하게 진행됐다. 원고는 베테랑 인터뷰어·라이터의 손에서 속속 모이게 되어 2006년 4월부터 슈에이샤 HP에서 드디어 연재가 개시됐다. 이후 2008년 10월까지 연재가 이루어졌다.

신쇼 발간을 위해서는 HP 게재 원고에서 분량을 줄여야 했다. 내용을 손상하지 않으면서 분량을 줄이는 것은 기술이 필요한데 다행히 나는 출판사에 근무했던 경험이 있었다. 2007년부터 전체에서 약 3분의 2는 내가 했고, 나머지는 고수미 씨와 고찬유 씨가 작업하기로 했다. 그리고 2008년에 두 고 씨가 마무리 감량작업을 하고 신간 원고를 마무리했다. 원고 순서는 출생 순으로 결정했다.

이상이 대략적인 경위인데, 이 과정을 보면 알 수 있듯이 실제 실무를 처리한 것은 고수미 씨와 고찬유 씨다. 나는 소위 간판역할과 기획 입안, 초기 인터뷰어, 감량작업 등에 관여한 것뿐이다. 그리고 말할 것도 없이 이 책의 주인공은 52명의 재일 1세들이며, 그 기록을 남기는 데 최대의 공헌을 한 것은 그들과 깊은 신뢰관계를 맺고 성실하게 취재를 해준 모든 인터뷰어·라이터들이다.

이와 같은 구술증언은 '오럴 히스토리(구술사)'로서 현재 주목을 받고 있다. 우선 역사연구자 입장에서 보면, 오럴 히스토리에는 큰 가능성과 또 유의해야 할 점이 있다고 생각한다.

나는 주로 문서자료만을 사용해서 역사적 제재를 연구하고 있어서 인터뷰는 서툰 편이 아니다. 하지만 이번에 수 시간에 걸쳐서 수 명의 재일들에게 고난의 인생을 들었던 것은 살아있는 인간의 감정을 접했던 만큼 더 크게 다가왔다. 특히 역사 연구적 견지에서 말하면, '어떤 환경에 있어서 인간은 어떤 부분에 어떤 형태로 인상에 남은 것을 찾아내는 것일까? 또 긴 세월을 거치면서 기억에서 그것이 되살아나는 순간이라는 것은 어떤 것일까?' 등을 실제로 볼 수 있었던 소중한 경험이었다.

반면, 오럴 히스토리에서만 느끼는 특유한 어려움도 있다. 자주 지적당하는 일이지만 인간의 주관적 기억과 객관적 연대와 지명 등이 달리 나타나는 것은 자주 있는 일이다. 또 인터뷰어가 조사항목을 작성해서 인터뷰에 임해도 상대방이 그대로 말해주지는 않는다. 그사이에 어떤 의미로는 옆길로 새서 상대방의 이야기를 어디에서 조정해야 할지, 또는 그 사이에 개입함으로써 상대방의 이야기를 방해하지 않으려면 상당한 궁리가 필요하다.

이번에 내가 담당했던 작업의 대부분은 인터뷰 원고를 감량하고 정리하는 일이었는데 인터뷰어의 정리방법에 따라 같은 이야기인데도 완전히 다른 내용이 될 수 있다는 사실을 알게 되었다. 수 시간에 걸쳐 들은 이야기를 수천 자로 압축하는 것이기 때문에 인터뷰어의 관심에 따라 어디에 중점을 두고 어디를 잘라내는지가 달라진다. 또 말투도 원고 단계에서는 아무래도 인터뷰어의 글말에 영향을 받을 수밖에 없을 것이다.

인터뷰할 때 인터뷰어가 영향을 줄 가능성과 원고화하는 과정에서 생기는 변형과 중점을 두는 방법 등도 포함해서 오럴 히스토리는 일종의 공동 작업이라고 나는 생각한다. 문서자료에서도 어느 부분에 주목하고 어떻게 구성할 것인지는 필자의 몫이며 오럴 히스토리의 경우는 그 요소가 한층 강해진다. '가공되지 않은 역사적 사실', '가공되지 않은 기억' 등이 이 세상에 널려 있는 것은 아니다. 말하는 사람이 선별해서 말하고 듣는 사람이 그것을 다시 정리해서 오럴 히스토리는 완성되는 것이다.

사회학 인터뷰 조사와 필드워크 등도 그렇지만 인터뷰어는 투명인간이 되는 것이 이상이라고 하지만 그것은 불가능하다. 나는 오히려 공동의 작업에서 그 가능성을 넓혀 가는 것이 현실적이라고 생각한다. 오럴 히스토리의 가능성은 문서화되지 않은 비밀 등을 들을 수 있다는 것이 아니라 그런 공동작업 안에서 인간이 어떤 기억을 뽑아낼까, 그리고 뽑아낼 수 있는가에 있다고 생각한다.

마지막으로 재일 1세의 이야기를 모은 이 논집을 끝내면서 재일의 앞으로의 삶에 대해 생각해 본다.

방관자적인 관점에서 말하는 것을 허락해준다면, 재일이 앞으로도 존재할 수 있을까라는 질문을 해본다. 여기에 수록하고 있는 1세들은 분명히 일본 사회의 이물이었다. 그러나 지금의 재일 3세·4세들은 이미 언어·문화적으로 일계일본인과 그다지 차이가 없다. 일계일본인과의 혼인율도 높아졌고, 국적법이 남녀양계주의(兩系主義)로 변경된 후에 태어난 아이들은 일본 국적이 될 가능성도 커졌다. 따라서 재일 6세, 7세는 존재할 것인가, 존재한다고 해도 극히 소수가 될 것이라는 생각을 해도 이상하지 않을 것이다.

하지만 나는 앞으로도 재일의 존재는 사라지지 않으리라 생각한다. 예를 들면 언어·일상문화·국적 등의 동화차원에서 말하면 아이누는 거의 소멸했다고 봐도 무방하다. 그러나 지금도 '아이누 민족'을 자칭하는 사람들은 존재하며 국회에서 선주권 결의도 행해진다. 또한 독일은 20세기 전반까지 유대인의 동화가 상당히 진척됐던 지역의 하나였는데, 그 독일 나치의 '유대인 사냥'이 대두된 것은 아는 바와 같다.

민족이란 문화적·생물학적으로 정의할 수 있는 집단이 아니라 개개인의 정체성의 모습이라는 사고방식은, 이민의 동화가 진행되어 문화적 차이 등이 적어진 선진국의 마이너리티 연구에서 주장하게 되었다. 여기서 상징적으로 인용되는 것은 "유대인은 유대인이라고 지명당한 사람들이다."라는 말인데 앞으로 재일은 점점 그와 같은 존재가 되어갈 것이다.

그리고 일본 사회와 '재일' 사람들이 재일이라는 카테고리가 있어야 하는 한 아무리 문화와 국적의 동화가 진행되어 가도 재일은 계속 남게 될 것이다. 그것은 차별의 대상으로서 일본 사회를 비판하는 발판으로서 사회적 권리를 집단으로 요구하기 위한 소위 편의적 단결을 위한 것일지도 모르겠다. 그러한 필요가 있는 한 재일의 존재는 사라지지 않을 것이고, 그리고 그때 『재일 1세의 기억』은 그런 재일의 존재를 증명해줄 이야기로서 찾게 될 것이다.

그런 의미에서 이 책의 편찬은 '재일 1세' 구술조사의 '끝'을 의미하기도 하지만, 앞으로 재일의 기점이 되리라 생각한다. 여기에 수록된 증언이 역사적 자료로만 읽히는 것이 아니라 현재는 물론 미래에도 찾게 되기를 바란다.

2008년 8월 오구마 에이지

옮긴이 후기

일본에는 현재도 수많은 재일 동포들이 살고 있습니다. 재일 1세 뿐만 아니라 2세, 3세, 4세, 그들은 일생을 일본에 살면서도 한민족의 뿌리아래 굳건하게 '재일在日'이라는 자리를 지키고 있습니다. 하지만 아쉽게도 한국에서의 그들에 관한 관심은 적고 실상을 알릴 수 있는 도서 또한 많지 않습니다.

그도 그럴 것이 '재일'의 삶을 알아가는 것은 우리의 아픈 식민지시대의 과거와 아직도 계속되고 있는 분단의 현실을 들춰내야 하는 일이기에 애써 외면해 왔는지 모르겠습니다.

혹자는 말합니다. '재일'의 존재와 그들의 살아온 삶을 직시하는 것은 우리의 근현대사 전반을 직시하는 것이며, '재일'과 동시대를 살아가는 우리에게는 적어도 그들의 이야기를 세상에 전해야 하는 시대적 소명이 있다고. 『재일 1세의 기억』은 그런 소명을 가장 잘 수행할 수 있는 증언이자 기록입니다. 그 수행 작업에 미력이나마 동참하고자 번역출판을 기획하게 되었습니다.

열악한 조건에도 불구하고 한국어판 출판을 기꺼이 허락해 주신 『재일 1세의 기억』 원서의 편저자분과 작가님, 그리고 편저자와의 연락을 담당해주시고 많은 도움을 주신 일본 슈에이샤의 오치아이 가쓰토 편집장님에게 깊은 감사를 드립니다.

인터뷰어의 말을 글로 정리한 증언집을 번역하는 일은 이미 한 번 글로 정리된 말을 다시 다른 언어의 말과 글로 옮기는 작업이기에 그

과정에서 인터뷰어의 증언이 잘못 전달되지 않도록 단어 하나하나와 문장의 앞뒤 맥락에 집중하였습니다. 또한 한 시대의 처절했던 역사와 인간사가 녹아있는 1세들의 가슴 먹먹한 이야기를 번역할 때는 그들의 삶에 동화되어 감정이 복받치기도 하였고 같은 민족으로서 동질감도 느낄 수 있었습니다. 무엇보다도 개인적으로는 시대와 배경은 다르지만, 일본에 이주해 사는 한 사람으로서 재일 1세와 교감을 나눌 수 있는 의미 있는 시간이었습니다.

이제 한국의 독자들에게도 '재일'의 이야기를 들려주고 교감을 나눌 기회가 주어졌으며 그것이 가능하도록 본 출판 프로젝트를 지원해주신 제주학연구센터에 깊은 감사를 드립니다. 아울러 출판 의뢰에 응해주신 '도서출판 문'에게도 감사를 표합니다. 그리고 무엇보다도 어려운 작업 환경에도 불구하고 처음부터 끝까지 함께해주신 공동 역자인 고경순 선생님에게 진심으로 감사의 말을 전하고 싶습니다.

끝으로 일본어의 지명과 고유명의 한자표기는 책의 분량 등을 고려하여 역서에서는 한글음만으로 표기하였습니다. 단, 시대적·문화적인 이해가 필요한 용어나 일본어 표현에 대해서는 역자 판단하에 원서의 한자를 표기하거나 간단한 해설을 병기하였습니다. 원서의 표기를 다 반영하지 못한 점 양해 바랍니다.

옮긴이 고민정

편저자

오구마 에이지 小熊英二
1962년생. 도쿄대학대학원 종합문화연구과 박사과정 수료. 게이오대학 종합정책학부 교수.『단일민족신화의 기원(單一民族神話の起源)』으로 산토리 학예상,『〈민주〉와 〈애국〉(〈民主〉と〈愛國〉)』으로 일본사회학회 장려상, 마이니치 출판문화상, 오사라기지로 논단상 수상.

강상중 姜尙中
1950년생. 도쿄대학 명예교수. 저서로는『막스·베버와 근대(マルクス·ウェーバーと近代)』,『오리엔탈리즘을 넘어서(オリエンタリズムの彼方へ)』,『내셔널리즘(ナショナリズム)』,『일한관계의 극복(日韓關係の克服)』,『재일(在日)』,『고뇌하는 힘(悩む力)』외.

역자

고민정
일본 국립지바대학교 국제교양학부 준교수. 학술박사, 전공 사회언어학, 외국인이주자 연구 등. 저서『접촉장면의 언어학(接觸場面の言語學)』외.

고경순
번역가, 제주신보 논설위원, 오사카경제법과대학 아시아연구소 객원연구원. 문학박사(계명대학교대학원 일본근대문학 전공). 번역서『재일조선인의 문제』,『제주4·3사건 진상조사보고서』,『재일제주인 삶과 역사』,『마을사람들이 세운 재일제주인 비』외.

제주학연구센터 제주학총서 41
재일 1세의 기억

초판 1쇄 발행 2019년 11월 20일

편저자 오구마 에이지·강상중
역자 고민정·고경순
발행자 김흥국
펴낸곳 도서출판 **문** (등록 제2013-000026호)
주 소 경기도 파주시 회동길 337-15 2F
전 화 031-955-9797(대표), 02-922-2246(영업부)
팩 스 02-922-6990
ISBN 979-11-86167-31-1 (03910)
정 가 35,000원

ⓒ 고민정·고경순, 2019

* 이 책의 판권은 지은이에게 있습니다. 지은이의 서면 동의가 없는 무단 전재 및 복제를 금합니다.
* 잘못된 책은 바꾸어 드립니다.

이 책의 출판비 일부는 제주특별자치도 제주학연구센터의 지원을 받습니다.